中国特色高水平高职院校
建设典型案例集（共3册）

（下册）

陕西工业职业技术学院"双高计划"建设案例编写委员会　编著

主　　　任：刘永亮
执行副主任：梅创社
副　主　任：贺天柱　田　昊　段　峻
委　　　员：卢庆林　王超联　张　磊　刘引涛
　　　　　　殷锋社　姜庆伟　卢文澈　乌军锋
　　　　　　苏兴龙　秦景俊　赵明威　李　云
　　　　　　李龙龙

北京理工大学出版社
BEIJING INSTITUTE OF TECHNOLOGY PRESS

版权专有　侵权必究

图书在版编目（CIP）数据

中国特色高水平高职院校建设典型案例集：共3册 / 陕西工业职业技术学院"双高计划"建设案例编写委员会编著. -- 北京：北京理工大学出版社，2022.6
ISBN 978 - 7 - 5763 - 1335 - 2

Ⅰ. ①中… Ⅱ. ①陕… Ⅲ. ①高等职业教育 - 建设 - 案例 - 汇编 - 陕西 Ⅳ. ①G718.5

中国版本图书馆 CIP 数据核字（2022）第 082689 号

责任编辑：多海鹏	**文案编辑**：多海鹏
责任校对：周瑞红	**责任印制**：李志强

出版发行 /	北京理工大学出版社有限责任公司
社　　址 /	北京市丰台区四合庄路6号
邮　　编 /	100070
电　　话 /	（010）68914026（教材售后服务热线）
	（010）63726648（课件资源服务热线）
网　　址 /	http://www.bitpress.com.cn
版 印 次 /	2022年6月第1版第1次印刷
印　　刷 /	廊坊市印艺阁数字科技有限公司
开　　本 /	710 mm×1000 mm　1/16
印　　张 /	49.5
字　　数 /	730千字
定　　价 /	198.00元（共3册）

图书出现印装质量问题，请拨打售后服务热线，负责调换

前　言

为深入贯彻落实全国教育大会精神，落实《国家职业教育改革实施方案》（国发〔2019〕4号），集中力量建设一批引领改革、支撑发展、中国特色、世界水平的高职学校和专业群，带动职业教育持续深化改革，强化内涵建设，实现高质量发展，2019年3月29日，教育部、财政部发布《关于实施中国特色高水平高职学校和专业建设计划的意见》（教职成〔2019〕5号）。经申请及遴选，2019年12月10日，教育部、财政部公布《中国特色高水平高职学校和专业建设计划建设单位名单》（教职成函〔2019〕14号），首批"双高计划"建设高校共计197所，其中高水平学校建设高校56所（A档10所、B档20所、C档26所），高水平专业群建设高校141所（A档26所、B档59所、C档56所）。我校入选国家双A院校，也是陕西省乃至西北地区唯一一所入选双A的院校。

根据教育部、财政部印发的《中国特色高水平高职学校和专业建设计划绩效管理暂行办法》（教职成〔2020〕8号）及教育部办公厅、财政部办公厅《关于开展中国特色高水平高职学校和专业建设计划中期绩效评价工作的通知》（教职成厅函〔2022〕10号），我校以"双高建设"各项具体政策文件为操作指南，以各项具体建设任务为基础，紧抓产教融合发展主线，构建校企"命运共同体"，创新人才培养模式，优化人培方案，重构人才培养体系，坚持新科技赋能新职教，积极探索智慧教育新形态，形成了许多优秀"双高建设"案例。

本典型案例集全套共分上册、中册、下册三册，主要内容为陕西工业职业技术学院2019年众多优秀案例中的精选案例，其中上册包含38篇、中册包含52篇、下册包含31篇。案例聚焦"一加强、四打造、五提升"的双高建设任务，立足于陕西工业职业技术学院"双高计划"建设实践，内容涵盖党建工作、立德树人、学校高质量发展、高水平专业群建设、双师队伍建设、人才培养创新、课程教法改革、产教融合、社会服务、技术服务、国际化交流与合作等方面，集中体现了陕西工业职业技术学院"双高计划"建设与改革的成果和成效，较为全面地呈现了学院在双高建设实践中培植的新经验、创设的新机制、形成的新模式、打造的新成果。

本案例集凝聚了陕西工业职业技术学院探索实施"双高计划"的智慧和经验，对学院进一步提升"双高计划"建设质量、走好职业教育高质量发展，具有十分重要的参考和推广价值。同时也为国内同类高职院校高质量发展的探索与实践提供了有益的参考和借鉴。

编　者

目 录

传承创新担文化使命，铸魂育人践职教初心   1
  一、把握新时代高校文化建设的基本要求   1
  二、构建四方聚力校园文化建设运行机制   1
  三、主要做法   2
    （一）党建引领奠定思想基础   2
    （二）守正创新凝练核心理念   2
    （三）五育并举打通育人路径   4
    （四）六域交互优化育人环境   4
    （五）媒体融合促进文化传播   4
  四、建设成效   5
    （一）人才培养质量不断提高   5
    （二）文化建设成果不断涌现   6
    （三）学校社会声誉不断攀高   7

构筑"红色熔炉+"思政模式，锻造全国党建样板支部   8
  一、形成高水平专业群"红色熔炉+"思政工作模式   8
  二、实施"锤头熔基-镰刀熔淬-旗帜熔炼"三项工程   9
    （一）"锤头熔基工程"：以高质量党建引领思政工作方向   9
    （二）"镰刀熔淬工程"：以高水平队伍推进思政工作改革   9
    （三）"旗帜熔炼工程"：以高起点谋划创新思政工作路径   10

三、构建"党建引领"的高水平专业群育人新格局 ... 10
    （一）基层组织活力显著增强 ... 10
    （二）教科研战斗堡垒作用有效发挥 ... 11
    （三）党建赋能人才培养成绩斐然 ... 11

技能比拼展风采，党建引领促发展 ... 14

一、着眼解决问题，实施党建"五大"战略 ... 14
二、围绕能力提升，打造党建"练兵"品牌 ... 15
    （一）登台"比" ... 15
    （二）互鉴"学" ... 16
    （三）争先"赶" ... 16
    （四）竭力"超" ... 16
三、务求取得实效，凸显党建"引领"作用 ... 17
    （一）理论学习"活"起来 ... 17
    （二）一流队伍"建"起来 ... 18
    （三）基层党建"热"起来 ... 18
    （四）战斗堡垒"强"起来 ... 18

实施四项计划，中省"两红两优"取得新突破 ... 19

一、加强统筹谋划，健全"五位一体"育人体系 ... 19
二、实施四项计划，探索"三力一度"育人路径 ... 20
    （一）实施"红色基因铸魂"计划，思想引领更加有效 ... 20
    （二）实施"组织建设强基"计划，自身建设更加过硬 ... 20
    （三）实施"青年发展赋能"计划，青春担当更加彰显 ... 22
    （四）实施"团建创新引领"计划，改革成效更加凸显 ... 22
三、强化党建引领，获评"两红两优"示范引领 ... 23

聚焦四全导向　聚力四优举措　智造堪当"造出来"重任的时代工匠 ... 24

一、立足全方位，创优校企互融共生格局 ... 24

二、凸显全链条，筑优岗课赛证贯通体系　　25
　　三、贯通全过程，塑优实践能力锻造机制　　27
　　四、紧扣全周期，培优红色匠心育人品牌　　29

技术标准引领　赋能中小微企业提质增效　　32
　　一、建立科技创新工作联动机制，协同推进标准化基地建设　　32
　　　　（一）成立专门机构，强化管理服务　　32
　　　　（二）共建创新基地，加强体系建设　　33
　　二、创新技术标准服务模式，持续提升智能制造供给能力　　34
　　　　（一）创新科技制度，规范工作流程　　34
　　　　（二）试点"标准+科研平台"服务模式，氢能关键技术研发取得进展　　35
　　三、加强关键技术领域标准研究，引领产业创新发展　　36
　　　　（一）加强标准制定，加快产业化步伐　　36
　　　　（二）成果推广输出，解决技术难题　　37

依托"五方联动、四项融合、三链协同"创新创业生态体系，全面提升高职院校双创教育能力　　39
　　一、高职院校创新创业人才培养生态体系的整体思路　　40
　　　　（一）五方联动健全创新创业组织运行机制　　40
　　　　（二）四项融合营造创新创业文化氛围　　41
　　　　（三）三链协同培育创新创业新成果　　41
　　二、多措并举夯实双创体系，多管齐下促进双创发展　　41
　　　　（一）制定完善相关制度，落地实施激励政策　　41
　　　　（二）搭建双创实践平台，构建"I-C-B"课程体系　　42
　　　　（三）加强双创师资建设，提升双创教育能力　　42
　　三、创新创业人才培养生态体系建设成果　　43
　　　　（一）双创大赛成绩显著，双创实践成果不断涌现　　43
　　　　（二）形成高质量双创教育高地，服务区域经济能力不断提升　　43

　　　　（三）学校声誉不断提高，主流媒体多次报道　　43

"三走进、五协同"，共育数字化精密制造技术人才　　45
　　一、实施背景　　45
　　二、建成的机制　　46
　　　　（一）"政、校、企"协同，创新长效育人机制　　46
　　　　（二）"产、学、研"融合，形成教学资源动态更新机制　　47
　　三、实施过程　　47
　　　　（一）校企共建"五位一体"协同育人平台　　47
　　　　（二）校企"五协同"，推进产教融合走深走实　　48
　　四、建设成效　　50
　　　　（一）学生就业质量显著提升　　50
　　　　（二）学生技术技能全面提高　　51
　　　　（三）社会影响深入广泛　　51

打造红色匠心育人团队，课程思政培育"技术之花"　　53
　　一、背景　　53
　　二、构建三维度文化育人，培育红色匠心团队　　53
　　三、发扬红色匠心，聚焦教学改革　　55
　　　　（一）挖掘思政载体，培育思政土壤　　55
　　　　（二）创新考核评价，保障"匠心育人"　　55
　　四、匠心育人结硕果，教学相长闪光辉　　56
　　　　（一）红色初心获肯定，彰显匠心有传承　　56
　　　　（二）三教改革做引领，"学习强国"助宣传　　57
　　　　（三）创新创业为基石，服务区域促发展　　57

对接本地化人才培养需求，探索制造类专业海外办学新模式　　59
　　一、实施背景　　59

二、建成的机制　　60
　　三、实施过程　　61
　　　　（一）创新发展机制，探索海外办学资源生成路径　　61
　　　　（二）落实建设举措，形成专业教学标准　　61
　　　　（三）i-GPS导航，创新人才培养模式　　62
　　四、建设成效　　62
　　　　（一）输出教学标准，助力非洲国家构建现代职教体系　　62
　　　　（二）海外办学特色得到借鉴，经验通过会议广泛交流　　63
　　　　（三）承担国际义务，培养海外师资，贡献"陕工智慧"　　64

对接新型技术，打造四级平台，开辟服务区域经济新格局　　65
　　一、实施背景　　65
　　二、建成机制　　66
　　三、实施举措　　67
　　　　（一）院士引领，把握前沿　　67
　　　　（二）聚焦核心，拓展研发　　67
　　　　（三）瞄准特色，汇聚资源　　67
　　　　（四）产教融合，落地深耕　　69
　　四、建设成效　　70
　　　　（一）推动以制促建　　70
　　　　（二）深化校企合作　　70
　　　　（三）引入高水平建设项目　　70
　　　　（四）培育标志性成果　　72
　　　　（五）打造优质师资团队　　72
　　　　（六）培养高素质技术技能人才　　74

构建精准分层培养模式，打造科研反哺教学的师资队伍建设机制　　75
　　一、引言　　75

二、高水平师资培养措施 75
（一）构建精准分层培养机制，创新教师培养新模式 75
（二）提升科研反哺教学能力，锤炼"双师多能"教师队伍 76
（三）建立校企双向互通培养制度，提升实践教学能力 77

三、建设成效 78
（一）多层次、多元化的培养途径，提升教师能力 78
（二）培育科研反哺师资团队，提升科技服务水平 78
（三）提升校企双向互通能力，盘活"双师"师资队伍 80

服务高端装备制造，打造智能成型专业群创新教学团队 82
一、需求导向，能力为本，顶层设计创新教学团队能力模型 83
二、平台赋能，创新驱动，打造创新教学团队培养模式 83
三、多元协同，分类管理，构建立体化创新教学团队培养方案 84
（一）师德引领，夯实团队发展基础 84
（二）内培外引，优化团队能力结构 84
（三）分工协作，强强联合各展所长 85
（四）鼓励激励，引领全员干事创业 85

四、分工协作，各展所长，智能成型专业群服务能力再创新高 85
（一）综合实力有所提升 85
（二）人才培养成绩斐然 86
（三）社会服务成效显著 87

"引输"并举，双擎驱动，创新材料成型专业群国际合作新模式 88
一、依托平台，四方聚力，创新专业群双引擎发展新模式 89
二、以"引"为核心，充电"内提升引擎" 89
（一）健全交流合作体制机制 89
（二）引进先进职业教育理念 90
（三）建设国际化师资团队 90

　　　　（四）开展国际智能制造培训认证　　　　　　　　　　　　　　90

　　三、以"输"为载体，助力"外服务引擎"　　　　　　　　　　　　91

　　　　（一）开发双语课程，实施双语教学　　　　　　　　　　　　91

　　　　（二）实施双语培训项目　　　　　　　　　　　　　　　　　92

　　　　（三）输出专业教学标准　　　　　　　　　　　　　　　　　92

　　　　（四）输出职业技能标准　　　　　　　　　　　　　　　　　92

四方协同、四级联动，搭建智能成型技术技能创新服务平台　　94

　　一、四方协同，搭建"国—省—市—校"四级联动智能成型技术技能创新
　　　　服务平台　　　　　　　　　　　　　　　　　　　　　　　　94

　　二、需求导向，协同创新，服务"两航两机"产业发展　　　　　95

　　　　（一）立足产业高端，校企共建产教融合实训基地　　　　　95

　　　　（二）瞄准技术前沿，协同攻坚智能成型关键技术难题　　　96

　　　　（三）肩负育人职责，反哺高素质技术技能人才培养　　　　96

　　三、服务高端装备制造产业成效显著　　　　　　　　　　　　　96

　　　　（一）建成"国—省—市—校"四级联动的技术研发服务平台　　96

　　　　（二）技术团队服务能力再上新台阶　　　　　　　　　　　98

　　　　（三）科研成果项目转化取得重大突破　　　　　　　　　　98

　　　　（四）学生技术技能创新能力大幅度提高　　　　　　　　　99

需求导向、信息赋能，构建智能成型产业"双平台"社会服务模式　100

　　一、需求导向、信息赋能，构建两个服务平台，助推资源共享　　100

　　　　（一）构建智能成型社会服务平台　　　　　　　　　　　　101

　　　　（二）构建智能成型信息服务云平台　　　　　　　　　　　101

　　二、实施四项工程，培育提升社会服务能力　　　　　　　　　　101

　　　　（一）培育核心能力，提升关键技术服务水平　　　　　　　102

　　　　（二）引进高端人才，共建技术服务团队　　　　　　　　　102

　　　　（三）融合信息技术，建设优质培训资源　　　　　　　　　102

（四）集中产业优势力量，塑造金牌项目 … 102
　三、发挥职业教育特色，社会服务成效显著 … 103
　　（一）对接国家战略，服务"两航两机"产业发展 … 103
　　（二）发挥专业群龙头优势，牵头制定三个专业国家教学标准 … 103
　　（三）引领职教改革，助力"1+X"职业技能等级证书改革项目落地 … 104
　　（四）聚焦区域发展需求，解决中小微企业技术难题 … 105

"五化一体、六共协同"产教融合实训基地建设的"陕工模式" … 106
　一、实施背景 … 106
　二、主要做法 … 107
　　（一）对接产业转型升级，共建"五化一体"实训基地 … 107
　　（二）兼顾多方诉求，创新"六共协同"实训基地长效运行机制 … 107
　　（三）协同推动"四链"有机结合，提高产、教、研、培建设水平 … 108
　　（四）模式精炼，构建产教融合实训基地建设的"陕工模式" … 109
　三、成果与成效 … 109
　　（一）培养了一批创新型技术技能人才 … 109
　　（二）组建了一个高精专的智能成型教师团队 … 110
　　（三）形成了一批高质量的专业教学标准 … 110
　　（四）解决了一批行业企业技术难题 … 110
　　（五）模式经验得到兄弟院校和教育部领导的高度肯定 … 110

携手赋能，打造国家级"双师型"教师培训基地 … 112
　一、产教融合，共享共建，打造基地建设新平台 … 113
　二、遵循规律，提供保障，健全基地运行规章制度 … 114
　三、产教融合，专技互补，持续赋能教师成长发展能力 … 114
　　（一）创建"分层递进"教师教学能力提升培养体系 … 114
　　（二）搭建校企一体化双师培育平台 … 114

（三）搭建研培平台促进成果转化 114
　　（四）信息化技术助力优质资源共享 115
　四、多方联动，成效斐然，基地培训服务能力显著提升 115

健全培养体系，打造"语""技"双能的高水平职教师资队伍 117
　一、做好顶层设计，构建双语双师培养新机制 117
　二、校企优势互补，创新"双师"分层培养新路径 119
　三、真实项目带动，"双语"能力提升新方法 120
　四、成果塑造品牌，迈向持续发展新征程 121

聚力"四个坚持"深入推进新时代职称评审改革 123
　一、坚持师德一票否决，突出"立德树人"导向 124
　二、坚持分类评价，打通各类人员职称晋升渠道 124
　三、坚持综合评价，强调业绩、贡献和实绩质量 124
　四、坚持代表性成果评价机制，促进成果类型多样化 125
　五、打造"绿色通道"，鼓励优秀人才脱颖而出 125
　六、综合评价成效显著 126

打造智慧财务　深化业财融合　构建多维度一体化管理模式 127
　一、建设目的 127
　二、建设举措 128
　　（一）搭建智慧财务管理基础平台 128
　　（二）构建业财融合内控管理系统 129
　　（三）实现数据互联共享 130
　三、建设成效 131
　　（一）有效防范业务风险 131
　　（二）实现管理全程对接 131
　　（三）助推学校"智"理提升 131

构建"三级四维"管控体系　着力提升资产管理效能　132
一、建设目的　132
二、建设举措　133
（一）健全体系"夯责任"　133
（二）闭环管理"强基础"　133
（三）采审分离"求实效"　134
（四）专项评估"增效益"　134
三、建设成效　134

用好教育评价"指挥棒"推动学校高质量发展　136
一、深化学院评价改革，激发改革发展新活力　136
（一）紧扣校企双元内涵，校内营造企业新场景　136
（二）紧扣育训并举内涵，构建学做创育人新模式　137
（三）紧扣区域经济发展，社会服务力认可度双提升　137
二、完善教师评价，构建教书育人新体系　138
（一）聚焦师德师风第一评价标准　138
（二）革新"双师型"教师评价标准　138
（三）推行教师分层分类考核评价　138
三、优化学生评价，打造成长成才新生态　139
（一）推进五育并举，健全综合素质评价体系　139
（二）畅通成长渠道，推动学力融合衔接评价　139

构建校企"三双"境外育人模式　打造开放办学"新样板"　141
一、校企"双优"共建中赞职院，唱响中国职教非洲赞歌　141
二、校企"双元"共建秦工苑，打造陕西职教国际品牌　143
三、校企"双融"培养留学生，传播中国职教故事　144

携手共建中赞职院，服务国际产能合作 　　146
一、五方聚力，夯实科学管理运营机制 　　147
　　（一）政行企校研通力合作 　　147
　　（二）董事会议的运行机制 　　147
二、双优驱动，深化产教融合育人模式 　　148

精准培养"一带一路"人才，助力中国企业海外发展 　　151
一、开发输出教学标准，为沿线国家职业教育赋能 　　151
二、校企联合培养国际学生，精准服务企业人力资源需求 　　153
三、开展中外人文交流活动，讲好中国职教故事 　　154

搭建混合云数据中心　实现云中数智智慧校园 　　156
一、问题导向，顶层规划，科技支撑学校发展 　　156
二、技术赋能，资源共享，打开服务管理新模式 　　157
　　（一）三位一体，虚拟整合硬件基础 　　157
　　（二）融合创新，推动数据价值应用 　　157
　　（三）校企联合，提升管理服务水平 　　158
三、多措并举结硕果，服务管理有成效 　　159

基于数据驱动　实现内部治理信息化 　　160
一、聚焦数据驱动难点，提升数据治理水平 　　160
二、"管理为导向，治理兼共享"，建成智慧治理平台 　　161
　　（一）夯实数据驱动基础，构建数据治理标准 　　161
　　（二）优化服务评价功能，实现数据服务大厅 　　161
　　（三）强化应用集中管理，建设数据支撑基石 　　162
三、数据治理成效显著，智慧校园建设行稳致远 　　162

智能技术深度融合　助力智慧校园功能提升　164
　　一、技术引领、问题导向，打造新一代智慧校园　164
　　二、围绕业务融合，提升智慧校园智能水平　165
　　　　（一）依托"数字孪生"技术，搭起业务技术桥梁　165
　　　　（二）挖掘"业务数据"价值，建设全景智能校园　165
　　　　（三）创建"智慧体验"环境，提升智慧治理能力　166
　　三、智能技术深度融合，管理服务成效显著　167

融通"岗课赛证"构筑"四有课堂"实现专业高质量发展　168
　　一、提炼"岗赛证"核心要素，有效融入课程体系　168
　　二、立足课堂主战场，构筑"四有"课堂　169
　　三、专业实现高质量发展，示范引领作用进一步凸显　172

携手国际名企，共育世界一流员工　174
　　一、校企携手，构建"三级递进"育人模式　174
　　二、校企共融，多措并举协同推进　176
　　　　（一）建立双向互动良好机制　176
　　　　（二）引入培训资源和评价模式　176
　　　　（三）引入企业文化，提高职业素养　177
　　　　（四）形成创新型双导师教学团队　177
　　　　（五）校企共建实境教学基地　177
　　三、合作共赢，树立校企协同育人新典范　178
　　　　（一）形成学校企业社会多赢格局　178
　　　　（二）建立校企深度合作范式　178
　　　　（三）共享校企合作成果　178
　　　　（四）提升学校办学声誉　179

传承创新担文化使命，铸魂育人践职教初心

摘要： 针对目前高职学校校园文化建设中存在的文化积淀薄弱、建设机制不健全、个性不鲜明等问题，陕西工院不断完善文化育人机制，通过党建引领文化发展方向、守正创新凝练核心理念、五育并举打通育人路径、六域交互优化育人环境、媒体融合促进文化传播等举措，推动学校文化在内容形式、体制机制、传播手段等方面的创新，为学校改革发展提供强大价值引领力、文化凝聚力和精神推动力。

关键词： 党建引领、传承创新、文化育人

一、把握新时代高校文化建设的基本要求

文化建设是学校发展的灵魂。作为职业教育，传承红色文化、弘扬工匠精神是新时代赋予的神圣职责。陕西工院围绕落实立德树人根本任务，凝练"红色匠心"文化理念，健全"文化育人"工作机制，推进文化育人工作创新发展，取得了良好的工作成效。

二、构建四方聚力校园文化建设运行机制

健全"三全育人"工作机制，借助校企协同育人战略联盟、陕西装备制造职教集团、西部产教融合研究院，"政、行、企、校"四方聚力，搭建了校区、社区、

厂区、馆区、园区"五区一体"文化育人平台，构建起"校企、校地、校所"多方联动的文化育人机制与"红色访学经历＋社会实践经历＋创新创业经历＋企业实习经历＋劳动锻炼经历"的"五历实践"文化育人行动机制。如图1所示。

图1　四方聚力　打造多种文化育人平台

三、主要做法

（一）党建引领奠定思想基础

立足中国特色高水平高职学校建设方向，不断深化中国特色社会主义理论体系的学习宣传教育，始终坚持党的领导，以培育创建"全国党建工作示范高校"（见图2）和"全国党建工作样板支部"为抓手，将培育和践行社会主义核心价值观作为文化建设的根本遵循；以党建引领文化，以文化凝聚人心，为学校高质量发展提供了坚强的思想基础、强大的精神力量和丰润的道德滋养。

（二）守正创新凝练核心理念

持续推进"文化强校"战略，传承首任校长提出的"用革命的精神，创办革命的学校"的办学初心，将以延安精神、西迁精神为代表的红色文化，精益求精、守正创新的匠心文化，与时俱进、以工为主的专业文化，博大精深、历史厚重的地域文化有机融合，形成以"红色"作底色，以"工业"为灵魂，以"卓越"为境界，以"匠心"作特色的"红色匠心"校园文化核心理念。如图3所示。

第三批"全国党建工作师范高校"培育创建
单位名单
（排名部分先后）

序号	单位
1	北京航空航天大学党委
2	上海交通大学党委
3	上海建桥学院党委
4	苏州大学党委
5	中国美术学院党委
6	郑州大学党委
7	中国地质大学（武汉）党委
8	中山大学党委
9	深圳职业技术学院党委
10	陕西工业职业技术学院党委
11	新疆大学党委

图 2 入选第 3 批全国党建工作示范高校培育创建单位

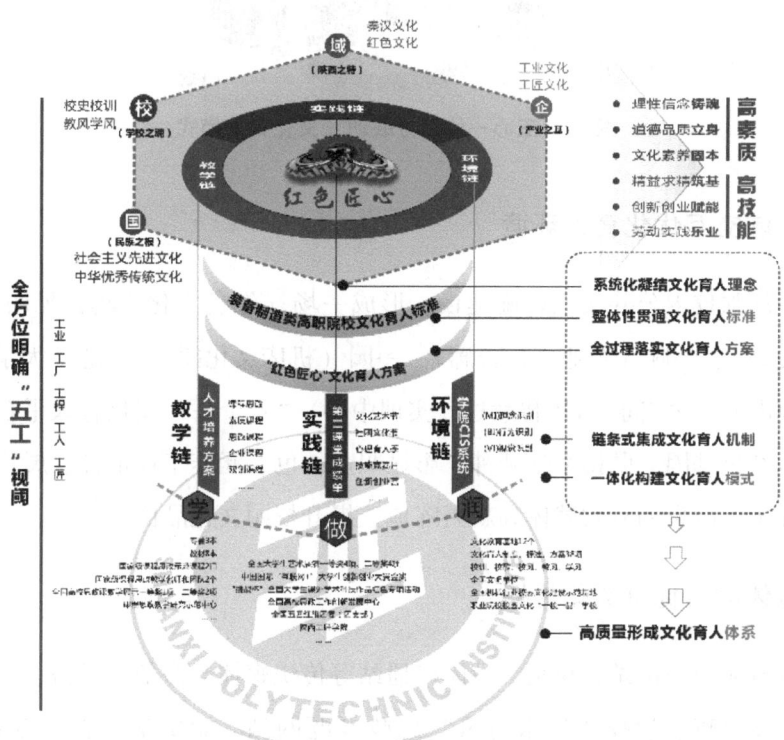

图 3 "红色匠心"文化育人体系

(三) 五育并举打通育人路径

将"红色匠心"文化理念通过德、智、体、美、劳五个维度贯通育人全方位，通过线上与线下、思政课与课程思政、教师引导与学生参与、学校教育与企业实践、制度约束与活动熏陶五个"结合"，实施"五心育人"工程，借助三观养成正心育德、借助大赛平台匠心育智、借助传统文化仁心育体、借助革命文化红心育美、借助社会实践润心育劳，构建"五育并举"育人格局。如图4所示。

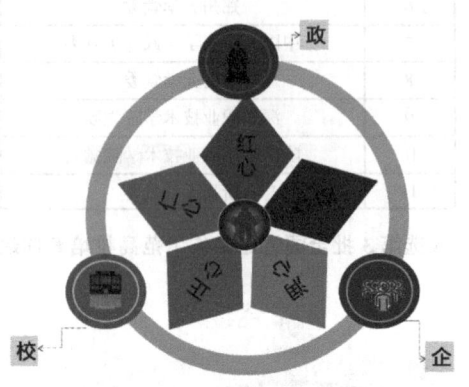

图4 "五心一体三方联动"文化育人模式

(四) 六域交互优化育人环境

持续加强校内公共文化设施建设，形成一场（红色文化广场，见图5）、一馆（校史馆）、一廊（企业文化长廊）、一园（机床文化园）、一港（大学生思政教育温馨港）、一空间（VR智慧思政实训中心）"六个一"文化育人平台，将其作为传承红色基因、弘扬大学精神、彰显职业特色、涵养工业情怀、展示办学成果、讲好工院故事的有效载体和新兴阵地，提升校园文化品位。

(五) 媒体融合促进文化传播

整合校园门户网站、校报、校园广播站等传统媒体与微信、微博、抖音号等新媒体，将易班、学校"渭水清风"思政专题网站、党史学习教育专题网站、"学马研习"思政类微信公众号等校内30多个新媒体资源，组建成新媒体传播矩

图 5 红色文化广场

阵,统筹推进网络舆论引导、网络文化建设、网络文明传播、网络公益活动等,增亮网络底色,激发网络正气,提升学校文化的传播力和影响力。

■ 四、建设成效

(一) 人才培养质量不断提高

在"红色匠心"文化的塑造下,近十年共培养毕业生71 533人,其中92%递交入党申请、85%扎根制造行业、75%服务陕西发展、65%在国家制造大类骨干企业就业。涌现出党的二十大代表、全国人大代表、全国劳动模范、全国技术能手、全国五一劳动奖章、中国青年五四奖章获得者等161人次,何小虎(见图6)、翁二龙等一批参与神舟飞天、嫦娥探月等重大项目的名片学生成为支持制造强国建设的生力军;24名学生入职清华大学等高校担任实训教师。学生全国技能大赛获奖数量、等级均居陕西第一、全国前三,获全国大学生艺术展演一等奖4项,并获陕西高职"互联网+"大学生创新创业国赛首个金奖。学生共获省级以上文化类表彰奖励187项,学生社团年均获奖2 100多人/次。

图 6　毕业生何小虎入选 2022 年"大国工匠年度人物"

（二）文化建设成果不断涌现

近年来，学校先后获得国家校园文化二等奖 1 项、省级一等奖 4 项、二等奖 6 项、三等奖 2 项；荣获全国文明单位、全国高校艺术教育先进单位、全国职业教育先进集体等国家级荣誉 21 项、省级荣誉 178 项；近五年，学校成为陕西省委副书记党建联系点，获评教育部思政工作创新发展中心（全国高职 6 所之一）、课程思政教学研究示范中心（全国高职 10 所之一）、全国党建工作示范高校培育创建单位（全国高职 4 所之一），全国职业院校校园文化"一校一品"学校、全国机械行业校园文化建设示范基地。

（三）学校社会声誉不断攀高

"红色匠心"文化育人改革实践得到高度认可，国务院副总理孙春兰勉励学校"高职就该这样办"，教育部部长怀进鹏肯定学校"有关做法可研究推广"，全国政协常委、教育部高校美育教指委副主任杜卫称赞学校"为培养高素质技能型人才树立了示范"。《光明日报》《中国教育报》等权威媒体年均刊发学院新闻及专题稿件1 437篇，如图7所示。

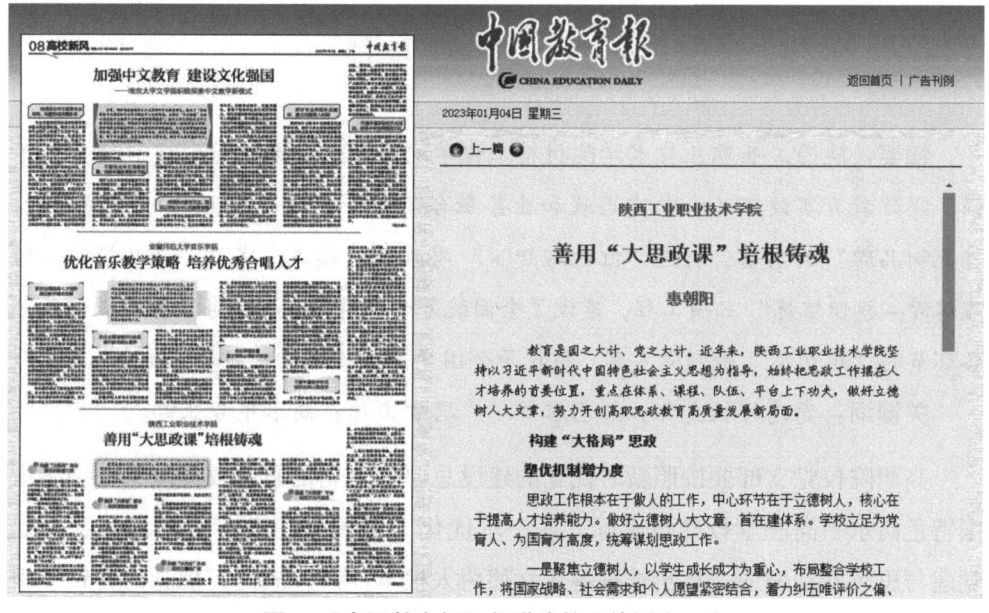

图7 《中国教育报》报道我校立德树人工作

构筑"红色熔炉+"思政模式，锻造全国党建样板支部

摘要：陕西工业职业技术学院材料工程学院教师党支部针对党建引领作用不强、思政教育实效不足、党建思政和业务融合不深等问题，按照"守正促创新，特色树品牌"的思路，打造"红色熔炉+"思政工作模式，实施"锤头熔基-镰刀熔淬-旗帜熔炼"三项工程，建设了全面统筹专业群建设各任务、教育教学改革各环节的"熔炉型"教师党支部，被授予全国党建工作样板支部培育创建单位。

关键词：党建样板支部；红色熔炉+；思政工作；高水平专业群

高职院校党支部要按照新时代党的建设总要求，立足职业教育改革特别是中国特色高水平高职学校建设实际，进一步优化"党建+思政"建设路径，立足党建与思政互动融通，扎实推进落实立德树人根本任务，成为贯彻党的方针、引领职教改革、培养高素质技术技能人才的坚强战斗堡垒。

一、形成高水平专业群"红色熔炉+"思政工作模式

按照"党建、思政与业务融合发展"的思路，党政班子统筹制定"红色熔炉+"方案，开展铸"基层组织-基层活力-基层动能"、淬"师德师风-改革能力-攻坚能力"、炼"道德信念-工匠梦想-综合素质"等九项活动，以党建旗帜锚定思政工作、专业群建设"方向标"，强化目标任务分解、问题研究和绩效考核，打造了"红色熔炉+"思政工作品牌，如图1所示。

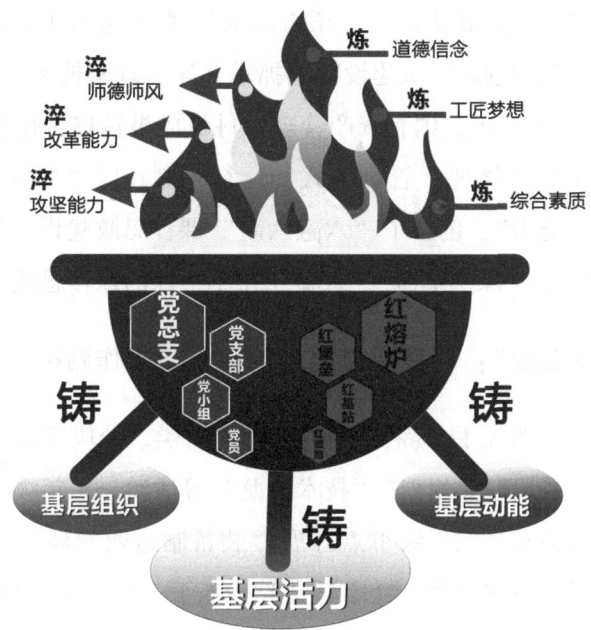

图1 "红色熔炉+"思政工作模式

二、实施"锤头熔基－镰刀熔淬－旗帜熔炼"三项工程

(一)"锤头熔基工程":以高质量党建引领思政工作方向

以"三会一课"为抓手,铸"基层组织",制定《组织生活会实施细则(试行)》等6项制度,以学习中国共产党人的精神谱系为核心内容开展"精神谱系党课"。以"主题党日+"为抓手,铸"基层活力",制定《"主题党日+"实施方案》,开展"学航天精神铸魂 担双高建设重任""与香山村开展云端相聚话振兴"等8次活动。以"党小组虚拟设置"为抓手,铸"基层动能",制定了《"党小组+教研室""双细胞"工程实施方案》,分类设置了"校企订单班""科技创新平台"等虚拟党小组,提升基层组织力,为攻坚创效提供了坚实基础。

(二)"镰刀熔淬工程":以高水平队伍推进思政工作改革

以"党史学习教育"为抓手,淬"师德师风",制定《师德师风考核实施细则（试行）》，严格落实师德失范"一票否决制"，师德考核不合格者年度考核评定为不合格。以"教师创新团队建设"为抓手，淬"攻坚能力"，建立"科研特区"，构建集知识产权管理、国有资产管理、科技成果转移转化于一体的"制度激励＋保护监督＋系统管理"管理模式和运行机制。以"课程思政建设改革"为抓手，淬"改革能力"，创新了"六融六新"课程思政建设新模式，开发特色"红色案例库"，探索"课堂革命"，打造"永不下课的课程思政大课堂"。

（三）"旗帜熔炼工程"：以高起点谋划创新思政工作路径

以"淬心计划"为抓手，炼"道德信念"，分类、分段实施"寓德于技"教育，一年级重点开展"职业规划""技术沙龙"等活动，二年级重点开展"红色文创作品开发"等活动，三年级重点开展"装备制造业发展前沿报告会"等活动。以"工匠讲堂、校友课堂、社团学堂"为抓手，炼"工匠梦想"，每周二晚自习开展"工匠讲堂"，每学年组织不少于4次的"校友课堂"，以5个专业性社团为依托开展"社团学堂"。以"第二课堂成绩单"为抓手，炼"综合素质"，将第二课堂3学分纳入人才培养方案和毕业要求，开发教学资源近100 GB，打造"蒲公英就业导航""X星评选"等12项品牌活动，进一步完善综合素质评价体系。

三、构建"党建引领"的高水平专业群育人新格局

（一）基层组织活力显著增强

教师党支部被授予第三批全国党建工作样板支部培育创建单位，获批陕西省师德建设示范团队、省青年教师创新团队、省焊接技能大师工作室各1个；培养陕西省教学名师、省先进教育工作者、省教科文卫体系统五一巾帼标兵、咸阳最美科技工作者各1名。"成型设备与控制技术"课程在2022年全国职业院校装备制造大类课程思政集体备课会上进行课程思政示范课说课、课堂实录展示，如图2所示。

图 2　2022 年全国职业院校装备制造大类课程思政集体备课会展示

（二）教科研战斗堡垒作用有效发挥

获陕西省教学成果奖二等奖、省教学能力比赛二等奖、省高校科学技术奖各 1 项；主持完成制（修）订教育部国家教学标准 3 个、团体标准 5 个；建成国家精品在线课程、省精品在线开放课程各 1 门；在首届陕西省秦创原高价值专利大赛咸阳分赛中获得优胜奖 1 项；获批陕西省级科研课题 6 项，横向到款 200 万元；承担国内首个"柔性玻璃"自然科学基金项目研究，参与制定"柔性玻璃"CSTM 标准 1 项。《光明日报》报道专业群"研学用"一体化人才培养模式（见图 3），《陕西日报》专题报道材料工程学院科研创新工作。

（三）党建赋能人才培养成绩斐然

学生先后获第八届中国国际"互联网＋"大学生创新创业大赛铜奖 1 项、陕西赛区金奖 2 项、银奖 3 项、铜奖 2 项，获省职业院校技能大赛一等奖 2 项；获

图3 《光明日报》报道专业群"研学用"一体化人才培养模式

评省团干部素质能力大赛二等奖1项、省心理案例三等奖1项、省"三下乡"优秀团队2个、省高校团建样板支部1个;入选陕西高校优秀学生干部、省大学毕业生建功立业先进事迹团各1人;优秀毕业生邢小颖参加"教育这十年""1+1"系列发布会,如图4所示。

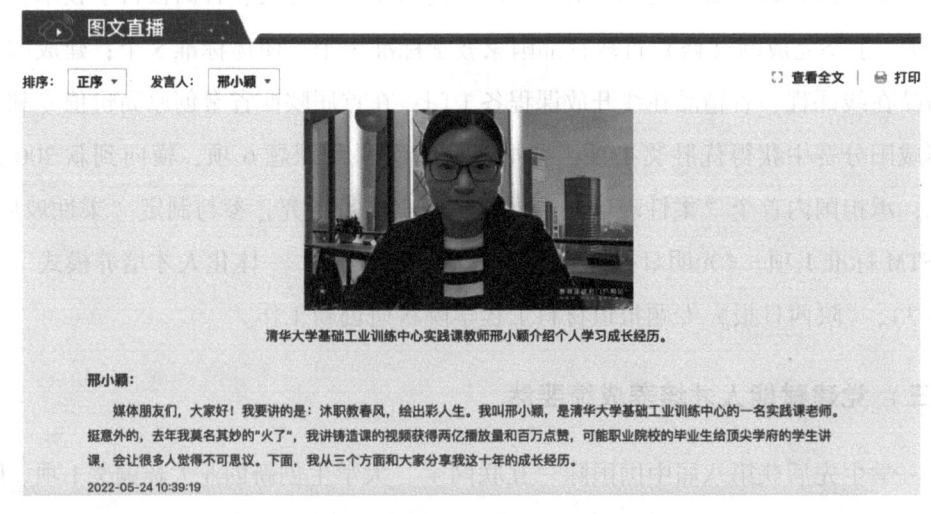

图4 专业群优秀校友邢小颖教育部发布会发言

近年来专业群取得的显著成绩，离不开红色旗帜的引领，确保了建设"不偏航"，筑牢了建设"硬堡垒"，锻造了建设"先锋队"，实现了党建思政工作与专业群建设的"同向同行、互融互促"，保障了材料成型与控制技术高水平专业群持续站稳全国高职第一方阵。

技能比拼展风采，党建引领促发展

摘要：按照新时代党的建设总要求，陕西工业职业技术学院（以下简称"陕西工院"）党委以习近平新时代中国特色社会主义思想为指导，以立德树人为根本任务，以党建工作为引领，通过"围绕中心抓、联系实际抓、带着问题抓、务求实效抓"，针对干部队伍党务业务融合不足、思政工作队伍质量不高等现状，以解决"不知、不想、不会、不能、不敢、不愿"等问题为突破口，持续开展党务素质能力大赛，通过党建"大练兵"，在比学赶超中统一思想、明确方向、凝聚力量、推动发展，实现了高质量党建和高水平发展的"双融双促"。

关键词：党的建设、大练兵、双融双促

一、着眼解决问题，实施党建"五大"战略

近年来，为进一步提升学校基层党务工作者的政治素养和业务能力，推动基层党组织建设全面进步全面过硬，针对广大党务工作者在理论基础上有待进一步夯实、在学用贯通上有待进一步强化等问题，学校党委实施"大学习、大调研、大培训、大练兵、大督查"五大战略，持续开展党务素质能力大赛，坚持以赛促培、搭建梯队，让广大党务工作者登台竞技、角逐争魁，集中展示基层党建成效和党务工作者风采，进一步营造比学赶超、争先创优的浓厚氛围，推动学校基层党建工作提质增效。

二、围绕能力提升，打造党建"练兵"品牌

按照教育部新时代高校党的建设示范创建和质量创优总体要求，学校党委坚持政治引领、党建先行，结合中国特色高水平高职院校建设目标，锚定全国党建工作示范校创建，2021年起全面启动"党务素质能力大赛"，系统制定实施方案，针对党务工作队伍短板、弱项，设置基础知识测试、主题党日策划、微党课讲授、政策理论宣讲四个比赛环节，将全校18个党总支、63个党支部、139个党小组及全体党务干部、处科级干部、辅导员纳入竞赛范围，通过登台"比"、互鉴"学"、争先"赶"、竭力"超"，打造党务素质能力大赛"大练兵"品牌，全面巩固提升基层党组织战斗堡垒作用。

（一）登台"比"

将党务素质能力大赛作为互动学习、寻找差距、晾晒成绩、提升士气、培养骨干的岗位"大练兵"。大赛以党务知识测试开场，重点围绕习近平总书记关于高校党的建设重要论述、《中国共产党章程》等党内法规和党史有关内容展开，激励全体党员干部坚定不移地用重要讲话精神和理论知识武装头脑、指导实践、推动工作，在凝聚共识中"疏通脉络"，如图1和图2所示。

图1　党务素质能力大赛基础知识测试现场

图 2 党务素质能力大赛现场

（二）互鉴"学"

大赛将主题党日活动设计作为重要内容，通过展示主题党日活动策划方案，引导参赛选手关注时事热点、学习科学理论、贯彻大政方针，让主题党日活动"出新"更"入心"，在交锋切磋中"提神醒脑"。

（三）争先"赶"

参赛选手结合专业学习、工作实际，通过理论阐述、现场展演、故事讲解等形式，将学习工作感悟融入党课和理论宣讲，从"小角度"讲清"大道理"，用"身边事"讲实"硬道理"，在学思践悟中"锤炼筋骨"。

（四）竭力"超"

通过大赛，进一步推广先进经验，补齐短板不足，充分激发动力，锻造一流的党务干部队伍，支撑起一流的工作业绩，鼓励全校各党组织在发展中找准自身方位，发挥"头雁作用"，拓宽"雁阵效应"，在实干笃行中"运筹帷幄"，用比学赶超的劲头实现党建与中心工作同频共振。

三、务求取得实效,凸显党建"引领"作用

党务素质能力大赛现已成为陕西工院推进党建工作的"固定动作"和"特色品牌"。大赛把顶层设计"指路"和基层实践"探路"相结合,以赛促学、以赛代练,进一步激励广大党务工作者勇于担当、奋发有为,促进党支部战斗堡垒作用和党员先锋模范作用发挥,推动学校基层党建全面进步、全面过硬。

(一)理论学习"活"起来

比赛是载体,推动学习运用是根本目标,通过"以赛促学、以学促用"的方式,进一步调动和发挥广大党务工作者学习的积极性和主动性,强化党务知识学习,提升党务干部业务水平,真正做到学深悟透、入脑入心、见行见效。选拔优秀选手组建宣讲团,常态化开展习近平新时代中国特色社会主义思想校园巡讲,目前已有1人入选陕西省英烈事迹宣讲团。如图3所示。

图3 红色精神宣讲团党史学习教育宣讲会

（二）一流队伍"建"起来

校党委将大赛作为打造高素质专业化党务干部队伍的有效载体，在竞赛内容设计中注重党务理论和技能实践相结合，通过打造团队、全员练兵，不断提升队伍的专业化、职业化建设水平。现有陕西省优秀共产党员2人，获全国高校思想政治理论课教学展示一等奖1项、二等奖2项，累计获陕西高校思政课教学标兵7人、教学骨干2人、课程思政教学骨干2人。

（三）基层党建"热"起来

大赛不仅是对党务工作者基本功的检验和风采展示，也是一次次掀起基层党组织学习宣传贯彻党的十九届历次全会和党的二十大精神的热潮，更是对推进学校党建工作开新局、谱新篇的再次动员，有力助推了基层党建提质升温。目前，培育创建全国党建工作样板支部2个、"双带头人"教师党支部书记工作室1个，建成全省党建工作标杆院系1个、样板支部2个。

（四）战斗堡垒"强"起来

通过大赛，全校各级党组织切实将以高质量党建推进学校高质量发展的实际行动，把党的二十大精神落到实处。面对新校区建设入驻之难、双高建设任务验收之艰、疫情防控保障师生平安之困，学校充分发挥基层党组织战斗堡垒作用和党员先锋模范作用，克服了一系列前所未有的困难，全面、高质量地完成了年度各项工作任务，取得新校区建设攻坚战、双高建设持久战、疫情防控阻击战全面胜利，交出了一份精彩靓丽的答卷。

实施四项计划，中省"两红两优"取得新突破

摘要：针对学校共青团工作存在的不足和短板，陕西工院共青团深化改革主基调，实施"红色基因铸魂""组织建设强基""青年发展赋能""团建创新引领"四项计划，健全了"五位一体"育人体系，提升思想引领有效性，筑牢基层团组织建设，精准服务学生成长需求，激发共青团高质量发展动力，全面提升学校团组织的"引领力、组织力、服务力和贡献度"。以党建带团建，先后获评"陕西省五四红旗团委"和全国"三下乡"社会实践"优秀单位"，作为全省高职院校唯一，1个团总支获全国五四红旗团支部，5个团组织入选全省高校团建示范院校培育单位。工作案例入选高校共青团工作交流会材料汇编，建设成果在省教育厅官网做了专题报道，吸引10余所高职院校来校交流学习。

关键词：党建带团建；思想引领；组织建设；团学改革

针对思想政治引领针对性、实效性有待提升，团的基层基础有待夯实，组织服务学生精准性有待增强，促进团建项目化落实力度有待加强的问题，陕西工院共青团聚焦为党育人使命，强化党建带团建，推动共青团改革向纵深发展，推进学校共青团工作质量持续提升，为谱写学校高质量发展新篇章贡献青春智慧和力量。

一、加强统筹谋划，健全"五位一体"育人体系

陕西工院共青团深化改革主基调，坚持问题导向，实施"红色基因铸魂"

"组织建设强基""青年发展赋能""团建创新引领"四项计划，26项重点任务落实见效，推动学校共青团改革走深走实，健全了"强基固本、赋能提升、骨干带动、组织保障、质量监督"五位一体的共青团育人体系，提升思想引领有效性，筑牢基层团组织建设，精准服务学生成长需求，激发共青团高质量发展动力。

二、实施四项计划，探索"三力一度"育人路径

（一）实施"红色基因铸魂"计划，思想引领更加有效

开展"喜迎二十大 永远跟党走 奋进新征程"等主题教育活动，覆盖学生2万人次，如图1所示；深入开展"青年大学习"网上主题团课、《论党的青年工作》学习答题等活动，纳入"第二课堂成绩单"必修项目，全校团员青年参与率达90%以上。在《习近平与大学生朋友们》全国大学生精读大赛中分别获得一等奖、二等奖。根据青马骨干培养的需求，构建"理论铸魂—实践强基—引领行动"三级递进培养体系，开展好理论培训、红色教育、劳动实践、素质拓展"四个模块"，建设好学员库、导师团、课程表、任务单、报告单"五张清单"，推动"青马工程"提质培优；探索融合网络思政与青年工作的创新路径，结合青年话语体系与传播特点，推出《团聚青春歌》《一起向未来》等网络作品30余个，浏览量超50万次。

（二）实施"组织建设强基"计划，自身建设更加过硬

聚焦基层团支部建设基础，严格落实"三会两制一课"，通过团支部风采展示、主题团日比拼等活动，激发团支部活力。开展学校团建示范创建，推进基层团组织标准化建设。聚焦关键少数，分层、分类开展团干部培训全覆盖；落实"团干部上讲堂"制度，举办团干部素质能力大赛，200余名团干部以赛促学，如图2所示。深入推进学生会、社团改革，校学生会组织主动聚焦症结，稳步推

图1 举办"喜迎二十大 永远跟党走 奋进新征程"文艺汇演

进改革,通过科学"瘦身"实现功能再造,荣获陕西"标兵学联学生会组织"。探索成立学生社团功能型团支部60个,实施品牌社团建设计划,重点打造思想政治类、学术科技类社团12个。

图2 举行第三届团干部素质能力大赛

(三)实施"青年发展赋能"计划,青春担当更加彰显

基于第二课堂成绩单制度,通过社会实践(见图3)、工匠讲堂、校园文化、创新创业活动四大板块,前置就业能力培养,全面提升学生综合素质,以第二课堂成绩单助力学生高质量就业。系统设计九大社会实践主题和七大社会实践选题,探索"点线面"社会实践育人模式,用心用情做好实践育人,打造出智慧帮老、生态环保、禁毒防艾等志愿服务品牌。以"挑战杯"等品牌赛事为载体,搭建青年成长平台,在竞赛中培养学生的创新意识和实践能力。

图3 开展暑期社会实践活动

(四)实施"团建创新引领"计划,改革成效更加凸显

探索"校企"双元第二课堂育人体系,将"五育"元素融入"第二课堂成绩单"制度,构建"7+1"第二课堂课程项目体系,建成"功能展示+运营互动+操作培训+数据分析+成果推介"五位一体的第二课堂教育中心,开发多维立体化第二课堂教育资源200余个。届次举办文化艺术节、社团文化节、新生文体节、宿舍文化节、双创文化节,开展"红色访学经历+社会实践经历+创新创业经历+企业实习经历+劳动锻炼经历"实践,助力学生成长成才,如图4所示。

实施四项计划，中省"两红两优"取得新突破   23

图 4 举办"青春献礼二十大 社团齐聚展风采"社团巡礼活动

三、强化党建引领，获评"两红两优"示范引领

对标对表党建带团建的工作要求，在党建引领下学校共青团工作多点开花。先后获评"陕西省五四红旗团委"和全国"三下乡"社会实践"优秀单位"，视频号获全国高职院校"综合影响力百强"。作为全省高职院校唯一，1 个团总支获全国五四红旗团支部，5 个团组织入选全省高校团建示范院校培育单位。在第三届陕西高校团干部素质能力比赛中，获省赛一等奖 1 项、二等奖 3 项，获奖数量和等级位居全省高职院校第一。2022 年 5 月，第二课堂建设成果在全国高校共青团工作交流会上作了题为《完善第二课堂成绩单　深入推进学生评价改革》的分享交流，并在陕西省教育厅官网做了专题报道，吸引陕铁职院、陕西国防职院等 10 余所高职院校来校交流学习。

聚焦四全导向 聚力四优举措
智造堪当"造出来"重任的时代工匠

摘要： 为适应国家职业教育发展、陕西建设内陆开放高地和推进西部大开发新格局对高素质技术技能人才的新需求，陕西工业职业技术学院坚持立德树人根本任务，牢牢把握产教融合、提质培优的新时代职教命题，聚焦"全方位、全链条、全流程、全周期"的人才培养导向，聚力实施创"优"校企互融共生格局、筑"优"岗课赛证贯通体系、塑"优"实践能力锻造机制、培"优"红色匠心育人品牌四优举措，不断壮大支撑"中国制造"强国战略的生力军和主力军，培养堪当"造出来"重任的时代工匠。

关键词： 校企互融、岗课赛证、技艺共长、五历实践、匠心育人

一、立足全方位，创优校企互融共生格局

学校立足高端装备制造行业，抢抓咸阳市创建国家产教融合试点城市的机遇，依托牵头成立的全国机械行业材料成型与控制技术职业教育集团、陕西装备制造业职业教育集团、校企协同育人战略联盟三大校企合作平台，创建西部产教融合研究院、西部现代职业教育研究院、西部创新创业研究院三大理论研究平台，突出资源整合与集成创新有机结合、面上提升与局部超越有机结合，重构校校联合、校政联手、校企联姻以及向国外教育机构延伸的协同互助生态，推动集团化办学全要素、多领域、高效益的新突破，加快从"利益合作体"走向"治

理共同体"的全新布局。按照"一院一名企、一院一模式、一院一品牌"思路，与西安航天发动机有限公司、西门子等600余家企业深度合作，联合开设订单班338个，共建产业学院6个，如图1和图2所示。学校探索出"招生招工一体、校企协同育人"的人才培养新路径，学做合一、理实一体，让人才培养与企业需求、专业教师与能工巧匠、理论教学与技能培训、教学内容与工作任务、能力考核与技能鉴定、校园文化与企业文化"深度融合"，力促人才培养规格与企业岗位能力的"无缝匹配"。

图1　欧姆龙订单班开办典礼

图2　先进制造精雕产业学院

二、凸显全链条，筑优岗课赛证贯通体系

学校精准对接区域行业企业对人才培养的新需求，通过校企一体化实施菁英工匠质量提升工程，创新形成"校企双元协同、真岗实境强技、岗课赛证融通"的新型人才培养模式，按照结构化、模块化课程建设思路，多元化开发新业态教

材，立体式建设数字化课程资源，全方位开展岗、课、赛、证融合育人。

紧贴岗位职业需求，基于岗位工作流程，以工作过程为导向，以课程教学形态改革为切入点，选取结构化和序列化的典型岗位工作任务系统化设计教学项目，在实际教学中引入生产标准和国际标准，重构"通识课共享、专业理论课分立、核心课互选"的全新课程体系，实施"岗课融通"，有效缩短了学生"职业适应期"，架起了人才培养直通用人单位的"立交桥"；实施校企双专业带头人制度，进一步优化人才培养各环节，梯次推进由通识课程向专业课程、核心课程的学习，突出"产教互动、工学结合"的核心，将"1+X"职业技能等级证书标准融入课程标准、证书知识点和技能点融入课程教学内容，校企合作开发职业技能等级标准和配套教材（见图3），搭建"基础实训室+综合实训基地+工业技术实训中心+校外实习基地"相配套的能力训练体系，促进"课证融通"；瞄准世界技能大赛及全国大学生技能大赛中的新技术、新规范、新要求、新标准，将职业技能大赛内容融入教学内容，大赛项目融入实践项目，大赛训练融入实践教学，实施"赛课融通"。

近年来，共建成国家级精品在线开放课程9门（见图4）、省级精品在线开放课程30门、院级精品在线开放课程71门、资源库标准化课程87门，已有149门课程在国内知名课程平台上线并面向全国开放共享，选课学生超过30万人次，并向"一带一路"沿线国家输出专业标准、课程标准累计210项。

图3 校企合作开发的职业技能等级标准和配套教材

聚焦四全导向　聚力四优举措　智造堪当"造出来"重任的时代工匠

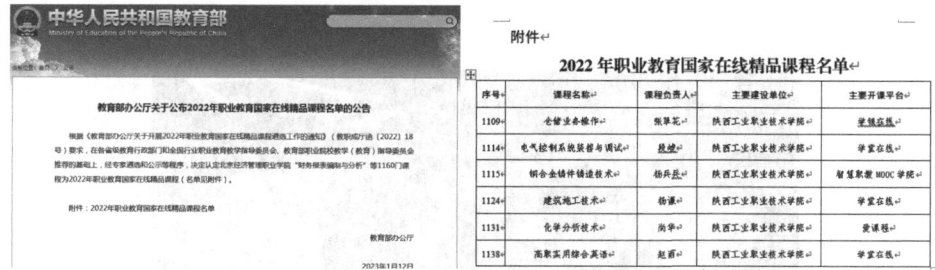

图 4　2022 年获批国家在线精品课程 6 门

三、贯通全过程，塑优实践能力锻造机制

学校坚持"以赛促教、赛教结合、以赛精艺、技艺共长"，聚焦人才培养的重点领域和关键环节创新实践，以专业群为基础，依托学校以"优质生源计划、优师优育计划、优生优业计划、优业优扶计划"为主要内容的"四优工程"，组建"四优工程"工匠培育班，广泛组织学生参与各级各类技能竞赛，锤炼基础技能。联合企业，遴选技能大师、教学名师、科研骨干等，组建教学、技能大赛指导、科技创新指导、职业指导四支队伍，构筑起"基础训练—仿真锻炼—实际操练"三层递进的学生能力培养机制。要求工匠培育班学生做到 5 个必须，即每年必须参加 1 项技能竞赛；在校期间必须参与 1 个由教师负责的课程建设或实训基地建设项目；每年必须赴企业进行为期 1 周的岗位实践锻炼；在校期间必须参与 1 个教师负责的科研项目，如图 5 所示；在校期间协同教师必须解决 1 项企业生产过程中的技术难题，培养学生创新意识，提升学生创造能力。

近 3 年毕业生一次性就业率平均保持在 97% 以上，国家骨干企业就业比例超过 60%。学生累计获得各类技能大赛全国一等奖 10 项、二等奖 11 项、省级技能大赛一等奖 101 项，实现了国际"互联网＋"大学生创新创业大赛陕西省金奖零的突破，如图 6 所示。24 名优秀毕业生入职清华大学、浙江大学、北京航空航天大学等知名高校，先后涌现出 2022 年大国工匠年度人物，以及全国五一劳动奖章获得者何小虎、清华最美网红教师邢小颖、中国中铁青年岗位能手王英锋、梦桃式最美职工何菲、陕西最美青工黄亚光、陕西技术能手杨贵轩等一大批新时代工匠，如图 7 所示。

图 5　工匠培育班学生与教师一同研讨科技创新作品

图 6　技能大赛部分获奖证书

图 7　2022 年"大国工匠年度人物"何小虎，清华大学基础工业训练中心教师邢小颖

四、紧扣全周期，培优红色匠心育人品牌

学校围绕"技术工人到大国工匠"的培养过程，将以延安精神、西迁精神为代表的红色文化，精益求精、守正创新的"匠心文化"，与时俱进、以工为主的专业文化，博大精深、历史厚重的地域文化融合，形成以"红色"作底色、以"工业"为灵魂、以"卓越"为境界、以"匠心"作特色的"红色匠心"校园文化，并将这一精神基因通过"教学链"和"教育链"分别落实到专业人才培养方案和文化育人实施方案中，创新"红色访学经历＋社会实践经历＋创新创业经历＋企业实习经历＋劳动锻炼经历"等"五历实践"文化育人行动机制，搭建校区、社区、厂区、馆区、园区等多元文化"五区一体"育人平台，构建"精神、环境、制度、行为、企业"五大文化育人体系，一体化指导育人实践。近年来，学校被认定为全国高校思政工作创新发展中心、教育部课程思政教学研究示范中心、省党建工作示范高校培育创建单位，荣获"全国机械行业'十三五'思政工作50强"，获全国高校思想政治理论课教学展示暨优秀课程观摩活动一等奖1项、二等奖2项，2门课程被认定为教育部课程思政示范课程，2支团队及教师被认定为课程思政教学团队和名师，如图8、图9所示。

图8 全国高校思政工作创新发展中心批文

聚焦四全导向　聚力四优举措　智造堪当"造出来"重任的时代工匠　■　31

图9　课程思政教学研究示范中心、课程思政教学名师和团队批文

技术标准引领
赋能中小微企业提质增效

摘要：随着我国装备制造业发展进入新阶段，经济结构调整不断加快，装备制造业的关键技术标准壁垒影响着中小微企业的转型升级。我校积极贯彻《国家标准化发展纲要》文件精神，通过建立科技创新工作联动机制、创新技术标准服务模式及加强关键技术领域标准研究等举措，聚焦我省24条制造业重点产业链搭建智能制造标准化体系，重点在智能铸造、智能终端、增材制造、光伏、钛合金、氢能等关键技术领域研制团体标准或行业标准，借助技术标准引擎，为赋能中小微企业提质增效贡献"陕工经验"。

关键词：技术标准、中小微企业、推广应用

为深入贯彻落实《国家标准化发展纲要》及陕西省人民政府《关于贯彻落实国家标准化发展纲要的实施意见》，提升产业标准化水平，以标准化助力中小微企业技术创新、推进产业优化升级，我校通过建立科技创新工作联动机制、创新技术标准服务模式及加强关键技术领域标准研究三项举措，有计划、有步骤地推进标准化建设与科技创新互动发展，为赋能中小微企业提质增效贡献"陕工经验"。

一、建立科技创新工作联动机制，协同推进标准化基地建设

（一）成立专门机构，强化管理服务

为贯彻落实工信部《"十四五"智能制造发展规划》中明确提出的"深入推

进标准化工作"和省委教育工委、省教育厅推进高校深度融入秦创原建设工作的相关要求,进一步规范学校知识产权、技术标准等管理工作,学校特设立了技术转移中心(与科研处合署办公),中心下设技术服务科,重点服务装备制造、新材料、电子信息等省内主导产业发展需求,解决中小微企业技术工艺、产品研发和技术需求的实际问题;成立了由校长担任组长、主管科技工作的副校长担任副组长,技术转移中心(科研处)、人事处、财务处以及与成果转化有关的部门组成的科技成果转化领导小组,统筹规划全校的科技开发、成果推广、技术标准研制及成果转移转化相关工作。2022年我校技术转移中心被评为咸阳市技术转移示范机构,如图1所示。

图1 技术转移中心被评为咸阳市技术转移示范机构

(二) 共建创新基地,加强体系建设

为解决中小微企业在智能铸造领域数字化、网络化、智能化等发展中的关键问题,我校与国家智能铸造产业创新中心、中国铸造协会、行业骨干企业等共建了国家技术标准创新基地(智能铸造),该基地是全国唯一的铸造行业国家技术标准创新基地,如图2所示;我校依托国家技术标准创新基地(智能铸造),由材料工程学院作为主要起草单位制定了《铸造企业智能制造能力成熟度评估方法》团体标准(标准由中国铸造协会发布实施),该标准已在共享智能铸造产

创新中心有限公司、科华控股股份有限公司、长沙长泰机器人有限公司等10余家企业推广应用，进一步推动了智能铸造领域新型知识产权的应用推广，加快了智能铸造行业标准体系的系统化构建，有效促进了产业结构转型升级，提升了铸造企业的综合竞争能力。

图2　我校参与国家技术标准创新基地（智能铸造）建设

二、创新技术标准服务模式，持续提升智能制造供给能力

（一）创新科技制度，规范工作流程

依据陕西省"十四五"规划中提出的"构建制造业为引领的富有陕西特色的现代产业体系"和咸阳市国家产教融合试点城市建设任务，我校先后出台了《技术创新服务平台建设运行管理办法》《科研项目管理办法》《知识产权（专利）管理办法》和《科技成果转化管理办法》等科技创新制度，实施了以平台、

项目、专利、科技资源等多元化"标准+"的技术标准服务模式，为学校服务中小微企业的技术创新提供了管理规范，为技术标准等科技成果在中小微企业推广应用优化了工作流程。

（二）试点"标准+科研平台"服务模式，氢能关键技术研发取得进展

通过试点"标准+科研平台"的技术标准服务模式，在机械制造及自动化、材料成型及控制技术、电气自动化技术、光伏工程技术等专业中立项建设了聚焦智能机器人、数控机床、钛合金、氢能等关键技术领域的 5 个厅局级以上科研平台。我校的陕西省"四主体一联合"智能微网与 PEM 制氢储能装备校企研究中心研制的技术装备智能微电网耦合制氢系统在中国（西部）氢能大会上进行研发及设备推广，得到我省的省市领导及参会中小微企业的高度关注，该装置实现了预测光伏发电、电氢耦合自动化控制等关键创新性技术革新，可根据光伏发电情况预测产氢量和外输量，实现了氢气制、储、输的自动计算和控制，契合我省24 条制造业重点产业链中的氢能领域关键研究方向。如图 3 所示。

图 3 研究中心胡平主任向榆林市委书记张晓光、西安交大党委书记卢建军介绍技术装置情况

三、加强关键技术领域标准研究,引领产业创新发展

(一)加强标准制定,加快产业化步伐

通过走访调研陕西元弘实业有限公司、咸阳象山模具机械制造有限公司等65家中小微企业,从企业生产一线征集了涵盖数控机床、增材制造、新能源、光伏、钛合金、氢能等关键技术难题105项,通过"揭榜挂帅"形式,推动了智能制造领域的8项技术标准研制和31件专利申请授权,加快了新技术产业化步伐,为中小微企业技术研发和工艺改造提供了规范和依据,实现了我校从"技术标准输出"向"产业创新引领"的转变。

我校主持或参与的国家、行业企业和地方标准见表1。

表1 主持或参与的国家、行业企业、地方标准一览表

序号	名称	类别	发布时间	实施时间	发布单位
1	铸造企业智能制造能力成熟度评估方法	团体标准	2021/10/18	2022/1/18	中国铸造协会
2	柔性玻璃	团体标准	2021/8/9	2021/11/9	中关村材料试验技术联盟
3	万能工具磨床型式与参数	团体标准	2020/4/13	2020/5/1	中国机械工业联合会
4	数控球笼保持架窗口磨床	团体标准	2019/12/19	2020/3/1	中国机械工业标准化技术协会
5	光伏智能温室建造技术规范	杨凌普兆农业科技有限公司企业标准	2019/9/1	2019/9/1	杨凌普兆农业科技有限公司

续表

序号	名称	类别	发布时间	实施时间	发布单位
6	卡规磨床 第一部分：精度检验	中华人民共和国机械行业标准	2019/5/2	2020/1/1	中华人民共和国工业和信息化部
7	万能工具磨床 第二部分：精度检验	中华人民共和国机械行业标准	2017/1/9	2017/10/1	中华人民共和国工业和信息化部
8	多用磨床 第一部分：精度检验	中华人民共和国机械行业标准	2017/1/9	2017/10/1	中华人民共和国工业和信息化部

（二）成果推广输出，解决技术难题

我校材料成型与控制技术专业群与宁夏共享集团共建了材料成型工程研究中心，加强智能铸造先进技术的研发，中心的《一种 Ti6Al7Nb 钛合金薄板及其制备方法》《一种矿物复合材料以及制备工艺》等 5 项科技成果在陕西利秦智诺机器人科技有限公司、西安圣泰金属材料有限公司、西安斯塔克材料科技有限公司等中小微企业实施转移转化；我校牵头制定的《卡规磨床》（第一部分：精度检验）、《万能工具磨床》（第二部分：精度检验）、《多用磨床》（第一部分：精度检验）3 个行业标准由工信部发布实施，为数控机床领域的中小微企业提质增效提供了技术标准和规范；我校作为主要起草单位制定的《柔性玻璃技术标准》由中关村材料试验技术联盟正式发布实施，成为柔性玻璃相关制造企业生产制造的重要规范性指导性文件，该标准及其 6 项专利知识产权在山东兖州实施成果转化，注册山东柔光新材料有限公司，带动中小微企业投资 2 亿元，新增利税 3 500 万元，如图 4 所示。

图 4 我校的"超薄柔性玻璃项目"在山东兖州实施成果转化

近年来,我校结合 2 个国家级高水平专业群和 6 个省级高水平专业群发展,聚焦我省 24 条制造业重点产业链,初步形成智能制造领域的标准体系,依托联合共建的国家技术标准创新基地的"标准+"服务模式正在逐步试点推广应用,与共享智能铸造产业创新中心有限公司、北京精雕科技集团有限公司等 60 余家中小微企业开展的产学研合作关系越加紧密,为服务区域经济高质量发展和中小微企业产品技术研发、工艺更新改造提供了"陕工经验"。

依托"五方联动、四项融合、三链协同"创新创业生态体系，全面提升高职院校双创教育能力

摘要：针对目前高职院校在探索创新创业教育模式遇到机制不全、氛围不浓等问题，本案例从顶层设计、平台建设、资源整合、氛围营造等方面着手，探索人才培养新模式，构建了"五方联动、四项融合、三链协同"的创新创业人才培养生态体系，为高职院校的创新创业教育发展提供借鉴和参考。

关键词：创新、创业、生态体系

2018年9月，国务院发布了《关于推动创新创业高质量发展 打造"双创"升级版的意见》，文件要求继续强化大学生创新创业教育培训，支持职业院校深化产教融合，引入企业开展生产性实习实训。之后，国内高职院校纷纷积极响应国家创新驱动发展战略，开始重视学生的创新创业教育，增设创新创业类相关理论和实践课程，以加强学生的创新思维、创新意识以及创业实践的培养，提高学生创新创业能力。目前，虽然部分高职院校在创新创业教育方面已取得一定的成效，但在国家尚未指定高职院校创新创业教育教学内容标准的情况下，由于各高职院校所处环境、区域特色、资源整合能力均不同，在创新创业教育模式探索过程中仍存在许多问题，如院校内创新创业组织运行机制不全、创新创业氛围不浓、课程体系单一以及双创成果落地转化难等问题。鉴于此，近年来我校在高职院校创新创业教育模式改革上做了一些有益的探索和实践，并取得了阶段性成果。

一、高职院校创新创业人才培养生态体系的整体思路

在"大众创业、万众创新"的时代背景下，我校以提升大学生创新创业能力为目标，提出了"以赛促教、以赛促学、以赛促改、实境育人"的思路，通过创新人才培养模式、修订专业能力与创新创业能力深度融合的人才培养方案、搭建校企协同创新创业实践平台、组建多元化的师资团队、完善创新创业保障机制等途径，构建了基于创新创业能力培养的"五方联动、四项融合、三链协同"的创新创业人才培养生态体系，如图1所示。

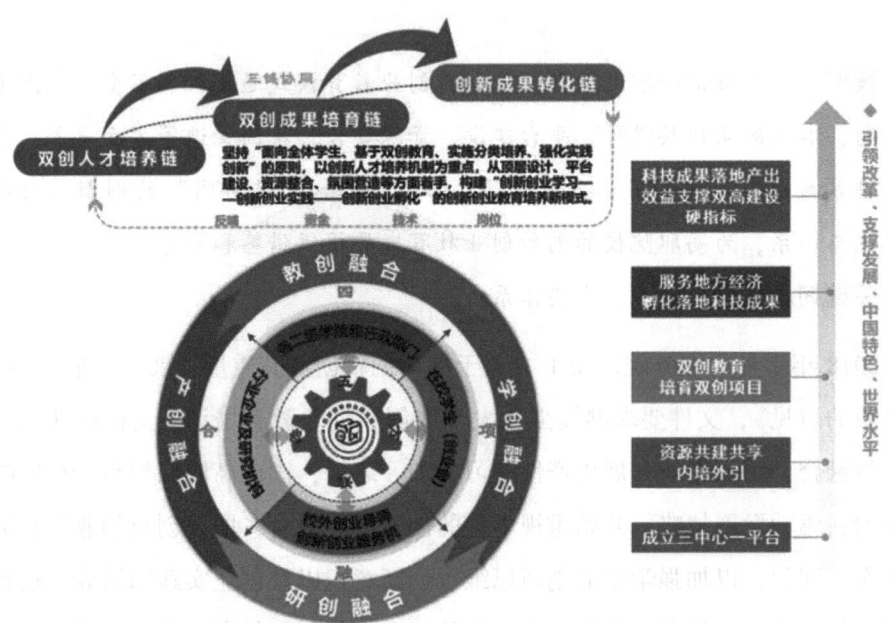

图1 "五方联动、四项融合、三链协同"高职创新创业人才培养生态体系

（一）五方联动健全创新创业组织运行机制

以西部创新创业研究院为中心，通过与学校各二级学院、行业企业及研究机构、校外创业导师及创新创业服务机构、在校学生（创业者）之间相互联动，搭建"五方联动"的创新创业教育与实践平台，如图2所示。

图 2　五方联动新机制

（二）四项融合营造创新创业文化氛围

四项融合即教创融合、产创融合、研创融合与学创融合。我校在专业教学过程中融入创新元素和创业元素，将课堂中有创意的项目进一步孵化成创新创业大赛项目，实现"教创融合"，以赛促创；建立校企合作创新基地，引入企业创新项目，实现"产创融合"，以产促创；鼓励教师与研究机构和企业合作，实施"研创融合"，以研促创；将学生技术性社团与第二课堂结合起来，建立起双创师生高效沟通的桥梁，实现"学创融合"，推动以学促创，进而形成"从学校到企业、课堂到社团、教师到学生"全方位、多角度、深层次的创新创业文化氛围。

（三）三链协同培育创新创业新成果

三链协同即双创人才培养链、双创成果培育链、创新成果转化链协同发展。围绕资源共建共享，成立"三中心一平台"，落实创新创业基础教育，形成双创人才培养链；通过双创教育培育双创项目，双创项目培育创新团队，进而培育双创成果，形成双创成果培育链；通过双创团队参与双创大赛和服务地方经济，通过服务地方经济孵化落地科技成果，通过科技成果落地产出效益，形成创新成果转化链。三者相辅相成、互为依托，双创人才培养促进双创成果培育，双创成果培育助推双创成果转化，双创成果转化又从技术研发、项目实践等方面指导双创人才培养，实现三链协同发展，共育优质双创成果。

二、多措并举夯实双创体系，多管齐下促进双创发展

（一）制定完善相关制度，落地实施激励政策

我校制定并出台了多项双创教育相关制度，从领导机制、课程体系、师资保

障等方面细化双创教育措施、落实创新人才培养任务,如《"创新能力提升"育人改革方案》《创新创业导师管理办法》《创新创业竞赛管理办法》等。此外,我校还全面修订了《学籍管理规定》,制定了《学生创新创业及参加技能大赛课程学分认定与转换办法》,对学生创新创业成果予以认定加分,充分提高学生参与创新创业活动的积极性。

(二)搭建双创实践平台,构建"I-C-B"课程体系

联合企业共同搭建"网点+实体+工坊+空间"多维区间的创新创业实践平台,根据技术技能型人才培养途径,遵循高职人才成长规律,针对不同阶段学生的学习特点,按照"创意激发(Inspiration)—创新培养(Cultivation)—创业突破(Breakthrough)"三层递进的创新创业课程设置思路,构建"I-C-B"高职大学生创新创业三层递进课程体系(见图3),分阶段优化学时、配置学分,进一步促进专业教育与创新创业教育有机融合。

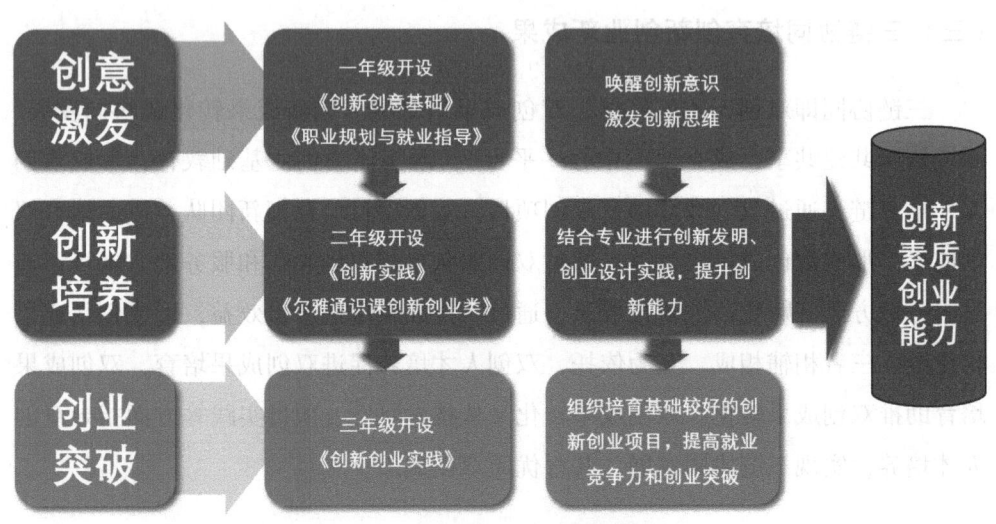

图3 "I-C-B"三层递进课程体系

(三)加强双创师资建设,提升双创教育能力

充分发挥西部创新创业研究院智库作用,为教师开展双创教育提供专业化的指导与支持,建设创新创业导师人才库。一方面,选聘知名专家、创业成功者、

企业家等各行各业优秀人才入校指导；另一方面，鼓励和支持校内教师到企业挂职实践，参与创业实践指导与培训，形成一支校内外结合、专兼结合、具有"双师型"素养的创新创业教育导师队伍。此外，我校还将创新创业教育纳入学校教师教育教学评价体系，对表现突出的教师给予表彰；引导教师结合创新创业教育开展案例和理论研究，不断提升双创教育能力。

三、创新创业人才培养生态体系建设成果

（一）双创大赛成绩显著，双创实践成果不断涌现

根据全国大学生创业服务网数据显示，在第六、七、八三届中国国际"互联网+"大学生创新创业大赛中，我校累计参赛学生 4 426 人次，参赛项目 1 183 个，获国赛金奖 1 项、铜奖 5 项、陕西赛区金奖 13 项、银奖 21 项、铜奖 43 项。同时，通过双创大赛的培育，涌现出一批优质的创业项目，其中，校园集体创业项目 12 个，如连锁体验店、京东派、校园速递项目等；短期创业项目 23 个，如关中卫大姐网络运营、新百伦双十一网络客服、小红书网络客服、上海凯淳双十一网络客服等。

（二）形成高质量双创教育高地，服务区域经济能力不断提升

建成国家、省、学校三级创新创业平台体系。获批创建省级众创空间孵化基地 1 个、省级产学研一体化示范基地 1 个、省级大学生校外创新创业教育实践基地 2 个、陕西高校青年创新团队 2 个、教育部认定协同创新中心 4 个，获批陕西省首批示范高校就业创业指导服务机构、陕西省首批深化创新创业教育改革示范高校。近年来，服务大众创业、万众创新，引进并孵化创业项目 23 个，实现年均产值 758 余万元，带动 3 800 余人就业；完成地方揭榜挂帅科研项目 6 项、校企协同攻关企业技术难题 80 余项，为企业产生直接经济效益 1 亿元以上。

（三）学校声誉不断提高，主流媒体多次报道

我校创新创业人才培养成果和案例在西安航空职院、浙江金华职院等 56 所

院校得到了良好的借鉴与应用，先后荣获全国高职院校服务贡献 50 强、实习管理 50 强以及产教融合 50 强。中央电视台、中国青年报、中国教育报、陕西日报、网易、高教网等主流报刊和媒体对我校创新创业人才培养取得的成果进行了持续关注和报道。

"三走进、五协同",共育数字化精密制造技术人才

机械工程学院

摘要：近年来，装备制造业呈现数字化、信息化、智能化的特征，行业发展对人才培养提出了更高的要求，深化产教融合、校企合作至关重要。对接"中国制造2025"国家战略中关键装备（数控机床）制造及应用领域，紧扣陕西工业职业技术学院"因装备制造业而生、依装备制造业而立、随装备制造业而强"的办学特色，机械制造及自动化专业群聚焦数字化精密制造技术，携手行业头部企业——北京精雕科技集团，通过共建先进制造产业学院，实现了"项目进课堂、技术进教学、案例进教材"三走进和"同德、同心、同向、同力、同行"五协同，创新了"学、做、创"一体人才培养模式，育人效果良好，服务地域经济发展能力显著提升。

关键词：产教融合、校企合作、三走进、五协同

一、实施背景

随着"中国制造2025"战略的实施，智能制造成为主攻方向，企业对创新型高素质技术技能人才需求迫切。学校人才培养中多元协同育人平台实效性差、

教学资源更新缓慢、人才培养模式创新不足等问题凸显。基于这样的背景和要求，必须深化产教融合、校企合作，职业院校要充分借助企业力量，引入企业资源，提升教师对新技术、新设备的应用能力，变革教学模式。

二、建成的机制

（一）"政、校、企"协同，创新长效育人机制

在政府引导和支持下，校企双方以"共建、共享、共用、共赢"为原则，投入人员、设备和技术等资源，建成和运行先进制造产业学院。以"人员、技术、文化、管理"融合为目标协同制定了先进制造产业学院管理办法、经费使用管理办法等制度体系，构建起学校产业学院建设领导小组指导、产业学院管理委员会决策、产业学院院长及各部门具体实施的三级管理体制，保障了产业学院的长效运行。以产业学院为提托，以政府认定的各级平台为保障，形成了长效育人机制，如图1所示。

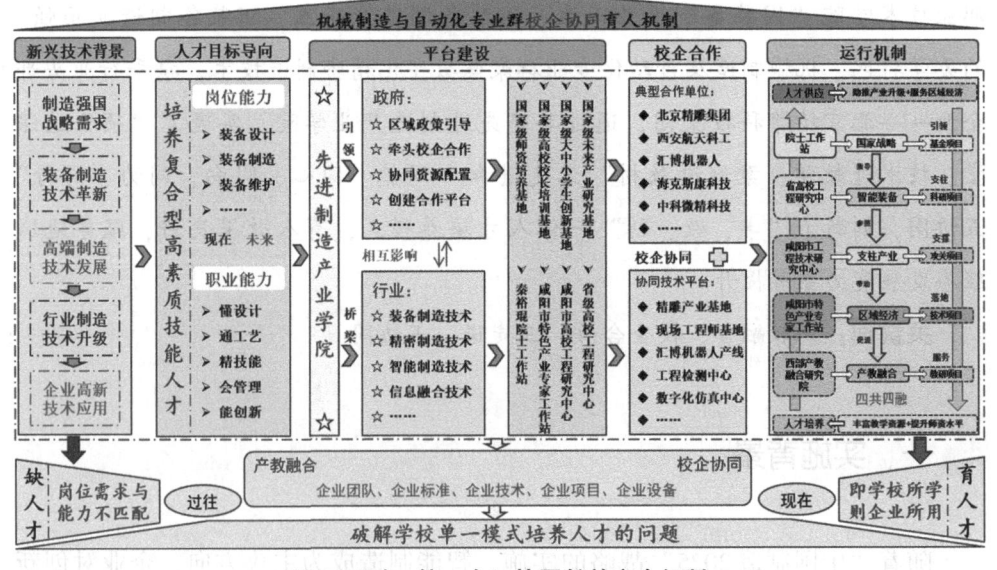

图1 "政、校、企"协同长效育人机制

(二)"产、学、研"融合,形成教学资源动态更新机制

以产业学院为支撑,校企双师团队通过"企业技术项目、学校教学项目、教师科研项目"相融共促,在提升学校教师技术服务水平和企业工程师教学水平的同时,以项目为载体,将新技术、新工艺、新方法融入课程和教材中,建成了教学资源动态更新机制,如图2所示。

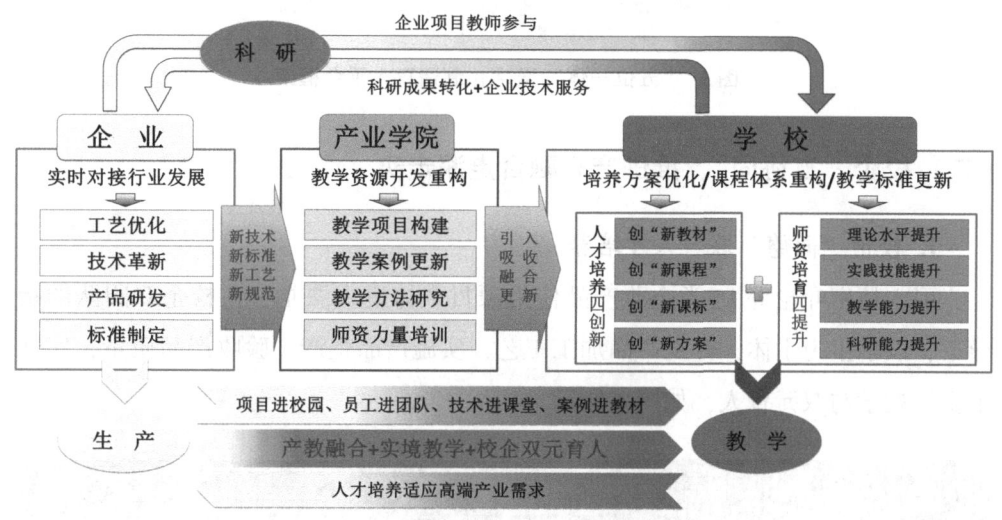

图2 "产、学、研"融合教学资源更新机制

三、实施过程

(一)校企共建"五位一体"协同育人平台

瞄准"数字化精密制造"前沿技术,立足人才培养、技术研发、社会服务、科技转化、创新创业功能需求,校企共建"五位一体"数字化精密制造育人平台,如图3所示。

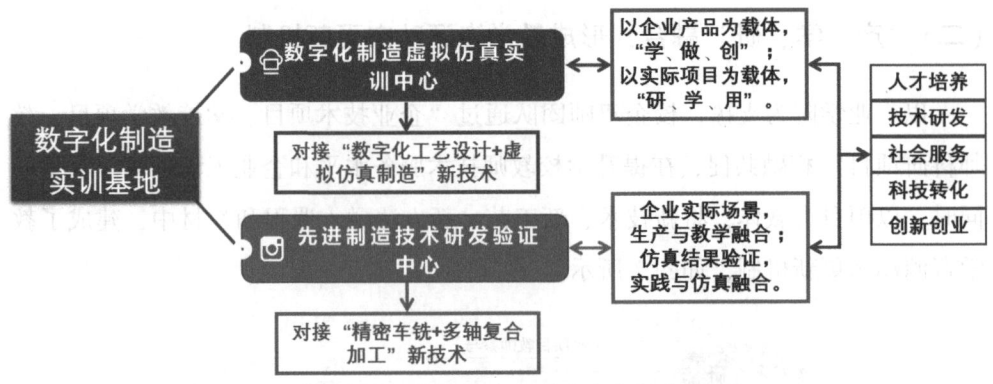

图 3 "五位一体"数字化制造育人平台框架

（二）校企"五协同"，推进产教融合走深走实

1. 校企"同德"联合人才培养

引入精密叶轮等 15 类企业产品作为项目载体进入课堂，在校企双团队的指导下，以学生为主体，开发产品加工工艺，实施产品生产，验收产品质量，实现了实境教学与双元育人，如图 4 所示。

图 4 校企双团队指导学生实践

创新了"学做创一体"人才培养模式（见图 5），通过"学习知识打基础 – 仿做案例练技能 – 实战项目育创新"三级递进，培养复合型技术技能人才。

2. 校企"同心"联合技术研发

引进秦裕琨院士担任专业群首席技术专家，对承担的"节气门压铸件"等 8 项研发项目进行深度分解，将其转化为教学资源，反哺教学，引入活页式教材，并形成了"数字化精密制造技术"等 6 门新型课程。

"三走进、五协同",共育数字化精密制造技术人才

图5 "学、做、创"一体人才培养模式

3. 校企"同向"联合社会服务

承接31个企业技术研发服务项目(见表1),有效提升了技术服务产业能力。咸阳市渭城区(见图6)和秦都区(见图7)均给予了充分肯定。

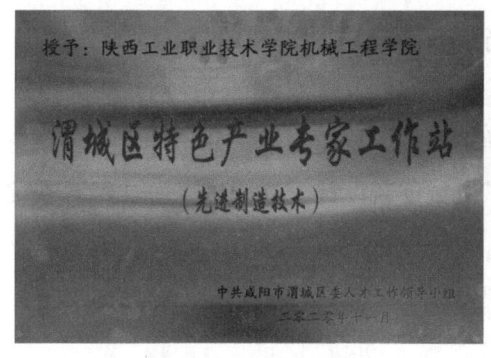

图6 专家工作站授牌

图7 创新发展基地授牌

表1 部分技术服务项目

序号	项目名称	企业名称	团队负责人
1	带压作业设备用液压转盘研发	西安秦森科技有限公司	陈伟
2	钛合金单车车架市场调研与产线规划	北京池恩体育文化有限公司	李翊宁

续表

序号	项目名称	企业名称	团队负责人
3	测色仪辅助机械设计及工艺技术支持	陕西省计量科学研究院	王嘉明
4	光机系统关键零件试制	中国科学院西安光学精密机械研究所	吴玉文
5	测试套件加工研发	西北工业大学	张文帅
6	陕西三原九九模具制造有限公司设备维修	陕西三原九九模具制造有限公司	蔡美富
7	管道机器人技术咨询	陕西森沐环保工程有限公司	陈朋威
8	咸阳非标机械有限公司项目维修	咸阳非标机械有限公司	安健

4. 校企"同力"联合科技转化

校企共同承担了国家级职教团队创新实践课题研究项目，开发《精密数控加工》职业技能等级标准1项，编写配套教材1套。团队成员先后解决企业技术难题30余项，为企业创造经济效益8 000余万元。

5. 校企"同行"联合创新创业

发挥校企双方人才优势，全面提升学生的技术技能水平，并培养学生创新意识等职业素养，组织多支学生队伍参与了机械创新设计、互联网+等比赛，获奖颇丰。

四、建设成效

（一）学生就业质量显著提升

专业群建设期间，数百名学生获得国家奖学金或励志奖学金，毕业率、去向落实率、专业对口率均获得显著提升。专业群近5年毕业生去向落实率平均为93%，用人单位对毕业生能力满意度评价4.4（特别满意=5）、毕业生对工作满意度的评价91%，薪酬超过6 000元。专业对口度近5年分别为59.66%、62.56%、74.81%、81.72%、84.35%，说明学生越来越愿意投身于装备制造业，西安航天发动机厂、宝钛集团、中核四〇四、宝鸡机床、北京精雕、江苏汇博、陕汽集团等国家重点领域企业成为学生首选。

（二）学生技术技能全面提高

通过创新性人才培养方案的实践，学生的学习兴趣高涨，主动性、积极性增强，各门课程平均通过率由90.09%提升到97.73%，平均优秀率由10.87%提升至15.91%。

学生在各级各类竞赛中获奖颇丰，近五年国家级大赛获一等奖5项、二等奖5项、三等奖9项，省级大赛获一等奖21项、二等奖25项、三等奖36项。其中，与本科同场较量的全国大学生机械创新设计大赛，由之前只能获得三等奖到现在以一等奖为主，质量和数量进步明显，如图8所示。

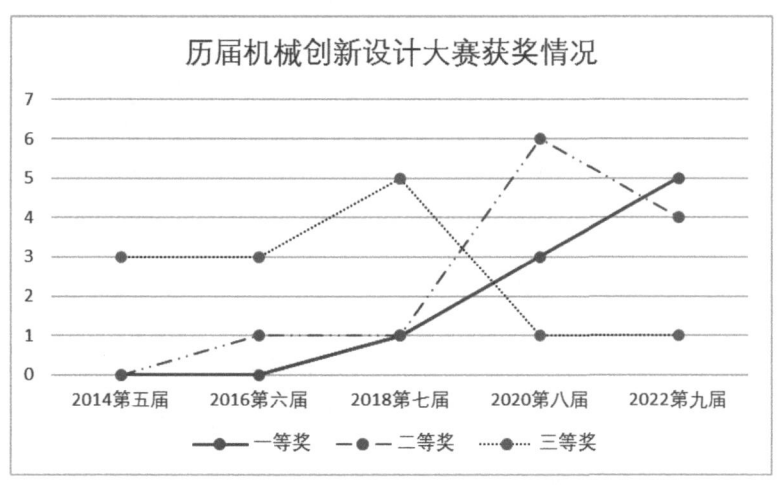

图8　历届全国大学生机械创新设计大赛（陕西赛区）获奖情况

（三）社会影响深入广泛

人才培养模式得到了兄弟院校的认可，100余所本科院校和高职院校来校调研，就人才培养、实训基地建设和产教融合等方面进行深入交流。中央电视台、中国教育电视台、陕西教育电视台、新华社、中央教育电视台、《人民日报》《光明日报》《中国教育报》《陕西日报》等多家新闻媒体对"学做创一体"人才培养模式及先进制造产业学院进行了报道,如图9所示。

图9 中国教育电视台报道

打造红色匠心育人团队，课程思政培育"技术之花"

摘要：专业群基于陕西工院红色文化底蕴构建三维文化育人体系，打造"红色匠心"育人团队，形成课程思政教学项目，创新实施"四微融入"教学方法以及"匠心积分"过程性考核评价，解决专业教育与思政教育两张皮问题，实现为党育人、为国育才的目标。

关键词：红色匠心、课程思政、团队、创新

一、背景

专业群针对新征程智能制造领域所需的高素质技术技能人才培养目标，传承"用革命的精神，创办革命的学校"的初心，四方聚力形成了以"红色"作底色，以"匠心"为特色的"红色匠心"育人文化，积极发挥"红色匠心"课程思政团队育人引导作用，致力将育人文化内涵拓展到专业课程，培养学生家国情怀、使命担当。

二、构建三维度文化育人，培育红色匠心团队

全面推进课程思政，教师是关键，因此打造一支意志坚定，牢固树立"红色匠心"为理念的育人团队至关重要，以团队教师的"红心""匠心""初心"塑

造专业群学生的革命精神、工匠精神、大学精神,如图1所示。

团队开展学党史教育活动,深耕党性土壤,打造团队"红心",从学习中汲取精神力量和前行动力,引导团队以永不懈怠的精神状态和一往无前的奋斗姿态,争做"四有"好老师。

团队教师积极参与企业技能培训及实践,熟悉企业岗位职责及新知识、新技能、新工艺、新方法,提升团队教师专业技能水平,锤炼团队"匠心"。

团队内部教学名师传帮带,骨干教师示范课,提升团队课堂创新能力及信息化应用能力,坚定团队为师的"初心"。

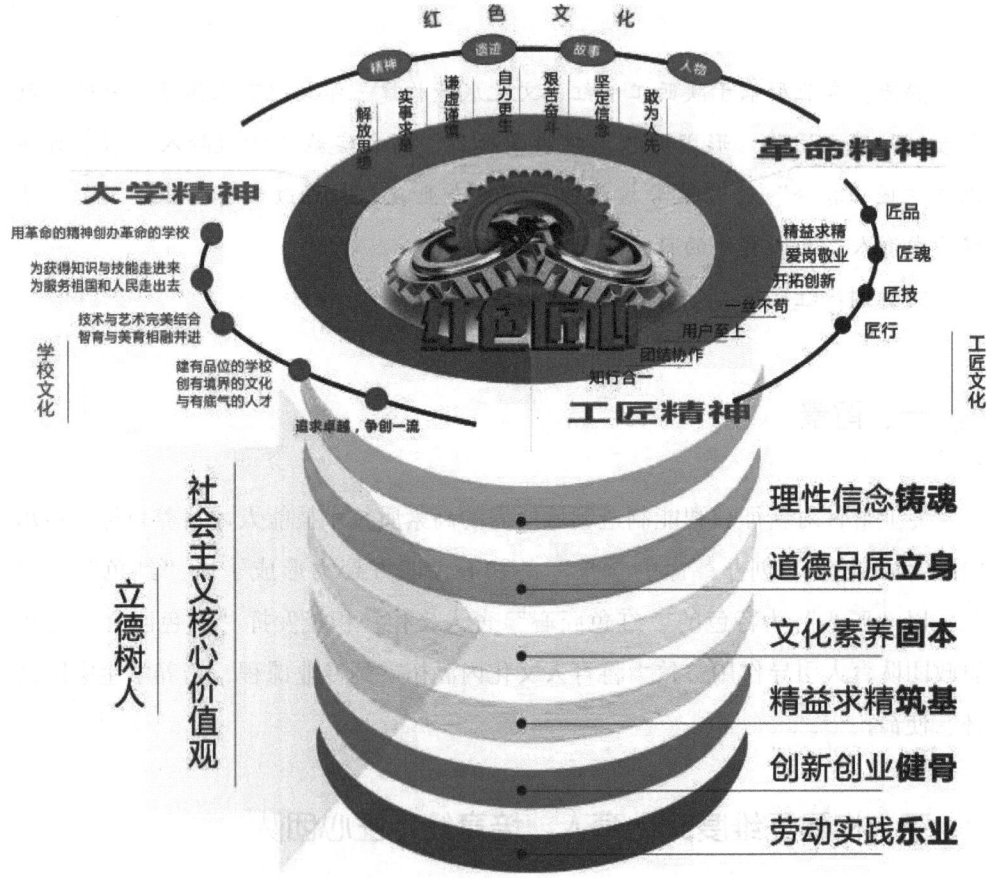

图1 三维度文化育人体系示意图

三、发扬红色匠心,聚焦教学改革

在专业群教师团队建设中,重在形成教学团队的"红色匠心",选用国家级课程思政教学名师为团队领军人物发挥使命担当作用,让团队省部级劳模教师发挥工匠精神的传承作用。

(一) 挖掘思政载体,培育思政土壤

重构教学内容,挖掘与技术、教学、产品融为一体的授课载体,形成"我和我的祖国""我和我的家乡"等系列课程思政项目,实现德技双修,让专业课堂散发出鲜活的"思政光芒",如图2所示。

图2 德技双修的课程思政项目

(二) 创新考核评价,保障"匠心育人"

落实深化新时代教育评价改革,专业群实施微素养、微行为、微项目和微技能的"四微融入式"匠心育人教学方法(见图3),构建"匠心积分"课程考核评价体系(见图4),为实现德技双修保驾护航。

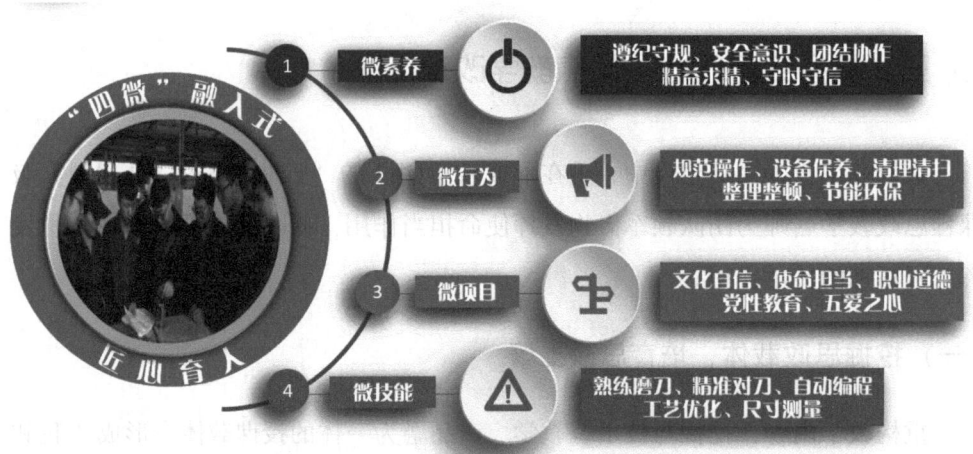

图 3 "四微融入式"匠心育人教学方法

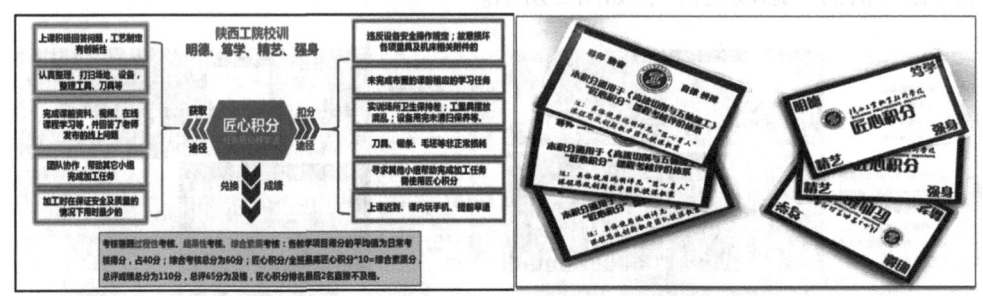

图 4 "匠心积分"课程考核评价体系

四、匠心育人结硕果,教学相长闪光辉

(一)红色初心获肯定,彰显匠心有传承

专业群始终秉承以初心育匠心,团队教师与所带毕业生孔稳超同时获得陕西省优秀共产党员与陕西省劳动模范,彰显了"红色匠心"育人的成果,如图 5 所示。

2021 年陕西省"两优一先"表彰大会上,国务院副总理刘国中同志在时任省委书记时高度肯定匠心育人团队在推动课程思政建设方面的标杆作用。

图 5　师生同台获殊荣

（二）三教改革做引领，"学习强国"助宣传

专业群通过对教师、教材、教法等方面的深入改革，核心课程被评为国家级课程思政示范课，国家级职业教育教师教学创新团队验收通过。团队老师担任教育部集体备课项目授课专家以及机械行指委课程思政专家，"学习强国" App 对团队教师给予高度肯定，如图 6 所示。2019 年至今，团队面向全国 14 个省共计 70 余所院校累计万余人，开展了"线下+线上"的课程思政工作培训。

（三）创新创业为基石，服务区域促发展

专业群紧密对接区域经济发展，以省级"劳模、工匠"创新工作室为基础，参与省内外企业职工培训，乡村振兴农民培训，团队多人被聘为行业或公司技术专家。完成教科研课题 10 余项，获得专利 8 项。2020 年荣获全国"互联网+"大赛国家级金奖，2022 年与西安交大一附院签署了"医工结合"战略协议，如图 7 和图 8 所示。

图 6 "学习强国"报道团队

图 7 团队夺得互联网+大赛金奖现场

图 8 医工结合项目推进会

对接本地化人才培养需求，探索制造类专业海外办学新模式

摘要：提质培优计划提出要加快培养国际产能合作急需人才，并提升职业教育国际影响力。针对"走出去"企业本地化培养高素质技术技能人才的需求，陕西工院以校内机械制造类优势专业为载体，"政、行、企、校、研"联动，从"创新机制、找准路径、做优方案"三个方面突破，形成"双融增效、双优驱动、双创赋能"模式的海外办学整体解决方案，建成我国在海外独立举办的第一所高职院校：中国—赞比亚职业技术学院，并入选联合国教科文组织文件。机械制造及自动化专业教学标准被认定为赞比亚国家标准，课程标准被尼日利亚所采用，获评世界职教联盟卓越奖金奖等荣誉，海外办学模式获评陕西省教学成果奖二等奖。

关键词：走出去、海外办学、中赞职院、发展机制

一、实施背景

随着"制造强国"战略的深化实施、"一带一路"倡议稳步推进，国际化技术技能人才的缺失成为我国企业"走出去"参与国际产能合作的最大瓶颈。国务院印发的《关于加快发展现代职业教育的决定》中特别强调，要推动与中国企业和产品"走出去"相配套的职业教育发展模式，增强职业教育的影响力，促进职业教育的国际化发展，并加速在广大发展中国家培养技术技能人才已成为增强我国综合实力的重要组成部分。培养具备全球视野的技术技能人才，助力

"制造强国""一带一路""优势产能走出去"等国家重大战略的落地实施,是当前职业院校亟待攻关的重要课题。

二、建成的机制

深入"走出去"企业调研,加强与"一带一路"沿线各国联系,分析人才培养需求,针对性构架多元主体协同、横向需求到边、纵向项目落地的立体化合作共同体,切实增加国际合作深度。借鉴集团化办学经验,按照国际经验融进来、本土元素融进去的"双融"标准,实施"双优"工程(见图1),构建多方共赢的利益共同体。明晰政、行、企、校、研五方(见图2)的责权利配置,黏合制约产业、行业、企业、职业、专业五业联动的边界缝隙,创新管理与运行机制,建成中国—赞比亚职业技术学院。

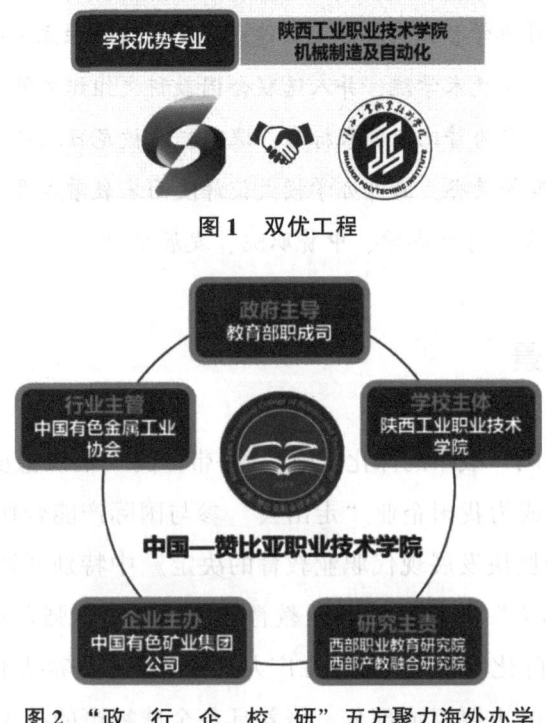

图1 双优工程

图2 "政、行、企、校、研"五方聚力海外办学

三、实施过程

(一) 创新发展机制,探索海外办学资源生成路径

引入国际通用资源,到随动产业发展创造性转化为本土自有资源,再到依据海外企业本地化需求创新性发展,成为国际特色资源的"双创驱动"(见图3),海外办学资源生成新路径。同时对接国际职业认证要求,搭建"课证融通"教学资源体系,创新出"学习—研究—践行—创新"一体化海外办学发展机制。

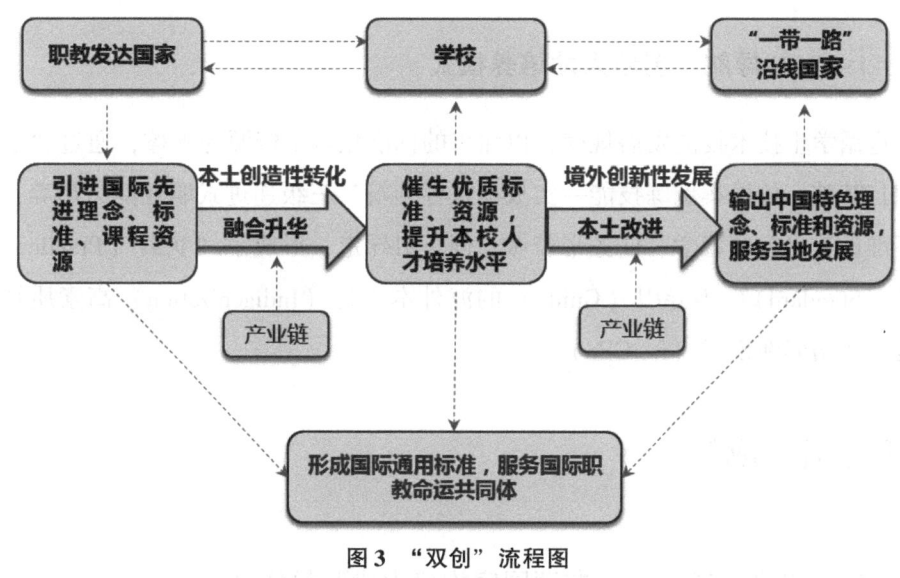

图3 "双创"流程图

(二) 落实建设举措,形成专业教学标准

从当地经济社会需求出发,从国内输出专业实训设备,建成赞比亚第一个数控机床实训基地;针对企业在生产经营中遇到的人才稀缺难题,精确定位人才培养目标,设计培养、培训方案,选派骨干教师为企业培训外籍员工;开发出的"机械制造及自动化专业教学标准"首次进入主权国家国民教育体系,填补了赞比亚国家该项教育教学标准的空白,如图4所示。

图 4 赞比亚国家机械制造及自动化专业教学标准封面及媒体报道

（三）i-GPS 导航，创新人才培养模式

遵循学生技术技能发展规律，以输出的标准化教学资源为支撑，通过"学习知识打基础—仿做案例练技能—实战项目育创新"三级递进式职业能力培养，实现了准员工兴趣领着学、任务带着做、创新引导走，形成了"实践（Practice）+ 标准（Standard）"为导引（Guide）的海外本土化（Indigenization）高素质技术技能人才培养新模式（i-GPS）。

四、建设成效

（一）输出教学标准，助力非洲国家构建现代职教体系

机械制造及自动化专业教学标准和课程标准成为赞比亚国家标准（编号 408），同时被尼日利亚引进，相关成果被《人民日报》《光明日报》《中国教育报》《陕西日报》、中国教育电视台、《尼日利亚今日报》《尼日利亚论坛报》《印尼国际日报》等主流媒体进行了专题报道。其中，《尼日利亚论坛报》以"学者欢迎中国专业标准，提升尼日利亚技术、职业教育水平"为标题，呼吁引进我校更多的专业和课程教学标准，以完善国家教学体系，如图 5 所示。

图 5 尼日利亚国家主流媒体《尼日利亚论坛报》报道

（二）海外办学特色得到借鉴，经验通过会议广泛交流

人才培养模式被有色矿业集团广泛应用于海外员工培训；依托制造类专业"双师型"教师国家级培养培训基地，向参训教师分享国际化办学经验；海外办学案例入选《全国职业教育对外交流与合作办学典型案例汇编》。先后在全国职业高等院校校长联席会议平行论坛（见图6）、中国国际教育年会中外合作办学研讨会等作了海外办学经验交流报告。

图 6 刘永亮校长作专题报告

（三）承担国际义务，培养海外师资，贡献"陕工智慧"

按照我国标准培养的本土化教师是输出教学标准落地实施的重要保障。依托中国—东盟高职院校特色合作项目等平台，为印度尼西亚教育文化部（见图7）及俄罗斯、尼日利亚、赞比亚合作院校开展院校领导力、教学能力培训项目。在马拉维共和国总统穆塔里卡来校视察期间，与马拉维大学签署教师资培训项目合作协议。同时，学校"中赞鲁班学堂职业技术创新人才培养项目"还获教育部援外立项。另外，近百名教师参与20余项国际化办学项目研究，不断贡献职业教育"陕工智慧"。

图7　印尼职教师资海外（中国）培训项目举行开班仪式

对接新型技术，打造四级平台，开辟服务区域经济新格局

摘要：在装备制造技术加速发展的背景下，面对高职院校教学资源和师资创新能力落后产业发展需求的问题，我校深化产教融合，对接行业新技术、新工艺和新方法，创建"两站一院一中心"四级技术服务平台，引进各类项目开展技术服务，推动经典项目成果进课堂，形成了"技术研究＋教育教学"互融互促长效机制，开辟了服务区域经济发展的新格局。

关键词：院士、工作站、技术服务、互融互促

一、实施背景

在装备制造技术高速发展的背景下，国家为实施人才强域战略，更好发挥优秀人才的专业优势和示范引领作用，形成人才集聚效应，助推区域经济高质量发展的时代背景。高职院校利用校企资源和自身优势，建立各级特色产业专家工作平台。以此，将产业技术和人才资源同区域发展需求紧急结合起来，在区域发展规划、技能培训、技术攻关、人才培养和招才引智等方面积极作为，并且助力企业对接新技术，不断提高产业自主创新能力和市场竞争力，为促进区域高质量发展贡献人才力量，形成服务区域经济发展的长效机制。

二、建成机制

本案例以破解高职院校教学资源和师资创新能力落后产业发展需求的问题为出发点，以政策为引导，集聚高校和社会高端人才，搭建各级特色产业专家技术服务平台的新举措。我校积极响应国家政策的号召，以特色专业为依托，强化校企共建，发挥特色专业和人才优势，打造"两站一院一中心"四级技术服务平台，面向区域企业开展技术服务；将技术服务成果和新兴技术及时转化为高校教学的经典资源，并大量引进课堂教学，创新了产教融合育人新机制。另外，教师在技术服务过程中锻炼自身的科技能力，提升自身的科研水平，实现"技术研究+教育教学"相互融通，形成技术服务反哺教学的长效机制，开辟服务区域经济发展的新格局。如图1所示。

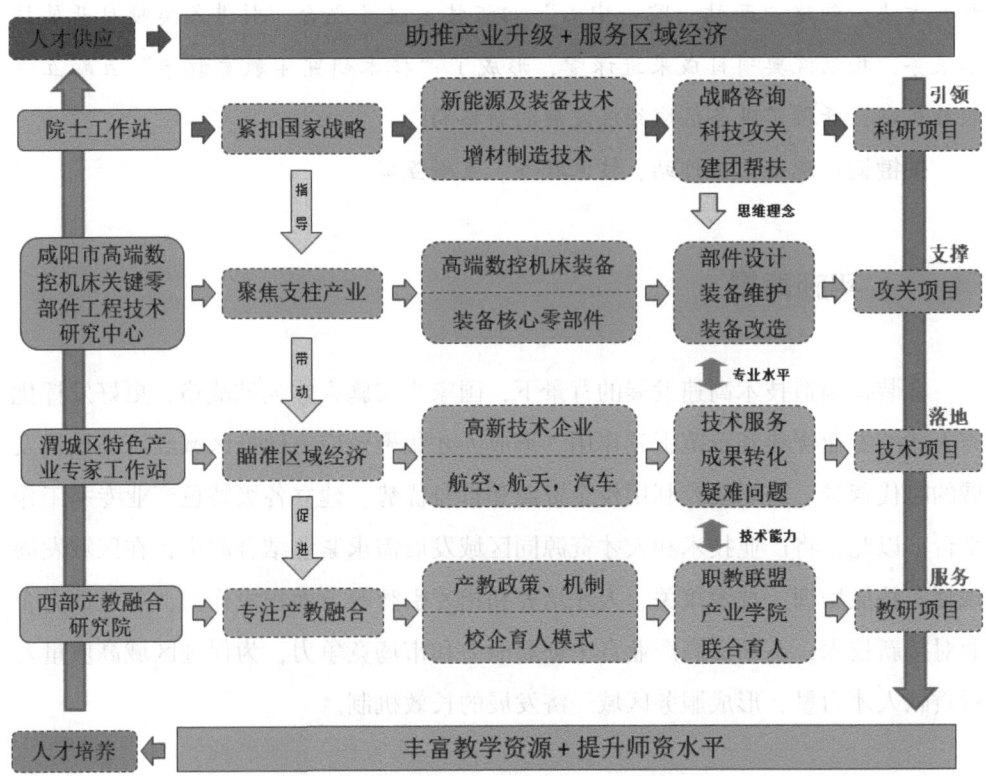

图1 机制模型

三、实施举措

（一）院士引领，把握前沿

围绕数字化精密加工和高档数控机床核心零部件研发两大领域，紧跟前沿技术发展动向。学院引进哈尔滨工业大学秦裕琨院士、西安交通大学卢秉恒院士担任我校高水平专业群首席技术专家，引领专业群的发展，带动我校科研、技术服务和人才培养的快速发展，如图2所示。

新能源装备　　　　　　　　　　　增材制造技术

图2　院士工作站

（二）聚焦核心，拓展研发

在互融共通师资队伍建设机制的导引下，汇聚行业内高水平人才融入本团队，聚焦装备制造支柱产业，以高端机床核心零部件研发获得突破为契机，稳步向高端装备核心部件领域延伸，拓展研发项目，提升师资队伍研发能力，如图3所示。

（三）瞄准特色，汇聚资源

结合我校特色专业，汇聚校企高水平人才，深化产教融合，聚焦技术研发组建联合技术攻关团队，如表1和图4所示。

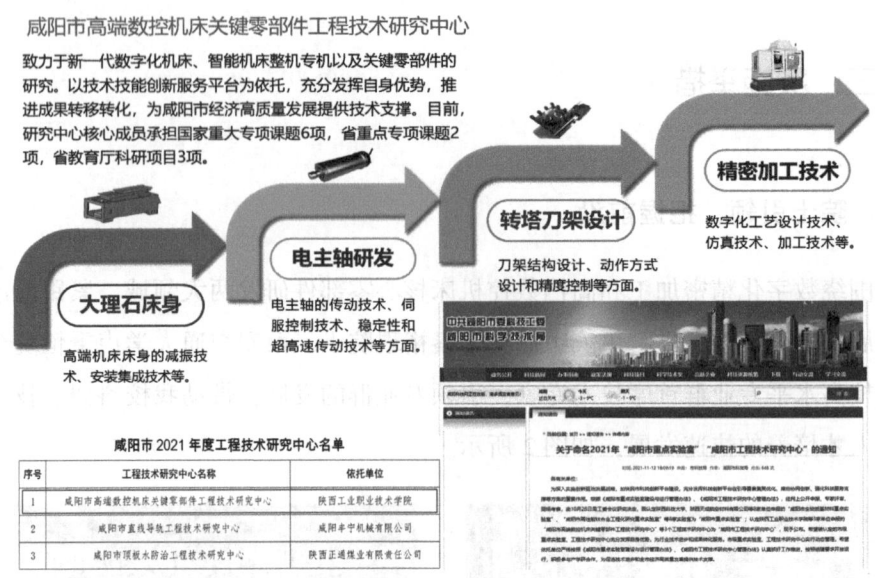

图 3 研究领域

表 1 知名专家

序号	姓名	工作单位	原单位职务/职称	受聘我校职务
1	秦裕琨	哈尔滨工业大学	中国工程院院士	专业群首席技术专家
2	卢秉恒	西安交通大学	中国工程院院士	专业群首席技术专家
3	赵万华	西安交通大学	教授、博士生导师	客座教授
4	王 富	西安交通大学	教授、博士生导师	产业教授
5	张根保	重庆大学	教授、博士生导师	客座教授
6	苏忠堂	宝鸡机床集团	总工程师	产业教授、专业带头人
7	王建军	宝鸡机床集团	机床研究所所长	企业高端人才（全职）
8	蔡锐龙	北京精雕集团	总经理	专业带头人
9	高党国	陕西省机械研究院	院长	专业带头人
10	鲁亚利	宝鸡机床集团	宣传部主任	专业带头人
11	朱震忠	西门子工厂自动化工程有限公司	客户部总经理	专业带头人
…	……	……	……	……

对接新型技术，打造四级平台，开辟服务区域经济新格局 ■ 69

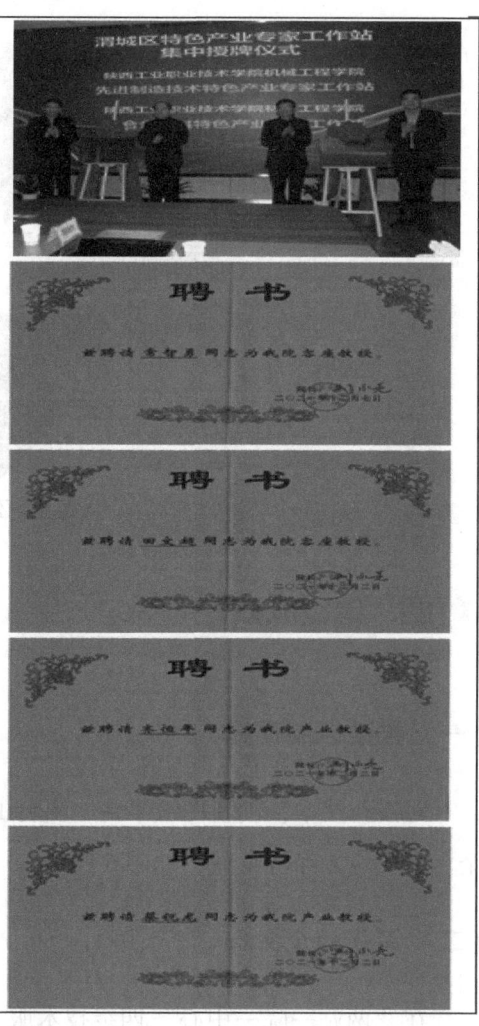

图4 建站资料

（四）产教融合，落地深耕

紧跟产教融合，搭建梯级递进的教师团队和专家型的教学科研群体。依托项目研究创新教学模式，形成"技术研究＋教育教学"互融互促的育人机制，如图5所示。

图 5　团队模式

四、建设成效

（一）推动以制促建

对接新技术，创新四级平台，出台 12 项管理制度，形成了管理的长效机制，全力服务地方经济发展，如图 6 所示。

（二）深化校企合作

在"两站一院一中心"四级技术服务平台的带动下，我校与北京精雕集团、宝鸡机床集团、陕西法士特汽车传动集团、西安航空发动机集团等 30 家优质单位签订战略合作，创新了我校育人新范式，校企合作取得了良好成效。

（三）引入高水平建设项目

在校企战略合作的推动下引入 32 个省厅级自然科学研究项目和 30 多个企业横向优质项目（见图 7），打通科研与教学的壁垒，提升了师资科研水平。

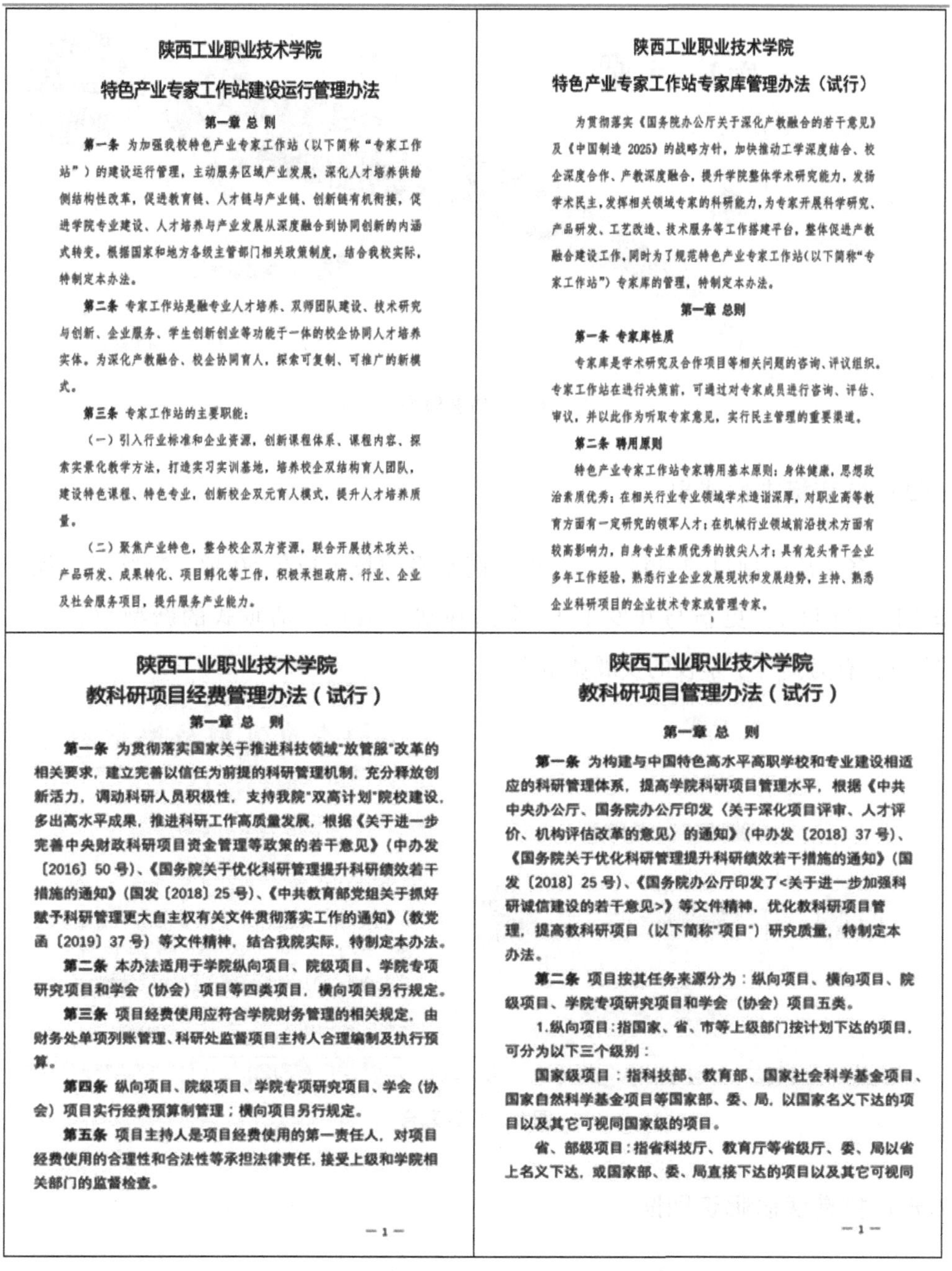

对接新型技术，打造四级平台，开辟服务区域经济新格局

图 6　创新管理制度

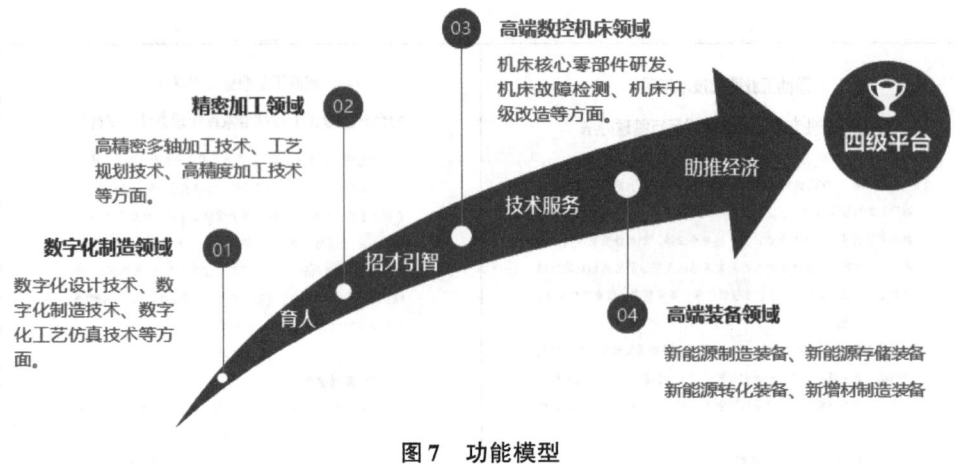

图 7　功能模型

（四）培育标志性成果

在各类服务项目的引领下，获得了高水平的技术成果 60 项；凝练一批优质案例（见图 8）；更新与开发了 10 余门在线开放课、活页式的新型教材（见图 9），有力提升了学校的发展竞争力。

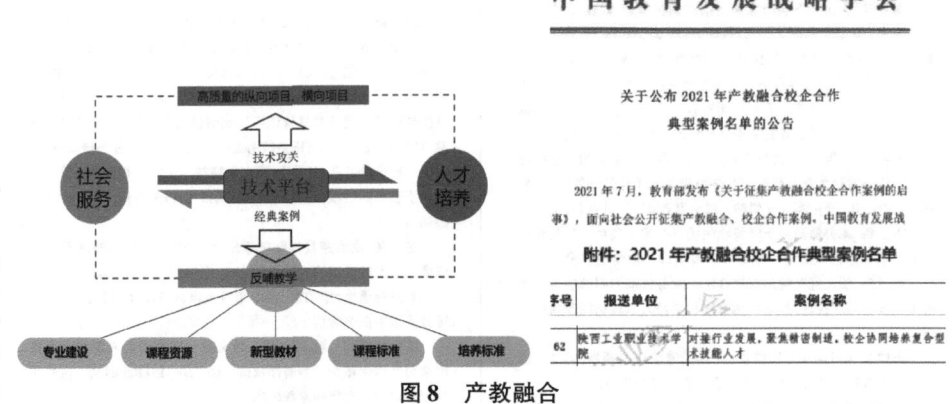

图 8　产教融合

（五）打造优质师资团队

在互融共通机制引导下，打造优质师资团队，激发团队凝聚力，实现"个人价值＋职业能力"双丰收，如图 10 所示。

对接新型技术，打造四级平台，开辟服务区域经济新格局　■　73

图 9　校企教材

图 10　师资典型荣誉

（六）培养高素质技术技能人才

2022 年在全国、省级各类职业技能大赛中获奖 38 项，见表 2。在麦克斯调研中，企业对我校满意度为 98.62%，学生满意度为 98%，产教融合育人机制被 36 所院校借鉴和使用，实现了培养高素质技术技能人才的良好成效，如图 11 所示。

表 2　典型奖项

序号	学生姓名	大赛名称	获奖等级
1	雷一江	第十届"挑战杯"陕西省大学生创业技术	省级　金奖
2	宁朝欢	第九届全国大学生机械创新设计陕西赛区	省级一等奖
3	张迪	第九届全国大学生机械创新设计陕西赛区	省级一等奖
4	徐兴	第九届全国大学生机械创新设计陕西赛区	省级一等奖
5	文博迪	第九届全国大学生机械创新设计陕西赛区	省级二等奖
6	吴磊	第十届挑战杯全国大学生创业设计竞赛	国家级银奖
7	肖彤	第六届中国国际"互联网＋"大学生创新创业大赛	国家级银奖
8	冯松	第十三届"高教杯"全国大学生先进成图与建模大赛	国家二等奖
9	陈锐	第一届全国职业技能大赛陕西省选拔赛数控车赛项	国家三等奖
10	袁磊鑫	第六届中国国际"互联网＋"大学生创新创业大赛	国家级铜奖
…		……	……

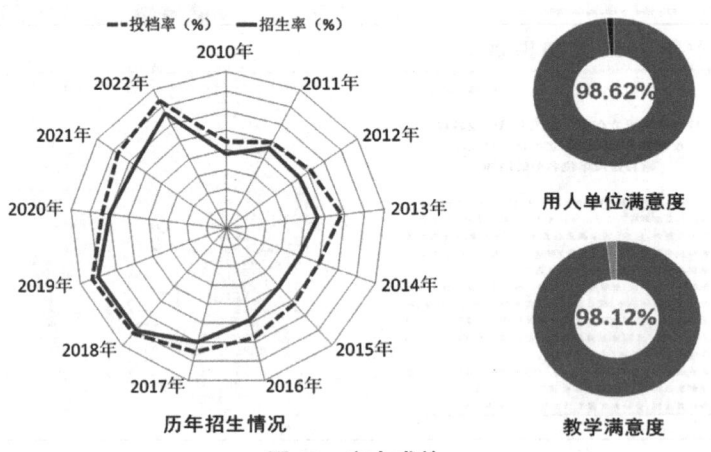

图 11　育人成效

构建精准分层培养模式，打造科研反哺教学的师资队伍建设机制

摘要： 教师队伍发展是职业教育质量的根本，通过精准分层培养机制、领军人才培育、双师素质提升、兼职教师优选等计划实施，探索了研教融通的高水平教师队伍精准分层培养机制和建设"双师多能"教师队伍路径。

关键词： 师资队伍、精准分层、科研反哺教学、双师教师、培养机制

一、引言

教师是立教之本、兴教之源，提升人才培养质量的关键永远是教师。如何使教师紧跟企业发展，掌握新技术、新工艺、新材料、新设备是高职院校建设面临的最核心问题。针对专业群老、中、青不同年龄教师，案例介绍了为提升教师教学能力，实施精准分层培养措施，提升科研反哺教学能力，促进校企项目互融共通，打造高水平师资队伍建设机制，破解人才培养教师能力提升和企业技术发展之间脱节的难点问题。

二、高水平师资培养措施

（一）构建精准分层培养机制，创新教师培养新模式

职业教育重视工程实践能力，我校针对青年教师制定多项培养机制，"双师

型"教师比例明显提升,对接新型数控机床领域关键技术。针对教师不同年龄层次、不同水平、不同发展目标等,建立分层、分阶段、分梯度的培养思路,对师资队伍进行"私人订制",以"职场新兵""教坛新秀""中流砥柱""青云老将"四项举措实施针对性职业技能培养,全方位实施教师能力提升工程。通过四项举措助推入职0~5年青年教师"职场新兵"成长塑型;加强入职5~10年"教坛新秀"快速成长;力推入职10~20年"中流砥柱"精深发展;实现入职20年以上"青云老将"云端沉积,如图1所示。

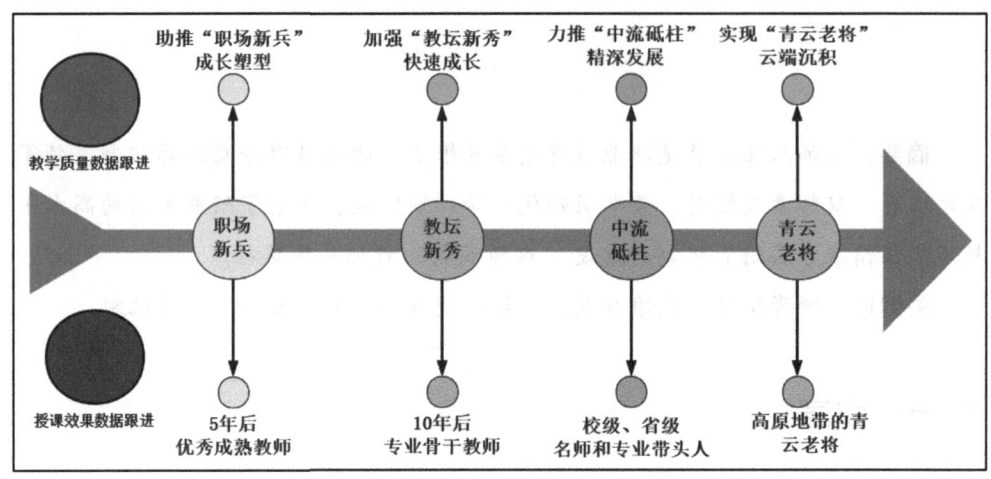

图1 精准分层的创新教师培养机制

(二)提升科研反哺教学能力,锤炼"双师多能"教师队伍

立足"技术研究+教育教学"互融共通,科研项目和横向项目研究紧跟新技术,将科研成果作为开展新项目教学的案例素材,提升教学和实践能力。以科研项目为教学服务为目标,搭建双职能研究/教学师资队伍团队,通过科研为人才培养提供学术思维锻炼的平台,以提升人才成长的独立性和悟性。搭建院士引领、高端人才支撑、博士团队实施、青年骨干落实的教师队伍机制,将实际项目转化为实践课程教学案例,使学生认识前沿技术,最终达到反哺教学的目的,并提升教师的社会服务能力和影响力,其是提高学生培养质量的重要举措,如图2所示。

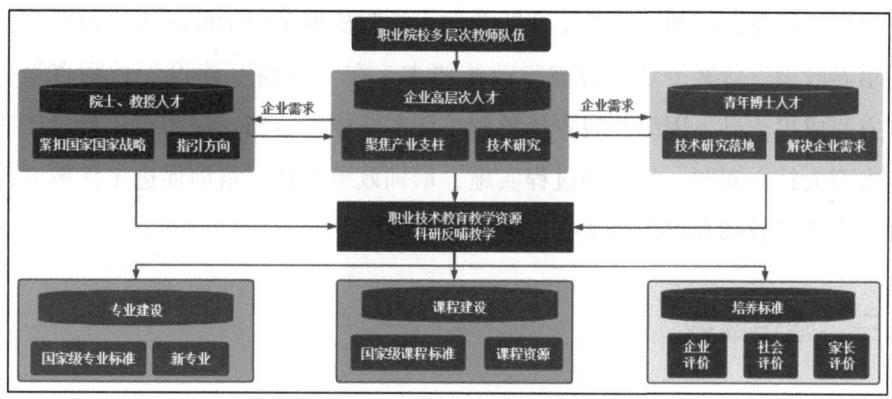

图 2　科研反哺教学能力机制

（三）建立校企双向互通培养制度，提升实践教学能力

构建校企双向互通人才梯队建设机制，学校从北京精雕集团引进高层次工程人才参与项目化的教学，同时青年骨干教师进入企业实践，成长为产业教授后，回归学校继续教学工作。建立了北京精雕先进制造产业学院，形成一套企业师资、学校师资双向互通立交桥，实现学生技能培养的直通车。引进企业实际项目：加强技术研究—教学互融共通，研究项目—引进项目，建立课程、教材。提升教师的实践教学能力、社会服务能力和影响力，如图 3 所示。

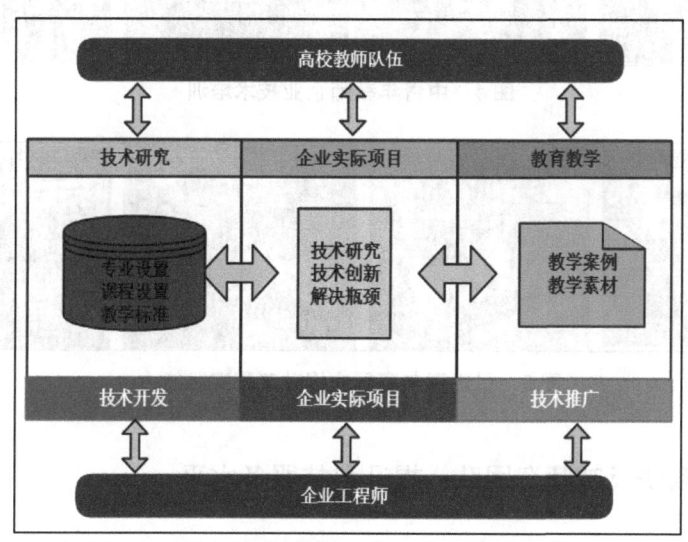

图 3　研与教双向互通的人才培养机制

双高计划建设期间，陕西工业职业技术学院机械工程学院深入学习职业教育教师培养政策，落实专业教育教学改革要求，在"双高"建设学校师资培养制度等方面成果凸显，围绕开展青年教师工程实践能力培训、提高青年教师工程实践能力两大核心问题，从培训过程实施、培训效果考核、培训促进工作等方面对本次培训青年教师和培训团队提出了明确的要求。

三、建设成效

（一）多层次、多元化的培养途径，提升教师能力

陕西工业职业技术学院青年教师工程实践能力提升计划培训班开班。2019—2023年期间，先后组织了多批次青年教师工程能力提升培训，如图4和图5所示。为提升青年教师的教学改革与实施能力，学校鼓励青年教师下企业锻炼，俯下身子扎实学习机械加工技能，不断提高自身业务水平。

图4 中青年教师企业技术培训

图5 引进青年高层次提升工程实践能力

（二）培育科研反哺师资团队，提升科技服务水平

实现了教学与科研的研教融通，采取定制化的师资队伍精准培养机制，即院

士引领、高层次人才把舵、双师师资落实的教师梯队,柔性引进中国工程院院士担任机械制造与自动化专业群首席技术专家,引进国内重点大学、装备制造领军企业人才等来校工作,引领、提升校内教师技术研究实力,如表1所示。

表1 聘请高端人才知名专家列表

序号	姓名	工作单位	原单位职务/职称	受聘我校职务
1	秦裕琨	哈尔滨工业大学	中国工程院院士	专业群首席技术专家
2	卢秉恒	西安交通大学	中国工程院院士	专业群首席技术专家
3	张根保	重庆大学	教授、博士生导师	客座教授
4	赵万华	西安交通大学	教授、博士生导师	客座教授
5	王富	西安交通大学	教授、博士生导师	产业教授
6	苏忠堂	宝鸡机床集团	总工程师	产业教授、专业带头人
7	王建军	宝鸡机床集团	机床研究所所长	企业高端人才(全职)
8	蔡瑞龙	北京精雕集团	总经理	专业带头人
9	高党国	陕西省机械研究院	院长	专业带头人
10	朱震忠	西门子工厂自动化工程有限公司	客户服务部总经理	专业带头人
11	鲁亚利	宝鸡机床集团	宣传教育培训主任	专业带头人
12	陈朋威	中国航天科技集团公司第九研究院十六研究所	高级工程师	企业高端人才(全职)
13	唐海涛	西安兰石重工机械有限公司	高级工程师	企业高端人才(全职)

国家级技能大师团队、北京精雕集团团队入驻我院,协同校内教师团队共同组建高水平深度融合性师资团队。校企双方充分发挥学校"教学"优势和专业优势,组建专业的"双师型"企业培训团队,积极承担企业职工教育与培训服务,研究中心得以建立,科研项目取得突破,如图6所示。

秦裕琨院士工作站　　特色产业专家站　　工程技术研发中心　　科技厅项目

图6　多层次教师梯队获得成果

(三) 提升校企双向互通能力，盘活"双师"师资队伍

"技术研究+教育教学"互融共同，打通教师与学生间的技术壁垒。陕西工业职业技术学院和北京精雕以市场为导向，依托陕西工院在行业内扎实的机械传承，以及磨床技术、教学成果，通过与北京精雕先进产品技术相融合，双方共同建设数字化精密加工技术等专业课程体系、教学标准以及教材、教学辅助产品，凝练符合行业前沿的专业标准与职业标准。将企业项目反哺教学，把最新的技术引入课堂并教会学生，通过学生在学习中反映问题，再投入到研究当中。2020—2023年期间学生参加国家技能大赛、精雕杯等比赛获奖数量的增多，说明了研究与教学的反馈机制的教学效果，紧跟新技术的发展。

陕西工院基于分层培养机制，盘活"双师型"师资队伍，建立了院士工作站、工程研发中心，获得工人先锋号实训教师团队、双师教师队伍等系列荣誉；充分调动不同层次教师积极性，达到研教融通的目的，如图7~图9所示。取得了丰硕的成果，得到了各界人士的认可，国务院副总理孙春兰、教育部部长怀进鹏等考察我校。

图7　"双师型"团队培训培养基地设立

构建精准分层培养模式,打造科研反哺教学的师资队伍建设机制 ■ 81

图 8 强有力教师队伍的教书育人成果

图 9 "双师多能"教师队伍获得各类荣誉

服务高端装备制造，打造智能成型专业群创新教学团队

摘要：在深入研究新时代区域经济发展和高素质技术技能人才培养对专业教学团队能力新要求的基础上，分析专业群师资队伍现状，聚焦专业群师资队伍存在的团队能力不匹配、结构不合理等问题，按照"德育为先提素养，项目协同强技能"的团队建设理念，以专业群教师能力模型为指导，推进"双主体"引领、"双平台"赋能、"五工程"驱动团队改革创新，从"师德师风、结构优化、分类提升、鼓励激励"四个维度，打造"科研+技能"的创新教学团队，服务区域先进制造业高技术发展和区域中小微企业技术创新、人才培养和技术培训服务。

关键词：教学创新团队；科研+技能；人才培养；技术服务

"中国制造2025"战略和陕西省区域经济发展规划中提出装备制造业要向高端产业转型升级。面对企业转型带来的技术技能创新、生产工艺改进、人力资源培训和人才培养等需求，教师作为教育的第一资源，对职业教育提出了更高的要求。在全国机械工业教育发展中心的支持和指导下，材料成型与控制技术专业群立足区域内企业需求，以建设高水平结构化教师教学创新团队为目标，按照"德育为先提素养，项目协同强技能"的团队建设理念，以专业群教师能力模型为指导，外引内培、多措并举，打造"国内有影响、行业有权威"兼具科研和技能的教师教学创新团队。

一、需求导向，能力为本，顶层设计创新教学团队能力模型

从培养高素质复合型技术技能人才、培训新时代高技能从业人员、解决中小微企业的新产品研发和新技术推广以及大中型企业、科研院所的产品试制需求等职责出发，分解梳理教师在科研、教学、技能和教辅四方面所需的主要能力，开发教学团队能力结构模型，如图1所示。

图1　教学团队能力结构模型

二、平台赋能，创新驱动，打造创新教学团队培养模式

依托产教融合实训基地和技术技能创新服务平台，实施"产业教授+技能大师"引领，开展卓越人才工程、双师素质提升工程、高层次人才引领工程、教师全员培训工程、兼职教师队伍建设工程，"五工程"驱动团队改革创新。以科研项目、技术服务项目和实践教学项目"三位一体"协同推进，提升教师自身素质和教学质量。在组建教师团队过程中，以卓越人才为带动、骨干教师为核心、兼职教师为补充，通过内培外引、分工协作，形成"科研+技能"的创新教学

团队培养模式,更好地服务于区域先进制造业高技术发展及区域中小微企业技术创新、人才培养和技术培训服务,如图 2 所示。

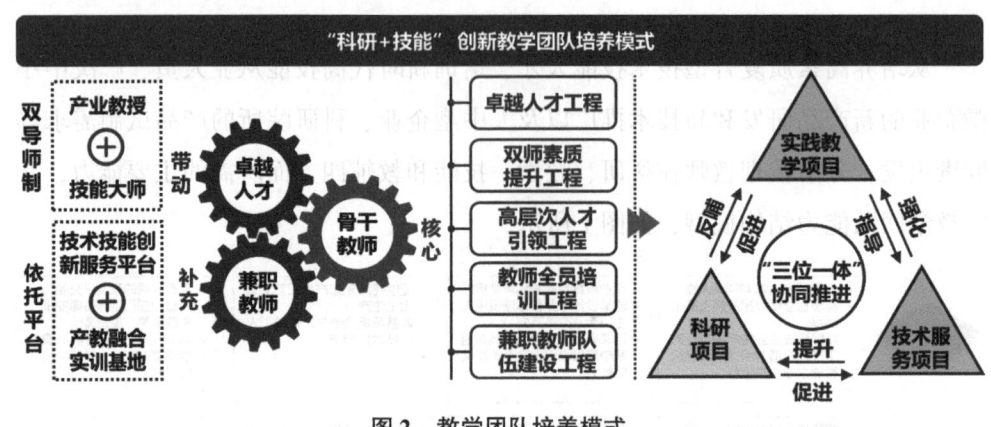

图 2　教学团队培养模式

三、多元协同,分类管理,构建立体化创新教学团队培养方案

(一)师德引领,夯实团队发展基础

实施"对标争先""四史学习入脑入心"等举措,加强理论知识、党史国史、劳模事迹等方面的学习,提升教学团队师德素养,筑牢思想篱笆,建设一支四有好老师队伍。

(二)内培外引,优化团队能力结构

瞄准教学团队短板,先后招聘西北工业大学等名校博士生 7 名,西北有色金属研究院高级工程师 2 名,优化专职教师团队研发能力结构。聘请西安交通大学博士生导师王富教授、中船重工高级技术专家、陕柴重工副总工程师郭敏,全国五一劳动奖章获得者、焊接技能大师付浩等领域尖端人才分别担任团队的产业教授、技能大师、研发中心名誉主任等职务,发挥示范引领作用。聘请 40 余名企业骨干担任兼职教师,补足教学团队技能短板。两年来培养专业带头人 5 人、骨干教师 20 余人,实现团队能力结构的优化。

（三）分工协作，强强联合各展所长

扶持有突出特长教师建设钛合金技术研发中心、优秀教师工作室、技能大师工作室等，发挥"头雁"效应，引领师资能力的不断提升。实施双导师制，开展分工协作的模块化教学，共同践行"研学用"一体化人才培养模式，为培养高素质技术技能人才服务，同时提升教学团队的社会服务能力。

（四）鼓励激励，引领全员干事创业

完善《师资队伍建设规划》《新入职教师管理办法》《校企双师互聘管理办法》《高层次人才引进管理办法》等管理办法 10 余条，明确提出"考取本专业中级及以上职业技能等级证书作为教师承担教学任务的入门条件"，设置准入条件，引导教师主动提升自我。设置教师师德考核办法，试点分类管理工作，细化不同岗位考核管理办法，对于有突出特长的一人一策，鼓励教师发挥特长。

四、分工协作，各展所长，智能成型专业群服务能力再创新高

（一）综合实力有所提升

建成国家级职业教育教师创新团队 1 个、全国机械行业职业教育服务先进制造专业领军教学团队 1 个，培养陕西省特支计划教学名师 1 人（见图 3）、陕西省教学名师 1 人、陕西省先进教育工作者 1 人、全国机械行业职业教育服务先进制造专业领军人才 1 人。团队成员参与制定国家标准、国家职业技能等级证书标准、行业标准等 7 项，全国模具行业实训室建设标准 1 项；荣获陕西省教学能力大赛二等奖、省级优秀教材奖、省级教学成果奖一等奖、省级高等学校科学技术奖、省科技工作者创新创业大赛三等奖、咸阳市青年科技奖各 1 项。

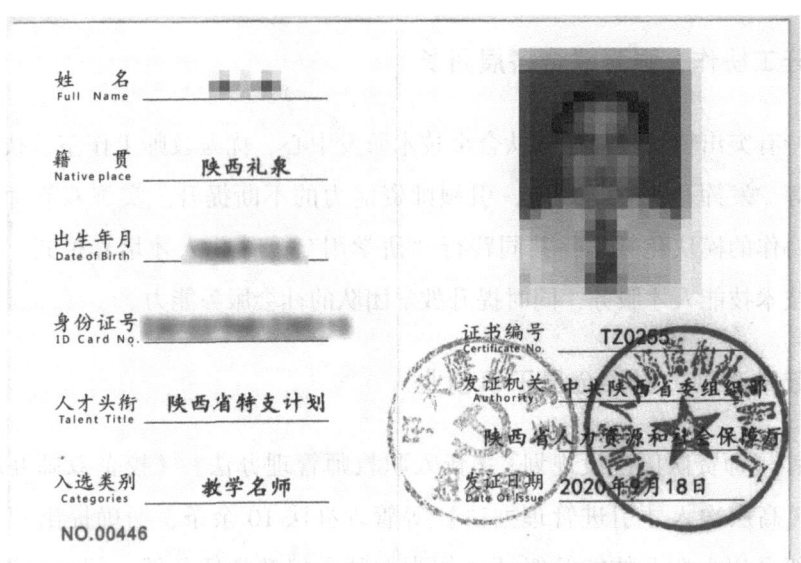

图3 群内教师获评陕西省特支计划教学名师

（二）人才培养成绩斐然

指导学生参加全国模具数字化设计与制造赛项、全国大学生金相检验（见图4）、全国大学生超声波检测等技能大赛获得省级以上奖项15项。发挥科研优势，切实推进落实双导师制，提升了学生的创新研究能力，在互联网＋大赛中获省级及以上奖项14项，其中全国总决赛金奖1项、铜奖2项，全国大学生挑战杯比赛获国家铜奖1项、省级金奖1项。

图4 学生在第九届全国大学生金相技能大赛上获奖

（三）社会服务成效显著

团队教师主持国家自然科学基金 1 项，参与面上基金 2 项，主持 TiAl 合金铸锭均匀化生产工艺研究等省级科研课题 6 项，承担西安交通大学等科研院所及陕柴重工等企业横向科研项目 37 项，在钛合金制备、柔性玻璃生产等领域获得国家专利 20 项，实现专利转化 6 项，科研成果服务咸阳亚华电子电器有限公司等 20 余家区域中小微企业产生经济效益 5 000 余万元。

"引输"并举,双擎驱动,创新材料成型专业群国际合作新模式

摘要:材料成型专业群针对职业教育国际化发展模式、资源建设薄弱等问题,以人类命运共同体理念为先导,服务"一带一路"建设和职业教育"走出去",按照"依托平台、四方聚力、'引输'并举、打造品牌"的思路,立足专业群特色,通过中外院校共培、校企合作共建和设立培训中心等方式,双引擎并驱,多通道并行:"引"进先进理念和认证体系,建设"双语"师资团队和输出优质资源,锤炼"内提升"功底;"输"出专业标准、职业技能标准,开展双语教学和培训,助跑"外服务"赛道。形成了专业群双引擎并驱发展新模式。

关键词:职业教育;"引输"并举;双擎驱动;国际合作

随着共建"一带一路"的深入推进,以及中共中央办公厅、国务院办公厅印发的《关于做好新时期教育对外开放工作的若干意见》中明确强调,"要坚持扩大开放,做强中国教育,推进人文交流,不断提升我国教育质量、国家软实力和国际影响力",同时,《国家职业教育改革实施方案》和《教育部、财政部关于实施中国特色高水平高职学校和专业建设计划的意见》的实施,表明了国际化是当今世界高等职业教育发展的必然趋势和重要特征,职业教育国际化发展不仅是服务国家发展战略、推动"双高计划"建设水平的必然要求,还是提升办学质量、拓展办学内涵、扩大国际影响力的必由之路。

一、依托平台，四方聚力，创新专业群双引擎发展新模式

为进一步推进国际交流合作，依托"政府主导、行业指导、企业参与、学校推进"的"一主多元"合作平台，以提升人才培养质量、社会影响力和国际化水平为主线，主动寻求政府和行业企业的支持，专业群积极联手国际合作企业，"引进来"和"输出去"双措并举，引进、学习、借鉴德国"双元制"等国际先进教育理念、教育模式，与陕鼓集团等企业合作实施校企双元模式培养，夯实自身内涵和服务能力，积极充电"内提升引擎"；服务国家"一带一路"倡议，输出标准，搭建双语课程等，以持续发挥示范引领功能为着力点，启动"外服务引擎"。创新形成相互助力、相得益彰的专业群国际合作双引擎驱动发展模式，如图1所示。

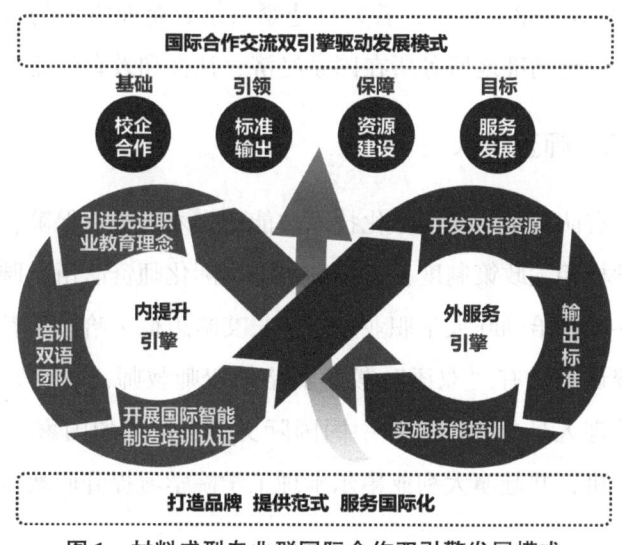

图1 材料成型专业群国际合作双引擎发展模式

二、以"引"为核心，充电"内提升引擎"

（一）健全交流合作体制机制

为深入推动国际交流与合作，完善国际交流合作工作的体制机制，学院成立

外事工作领导小组,由学院党委书记、院长直接任组长,分管教学工作的副院长任办公室主任,相关职能部门负责人为办公室成员,定期召开学院对外交流工作会议,研究重大国际交流合作项目和外事工作。学院陆续出台了一系列关于对外合作交流、因公出国(境)、外事管理等制度和办法,形成外事工作党委统一领导、归口管理、协调配合、责任落实的工作机制,确保国际交流工作有据可依、有章可循、规范高效和有序开展。

(二) 引进先进职业教育理念

引进德国职业教育理念,加强职业教育领域合作,采用德国双元制的教学模式和项目引导式教学方法,依托产教融合实训基地和技术技能创新服务平台,以产业为导向,以企业为主导,理论和实践紧密结合,教学与实践无缝对接,创新"双元制"本土化人才培养标准,着力打造紧密结合企业需求的人才培养模式和技术服务模式,以更精准地服务所在国家经济、社会和教育的需求。

(三) 建设国际化师资团队

国际化的师资队伍是培养国际化技术技能型人才的根本保障,按照引培并重的思路,依据学校相关政策制度,建设高水平国际化师资队伍。聘请国际知名职业教育专家——埃及哈勒旺大学职业学院院长艾哈迈德·哈桑宁教授担任专业群客座教授。培养认定具有"双语"教学资格的双师教师,学院先后派出多名骨干教师和教学管理人员赴德国参加中国国际交流会组织的国家"工匠之师"创新团队境外培训班,并赴澳大利亚墨尔本理工学院学习提升职教能力。

(四) 开展国际智能制造培训认证

借助智能成型实训基地等平台,以国际培训项目为抓手,主动对接国际标准,学院牵头与德国 TÜV 莱茵集团合作,在学校设立"智能制造焊接培训考试中心",引进德国莱茵 TÜV 焊接技术培训体系,为西北地区职业院校教师、学生及相关企业员工提供国际智能制造培训及资格认证服务,全力构建区域合作共赢的职业教育示范高地。

三、以"输"为载体,助力"外服务引擎"

(一)开发双语课程,实施双语教学

开发"企业生产管理""创新创业基础"两门双语课程,并以联合培养的形式为印尼等多个国家的 30 余名留学生进行"工程材料""创新创业基础""生产与运作管理"三门课程的线下教学和基于 ZOOM 的 face – to – face learning 学习,学生进行全英文学习,学习结束并经考核合格后获得相应学分,该学分得到印尼教育文化部认可,成为学生本科教育学分体系的一部分,如图 2 和图 3 所示。

图 2　孟加拉国和印尼留学生合影

图 3　为曼达拉经济学院学生授课

（二）实施双语培训项目

为印度尼西亚高等职业学校学生量身打造镍铁合金处理培训项目，并完成了全套培训资源、实施方案及"镍铁合金加工技术"双语培训课程简介的设计、制作和实施工作。

（三）输出专业教学标准

立足尼日利亚国家产业实际需求，专业群联合中车西安车辆、陕鼓动力股份、台达集团中达电子等公司为尼日利亚开发材料成型、焊接技术、机电一体化专业3个教学标准和配套的60余门课程标准，已批准纳入该国国民教育体系，并成为尼日利亚国家职业教学标准，如图4和图5所示；尼日利亚主流媒体对学校帮助当地发展职业教育进行了报道，赞扬这是中国"一带一路"的"职教惠民工程"。

图4 尼日利亚国家教学标准认证专题会议

（四）输出职业技能标准

经机械行业职业教育标准研究所立项，陕西工业职业技术学院与西安陕鼓动力股份有限公司携手开发"一带一路"职业技能标准（电弧焊职业技能标准），主要服务于印度尼西亚本国学生、员工和当地中方员工的技能培训。目前为中资企业印尼KAN公司硝酸硝铵项目培训海外员工40余人。

图 5 与陕鼓联合培养中资企业印尼员工讨论学校开发的专业教学标准和课程标准

专业群积极探索国际合作路径的做法和经验多次在职业教育"走出去"交流活动中受到同行职业院校和企业的认可和采纳,开创了专业群人才培养国际化"双引擎"驱动发展的新格局。

四方协同、四级联动，搭建智能成型技术技能创新服务平台

摘要：聚焦区域内"两航两机"产业发展需求，"政、行、企、校"四方协同，通过校企共建产教融合实训基地、协同攻坚智能成型关键技术难题等，建设了"国—省—市—校"四级联动的智能成型技术技能创新服务平台，践行科教融汇，反哺高素质技术技能人才培养，服务高端装备制造业技术改造升级。

关键词：技术技能服务平台；智能成型；四方协同；四级联动

进入21世纪以来，我国职业院校为现代产业体系的发展培养了大批高素质人才，但仍存在人才培养供给侧和产业需求侧在结构、质量、水平上的"两张皮"现象。《关于深化现代职业教育体系建设改革的意见》提出了建设共性技术服务平台，打通科研开发、技术创新、成果转移链条，支撑高素质技术技能人才培养。针对上述问题，专业群瞄准"中国制造2025"战略及西部装备制造业发展对高素质技术技能人才的需求，在机械行指委的指导下，联合行业龙头企业，共同探索并创建了智能成型技术技能创新服务平台，培养更多能工巧匠、大国工匠，服务行业企业技术改造升级。

一、四方协同，搭建"国—省—市—校"四级联动智能成型技术技能创新服务平台

专业群立足培养"德技并修"大国工匠的目标，按照"需求牵引、科研驱

动、技才输出、良性循环"的思路,构建"政、行、企、校"四方协同育人产教融合共同体,以服务"政府"区域产业高地(秦创原创新驱动平台)为核心,对标"行业"陕西"两航两机"强军战略发展需求,聚焦"企业"航天六院、国家增材院的"素质教育、技能培养、数字化能力、技术创新"人才需求,依托陕西省机械工业联合会,建设了"3个国字号、3个省级、2个咸阳市、4个校级"为一体的四级联动智能成型技术技能创新服务平台,进行补短板、攻难题、育人才,为区域内"两航两机"产业发展提供支撑,如图1所示。

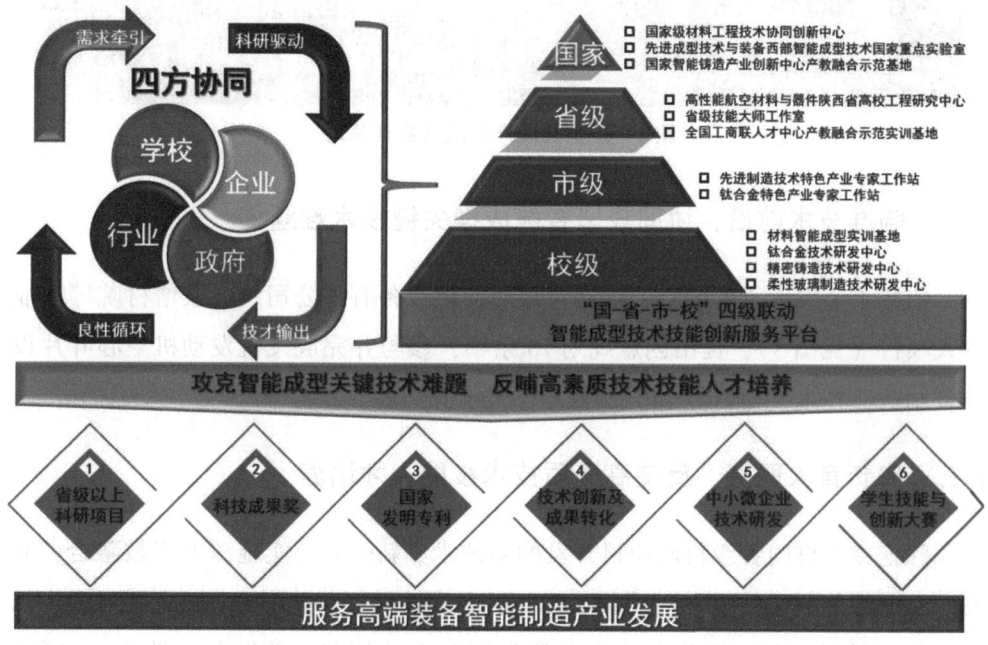

图1 "国—省—市—校"四级联动的智能成型技术技能创新服务平台

二、需求导向,协同创新,服务"两航两机"产业发展

(一)立足产业高端,校企共建产教融合实训基地

与宁夏共享集团合作共建"材料智能成型"实训基地,依托专业群龙头优势,为法士特汽车传动集团等企业提供铝合金变速箱箱体试制等服务,满足企业

产品研发、技术技能创新要求，实训基地获评国家级智能成型示范性虚拟仿真实训基地，如图2所示。

图2　校企共建产教融合实训基地

（二）瞄准技术前沿，协同攻坚智能成型关键技术难题

依托4个技术研发中心，供需对接西安核设备有限公司、国家增材院等就业育人项目（见图3），提出创意规划70余项，参与并完成飞机发动机空心叶片设计及制造科技攻关项目等140余项。

（三）肩负育人职责，反哺高素质技术技能人才培养

深挖专业群内各级科研项目开发的新技术、新工艺，实施深度产教融合，开发"3DP智能制造技术"等课程5门、活页式教材6本，获职业教育国家"十四五"规划教材4部。深化专业群"研学用"人才培养，学生在"学业+科研"双导师指导下参与项目研发与试制过程，培养学生解决企业生产实际问题及创新创业能力，擦亮"优师优育"工匠班育人品牌。

三、服务高端装备制造产业成效显著

（一）建成"国—省—市—校"四级联动的技术研发服务平台

平台建设取得突破，建成由国家级协同创新中心（国）、省级高校工程研究

我校与国家增材制造创新中心达成战略合作意向

发布时间：2020-07-08 16:46 作者：图/文 王伟/编辑 党委宣传部 访问次数： 2064 次

近日，党委书记惠朝阳、校长刘永亮、副校长梅创社与教务处、西部产教融合研究院、机械工程学院、材料工程学院、校企合作处、党政办等部门负责同志一行赴国家增材制造创新中心（西安增材制造国家研究院有限公司）考察交流，并达成战略合作初步意向。

在公司副总经理黄付中、董事会秘书齐恒年、副总工程师黄纪霖、市场推广部副部长杨锋陪同下，我校领导一行实地考察了创新中心的研发中试平台、公共测试平台、共性技术服务平台，详细了解了中心生产的DLP光固化成型设备、金属激光熔融打印机、高性能复合材料增材制造装备等新装备、新材料、新工艺、相关软件及技术标准等。

随后召开的合作交流会上，公司董事会秘书齐恒年首先致辞，介绍了国家增材制造创新中心（西安增材制造国家研究院有限公司）的机构组成、人才团队、研发及成果转化平台及运营管理等情况。董事长秘书王蓉、市场推广部副部长杨锋就增材制造行业现状、发展趋势及创新中心"3D打印+教育"等进行了展示。

校长刘永亮用一句话"机床兴学立业，智造成就梦想"和三个"时"简要介绍了我校矢志不移70年扎根职教的历史沿革、办学业绩及近期双高、新校区建设等重大进展，并希望与增材制造创新中心强强携手，对接高端制造、制造高端，服务国家职教体系建设。

图 3　与国家增材制造研究院合作协议

中心（省）、市级特色产业专家工作站（市）、院级精密成型研究中心（校）组成的四级联动技术研发服务平台，如图 4 所示。

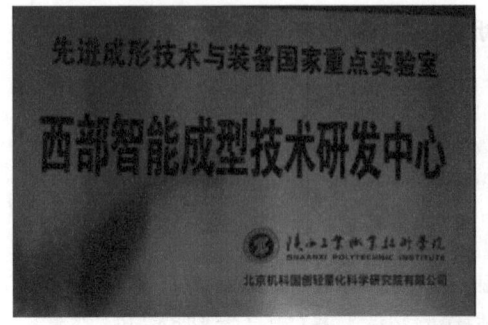 

图 4 获评"国字号"技术研发中心

（二）技术团队服务能力再上新台阶

材料成型与控制技术专业教学团队获评全国机械行业服务先进制造领军团队等荣誉。团队聚焦自身优势，践行新时代科教融汇改革，开展"立地式"科研，把成果用在生产一线，服务中小微企业技术研发和产品升级 12 项，科研成果服务区域中小微企业产生经济效益 5 000 余万元（见图 5），科研创新工作被《陕西日报》报道。

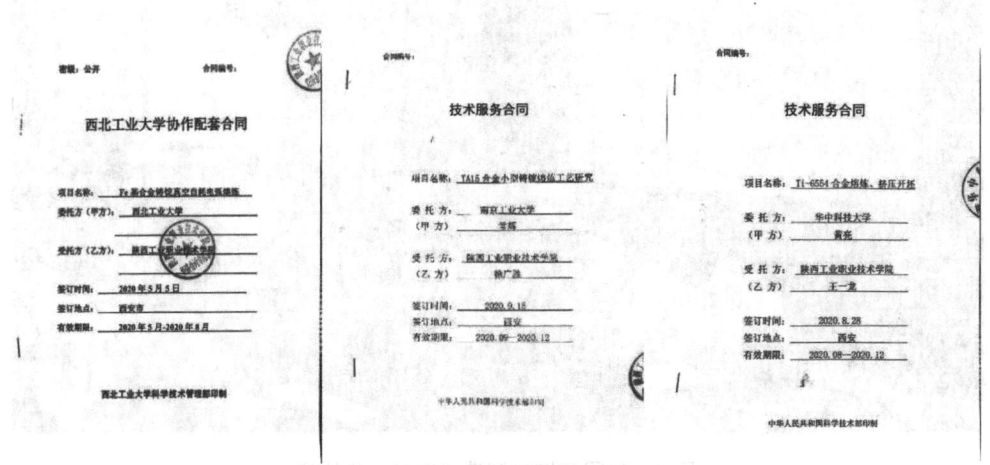

图 5 团队服务产业发展

（三）科研成果项目转化取得重大突破

依托平台获批国家自然科学基金 3 项，荣获省级高等学校科学技术奖 1 项、实现技术创新及成果转化 9 项,"折叠显示器用柔性玻璃"项目 6 项专利在山东省济宁市兖州区融资 2 亿元并实施成果转化,如图 6 所示。

图 6　解决企业现场的薄壁超声检测缺陷

(四) 学生技术技能创新能力大幅度提高

学生参与科研项目,创新能力不断提升,在校生先后荣获"互联网+"大赛国赛金奖 1 项、铜奖 2 项(见图 7),挑战杯国赛铜奖 1 项,太阳能热利用技术创新大赛国家三等奖。专业群"研学用"一体化人才培养模式被《光明日报》报道。

图 7　专业群学生获互联网+国赛金奖、挑战杯国

需求导向、信息赋能，构建智能成型产业"双平台"社会服务模式

摘要：专业群聚焦"两航两机"产业链发展，发挥龙头优势，围绕"平台通、数据汇、资源全、决策智"目标，构建了智能成型产业"双平台"社会服务模式，通过实施四项工程，发挥育人智能，服务区域经济发展。

关键词：智能成型；社会服务；服务平台；培育工程

职业教育产教融合赋能提升行动实施方案（2023—2025年）鼓励职业院校联合企业等共建创新平台，丰富产教融合办学形态，深化产教融合校企合作，优化人力资源供给结构。专业群瞄准"两机"关键零部件智能成型等技术技能转型升级对从业人员综合素养的需求，以培养"德技并修"大国工匠为己任，积极探索智能成型产业社会服务模式，发挥专业群龙头优势，为区域经济发展提供强大的人力资源支撑。

一、需求导向、信息赋能，构建两个服务平台，助推资源共享

根据"两机"关键零部件智能成型等领域技术技能转型升级对人才素养的需求，立足国家职业教育数字化战略行动计划，围绕"平台通、数据汇、资源全、决策智"目标，加大信息管理平台和专项业务平台的整合力度，推动行、企、校数据联通，形成智能成型产业"双平台"社会服务模式（见图1），即校企合作服务平台和信息服务平台，服务产业链、创新链与教育链和人才链的深度融合。

（一）构建智能成型社会服务平台

围绕区域内装备制造业支柱产业需求，发挥专业群资源优势，按照"校企协同、准确定位、创新模式、高端育人"的思路，联合100余家企业，校企合作组建智能成型产业社会服务平台，依托平台汇聚区域和行业的项目研发、技术服务等各类供求信息，面向社会开展智库咨询、在线测试和技术攻关等增值服务。

（二）构建智能成型信息服务云平台

立足社会服务需求，依托中国铸造协会、机械行指委，运用云计算、大数据等信息技术，开发专业、共享的智能成型信息服务云平台，面向社会展示金牌服务项目、金牌服务团队等优质培训资源，开展岗前培训、岗位培训和继续教育等服务。

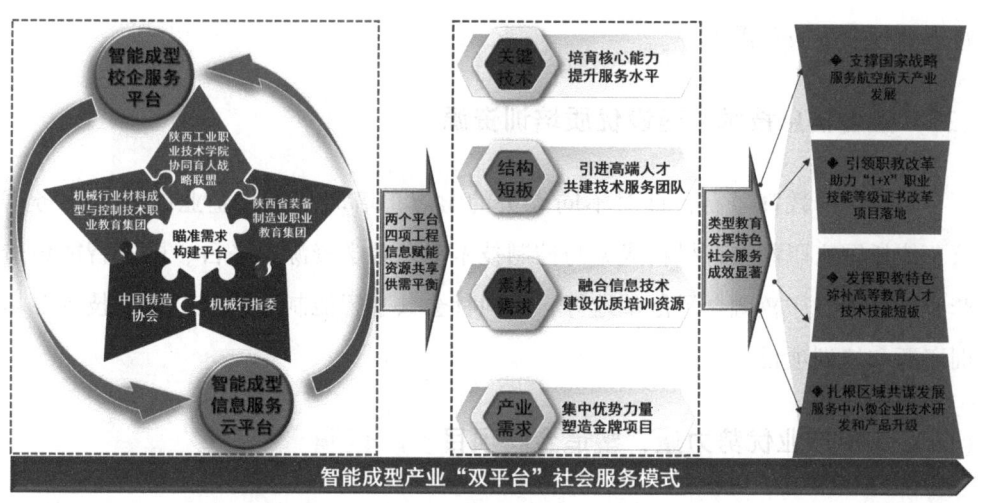

图1 智能成型产业"双平台"社会服务模式

二、实施四项工程，培育提升社会服务能力

依托智能成型社会服务平台和信息服务云平台，发挥专业群龙头优势，通过

实施核心能力、高端人才、优质资源和金牌塑造四项工程,完成智能成型产业"双平台"服务社会的使命担当。

(一) 培育核心能力,提升关键技术服务水平

选派 50 余人次教师深入科研院所学习实践,提升知识和技能水平。与西北工业大学等 27 家科研院所、企业合作,参与飞机发动机空心叶片设计及制造等 34 个科技攻关项目,有效提升教师科研能力,打造了一支"知识深厚、技能精湛"的社会服务团队。

(二) 引进高端人才,共建技术服务团队

针对社会培训需求,捋清家底,补足短板,3 年招聘博士、高级工程师 11 人,优化专职技术服务团队结构;聘请全国焊接技能大师五一劳动奖章获得者付浩等 20 余人组建兼职技术服务专家库,建成一支专兼结合的社会服务团队,更好地满足社会服务需求。

(三) 融合信息技术,建设优质培训资源

响应终身教育号召,针对不同人员的学习、培训和不同企业的技术服务需求,依托国家职业教育材料成型与控制技术专业教学资源库平台、国家智能铸造产业创新中心产教融合示范基地等,面向社会共享智能制造技术、焊接技术等培训资源和培训项目。

(四) 集中产业优势力量,塑造金牌项目

立足区域经济发展,瞄准产业急需领域,与宁夏共享、国家增材院等共同打造了钛合金技术(见图 2)、柔性玻璃技术、智能成型技术等 5 个金牌技术服务团队,依托国家级材料工程技术协同创新中心等 3 大国家级平台,整合社会优质资源,校企协作共建 20 余个特色金牌培训包。

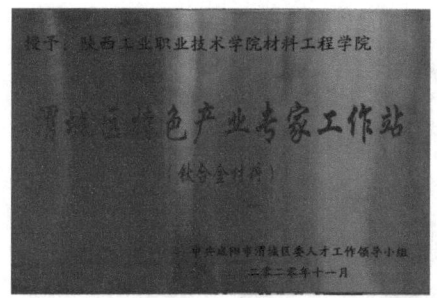 

图 2 咸阳市渭城区钛合金特色产业专家工作站

三、发挥职业教育特色,社会服务成效显著

(一)对接国家战略,服务"两航两机"产业发展

完成陕西天成航空材料有限公司、西部超导等企业员工技能培训 691 人,如图 3 所示;累计完成玻璃液通道关键技术、高纯高均匀钛铝合金棒材制备等技术创新及成果转化 11 项,解决实际问题 20 余项,实现社会效益 5 000 余万元,如图 4 所示。

图 3 陕西天成航空材料有限公司企业员工技能培训

(二)发挥专业群龙头优势,牵头制定三个专业国家教学标准

获评智能铸造国家技术标准创新基地,牵头制(修)订教育部三个专业国

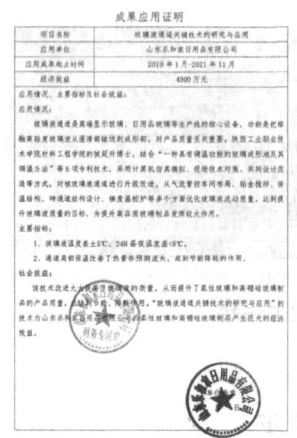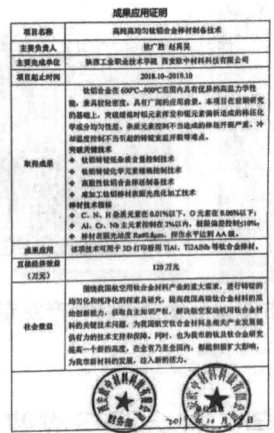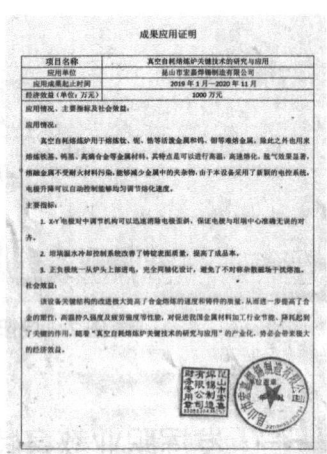

图 4 专业群完成的技术创新及成果转化证明

家教学标准（材料与热加工技术类专业教学标准、中职－金属热加工专业教学标准、高职高专－材料成型及控制专业教学标准）。

（三）引领职教改革，助力"1＋X"职业技能等级证书改革项目落地

参与"1＋X"等级证书标准开发及教师和学生培训，参编"1＋X"标准和教材4份，承担技能等级证书全国师资培训3 000余人次，与礼泉、武功等3所职教中心共建产学研一体化示范基地，如图5所示。

图 5 承担"1＋X"职业技能等级证书培训项目

（四）聚焦区域发展需求，解决中小微企业技术难题

完成咸阳象山磨具机械制造有限公司等企业生产服务项目17项（见图6），实现社会效益5 000余万元，有效促进了机器人焊接等新工艺、钛合金等新材料的应用，服务区域内产业智能化的升级改造。

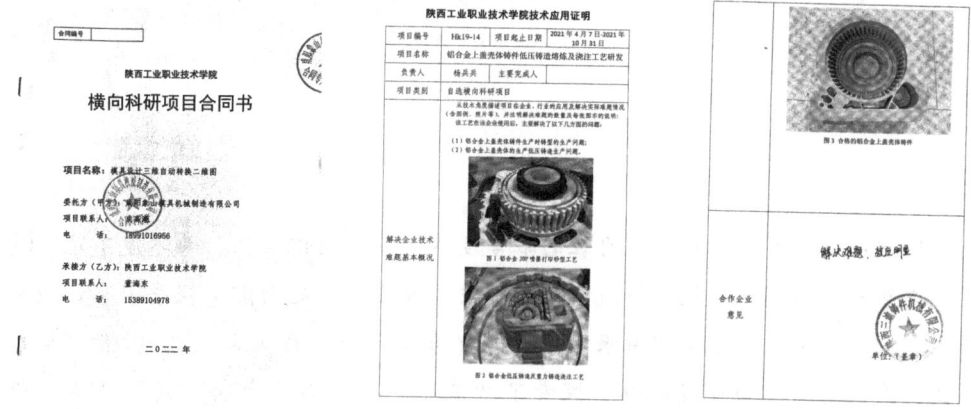

图6　解决咸阳象山磨具、陕西三迪等企业技术难题

"五化一体、六共协同"产教融合实训基地建设的"陕工模式"

摘要：针对目前实训基地存在的融合度不够、专业化不强、共享度不足、建设模式缺失的问题，我校材料成型及控制技术专业群立足西部，携手国家产教融合型企业——宁夏共享集团有限责任公司（专精特新小巨人企业），按照研学用一体、产训培结合的建设思路，探索了"五化一体、六共协同"实训基地建设的"陕工模式"，有效促进了人才培养、真实生产、科学研究、社会服务、创新创业"五方"长效发展，为中国产业向全球高端产业发展提供智能成型高素质技术技能人才支撑，自实施以来效果显著。

关键词：五化一体；六共协同；实训基地；陕工模式

一、实施背景

材料成型及控制技术专业群紧扣制造业国家经济命脉的核心地位和"中国制造2025"发展战略，立足西部，聚焦高端产业和产业高端转型升级需求，从创新型技术技能人才培养需求出发，针对实训基地现存的融合度不够、专业化不强、共享度不足、建设模式缺失等问题，与产业龙头企业合作，以"学校+企业"的产教融合方式设计，建设具有智能化、绿色化、迭代化、市场化、集成化的高水平专业化产教融合实训基地，形成实训场景共建、教学资源共享、教师队伍共用、国家标准共研、体制机制共创、校企利益共赢的实训基地建设新模式，树立智能成型领域职教专业品牌。

二、主要做法

（一）对接产业转型升级，共建"五化一体"实训基地

专业群聚焦"两机"关键零部件智能成型，基于铸造行业转型升级，引入5G、人工智能、大数据等领先技术，以"研学用一体、产训培结合"的建设思路，对接前沿、共建共享、强化内涵、产学并举，与国家产教融合型企业（专精特新小巨人企业）——宁夏共享集团有限责任公司校企双方深度合作，依托共享集团国家双创示范基地、国家智能铸造产业创新中心，学校投入资金、场地和师资队伍，企业配套设备、技术和产业资源，协同建设具有智能化、绿色化、迭代化、市场化、集成化的"五化一体"智能成型实训基地，如图1所示。

图1 "五化一体"智能成型实训基地

（二）兼顾多方诉求，创新"六共协同"实训基地长效运行机制

校企共同组建实训基地管理委员会，创新实训场景共建、教学资源共享、教师队伍共用、国家标准共研、体制机制共创、校企利益共赢的"六共协同"实训基地长效运行机制，如图2所示。实训基地不仅具备实践教学、社会培训、社会技术服务的功能，并且能以企业生产的典型产品为载体，从产品的研发设计到产品的生产加工，实现了企业真实的生产经营过程，让学生体验到了"身在校

园,做在企业"的学习氛围。在提高学生专业知识与实践技能的同时,企业也获得了经济收益,保证了产教融合型实训基地能长效良性运转。

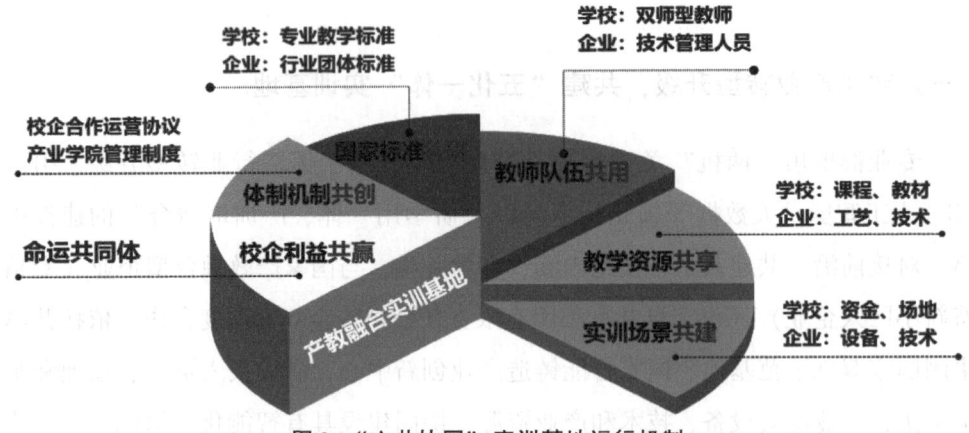

图 2 "六共协同"实训基地运行机制

(三)协同推动"四链"有机结合,提高产、教、研、培建设水平

校企共建、协同运行,将典型产品生产和技术服务项目的新材料、新工艺、新技术融入人才培养方案、课程体系等各个环节,实施双导师项目化教学,推动教育链、人才链、产业链、创新链有机结合,不断提升实训基地管理水平,提高实训基地人才培养能力,服务区域产业升级,实现专业群的教育、培训、生产和科研多重职能有效运行,实训基地协同运行措施,如图 3 所示。

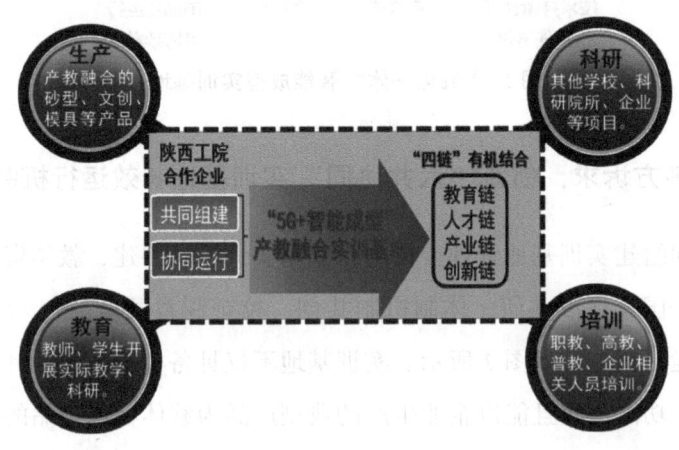

图 3 实训基地协同运行措施

（四）模式精炼，构建产教融合实训基地建设的"陕工模式"

聚焦行业转型升级，引入领先技术，校企协同共建，机制体制创新，推动"四链"结合，提高产、教、研、培建设水平。构建智能化、绿色化、迭代化、市场化、集成化"五化一体"，实训场景共建、教学资源共享、教师队伍共用、国家标准共研、体制机制共创、校企利益共赢"六共协同"的"研学用一体，产培训结合"产教融合实训基地建设的"陕工模式"，有效促进人才培养、真实生产、科学研究、社会服务、创新创业"五方"长效发展，如图4所示，为中国产业向全球高端产业发展提供智能成型高素质技术技能人才支撑。

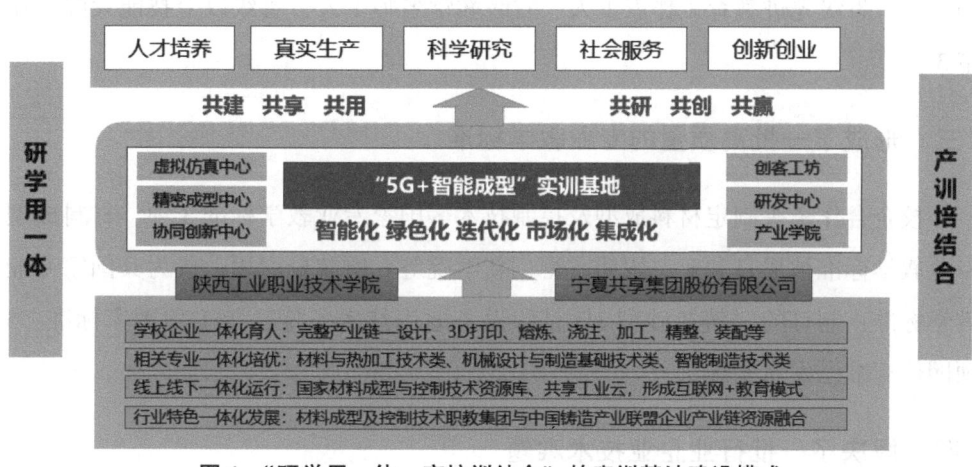

图4 "研学用一体，产培训结合"的实训基地建设模式

三、成果与成效

（一）培养了一批创新型技术技能人才

先后组织700余名学生参与创意、技术服务、产品试制、科研等项目140余项，提出创意规划70余条，有效提高了学生的创新研究能力，其中仅郑旭飞同学一人在校期间申报发明专利4项、实用新型专利16项，近三年，学生获中国国际"互联网＋"大学生创新创业大赛国赛金奖1项、铜奖2项，省赛金奖5

项，学生"研学用"能力显著提升。专业群27%的毕业生就职于西安航天发动机有限公司、西北有色金属研究院等"两机"制造相关企业和科研院所，60%的毕业生就职于全国500强企业。

（二）组建了一个高精专的智能成型教师团队

聘任国家增材制造创新中心卢秉恒院士为学院首席科学家、专业群智库首席专家，并成立"卢秉恒院士团队工作室"。材料工程学院教师党支部获批全国党建工作样板支部，并获批全国机械行业职业教育服务先进制造专业教学团队，获评全国机械行业职业教育服务先进制造专业领军人才1人、省级特支计划教学名师1人，省级先进教育工作者1人、省级教学名师1人，省级以上技能大师工作室3个。

（三）形成了一批高质量的专业教学标准

校企合作牵头制定材料成型及控制技术等国家专业教学标准3项，材料成型专业教学标准被尼日利亚温妮弗雷德创新学院等6所院校引用，成为其国家专业教学标准；制订的《铸造砂型3D打印设备通用技术条件》等1项国家标准、5项团体标准已发布实施。

（四）解决了一批行业企业技术难题

专业群教师参与的"电塑性挤压钛合金棒材微观组织的均匀化机理及调控方法"项目、"柔性玻璃的组成设计与离子交换增强机理研究"项目分别获得2020年、2021年国家自然科学基金项目资助，主持陕西省教育厅科研项目7项，承担高温钛合金铸锭真空自耗电弧熔炼关键技术研究等横向科研项目13项，解决陕西新西商等7家企业技术难题28项，实现柔性玻璃成型技术等专利转让10项。

（五）模式经验得到兄弟院校和教育部领导的高度肯定

材料成型及控制技术专业群立足区域经济发展，深耕装备制造、航空航天等区域优势产业，与产业龙头企业合作共建产教融合实训基地，为吉林、湖南、陕西等近 200 多所职业学校培训教师 2 123 人次，教育部部长怀进鹏、教师工作司司长任友群来校调研期间对"5G + 智能成型"产教融合实训基地给予了高度肯定，如图 5 和图 6 所示。

图 5　兄弟院校来校交流学习

图 6　教育部部长怀进鹏、教师工作司司长任友群来校调研

携手赋能，打造国家级"双师型"教师培训基地

摘要：根据教育部《关于建设一批国家级"双师型"教师培训基地（2023—2025年）的通知》文件要求，为推进职普融通、产教融合、科教融汇核心工作，陕西工院以"校企联动、模式创新、质量至上、分类施教"的基地建设思路，开展"制度建设、分层分类教师能力提升、促进成果转化、优质资源共享、创建品牌效应"等基地建设主要工作，创新"区域协作""共建共享"的基地工作机制，借助政、行、企、校优势资源，建成了国家级职业教育"双师型"教师培训基地，为提升职业院校教师教育教学能力和校企合作育人水平提供了重要支撑。

关键词："双师型"教师、教师培训、"双师型"教师培训基地

根据《关于深化现代职业教育体系建设改革的意见》《职业教育"双师型"教师基本标准》等文件要求，为解决"双师型"教师培养资源匮乏、教师工程实践能力不足、教师企业实践时间短等一系列突出问题，由陕西工院牵头，携手北京精雕集团、宁夏共享、天成航材、东软集团、北京国人通教育科技有限公司、陕西科技大学等专精特新"小巨人"企业和知名高校，合力共建面向装备制造业的国家级职业教育"双师型"教师培训基地（以下简称：基地），如图1所示。基地采用"大学+职院+企业+政府机构"的基地建设模式，促进优势资源共享，加强高水平"双师型"教师队伍建设，健全"双师型"教师发展制度，促进产教融合校企"双元"育人，构建师资多元培养培训格局，持续赋能教师成长发展，为打造职业教育"良匠之师"提供有力支持。

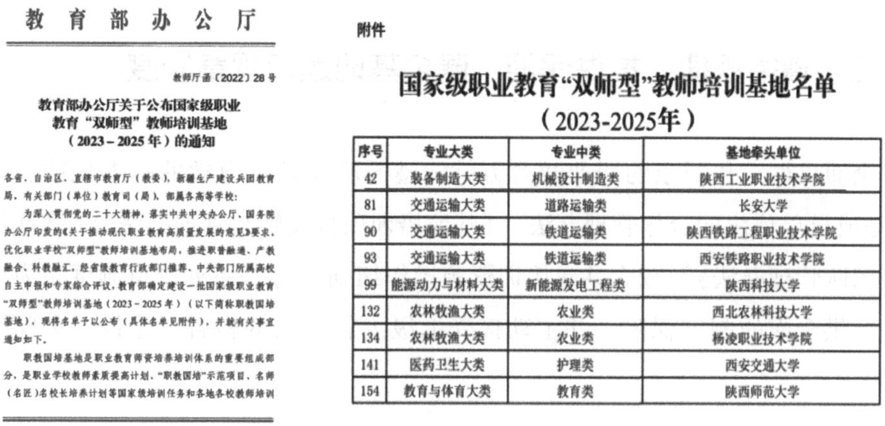

教育部办公厅

教师厅函〔2022〕28号

教育部办公厅关于公布国家级职业教育“双师型”教师培训基地（2023－2025年）的通知

各省、自治区、直辖市教育厅（教委），新疆生产建设兵团教育局，有关部门（单位）教育司（局），部属各高等学校：

为深入贯彻党的二十大精神，落实中共中央办公厅、国务院办公厅印发的《关于推动现代职业教育高质量发展的意见》要求，优化职业学校“双师型”教师培训基地布局，推进职普融通、产教融合、科教融汇，经省级教育行政部门推荐、中央部门所属高校自主申报和专家综合评议，教育部确定建设一批国家级职业教育“双师型”教师培训基地（2023－2025年）（以下简称职教国培基地），现将名单予以公布（具体名单见附件），并就有关事宜通知如下。

职教国培基地是职业教育师资培养培训体系的重要组成部分，是职业学校教师素质提高计划、“职教国培”示范项目、名师（名匠）名校长培养计划等国家级培训任务和各地各校教师培训

附件

国家级职业教育“双师型”教师培训基地名单（2023-2025年）

序号	专业大类	专业中类	基地牵头单位
42	装备制造大类	机械设计制造类	陕西工业职业技术学院
81	交通运输大类	道路运输类	长安大学
90	交通运输大类	铁道运输类	陕西铁路工程职业技术学院
93	交通运输大类	铁道运输类	西安铁路职业技术学院
99	能源动力与材料大类	新能源发电工程类	陕西科技大学
132	农林牧渔大类	农业类	西北农林科技大学
134	农林牧渔大类	农业类	杨凌职业技术学院
141	医药卫生大类	护理类	西安交通大学
154	教育与体育大类	教育类	陕西师范大学

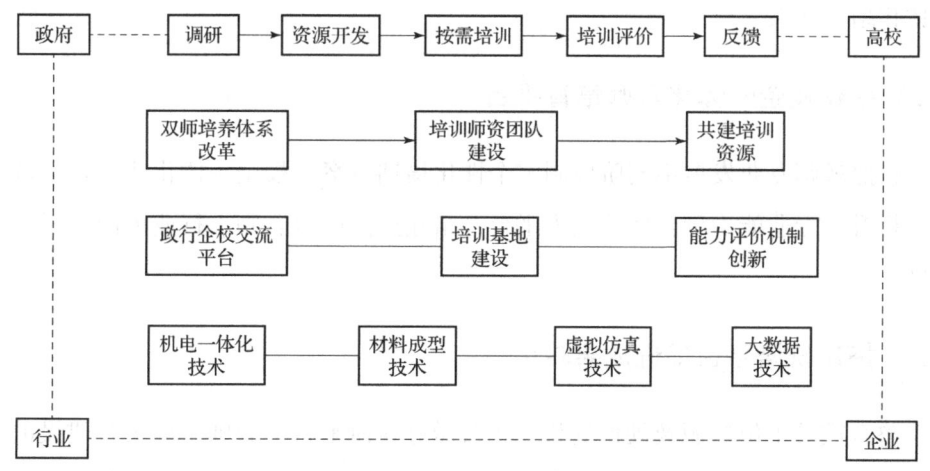

图1　成功入选国家级职业教育“双师型”教师培训基地

一、产教融合，共享共建，打造基地建设新平台

基地按照“贴近企业、跟踪技术、校企共建、培训为主、兼顾科研”的原则，采取“1 + N”多方联动共管协作机制，即由陕西工院1个学校牵头，N个核心单位（包含政府、企业、高校）和若干成员单位组成的多方联动共管协作机制，发挥各单位自身优势，紧密合作，分工协作，协同开展“双师型”教师培训工作，形成了“政、行、企、校”多方联动、资源共享的“双师型”教师培训平台，如图2所示。

图2　装备制造“双师型”教师培训平台

二、遵循规律,提供保障,健全基地运行规章制度

全面贯彻党和国家的职业教育方针,遵循职业教育教学的基本规律。出台《基地成员单位协同合作管理办法》《基地培训项目实施与管理办法》《基地培训师资团队管理办法》《校企共建培训资源操作细则》等一系列规章制度,为项目实施提供全面的制度保障,并主动接受上级主管部门的检查、监督,实现统筹规划。

三、产教融合,专技互补,持续赋能教师成长发展能力

(一)创建"分层递进"教师教学能力提升培养体系

针对不同群体、不同年龄、不同需求、不同能力阶段的教师实际需求,基地建立分类分层课程资源包和培训方案,设计个性化育训一体方案,实现一类一案、一项一案、一层一案。建成国家级专业教学资源库3个,参与建设国家级专业教学资源库10个,主持省级专业教学资源库2个;建成国家级精品在线开放课程3门、省级精品在线开放课程25门。已开发课程19 443余门,构建了多维立体化培养体系。

(二)搭建校企一体化双师培育平台

按照教师专业发展不同阶段制定个性化培训方案,校企一体化建立教师教学能力提升、专业能力创新实践能力平台,组建全国职教名师、行业大国工匠培训团队。

(三)搭建研培平台促进成果转化

整合成员单位资源及硬件优势,积极做好科研平台、教师培养平台建设的总体规划和共建共享,发挥院士工作站、产业学院、协同创新中心、教师企业实践

流动站等平台的作用，促进校企人员相互流动，对教师的科研、教研成果提供产业转化和应用支持，如图 3 所示。

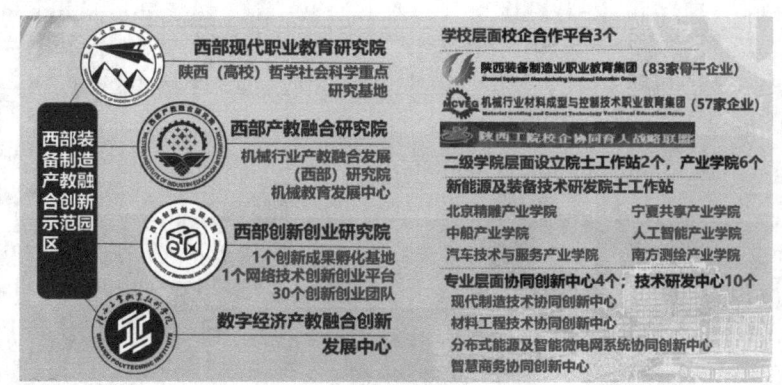

图 3　校企合作共建共享优质平台

（四）信息化技术助力优质资源共享

依托学院智慧校园平台，打造"职业教育'双师型'教师团队建设服务平台"，校企共建培训数字资源库、案例资源包、培训过程评价，借助虚拟仿真、物联网、大数据等手段按需开展多类型混合式教学。打破时间、地域、空间的限制，提升"双师型"教师培训基地培训能力，让教师个人成长发展持续得到提升。

四、多方联动，成效斐然，基地培训服务能力显著提升

基地启动实施"百企进校、百师进企"校企深度对接的"双百双进"计划，与企业人员进行"岗位轮换"，协同开展横向课题研究。截至目前，教师承担横向项目 123 项，立项校企合作"揭榜挂帅"项目 20 项，成果转移转化 38 项，为西安交通大学、西诺医疗、欧中材料科技等 80 余家高校和企业开展技术服务 100 次以上；陈鹏威博士团队获得秦创原春种基金 100 万元，侯延升博士团队柔性玻璃在山东转化带动经济增长 1.5 亿元；完成省内外职业院校校长、教学管理人员、专业带头人、"双师型"教师等各类培训超过 10 万人次，覆盖了陕西 39 所高职院校、198 所中职学校，辐射山东、山西、四川、青海、江西、内蒙古等 10 余个省份超过百所职业院校，如图 4 和图 5 所示。

图 4　承办国家级职业教育"双师型"教师培训基地 2022 年专题研修班

图 5　承办陕西省高等职业院校高质量发展校级领导专题研修班

健全培养体系，打造"语""技"双能的高水平职教师资队伍

摘要：党的二十大报告明确指出要推进现代职业教育体系建设，优化职业教育类型定位，从而建设高质量职业教育教师队伍，陕西工业职业技术学院针对教师工程实践能力和国际交流能力较弱等问题，创新实施"双师"分层培养和"双语"教师百人工程，从师资队伍培养顶层设计、校企优势互补、真实项目带动、成果塑造品牌等方面着力提升教师培养质量，构建了双语双师分类分层培养新机制，打造了一支"语""技"双能的高水平师资队伍。

关键词："双语"教师、培养路径、分层培养

党的二十大擘画了"统筹职业教育、高等教育、继续教育协同创新，推进职普融通、产教融合、科教融汇，优化职业教育类型定位"的职教改革发展蓝图，开创了现代职业教育高质量发展的新局面。陕西工业职业技术学院围绕职教特点，不断固根基、补短板、强弱项、扬优势，积极探索教师培养新机制、健全培养体系、构建四级"双师型"教师认定机制、创新实施"双师"分层培养和"双语"教师百人工程，建成了一支行业有影响、国际可交流、支撑学校高质量发展的"语""技"双能的高水平师资队伍。

一、做好顶层设计，构建双语双师培养新机制

按照"跨界融合、多元管理、高端培育、结构优化"的教师队伍建设原则，

紧紧抓住确立标准、搭建平台、绩效评价、成果推广等关键环节，探索形成了"一个目标，两项工程，多元协同"的教师队伍培养机制。根据教师成长与发展规律，按照"准备期（新进教师）—衔接期（青年教师）—沉淀期（骨干教师）—成长期（教学名师）—成熟期（专家型教师）"，规划实施"青蓝工程""启航工程""扬帆工程""领航工程""博雅工程"五级递进的"双师型"教师分层培养工程；以国际认证促国际化发展，开展 ITAC 等教师国际认证；深化企业参与教师队伍建设，与北京精雕、宁夏共享、国家增材制造创新中心等知名企业协同合作，着力培育教师"教学能力、专业能力、科研能力、创新能力、社会服务"五大能力。校企制定《"双师型"教师认定及管理办法》和《双语教师管理及认定办法》，实施初级、中级、高级、工匠型四级梯度"双师"标准和"双语"教师百人工程，构建政、行、企、校多方参与、优势互补的双师双语教师培养大平台。如图 1 和图 2 所示。

图 1　陕西工院为印尼教育文化部培训职教师资

图 2　马拉维共和国总统穆塔里卡阁下访问陕西工院

二、校企优势互补，创新"双师"分层培养新路径

学校充分发挥企业在教师队伍建设中的重要作用，依托陕西装备制造业职业教育集团内 50 余家国内龙头企业和校企育人战略联盟搭建了教师培养实践平台，探索创新校企协同提升教师能力的方式和内容。

把教师到企业实践作为提升教师工程实践能力的重要手段，针对性安排教师到专业对口的企业，通过挂职顶岗、合作研发、新产品开发、企业员工培训等多种形式，强化教师了解产业发展、生产现状和发展趋势，丰富实践经验，强化实践技能。创新"五阶段递进式"体系下企业分阶段参与"双师型"教师分层培养机制，实施教学能力与实践能力协同提升，实现教师成长持续发展：一是面向"新进教师"开展"青蓝工程"；二是面向"青年教师"开展"启航工程"；三是面向"骨干教师"开展"扬帆工程"；四是面向"教学名师"开展"领航工程"；五是面向"专家型教师"开展"博雅工程"，分类分层重点突出地常态化开展教师培养。

三、真实项目带动,"双语"能力提升新方法

学校重视实践研修在"双语"能力提升中的关键作用,将教师"双语"能力提升纳入学校"双高计划"教师改革五项计划之中。

一是在国际交流活动中"逼出"能力。开展留学生培养、鲁班工坊建设、国际化师资培养、职教师资援外培训、教学标准海外输出等10个方面的合作项目,为教师搭建良好的培训项目平台。

二是在伴随企业"走出去"中"练出"能力。携手中国有色矿业集团和国内7所兄弟院校,参与建成我国在海外独立举办的第一所高职院校——中国—赞比亚职业技术学院,选派8名具有一定英语基础和"双师"教学资格的中青年专业教师赴赞比亚,为企业培训了647名当地员工,培养了2名当地机电维修类专业课教师,如图3所示;开发了《机械设计基础》等5本双语活页教材和"先进制造技术"等3门双语核心在线课程。

图3 教师赴赞比亚培训当地员工

三是在国际化教学标准资源开发中"干出"能力。依托中国教育国际交流协会中国—东盟"双百"职校强强合作旗舰计划、未来非洲—中非职业教育合作计划等项目,为教师开发国际化专业标准、课程标准搭建了良好平台,如图4所示。396名教师通过参与印尼、尼日利亚"秦工苑"中文+职业技能、中赞职院鲁班工坊等项目,联合企业和当地专家,开发的16个专业标准和配套的182门课程标准分别被印尼、尼日利亚、赞比亚等国家院校采用。教师"双语"能力得到显著提升,为学校高水平国际交流合作和高质量发展积累了重要的人才资源。

图4　教师在澳大利亚墨尔本理工学院访学研修

四、成果塑造品牌,迈向持续发展新征程

大力推进以"语""技"双能为核心的教师队伍建设,陕西工院教师队伍建设成效显著。近三年,国家职业教育教学成果奖、学生全国职业院校技能大赛获奖等标志性成果位居全国前三、西部第一,且先后培育出国务院政府特殊津贴1人,全国模范教师、全国行业教学名师3人,黄炎培职业教育杰出教师2人,陕西省特支计划教学名师和教学名师12人等一批品牌教师,教师在教学能力比赛、指导学生参加各类技能竞赛中累计获国家级奖项156项。相继培育出全国高校黄

大年式教师团队1个、国家级职业教育教师教学创新团队2个、全国机械行业职教服务先进制造领军教学团队1个、全国石油和化工教育优秀教学团队1个、陕西省高校黄大年式教师团队3个,领军人才领衔成立4个协同创新中心和10个技术研发中心,带动培育博士科技创新团队18个;教师主导参与编制国家行业标准和教学标准6个。教育部党组书记、部长怀进鹏等领导深入学校调研,对学校办学水平及特色给予了高度评价;《光明日报》《中国教育报》等多种媒体刊发我校办学业绩1 500余篇;教育部官网、人民网、《中国青年报》等20余家主流媒体跟进报道了"我校毕业生邢小颖站上教育部发言台"热点新闻;我校有效发挥引领示范作用,在世界职业院校与技术大学联盟大会等10余次国际和国家级层面会议崭露头角,多次为陕西乃至全国职教改革发展贡献"陕工智慧""陕工力量",工院品牌形象进一步提升。

聚力"四个坚持"深入推进新时代职称评审改革

摘要：职称评审是关系到教师个人成长、促进专业建设和关乎学校高质量发展的重要工作，因此，在"放管服"、破"五唯"改革背景下，如何接住、用好职称评审"指挥棒"是当下高职院校需要解决的重要问题。高职院校教师职称评审制度应遵循科学性、公平性、个性化原则。然而，当前高职院校职称评审制度中仍然存在师德评价浮于表面、岗位总量不足、公共课教师职称评审处于劣势、兼任行政职务影响职称评审结果、评审标准和程序不够完善等问题。对此，陕西工业职业技术学院在"放、管、服"改革背景下，聚焦"四个坚持"推进新时代职称评审改革，充分发挥了职称评审激励导向作用，激发了广大教职工干事创业的积极性。

关键词：破"五唯"、专业技术职务评审、职称改革

为深入贯彻落实教育部《关于深化高等教育领域简政放权放管结合优化服务改革的若干意见》（教政法〔2017〕7号），人力资源社会保障部、教育部《关于深化高等学校教师职称制度改革的指导意见》（人社部发〔2020〕100号）等文件精神，克服唯论文、唯帽子、唯职称、唯学历、唯奖项等"五唯"倾向，进一步完善教师评价机制，激励高校教师教书育人，落实立德树人根本任务，推进高等教育内涵式发展。陕西工业职业技术学院通过设定职称评审评价观测点，坚持师德一票否决、坚持分类评价、坚持综合评价、坚持代表性成果评价，打通晋升"绿色通道"开展职称评审，形成了"四坚持+一通道"的职称评审综合

评价机制，提高了教师个人业绩、成果质量、服务贡献在职称评审中的比重，完善了分类评价标准和同行专家评价机制，优化了评审程序，使职称评审工作更加科学化、合理化，充分发挥了职称评审激励导向作用，激发了广大教职工干事创业的积极性。

一、坚持师德一票否决，突出"立德树人"导向

学校坚持将"立德树人"作为根本使命，在职称改革中认真贯彻落实党和国家的教育方针。

一是坚持德才兼备、以德为先的原则，将师德师风作为教师职称评审的第一标准。在职称申报中加入申报人师德考核，由党委教师工作部严格审核把关申报人的师德师风表现，对师德失范人员严格实行一票否决制。

二是注重引导教师为学校"立德树人"根本任务做出积极贡献，加大教师在教书育人方面的考核评价力度。

三是充分考量教师在担任班主任及指导学生创新创业、社会实践、各类竞赛、学生社团等多方面的付出和业绩，并将以上工作计入教师工作量或评价指标。

二、坚持分类评价，打通各类人员职称晋升渠道

学校根据不同类型教师的岗位职责和工作特点，设置教学为主型的教学科研型专业技术岗位类型，最大限度地激发和释放各类人才活力。在评价方式上，根据不同类型人员岗位特点，学校设置了"代表性教育教学业绩成果""代表性科学研究业绩成果""代表性公共服务业绩成果"三大评价指标，为不同类型人员职称发展打通了晋升渠道。

三、坚持综合评价，强调业绩、贡献和实绩质量

学校全方位、多维度设置教师评价内容，克服"五唯"顽瘴痼疾，在满足

省教育厅和学校职称评审基本门槛条件的基础上，创新设置"高级职称布局""参与学校教育教学基本建设""承担教育教学改革重大项目""教学效果""工作成效""学校重点工作突破""标志性成果""承担学校急难险重工作和突出贡献"八项评价观测点，鼓励教师积极参与学校教育教学改革并在学校重大项目上取得突破，充分发挥好职称评审指挥棒的导向作用。

四、坚持代表性成果评价机制，促进成果类型多样化

学校一方面精简优化各类申报材料，明确规定申报人提交论文、专利、著作、项目、获奖的数量，有效扭转重数量轻质量的评价倾向，更加突出评价业绩成果质量、原创价值和对社会发展的实际贡献；另一方面，学校建立专家信息库，大力增选省内外优秀专家，搭建代表性成果同行评议信息平台。在校外同行专家评审环节，申报人须选择不超过3项代表性成果提交外审专家进行水平评价，成果不仅限于论文、著作，还可以是教材、专利、国家标准、工程技术规范、作品、调研报告、获奖等各类成果，校外同行评价情况作为学校评审时的重要参考，进一步引导广大教师更加注重成果的质量而非数量。同时还将专著、教材、专利、成果转化、指导学生获奖、调研报告、咨询报告、报刊转载、获奖作品等方面业绩都纳入业绩成果认定范围。

五、打造"绿色通道"，鼓励优秀人才脱颖而出

为鼓励优秀人才脱颖而出，对工作成绩显著、支撑学校发展、为学校实现重大突破，或取得重大基础研究和前沿技术突破、解决重大工程技术难题，或在促进经济社会事业高质量发展中做出重大贡献而获得国家级荣誉称号，或以第一完成人身份获得国家级教学成果奖、科研成果奖等序列第一层次表彰、公开宣传的教师，经所在二级学院初审并书面推荐，并经学校专业技术职务评审委员会审核、学校职称改革领导小组审定通过，在申报教师系列高级职称时，在严把质量和程序的前提下，实行直评直聘。对任现职以来，横向项目结题后单个项目到账

经费200万元、累计300万元以上（含）的横向项目，项目主持人在申报教师系列高级职称时实行直评直聘。

六、综合评价成效显著

学校开展职称评审综合评价，创新打造"四坚持+一通道"的职称评审模式，大大激发了各类人才活力，引导教师把精力花在专业上、把主责主业落在课堂上、把功夫下在学生身上，有效激发了教师发展活力，人才评价"指挥棒"和"风向标"的作用得到充分发挥。截至2023年9月，我校共有教授86人、二级教授7人、三级教授10人、副高职称以上460人，二、三级教授总量位居陕西高职院校第一；教师立项国家自然科学基金项目1项，教师公开发表各类教科研论文6 009篇，其中核心期刊3 546篇，被SCI、EI等收录166篇；国家授权专利1 183项，专利转化许可78项；获得国家教学成果奖一等奖4项、二等奖8项，陕西省人民政府教学成果特等奖7项、一等奖10项、二等奖16项，国家教指委教学成果或科学研究成果共计37项，教师参加国家级、省级业务能力大赛累计获奖139项。职称评审综合改革取得显著成效，为学校高质量发展提供了强有力的智力支撑和人力资源保障。

打造智慧财务 深化业财融合
构建多维度一体化管理模式

摘要：为推进内部控制建设，全面实施预算绩效管理，打破信息孤岛，提升信息化管理水平，学校以"人本、协同、共享"为理念，通过项目驱动，深化业财融合机制，突破系统壁垒，实现多维度控制，发挥预算管理"指挥棒"作用，以数据为牵引，创新治理方法，不断提升治理效能，通过系统重组、流程再造、数据融通来打造数字化技术赋能高校内控治理新生态，构建预算绩效内控一体化管理模式。

关键词：预算、绩效、内控、管理模式

一、建设目的

为推动学校财务传统管理向"上升为治理，下沉为服务"的二元化管理演进，助力治理体系和治理能力现代化，结合学校内控信息化及预算绩效管理相对薄弱，解决信息化管理系统相互独立、形成信息孤岛的现状，充分利用云计算、大数据、物联网、移动互联网、人工智能等技术，促进学校财务核算信息化向业务财务一体化、智慧财务数智化转型升级，构建一个集成、共享、大数据、数字化的一体化财务管理平台，提升现代化治理水平，学校在经过充分调研论证后实施并建成基于预算、绩效、内控一体化的智慧财务管理平台。

二、建设举措

（一）搭建智慧财务管理基础平台

以"人本、协同、共享"为理念，采用"统一规划、分步实施、边建边用、层层推进"的原则，搭建以预算管理为主线，以绩效结果为决策导向，内嵌内控标准和程序，搭建从"管理"向"管理＋协同＋服务"的智慧财务管理平台。首先建设学校财务管理基础大平台，基于"强底座、大中台、敏前台"的数智化时代技术架构，有效支持前台 11 大领域应用服务，构建能力共享中台（财务中台）和云原生、微服务架构的数智化底座。以业务为起点，将项目申报、项目预算、采购、合同、财务报销、绩效评价、风险监控和电子档案等集为一体。在业务流程方面，前置财务核算，把财务结果向业务最前端推动，实现从业务到财务流程的贯通与线上化；在系统层面上，深度融合会计引擎与业务系统；在数据层面上，充分进行核算颗粒化和明细化，还原记录业务实质，进而实现学校业务与财务在流程、系统、数据的一体化，使各子系统协调工作、共享资源、交互使用，达到系统整合的新要求。

智慧财务管理平台建设总体框架如图 1 所示。

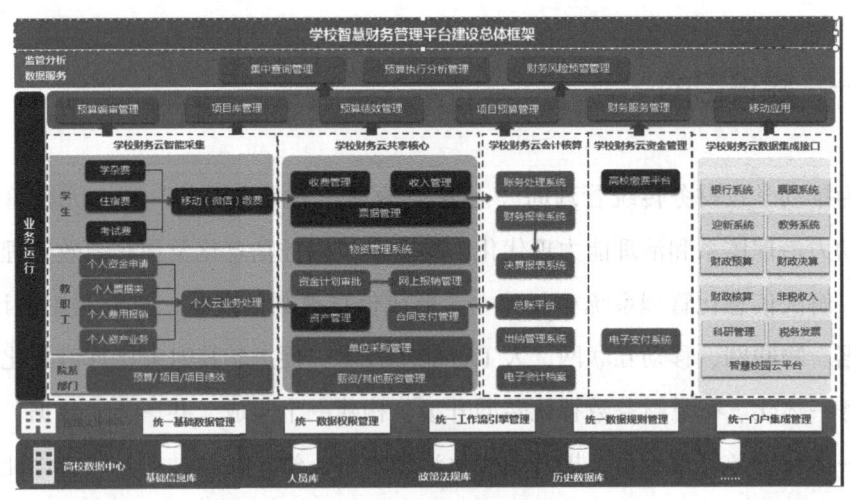

图 1　平台建设总体框架

(二) 构建业财融合内控管理系统

1. 把内控设计（咨询）和内控数智化有效融合

以管理目标为基础，以合规流程、数据规范（标准）为依托，有效融合内控设计（咨询）和内控数智化，实现数据回溯和内控业务智能化，如图 2 所示。

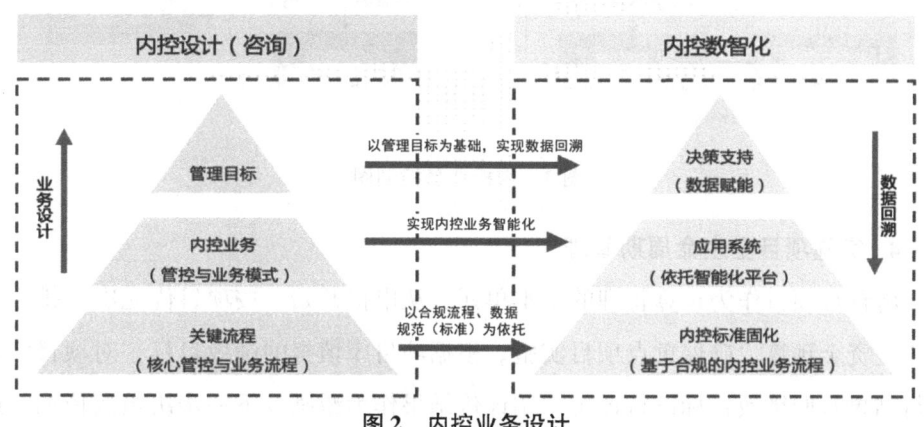

图 2　内控业务设计

2. 把经济业务管理和内控流程嵌入系统

通过梳理财务规章制度，把内控制度转化为量化控制，与业务表单、流程对标控制，将制度、标准、具体岗位权责嵌入到智慧财务管理平台各个审核节点，将各种需要审核的风险控制点嵌入系统，通过内控设计（咨询）和内控数智化的有效融合，实现"管理—制度—流程—系统—数据—场景"一体化财务体系。

3. 业财融合内控覆盖学院合同、采购管理

在业务执行过程中，通过系统进行风险预警，制定控制措施，堵塞漏洞，构建"一套管理规程、一套监管体系、一个数据中心和一个管理平台"，做到"业务管理标准化、审批管理规范化、过程管理精细化、监控管理智能化"，实现对各项经济活动包含合同、采购等业务从申报到审批的全过程管控，如图 3 所示。

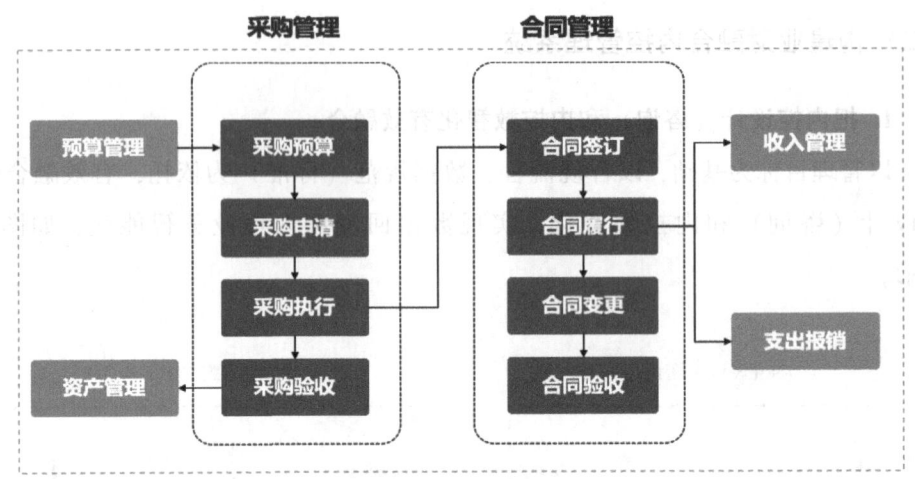

图 3　内控业务控制图

4. 实施项目全生命周期管理

将预算项目作为预算管理的基本单元,从申报开始,按项目优先次序排序下达年度资金预算,确保重点项目实施。根据项目库填报的绩效目标,对项目实施执行结果对照绩效目标进行评价,用评价结果作为激励及下一步决策的依据。通过一年多建设,实现了以预算管理为主线的业务控制支撑体系。

5. 实施预算绩效内控一体化管理

以预算控制采购,以合同控制支付,在管理中按项目下达资金预算,在预算基础上申请项目立项,立项获批后按预算指标进行采购申请、招标,在完成合同审核签订后进行实施,并以合同为依据在支付等环节关联合同款支付。项目运行后,在预算绩效模块进行绩效目标完成情况评价,以评价结果作为下一步决策依据,从而实现预算绩效内控一体化。

(三) 实现数据互联共享

为确保各业务数据在业务部门流转顺畅,实时反映业务办理状态,彻底解决信息不对称问题,建立中间库实现业务数据跨平台共享,与校内其他业务系统相关业务数据实时推送共享,通过建立对接口实现税务发票系统、财政国库支付系统、银校直联系统等相关业务数据实时推送共享。

三、建设成效

（一）有效防范业务风险

智慧财务平台"以预算和费用管控为核心，整体多维管控"，实现经济业务全过程管理，"自动"实现预算对经济业务的约束，强化了"刚性"要求，提升了"柔性"服务，加强了内控监督监管，实现了系统之间的数据实时传输、流程可追踪、数据可追溯、操作可留痕、服务可共享，有效防范业务风险。

（二）实现管理全程对接

将目标申报、跟踪监控、绩效评价和结果应用等模块实现环环相扣，申报的项目投入、产出、效益等内容关系到下一阶段的跟踪监控和绩效评价，绩效评价结果将流入到结果应用模块，形成目标设置、监控、评价、反馈、整改、提升绩效的良性循环，使事前、事中、事后的绩效管理环节都得以体现。

（三）助推学校"智"理提升

以预算管理为主线的事前规划计划、事中控制预警、事后可追溯、全程可留痕的全过程闭环管理规则标准，架起各部门沟通的桥梁，融入学校内部"智"理大平台，让财务工作更多地体现出管理价值和价值增值。

构建"三级四维"管控体系 着力提升资产管理效能

摘要：为科学有效提升资产管理水平，学校通过构建国有资产"三级四维"管控体系，健全制度体系，严把"入口""使用""处置"三道关口，分离采购审批两个环节，动态化开展专项评估，有效解决了资产谁来管、怎么管、不会管、管不好的问题，有效提升了资产管理效能，实现了资产的精细管理、优化配置和高效利用。

关键词：资产、采购、评估、效益

一、建设目的

高职院校发展起步晚、基础弱，普遍存在着资产管理精细化程度不高、资产效益重视度不够、信息化手段欠缺等问题。面对新时期日益复杂的资产结构，给高职院校科学有效提高资产管理水平、提升国有资产使用效益带来的新挑战，近年来，我校认真贯彻落实上级决策部署，紧扣"提质增效"管理目标，在健全体系、闭环管理、采审分离、专项评估四个方面共同发力，形成了"学校、部门、资产使用人"纵向贯通、"采、管、用、评"横向融通的"三级四维"资产管理管控体系，有力提升了国有资产管理效益。

二、建设举措

（一）健全体系"夯责任"

学校严格落实资产管理的各项政策制度，持续健全"国有资产管理委员会—资产管理部门—资产使用部门及使用人"三级资产管理体系，实行国有资产管理委员会统筹协调、国有资产管理处统一负责、各部门各司其责的资产管理机制。以"管理精细化、台账规范化、资料完整化"为原则，修订《采购管理办法》《国有资产管理办法》《国有资产处置管理暂行办法》等制度，通过不断健全资产采购、领用、使用、处置等系列制度规程，明晰资产管理责任，明确资产处置程序，确保资产购置、配置、处置等环节责任明确，实现了资产管理工作"有章可循、有人负责、有据可查"。

（二）闭环管理"强基础"

学校坚持做好合理测算、科学配置、动态管理、报废处置等全周期的资产管理工作，依托资产管理信息系统，构建规范严谨的闭环管理流程。

一是合理测算，把好资产"入口关"。立足学校改革发展实际，在资产配置上优先向重大项目、重点专业、重要任务倾斜，同时处理好满足正常业务需求与落实过紧日子要求之间的关系，合理编制资产购置预算，确保购置资产合规、配置资产合标。

二是三查结合，把好资产"使用关"。加强资产登记审查，定期核对更新；加强资产账面审查，杜绝账账不符；加强存量资产审查，及时掌握资产动态。

三是严控流程，把好资产"处置关"。加强国有资产使用年限审查，通过整合、调配、共享等手段，发挥资产最大效益，守好资产报废处置"最后一公里"。

（三）采审分离"求实效"

为切实提高采购资金使用效益，学校建立资产采购项目论证和审批分离制度，严格执行年度预算制度，建立采购项目库，项目立项时，在调研论证的基础上，须经过二级学院学术分委员会、校级专项学术委员会分别再进行论证，把好采购项目的学术关和技术关，确保项目建设内容不重复、不超标。论证通过后，按预算额度，由财经工作委员会审议通过后，按程序提交校长办公会、党委会审批，未经立项审批的项目一律不得进行采购。严格履行资产处置前的论证工作，按程序完成资产处置审批手续，处置收入统一上缴，确保国有资产保值、增值。

（四）专项评估"增效益"

完善实训资源绩效评价机制，动态化开展专项评估。紧扣专业建设质量、"三教"改革成效、职业培训能力、师资队伍建设、科研成果转化等方面，制定二级学院实训资产使用效益评估标准，以"管理运行标准化、产出效益可量化"为核心，对近5年新建的95个实训室开展专项评估，重点对10万元以上的413台（套）大型仪器设备进行效益评估。全面分析实训室资产管理使用效益评估结果，强化结果运用，对资产使用效益低下、管理水平差的实训室要求限期整改，对整改不到位的，采取减少、暂缓或停止投入等措施，力促二级学院提高实训室资产效益意识，达到以评促建、以评促管、以评促用的目的，形成"建、管、用"并重的长效机制，为学校在实训室建设资金投向方面提供决策依据，切实实现资产的精细管理、优化配置和高效利用。

三、建设成效

国有资产管理是财务预算管理的重要组成部分，学校牢固树立"过紧日子"思想，以资产领域专项整治工作为契机，不断强化国有资产管理，提升国有资产的使用效益。通过健全完善国资相关制度，夯实了各方责任，实现了资产管理工作"有章可循、有人负责、有据可查",解决了谁来管的问题。通过闭环管理,夯实了资产管理基础,发挥了资产的最大效益,解决了怎么管的问题。通过分离采购、审批两个环节,提高采购资金使用效益,解决了不会管的问题。通过动态化开展专项评估,形成建、管、用并重的长效机制,实现了资产的精细管理、高效利用,解决了管不好的问题,有力助推学校"双高计划"建设提质增效和教育事业的可持续长远发展。

用好教育评价"指挥棒"推动学校高质量发展

摘要：教育评价是教育教学工作的"指挥棒",是现代教育治理的重要环节。学校为坚决克服"五唯"评价、功利教学等顽瘴痼疾,贯彻落实《深化新时代教育评价改革总体方案》,以教育评价改革为牵引,统筹推进学院评价改革、教师评价改革、学生评价改革,持续激发办学活力,以更加强烈的历史主动精神践行教育强国的时代担当。

关键词：教育评价、质量、师德、考核

教育评价事关教育发展方向,国家高度重视,就深化教育评价改革作出一系列重要指示批示,明确要坚决克服唯分数、唯升学、唯文凭、唯论文、唯帽子的顽瘴痼疾,从根本上解决教育评价"指挥棒"问题,扭转教育功利化倾向;对学校、教师、学生、教育工作的评价体系要改,坚决改变简单以考分排名评老师、以考试成绩评学生、以升学率评学校的导向和做法;国家机关、事业单位、国有企业要率先破除唯名校、唯学历是举的导向,建立以品德和能力为导向的人才使用机制,给全社会带个好头,担起育人的社会责任。

一、深化学院评价改革,激发改革发展新活力

(一)紧扣校企双元内涵,校内营造企业新场景

学校抢抓陕西"秦创原"和咸阳国家产教融合试点城市建设机遇,按照

"平台共建、成果共享、利益共赢、资源共用"的思路，积极推进技术、资源、人员、利益、制度、文化等产教"六维融合"，牵头组建陕西装备制造业职教集团、陕西工匠学院等实体化平台，与北京精雕、宁夏共享等 50 多家企业共建 6 个产业学院、4 个协同创新中心、10 个技术研发中心，在校内营造包含数字化设计、数字化工业、数字化检测的先进制造企业生产实境，展现新职场、新业态、新岗位、新工种，让学生在教学实践中切身体会数字化升级带来的新体验，营造职前新氛围。

（二）紧扣育训并举内涵，构建学做创育人新模式

紧密对接先进制造产业岗位迁移带来的能力需求变化，立足教学规律和学生成长规律，将学生的理论学习、技能训练、创新创业能力培养有机结合，形成"学、做、创"一体化人才培养新模式。

一是抓好"学"。立足新岗位工作标准，整合重构"基础、核心、通识"课程体系，不断更迭行业新技能技术，凸显课程的"新"和"实"，确保了培养目标实现由"传统"到"高端"、由"单项"到"复合"、由"动手"到"手脑并用"的提档升级。

二是求真"做"。引入企业真实案例和项目，重新设计实践教学内容和形式，让学生通过仿做案例、参与项目、带团队做项目的递进式训练，实现在实战中的演练和提升。

三是立足"创"。建立创新创业课题体系，设立全天开放式"秦工坊"，通过导师领创、企业参与、社团组队、学生试水，把科技创新、成果转化、智力扶贫等与专业教学有机结合，培养了学生的创新意识和创业能力。

（三）紧扣区域经济发展，社会服务力认可度双提升

学校把社会服务实绩作为部门考核重要指标，重点评价各教学单位是否推动职业院校科技创新资源落地转化和产业化。重构学术委员会构架，落实学术权与行政权分离；聚焦项目管理、成果转化、平台设置、考评奖励、科研行为规范等，创新性完善科研考评体系。年均设立服务地方专项项目 21 项，承接科技创

新项目 316 项，取得支撑国家战略、服务陕西区域经济发展的高品质建设成果 262 项。每年开设 60 多个企业现代学徒制订单班，使 49% 的学生实现了提前就业岗位预定。毕业生有 70% 在陕就业，65% 服务于制造类企业，学校声誉和社会满意度不断提升。

二、完善教师评价，构建教书育人新体系

（一）聚焦师德师风第一评价标准

学校将师德师风纳入业绩考核、职称评聘、评优奖励等评价体系，建立师德考核负面清单制度，严格执行师德考核一票否决制。抓实师德教育、宣传、监督、考核、奖励、惩处六个环节，推动学院师德师风建设常态化、长效化。

（二）革新"双师型"教师评价标准

搭建"双师型"教师初级、中级、高级和工匠型四级体系，明确认定"个人申请、资格初审、专家评议、审议公示、认定聘任"工作流程，制定聘任和解聘细则，实施分级聘用，完善激励制度和考核管理办法，教师双师素质有效提升。

（三）推行教师分层分类考核评价

一是分层评价考核。实施"新进教师提升""青年教师成才""骨干教师成名""高层次人才引领"分层培养计划，通过滚动培养、及时增补、严格考核、适当激励，全面提升了教师队伍的整体素质。

二是分类评价考核。设立高层人才津贴，从指导团队建设、教科研项目申报、科技创新和技术推广、专业建设等方面进行高层次人才考核，高层次人才在教学、教研、科研、专业和团队建设中的示范引领作用得到充分发挥。

三、优化学生评价,打造成长成才新生态

(一) 推进五育并举,健全综合素质评价体系

一是完善德育评价。学校全面贯彻党的教育方针,深入落实立德树人根本任务,有效整合校内外思政德育资源,组织师生走出校园开展"大思政课""实地取景"的思政教学。建立学生道德品质评价体系,客观评价学生参与志愿服务、社会实践等践行社会主义核心价值观的活动情况。

二是强化体育教育评价。开足、开齐体育课,充分利用早操、课外锻炼、体育竞赛、体育社团等形式,开展多种形式的课外体育锻炼。对入校学生身体素质、运动技能实施分级分类评价,制定个性化身体素质锻炼及运动技能培养。以体育智、以体育心,强化学校体育,促进学生全面发展。

三是加强劳动教育评价。实施"劳动课程提升行动、劳动文化传承行动",建立涵盖"课程教学、科创训练、社会实践、志愿服务、生活技能、文化传承"的劳动教育实施清单和量化考评指标。印发《劳动教育实施方案》《劳动教育评价改革试点实施方案》。按照"平时考察和重点考核相结合、课堂教学与课外实践相结合"的原则,构建了涵盖"劳动教育内容清单、评价指系、评价标准、评价结果运用"的评价体系。

四是改进美育评价。实施"评价常态、育人为先、自评为主、以评促建"的高职美育育人评价改革。以课程教学、审美活动、校园文化、教学研究"四位一体"的高职美育育人为牵引,强化美育实践育人功能。增设"大学生礼仪美"必选课,实施阶段评价和学生自我评价,将相应指标应用到学期末综合考评。全面分析美育体系的内涵、构成要素,制定涵盖学校、教师、学生、用人单位多元参与的评价指标,实现评价主体多层次、多元化。学校入选全国职业院校"三全育人"典型案例。

(二) 畅通成长渠道,推动学力融合衔接评价

立足国家级高水平高职院校建设要求,面向现代产业体系建设的战略要求,

按照"对标要求、科学布局、服务发展"的原则,创新办学理念,充分发挥 2 个国家级高水平专业群的辐射作用,培育 4 个省级高水平专业群和一批院级特色专业群,探索形成"2+4+N"的三级高水平专业群建设体系。根据职业教育新版专业目录,做好专业一体化设计,依托"四优工程"积极开展"中、高、本"专业一体化衔接,推动技术技能人才培养"纵向贯通"。根据职业本科办学定位,提前做好师资队伍、科技创新、社会服务等方面的规划设计,保障职业本科教学、科研、服务等的顺利开展。

构建校企"三双"境外育人模式
打造开放办学"新样板"

摘要： "一带一路"沿线是我国企业"走出去"的重点地区，但多数沿线国家职业教育条件落后，教学标准缺失，为产业发展培养技能人才的能力较弱，对我国"走出去"企业的生产经营带来较大影响。陕西工业职业技术学院（以下简称"学校"）紧扣国家重大战略，探索产教一体国（境）外技能人才培养，形成了校企"双优""双元""双融"驱动的"三双"境外育人模式，为企业精准培养了一批急需的本土高素质人才，有效支撑了企业的海外发展，促进了民心相通、民心相亲。

关键词： 校企合作、中赞职院、秦工苑

一、校企"双优"共建中赞职院，唱响中国职教非洲赞歌

作为教育部职业教育首批"走出去"试点单位，2019 年学校参与建成我国在海外独立举办的第一所高职院校——中国—赞比亚职业技术学院（以下简称"中赞职院"）。中赞职院以中国有色矿业集团（"走出去"优质企业）和学校机械制造与自动化专业（优势专业）为支撑，校企"双优"驱动培养当地技能人才。其中，企业提供办学基础设施，学校组织开发教学标准和资源，校企优势互补开展教学和企业员工培训，如图 1 所示。按照当地制造业发展水平，参照赞比亚国家职业标准，校企联合开发了《机械制造及自动化专业标准》《生产与运作

管理》等 6 本双语活页教材和"先进制造技术"等 15 门双语核心在线课程。通过企业建场地、学校供装备,校企合作建成的赞比亚第一个数控机床实训室成为中南部非洲最先进的实训室,如图 2 所示。为满足企业需求,学校先后选派 8 名机电类青年骨干教师赴赞比亚为企业培训 647 名当地员工,并培养了 2 名当地机电维修类专业课教师。

图 1　教师为谦比希铜冶炼有限公司培训当地员工

图 2　教育部职成司二级巡视员郁洁、原孔子学院总部亚非处处长邵旭波
参观中赞职院数控实训室

二、校企"双元"共建秦工苑,打造陕西职教国际品牌

在陕西省教育厅的指导下,学校联合陕西鼓风机集团等 3 家在印尼中资企业和曼达拉理工学院等 10 所当地职业院校,在印尼中爪哇省建立"秦工苑"中文 + 职业技能培训中心,为企业和印尼培养"懂汉语、通文化、精技能"的本土技能人才。

秦工苑根据印尼当地产业发展和企业岗位能力需要,以具有国际影响力的教学标准和优质课程资源软输出为主,校企"双元"培养人才。学校针对企业用人需求,开展有针对性的招生、教学资源开发、学生培养工作,企业负责学生的实习和就业工作。秦工苑设立以来,共开设了 3 个企业工业汉语订单班,培训学员 104 人,学员在企业一次性就业率达到了 93%;举办印尼曼达拉理工学院经济管理专业本科生联合培养项目,开设 6 门英文专业核心课程,为企业培养印尼本科生 42 人;承办首届中国—东盟未来职业之星创新创业营(见图 3),活动全程面向国内和东盟十国直播,9 万余人在线观看;培养印尼学历留学生 26 人,毕业生在企业实现 100% 就业,如图 4 所示。

图 3　秦工苑学生参加首届中国—东盟未来职业之星创新创业营

图 4 秦工苑毕业生在江苏联发集团就业

三、校企"双融"培养留学生,传播中国职教故事

学校紧扣"走出去"企业本土技术技能人才需求,以"中文+职业技能"项目为抓手,在留学生培养方案中一方面融入学校中文和特色专业课程,另一方面融入企业文化和岗位真实项目,按照校企资源"双融"模式精准培养本土技术技能人才。通过企业专家、技能大师和学校教学名师进课堂等方式,为江苏联发纺织集团、陕西鼓风机集团印尼电厂运维项目开展现代学徒制留学生联合培养(见图5),为"一带一路"沿线国家170余名学生提供学历教育和短期技能培训;校企联合设计培训方案,开发在线课程,现已推出了6个"云留学"项目,为210余名学员开展线上技能培训;在政府资金支持下,通过设立企业文化课和学校特色技能课,举办应用型职业教育本科人才联合培养、"汉语桥"青年领袖春令营等多个项目,丰富校企"双融"育人内涵,如图6所示。

图 5　学校举办陕鼓印尼电厂技能人才联合培养项目

图 6　学校举办教育部"汉语桥"线上团组交流

近年来，学校通过校企"三双"境外育人模式为"走出去"企业精准培养了一批本土技术技能人才，受到了企业和所在国家的好评。机械制造与自动化等专业标准和课程标准成为赞比亚国家教学标准，实现了我国职业教育教学标准首次进入主权国家国民教育体系，为尼日利亚开发的焊接技术等 15 个专业和 166 门课程标准填补了该国教学标准空白。2020 年，联合国教科文组织职教联系中心落户学校，同年，学校荣获国际职教领域最具权威的大奖——WFCP"战略领导力"卓越奖银奖。

携手共建中赞职院，服务国际产能合作

摘要：在"一带一路"倡议背景下，我国"走出去"企业普遍面临当地员工能力素养偏低、无法满足企业用人需要的问题，严重影响了企业的经营发展，迫切需要国内职业教育"走出去"，培养一批理解认同中国企业文化、掌握中国装备技术标准的技术技能人才，为企业的长远发展提供人力资源支撑。陕西工业职业技术学院（以下简称陕西工院）作为教育部有色金属行业职业教育"走出去"的试点单位，携手企业和兄弟院校，以建设中国—赞比亚职业技术学院（以下简称"中赞职院"）为目标，探索与中国企业和产品"走出去"相匹配的职业教育发展模式，提升我国产业国际竞争力和职业教育国际影响力，开展了富有成效的探索性工作，积累了成功经验。

关键词：校企合作、走出去、赞比亚、中赞职院

2015 年，习近平主席在中非合作论坛约翰内斯堡峰会上提出中非"十大合作计划"，明确指出"设立一批区域职业教育中心和若干能力建设学院，为非洲培训 20 万名职业技术人才"。2016 年教育部启动有色金属行业职业教育"走出去"试点项目，项目自启动以来，陕西工院以国际通用教学标准和资源开发为重点，以培养熟悉中国标准的本土技术技能人才为目标，携手企业和兄弟院校，在赞比亚建成我国在海外独立举办的第一所高职院校——中国—赞比亚职业技术学院，成为"十三五"期间我国职业教育最大亮点之一，如图 1 所示。

携手共建中赞职院，服务国际产能合作

中赞职院概况
- 学制三年
- 教室、实训室30间
- 学生宿舍4栋
- 教师39人
- 在校学生601人

校企联合开展教学。学生修满专业学分并达到汉语六级后可参加赞比亚国家统一考试，考试合格取得中赞职院毕业证书。中国有色矿业集团驻赞企业择优录取毕业生进入企业工作。

图1　中赞职院概况

一、五方聚力，夯实科学管理运营机制

（一）政行企校研通力合作

中赞职院采取"政、行、企、校、研"五方聚力的境外办学新模式，形成"产业、行业、企业、职业、专业"五业联动新机制，如图2和图3所示。教育部职成司是项目的指导单位。中国有色金属工业协会发挥行业协会功能，统筹协调各方关系。中国有色矿业集团驻赞企业提供办学场地，与学校共同开发岗位技能标准，开展企业员工培训。陕西工院等试点院校是项目实施的主体单位，承担选派培训教师、制定培训方案、开发课程和专业教学标准、提供实训设备和仪器、开展教学保障等工作。陕西工院西部职业教育研究院、西部产教融合研究院开展产教协同"走出去"理论探索，提供理论支撑。

（二）董事会议的运行机制

中赞职院实行校企海外混合所有制办学模式，采取董事会领导下的校长负责制。董事会由中国有色矿业集团和院校等单位组成。董事会是学校的领导核心，具有聘任和解聘校长、筹集办学经费、把握学校发展方向、监督重大决议执行情况等职能。

图2 "政、行、企、校、研"五方聚力境外办学新模式

图3 中赞职院形成科学的管理运营机制

二、双优驱动，深化产教融合育人模式

如图4所示，结合赞比亚当地经济社会需求，陕西工院重点做好优势专业、优势资源输出援建，从国内输出普通机床和数控机床等机械类实训设备32套，建成赞比亚第一个数控机床实训室；结合企业岗位需要，为谦比希铜冶炼有限公

司等企业培训647名当地员工；开发了机械制造与自动化专业及课程标准，成为赞比亚国家教学标准，实现了我国职业教育教学标准首次进入主权国家国民教育体系；对接人才培养需求，开发了《生产与运作管理》等5本双语教材，开发出"先进制造技术"等15门双语核心在线课程，初步形成了"双语"在线教学资源库。目前，中赞职院具有学历教育、职业培训、中文推广、来华留学、远程教育等"十位一体"办学架构，如图5所示。

图4　校企双优驱动的运行体系

图5　中赞职院"十位一体"办学架构

中赞职院已成为当地青年报考的热门学校，取得了良好的社会效果，先后被《人民日报》等媒体报道200余次。2020年，中赞职院入选联合国教科文组织国际职业教育中心《面向未来的职业教育教学工作》文件，2021年入选教育部《习近平新时代中国特色社会主义思想学生读本》，如图6所示。

图6　中赞职院入选《习近平新时代中国特色社会主义思想学生读本》

精准培养"一带一路"人才，助力中国企业海外发展

摘要："一带一路"沿线是我国企业"走出去"的重点区域，但大多数沿线国家职业教育条件落后、教学标准缺失，为产业发展提供技术技能人才培养的能力较弱，对我国"走出去"企业的生产经营造成了较大的影响。陕西工业职业技术学院（以下简称"学校"）发挥丝路起点和专业优势，通过打造教学标准输出方案、校企联合培养国际学生、开展中外人文交流三位一体的"一带一路"技术技能人才培养体系，助力中国企业"走出去"，取得了良好成效。2020年获得世界职业院校与技术大学联盟"教育可持续发展"卓越奖金奖。

关键词：一带一路、走出去、校企合作

学校聚焦国家战略和"走出去"企业对当地人力资源的迫切需求，打造"一带一路"技术技能人才培养体系，为沿线国家精准培养高素质人才，服务了企业海外发展，促进了民心相通、民心相亲。

一、开发输出教学标准，为沿线国家职业教育赋能

学校通过在赞比亚开设分校，在尼日利亚开展中文+职业技能项目，联合中国有色矿业集团等企业，按照我国技术岗位标准，融合外方元素，帮助当地开发教学标准和资源，完善其国家标准体系，助力当地技术技能人才培养，如图1所

示。为赞比亚开发的"机械制造及自动化专业标准""机械制图"等 22 门课程标准成为该国国家教学标准，如图 2 所示。为尼日利亚开发的焊接技术等 15 个专业标准、166 门课程标准进入国家审核认证阶段，将填补该国空白，如图 3 所示。同时，对接当地人才培养需求，开发出《生产与运作管理》等 5 本双语活页教材，建成"先进制造技术"等 15 门双语核心在线课程，面向企业和当地人员开展工业汉语推广教学，设立 3 个"中文＋职业技能"项目。依托对外开展学历教育、职业培训、中文推广、来华留学、远程教育等国际合作项目推动教学标准输出走深走实。

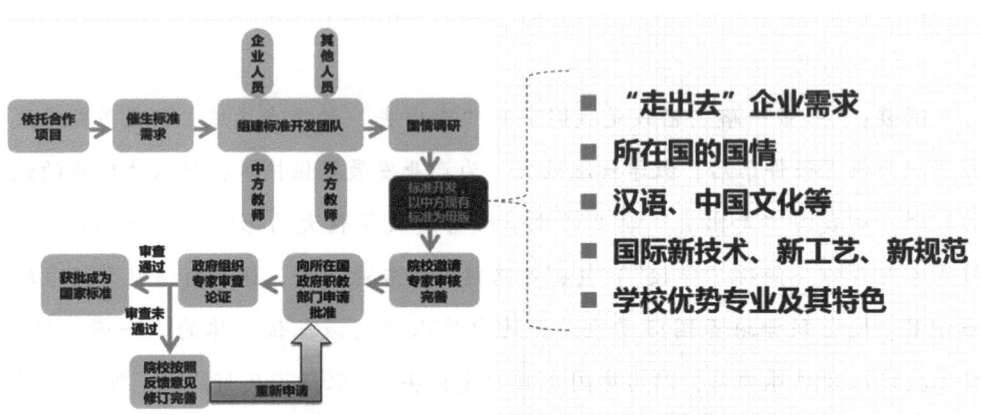

图 1　国际化教学标准开发流程图（以尼日利亚为例）

图 2　机械制造与自动化专业标准在赞比亚举行研讨会

图3 与尼日利亚职教专家研讨教学标准

二、校企联合培养国际学生，精准服务企业人力资源需求

为满足企业人力资源需要，学校与江苏联发纺织集团、陕西鼓风机集团开展现代学徒制印尼学生联合培养，如图4和图5所示。一是与印尼院校、中方企业共建共享教学资源，开展"2.5+0.5"人才联合培养。二是针对企业岗位需要，

图4 留学生在江苏联发纺织集团就业

图 5　与陕西鼓风机集团开展人才联合培养项目

开发培训方案、课程标准，编写活页教材，面向当地学生、待业青年、企业员工开展机电维修、服装加工等岗位技能培训。三是面向来华留学意向人员、企业员工开展汉语培训，提高中文水平，传播中国文化，增强其在中方企业的就业能力。目前开设3个工业汉语校企联合订单班，有学员104人，其中34名学员实现了在印尼中资企业的就业，有效缓解了企业的用工难题。

三、开展中外人文交流活动，讲好中国职教故事

学校探索"中文+职业技能"的国际化办学模式，先后举办中美未来职业之星研习营等6场活动，促进531名中外师生的交流互动。通过开设汉语和文化讲座课，提高学员的中文水平，促进对中国文化和企业文化的了解。学校为活动录制"商务礼仪""生产与现场管理""柔性制造与自动化生产线""先进制造技术"等英文或中英"双语"特色专业课，增强学员对现代生产技术、商业礼仪、中国企业生产知识和专业技能的了解。活动结束，学员对项目的好评率达到了100%，如图6和图7所示。

图6 "一带一路"沿线国家学历留学生在校学习

图7 印尼文化教育部选派职教师资来校培训学习

通过为沿线国家精准培养技术技能人才,学校受到了所在国家和企业的好评。赞比亚、尼日利亚多家主流媒体对学校帮助当地发展职业教育进行了报道,赞扬这是中国"一带一路"的惠民工程。中国有色矿业集团通过教育部发来感谢信,感谢学校为企业培养当地合格的建设者,缓解了企业的人力资源紧缺问题。

搭建混合云数据中心
实现云中数智智慧校园

摘要：随着智慧校园建设的不断深入，传统数据中心已经不能满足学校多校区同步运行管理的现实需求。经过对现有数据中心进行科学评估，梳理思路进行转型，学校坚持"顶层规划、量力而行、分步实施"的路径，在技术和管理的双重保障下，打造高效、安全、智慧的新一代数据中心，实现校园治理科学高效，成为高职院校智慧校园示范校。

关键词：智慧校园、人才培养、混合云

一、问题导向，顶层规划，科技支撑学校发展

随着学校新校区建成投用，"双高计划"建设的各类业务需求不断增多，现有数据中心数据存储孤立分散，不同业务系统拥有独立资源，服务器、存储、数据库等资源无法共享，各类应用和运维管理日趋复杂，数据中心可靠性降低。学校以"精细化管理、协同化支撑、个性化服务"为建设目标，通过综合运用云计算、物联网、移动互联、大数据、智能感知等新兴信息技术，运用感知与互动反馈、智能化控制、智能化管理、数据智能分析和智能视窗等手段全面感知校园物理环境，搭建了混合云数据中心，夯实了智慧校园运行基础，形成了一体化多校区运营管理模式，解决了跨校区教学、科研、管理等问题，学校信息化管理与服务能力有效提升，为我校作为"引领改革、支撑发展、中国特色、世界水平"

的高水平高职院校进一步夯实基础。

二、技术赋能，资源共享，打开服务管理新模式

（一）三位一体，虚拟整合硬件基础

学校按照服务、运维、运营"三位一体"理念（见图1），构建混合云平台（见图2），统一整合管理异构虚拟化资源，降低管理运维成本，提升运营效率及信息化服务水平。通过服务器虚拟化整合、存储虚拟化整合、网络虚拟化整合完成基础硬件的虚拟化整合工作，使用负载均衡设备管理独立的操作系统和应用服务，弹性共享实体服务器所拥有的所有资源（如 CPU、内存等），既满足了不同应用、不同时段的负载能力，又使服务器物理资源的利用率得到极大提升。

图1 "三位一体"云管理念

（二）融合创新，推动数据价值应用

学校引入了物联网、人工智能等技术，突破高职院校校园管理的时间、空间限制，实现资源、能源与环境管控的智能化，如图3所示。持续优化、完善各类管理平台，普及业务应用，统一支撑平台，打破业务边界，重塑管理流程，拓展管理者管理的广度，同时将数据变成有效资产，为师生提供了精准服务。

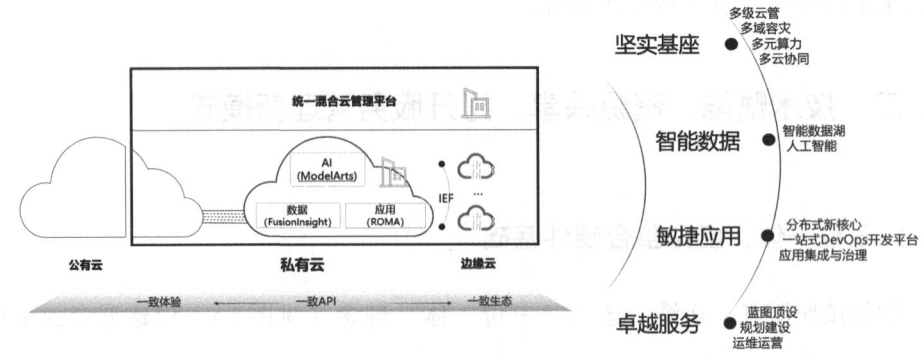

图 2 混合云管理平台结构

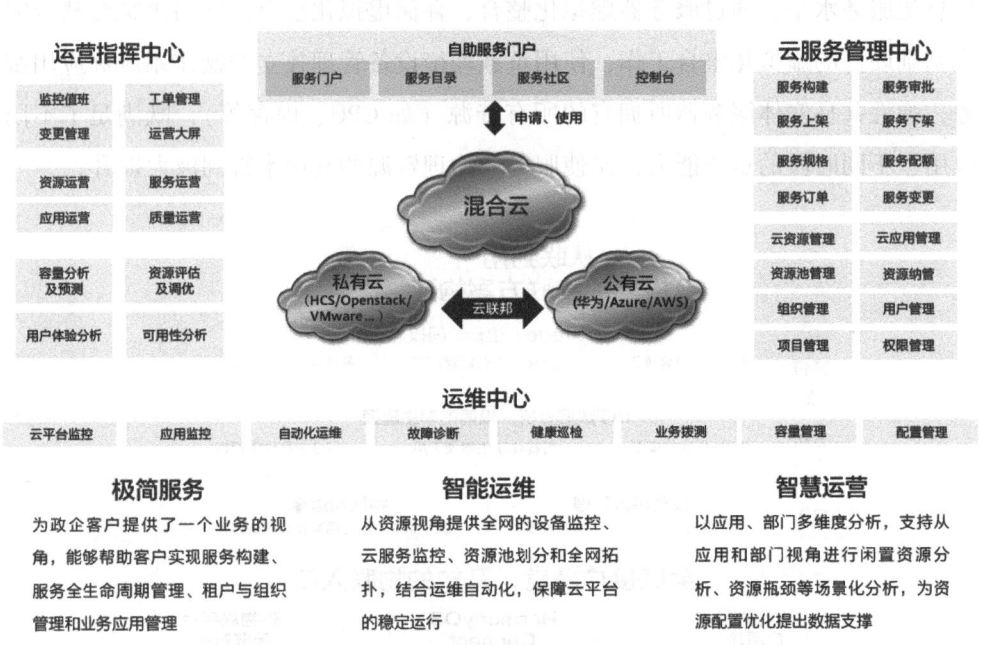

图 3 智慧校园物联网平台

（三）校企联合，提升管理服务水平

学校与华为等企业联合，在云端开发部署物联网管理平台，从校园全局角度实现资源汇聚，促进校园应用互联互通互操作，减少重复，节约投资，推动实现校园基础设施集约化建设。通过物联网平台，连接校园设备建立数字孪生，将设备数据纳入校园数据治理范畴，支撑校园物联网应用，真正实现校园治理的高效运转和科学管理，如图4所示。

图4　智慧化管控

三、多措并举结硕果，服务管理有成效

学校充分发挥自身的开放优势、创新优势、资源优势，积极引入企业资源，以混合云建设为基础，初步实现数据资产化、服务碎片化、安防立体化、后勤透明化、管理可视化的智慧校园（五化）新环境。学校多节点混合云设计理念和校企联合搭建物联网云端管理应用的模式，为多校区办学的高职院校提供了有益借鉴，被陕西省教育厅授予"陕西省智慧校园示范校"称号，如图5所示。

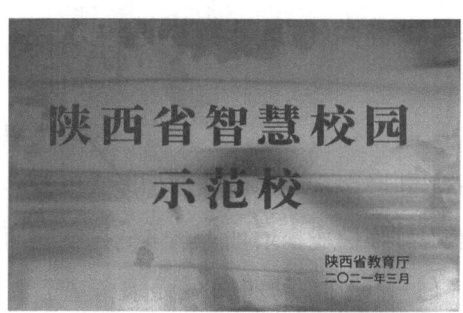

图5　智慧校园示范校奖牌

基于数据驱动
实现内部治理信息化

摘要：为优化学校科研、教学、管理、服务和对外沟通的信息化环境，提升学校内部治理信息化水平，陕西工院基于数据驱动，构建高效运行、主动服务、科学决策、智能监管的新型信息化内部治理模式，按照"线上优先、移动优先、自助优先、机审优先"的原则，实施"一事一表一库一平台"建设工程，初步建成服务便利化、管理精准化、运行高效化、决策科学化的一站式综合服务大厅，学校内部治理信息化水平有效提升。

关键词：数据驱动、一站式服务、内部治理

一、聚焦数据驱动难点，提升数据治理水平

随着新时代信息技术与教育的不断深入融合，为解决职业院校内部治理信息化过程中各类应用系统不断增多、应用体系愈加庞杂以及各类应用分散、重复建设、数据孤岛、入口不一、维护成本增加等诸多问题，陕西工院按照《教育部关于加强新时代教育管理信息化工作的通知》要求，基于数据驱动，以师生为中心，按照"线上优先、移动优先、自助优先、机审优先"原则，通过数据治理、流程再造，实施建设"一事一表一库一平台"工程，构建了主动服务、科学决策、智能监管、高效运行的数据治理模式，建成高度优化整合、数据一数一源、服务便捷灵活、管理精准高效的一站式综合服务大厅，精准构建了业务和数据的

互动关系，营造了高效的网上协同办事环境，有效提升了学校治理信息化水平和师生员工信息化建设的获得感。

二、"管理为导向，治理兼共享"，建成智慧治理平台

（一）夯实数据驱动基础，构建数据治理标准

依据公共数据资源目录，对公共数据进行了链接与汇聚，并以此为基础建设公共数据库。构建以"数据发布、数据申请、数据使用、数据管控、数据监测"为完整流程的数据服务开放体系，实现了"一次采集、一库管理、多方使用、即调即用"。根据国标、教标，制定《学校智慧校园数据标准》，形成三级标准体系。推进了全校"一张网、一平台、一个号、一个库"，以审批智能化、服务自助化、办事移动化为目标，按照权责对等、权责一致原则，厘清数据审批和监管权责边界，强化落实监管责任，实现"事前管标准、事中管检查、事后管处罚"。

（二）优化服务评价功能，实现数据服务大厅

通过规范服务内容和格式，梳理和发布服务清单，形成自顶向下清晰的工作台账。通过效能评估和服务评价，建立结果导向的量化评价体系，建成领导管理驾驶舱，实现了面向全校的"一网通办"一站式受理中心，推动了业务的线上办理，如图1所示。

1. 全面梳理各项清单，形成服务标准

明确各部门职责、服务事项、跨部门工作流程，梳理出清晰的工作台账，明确各部门工作边界和权责清单，形成规范下一步"一网通办"运行的服务标准。

2. 完善服务效能评估，优化评价体系

建立结果导向的量化考评支撑体系，通过管理驾驶舱，从管理角度促进"一网通办"工作有效落地，推动服务线上办理，从全局服务成效、全局事项进驻情况、全局业务办理结果、事项办理结果等维度开展服务效能评价。

图 1 一站式服务大厅

（三）强化应用集中管理，建设数据支撑基石

为了满足多维度数据查询、数据应用、场景化数据分析等业务需求，学校在平台底层建立了服务于"一网通办"需求的"一表通主题数据库"，形成全校开放式消息中心平台，集中对接微信、短信、邮件等各类消息通道，提供高度可用的消息发送能力，避免了各业务系统分别对接各类消息渠道的重复开发，实现集中管控。通过 AI 智能助手，以问答形式降低客服响应时间，为师生提供了个性化精准服务。

三、数据治理成效显著，智慧校园建设行稳致远

经过积极探索与实践，学校以为师生办好"一件事"为标准，积极推行"网上办"，合法合规事项"马上办"，与师生密切相关的事项"应上尽上、全程在线"，目前已开通流程 50 余条，累计处理流程 4 502 条，逐步形成了校内事务管控、服务责任清单、一站式办事服务、智能移动应用、线上线下一体化等数据治理场景，如图 2 所示。构建的国标、教标、校标三级数据治理标准为高职院校

内部治理信息化提供了"陕工方案"。学校获全国高等职业院校治理体系建设50强称号、全国中央电化教育馆"职业院校数字校园建设实验校"（见图3），学校信息化建设案例入选《全国职业教育信息化建设典型案例汇编》。

图2　网上办事流程

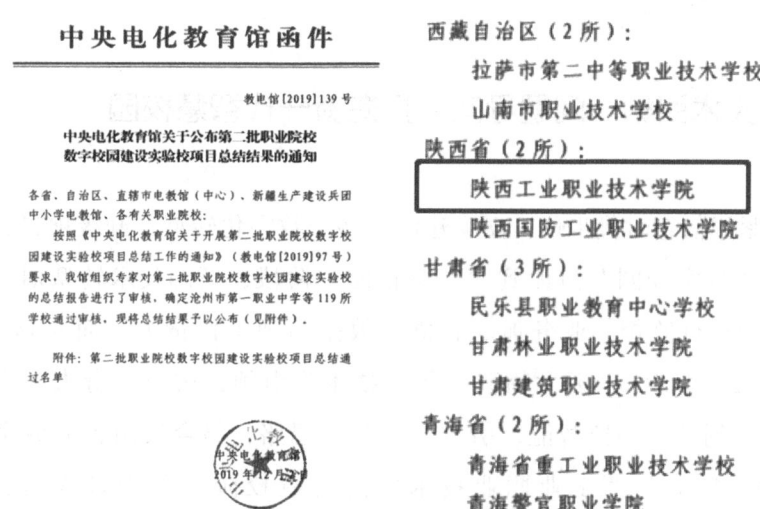

图3　全国职业院校数字校园建设实验校

智能技术深度融合
助力智慧校园功能提升

摘要：经过多年的信息化建设，学校面临多系统林立，数据标准不一，数字化、智能化弱，各部门之间业务壁垒未打破等一系列信息化管理难点，为满足新时期校园智慧治理等方面的需求，学校通过顶层设计，采用数字孪生等技术，以"数据+平台+应用"的建设模式构建校园从"治"理到"智"理的智慧校园大平台，为全国高职院校建设"云中高职"提供了示范。

关键词：数字孪生、智慧治理、数字化转型

一、技术引领、问题导向，打造新一代智慧校园

学校紧跟信息时代步伐，立项建设了多个数字化转型、升级项目，信息化水平已从"数字校园"过渡到"智慧校园"阶段，新的技术转型期各系统间缺乏统一的运行监控，业务孤岛林立，数据治理工作量大。面对这些问题，学校以"数字孪生""云大物智"等新技术为引领，按照"育人为本、全面渗透、融合创新、便捷智能、引领发展"的思路，整合校园各方数字化建设成果资源，打造陕西工业职业技术学院智慧校园运营管理大脑，如图1所示。

图1　陕西工业职业技术学院数字校园统一运营管理平台

二、围绕业务融合，提升智慧校园智能水平

（一）依托"数字孪生"技术，搭起业务技术桥梁

学校以提升服务水平、治理水平、管理水平为信息化建设目标，打造校园运营管理大脑。通过搭建技术技能创新服务平台，开展智能运营服务中心（IOC）建设，以"数字孪生"技术为支撑，围绕"融合保障"业务，提供"全智能"的智能运营中心服务。对信息网络、后勤保障、安防、消防、物联、教学等信息化设施与系统进行业务整合和对接联动，实现了异常自动化响应，减少了人为判断和处置，简化了流程提升效能；对各业务流程环节进行分析梳理，优化各管理业务数据，明确管理范围与职责，形成多部门联动服务和协同保障机制，打通了"管理"与"维护"壁垒，搭起了业务和技术的桥梁，为业务服务协同处理提供能力支撑。

（二）挖掘"业务数据"价值，建设全景智能校园

学校以各类数字化业务建设成果及大数据管理为基础，IOC 支持从空间上覆盖各生产要素、时间上覆盖全生命周期，通过实时数据驱动反映师生教育教学、

实习实训、学校管理、文化传承、校园生活和社会服务等业务全流程管理过程，从而形成精准化、体系化和智能化校园全景业务运营平台，如图2所示。

图2　全景智能校园

（三）创建"智慧体验"环境，提升智慧治理能力

学校重点建设校园活动参与者服务体验全过程的智慧化服务平台，实时关注在校师生、校友、合作企业、社会技能人才等实时服务需求及合作需求，实现快速响应，提供面向学生的个性化教育教学服务、面向老师的优质数字资源服务、面向合作企业的定向人才培养和产教融合服务，打造万物可视、可管、可控的校园智慧体验环境，为学校有序平稳运行提供了便捷操作、集中管控、应急指挥、协同调度能力，有效提升了学校管理服务水平和治理能力，如图3所示。

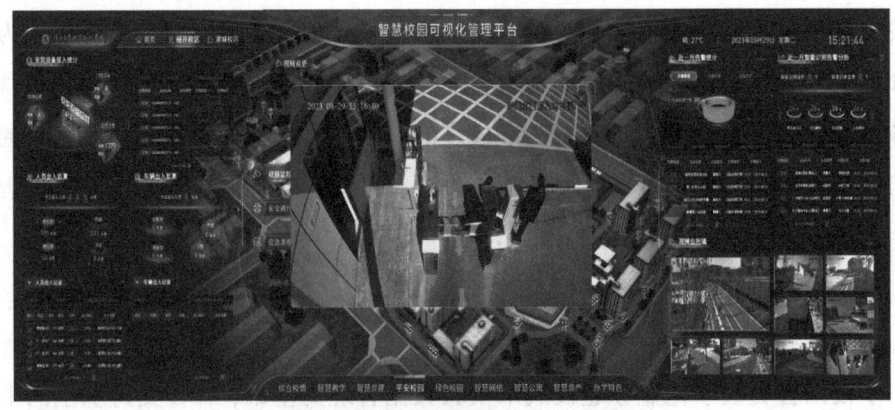

图3　智慧治理能力之集中管控

三、智能技术深度融合，管理服务成效显著

学校各级管理部门及负责人通过智能运营服务中心能够全面感知校园服务、管理、教学的实时状态，通过趋势研判及时处置问题流程。通过全校统一视频监控、应急广播、应急报警、门禁、闸机、物联网感知模块等实时关注人流态势分析、疫情防控等场景，提升应急调度指挥能力。通过智能照明、配电、能耗监测、智能充电桩、智慧厕所、智慧食堂管理场景，帮助学校节能减排和更好地服务师生的生活环境。目前，学校针对数字孪生校园智能运营中心所进行的理论研究、模式创新、开发的软件和硬件产品在国内同类院校处于领先水平，并具有自主知识产权。

融通"岗课赛证" 构筑"四有课堂" 实现专业高质量发展

摘要：在国家级高水平专业群建设过程中，为提升教育教学质量，实现专业高质量发展，在与西门子、欧姆龙、正泰电气等企业深入开展校企合作的基础上，将电气自动化技术专业相关岗位、证书、技能竞赛中的关键技术及技能要求与课程体系和课程内容有效融合，打造"四有课堂"，实现了专业高质量发展。

关键词：岗课赛证、校企合作、四有课堂、人才培养

在国家级高水平专业群建设、国家级教师教学创新团队建设等项目背景下，为解决校企合作不够深入、人才培养与自动化行业岗位能力要求不能完全适应的问题，电气自动化技术专业联合西门子、罗克韦尔等国际知名自动化企业，将"岗赛证"核心要素有效融入课程体系，重构了课程内容。基于专业核心课程，立足课堂教学主阵地，建立有用、有景、有趣、有效的"四有"课堂，践行了课堂革命，推动了专业高质量发展。

一、提炼"岗赛证"核心要素，有效融入课程体系

自2017年陕西工业职业技术学院与西门子工厂自动化工程有限公司签订合作协议（见图1）以来，双方依据工控领域关键技术和相关岗位，深入调研53家企业，构建"架构规划、开发设计、安装调试、运维管理、维修维护、质量管控"六类岗位核心能力要素（见图2），参照多学科交叉、多要素协同、多系统

集成、多链条耦合的技术需求，确定了"懂架构、能设计、善装调、会运维、精操作、知管控"的培养定位，明确了专业建设的逻辑起点。

图 1　校企双方签署合作协议

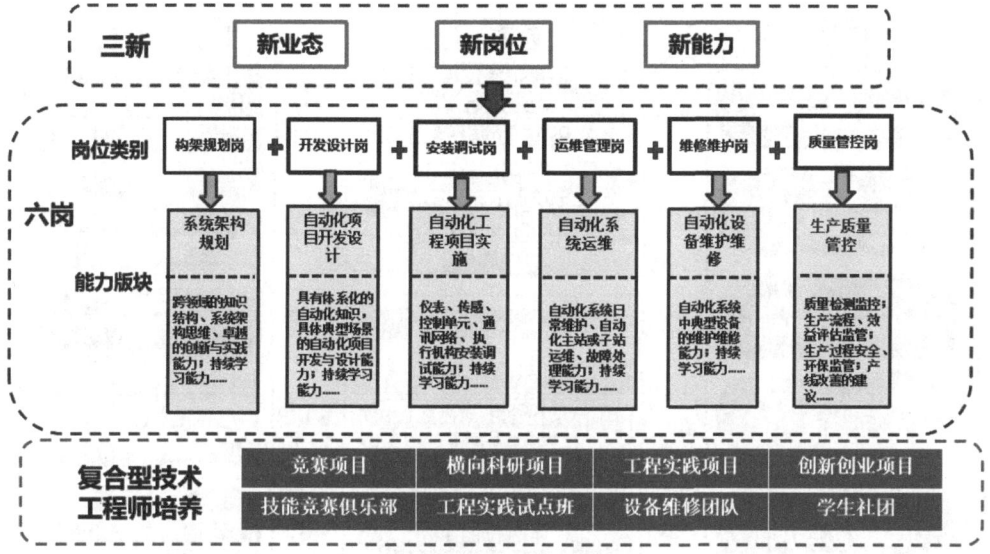

图 2　六类岗位核心能力要素

通过分析专业相关技能竞赛、技能等级证书中的关键技术和技能点，结合岗位能力要求，梳理出知识要求、能力要求、素质要求共 39 项，并将 39 项具体要求融入课程体系，通过以岗定课、以证融课、以赛促课，更新了课程内容。

二、立足课堂主战场，构筑"四有"课堂

立足课堂主战场，重构了电气自动化技术专业《DCS 技术与组态》《自动化生产线安装与调试》等专业核心课程的教学内容，建立了"有用"课堂；实践

教学再现实际工作场景,建立了"有景"课堂;实施了团队协作的模块化教学模式,并融入多种教学方法,建立了"有趣"课堂;创新教学评价,建立了"有效"课堂,构筑了"有用、有景、有趣、有效"的"四有"课堂。

以"DCS技术与组态"课程为例,结合"岗赛证"核心能力要素,将原课程内容重构为集散控制系统架构、工业通信技术、现场总线技术及应用、组态技术和DCS系统设计5个教学模块;紧贴电气自动化技术发展现状和工程实际,更新了工业网络技术、DCS系统的设计等教学内容,让课堂实用、有用。如图3所示。

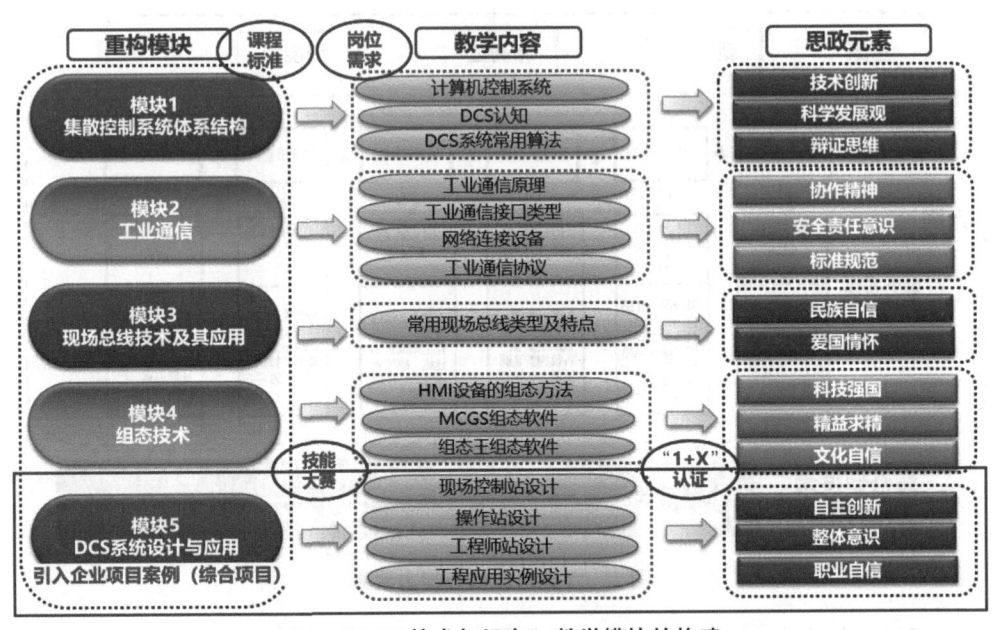

图3 "DCS技术与组态"教学模块的构建

结合企业真实岗位需要,贴近工程实境,本课程针对工控行业中的温度控制、运动控制、机器人控制、工业网络通信、工业互联网应用等典型技术在DCS系统中的应用,依据实际工程项目开发了活页式教材和教学项目。实践教学场景还原实际自动化工程的设计、装调工作场景,营造了学习型"工厂"环境,并有效融入5个教学模块,实现了企业实景迁移,使课堂有景可依,如图4所示。

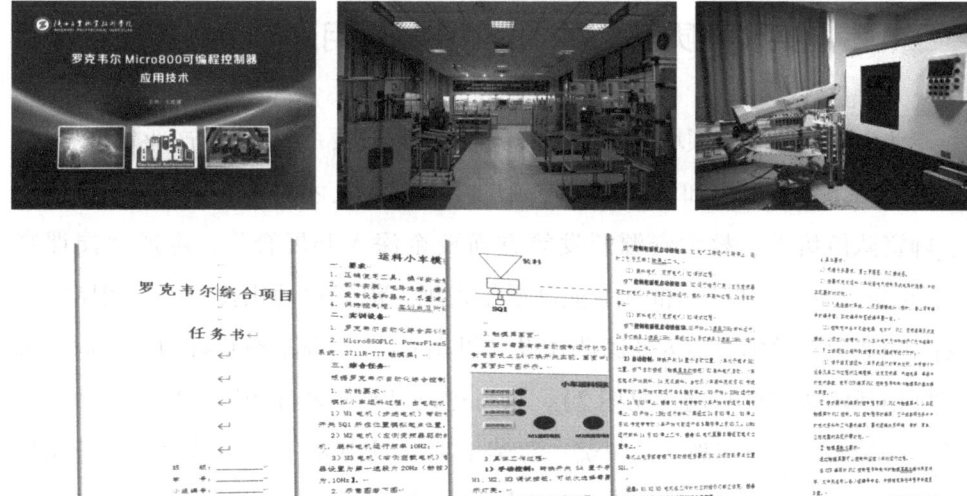

图 4 课堂教学实景

依据课程技术技能要求,将教学内容拆分为设计图纸绘制、硬件选型与布线、程序开发设计、监控平台设计、工业网络调试等模块,并结合教师团队专长分工协作开展教学工作,探索实践了团队协作的模块化教学模式,并利用任务驱动教学法、情境教学法等多种教学方法增强课堂趣味性,提升教学质量,如图 5 所示。通过引入企业考核标准,修改课程考核评价体系,制定知识技能、职业素养、创新能力、劳动能力等多维评价指标,完善了教学效果评价方式。

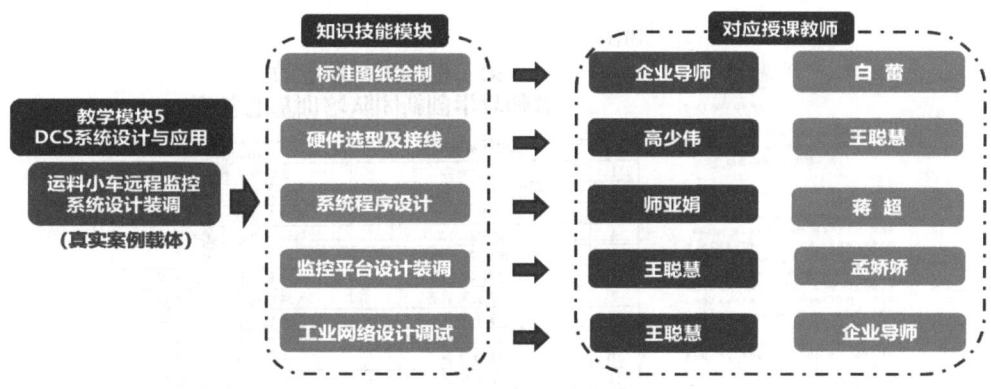

图 5 教师模块化教学安排

三、专业实现高质量发展，示范引领作用进一步凸显

专业发展紧扣工控领域人才需求趋势和专业特色，主动适应产业转型升级，以培养应用型、创新型和复合型工控领域技术技能人才为核心，在实训基地建设、师资队伍培养、教学资源开发等方面校企深入开展合作，融通“岗课赛证”，构筑“四有课堂”，推动专业高质量发展。电气自动化技术教学团队立项国家级职业教育教师教学创新团队建设（见图6），培训基地获批国家级职业教育教师创新团队培训基地（见图7）。双高建设以来，教师团队获国家级教学成果奖二等奖1项，省级教学成果奖一等奖1项（见图8）；学生获全国职业院校技能大赛一等奖2项、二等奖1项、三等奖2项，如图9所示。

中华人民共和国教育部

教师函〔2021〕7号

教育部关于公布第二批国家级职业教育教师教学创新团队立项建设单位和培育建设单位名单的通知

各省、自治区、直辖市教育厅（教委），新疆生产建设兵团教育局：

为深入贯彻落实习近平总书记关于教育的重要论述和全国职业教育大会精神，按照《国家职业教育改革实施方案》《全国职业院校教师教学创新团队建设方案》部署安排，我部启动了第二批国家级职业教育教师教学创新团队遴选工作。

经院校自主申报、省级教育行政部门和全国行业职业教育教学指导委员会审核推荐、项目书形式审查、专家会议评审、网上公示，确定第二批国家级职业教育教师教学创新团队立项建设单位340个，国家级职业教育教师教学创新团队培育建设单位2个。现将结果予以公布（名单见附件）。

各省级教育行政部门负责省（区、市）域内国家级职业教育教师教学创新团队（以下简称国家级团队）立项（培育）建设的过程管理和质量监控，要加大对国家级团队立项（培育）建设单位的支

序号	学校名称	专业领域	专业名称	省份
25	内蒙古机电职业技术学院	高端装备	机电一体化技术	内蒙古
26	陕西工业职业技术学院	高端装备	电气自动化技术	陕西
27	山西机电职业技术学院	高端装备	工业机器人技术	山西
28	重庆工业职业技术学院	高端装备	电气自动化技术	重庆
29	吉林工程技术师范学院	高端装备	工业机器人技术	吉林
30	湖南机电职业技术学院	高端装备	智能控制技术	湖南
31	无锡职业技术学院	高端装备	电气自动化技术	江苏
32	广西机电职业技术学院	高端装备	智能焊接技术	广西
33	济南职业学院	高端装备	机电一体化技术	山东
34	陕西国防工业职业技术学院	高端装备	机电一体化技术	陕西
35	天津职业技术师范大学	高端装备	机械设计制造及其自动化	天津

图6　获批国家级教师教学创新团队

教育部司局函件

教师司函〔2021〕34号

教育部教师工作司关于公布第二批国家级职业教育教师教学创新团队培训基地遴选结果的通知

各省、自治区、直辖市教育厅（教委），新疆生产建设兵团教育局，有关单位：

根据第二批国家级职业教育教师教学创新团队（以下简称团队）建设工作安排，经相关单位自主申报、专家初评、集中会评，遴选出31家单位承担第二批团队培训工作，现将名单予以公布，并就有关事项通知如下：

一、团队培训基地要全面理解和掌握团队建设的目的意义，按照《教育部印发〈全国职业院校教师教学创新团队建设方案〉》（教师函〔2019〕4号）和《教育部教师工作司关于遴选第二批国家级职业教育教师教学创新团队培训基地的通知》明确的团队建设目标任务、培训方案和有关要求，深入调研项目需求，精心设计培训课程，组建一流培训团队，创新培训模式方法，为团队建设提供伴随式、全程式指导帮带，并参与团队评估验收。各团队培训基地应于2022年4月底前完成该轮培训任务。

附件

第二批国家级职业教育教师教学创新团队培训基地名单

序号	共同体专业方向	培训基地
1	电子商务	武汉职业技术学院
2	现代物流与供应链	山东商业职业技术学院
3	高端装备（一）	陕西工业职业技术学院
4	高端装备（二）	浙江机电职业技术学院
5	高端装备（三）	浙江工业大学
6	高端装备（四）	天津职业技术师范大学
7	航空航天装备	天津中德应用技术大学
8	海洋装备	江苏航运职业技术学院
9	水利工程、环境保护	黄河水利职业技术学院
10	环境保护	西北农林科技大学
11	生物化工	北京电子科技职业学院
12	市政工程	广西建设职业技术学院

图7　获批国家级职业教育教师创新团队培训基地

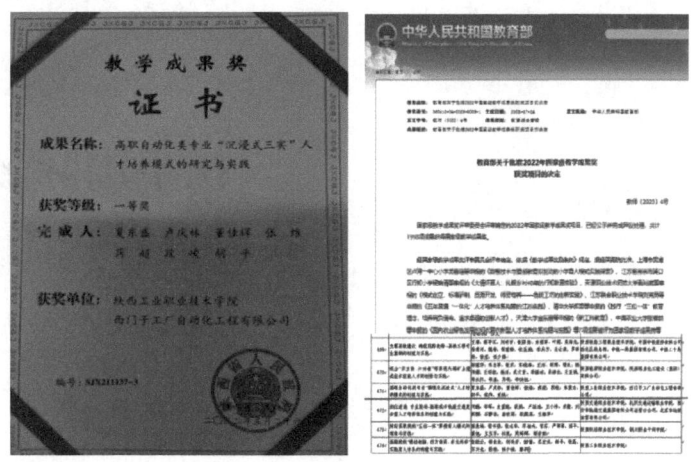

图 8　教学成果奖获奖证明

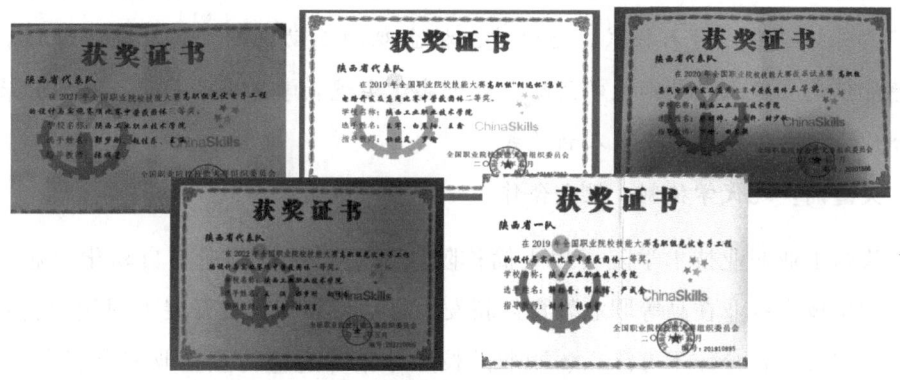

图 9　技能竞赛获奖证书

中国教育电视台《迈向现代化强国的职教密码》访谈节目、中国青年报、人民数字联播网等媒体对校企合作、人才培养等方面的专业建设成果进行了报道，专业群建设的示范引领作用进一步凸显，如图 10 所示。

图 10　中国教育电视台报道我校专业建设成果

携手国际名企，共育世界一流员工

摘要：电气自动化技术专业依托现代学徒制试点项目，携手国际知名企业构建了"三级递进"育人模式，通过建立校企双向互动机制、引入企业培训资源和评价模式、建立双导师教学团队、校企共建实境教学基地等手段，深入开展校企合作，树立了校企协同育人新范式。

关键词：现代学徒制、校企合作、双导师、协同培养

陕西工业职业技术学院（以下简称陕西工院）机械制造与自动化专业群电气自动化技术专业在高等职业教育创新发展行动计划中首批开展了现代学徒制试点。为解决校企合作不够深入、职业院校人才培养适应行业企业需求能力不强、校企合作长效机制未形成等问题，机械制造与自动化专业群不断总结现代学徒制试点经验，开拓创新办学思路，以为社会培养高素质技术技能人才为目标，携手国际知名企业欧姆龙（中国）有限公司，协同推进校企合作协同育人模式的改革。

一、校企携手，构建"三级递进"育人模式

通过引入国际质量认证、生产现场优化、产品技术培训等企业课程与培训资源，及时将新技术、新工艺、新规范纳入教学标准和教学内容，结合企业产品技术特点和专业群人才培养要求，按照世界一流员工标准实施人才培养。

实施过程中校企共同研究制定人才培养方案，联合推行现场教学、联合实施

双向管理、联合建设实训基地、联合构建评价体系,将"校内课程+欧姆龙大学课程+社会实践课程及活动"(见图1)"企业集中培训+部门现场实践+校方专业辅导""岗位实践+自选课题"三组教学内容有机融入"学校+企业""企业+学校""岗位+评价"三个培养阶段,构建了分别在学校、企业及具体岗位实施的"三级递进"育人模式(见图2)。

图1 2021届欧姆龙班开班

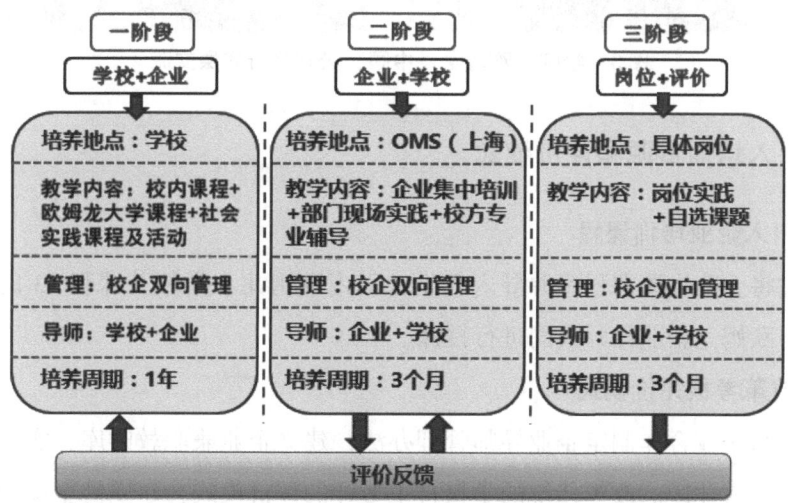

图2 "三级递进"育人模式

二、校企共融，多措并举协同推进

通过引入企业课程、评价标准和企业文化，建设双导师教学团队等路径，协同落地了多项改革措施。

（一）建立双向互动良好机制

2019—2020年，通过多次高层互访，陕西工院携手欧姆龙公司，以"共育世界一流员工"为目标，以学生（学徒）的技能培养为核心，共同探索了深化校企合作协同育人模式改革新路径，每年定期进行校企互访、高层对接，累计互访近百人次，如图3所示。

图3　学院与欧姆龙（中国）公司举行高层交流

（二）引入培训资源和评价模式

1. 引入企业培训课程

通过将企业优质课程资源导入教学，引入欧姆龙大学相关课程13门，由学校教师与欧姆龙企业导师共同进行授课。

2. 改革考核评价模式

学校与企业合作制定企业导师管理办法，建立企业兼职教师库、实习师傅人才和考评员人才库。改革传统的学校自主考评的评价模式，建立健全绩效考核制度，形成激励机制。

（三）引入企业文化，提高职业素养

将"用我们的工作，提高我们的生活，创造更美好的社会"的企业文化融入培养全过程，定期开展具有欧姆龙特色的系列活动，增强学生的企业归属感，如图4所示。

图4　企业文化讲座和特色活动

（四）形成创新型双导师教学团队

实行"师傅—教师"一体化模式，推行教学双导师制。实施学校与企业人员双向挂职锻炼，共同开展技术研发，完善双向管理机制。校企联合设立教师培训中心，培训考核合格后颁发欧姆龙企业培训师证书，如图5所示。

图5　学院教师参加企业培训

（五）校企共建实境教学基地

目前欧姆龙公司已向我校捐赠价值达230万元的G8NB2车载继电器生产线、自动化焊接机等企业实际生产设备，建成了"欧姆龙自动化实训中心"和"欧姆龙培训中心"，真实再现企业实际工作场景。

三、合作共赢，树立校企协同育人新典范

（一）形成学校企业社会多赢格局

学生提高了知识与技能水平，教师提高了教学水平与"双师"素质，学校影响力不断扩大，综合实力不断提升。企业获得了有力的人才保障和良好的社会声誉，形成了多赢格局。

学校累计8名教师获得企业培训讲师资格，百余名教师接受了欧姆龙大学"5S"课程培训，输送了600余名优秀毕业生入职欧姆龙公司。学校累计承担欧姆龙公司企业科研课题10项，并为欧姆龙（大连）有限公司开展模具人才培养工作。

（二）建立校企深度合作范式

陕西工院先后选派骨干教师赴日本、上海等地培训，聘请企业高级工程师、高级技师、一线工作人员来校传授岗位技能，为欧姆龙班构建了国际化的教学团队。

欧姆龙公司近两年先后投入12万元，设立学徒制学员管理基金和企业奖学金，并聘任企业高级人事顾问常驻我校进行学生管理工作。学校被欧姆龙公司挂牌"欧姆龙优秀生产技术人才培养基地"，现已成为欧姆龙公司全国最大的生产技术人才培养培育示范基地。

（三）共享校企合作成果

在校内广泛推广了校企合作模式、双师培养、教学模式、实训基地建设等方面的成果，并将"职业素养"课程纳入专业群人才培养方案，合作成果已推广至40余所兄弟院校，并为兰铝集团、经开区工业园等十余家企业开展"5S"及"TPM"课程培训。

（四）提升学校办学声誉

中国教育电视台、《光明报》《中国教育报》《中国青年报》《陕西日报》西安电视台、《日本京都报》等多家媒体就陕西工院与欧姆龙的校企合作进行了报道。2021年1月23日，我校登上中国教育电视台职教频道（CETV-4）《梦开始的地方》之"双高100"栏目，成为该栏目全国开篇首播"双高"院校，节目中展示了我院与欧姆龙公司十年共育国际化职业人才典型案例，如图6所示。

图6　CETV-4报道陕西工院——欧姆龙校企合作案例

陕西工院携手欧姆龙，以培养"世界一流员工"为目标，校企携手进一步深度合作，构建了"三级递进"育人模式，协同推进多项改革举措，贡献校企协同育人"陕工智慧""陕工经验"和"陕工方案"。

(四)挖掘乡校办学历史

中国特色高水平高职院校
建设典型案例集（共3册）

（中册）

陕西工业职业技术学院 "双高计划" 建设案例编写委员会 编著

| 主　　　任：刘永亮
| 执行副主任：梅创社
| 副　主　任：贺天柱　田　昊　段　峻
| 委　　　员：卢庆林　王超联　张　磊　刘引涛
| 　　　　　　殷锋社　姜庆伟　卢文澈　乌军锋
| 　　　　　　苏兴龙　秦景俊　赵明威　李　云
| 　　　　　　李龙龙

北京理工大学出版社
BEIJING INSTITUTE OF TECHNOLOGY PRESS

版权专有 侵权必究

图书在版编目（CIP）数据

中国特色高水平高职院校建设典型案例集：共3册／陕西工业职业技术学院"双高计划"建设案例编写委员会编著．－－北京：北京理工大学出版社，2022.6
ISBN 978－7－5763－1335－2

Ⅰ．①中… Ⅱ．①陕… Ⅲ．①高等职业教育－建设－案例－汇编－陕西 Ⅳ．①G718.5

中国版本图书馆 CIP 数据核字（2022）第 082689 号

责任编辑：多海鹏	文案编辑：多海鹏
责任校对：周瑞红	责任印制：李志强

出版发行／北京理工大学出版社有限责任公司
社　　　址／北京市丰台区四合庄路6号
邮　　　编／100070
电　　　话／（010）68914026（教材售后服务热线）
　　　　　　（010）63726448（课件资源服务热线）
网　　　址／http：//www.bitpress.com.cn

版 印 次／2022 年 6 月第 1 版第 1 次印刷
印　　　刷／廊坊市印艺阁数字科技有限公司
开　　　本／710 mm×1000 mm　1/16
印　　　张／49.5
字　　　数／730 千字
定　　　价／198.00 元（共3册）

图书出现印装质量问题，请拨打售后服务热线，负责调换

前 言

为深入贯彻落实全国教育大会精神,落实《国家职业教育改革实施方案》(国发〔2019〕4号),集中力量建设一批引领改革、支撑发展、中国特色、世界水平的高职学校和专业群,带动职业教育持续深化改革,强化内涵建设,实现高质量发展,2019年3月29日,教育部、财政部发布《关于实施中国特色高水平高职学校和专业建设计划的意见》(教职成〔2019〕5号)。经申请及遴选,2019年12月10日,教育部、财政部公布《中国特色高水平高职学校和专业建设计划建设单位名单》(教职成函〔2019〕14号),首批"双高计划"建设高校共计197所,其中高水平学校建设高校56所(A档10所、B档20所、C档26所),高水平专业群建设高校141所(A档26所、B档59所、C档56所)。我校入选国家双A院校,也是陕西省乃至西北地区唯一一所入选双A的院校。

根据教育部、财政部印发的《中国特色高水平高职学校和专业建设计划绩效管理暂行办法》(教职成〔2020〕8号)及教育部办公厅、财政部办公厅《关于开展中国特色高水平高职学校和专业建设计划中期绩效评价工作的通知》(教职成厅函〔2022〕10号),我校以"双高建设"各项具体政策文件为操作指南,以各项具体建设任务为基础,紧抓产教融合发展主线,构建校企"命运共同体",创新人才培养模式,优化人培方案,重构人才培养体系,坚持新科技赋能新职教,积极探索智慧教育新形态,形成了许多优秀"双高建设"案例。

本典型案例集全套共分上册、中册、下册三册,主要内容为陕西工业职业技术学院2019年众多优秀案例中的精选案例,其中上册包含38篇、中册包含52篇、下册包含31篇。案例聚焦"一加强、四打造、五提升"的双高建设任务,立足于陕西工业职业技术学院"双高计划"建设实践，内容涵盖党建工作、立德树人、学校高质量发展、高水平专业群建设、双师队伍建设、人才培养创新、课程教法改革、产教融合、社会服务、技术服务、国际化交流与合作等方面，集中体现了陕西工业职业技术学院"双高计划"建设与改革的成果和成效，较为全面地呈现了学院在双高建设实践中培植的新经验、创设的新机制、形成的新模式、打造的新成果。

本案例集凝聚了陕西工业职业技术学院探索实施"双高计划"的智慧和经验，对学院进一步提升"双高计划"建设质量、走好职业教育高质量发展，具有十分重要的参考和推广价值。同时也为国内同类高职院校高质量发展的探索与实践提供了有益的参考和借鉴。

编　者

目 录

第一部分 学校层面案例

三层四线，创建赛教融合育人新模式   3
  一、多措并举，构建赛教融合新机制   3
  二、四线并行，形成赛教融合育人新模式   4
    （一）以赛促培，融入人才培养方案   4
    （二）以赛促践，提升学生实践能力   4
    （三）以赛促创，激发师生双创活力   5
    （四）以赛促管，创新大赛管理机制   5
  三、成果丰硕，彰显赛教融合育人新成效   6

思政与技术完美结合　德育与智育相融并进   7
  一、解锁新时代育人密码   7
  二、构建"三全贯通"的培育机制   7
  三、实施"四微融入"的育人路径   8
  四、打造"铸魂育人"的工院新高地   9
    （一）人才培养质量显著提升   9
    （二）学校品牌影响力不断提升   9

五维推进，打造课程思政育人新高地　　11
一、立足职教特色，全面推进课程思政建设　　11
二、加强统筹推进，构建层次递进的课程育人体系　　12
（一）加强制度建设，规范课程思政建设　　12
（二）立项专项课题，深入研究育人目标　　13
（三）遴选示范项目，持续推动课程建设　　13
（四）线上线下结合，广泛开展教师培训　　13
（五）校内校外联动，共建共享优质资源　　15
三、联动形成合力，营造全员全过程良好育人氛围　　15

擦亮"秦马PLUS"教学品牌，守好立德树人主阵地　　16
一、聚焦背景巧突破　　16
二、社团练创强机制　　16
三、擦亮品牌明举措　　17
（一）从学好到讲好："秦马之声"理论微宣讲　　17
（二）从在校到爱校："秦马金音"红色文化讲解　　18
（三）从学习到创作："秦马小匠"红色文创设计　　19
四、提质增效显成效　　19
（一）丰富了教学内容，让思政课内容"实"起来　　19
（二）创新了教育形式，让思政课教学"活"起来　　19
（三）延伸了教学实践，让思政课氛围"浓"起来　　20

三个聚焦，推进科技成果落地生根　　21
一、实施背景　　21
二、"三个聚焦"推进成果转化　　22
（一）聚焦制度建设，营造成果转化良好环境　　22
（二）聚焦服务能力，深化体制机制改革创新　　22
（三）聚焦优势特色，推动产、学、研、用深度融合　　23

三、科技成果转化成效显著　　24

"三个强化"，助力中小微企业产品转型升级　　26
　　一、实施背景　　26
　　二、"三个强化"提升服务能力　　26
　　　　（一）强化科研平台建设　　26
　　　　（二）强化科技创新团队建设　　27
　　　　（三）强化企业关键技术需求　　28
　　三、实施成效　　29

"校企协同、引育并举、分层并进"培育国家创新团队　　30
　　一、问题导向，培育国家级教师教学创新团队　　30
　　二、多措并举，提升教学团队整体水平　　31
　　　　（一）校企协同，携手名企联合实施教师培养　　31
　　　　（二）引育并举，实现高水平师资队伍引领专业发展　　32
　　　　（三）同步推进，构建递进式师资队伍建设模式　　32
　　三、强化培养，国家级创新团队建设硕果累累　　33

构建四类培养平台，夯实教师教学基本功　　35
　　一、找准目标，全面提升教师教学基本功　　35
　　二、多措并举，搭建教师成长新平台　　36
　　　　（一）"四方联动、共建共享"建立协同培育机制　　36
　　　　（二）"平台支撑，联合培养"搭建双师能力提升培养平台　　36
　　　　（三）"分层分类，精准施策"创新教师能力提升路径　　37
　　三、高点定位，教师教育教学能力显著提升　　38

完善高层次人才引育机制，建设新时代卓越人才体系　　40
　　一、瞄准高质量发展需求，推进高层次人才队伍建设　　40

二、打好"引培服用评"组合拳，构筑人才蓄水池 ... 41
 （一）健全"引才"政策制度，做好用才顶层规划 ... 41
 （二）创设"育才"综合体系，搭建人才发展平台 ... 41
 （三）营造"服才"浓厚氛围，提供人才服务保障 ... 42
 （四）创新"用才"柔性模式，促进人才协同发展 ... 43
 （五）构建"评才"激励体系，激励人才全面成长 ... 43
三、引育共举，高层次人才建设成效显著 ... 43

创新构建师德建设"区""块""链"模式 ... 45
一、服务高质量发展，推进师德师风建设 ... 45
二、顶层规划，构建师德建设"区""块""链"模式 ... 46
 （一）"以岗定培，精准分类"教职工"区"分培养 ... 46
 （二）"依托培训，分类实施"制定模"块"化培训 ... 46
 （三）"分类考核，持续改进"构建师德考核"链" ... 47
三、德技双馨，师德建设成效显著 ... 47

构建多元化评价体系，激发教师成长内生动力 ... 49
一、"需求导向，精准发力"激发教师成长内生动力 ... 49
二、"六维考核，全程覆盖"构建多元化评价体系 ... 50
 （一）"信息管理，开放共享"建立专业成长数字档案 ... 50
 （二）"六维评价，精准指导"制定分层分类的专业能力标准 ... 50
 （三）"全面发展，过程追踪"实现全流程评价 ... 51
三、评价助力，教师专业能力显著提升 ... 51

推动职教集团实体化运行　打造产教融合新高地 ... 54
一、实施背景 ... 54
二、创新机制，凝聚办学合力 ... 54
三、五项计划，激发办学活力 ... 55

（一）聚焦重点产业，实施高端订单培养计划	55
（二）分类精准施策，实施能工巧匠锻造计划	55
（三）搭平台建机制，实施技术研发增值计划	56
（四）面向政行企校，实施产业决策咨询计划	56
（五）坚持开放办学，实施对外办学提质计划	57
四、主要成效	58
（一）人才支撑，实现当地离不开	58
（二）技术创新，引领企业再发展	58
（三）标准输出，彰显办学新贡献	59

四维发力分类培养，创出校企协同育人新模式　　60

一、实施背景	60
二、创新机制，培育校企协同育人新动能	61
三、引企入教，打造校企协同育人新高地	62
（一）文化浸润，匠心孕育提升学生职业素养	62
（二）分类对接、跨界协同实施人才特色培养	63
（三）标准融合，对接企业岗位优化课程体系	63
（四）项目植入，任务驱动提升课堂教学实效	64
四、服务发展，彰显校企协同育人新贡献	65

立足西部　服务全国　打造师资培训"陕工品牌"　　66

一、实施背景	66
二、实施举措	67
（一）健全组织机构，完善规章制度	67
（二）聚焦职教需求，设计培训方案	67
（三）内培外引结合，打造教学团队	68
（四）激发学员活力，实现自主管理	68
三、建设成效	69

"多元一体"开展技能提升培训，打造企业技能人才后备力量 …… 72
    一、建设背景 …… 72
    二、实施举措 …… 73
        （一）积极探索，完善工作机制 …… 73
        （二）主动对接，实现多方协同 …… 73
        （三）强化服务，提升教学管理水平 …… 74
    三、建设成效 …… 74

五化同步　让"一总支一品牌"落地生根 …… 77
    一、坚持问题导向，确保探索有方 …… 77
    二、注重"五化"并举，确保推进有力 …… 77
        （一）分类化布局 …… 78
        （二）项目化管理 …… 78
        （三）谱系化打造 …… 78
        （四）过程化指导 …… 79
        （五）长效化推进 …… 79
    三、对标党建"双创"，确保取得实效 …… 79
        （一）党建品牌亮起来 …… 79
        （二）基层党建活起来 …… 79
        （三）党政融合实起来 …… 81

构建内部质量保证体系　推动学校高质量发展 …… 82
    一、顶层规划质量保证体系 …… 82
        （一）构建内部质量保证体系 …… 82
        （二）搭建质量保障组织体系 …… 83
        （三）系统建立目标链和标准链 …… 83
    二、实现质量监控全覆盖 …… 85

（一）完善质量制度体系　　　　　　　　　　　　　　　　85
　　（二）建立两级督导机制　　　　　　　　　　　　　　　　85
　　（三）形成多元评价格局　　　　　　　　　　　　　　　　85
三、质量监控和教学过程无缝对接　　　　　　　　　　　　　　85
　　（一）搭建智慧校园支撑平台　　　　　　　　　　　　　　85
　　（二）构建教学质量监控闭环　　　　　　　　　　　　　　86
　　（三）质量核心竞争力不断提升　　　　　　　　　　　　　87

打造"互联网+AI"一站式综合服务大厅助力内部治理现代化　　88
一、管理与信息技术深度融合，创新互联网思维式管理模式　　88
二、夯实信息技术应用基础，深化"四个一"治理要求，构建三级内部治理信息化标准，助力内部治理迈向智能化　　　　　　　　89
三、内部治理现代化成效显著，教育行业示范引领　　　　　　90

打造智慧财务管理平台，推进预算绩效内控一体化　　　　　　93
一、预算绩效内控一体化建设背景　　　　　　　　　　　　　　93
二、打造智慧财务管理平台，推进预算绩效内控一体化　　　　93
　　（一）搭建智慧财务管理平台　　　　　　　　　　　　　　93
　　（二）推进预算绩效内控一体化　　　　　　　　　　　　　94
三、数字技术赋能财务转型，助推学校"智"理提升　　　　　96
　　（一）以内控护航，有效防范业务风险　　　　　　　　　　96
　　（二）多维度控制，用好预算"指挥棒"　　　　　　　　　96
　　（三）充分挖掘财务价值，助推学校"智"理提升　　　　96
　　（四）为业内智慧财务建设提供经验借鉴　　　　　　　　　97

夯实混合云底座，打造云中数智陕西工院　　　　　　　　　　98
一、构建混合云数据中心，形成一体化管控模式　　　　　　　98
二、按照"三位一体"理念，实现校园治理科学高效化　　　99

三、推进智慧校园建设，打造高职示范标杆　　101

"依托数字孪生"实现校园从"治"理，到"智"理的运营管理新模式　　102
　　一、三重压力助推校园治理方式变革　　102
　　二、数字孪生，从"治"理到"智"理　　103
　　三、加深校企合作，探索"云中高职"新实践　　104

聚焦制造强国战略　构建国际人才培养认证体系　　107
　　一、搭建多元国际合作平台　　107
　　二、建设"双师双语"教学团队　　108
　　三、构建"课证融通"教学资源体系　　109
　　四、建立四个国际标准认证中心　　110
　　五、搭建国际认证工程师对接桥梁　　110

精准培养国（境）外人才　服务职教命运共同体　　112
　　一、开发输出教学标准，赋能沿线国家职业教育　　112
　　二、校企联合培养国际学生，精准服务企业人力资源需求　　114
　　三、开展中外人文交流活动，讲好中国职教故事　　115

健全"一体四化"内生式机制　提升内部治理现代化水平　　117
　　一、优化治理结构，健全权力运作机制　　117
　　二、强化自我约束，完善内部制度体系　　118
　　三、细化层级治理，增强协同发展动力　　118
　　四、深化管理创新，提升质量保证能力　　119

构建三级课程建设体系，打造一流精品课程资源　　121
　　一、以策为引，紧跟教育部文件推动在线开放课程建设　　121
　　二、顶层设计，构建课程三级建设体系　　122

  三、强化管理，推动优质资源全覆盖　　　　　　　　　　　122
    （一）实施三大举措，推动课程资源校内专业全覆盖　　　123
    （二）打造金课项目，推动数字资源优化升级全覆盖　　　123
    （三）成立金课联盟，推动优质资源省内共享全覆盖　　　123
  四、精品叠加，彰显课程建设新成效　　　　　　　　　　　124

五措并举赋能成长　打造职教拔尖人才培养新高地　　　126
  一、聚焦问题找突破　　　　　　　　　　　　　　　　　　126
  二、凝心聚力，务实推进拔尖人才培养　　　　　　　　　　126
    （一）聚合优质资源，增强培养实效　　　　　　　　　　126
    （二）重构课程体系，推进特色培养　　　　　　　　　　127
    （三）实施五个必须，提升创新能力　　　　　　　　　　128
    （四）延伸服务链条，助力成长成才　　　　　　　　　　128
    （五）坚持正确引导，营造良好氛围　　　　　　　　　　129
  三、拔尖人才支撑，彰显人才培养品牌价值　　　　　　　　129

建立4项机制，实施4个举措，推动结对帮扶地区振兴发展　130
  一、实施背景　　　　　　　　　　　　　　　　　　　　　130
  二、实施过程　　　　　　　　　　　　　　　　　　　　　130
    （一）建立帮扶工作机制　　　　　　　　　　　　　　　130
    （二）实施"四入村"精准帮扶　　　　　　　　　　　　131
  三、建设成效　　　　　　　　　　　　　　　　　　　　　133

三项举措，科技服务助力乡村振兴　　　　　　　　　　　135
  一、实施背景　　　　　　　　　　　　　　　　　　　　　135
  二、实施举措　　　　　　　　　　　　　　　　　　　　　135
    （一）运行实体项目，实现帮扶县区农户经济增收　　　　135
    （二）分层分类培训，提升从业人员技术技能水平　　　　136

（三）输出技术标准，以服务企业发展推动乡村振兴　　136

　　三、实施成效　　138

五措并举，服务学生高质量就业　　140

　　一、实施背景　　140

　　二、创新体制机制，培育就业工作新动能　　140

　　三、五措并举，增强就业工作实效　　141

　　　　（一）强化就业指导，让学生择业"易起来"　　141

　　　　（二）聚资源强服务，让学生选择"多起来"　　141

　　　　（三）加强核查分析，让就业工作"实起来"　　142

　　　　（四）强化就业帮扶，让困难学生"笑起来"　　142

　　　　（五）延伸服务触角，让学生成才"快起来"　　142

　　四、服务发展，彰显品牌价值　　143

输出标准，助力产业发展强贡献　　144

　　一、实施背景　　144

　　二、标准引领，服务产业创新发展　　144

　　　　（一）建立了"标准＋示范"的智能转型推广模式　　144

　　　　（二）研制5项机械行业技术标准　　146

　　　　（三）研制的柔性玻璃标准引领行业发展　　147

　　三、实施成效　　147

多措并举，打造一流科技创新平台　　149

　　一、实施背景　　149

　　二、实施举措　　150

　　　　（一）建立科技创新服务体系　　150

　　　　（二）搭建高水平科研平台　　150

　　　　（三）创新科技平台运行机制　　152

三、建设成效 　　153

第二部分　机械制造及自动化专业群案例

聚焦数字化精密制造创新"教、学、做、创"一体化培养模式　　157
　　一、实施背景 　　157
　　二、具体措施 　　157
　　　　（一）聚焦精密制造技术，共建校企协作育人平台 　　157
　　　　（二）深化岗课赛证融通，探索"1+X"试点和"学分银行"建设 　　159
　　　　（三）强化创新能力培养，创新"学做创"一体化人才培养模式 　　159
　　三、建设成效 　　161
　　　　（一）人才培养质量显著提升，技能大赛取得新突破 　　161
　　　　（二）形成育人范式，社会影响显著 　　163

系统建设课程资源中心，着力打造高水平金课　　165
　　一、实施背景 　　165
　　二、建成机制 　　166
　　三、实施过程 　　166
　　　　（一）围绕职业能力需求，重构课程体系 　　166
　　　　（二）立足资源库建设，打造资源共享平台 　　168
　　　　（三）建设在线开放课程，培育高水平金课 　　168
　　四、建设成效 　　169

建设优质教材打造育人精品载体，实施课堂革命，提升人才培养质量　　170
　　一、实施背景 　　170
　　二、建设立体化新形态教材，混合式教学打破课堂边界 　　171
　　　　（一）建设新形态立体教材，适应学情新需求 　　171
　　　　（二）三变促为两动，创造自主学习新常态 　　172
　　　　（三）创新考核形式，重构考评制度 　　172

三、教材教法改革成果显著，兴趣能力显著提升　　173
　　　　（一）教材建设成效显著，多部教材获评"十三五"规划教材　　173
　　　　（二）师生奋力齐拼搏，各项比赛尽展风采　　174
　　　　（三）课堂内外学习气氛浓厚，学生成绩逐年提高　　175

深化产教融合，校企共建实体化产业学院　　177
　　一、建设背景　　177
　　二、建设机制　　178
　　　　（一）以"六融四共"打造"五位一体"实体化运营产业学院　　178
　　　　（二）制定"双主体＋四层级"的管理制度，实现产业学院长效实体化运营　　179
　　三、建设举措　　179
　　　　（一）校企共投共建"一坊两中心"硬件平台　　179
　　　　（二）校企共组互融互通的运营师资团队　　180
　　　　（三）实行技术研发与教育教学互融共促　　181
　　四、建设成效　　181
　　　　（一）培养了一批高质量人才　　181
　　　　（二）开发了丰富的教学资源　　182
　　　　（三）服务一批高校、科研院所和企业　　183
　　　　（四）形成了一整套范式经验，服务产教融合发展　　183

发挥专业群先进制造技术优势，助力区域内人才技能全面提升　　184
　　一、实施背景　　184
　　二、服务机制　　184
　　三、实施过程　　185
　　　　（一）实施教育帮扶，助力中职院校全面提升　　185
　　　　（二）实施技能帮扶，助力企业院校合作发展　　186
　　　　（三）实施科技帮扶，助力地方乡村振兴战略　　187

四、建设成效 188
　　　　（一）推进校校合作，助力中职教育新发展 188
　　　　（二）推进校企合作，助力中小微企业纾困解难 188
　　　　（三）推进校地合作，助力乡村振兴 190

立足科研平台，助力中小微企业发展 193
　　一、实施背景 193
　　二、建成机制 193
　　三、实施举措 194
　　　　（一）科研队伍"结对子" 195
　　　　（二）校企平台"练队伍" 195
　　　　（三）揭榜挂帅显"破难题" 195
　　四、建设成效 196
　　　　（一）高科技成果不断涌现 196
　　　　（二）原创项目成果实现产业孵化 196
　　　　（三）服务中小微企业成效显著 197
　　　　（四）专利技术快速转化 197

对接精密制造岗位需求，建设"五位一体"实训基地 199
　　一、实施背景 199
　　二、建设机制 199
　　三、实施过程 200
　　　　（一）携手行业头部企业，共建高水平实训基地 200
　　　　（二）校企双方共同投入，实训基地建设落地 200
　　　　（三）搭建信息技术与制造技术深度融合平台 202
　　四、建设成效 203
　　　　（一）校企共建精密制造技术实训基地 203
　　　　（二）产教融合、技术服务社会反响好 203

（三）学生技术技能水平稳步提升，大赛成绩硕果累累 　　204

（四）教师创新技能水平得到提高 　　205

一体化设计、项目化实施创新专业群多部门协同建设运行机制 　　207

一、实施背景 　　207

二、实施举措 　　207

（一）聚焦产业高端人才需求，开展专业群一体化设计 　　207

（二）多部门高效协同，围绕专业群建设任务实施项目化管理 　　209

三、建设成效 　　210

（一）创新专业群"整体设计一体化，任务实施项目化"建设与运行机制 　　210

（二）制定了完善的专业群管理制度与组织架构 　　210

分层并进，打造一流教学创新团队 　　212

一、实施背景 　　212

二、建成机制 　　212

三、实施举措 　　213

（一）校企协同，携手名企共铸一流师资队伍 　　213

（二）引育并举，实现高水平师资队伍引领专业发展 　　214

（三）分层并进，构建"双师型"师资队伍建设体系 　　215

四、建设成效 　　216

"学做创"赢得社会认可，"四共融通"提升影响力 　　218

一、实施背景 　　218

二、主要举措 　　219

（一）"学做创"提升人才培养质量 　　219

（二）引培并举打造高水平师资队伍 　　219

（三）"四共融通"共建校企合作平台 　　220

（四）拓展开放办学格局，打造高职世界品牌　　221
　　三、建设成效　　221

各级政府同发力，协同打造机械制造全国"样板"专业群　　224
　　一、实施背景　　224
　　二、实施过程　　224
　　　（一）各级领导关怀　　225
　　　（二）政策制度保障　　225
　　　（三）各类平台支撑　　226
　　三、建设成效　　227

第三部分　材料成型及控制技术专业群案例

聚焦产业、协同联动，构建标准制订"样板"模式　　231
　　一、需求驱动，构建"四联合、四导向、三对接"标准制订模式　　231
　　二、需求引领，系统规划，开发复合型人才培养标准　　232
　　三、打造标准制定"陕工样板"，助力完善职教标准体系建设　　233

塑德修匠才，打造"六融六新"课程思政建设新模式　　235
　　一、贯纲要、准定位，确定"铸造五爱、淬炼匠心、技能报国"课程思政
　　　建设思路　　236
　　二、齐推进、勇创新，凝练"六融六新"课程思政建设新模式　　236
　　三、修德技、报祖国，凸显课程思政育人成效　　237
　　　（一）课程思政不断深入，人才培养初见成效　　237
　　　（二）示范引领效果凸显　　238

资源建设为根，模式改革为要，建设《铜合金铸件铸造技术》在线
　　开放课程　　240
　　一、创"相互融合、协调发展"的混合式理实一体化课程建设改革路径　240

二、开发优质资源，实施教学模式改革，建"铜合金铸件铸造技术"精品在线课程 242
（一）以职业岗位标准为依据设计学习情境 242
（二）基于"六步法"组织教学内容 242
（三）打造精品，实施课程团队、教材、教学资源建设 243
（四）依托"互联网＋生产实训车间"，实施"混合式理实一体化"教学 244

三、建设成效 244
（一）课程获多项国家、省级荣誉，助推学院重大项目建设 244
（二）教材建设成效显著 245
（三）团队成员教科研能力不断提升 245

创新引领，科教融合，聚力打造国家级教师教学创新团队 247
一、强化内功，加强团队教师能力建设 247
二、多元参与，推进模块化课程内涵建设 248
（一）分析职业岗位群，确定专业群职业能力 248
（二）优化人才培养方案，形成模块化课程体系 248
（三）解构职业能力要求，优化模块化课程内容 249

三、同频共振，增强团队创新服务能力 250
（一）制定教学标准，提高职业教育水平 250
（二）校企紧密协作，提质课程资源建设 250
（三）科教加强融合，提升社会服务能力 250

实施"淬心计划"，培养"德技并修"人才 252
一、贯彻职教大会精神，开展德技并修实践 252
二、将"以德为本，寓德于技"为内涵实施淬心计划 252
（一）党建领航，培育青年"红心" 252
（二）工匠启航，淬炼时代"匠心" 253

（三）榜样导航，树立成才"信心" 253

三、建成的机制 254
 （一）组建"辅导员＋专业教师"育人队伍 254
 （二）构建学业生涯全过程的引领体系 254
 （三）将德育评价体系融入"第二课堂"平台 254

四、建设成效 255
 （一）师生广泛互动，三全育人格局凸显 255
 （二）以德驭技，提升学生专业技能 255
 （三）以实践活动为载体，提升学生德育实效 255

"深耕"双创育人生态，"铸造"创新高技人才 257

一、问题导向、创新理念，构建双创育人新模式 257

二、目标导向、创新机制，铸造创新高技人才 258
 （一）目标导向，健全双创育人体系 258
 （二）专创融合，重塑课程体系 258
 （三）搭建平台，校企协同创新 259

三、四促并举，结丰硕果实 260
 （一）以创促教，能力提升明显 260
 （二）以创促学，学习氛围浓厚 260
 （三）以创促赛，大赛成绩优异 261
 （四）以创促研，科研成果显著 261

技术引领，数字赋能，提升专业群服务能力 263

一、探索创新，持续推动专业群教学资源库建设 263

二、需求导向，推动教学资源建设与改革 264
 （一）对标岗位需求，熔融信息技术深化"三教改革"，提升人才培养水平 264

　　　　（二）围绕用户需求，开发企业资源深化"育训结合"，提升社会服务
　　　　　　能力　265
　　　　（三）立足质量需求，构建长效机制深化"产教融合"，提升保障持续
　　　　　　改进　266
　　三、应用为王，全面提升专业群社会服务能力　267
　　　　（一）服务停课不停学　267
　　　　（二）服务学习型社会建设　267
　　　　（三）服务国际职业教育发展　268

搭建政行企校"科研特区"，聚焦攻关"柔性玻璃"产业高地　270
　　一、机制革新，激发科技创新活力　271
　　　　（一）"科研特区"管理制度创新　271
　　　　（二）政行企校多方联合机制　271
　　　　（三）科研与教学良性互动　272
　　二、多举措助力高水平科技成果转化　272
　　　　（一）一人一策，松绑高端人才赋能技术技能创新　272
　　　　（二）打破垄断，政行企校联合抢占产业技术高地　272
　　　　（三）反馈教学，科研成果全面融入技术技能人才培养　273
　　三、"科研特区"试点成效显著　273
　　　　（一）创新成效显著，打破国际"柔性玻璃"行业企业技术垄断　273
　　　　（二）育人成果突出，"互联网＋"大赛获得省内高职首个国家金奖　274

探索科研平台发展新模式，注入区域特色高端产业发展新动力　276
　　一、对接高端产业需求，探索平台发展新模式　276
　　二、依托平台，三维发力，助力钛合金新材料"成型"　277
　　　　（一）从技术维度发力，打通了新材料生产的技术通道　277
　　　　（二）从人才维度发力，培养了新材料生产的高素质技术技能人才　278
　　　　（三）从生产维度发力，推动了新材料生产企业的技术升级　278

三、新模式提升平台服务能力，推动区域特色产业发展 　　278
　　（一）平台服务能力再提高 　　278
　　（二）服务科研院所，助力新型钛合金材料产品化 　　278
　　（三）服务人才培养，提高了专业群人才培养质量 　　278
　　（四）服务企业，提高了企业科技水平 　　279

共建共享，产教融合打造中国特色高水平专业群"5G+智能成型"实训基地 280
一、共建共享，产教融合打造"四化一体"的专业群"5G+智能成型"实训基地，反哺"五方"长效发展 　　280
　　（一）校企深度联合，共建智能成型实训基地 　　281
　　（二）运用5G技术，实现智能化、绿色化、迭代化、集成化发展 　　281
　　（三）协同运行，提高专业群产、教、研、培建设水平 　　281
二、反哺人、资、服、教、研长效发展，服务区域经济 　　282
　　（一）打造了一个高水平专业群创新基地 　　282
　　（二）塑造了一批智能成型高素质技术技能人才 　　282
　　（三）组建了一个高精专的教师团队 　　283
　　（四）解决了一批行业技术和企业技术难题 　　283

第一部分

学校层面案例

三层四线，创建赛教融合育人新模式

摘要：学校以技能大赛为抓手，积极组织学生参加各级各类技能大赛，通过实践，形成了"校、省、国"三个层面大赛推进，"培、践、创、管"四线并行的"三层四线"的赛教融合育人新模式。

关键词：三个层面；四线并行；赛教融合

新《职教法》的颁布，确立了新时代产教融合法治的基石，明确了职业教育"双元"的类型特性，职业学校既在"教育"的朋友圈，也在"产业"的朋友圈，尤其突出了职业教育对"技能强国""建设技能型社会"的增值赋能作用。学校高度重视学生技能大赛在教学中的重要地位，通过三级体系（见图1），四线并行，充分发挥学生技能大赛在专业人才培养中的积极作用，全面提升人才培养质量。

图1 三级技能大赛体系

一、多措并举，构建赛教融合新机制

聚焦"校、省、国"三类竞赛，通过"培、践、创、管"四线并行（见图2），构建人才培养新模式，一是以赛促培，将大赛内容融入培养方案，构建"2+2+1"实训教学新模式；二是以赛促践，加强技能培养，提升师生实践能力；三是以赛促创，营造创新创业氛围，激发师生双创活力；四是以赛促管，创新大赛管理机制。

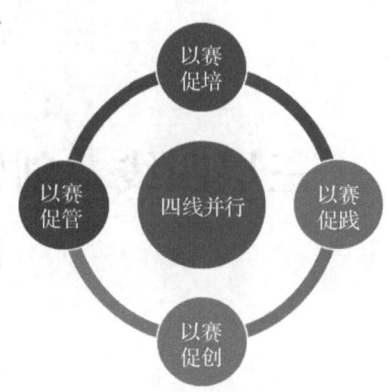

图 2　四线并行大赛培育机制

■二、四线并行，形成赛教融合育人新模式

（一）以赛促培，融入人才培养方案

学校将三级大赛体系作为课程教学融入专业人才培养机制的切入点和着力点，根据技能大赛和人才培养目标关于动手操作技能方面的要求，构建"2＋2＋1"实训教学新模式，即"两单、两综合、一实践"的实践教学模式。"两单"是指单项训练、单课程实训，"两综合"是指多课程综合实训和技能大赛综合实训，"一实践"是指学生的岗位实习。构建以职业能力为本位，突出职业岗位技能、专业核心能力和技能大赛水平的技能大赛专业课程体系，形成了"赛教融合""赛训融合"的大赛导向人才培养大格局。

（二）以赛促践，提升学生实践能力

学校大力实施职业技能大赛提升工程，成立了以分管教学副院长为主任的大赛管理委员会，进一步完善了副院长领导、教务处支持、二级学院（部）组织、教师参与的大赛组织制度，如图 3 所示。学校每年组织开展学生技能大赛校赛，定期专题研讨，准确把握每次大赛的方向、内容和策略，早期部署、科学安排；坚持从校级技能大赛中选拔优秀学生（团队），再按照省级、国家级职业技能大赛要求，在获奖个人（团队）中择优推荐参加省赛、国赛。

图 3　技能大赛推进会

（三）以赛促创，激发师生双创活力

学校一直高度重视"双创"竞赛工作，以三级大赛体系为抓手，组织师生参加"互联网+"大赛、挑战杯等"双创"竞赛，锻炼了师生的竞赛能力，丰富了参赛经验，提升了项目的竞争力，开阔了师生眼界，激发了师生"双创"活力。如今围绕大学生创新创业大赛，学校创新创业活动的节奏已经形成，"双创"竞赛有效地营造了学校创新创业文化氛围，提升了师生参与"双创"竞赛的自信心，吸引了更多师生投身"双创"活动，如图 4 所示。

图 4　"双创"活动现场

（四）以赛促管，创新大赛管理机制

为鼓励教师和学生积极参与技能大赛，学校建立了大赛奖励制度，每年举办表彰总结大会，重奖获得大赛奖项的教师和学生，开展获奖师生校内宣讲、获奖师生先进事迹宣传等系列活动,形成精神奖励和物质奖励相结合的激励机制。

三、成果丰硕,彰显赛教融合育人新成效

近年来,学生在国家级、省级技能比赛中屡获佳绩,各类技能竞赛获奖累计1 676项,其中国家级技能大赛等奖项561项,并于2018年、2019学生技能大赛连续两年排名全国第二、西北第一。在第六届中国国际"互联网+"大学生创新创业大赛全国总决赛中,学院的"折叠显示用超薄柔性玻璃智造"项目团队一举获得本届"互联网+"大赛职教赛道金奖,实现学院"互联网+"国赛金奖的突破,同时也是陕西省高职院校在"互联网+"国赛中获得的首枚金奖。

图5所示为技能大赛部分获奖证书。

图5 技能大赛部分获奖证书

思政与技术完美结合
德育与智育相融并进

摘要：全面落实立德树人根本任务，始终把思想政治教育贯穿人才培养全过程，牢固树立思政工作"一盘棋"观念，多措并举构建"三全贯通"育人格局，努力培养堪当民族复兴重任的时代新人。

关键词：三全贯通、四微融入、思政育人

一、解锁新时代育人密码

近年来，陕西工业职业技术学院坚持以习近平新时代中国特色社会主义思想为指导，全面贯彻党的教育方针，持续探索、完善新时代思政育人工作体系，不断提升思想政治工作质量，努力培养堪当民族复兴大任的时代新人。

二、构建"三全贯通"的培育机制

构建"三全贯通"培养工作体系，从学生入校到毕业分三个阶段：第一阶段的思政要素是"有理想"，聚焦学生品行培养，将立德树人放在人才培养的首位，大力培养和弘扬社会主义核心价值观；第二阶段的思政要素是"有本领"，在课程中培养学生专业技能和职业素养，遵守职业规范、提升专业技能、磨炼职业精神、铸造红色匠心；第三阶段的思政要素是"有担当"，通过作业、任务注

重培养学生健全人格、弘扬老一辈工匠奋斗精神及其责任担当意识，培养学生坚韧、执着、激情、奋斗、创新、开拓的精神，如图1所示。

图1　机床文化园成为文化育人新地标

三、实施"四微融入"的育人路径

实施"四微融入"的匠心育人教学方法，将思政育人要素分解为"微素养、微行为、微技能和微项目"，使专业教学过程承担"价值塑造""知识传授"和"能力培养"三重任务，强化学生的工程素养教育，培养学生精益求精的工匠精神，激发学生技能报国的家国情怀和使命担当，如图2所示。

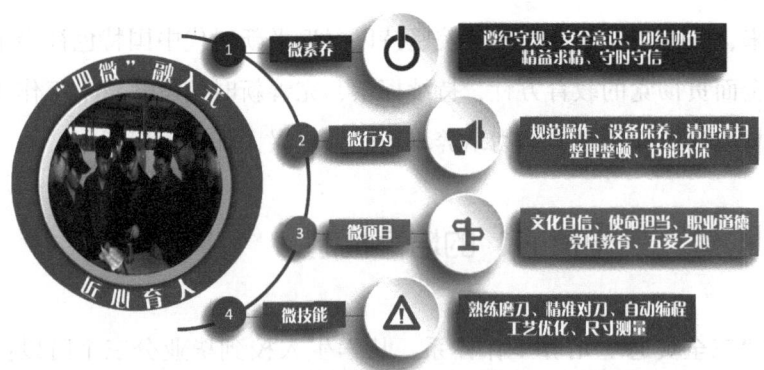

图2　"四微融入"式匠心育人

在实施过程中，将匠心育人内涵深度融入岗位能力对应的职业能力，课程的教学过程引入"匠心积分"，使用任务驱动法对品格塑造、职业能力、专业素质等教学效果进行积分考核评定，促进学生形成良好的综合素养，如图3所示。

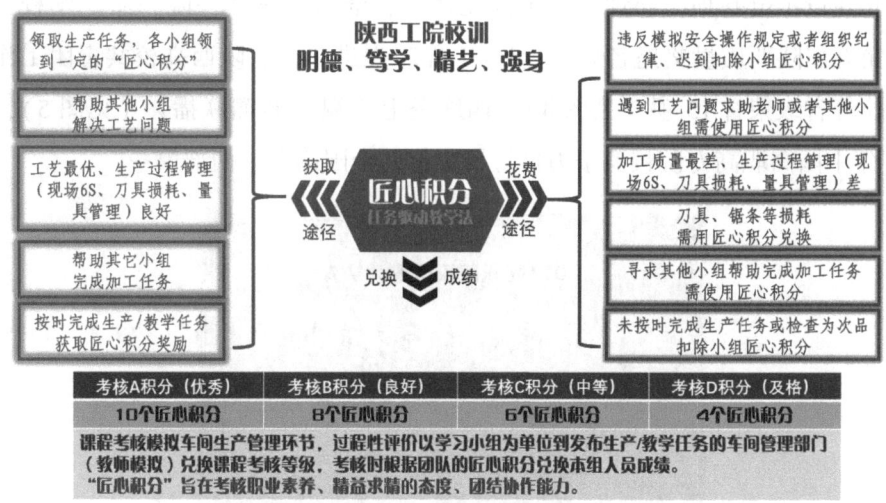

图 3 匠心积分运行模式

四、打造"铸魂育人"的工院新高地

(一) 人才培养质量显著提升

近三年来,毕业生就业率保持在 96% 以上,连续两年全国技能大赛获奖率位居全国第二,工院学子在工作岗位上展现出的"技能报国、精益求精、吃苦耐劳"品质备受好评。以全国劳动模范何菲、全国五四奖章获得者何小虎、四川省技术能手郑永涛为名片的优异学子用实际行动诠释了"为获得知识和技能走进来,为服务祖国和人民走出去"的职教初心,带动并影响了数以万计的学子主动投身到神舟飞天、嫦娥探月、港珠澳大桥等重大项目建设,成为支持"中国制造"强国战略的主力军。

(二) 学校品牌影响力不断提升

学校探索出一条全员、全程、全方位育人的大思政工作格局,将人才培养质量优势转化为最大的发展优势,催生了一系列的内涵建设新成果。学校连续四届荣膺"全国文明单位",荣获全国机械行业"十三五"思想政治工作 50 强和校园文化建设示范基地，获评全国工人先锋号、全国职业"一院一品"学校，还荣获第九届陕西质量奖提名奖、"双百工程"先进单位、陕西高校共青团工作优秀单位等省级荣誉 15 项（见图 4），四度登上央视《新闻联播》（见图 5），在 2021 年中国高职高专院校竞争力排行榜中位列全国第九、西部第一。

图 4　我校荣获"2021 高职院校就业竞争力星级示范校"

图 5　工院品牌影响力持续扩大

五维推进，打造课程思政育人新高地

摘要：聚焦学校课程思政模式探索、体系建设、氛围营造等重点和难点问题，课程思政教学研究示范中心按照"学校规划－中心指导－教师实践"三位一体的工作思路，以"一心六融"为建设理念，坚持从五个维度全面推进课程思政建设，构建全员育人良好氛围。

关键词：五维推进；课程思政建设；全员育人

一、立足职教特色，全面推进课程思政建设

教育部《高等学校课程思政建设指导纲要》的发布对学校全面推进课程思政建设提出新要求。如何探索建设模式、建构课程育人体系、营造全员育人良好氛围，是课程思政建设中的重点和难点。2021年学校获批教育部课程思政教学研究示范中心，按照"学校规划－中心指导－教师实践"的工作思路，紧紧围绕立德树人核心，有机融入思想引领、价值培育、文化传承、道德修身、法治普及、职业素养等内容，从顶层设计等五个维度推进课程思政建设，取得了良好效果，如图1所示。

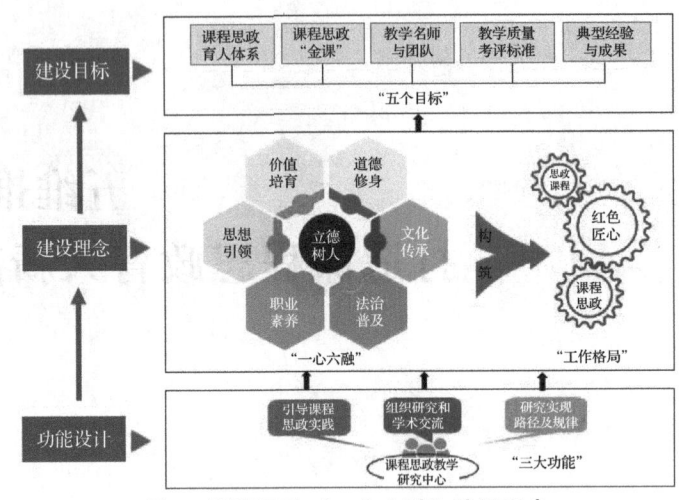

图 1　课程思政"一心六融"建设理念

二、加强统筹推进，构建层次递进的课程育人体系

(一) 加强制度建设，规范课程思政建设

印发《陕西工业职业技术学院课程思政教学研究示范中心工作方案》《陕西工业职业技术学院课程思政建设指导意见（试行）》等文件制度，明确课程思政建设重点工作，指导教师深入挖掘思政元素，如图 2 所示。

图 2　课程思政教学研究示范中心印发相关制度文件

（二）立项专项课题，深入研究育人目标

实现所有课程全覆盖，借助448门课程思政专项研究课题，深入研究不同专业的育人目标，有针对性地修订人才培养方案，梳理专业课教学内容，结合不同课程特点、思维方法和价值理念，深入挖掘课程思政元素，有机融入课堂教学。

图3所示为"高速切削与五轴加工"课程思政元素鱼骨图。

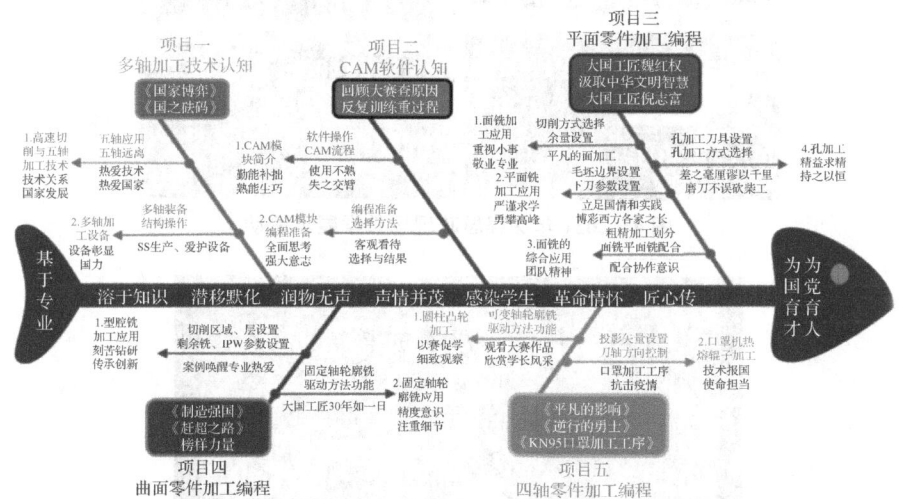

图3 "高速切削与五轴加工"课程思政元素鱼骨图

（三）遴选示范项目，持续推动课程建设

通过开展大练兵、现场教学展示等课程思政建设主题活动（见图4），遴选"课程思政示范课程、教学名师和团队""课程思政示范课堂""课程思政教学标兵""课程思政教学骨干"等，持续树典型、抓标杆，带动课程建设。

（四）线上线下结合，广泛开展教师培训

引导广大教师树立"课程思政"的理念，通过校内外专家现场专题报告会、线上培训会、集体备课会等多种形式开展课程思政培训，并组织教师赴校外培训，参加培训的教师达1 049人，实现了所有教师的全覆盖。如图5和图6所示。

图 4 2021 年课程思政现场教学展示活动

图 5 我校承办全国职业院校装备制造大类课程思政集体备课活动

图 6 我校国家级、省级课程思政示范团队研讨交流

(五)校内校外联动,共建共享优质资源

校内搭建课程思政建设交流平台,建成课程思政教学研究示范中心专题网站,实现经验共享,如图7所示;校外打破资源共建共享的瓶颈和局限,鼓励教师拓展优质教育资源,建设"课程思政"共同体。

图7　我校教育部课程思政教学研究示范中心专题网站

三、联动形成合力,营造全员全过程良好育人氛围

我校"服饰传统手工艺"等2门课程被认定为教育部课程思政示范课程,其教师及团队被认定为课程思政教学名师和团队;"金属切削机床"课程被认定为省级课程思政示范课程,其教师及团队被认定为课程思政教学名师和团队;认定校级课程思政示范课堂30门,认定校级课程思政教学标兵和骨干6名。我校课程思政教学名师梁晓哲等面向全国8个省份、50余所院校开展线上线下课程思政宣讲,参加培训的教师累计达5 000余人。各教学单位深入探索思政元素融入专业课的思路和技巧,形成"课程思政"教学设计工作坊、"我和我的祖国"主题党日等集体备课活动。

擦亮"秦马 PLUS"教学品牌，守好立德树人主阵地

摘要： 针对高职院校在提升思政课"三性一力"过程中遇到的突出问题，结合高职院校学生受教育的主要特点，陕西工业职业技术学院立足学生的成长本位，坚持理论与实际相结合，通过与马克思主义类社团"秦马研习社"的活动紧密结合，探索形成了"秦马品牌"思政课实践教学的新方式，促进构建思政课教学"活"起来、内容"实"起来、氛围"浓"起来的新局面。

关键词： 思政课、育人实效、实践教学

一、聚焦背景巧突破

习近平总书记在"3·18"重要讲话中指出，办好思政课，就要不断推动思政课改革创新，增强思政课的思想性、理论性和亲和力、针对性。因此，立足职教特色、师生协同实施创新学习，充分激发课程改革内生动力，巧妙破解思政课实践教学开展困境，是本案例的出发点。

二、社团练创强机制

"秦马研习社"是由陕西工业职业技术学院马克思主义学院指导的马克思主义类学生社团，社团以"秦马"为品牌面向全校学生开展多项红色教育活动。

马克思主义学院依托学生社团,围绕思政课程,坚持思政课教师主导,立足学生的发展需要,结合高职院校学生"理论与实践并重"的受教育特征,探索形成了思政课实践教学与马克思主义类学生社团有机融合的教育新形式。

三、擦亮品牌明举措

(一)从学好到讲好:"秦马之声"理论微宣讲

"秦马之声"理论微宣讲是由教师指导、培训学生宣讲员,宣讲员通过社团活动的渠道走向教室并面向全校宣讲理论。为了讲好理论,需先学好理论,在思政课教师的引导下,"秦马之声"理论微宣讲有效地促进了学生从"我在学"到"我要学"的转变。同时,培养学生宣讲员进班级讲理论的实践形式很好地发挥了学好思政课的"朋辈优势"。如图1和图2所示。

图1 "秦马研习社"学生在智创思政工坊开展宣讲演练

图2 宣讲员走进教室为广大学生做宣讲理论

（二）从在校到爱校："秦马金音"红色文化讲解

"秦马金音"红色文化讲解结合校内外思政教育站点，教师指导学生深度挖掘党史、校史等教育资源，遴选、培训学生讲解员，定期开展志愿讲解活动，在内容上将党史与校史有机融合，力促学生从"被动听"到"主动讲"的积极转变，激发学生爱党、爱国、爱校之情。如图3和图4所示。

图3　教师指导学生开展讲解演练

图4　讲解员走进校内实践教学基地开展"为校代言"校园文化讲解

(三)从学习到创作:"秦马小匠"红色文创设计

"秦马小匠"红色文创设计是在教师的指导下,结合高职学生专业,将思政课实践教育向学生专业延伸。在思政课教师的指导下,学生提交设计方案,遴选优秀设计形成各类系列红色文创产品,让学生在创作中学习红色故事、感受文化之美。如图5所示。

图5 学生设计创作的系列红色文创作品

四、提质增效显成效

(一)丰富了教学内容,让思政课内容"实"起来

通过改革实施,深度挖掘了党史、校史的教育价值,培养了学生自觉地将自身成长与学校发展和工业强国结合起来,让思政课内容"实"了起来。我校先后在全国高校思政课实践教学研讨会、陕西省学校思政课改革创新推进会等会议上做典型经验交流38次。

(二)创新了教育形式,让思政课教学"活"起来

本项目为思政课教师结合学情有针对性地开展实践教学提供了多样化的选择,让思政课教学"活"了起来,也催生了系列标志性成果:教师先后斩获教育部全国高校思政课教学展示一等奖1项、二等奖2项,陕西省思政课教师"大

练兵"教学标兵 7 项。

(三) 延伸了教学实践,让思政课氛围"浓"起来

在思政课教师的引导下,学生自发搜集红色元素、学习红色故事、设计红色文创,并以"物勒工名"的形式在文创作品上记录学生设计者的姓名,增强了学生的劳动荣誉感,让思政课氛围"浓"了起来。我校 1 项实践教学方案获全国高校思想政治理论课实践教学方案评比一等奖。

三个聚焦，推进科技成果落地生根

摘要： 学院依托秦创原科技创新资源聚集优势，以"一流育人质量、一流学术成果、一流社会贡献"为目标，通过实施"聚焦制度建设、聚焦服务能力、聚焦优势特色"等三个聚焦，三年来在新能源、新材料与智能制造等领域形成了一批质量高、可转化的科技创新成果，累计转移转化科研成果 28 项，成果孵化科技型企业 2 家。

关键词： 体制机制；成果转移转化；产学研合作

一、实施背景

陕西工院以习近平新时代中国特色社会主义思想为指导，认真贯彻落实习近平总书记来陕考察重要讲话指示精神和关于科技创新的重要论述，为了加快推进高职院校科技成果的转移转化，学校瞄准陕西省重点产业需求，依托秦创原科技创新资源聚集优势，以"一流育人质量、一流学术成果、一流社会贡献"为目标，以科技创新推动人才培养和双高院校建设，不断提升服务国家重大战略及经济社会发展的能力和水平。

二、"三个聚焦"推进成果转化

(一) 聚焦制度建设,营造成果转化良好环境

成立科技成果转化领导小组,统筹科研、国资、人事、财务等各职能部门,形成科技创新与知识产权管理、科技成果转移转化相融合的统筹协调工作机制。出台《科技成果转化管理办法》《专利管理办法》《横向科研项目及经费管理办法》《推广科技成果转移转化"三项改革"试点工作方案》等文件,健全科技成果转化制度,畅通转化渠道,为促进科技成果转化提供有力的支持保障,进一步激发科技创新活力。

(二) 聚焦服务能力,深化体制机制改革创新

设立专业化技术转移机构—技术转移中心,推动科技成果转移转化(见图1);进一步推动学校技术转移中心实体化运行,建立了科研管理信息系统,实现知识产权全流程管理,提高专利申请的质量和效率;成立"咸阳市知识产权维权援助工作站"(见图2),促进学校以专利申请、成果转化、专利战略为驱动的良性运行机制;引育并举打造高水平的省级、校级及科研平台三级技术经理人队伍,提升技术转移转化服务能力,激发教师从事技术转移转化工作的活力。

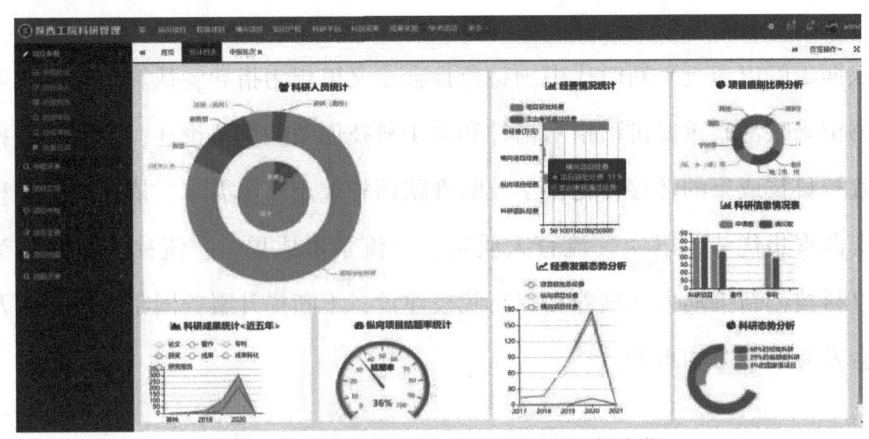

图1 信息化管理平台实现科研成果数字化

图 2　咸阳市知识产权局在我校设立"咸阳市知识产权维权援助工作站"

(三)聚焦优势特色,推动产、学、研、用深度融合

积极对接陕西服务国家重大战略和区域发展需求,并结合地方产业发展需求,与山东等地开展合作,围绕柔性玻璃等重大科研成果打造产业化平台,创办山东柔光新材料科技有限公司,推动校、地、产、学、研合作发展;积极融入陕西省秦创原创新驱动平台建设(见图3),复合型6自由度高性能重载工业机器人科研项目在秦创原创新驱动平台总窗口落地实施转化(见图4),项目获得秦创原春种基金资助100万元,创办陕西利秦智诺机器人科技有限公司(见图5);截至2021年年底,学校"重载工业机器人腕关节传动机构""便于清理拆卸的机械液压阀""隧道衬砌无损检测台车"等24项专利转移转化至咸阳镭瑟奥普光电科技股份有限公司、西安凯顿医药科技有限公司等12家中小微企业,为中小微企业产生经济效益3 500万元。

图 3　学校科技成果在秦创原·第五届陕西省高校科技成果展上推广展示

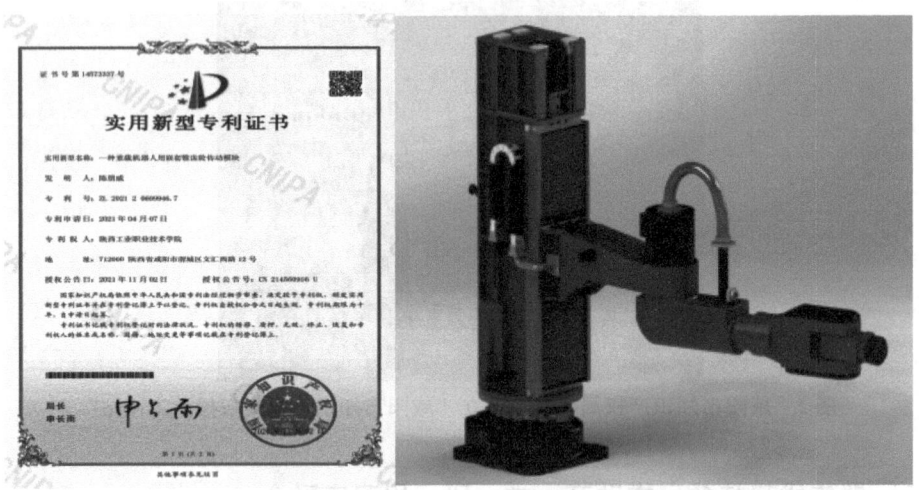

图 4 复合型 6 自由度高性能重载工业机器人项目在秦创原创新驱动平台实施转化

图 5 机械工程学院陈鹏威工程师创办陕西利秦智诺机器人科技有限公司

三、科技成果转化成效显著

学校围绕科技创新与成果转化进行积极探索，将学校创新优势转化为服务区域经济社会高质量发展优势，科技成果转化效率得到了显著提升，三年累计转移转化科研成果 24 项，服务中小微企业 35 家；学院的成果转移转化工作获得行业协会及政府的高度认可，2019 年学院入选中国职业技术教育学会科技成果转化工作委员会"常务理事会成员单位"，2021 年入选陕西省科技成果知识产权规范管理试点高校，并于 2021 年获评"陕西高校科技成果转移转化（高职组）绩效评估 A 等"。系列成果及荣誉的取得彰显了学校科技服务的硬核实力。

"三个强化"，助力中小微企业产品转型升级

摘要：学校通过"强化科研平台建设、强化科技创新团队建设、强化企业关键技术需求"三项举措，大力推进全校科技工作者与各中小微企业开展科研合作，依托学校建设的以"科学家＋团队""领军人才＋青年人才"为引领的18个科技创新团队，积极开展中小微企业技术服务，三年累计为企业解决技术难题32项，创造经济效益2.56亿元。

关键词：科技服务；中小微企业；产品升级

一、实施背景

为了破解中小微企业产品升级中的技术难题，学校以专业群为基础，围绕陕西区域重点产业，通过建科研平台、聚科研人才，形成科研合力，以中小微企业产线升级改造、产品研发为主攻方向，主动走进企业，精准服务，取得了良好的效果。

二、"三个强化"提升服务能力

（一）强化科研平台建设

学校围绕装备制造、新材料、能源化工等省内主导产业，建设成新能源与装

备研发院士工作站，立项建设高性能航空材料与器件陕西省高校工程研究中心、咸阳市高端数控机床关键零部件工程技术研究中心、咸阳市数字城市与地理空间大数据技术重点实验室3个厅局级科研平台，建成精密加工、智能制造、应用化工、电气技术等14个兼具产品研发、工艺开发、技术推广等功能的校级技术研发中心。截至2021年年底，学校依托各级各类科研平台，面向行业及中小微企业（35家）开展横向项目合作及技术服务138项，通过平台与企业相互协作，孵化科技成果。

（二）强化科技创新团队建设

学院通过"科学家+团队""领军人才+青年人才"的模式，以才引才，形成人才集聚优势，积极将科技成果向产业进行转移转化。以卢秉恒院士团队工作室为依托，聘请卢秉恒院士为我校增材制造技术领域研究的首席科学家，以秦裕琨院士团队为依托，聘请秦裕琨院士为我校新能源与智能装备领域的首席技术专家（见图1和图2），强化学术引领推进科技创新与校企合作；建立了模具设计与制造、航空航天高温材料、新能源及微电网、智能装备、旋转机械故障识别与诊断等18个科技创新团队，积极开展企业技术服务，助力中小微企业转型升级；化工与纺织服装学院袁丰华副教授团队研制的舱体支撑行走式X射线防护服（见图3）在福建医科大学第一附属医院等医疗机构实现成功推广，材料工程学院侯延升博士的柔性玻璃研发团队成果在山东兖州实现成果落地转化。

图1 中国工程院秦裕琨院士指导我校电池储能技术的试研发工作

图 2　聘请中国工程院秦裕琨院士为我校首席技术专家

图 3　舱体支撑行走式 X 射线防护服

（三）强化企业关键技术需求

学校深入推进产、学合作协同育人，汇聚企业资源，通过征集企业技术难题，学校与咸阳市和力军民融合企业商会、西安交通大学第一附属医院等加强合作（见图 4），在校内实施项目"揭榜挂帅"，统筹推进"医工结合"创新项目 35 项，为区域内行业、企业等在特种运输辅助设备设计、汽车变速器壳体模具三维打印、模具修复与深孔加工技术等方面解决技术难题 32 项（见图 5）；截至 2021 年，24 件专利在咸阳镭瑟奥普光电科技股份有限公司、西安凯顿医药科技有限公司等 15 家中小微企业成功转化，切实解决了企业生产过程中的关键技术问题。

图 4　学校与咸阳市中小微企业进行技术服务交流与对接

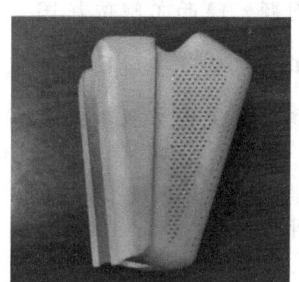 

图 5　为企业研发的汽车变速器壳体及新型碳纤维符合材料制备样件要求

三、实施成效

学校积极探索、推进校企合作中产教融合科技创新合作新路径，三年累计发布了江苏省泰州市、陕西省科技厅、咸阳市科技局、咸阳和力军民融合企业商会等政府机构和行业、企业推介的中小微企业"揭榜挂帅"技术难题 105 项，2019—2021 年学校设立服务地方专项科研项目 34 项，同时就专项解决咸阳市部分中小微企业技术难题签订横向项目 21 项，合同交易额 680 万元，三年累计为中小微企业创造经济效益约 2.56 亿元。2020 年，学校当选全国高等职业院校技术应用服务联盟副理事长单位。

"校企协同、引育并举、分层并进"培育国家创新团队

摘要： 为有效解决教学团队存在的合作基础薄弱、"双师"结构不完善、产教融合资源欠缺、校企共同体尚不成熟等问题，陕西工院依托国家级职业教育教师教学创新团队项目建设，在实践中完善工作机制、推进团队互生共适、重构课程体系、改革育人模式、深化产教融合，积极推进国家级教师创新团队建设，打造国内一流教师教学创新团队。

关键词： 校企协同、引育并举、分层并进

一、问题导向，培育国家级教师教学创新团队

《国家职业教育改革实施方案》明确指出，要"分专业建设一批国家级职业教育教师教学创新团队"。面对团队建设提出的新需求和标准，陕西工业职业技术学院聚焦战略性重点产业领域和民生紧缺领域，依托国家现代学徒制试点专业建设、国家创新发展行动计划骨干专业建设、国家创新发展行动计划"双师型"教师培养培训基地建设等国家级项目，按照"校企协同、引育并举、分层并进"的思路，打造师德高尚，专兼融合，具备爱岗爱教的职业素养、教学创新能力、实训实践指导能力、科技创新能力、团队协作能力的高水平职业教育教师教学创新团队。

二、多措并举，提升教学团队整体水平

（一）校企协同，携手名企联合实施教师培养

按照"校企合作搭桥，订单联合培养""素质技能并重，校企文化融通""引企六进课堂，创新能力凸显"的路径，携手西门子、欧姆龙、德玛吉精森机等国际国内知名企业，按照培养世界一流员工的标准，探索形成了"四双六进"校企合作模式。通过双主体育人、双班主任管理、双导师培养、双奖金激励的"四双"机制，实施企业文化进校园、企业模式进教学、素质教育进方案、课程思政进课堂、企业活动进班级、企业导师进基地的"六进"举措，形成了校企协同培养的"陕西工院"品牌。

图 1 所示为教师获得的企业认证资格。

图1 教师获得的企业认证资格

(二)引育并举,实现高水平师资队伍引领专业发展

聘请哈尔滨工业大学秦裕琨院士担任学校高水平专业群首席技术专家,建立院士工作站(见图2),联合开展新能源及装备技术研发、教师科研及社会服务能力提升指导等;建成了以新能源发电、电动汽车"产-储-供"等系统平台,联合开展科技创新、技术研发和成果转移转化等。基于院士团队开展的"中高阶煤基功能碳材料制备及电化学储能器件开发"项目,带动并培育了校内18个博士科技创新团队建设,引进横向项目123项,成功实施知识产权成果转移转化26项。

图3所示为西门子产业订单班教学。

图2　秦裕琨院士工作站签约仪式

图3　西门子产业订单班教学

(三)同步推进,构建递进式师资队伍建设模式

基于"一德四能"标准,打造"双师型"教师教学团队。按照教师能力提

升要求，结合教师专业发展需求，建立"博士+硕士+企业导师"创新型教学团队，发挥教师教学能力优势、企业导师技术技能特长，打造校企共建的结构化教师教学创新团队，强化企业技术服务和科技创新，全力提升教学团队的教学能力、工程实践能力、科技创新能力，让每位教师实现从"入职青椒"到"领军人才"的递进式成长。如图4所示。

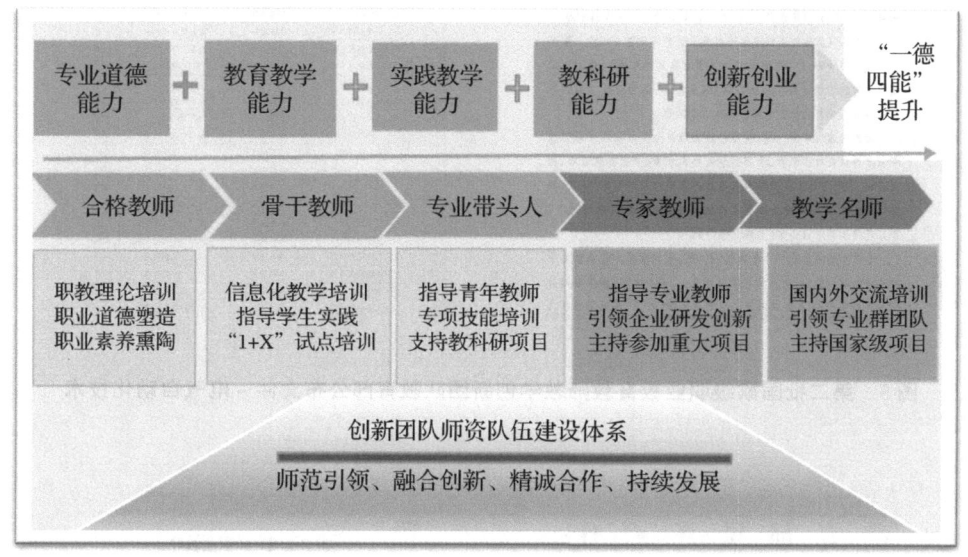

图4 递进式师资队伍建设模式

三、强化培养，国家级创新团队建设硕果累累

经过多年探索与实践，学校已建成2支由专业带头人为核心，教授、博士为引领，企业工程师、技术能手、行业专家、企业技术主管为支撑的国家级教师教学创新团队。团队教师先后参与中德教育联盟培训项目、中国－新西兰职业教育示范项目教师培训基地、赞比亚援教培训项目、欧姆龙大学项目等国际化交流与培训项目。2021年我校被确定为"高端装备"教育教师教学创新团队培训基地。如图5和图6所示。

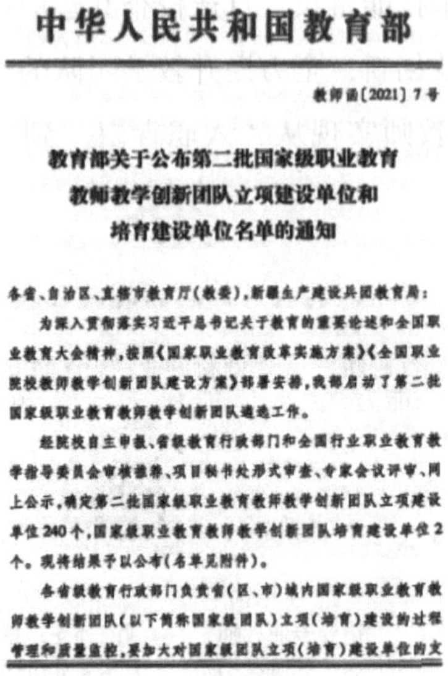

中华人民共和国教育部

教师函〔2021〕7号

教育部关于公布第二批国家级职业教育教师教学创新团队立项建设单位和培育建设单位名单的通知

各省、自治区、直辖市教育厅（教委），新疆生产建设兵团教育局：

为深入贯彻落实习近平总书记关于教育的重要论述和全国职业教育大会精神，按照《国家职业教育改革实施方案》《全国职业院校教师教学创新团队建设方案》部署安排，我部启动了第二批国家级职业教育教师教学创新团队遴选工作。

经院校自主申报、省级教育行政部门和全国行业职业教育教学指导委员会审核推荐、项目秘书处形式审查、专家会议评审、网上公示，确定第二批国家级职业教育教师教学创新团队立项建设单位240个，国家级职业教育教师教学创新团队培育建设单位2个。现将结果予以公布（名单见附件）。

各省级教育行政部门负责省（区、市）域内国家级职业教育教师教学创新团队（以下简称国家级团队）立项（培育）建设的过程管理和质量监控，要加大对国家级团队立项（培育）建设单位的支

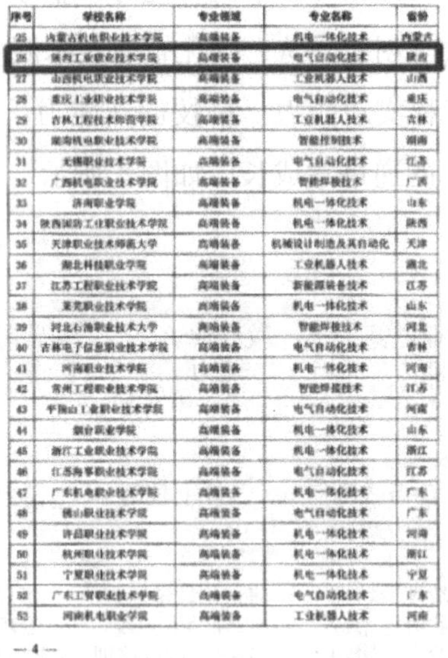

序号	学校名称	专业领域	专业名称	省份
25	内蒙古机电职业技术学院	高端装备	机电一体化技术	内蒙古
26	陕西工业职业技术学院	高端装备	电气自动化技术	陕西
27	山西机电职业技术学院	高端装备	工业机器人技术	山西
28	重庆工业职业技术学院	高端装备	电气自动化技术	重庆
29	吉林工程技术师范学院	高端装备	工业机器人技术	吉林
30	湖南机电职业技术学院	高端装备	智能控制技术	湖南
31	无锡职业技术学院	高端装备	电气自动化技术	江苏
32	广西机电职业技术学院	高端装备	智能焊接技术	广西
33	济南职业学院	高端装备	机电一体化技术	山东
34	陕西国防工业职业技术学院	高端装备	机电一体化技术	陕西
35	天津职业技术师范大学	高端装备	机械设计制造及其自动化	天津
36	湖北科技职业学院	高端装备	工业机器人技术	湖北
37	江苏工程职业技术学院	高端装备	新能源装备技术	江苏
38	莱芜职业技术学院	高端装备	机电一体化技术	山东
39	河北石油职业技术大学	高端装备	智能焊接技术	河北
40	吉林电子信息职业技术学院	高端装备	电气自动化技术	吉林
41	河南职业技术学院	高端装备	机电一体化技术	河南
42	常州工程职业技术学院	高端装备	智能焊接技术	江苏
43	平顶山工业职业技术学院	高端装备	电气自动化技术	河南
44	烟台职业学院	高端装备	机电一体化技术	山东
45	浙江工业职业技术学院	高端装备	机电一体化技术	浙江
46	江苏海事职业技术学院	高端装备	电气自动化技术	江苏
47	广东机电职业技术学院	高端装备	机电一体化技术	广东
48	佛山职业技术学院	高端装备	电气自动化技术	广东
49	许昌职业技术学院	高端装备	机电一体化技术	河南
50	杭州职业技术学院	高端装备	机电一体化技术	浙江
51	宁夏职业技术学院	高端装备	机电一体化技术	宁夏
52	广东工贸职业技术学院	高端装备	电气自动化技术	广东
53	河南机电职业学院	高端装备	工业机器人技术	河南

— 4 —

图5　第二批国家级职业教育教师教学创新团队教育部公布文件－电气自动化技术

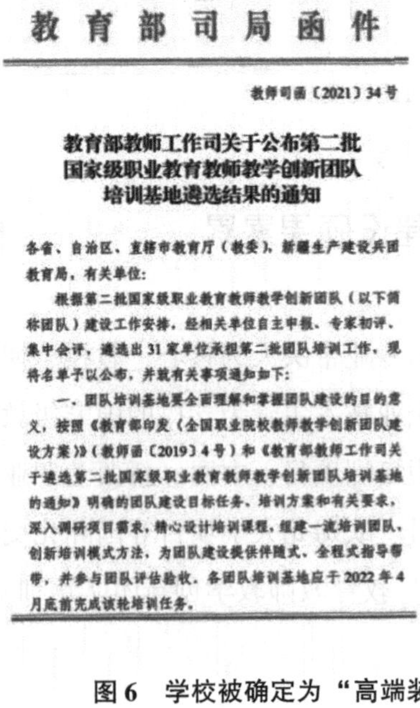

教育部司局函件

教师司函〔2021〕34号

教育部教师工作司关于公布第二批国家级职业教育教师教学创新团队培训基地遴选结果的通知

各省、自治区、直辖市教育厅（教委），新疆生产建设兵团教育局，有关单位：

根据第二批国家级职业教育教师教学创新团队（以下简称团队）建设工作安排，经相关单位自主申报、专家初评、集中会评，遴选出31家单位承担第二批团队培训工作，现将名单予以公布，并就有关事项通知如下：

一、团队培训基地要全面理解和掌握团队建设的目的意义，按照《教育部印发〈全国职业院校教师教学创新团队建设方案〉》（教师函〔2019〕4号）和《教育部教师工作司关于遴选第二批国家级职业教育教师教学创新团队培训基地的通知》明确的团队建设目标任务、培训方案和有关要求，深入调研项目需求，精心设计培训课程，组建一流培训团队，创新培训模式方法，为团队建设提供伴随式、全程式指导帮带，并参与团队评估验收。各团队培训基地应于2022年4月底前完成该轮培训任务。

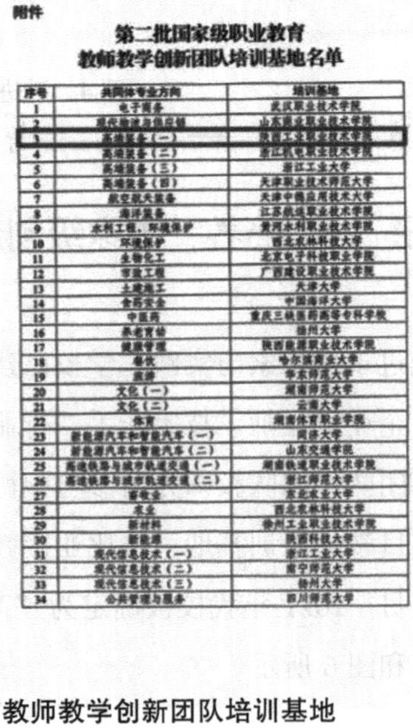

附件

第二批国家级职业教育教师教学创新团队培训基地名单

序号	共同体专业方向	培训基地
1	电子商务	武汉职业技术学院
2	现代物流与供应链	山东商业职业技术学院
3	高端装备（一）	陕西工业职业技术学院
4	高端装备（二）	浙江机电职业技术学院
5	高端装备（三）	浙江工业大学
6	高端装备（四）	天津职业技术师范大学
7	航空航天装备	天津中德应用技术大学
8	海洋装备	江苏航运职业技术学院
9	水利工程、环境保护	黄河水利职业技术学院
10	环境保护	西北农林科技大学
11	生物化工	北京电子科技职业学院
12	智能工程	广西建设职业技术学院
13	土建施工	天津大学
14	食药安全	中国海洋大学
15	中医药	重庆三峡医药高等专科学校
16	养老育幼	扬州大学
17	健康管理	陕西能源职业技术学院
18	餐饮	哈尔滨商业大学
19	旅游	华东师范大学
20	文化（一）	湖南师范大学
21	文化（二）	云南大学
22	体育	湖南体育职业学院
23	新能源汽车和智能汽车（一）	同济大学
24	新能源汽车和智能汽车（二）	山东交通学院
25	高速铁路与城市轨道交通（一）	湖南铁道职业技术学院
26	高速铁路与城市轨道交通（二）	浙江师范大学
27	畜牧业	东北农业大学
28	农业	西北农林科技大学
29	新材料	徐州工业职业技术学院
30	新能源	陕西科技大学
31	现代信息技术（一）	浙江工业大学
32	现代信息技术（二）	南宁师范大学
33	现代信息技术（三）	扬州大学
34	公共管理与服务	四川师范大学

图6　学校被确定为“高端装备”教育教师教学创新团队培训基地

构建四类培养平台，夯实教师教学基本功

摘要：针对现有职教师资队伍建设不能完全满足现代职业教育对高职高水平教师能力要求的问题，陕西工业职业技术学院以"高规格定位、高起点运行、高质量资源建设、高水平团队打造、高标准考核"为目标，构建"全国师资培训基地、省级师资培训基地、机械工业联合会咸阳培训中心、教师发展中心"四类培养平台，政、行、企、校多方协同，共建共育，开展高职高水平教师队伍建设，进一步夯实教师教学基本功。

关键词：培养平台；师资建设；产教融合

一、找准目标，全面提升教师教学基本功

教育部"双高计划"提出打造结构合理的高水平"双师"队伍，但是职业院校教师来源单一，普遍缺乏企业锻炼的经历，工程实践能力等基本功薄弱。学校按照"校企协同、产教融合、标准贯穿、强化实践"的工作思路，充分发挥全国职教师资培训基地、省级职教师资培训基地的作用，实施菜单式计划，开展强师计划工程，全面提升教师教学基本功。

二、多措并举,搭建教师成长新平台

(一)"四方联动、共建共享"建立协同培育机制

通过政行企校联动、校企双向流动、岗位互聘互兼、资源共建共享等措施,协同共建培训方案,实施基地共建、资源共享、协同共育等计划;深入剖析高端产业、产业高端人才需求,精准对接企业核心岗位在专业人才培养及社会培训中,对职业院校师资在对象、时间、形式、方法、环境等方面的迫切需求,聚焦教师成长的 5 个不同阶段,建立"四方联动、共建共享"的协同培育机制。如图 1 所示。

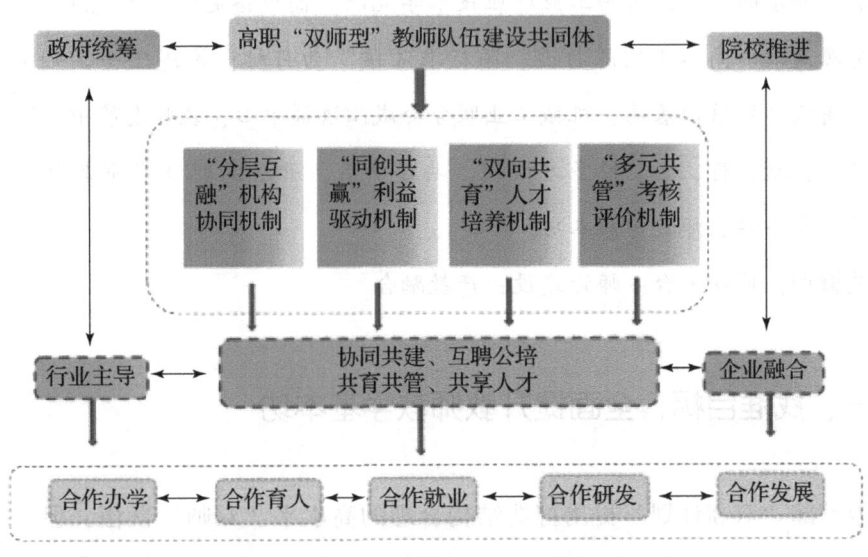

图 1 "双师型"教师队伍协同共建机制

(二)"平台支撑,联合培养"搭建双师能力提升培养平台

通过产教融合,瞄准高端产业和产业高端核心岗位职业能力人才培养需求,建立全国师资培训基地、省级师资培训基地等培养平台(见图 2),校企联合开

发"菜单式"培训培养资源,制定"个性化培训方案",建立"培训课程资源库""培训学习资源包",开展模块化订单培养培训。校企联合已建立了100个项目培训包、100名大师教学团队库和100门课程资源库。

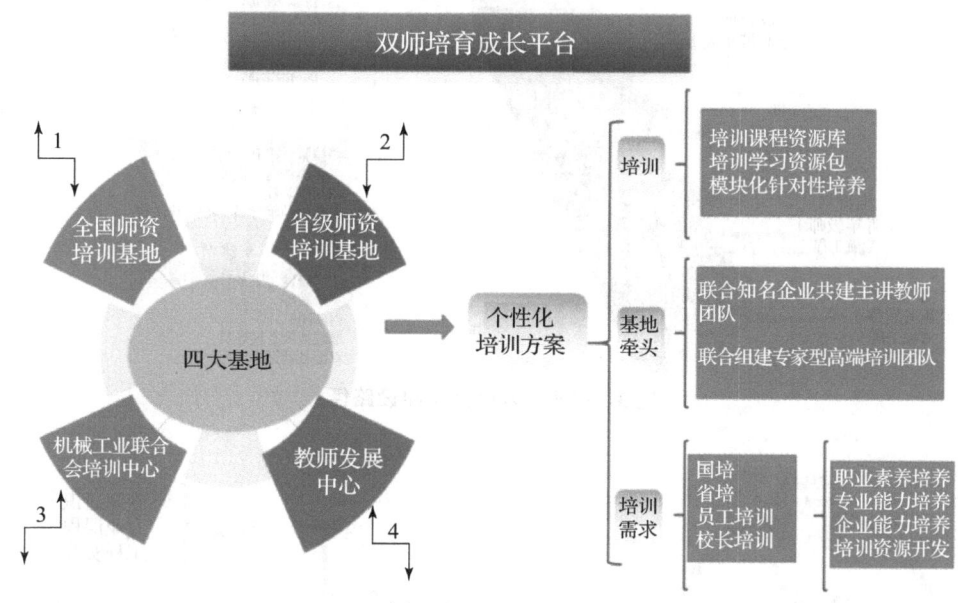

图2 双师培育成长平台

(三)"分层分类,精准施策"创新教师能力提升路径

依据教师成长与发展规律,按照"准备期—衔接期—沉淀期—成长期—成熟期",实施"青椒工程""启航工程""扬帆工程""领航工程""博雅工程"分层递进培养教师队伍(见图3);面对不同类型的教师培养需求,构建以"专业研究""资源积累""研修模式"为主的分类培养体系,优化培训课程,重构培训方案,以线上线下混合研修、校本研修模式,建立"专业通识+专业课程+工程实践"三个一级大类,"综合素养""职业能力""师德培养""高级研修""信息化素养""专题培训""书证融通""国际化素养"等多个二级分类的培训体系,精准提升"双师型"教师教学能力和工程实践能力,如图4所示。

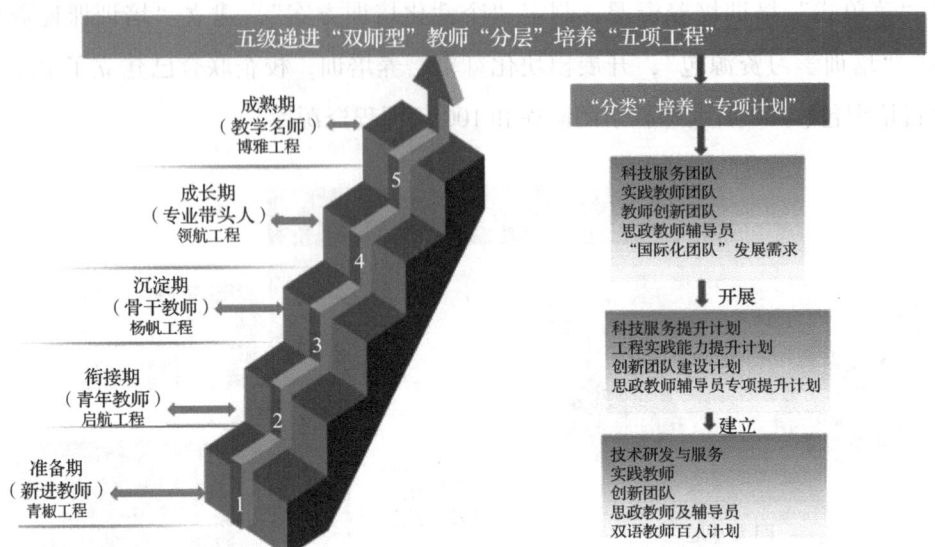

图 3 高水平双师队伍建设路径

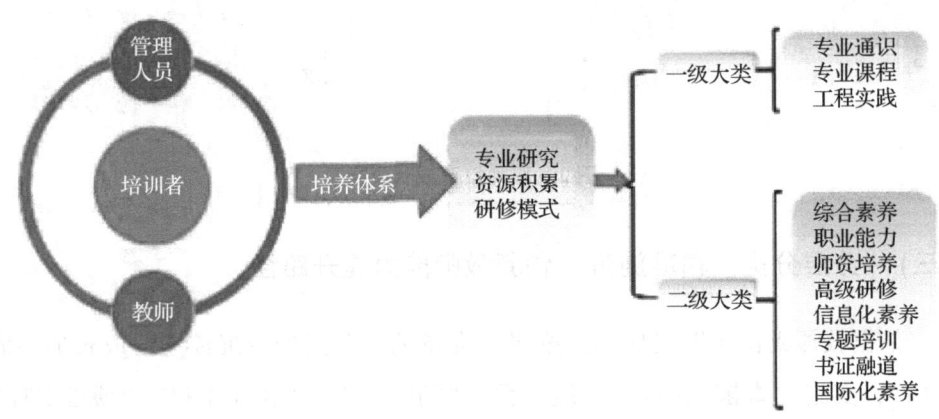

图 4 高水平双师队伍培养体系

三、高点定位，教师教育教学能力显著提升

自教师培养平台建成以来，先后承接"青海省高职院校'双高计划'建设高级研修班""职业院校校长高级研修班"等 34 期，深圳职院、无锡职院、杨凌职院、韩国东义大学、德国 IST 管理应用技术大学等国（境）内外职业院校、

单位及教育团体来校交流学习，累计 1 800 余人次。2019 年 10 月 22 日中央政治局委员、国务院副总理孙春兰同志莅临学校考察时，称赞陕西工院是一所"有历史、有精神、有伙伴、有口碑"的"四有"优质高职院校。相关成果《陕西工院"学做创"让职教课堂活起来》《陕西工院"四字诀"打造职教名师"梦之队"》《实施分层培养，打造精品团队》《培育一流师资，抢占发展高地》等在《中国教育报》《中国青年报》《陕西日报》等重要媒体发表，如图 5 所示。

图 5　国家级媒体对我校师资队伍建设成效的报道

完善高层次人才引育机制，建设新时代卓越人才体系

摘要： 高层次人才是学校事业发展的核心竞争力。针对盲目追求高学历、过度依赖引进人才、弱化校内师资队伍的培养、人才引育协同机制不完善等问题，陕西工院立足内需、突出重点、有力有序地从人才引进、培育、服务、激励、评价等方面完善高层次人才队伍建设体制机制，为学校高层次人才队伍建设奠定了坚实基础。

关键词： 引育机制；高层次人才；引培并举

一、瞄准高质量发展需求，推进高层次人才队伍建设

新时期《国家职业教育改革实施方案》《职业教育提质培优行动计划（2020—2023年）》"双高计划"建设等一系列政策文件和重大项目，对高层次人才队伍建设提出了更高、更具体的要求，陕西工业职业技术学院顺势而动，大力开展"人才强校"战略，坚持"以人为本、以德为先、专业急需、引育并举"的建设路径，以高层次人才引育为核心，以全面提高人才队伍的综合素质为主线，推进人事制度改革创新，建立健全评价激励机制，努力营造有利于人才成长与发展的良好环境，为学校高质量发展提供人才保障。

二、打好"引培服用评"组合拳,构筑人才蓄水池

(一)健全"引才"政策制度,做好用才顶层规划

学校成立高层次人才引进工作领导小组,审定人才引进年度计划,制定政策措施,研究解决人才引进工作中的重大问题。下设人才工作办公室,负责高层次人才引进、培养与服务工作,整合、统筹、协调校内外资源;对标高端产业发展需求,开拓自身专业群优势,构建灵活、联动、共赢的人才共享机制;采取柔性引进机制,"一岗一议""一人一议",以定期特聘、兼职顾问或基于项目合作短期引进等方式灵活引进高层次人才。如图1所示。

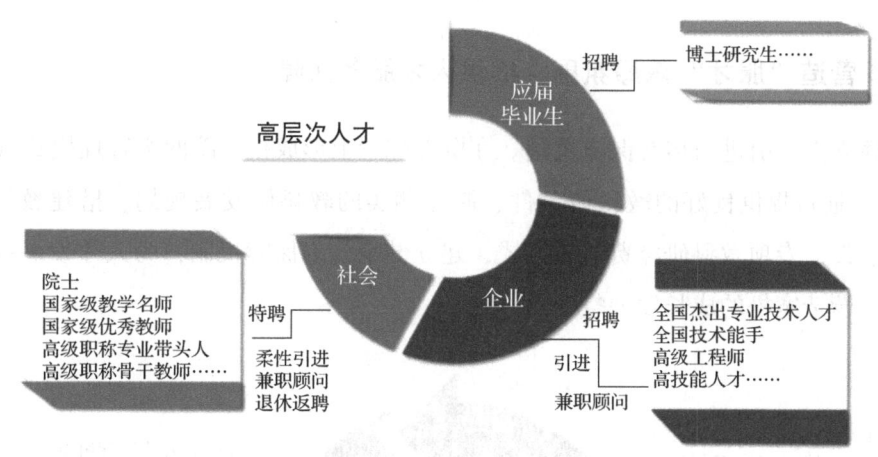

图 1　多元化、立体化人才引进体系

(二)创设"育才"综合体系,搭建人才发展平台

构建"专创融合、科教融合、产教融合"三个融合的高层次人才培育体系(见图2),深化专创融合,根据双高专业群建设需求,优化调整专业布局,形成"人才办协调、多部门协同"的育才工作体系;深化科教融合,强化高层次人才在教学及科技创新中的引领作用;深化产教融合,推进双主体育人的核心作用,打造产学研合作育人样板。

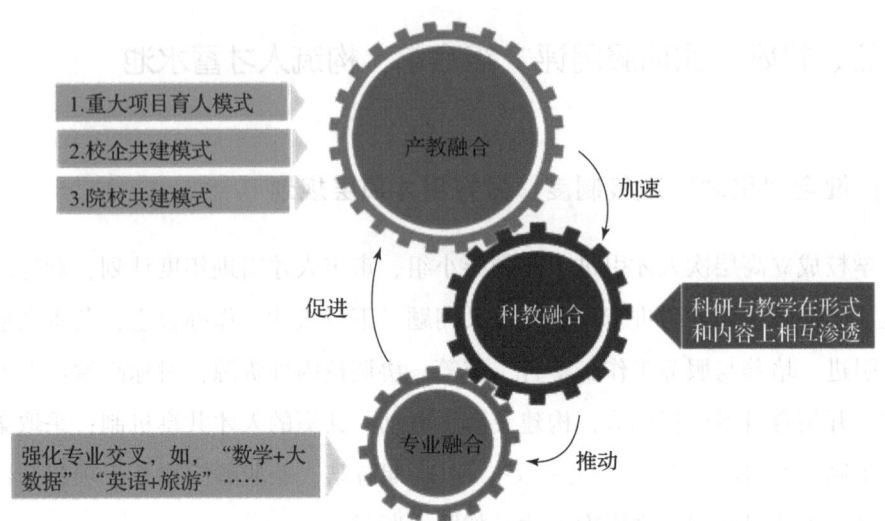

图 2 "三个融合"高层次人才培养体系

(三) 营造"服才"浓厚氛围,提供人才服务保障

建立人才引进与培育保障机制。在资源配置上形成校、院两级管理模式(见图3),通过提供良好的教科研条件、制定翔实的教科研发展规划、搭建教科研平台、设立专项教科研经费池等方式,建立健全管理保障机制,为人才发展提供保障,营造宽松的成长发展空间。

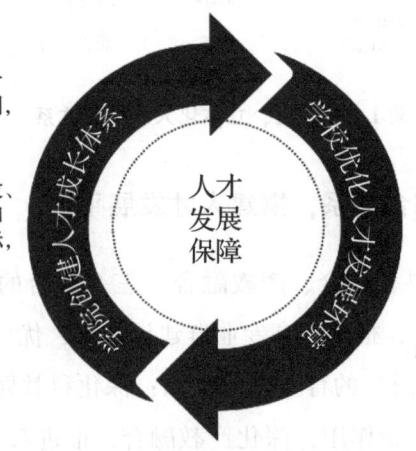

图 3 校、院两级"服才"管理模式

(四) 创新"用才"柔性模式,促进人才协同发展

通过项目导向,柔性合作模式,促进多专业、跨领域协作。支持校内人才队伍与外引人才合作,联合开展项目开发与研究,带动不同层级的研究人才脱颖而出,如图4所示。建立以高层次人才为核心的教师团队,制定团队特色管理办法,建立团队薪酬激励机制,保障各类人才按需、按项目开展柔性合作,做到人尽其才、才尽其用协同发展。

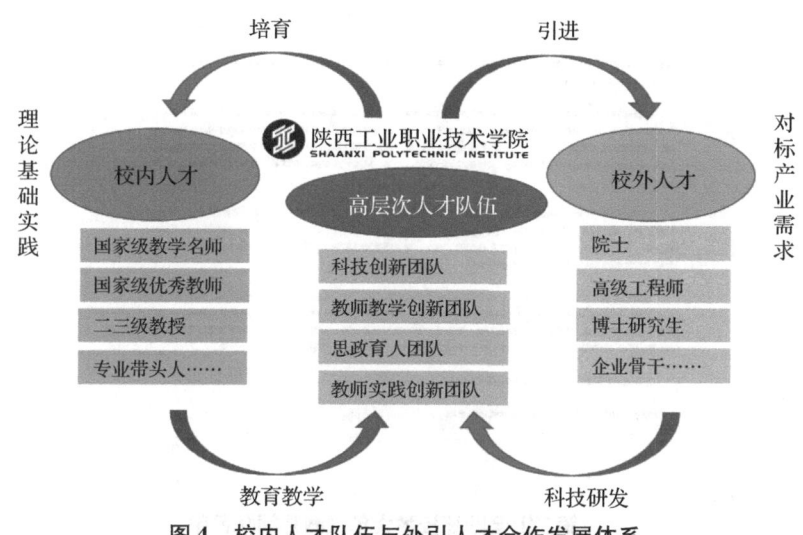

图4 校内人才队伍与外引人才合作发展体系

(五) 构建"评才"激励体系,激励人才全面成长

实行师德师风"一票否决"制,形成以4个维度为基础,包含8个二级指标、22个三级指标的高层次人才评价指标体系。对学校高层次人才教科研成果定期考核,督查重点人才项目实施的进展与成效,激励各类人才全面发展。

三、引育共举,高层次人才建设成效显著

经过多年的实践,学校建成全国高校黄大年式教师团队1个、国家级教师创新团队2个,分析检验技术专业获全国石油和化工教育优秀教学团队,1人获

"国家高层次人才特殊支持计划"教学名师，1人获评"全国石油和化工教育青年教学名师"；柔性引进院士2名，高层次人才队伍建设成效显著。如图5所示。

图5　教育部关于公布第二批全国黄大年式教师团队通知

创新构建师德建设"区""块""链"模式

摘要： 加强师德师风建设是"双高计划"打造高水平双师队伍的客观要求，也是新时代高职院校高质量发展的重要保障，陕西工业职业技术学院通过构建师德建设"区""块""链"模式，优化师德培养方式，强化师德教育，精准考核评价，注重师德建设实绩效果，扎实落实高校立德树人的核心使命。

关键词："区"分培养，模"块"化培训，师德考核"链"，师德师风

师德师风建设作为一项教师培育系统工程，是培养高素质人才、推进高职教育步入现代化进程的现实需要。在新形势下，陕西工院从根本上改变师德师风建设形式化的现状，夯实师德培育过程，进一步加强高素质"双师型"教师队伍的建设，创新的师德建设机制已成为兄弟院校交流学习的重点。

一、服务高质量发展，推进师德师风建设

聚焦教育部"双高计划"建设要求，以"四有"标准打造数量充足的高水平双师队伍。学校搭建"党建引领—师德铸魂—规范制度—协同推进"的师德师风建设体系，按照岗位特点将学校教职工"区"分培养，不同类型教职工制定有针对性的模"块"化培训，构建奖惩相结合的师德考核"链"，坚持"师德为先、固本强基"的理念，出台《师德师风建设长效机制》等管理制度，创新构建师德建设"区""块""链"模式，解决师德建设过程中形式化、一刀切等

问题，引导广大教师以德立身、以德立学、以德施教，落实立德树人根本任务，全面提升学校师德师风建设水平，服务学校高质量发展。

二、顶层规划，构建师德建设"区""块""链"模式

按照"统筹规划、协同管理、分类培育、多元评价"原则，学校结合教职工现状，按岗位分为"专业技术岗、管理岗、工勤岗"三类，针对不同类别教职工制订模块化培养计划，构建教育、宣传、考核、监督与奖惩相结合的师德建设精准考核链，形成了师德师风建设"区""块""链"新模式，如图1所示。

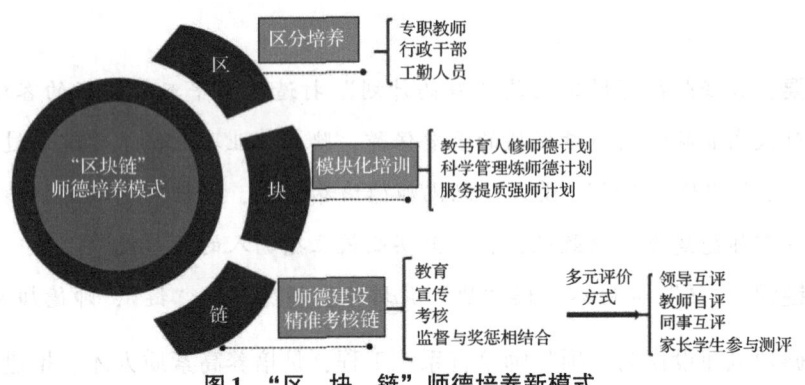

图1 "区、块、链"师德培养新模式

（一）"以岗定培，精准分类"教职工"区"分培养

聚焦"言、学、教、服、研、管"关键环节，按照岗位特点构建了面向专职教师、行政干部、工勤人员等三类人员全员参与的师德"区"分培育模式，依托党委教师工作部、教师发展中心等培养平台，开展常态化区分培养工作，建立了理论培训、线上研学、沙龙讲座、网络交流"四位一体"师德能力提升体系，精准提升不同类型人员的师德师风建设水平。

（二）"依托培训，分类实施"制定模"块"化培训

依托常态化培训，专题开发制定专职教师"教书育人修师德计划"、行政干部"科学管理炼师德计划"、工勤人员"服务提质强师德计划"，并分别制定相关培训计划子模块，分类开展模块化选修培养，提升全体教职员工师德建设的获

得感，如图 2 所示。

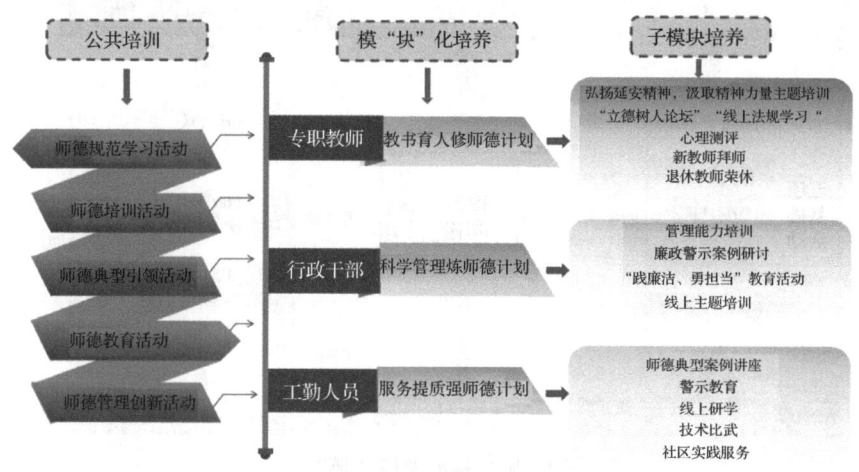

图 2　德技同修模"块"化培养

（三）"分类考核，持续改进"构建师德考核"链"

按照"引领激励、注重实效、多元评价、公正公开、及时肯定"的原则，不断完善师德师风建设的考核内容、考核方式和考核结果，对三类人员细化考核内容、施行互评、自评等多样化考核方式，注重考核结果实效性，强化师德考核结果运用，形成资格认定、专业技术职务评聘、岗位聘任、评优奖励、晋级提拔、绩效评价考核链，提升考核效力，如图 3 所示。

三、德技双馨，师德建设成效显著

近年来，学校师德建设成效显著。建成国家级职业教师教育教学创新团队 2 个，"全国高校黄大年式教师团队" 1 个，国家"万人计划"教学名师 1 名，国家级"特支计划"教学名师 1 人，享受国务院政府特殊津贴专家 1 人等，共获奖 17 项国家级荣誉。水电工魏继承同志荣获陕西高校年度岗位学雷锋标兵，2 人获评"陕西高等学校教学管理工作先进个人"，1 人获评全国高等教育学籍学历管理工作先进个人。图 4 所示为应用化工技术教师团队，图 5 所示为全国模范教师尚华教授指导学生实习。

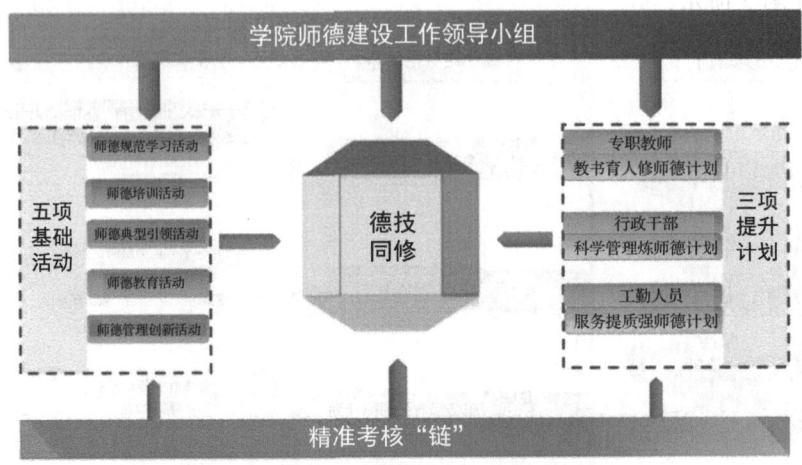

图 3　师德精准考核"链"

图 4　应用化工技术教师团队

图 5　全国模范教师尚华教授指导学生实习

构建多元化评价体系，激发教师成长内生动力

摘要：为充分激发教师专业发展内生动力，陕西工业职业技术学院针对不同阶段、不同能力教师发展需求，基于大数据平台建立教师专业成长数字档案，构建六维度分层、分类专业能力评价体系，开展科学精准的教师能力评价，提升了教师干事创业积极性，为同类院校教师职业能力评价提供了可借鉴、可参考的评价标准与方案。

关键词：多元评价体系；专业能力标准；全程评价实践

一、"需求导向，精准发力"激发教师成长内生动力

"双高计划"提出打造结构合理的高水平双师队伍等一系列新要求。陕西工业职业技术学院依据教师不同成长阶段职业能力和需求的差异性，利用大数据平台为教师建立专业成长数字档案，从"职业素养、专业能力、工程实践能力、思政育人能力、信息技术应用能力、国际交流合作能力"六个维度制定了分层、分类职业能力评价标准，建立起由单一的教师个人水平评价转变为对教师职业能力六维度综合评价（见图1），解决了评价不全、不准、不连续的难题，通过改进评价方法，健全综合评价内涵，开展教师培训质量监测、跟踪调研和问卷，构建起训前、训中、训后全流程质量评价体系，起到了以评促建、以评促训、以评促改的建设成效，精准指导教师专业化发展，为不同阶段教师培育、考核评

价提供了可借鉴、可复制、可推广的陕工模式,丰富了高职院校教师评价标准体系。

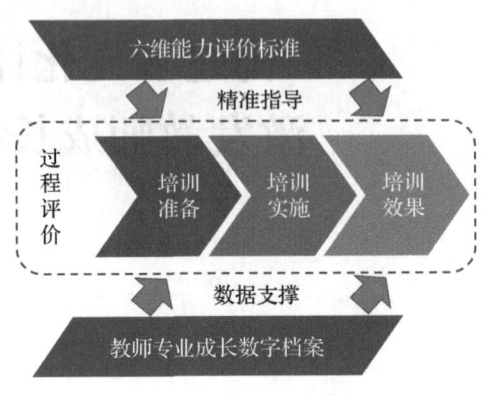

图1 多元化评价体系

二、"六维考核,全程覆盖"构建多元化评价体系

(一)"信息管理,开放共享"建立专业成长数字档案

依托大数据平台,针对个人基本信息、工作档案、培训经历、教学业绩、教科研成果等基础数据,开展教师业务数字化工作,建立开放、共享的教师专业成长数字档案平台,为教师成长、成才提供全程跟踪和业务能力评价提供数据支撑。学校各部门定期对教师业绩档案进行审核、评估,将教师成长过程中的突出业绩上传至优秀业绩展示平台,供交流学习,实现优秀资源共享。

(二)"六维评价,精准指导"制定分层分类的专业能力标准

从思政育人、职业素质、专业能力、工程实践能力、信息技术应用能力、国际交流与合作能力"六维"构建能力评价标准体系(见图2),设置6个一级指标、19个二级观测点、57个评价要点,充分融合教师发展的个体需求和"双高计划"建设要求,突出标准有依据、好操作、易推广的特点,为高职院校教师个人发展提供有益借鉴。

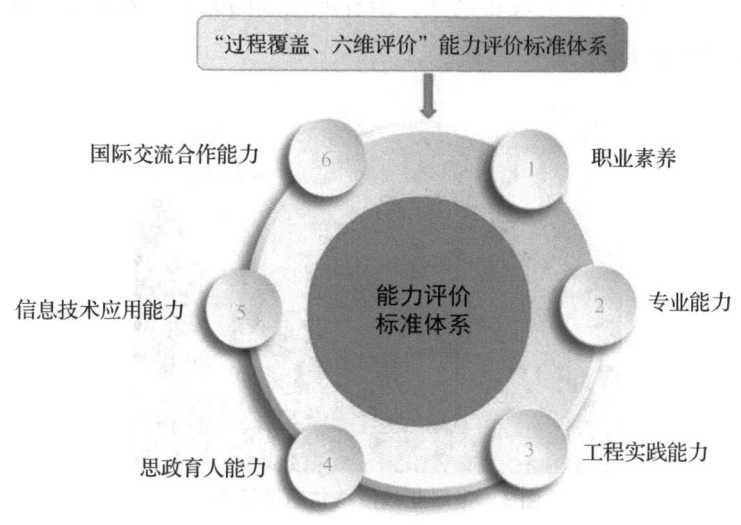

图 2 "六维"能力评价标准体系

(三)"全面发展,过程追踪"实现全流程评价

学校以专业成长数字档案为依托,基于"六维"体系评价标准,实施教师能力全过程评价。强化教师教学能力、岗位实践能力、科技创新能力建设,开展教师培训质量监测、跟踪调研和问效,对教师培训前、培训中、培训后 3 个不同阶段下的教师"六维能力"进行持续追踪分析,针对性地制定教师分层、分类培养管理办法,实现全流程评价。

三、评价助力,教师专业能力显著提升

学校构建的"六维"评价体系,为不同阶段教师培育、考核评价提供了新范式,丰富了高职院校教师评价标准体系的建设成果,助力高水平教学团队建设及教师职业能力提升。经过三年多的实践,教师团队主持的"折叠显示用超薄柔性玻璃智造"项目荣获第六届"互联网+"国赛职教赛道金奖,学校获批教育部课程思政教学研究示范中心,2 门课程教学团队被认定为教育部课程思政教学名师及教学团队,3 门课程分获全国职业院校教师教学能力比赛国赛一等奖 1

项、二等奖 2 项,一等奖实现在该项目国赛成绩零的突破,教师专业能力显著提升,如图 3~图 6 所示。

图 3　张翠花教授扶贫送课下乡

图 4　国赛一等奖曹珊团队决赛现场合影

图 5　"互联网+"国赛金奖师生

图6 国际交流协会副秘书长沈雪松向我校颁奖

推动职教集团实体化运行 打造产教融合新高地

——陕西装备制造业职业教育集团化办学探索与实践

摘要：陕西装备制造业职业教育集团成功入选第一批全国示范性职业教育集团（联盟）建设单位以来，以机制创新凝聚办学合力，以五项计划激发集团化办学新活力，闯出了一条推动产教融合的特色发展之路。

关键词：职教集团；实体化运行；产教融合

一、实施背景

近年来，随着国家示范性职业教育集团建设项目的启动，深入推进集团化办学体制机制改革，解决"校热企冷"的办学困境，着力提升技术技能人才培养质量，增强集团化办学服务经济社会的能力，就成为全国职业教育集团化办学所面临的现实难题。

二、创新机制，凝聚办学合力

集团不断优化运行管理体系，构建起以"集团章程"为引领，以"决策执行、经费投入、产权改革、考核激励等制度"为支撑的实体化办学运行机制，如图 1 所示。

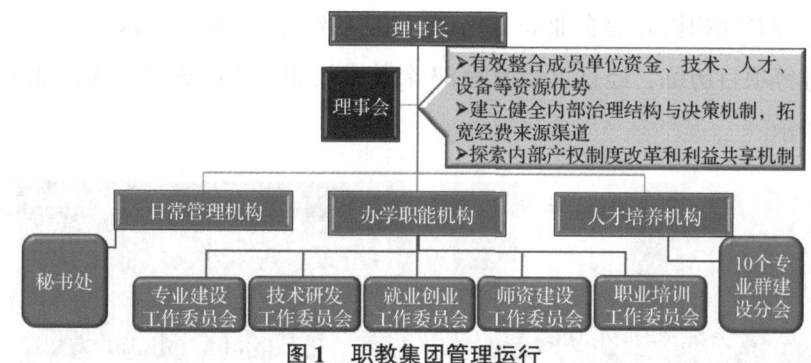

图1 职教集团管理运行

三、五项计划,激发办学活力

(一)聚焦重点产业,实施高端订单培养计划

面向大国重器企业、行业高科技企业和世界知名企业,大力开展高端订单培养。近三年,与西安航天发动机有限公司、陕西法士特汽车传动集团有限责任公司、欧姆龙(中国)有限公司等集团内企业组建"菁英订单班"37个,受益学生1 500人。如图2所示。

图2 开展高端订单培养

(二)分类精准施策,实施能工巧匠锻造计划

建立毕业生毕业后重新择业、学历技能提升全过程帮扶机制;依托国家高技

能人才培养基地积极开展企业职工培训，年均培训量突破 5 万人日；通过培训、技术服务等项目历练，经过再培养的 83 名技术技能人才已成为企业的能工巧匠。如图 3 所示。

图 3　大力开展企业职工培训

（三）搭平台建机制，实施技术研发增值计划

政行企校联合，建成产业学院 6 个，地厅级以上重点技术服务平台 18 个；在集团内组建技术服务团队 10 个；与咸阳市高新技术产业开发区等单位建立常态化的企业技术服务项目征集发布、认领实施的技术研发新机制。如图 4 所示。

图 4　教师承接企业技术服务项目

（四）面向政行企校，实施产业决策咨询计划

成立产业咨询决策服务智库，在行业分析、县域产业规划等方面完成咨询服

务项目 13 项；主动承接政府职能，建立陕西省职业教育集团化办学质量发布机制；借助职教集团建设成功经验，联合咸阳市政府组建咸阳市产教融合战略联盟，助力区域产教融合发展。

图 5 所示为集团理事长刘永亮教授为咸阳市教育系统作专题报告。

图 5　集团理事长刘永亮教授为咸阳市教育系统作专题报告

（五）坚持开放办学，实施对外办学提质计划

主动与境外政府及高等院校对接，开展形式多样的对外交流与合作办学。每年与境外教育机构、职业院校开展线上线下学术交流 30 次以上；集团累计培养留学生 125 名；依托陕西工院赞比亚分院，累计为一带一路沿线国家培养各类技术人员 509 名。

图 6 所示为教师为赞比亚中资企业员工培训。

图 6　教师为赞比亚中资企业员工培训

四、主要成效

(一) 人才支撑，实现当地离不开

集团院校每年70%以上的毕业生在陕西当地就业，30%以上的毕业生服务装备制造、航空航天等陕西省重点产业，企业对毕业生整体满意度96%以上，集团培养的全国五一劳动获得者何小虎（见图7）等一批现代工匠，已成为支撑产业发展的中坚力量。

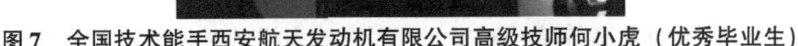

图7 全国技术能手西安航天发动机有限公司高级技师何小虎（优秀毕业生）

(二) 技术创新，引领企业再发展

集团成员院校每年技术服务项目50项以上，为企业产生经济效益2亿元以上；校企联合研发舱体支撑行走式X射线防护服、新型植保无人机等产品成功投入市场，如图8所示；制定的磨床技术等标准已颁布并应用到实际生产中。

图8 舱体行走式X射线防护服及新型植保无人机

(三) 标准输出，彰显办学新贡献

订单培养运行机制被咸阳职业教育集团等 12 个职教集团借鉴应用；制定的《机械制造与自动化专业人才培养标准》等 12 个专业标准、"机械制造技术"等 182 门课程标准输出尼日利亚等一带一路沿线国家。如图 9 所示。

图 9　媒体报道我院职教标准"走出去"

四维发力分类培养，创出校企协同育人新模式

摘要： 为切实解决校企合作中企业参与积极性不高、程度不深的问题，校企联手创新协同育人机制，以"订单班""现代学徒制"为抓手，从提升学生综合素养、实施定向人才培养、优化课程体系和提升课堂实效四个方面出发，创新形成了"四个维度、分类培养"的校企协同育人新模式，人才培养适应产业发展和服务区域经济发展的能力大幅提升。

关键词： 校企合作、协同育人、引企入教

一、实施背景

我国制造业已由高速增长阶段转向高质量发展阶段，产业转型升级迫在眉睫，但产业链、创新链、人才链之间缺乏紧密联动的问题尚未解决。在此背景下，陕西省提出了打造全国重要的先进制造业基地，建设关中先进制造业大走廊，进一步加快新一代信息技术、航空航天和高端装备等支柱产业的"十四五"现代产业体系建设思路。如何为陕西省打造万亿级先进制造业集群，提供更多更好上手快、用得上、有发展的复合型技术技能人才，成为学校面临的挑战。

二、创新机制，培育校企协同育人新动能

创新保障机制，形成了以"决策执行、经费管理、项目管理、协同育人、考核激励"等为支撑的制度体系（见图1）；创新项目运行机制，通过校企合作委员会、专业指导委员会、项目组的"三级联动跟进、双元精准对接"运行机制（见图2），促进了人才培养供给侧和需求侧的精准对接，提高了人才培养的精准度；创新实施机制，所有协同育人项目均采用"双负责人"制，做到了凝聚合力，稳步推进。

制度体系	制度名称	制度内容
保障机制	校企合作促进办法	支持鼓励学院各单位加强与行业企业的交流合作，拓展教育资源
	校企合作委员会章程	推进校企共管共建、产业学院、混合所有制、现代学徒制、协同创新等工作
运行管理	校企合作项目管理办法	加强和规范我院校企合作项目管理
	合作企业管理暂行办法	加强和规范合作企业的管理，充分发挥企业在人才共育中重要主体作用
	订单培养班管理办法	加强和规范我校订单班的管理，提高人才培养质量
	专项经费管理办法	加强和规范校企合作经费管理食用，提高资金使用效益
	校企合作专家费支付管理办法	加强和规范校企合作项目专家指导、咨询、报告活动的经费支出管理
评价体系	校企合作奖励办法	加强校企合作项目考核，充分调动各方参与校企合作工作的积极性和主动性

图1　陕西工业职业技术学院校企合作制度体系

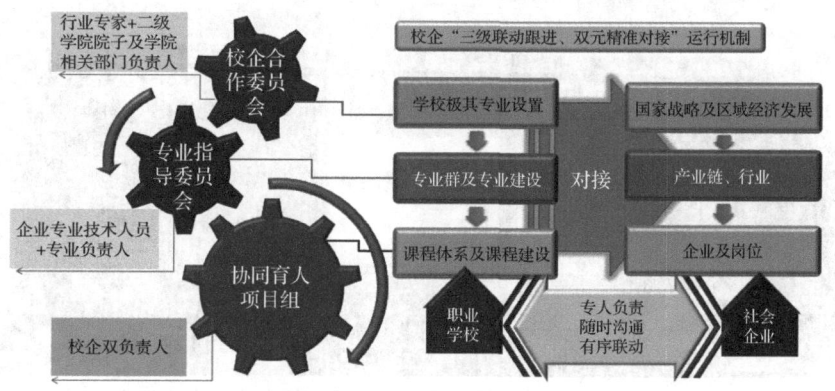

图2　校企"三级联动跟进、双元精准对接"运行机制示意图

三、引企入教，打造校企协同育人新高地

(一) 文化浸润，匠心孕育提升学生职业素养

通过讲好大师故事、大师指导学生实践课程、红色匠心进课堂校园机床文化园等措施，将企业文化和校园文化有机结合，使学生在耳濡目染的环境中坚定"匠心"，在大师的言传身教中锤炼"匠技"，促进学生综合职业素质的全面提升。如图3和图4所示。

图3 我院文化育人实践平台

(a) 机床文化园；(b) 校史馆；(c) 红色广场；(d) 企业文化长廊

图4 全国劳动模范、技能大师为学生授课，进行专题报告

图 4　全国劳动模范、技能大师为学生授课,进行专题报告(续)

(二)分类对接、跨界协同实施人才特色培养

强强联手,跨学院跨专业融合,为重大战略型企业培养复合型人才;传承创新,精益求精,为高技术型企业培养高技能人才;为区域内专精特新企业培养实用型创新人才。图 5 所示为分类对接、跨界协同实施人才培养方案示意图。

图 5　分类对接、跨界协同人才培养方案示意图

(三)标准融合,对接企业岗位优化课程体系

依据企业岗位能力素质要求,校企联合构建基于工作过程的模块化课程体系,校企联手开发特色企业课程及教材,共同按照员工标准对学生实施理实一体

化教学,将企业需求与人才培养有机融合。如图 6 和图 7 所示。

图 6　欧姆龙公司杨杰工程师为订单班学生授课

图 7　亿滋现代学徒班校企合作开发的部分企业课程教材

(四) 项目植入,任务驱动提升课堂教学实效

实施项目化教学,将企业新技术、新工艺、新方法融入课程内容,引导学生自主思考、主动实践。针对专精特新企业的共性开发项目课程,校企联合专门组建了由企业专家、校内教师、优秀学生组成的科研团队,将项目植入课程,使教学内容与企业需求相结合。

图 8 所示为清洗 101 平台订单培养过程及师生成功研发的一种新型油烟机清洗剂。

图 8　清洗 101 平台订单培养过程及师生成功研发的一种新型油烟机清洗剂

四、服务发展，彰显校企协同育人新贡献

每年通过订单培养超过 10% 的毕业生成功入职西安航天发动机有限公司、中核 404 有限公司等国家战略型企业；现代学徒制每年为区域培养新材料、焊接等领域紧缺型技术技能人才超过 600 名；每年超过 43% 的毕业生通过订单培养成功入职行业骨干企业和区域龙头企业，企业对我院毕业生整体满意度超过 96%，人才培养支撑产业、服务区域经济和国家战略的能力大幅提升。

立足西部 服务全国
打造师资培训"陕工品牌"

摘要：近年来，学校按照"支撑陕西、立足西部、服务全国"的工作思路，聚焦需求，制定培训方案；组建专家团队，丰富培训形式；探索"学员自主式管理"模式，优化培训过程管理。通过分层分类培训，打造"陕工品牌"，赢得了社会的广泛认可，2020年被教育部认定为首批"职业院校校长培训培育基地"。

关键词：教师组织提高计划、师资培训、职业院校校长培训培育基地

一、实施背景

随着国家"双高"建设项目、专业教学资源库建设等工作的不断推进，需要打造数量充足、专兼结合、结构合理的高水平双师队伍。陕西工业职业技术学院作为"全国重点建设职业教育师资培养培训基地""陕西省职业院校教师素质提高计划项目执行办公室""陕西省中等职业学校师资队伍建设项目管理办公室"，充分利用职业院校及行业企业资源，服务职业院校教师发展需要，按照"支撑陕西、立足西部、服务全国"的思路，打造特色鲜明的师资培训"陕工品牌"。

二、实施举措

(一) 健全组织机构,完善规章制度

构建了优势互补、布局合理、特色鲜明的"1+1+10+N"培训格局,即"学校统筹规划+继教学院牵头管理+10个二级学院参与实施+各职能部门协调配合"的培训组织机构(见图1),完善管理岗位职责、教学管理制度、质量评价制度和项目实施工作程序,为提高培训质量和效益提供了保障。

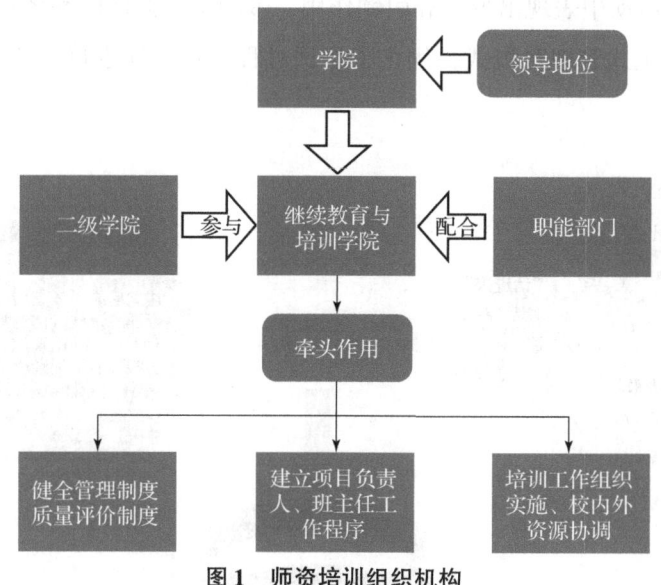

图1 师资培训组织机构

(二) 聚焦职教需求,设计培训方案

深入贯彻习近平总书记关于教育的重要论述和全国职业教育大会精神,结合区域和院校发展特点,采取"以受训学员为主体,理论与实践紧密结合,个性化、高效率、灵活机动"的培训策略,合理把握培训的深度和广度,科学制定培训计划和方案。

(三) 内培外引结合,打造教学团队

"送出去" + "引进来" 打造专兼结合的培训团队,加大青年骨干在职教师的外出学习培训,引进省内高素质、高水平的专业技术人才参与培训教学,聘请实践经验丰富的专家、学者、行业领军人才等指导培训,形成了一支结构合理、素质优良,具有丰富的理论知识、实践技能和培训经验的专家团队。

(四) 激发学员活力,实现自主管理

培训过程中充分调动学员的能动性,激发凝聚力、创造力和主人翁意识,使学员在学习与活动中表现出带头和引领作用,带动学员群体的整体提高,探索形成了"学员自主式管理"模式,优化了培训过程管理,促进培训质量整体提升。如图 2 所示。

图 2　师资培训形式

三、建设成效

站在新时代追赶超越的历史起点上,学校积极带动职业院校提升发展,2020年被教育部认定为全国首批职业院校校长培训培育基地(见图3),引领辐射能力全面提升。开展省内外职业院校高水平发展交流,开展专题报告、专题论坛等50余场,完成青海省高职院校"双高"建设高级研修班等12个省外兄弟院校培训项目,辐射山东、山西、青海、江西、内蒙古等37所高职院校,共计培训720人(其中:校领导62人、中层干部85人、培训专业带头人79人),为全国职业教育高质量发展贡献了"陕工力量"。2019年来承担职业院校教师素质提高计划国、省级培训项目37个,培训5 501人次,实现了培训项目类型全覆盖、参与院校全覆盖(见图4和图5),为陕西职业教育协同发展贡献了"陕工智慧"。构建"需求导向、任务引领"的培训模式,得到了培训学员的高度评价,培训学员平均满意度达到96.3%,赢得了社会的广泛认可,如图6所示。

附件2

教育部职业院校校长培训培育基地名单

序号	申报学校	联合单位
1	天津职业大学	天津大学
2	河北工业职业技术学院	教育部职业技术教育中心研究所
3	山西职业技术学院	中北大学
4	内蒙古机电职业技术学院	内蒙古大学
5	辽宁省交通高等专科学校	大连东软信息学院
6	长春汽车工业高等专科学校	吉林工程技术师范学院
7	哈尔滨职业技术学院	哈尔滨工业大学、东北林业大学
8	上海工艺美术职业学院	华东师范大学
9	南京工业职业技术大学	中国教育国际交流协会秘书处
10	浙江机电职业技术学院	中国职业技术教育学会、同济大学
11	合肥职业技术学院	合肥学院
12	福建船政交通职业学院	教育部职业技术教育中心研究所
13	九江职业技术学院	教育部职业技术教育中心研究所
14	黄河水利职业技术学院	
15	湖南工业职业技术学院	中国高等教育学会
16	南宁职业技术学院	南宁师范大学
17	海南职业技术学院	中国高等教育学会、中国教育报刊社培训中心
18	重庆电子工程职业学院	西南大学、中国高等教育学会
19	贵州交通职业技术学院	遵义师范学院
20	云南交通职业技术学院	
21	陕西工业职业技术学院	西安交通大学
22	兰州资源环境职业技术学院	兰州理工大学
23	宁夏工商职业技术学院	
24	新疆农业职业技术学院	教育部职业技术教育中心研究所

图3 学校被认定为教育部职业院校校长培训培育基地

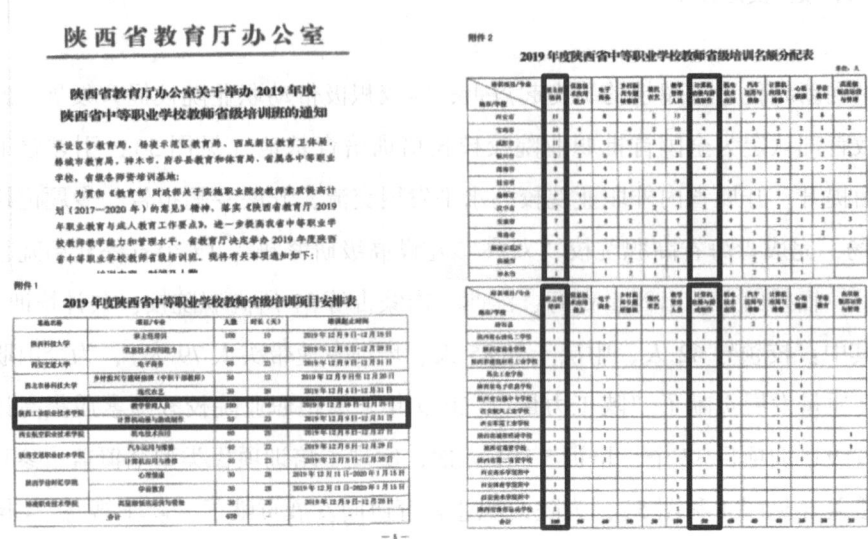

图 4 2019 年度学校承担的项目实现学校数量全覆盖

图 5 2020 年度学校承担项目实现学校数量全覆盖

项目名称	专业名称	基地名称	评教满意度（%）
陕西高职"双师型"教师专业技能培训	动漫制作技术	陕西工业职业技术学院	99.36
陕西高职"双师型"教师专业技能培训	数控技术	陕西工业职业技术学院	98.93
陕西高职创新项目	技能大赛指导教师培训	陕西工业职业技术学院	99.81
陕西高职教师企业实践	机械制造与自动化	陕西工业职业技术学院	99.03
陕西高职优秀青年教师跟岗访学	数字媒体应用技术	陕西工业职业技术学院	99
陕西高职优秀青年教师跟岗访学	物流管理	陕西工业职业技术学院	100
陕西高职中高职衔接专业教师协同研修	电气自动化技术	陕西工业职业技术学院	99.44
陕西高职中高职衔接专业教师协同研修	机械制造与自动化	陕西工业职业技术学院	100
陕西中职"双师型"教师专业技能培训	焊接技术应用	陕西工业职业技术学院	96.78
陕西中职"双师型"教师专业技能培训	计算机动漫与游戏制作	陕西工业职业技术学院	99.28
陕西中职教师企业实践	数控技术应用	陕西工业职业技术学院	100
陕西中职优秀青年教师跟岗访学	数控技术应用	陕西工业职业技术学院	100
陕西中职中高职衔接专业教师协同研修	电气自动化	陕西工业职业技术学院	98
陕西中职中高职衔接专业教师协同研修	机械制造技术	陕西工业职业技术学院	100
陕西中职专业带头人领军能力研修	数控技术应用	陕西工业职业技术学院	91.82
陕西中职"双师型"教师专业技能培训	动漫制作技术	陕西工业职业技术学院	100
陕西中职"双师型"教师专业技能培训	机电一体化技术	陕西工业职业技术学院	97.65
陕西高职创新项目	技能大赛指导教师培训	陕西工业职业技术学院	100
陕西高职中高职衔接专业教师协同研修	电气自动化技术	陕西工业职业技术学院	99.44
陕西高职中高职衔接专业教师协同研修	机械制造与自动化	陕西工业职业技术学院	96.5
陕西中职创新项目	德育	陕西工业职业技术学院	99.48
陕西中职教师培训	管理者培训	陕西工业职业技术学院	97.78
陕西中职优秀青年教师跟岗访学	数控技术应用	陕西工业职业技术学院	98
陕西中职中高职衔接专业教师协同研修	电气自动化	陕西工业职业技术学院	97.67
陕西中职中高职衔接专业教师协同研修	机械制造技术	陕西工业职业技术学院	99.5
陕西高职"1+X"证书培训	Web前端开发	陕西工业职业技术学院	90.57
陕西高职"1+X"证书培训	建筑信息模型BIM	陕西工业职业技术学院	99.45
陕西高职创新项目	技能大赛指导教师培训	陕西工业职业技术学院	98
陕西高职创新项目	美育	陕西工业职业技术学院	100
陕西高职优秀青年教师跟岗访学	电子商务	陕西工业职业技术学院	99.6
陕西高职中高职衔接专业教师协同研修	电气自动化技术	陕西工业职业技术学院	98.06
陕西高职中高职衔接专业教师协同研修	机械制造与自动化	陕西工业职业技术学院	100
陕西中职"1+X"证书培训	Web前端开发	陕西工业职业技术学院	100
陕西中职"1+X"证书培训	建筑信息模型BIM	陕西工业职业技术学院	100
陕西中职"双师型"教师专业技能培训	焊接技术应用	陕西工业职业技术学院	96.62
陕西中职教师省级培训	计算机动漫与游戏制作	陕西工业职业技术学院	100
陕西中职教师省级培训	教育教学管理	陕西工业职业技术学院	98.47
陕西中职中高职衔接专业教师协同研修	电子技术应用	陕西工业职业技术学院	97.43
陕西中职中高职衔接专业教师协同研修	机械加工技术	陕西工业职业技术学院	100
陕西中职教师省级培训	教务主任	陕西工业职业技术学院	99.8
陕西中职教师省级培训	教务主任	陕西工业职业技术学院	99.35
陕西中职教师省级培训	汽车运用与维修（汽车维修方向）	陕西工业职业技术学院	100

图6　参训教师满意度调查表

"多元一体"开展技能提升培训，打造企业技能人才后备力量

摘要： 陕西工业职业技术学院落实国家职业技能提升行动计划，建立政、企、校协同人才培养机制，以开展企业学徒制培养为核心和抓手，带动青年新职业培训、技能等级评价等职业技能培训项目，为区域企业提供强有力的技能人才供给。

关键词： 技能提升行动计划、新型学徒制、青年新职业培训、技能等级评价

一、建设背景

当前和今后一个时期，我国结构性就业矛盾凸显，国内外经济环境将对就业带来深刻影响，也会对推进产业升级和劳动者素质提出新的要求。2019年，国务院办公厅印发《职业技能提升行动方案（2019—2021年）》，投入1 000亿元开展职业技能培训，加快建设知识型、技能型、创新型劳动者大军。如何高质量实施职业技能提升培训项目，为企业和社会培训理论扎实、技能精湛、具备较高职业素养的技能型人才，是学校社会服务工作的一项重要挑战。

二、实施举措

（一）积极探索，完善工作机制

对接国家制造业升级发展对技能人才的需求，积极探索以职业技能提升为核心的校企合作、校地合作、校校合作等"多元一体"的人才培训机制，按照培训方案按需制定、培训师资校企兼有、培训形式灵活多样、培训效果三方共评的原则，建立完善业务拓展、项目管理、培训评价等一系列工作流程和制度文件，对培训工作提供抓手和保障。

（二）主动对接，实现多方协同

学校与各级人社部门、参训企业积极对接，在培训过程中着重做好"4个角色"：一是做好政策研究员，充分发挥智库功能，协助人社部门制定相关政策文件；二是做好政、企、校联络员，与各级人社部门及参训企业紧密对接，做好政策、需求、标准等信息传导工作；三是做好项目规划员，结合职业标准和岗位需求，为企业量身打造培训方案并指导实施；四是做好实施辅导员，根据政策文件，在立项和实施过程中对企业进行全方位指导，确保项目有序实施。

图1所示为职业技能提升行动培训项目集中签约仪式。

图1　职业技能提升行动培训项目集中签约仪式

(三) 强化服务，提升教学管理水平

引入企业工程师和技术能手，建立了学校导师和企业导师共同实施教学的"双导师"教学模式；根据培训时长和培训对象，设计了集中授课、技术比武、现场教学、红色教育相结合的培训形式，确保培训效果。在长周期项目中，实行项目负责人、班主任、辅导员、班委会"四级联动"的管理机制，做到项目负责人统筹安排，班主任实时监控，辅导员协助管理，班委会日常管理的管理运行机制。立项《基于装备制造业企业职工培训效果评价体系的研究》省级教研课题，对培训效果评价开展深入研究和实践，确保培训质量。

企业职工培训实施流程如图 2 所示，其培训活动如图 3 所示。

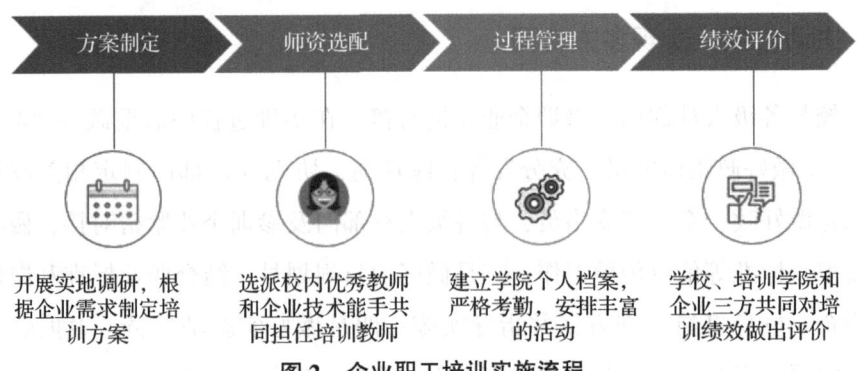

图 2　企业职工培训实施流程

三、建设成效

学校与政府、企业紧密联系，为区域制造业企业开展职工技能提升培训，受到学员、企业和有关部门的广泛认可。先后被认定为市级、省级和国家级高技能人才培训基地，是陕西省高职院校中唯一的国家级高技能人才培训基地，培训平台不断升级，如图 4 所示；《咸阳日报》对学校新型学徒制培养工作进行了专题报道，学校社会影响力进一步增强，如图 5 所示；通过培训合作，区域行业企业与学校联系更加紧密，共建"咸阳市装备制造产业园人才培训基地""陕西工业职业技术学院经发创新工业园校外培训基地"，校企合作更加深入，如图 6 所示。

图 3　形式多样的职工培训活动

图 4　学院获批国家级高技能人才培训基地

图 5 咸阳日报专题报道学校新型学徒培养工作

图 6 学校与行业企业共建基地

五化同步
让"一总支一品牌"落地生根

摘要：为解决基层党建工作发展不均衡的问题，陕西工业职业技术学院党委从"一总支一品牌"创建活动入手，按照"分类化布局、项目化管理、谱系化打造、过程化指导、长效化推进"的工作思路，潜心打造"陕西工院"党建工作品牌，有效促进党建品牌亮起来、基层党建活起来、党政融合实起来。

关键词：党的建设；品牌化；融合

■ 一、坚持问题导向，确保探索有方

近年来，针对基层党建工作载体创新不够、组织生活吸引力不强等问题，学校党委以党的政治建设为统领，积极探索党的建设与中心工作深度融合的有效路径，持续擦亮"一总支一品牌"党建工作品牌，推动一总支部一品牌、一总支一项目、一总支一特色落地生根，切实让每一个党总支成为一个开放育人的坚强集体。

■ 二、注重"五化"并举，确保推进有力

学校党委按照分类化布局、项目化管理、谱系化打造、过程化指导、长效化推进的"五化"的工作思路，努力在点上创亮点、线上显特色、面上树品牌，

坚持培育为基、重在建设、典型引领、整体推进，依托17个党总支打造了17个党建工作品牌（见图1），培育出一批时代特色鲜明、示范作用带动突出、服务改革发展成效明显的党建工作典型。

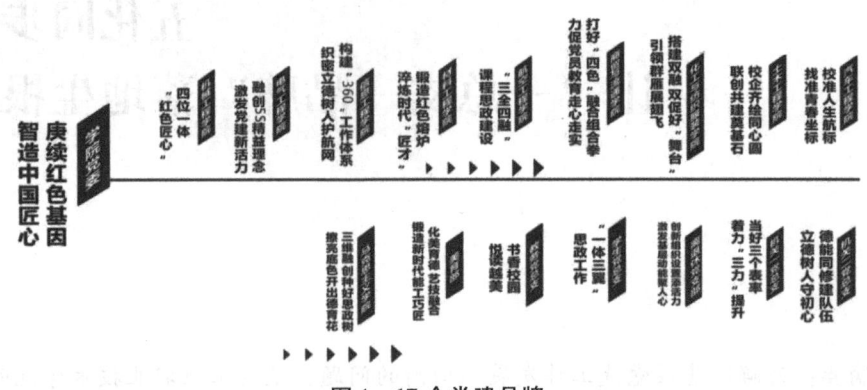

图1　17个党建品牌

（一）分类化布局

在深入调研、摸清底数的基础上，统筹考虑各总支的工作特点和组织特色，处理好具体与普遍、共性和个性的关系，坚持一切从实际出发，分类要求、分类指导，分层培育党建工作特色品牌，确保创建工作取得实实在在的效果。

（二）项目化管理

通过引入项目化的运作方式，逐步实现党建工作的目标化引领、动态化管理、品牌化培育和制度化运行。通过党建品牌项目"典型引路"，进一步激发党组织建设的内生活力，为基层党建工作提供示范，为推动基层党建创新提供借鉴。

（三）谱系化打造

将点上的创新探索和面上的总结提升结合起来，不断丰富项目内涵，扩展影响力，培育一批具有借鉴和推广意义及特色的党建项目品牌，实现一个项目、突破一个问题、树立一个品牌、创新一项工作，多维度构筑党建工作品牌谱系。

（四）过程化指导

利用智慧党建平台，完善定期分析、难题会诊、咨询研讨、督促检查等制度设计，通过优化措施指导创建、中期验收质量评估、成果验收推广总结，对创建单位进行全过程跟踪指导。

（五）长效化推进

推动党建项目品牌化工作制度化，明确考核验收指标，建立创建单位传帮带工作机制、典型成果提炼推广工作机制，促使党建项目品牌化工作走上规范化、制度化的道路，推动党建工作品牌创建长效化。

三、对标党建"双创"，确保取得实效

通过党建特色品牌创建，学校党委通过陕西高校党建工作示范校建设验收并入选全国高校党建示范校建设单位（第三批）。

（一）党建品牌亮起来

通过创建，呈现出点、线、面交织的品牌分布格局，多个党建品牌入选陕西省职教学会党建工作典型案例，并荣获陕西省职教学会2021年党建工作典型案例一等奖1项、二等奖2项。

图2和图3分别为"红色熔炉"党建模式和"360"党建模式。

（二）基层党建活起来

通过创建，各总支各具特色的"红色建筑中的党史故事""三带三改三争""搭建五维阅读T台"（见图4）等活动，进一步营造了基层党建创新的浓厚氛围，提高了党建工作科学化水平，激发了基层党组织的党建工作新活力。

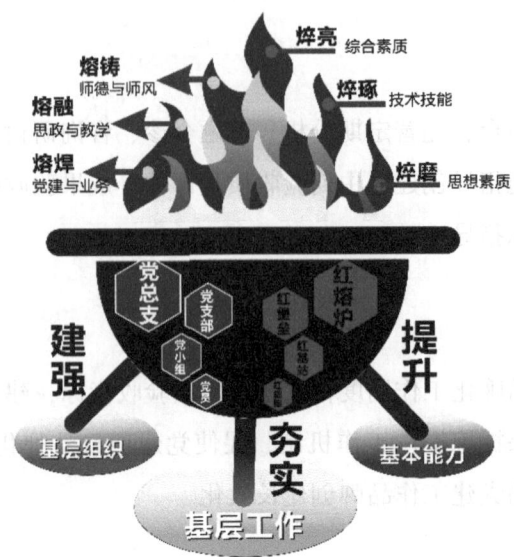

图 2 "红色熔炉"党建模式

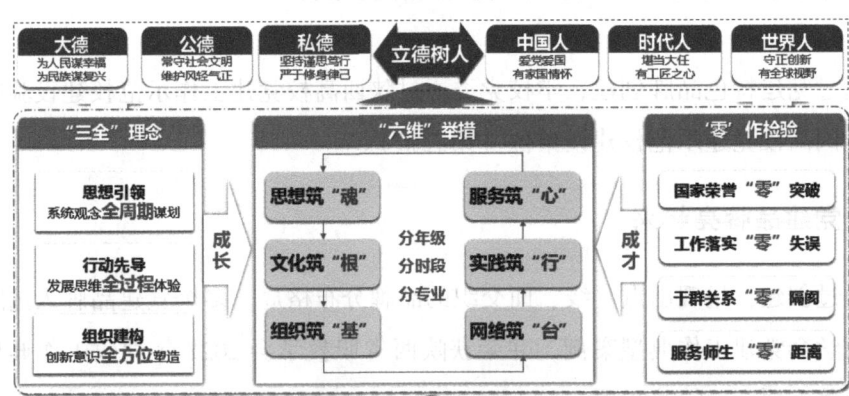

图 3 "360"党建模式

图 4 五维阅读 T 台

(三) 党政融合实起来

通过紧抓党建"双创",着力健全完善上下贯通、执行有力的培育创建工作体系,推动党的组织有效嵌入各级基层组织,让党政融合实起来。2个党支部入选"全国高校党建工作样板支部"培育创建单位;建成陕西省党建工作标杆院系1个、样板支部2个;2门课程负责人和教学团队被确定为"教育部课程思政教学名师和团队";1个工作室获批陕西省高校"双带头人"教师党支部书记工作室建设单位;获"全国工人先锋号""全国高校黄大年式教师团队"等荣誉称号。

构建内部质量保证体系 推动学校高质量发展

摘要： 在实施"管办评分离"之后，如何负起质量保证的法定责任？如何加强事中事后监管？如何有效解决职业院校育人质量监控在跨部门协调、实时数据采集、问题预警和改进、教师自我监控等方面存在的问题？陕西工业职业技术学院聚焦"培养目标的达成度、社会需求的适应度、师资和条件的支撑度、质量保证运行的有效度、学生和用人单位的满意度"等要求，构建内部质量保证体系，实施"诊断"+"改进"的模式，形成质量保证的长效机制，学校实现了内涵发展质量的再提升，各项办学核心指标跃居全国高职第一方阵。

关键词： 质量；保证；体系

一、顶层规划质量保证体系

（一）构建内部质量保证体系

搭建"五纵五横一平台"内部质量保证体系（见图1），五个纵向系统（决策指挥、质量生成、资源建设、支持服务、监督控制）与五个横向层面（学校、专业、课程、师资、学生）相互交错，实现教学质量监控的全方位覆盖和跨部门合作；加强现代信息技术平台建设，为教育教学质量提升提供全方位立体化支撑。

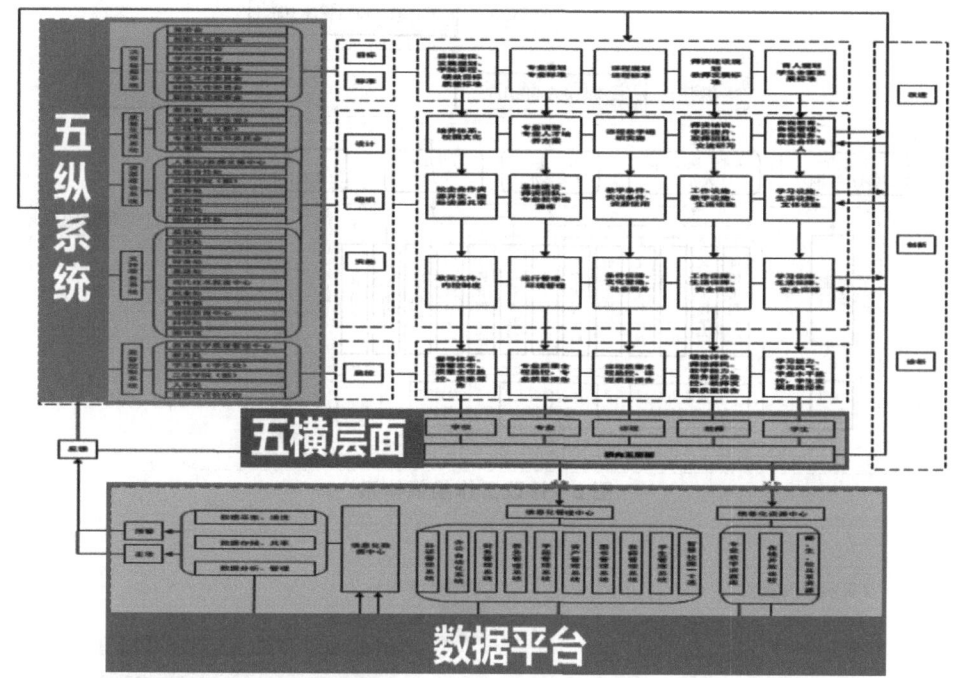

图 1　内部质量保证体系

（二）搭建质量保障组织体系

质量管理中心对教学诊改工作中发现的问题进行研究决策；诊改工作组协调全院诊改运行工作，制定内部质量保证工作计划、建设与运行方案，提出质量管理改进建议；诊改专家组负责内部质量保证体系工作政策研究、专题研讨、业务咨询；职能部门围绕服务教学单位开展教育教学工作。

诊改工作组织体系如图 2 所示。

（三）系统建立目标链和标准链

以工作目标为导向，构建"学校—层面—部门—教研室（科室）—教师（个人）"五级质量管理，实现目标任务分解、实施，诊断、改进有效运行，教育教学质量提升有目标可循、有标准可依，全员、全过程、全方位的育人理念深入人心。如图 3 所示。

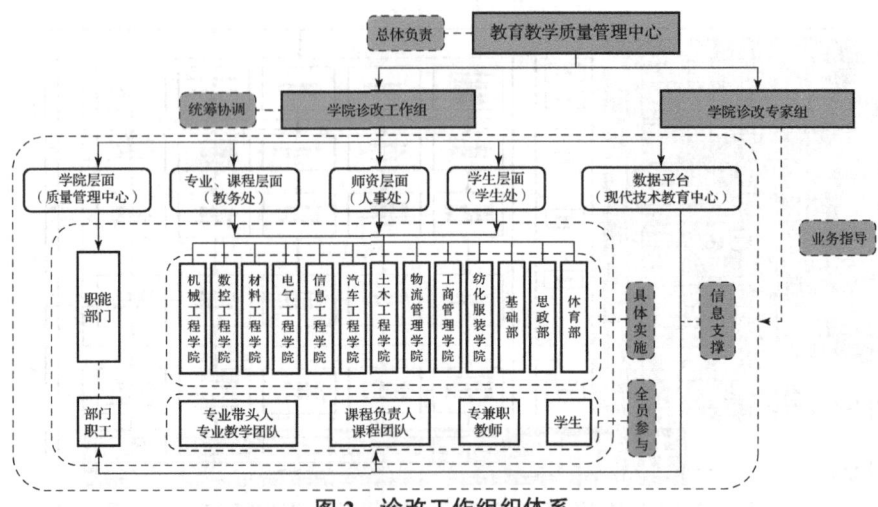

图 2 诊改工作组织体系

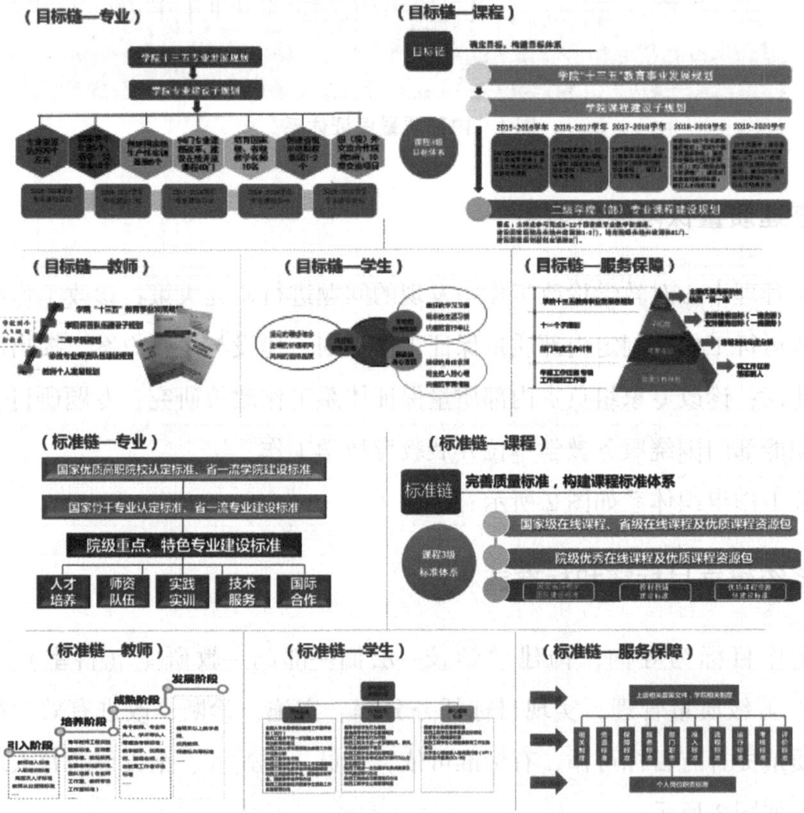

图 3 五横层面目标链及标准链

二、实现质量监控全覆盖

(一) 完善质量制度体系

围绕服务教育教学工作建立了包含资源建设、保障、服务、准入、流程、运行、考核、评价、部门职责、个人岗位职责在内的各项标准性制度 284 个,形成了质量保障制度体系。

(二) 建立两级督导机制

推行学校、部门两级督导机制,通过对全校的教学运行状态、学生日常教育与管理状态、教学支持与服务状态等进行检查、指导、督促以及信息反馈,为学校内部质量保证体系诊断与改进工作打下了坚实的基础。

(三) 形成多元评价格局

学校在教学质量评价中设置学生评教、教师评教、教师评学环节,引入社会、行业、用人单位、家长等评价主体,建立起了多元化的教学评价机制。在此基础上,引入新锦成等第三方评价机构,使教育教学质量评价的结果愈加客观科学。

三、质量监控和教学过程无缝对接

(一) 搭建智慧校园支撑平台

构建人事、学生、后勤等管理系统,升级教务管理系统,搭建教学诊改、大数据应用等平台 17 个,建成覆盖全校主要应用场景的平台 43 个,建成信息化管理、信息化资源和信息化数据中心,促进了学校数字化服务的持续提升。如图 4 所示。

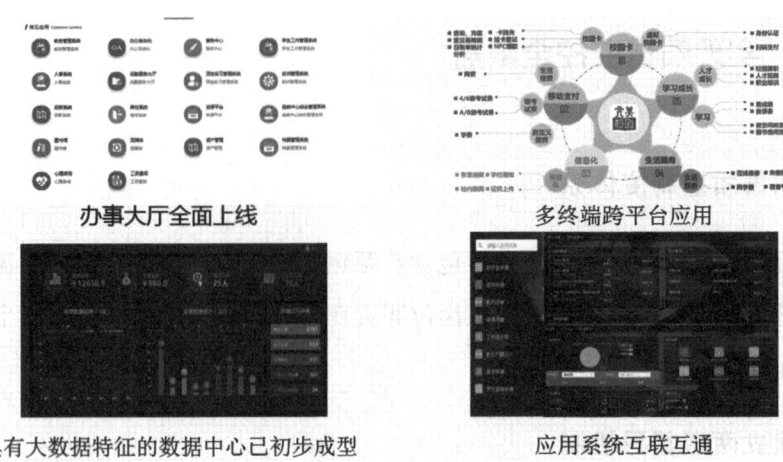

图 4 智慧校园应用不断扩大

(二) 构建教学质量监控闭环

打通信息孤岛,通过构建智慧教育、智能管理、智能服务等三大体系,实现内部数据融合和单点登录,并以此为基础搭建信息化诊改平台,开设教学工作诊断与改进专题网站,加速人才培养状态数据的源头和即时采集,实现五个层面诊改的监测、预警及数据分析,形成"科学规划—有效组织—实时预警—及时改进"的教学质量监控闭环,实现组织监控和自我监控的有机结合,如图 5 所示。

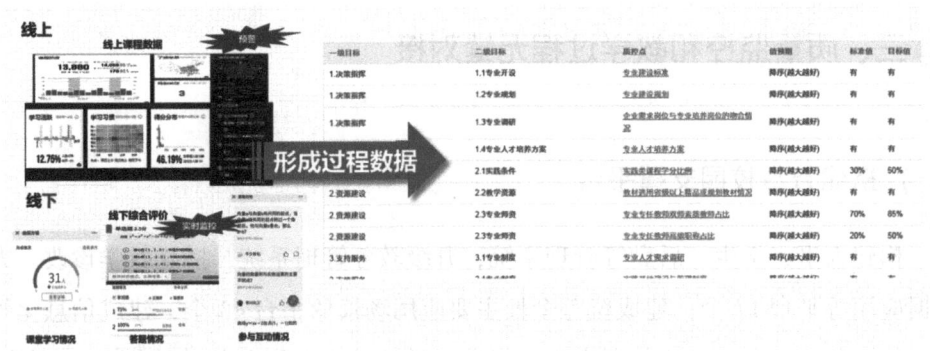

图 5 教学质量监控闭环

(三) 质量核心竞争力不断提升

学校经过三轮诊改,内部质量保证体系得到有效运转,质量保证主体责任明确,质量监控点清晰量化。通过诊改信息化平台,及时发现存在的预警点并进行改进,形成了自我监控为主的质量监控新局面,全体教职工的质量意识和内生动力得到进一步强化。学校实现了从注重规模发展向注重质量内涵发展转型,从刚性指标的显性增长向综合实力的稳步提升转型,荣获第九届陕西质量奖提名表扬和教育内部治理50强。

打造"互联网+AI"一站式综合服务大厅助力内部治理现代化

摘要: 在中国教育现代化2035、国家"互联网+校务"的政策要求下,形成通过服务治理、数据治理和IT治理,公开学校服务、审批、责任,实现学校管理和服务方式变革的机制;出台了一系列制度,制定了多项信息化建设标准;全面推行审批服务,着力提升"互联网+校务服务"水平,加强事中事后监管等措施,全面提升了信息化水平,推动了校务治理现代化,获得了全国职业院校数字实验校等成果。

关键词: 互联网、校务服务、校务治理

一、管理与信息技术深度融合,创新互联网思维式管理模式

随着我国高等职业教育创新发展和教育教学综合改革的不断深入,以及国家提出内部治理体系与治理能力现代化的总体要求,我校坚持以用户为中心,着力打造"宽进、快办、严管、便捷、公开"的审批服务模式,围绕体制创新与"互联网+"融合促进,聚焦师生办事的堵点痛点,不断优化办事流程,切实增强学校公信力和执行力,推动学校治理体系和治理能力现代化,建设师生满意的服务型学校。

二、夯实信息技术应用基础,深化"四个一"治理要求,构建三级内部治理信息化标准,助力内部治理迈向智能化

成立独立的行政管理部门信息化与网络安全处,归口统一管理学校信息化建设。按照"整合是原则、孤网是例外"的要求,建立健全基本标准规范,实现"一次采集、一库管理、多方使用、即调即用"。出台了一系列制度和标准,明确了国标、教标、校标三级标准制定;按照"线上优先、移动优先、自助优先、机审优先"的原则,推进全校"一张网、一平台、一个号、一个库",以审批智能化、服务自助化、办事移动化为重点,把实体大厅、网上平台、移动客户端、自助终端、服务热线等结合起来,实现审批服务扁平化、便捷化和智能化的"互联网+校务"。

改变了重审批、轻监管的行政管理方式,按照权责对等、权责一致和"谁审批谁监管、谁主管谁监管"原则,厘清了审批和监管权责边界,强化落实监管责任,实现了"事前管标准、事中管检查、事后管处罚"。

图 1 所示为网上服务大厅。

图 1　网上服务大厅

三、内部治理现代化成效显著，教育行业示范引领

以网上服务大厅为抓手，提升学校服务水平和治理能力，是高校面对国家要求、学校发展需求和师生诉求“三求合一”条件下的必然选择。以为师生办好“一件事”为标准，全面提升审批服务效能，积极推行“网上办”，合法合规的事项“马上办”，凡与师生密切相关的审批服务事项“应上尽上、全程在线”，已开展流程 50 余条，累计处理流程 4502 条，切实提高网上办理比例。

网上办事流程和流程种类分别如图 2 和图 3 所示。

当前节点 ：已结束　　关闭

小型信息化建设申请

申请人	张文帅	申请日期	2021-07-09
申请人所在部门	机械工程学院	施工地点	精艺楼2楼产教融合研究院
项目负责人		负责人电话	1731659XXXX
经费来源	○ 申请人所在部门经费　◉ 信息化处经费		
申请理由及具体内容（申请人填写）	例如：现教中心将于2018年11月20日搬迁至精艺楼一层东北角，新办公室无网络，现需要新增信息点2个，供8人使用，另外需要8口全千兆交换机2台 （备注：如果无法明确详细需求，现教中心前往施工地点和申请部门负责人一起商讨制定出具体的方案和实际需求） 西部产教融合研究院需要3个信息点及电话接入		
施工相关说明（现教中心填写）	根据现场情况，本次决定从精艺楼二层北侧弱电间交换机上接出三根六类网线直达西部产教融合研究院，同时再接出一根网线做电话线使用。		
附件			
申请部门负责人意见（处长）			
信息化处长			
技术保障科科长	已安排，请耐心等待！ 技术保障科科长 邹林/教务处/教务处现代教育技术中心 2021-07-09 16:15		

图 2　网上办事流程

学校积极探索信息技术与教育、教学、管理融合发展的模式，构建的三级内部治理信息化标准和治理模式为高职院校内部治理现代化提供了“陕工经验”，得到主管单位的好评和社会的一致认可。学校获全国高等职业院校治理体系建设

图 3　流程种类

50 强（见图 4）称号、全国中央电化教育馆"职业院校数字校园建设实验校"（见图 5），学校信息化建设案例入选《全国职业教育信息化建设典型案例汇编》等。

图 4　我校获全国高等职业院校治理体系建设 50 强

中央电化教育馆函件

教电馆[2019]139号

中央电化教育馆关于公布第二批职业院校数字校园建设实验校项目总结结果的通知

各省、自治区、直辖市电教馆（中心）、新疆生产建设兵团中小学电教馆、各有关职业院校：

按照《中央电化教育馆关于开展第二批职业院校数字校园建设实验校项目总结工作的通知》（教电馆[2019]97号）要求，我馆组织专家对第二批职业院校数字校园建设实验校的总结报告进行了审核，确定沧州市第一职业中学等119所学校通过审核，现将总结结果予以公布（见附件）。

附件：第二批职业院校数字校园建设实验校项目总结通过名单

中央电化教育馆
2019年12月

西藏自治区（2所）：
　　拉萨市第二中等职业技术学校
　　山南市职业技术学校
陕西省（2所）：
　　陕西工业职业技术学院
　　陕西国防工业职业技术学院
甘肃省（3所）：
　　民乐县职业教育中心学校
　　甘肃林业职业技术学院
　　甘肃建筑职业技术学院
青海省（2所）：
　　青海省重工业职业技术学校
　　青海警官职业学院

图5　全国职业院校数字校园建设实验校

打造智慧财务管理平台，推进预算绩效内控一体化

摘要： 为推进内部控制建设，全面实施预算绩效管理，打破信息孤岛，提升信息化管理水平，学校以"人本、协同、共享"为理念，通过项目驱动，深化业财融合机制，突破系统壁垒，实现多维度控制，发挥预算管理"指挥棒"作用，以数据为牵引，创新治理方法，不断提升治理效能，通过系统重组、流程再造、数据融通来打造数字化技术赋能高校内控治理新生态，实现预算绩效内控一体化。

关键词： 预算、绩效、内控、一体化

一、预算绩效内控一体化建设背景

根据财政部《关于全面推进行政事业单位内部控制建设的指导意见》，中共中央、国务院《关于全面实施预算绩效管理的意见》的相关要求，基于我校内控信息化及预算绩效管理相对薄弱的现状，为提高学校内控管理水平，加强全面预算管理，我校打造平台，推进财务管理预算绩效内控一体化。

二、打造智慧财务管理平台，推进预算绩效内控一体化

（一）搭建智慧财务管理平台

以"人本、协同、共享"为理念，采用"统一规划、分步实施、边建边用、

层层推进"的原则,搭建以预算管理为主线,以绩效结果为决策导向,内嵌内控标准和程序,从"管理"向"管理+协同+服务"的智慧财务管理平台,如图1所示。平台以业务为起点,从预算、收入、报销、采购、合同、绩效、监控、档案等环节,实现预算绩效内控一体化,如图2所示。

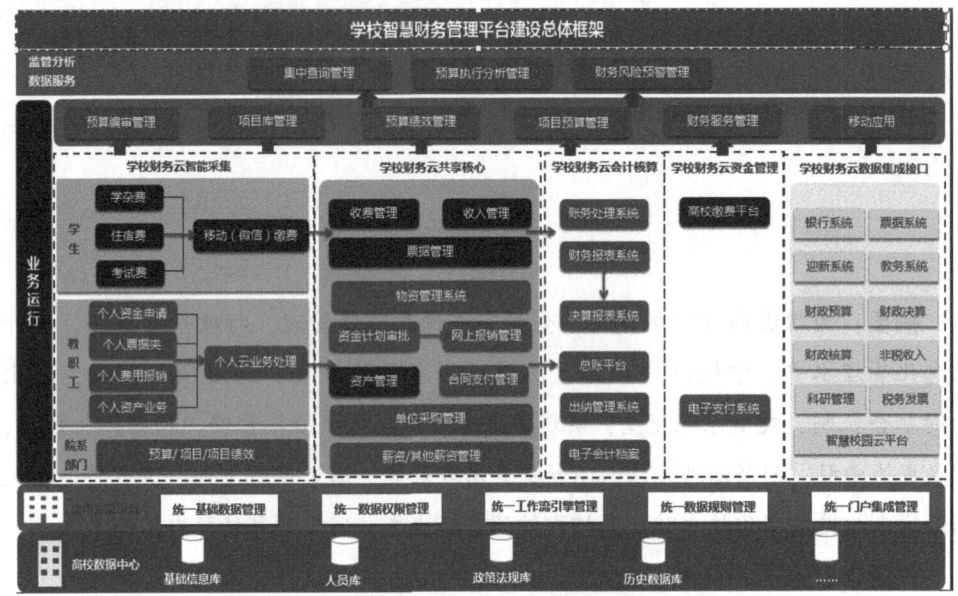

图1 智慧财务管理平台建设总体框架

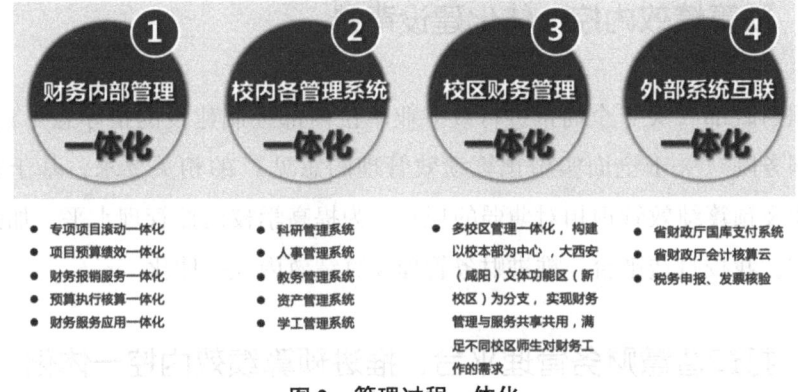

图2 管理过程一体化

(二) 推进预算绩效内控一体化

梳理修订财务规章制度,优化业务流程;建立分级授权体系,实现领导责任分解和权重匹配。以平台固化管理标准和管控程序，实现预算编报、项目管理、采购管理、合同管理、电子档案管理与网上报销、会计核算的有效对接，以期有效推动内控工作从"立规矩"向"见成效"转变。

预算绩效内控一体化框架如图3所示。

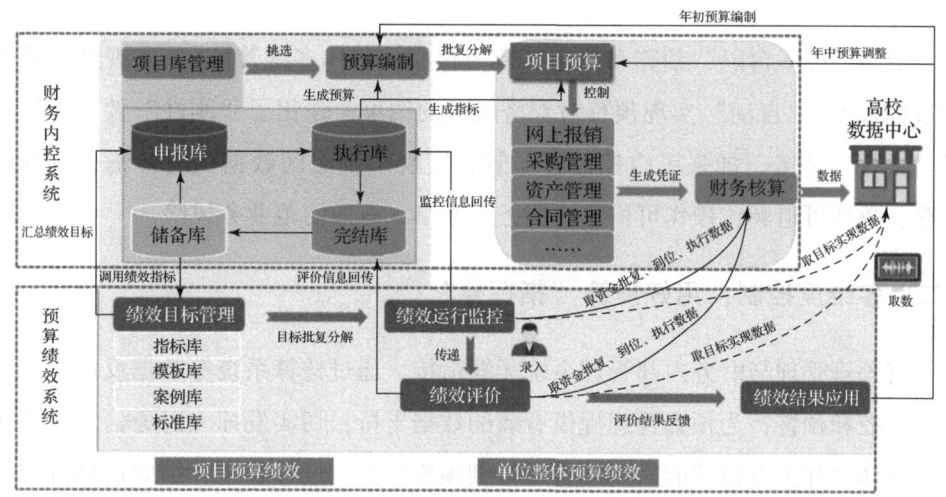

图3 预算绩效内控一体化框架

从预算项目前期谋划到项目储备、预算编制、项目实施、项目结束和终止等各阶段的预算管理流程和规则管理，建立并完善以项目库为源头的预算管理机制，以期实现"项目申报有目标、项目实施有监控、项目完成有评价、评价结果有反馈、反馈结果有应用"的全过程绩效管理，如图4所示。

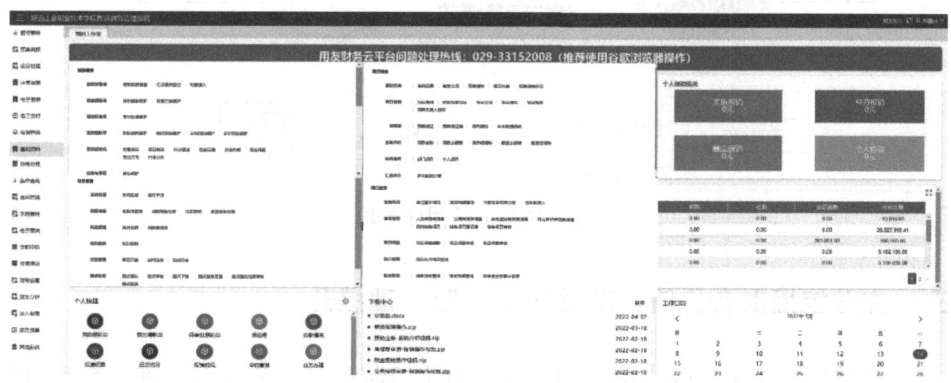

图4 智慧财务管理平台

三、数字技术赋能财务转型,助推学校"智"理提升

(一)以内控护航,有效防范业务风险

智慧财务平台以"预算和费用管控为核心,整体多维管控",实现经济业务全过程管理,"自动"实现预算对经济业务的约束,强化了"刚性"要求,提升了"柔性"服务,加强了内控监督监管;实现系统之间数据实时传输,流程可追踪,数据可追溯,操作可留痕,服务可共享,有效防范业务风险。

(二)多维度控制,用好预算"指挥棒"

将预算管理与财务内部管理系统无缝衔接,通过核算系统等数据反馈,实现执行监控和预警,为预算管理提供有效的数据支持,切实发挥大财务信息管理体系的立体化和全方位功能。从项目申报到预算审批、过程管控、绩效评估等流程的管理向前后端继续拓展和延伸,实现从学校整体到项目层面的事前、事中、事后全流程的管控,更好地为高层管理提供决策支持,如图5所示。

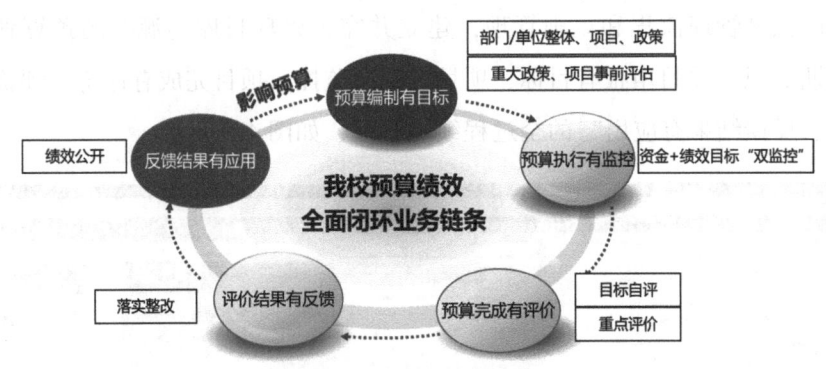

图5 预算绩效闭环管理

(三)充分挖掘财务价值,助推学校"智"理提升

以预算管理为主线的事前规划计划、事中控制预警、事后可追溯、全程可留痕的全过程闭环管理规则标准,架起各部门沟通的桥梁,融入学校内部"智"

理大平台,让财务工作更多地体现出管理价值和价值增值。

(四) 为业内智慧财务建设提供经验借鉴

学校平台建设经验在中国教育会计学会高职分会重点课题"预算绩效内控一体化"课题组网络调研会进行分享,得到行业专家的充分认可和肯定,有较高的推广价值,处于行业先进水平。

夯实混合云底座，打造云中数智陕西工院

摘要： 根据《中国教育现代化2035》的十大战略任务，为提升教育现代化内涵，凸显教育信息化特征，在新形势下，意在完善智慧校园建设及信息管理系统，深化在5G、鲲鹏、昇腾、云计算、大数据、物联网、人工智能等新型ICT人才培养及智慧校园信息化建设等的合作。通过构建混合云数据中心，有效解决了跨校区教学、科研、管理等工作，打造云中数智陕西工院。

关键词： 智慧校园、校企合作、人才培养、混合云

一、构建混合云数据中心，形成一体化管控模式

针对学校存在的多校区校务管理、信息系统管理、教育教学一体化等问题，以及学校的"教、研、育人""小型社会""条块分管""校史悠长"等独特属性，与智慧校园物联网平台存在的大量IoT终端、接入场景复杂、协议多样、管理和应用多头、孤岛林立互通困难、连接可靠性要求高、运行环境安全风险高、管理运维难等诸多管理难点，为提高信息环境的延展性及管理统一性，学校以智慧校园为基础，通过构建混合云数据中心，有效解决跨校区教学、科研、管理等问题，形成一体化多校区运营管理模式，提升了学校信息化管理与服务能力，提高了智慧校园的建设水平，支撑我校向"引领改革、支撑发展、中国特色、世界水平"的高水平高职院校目标进一步迈进。

二、按照"三位一体"理念,实现校园治理科学高效化

按照服务、运维、运营"三位一体"理念,构建混合云管理平台,纳管异构虚拟化资源,降低管理运维成本,在充分利旧的基础上新建混合云平台,使得云资源随需所用,弹性灵活地支撑各类业务场景。为避免由于技术迭代升级速度较快,建成即落后的情况,我校混合云平台创新采用可持续演进设计,通过增加管理节点,保证了信息化基础环境的可持续发展,使智慧校园业务上线更快,满足实际业务发展和流程扩展需求,如图1~图2所示。

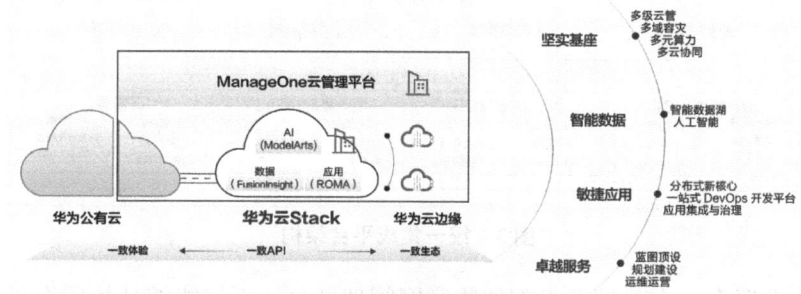

图1 混合云管理平台结构

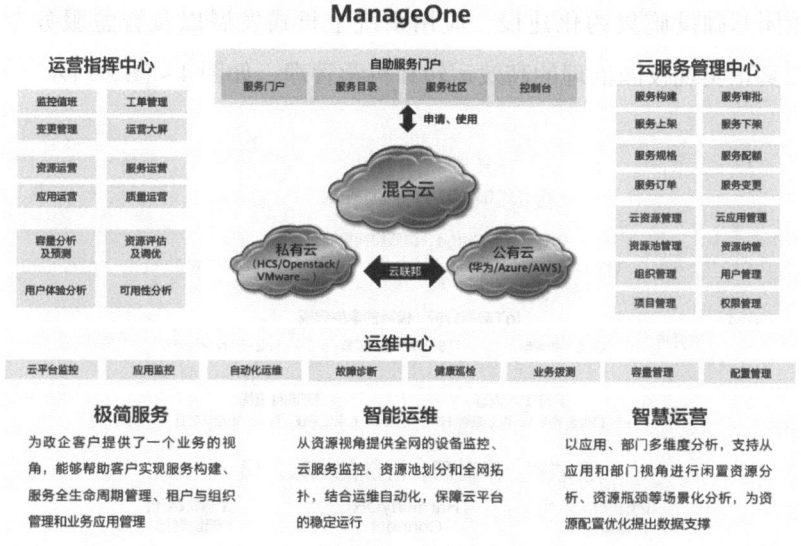

图2 "三位一体"云管理念

学校将云基础设施部署在学校数据中心，持续同步公有云的能力，提供云上和本地体验一致的云服务，兼顾公有云的快速创新能力和私有云的可管可控，实现学校视角一朵云。同时，面对学校依然存在的数据孤岛，混合云底座的建设重点提供了融合集成平台及服务，结合统一移动门户及数据治理真正搭建了智慧校园的坚实地基，为教育信息化起到了积极示范作用，如图3所示。

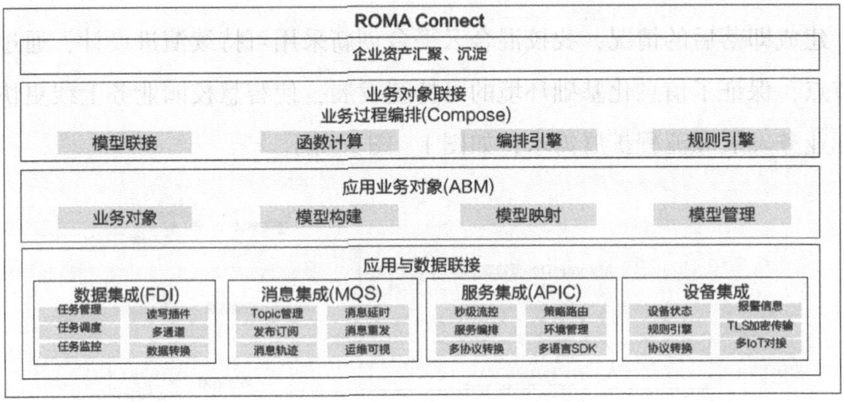

图3 统一集成平台架构

与企业联合，在云端开发部署物联网管理平台，不仅能够从校园全局角度实现资源汇聚、促进校园应用互联互通互操作，而且能够减少重复、节约投资，推动实现校园基础设施集约化建设、应用系统生长式发展以及智慧服务专业化运营，从而真正实现校园治理的高效运转和科学管理，如图4~图5所示。

图4 智慧校园物联网平台

图 5 智慧化管控

三、推进智慧校园建设，打造高职示范标杆

学校多节点的混合云设计理念和校企联合搭建物联网云端管理应用的模式，为多校区办学且有统一管理需求的高职院校提供了有效的基础建设模式，极大地夯实了学校信息化基础建设，为学校"智慧校园生态体系"构建奠定了坚实基础，建设成效得到陕西省教育厅和兄弟院校的高度认可，学校荣获"陕西省智慧校园示范校"称号，如图 6 所示。学校将充分发挥自身的开放优势、创新优势、资源优势等，积极引入企业资源，以混合云建设为基础，构建智慧校园建设生态体系，联合企业共同打造具有陕西工业职业技术学院特色的校企合作"新品牌"，扎实推进智慧校园信息化建设，支撑我校向"引领改革、支撑发展、中国特色、世界水平"的高水平高职院校目标进一步迈进。

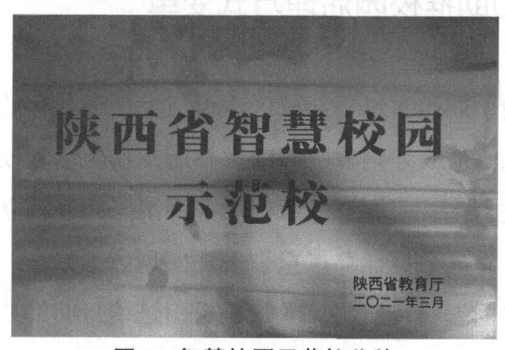

图 6 智慧校园示范校奖牌

"依托数字孪生"实现校园从"治"理，到"智"理的运营管理新模式

摘要： "十四五"期间，为培育服务"中国制造2025"和区域经济发展需要的高素质技术技能人才，我校踏上了"引领改革、支撑发展、中国特色、世界水平"的高水平高职院校建设新征程！站在新时代追赶超越的历史起点上，陕西工院面临多系统林立，数据未打通，数字化、智能化弱的痛点，为满足新时期高质量教育、高级职业人才培养、高效率校园工作生活、校园智慧治理等方面的诉求，依靠数字孪生等技术，通过打造数字化产教融合平台，推进智慧校园建设，加快实现"教""学""管"的数字化转型，构建了校园从"治"理到"智"理的运营管理新模式。

关键词： 数字孪生、智慧治理、产教融合、数字化转型

一、三重压力助推校园治理方式变革

我校在双高建设、职教本科、新校区建设三大任务共存的情况下，为满足新时期高质量教育、高素质人才培养、高效率校园工作生活和校园智慧治理等方面诉求，学校业务系统众多，不同业务部门业务系统又相互独立，每个业务部门又拥有多个业务单元，造成数据孤岛严重、无法实现数据共享、各系统数据标准不一、存在数据偏差等问题亟待解决。学校积极引进信息前沿技术，依靠数字孪生等技术，通过打造数字化产教融合平台，推进智慧校园建设，加快实现"教"

"学""管"的数字化转型,助推校园从"治"理到"智"理,如图1和图2所示。

图1 校园智慧化管理

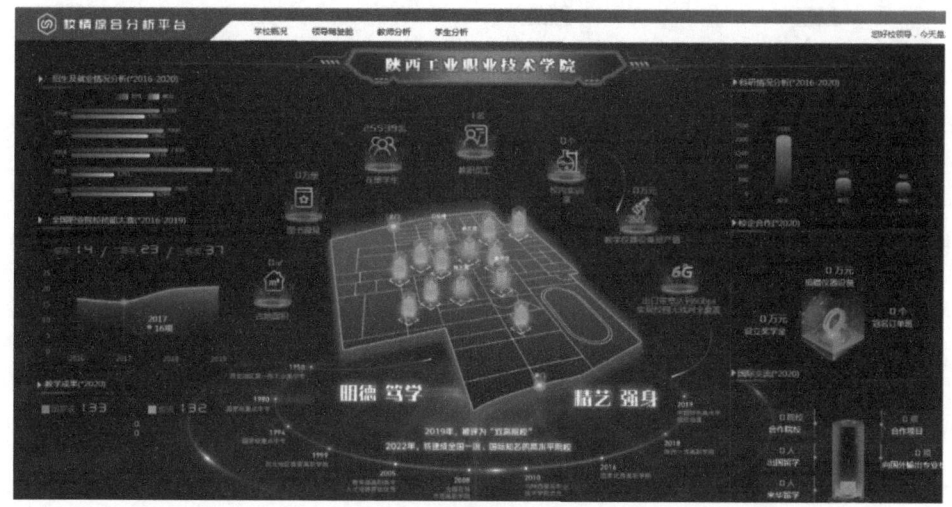

图2 大数据分析平台

二、数字孪生,从"治"理到"智"理

学校通过数字化技术,将物理大学搬上云端,强化数据治理,统一业务系统数据标准,建设统一的"数据平台",将各核心业务系统打通,实现数据共享及一个标准、一个数据平台。搭建大数据分析平台,借助大数据、AI等能

力，不但实现对数据的分析及应用，提高数据价值，达到教育的精准可视，而且加速对传统教育的理念重塑、结构重组、流程再造、文化重构，在数据治理的基础上实现智能化、个性化服务，真正完成校园从"治"理到"智"理。

在打破数据孤岛，实现不同业务系统互联互通后，学校着力打造统一业务门户和智慧校园移动端 App（见图 3 和图 4），将全校 2 万余名师生用户、学校资源和管理服务业务整合到一个平台，借助移动端 App 作为数字化连接器的优势，利用企业丰富的生态资源，以"平台"为基础，扩展形成"生态圈"，构建了开放共享的智慧校园移动端统一数字化接入平台，实现一个平台处理所有事务，满足师生更加安全、开放、智能的校园工作和学习。

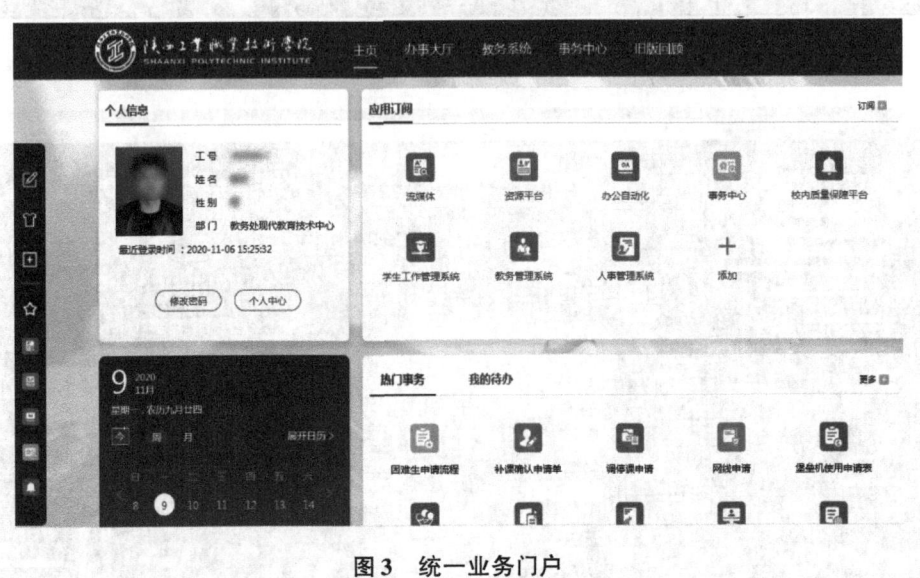

图 3　统一业务门户

三、加深校企合作，探索"云中高职"新实践

学校充分利用移动端的连接能力，建设智慧教室，扩展教学边界，探索高职课堂新模式，通过软硬件结合，借助新科技、新设备，连接"教室"和"实训室"，支持跨区域的同步课堂、在线课堂，学生在课堂可进行模拟实训，提高学

图 4　智慧校园移动端 App

生的动手能力，实现线上线下融合教学，真正做到"学思结合"，在学中做、在做中学，提高教学质量，从而加速高质量人才培养。此外，通过互联网技术，将教学、管理、评价无缝连接，实现精细化的教学管理和评价，通过数据的创新实现教学过程全面掌握并辅助智慧教学。打破数据孤岛，统一智慧校园门户，打造智慧教室，将物理大学云化，通过智慧手段，实现"产教融合"，打造"云中高职"新模式，为全国高职院校建设"云中高职"提供了示范。学校参加全国高校"第三届智慧高校 CIO 论坛"，获得智慧高校"凌云奖"（智慧校园 – 示范高校，见图 5），充分体现了教育信息化行业对我校信息化建设工作的肯定，陕西工院将持续不断探索"云中高职"新实践。

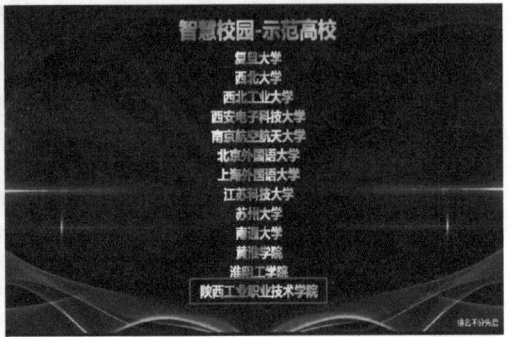

图 5　智慧高校"凌云奖"

聚焦制造强国战略
构建国际人才培养认证体系

摘要： 如何对引进的国际先进标准"创造性转化"和"创新性发展"，进而形成本土国际标准，这是高职院校培养国际化技术技能人才的时代命题。陕西工业职业技术学院（以下简称：陕西工院）按照国际先进经验融进来，本土元素融进去，"双融"并进赋能的新发展理念，构建了国际人才培养认证体系，为"制造强国"战略培养了一批具有国际视野的高素质技术技能人才。

关键词： 制造强国；国际标准；课证融通

陕西工院立足高端制造、对接产业高端，通过搭平台引进优质资源、建团队引入先进标准、送出去推动海外深造等举措，引进融合国际先进经验，倒逼"三教"改革，构建国际技术技能人才培养认证体系，为制造强国战略提供人才支撑。

一、搭建多元国际合作平台

教育部职业教育中心研究所和新西兰教育国际推广局联合在学校设立"中国—新西兰职教示范项目教师培训基地"，学校牵头成立"中德高等职业教育合作联盟"，与96家国（境）外单位开展63个师生交流、合作办学和文化交流等项目。马拉维总统穆塔里卡访问学校，促成学校与马拉维大学建立战略合作关系，借鉴学校经验，促进该国职业教育发展，如图1所示。新西兰驻华大使傅恩莱访问学校,以推进新西兰职业院校与学校在专业、课程、师资等方面的合作共建项目,如图2所示。

图1　新西兰驻华大使傅恩莱访问学校

图2　马拉维总统穆塔里卡访问学校

二、建设"双师双语"教学团队

按照引培并重的思路,学校出台外籍客座教授聘请、"双师双语"教师培养等9项制度,聘请20位世界知名职教专家担任客座教授,引进37名海外高层次人才,认定100名具有"双语"教学资格的双师教师,选派378名教师赴德国等职教发达国家开展能力研修项目,累计聘请32名外籍文教专家来校任教,其中1人被陕西省人民政府授予"三秦友谊奖"。以"双师"分层培养计划和"双语"百人工程为抓手,融进海外智力和经验,提升人才培养水平,如图3所示。

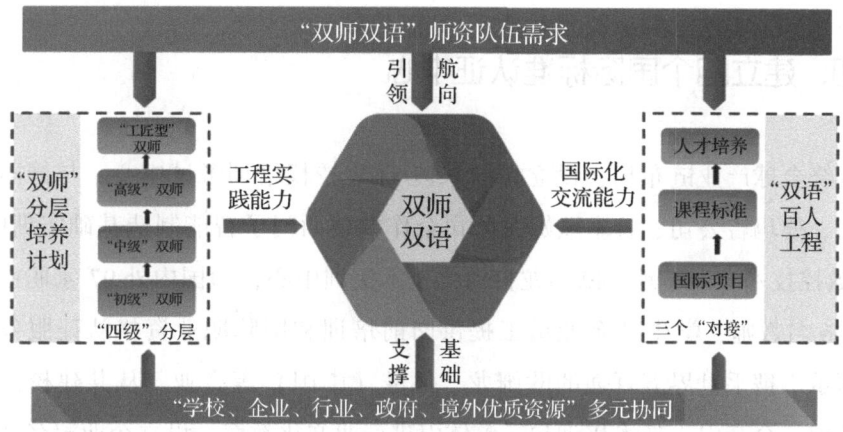

图3 "双师双语"队伍建设流程

三、构建"课证融通"教学资源体系

学校与德国霍夫应用技术大学、西门子公司等院校企业合作，引进"供应链技术""西门子工业控制器 PLC 技术认证"等 4 门国际课程，将"国际焊工–钢资格认证"等 6 个国际资格证书核心技能融入专业人才培养方案，培训认证 197 名学生和企业员工。与新西兰毛利大学合作完成"数字课程设计与开发"等 2 个研究项目，建立了中英双语微证书课程数字平台，开发出的"生产与运作管理"等 4 个国际微证书课程被"汉语桥"学习平台采用，已有 1 378 名学生完成在线学习，如图 4 所示。

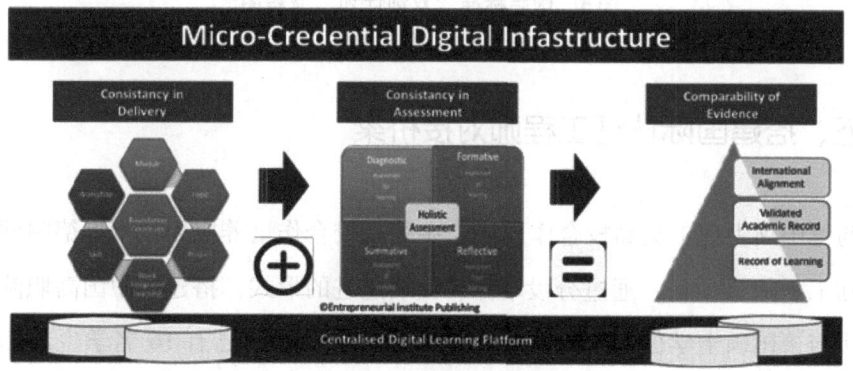

图4 与新西兰毛利大学开展"数字课程设计与开发"研究项目

四、建立四个国际标准认证中心

围绕全球产业链布局，设立德国莱茵 TÜV 授权培训考试中心，与德国西门子公司、德玛吉公司、日本欧姆龙公司合作共建西门子智能制造基础实训中心、DMG 数控技术实训基地、欧姆龙自动化技术实训中心，为国内外 97 家职业院校的 1 326 名教师、学生及企业员工提供岗前培训和国际职业资格认证服务，如图 5 所示。携手世界五百强的欧姆龙、亿滋（中国）等企业，从共建校内人才培养基地、全套引入技术培训包、整体引进产业文化教育、设立企业冠名奖学金等全方位合作，培养 1 269 名高素质复合型国际化技术技能人才。

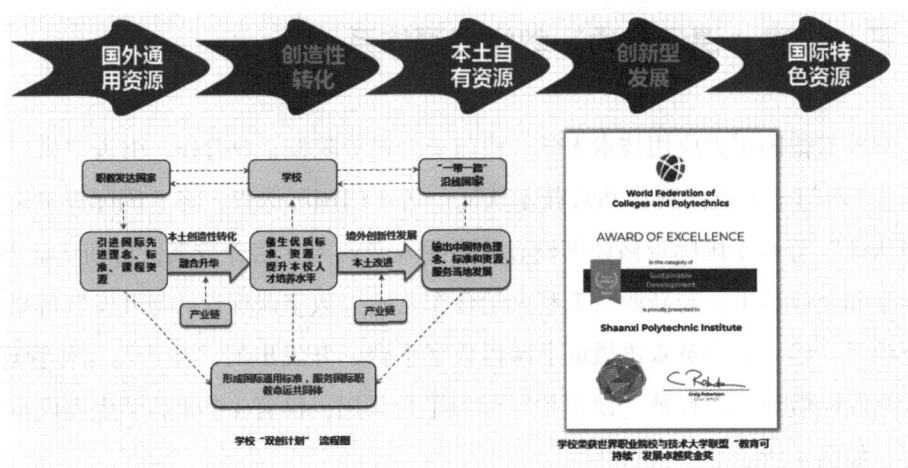

图 5　国际标准"双创计划"流程图

五、搭建国际认证工程师对接桥梁

与德国顶尖理工类高校合作开展"中德高校合作培养应用技术型德制硕士学位国际工程师"项目，通过分段培养、接续递进的形式，搭建了中国高职院校专科学历与德国硕士学位、国际认证工程师的对接桥梁，已有 16 名学生赴柏林工业大学等德国顶尖高校攻读本科、硕士研究生学位，其中 2 名学生已顺利完成学业，回国服务西部高端装备制造企业，如图6所示。

学校通过构建国际人才培养认证体系，近三年为我国装备制造业培养了4 983名国际化技术技能人才，为制造强国战略作出了贡献，如图7所示。学校由此荣获世界职业院校与技术大学联盟"教育可持续发展"和"战略领导力"卓越奖。

图6　欢送学生赴德国攻读硕士学位国际工程师

图7　19个国家78名职教代表来校交流学习

精准培养国（境）外人才服务职教命运共同体

摘要："一带一路"沿线国家是我国企业"走出去"的重点区域，但多数沿线国家职业教育条件落后，教学标准缺失，为产业发展提供技术技能人才培养的能力较弱，对我国"走出去"企业的生产经营带来较大影响。近年来，陕西工业职业技术学院（以下简称：陕西工院）发挥专业集群优势，通过开发输出国际教学标准、校企联合培养国际学生、开展中外人文交流，建立了三位一体的"一带一路"技术技能人才培养体系，助力中国企业"走出去"，取得了良好成效。2020年学校获得世界职业院校与技术大学联盟"教育可持续发展"卓越奖金奖。

关键词：一带一路、走出去、校企合作

陕西工院聚焦国家战略和"走出去"企业对当地人力资源的迫切需求，校企合作构建了"一带一路"技术技能人才培养体系，为沿线国家精准培养高素质人才，服务了企业海外发展，促进了民心相通和民心相亲。

一、开发输出教学标准，赋能沿线国家职业教育

学校携手中国有色矿业集团，在赞比亚设立分校，按照我国装备制造业岗位技术标准，结合赞比亚国情，开发出的机械制造与自动化专业和"机械制图"等16门课程标准成为赞方国家教学标准，完善了其国家标准体系。应尼日利亚

职业教育委员会邀请,依托合作开展的中文+焊接技术等项目,为尼方开发的焊接技术等15个专业和166门课程标准填补了该国职业教学标准空白。学校对接"一带一路"沿线国家技术技能人才培养需求,开发出《生产与运作管理》等6本双语活页教材,建成"先进制造技术"等15门双语核心在线课程,推广工业汉语教学,在印尼、尼日利亚和赞比亚设立3个"中文+职业技能"项目,形成了学历教育、职业培训、中文推广、来华留学、远程教育"五位一体"的标准输出架构,如图1~图3所示。

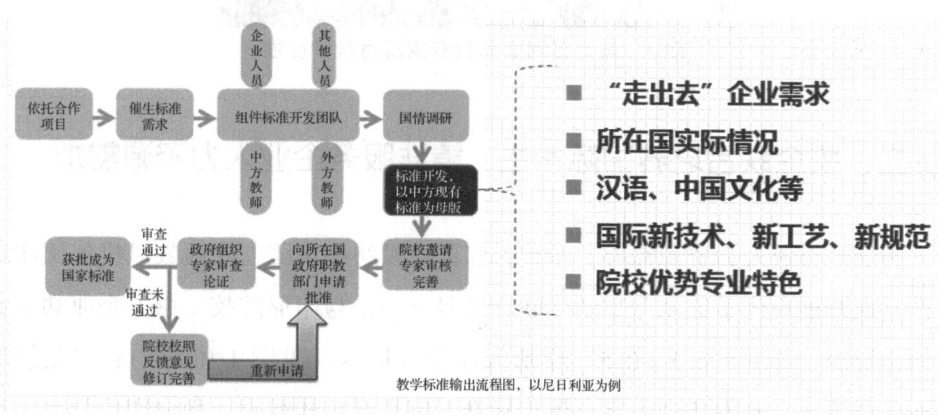

图1　校企合作开发教学标准流程图

图2　在赞比亚举行机械制造与自动化标准研讨会

图3　与尼日利亚职教专家研讨教学标准

二、校企联合培养国际学生，精准服务企业人力资源需求

为满足企业人力资源需要，学校为江苏联发纺织集团、陕西鼓风机集团印尼生产基地开展现代学徒制印尼学生联合培养。一是与印尼院校、中方企业共建共享教学资源，开展"2.5+0.5"学历人才联合培养（见图4和图5）；二是针对企业岗位需要，开发培训方案、课程标准，编写活页式教材，面向印尼学生、待业青年、企业员工开展机电维修、服装加工等岗位技能培训；三是面向来华留学意向人员、企业员工开展汉语培训，提高中文水平，传播中国文化，增强其在中方企业就业的竞争力。目前开设3个工业汉语校企联合订单班，有学员104人，其中34名学员实现了在企业就业，有效缓解了企业用工难题。

图4　留学生在江苏联发纺织集团就业

图 5　与陕西鼓风机集团人才联合培养项目开班典礼

三、开展中外人文交流活动，讲好中国职教故事

学校探索"中文+职业技能"的国际化办学模式，先后举办中美未来职业之星研习营等 6 场活动，促进 531 名中外师生在技能学习、语言文化方面的交流互动，如图 6 所示。通过开设汉语和文化讲座课，提高学员中文水平，促进了对中国文化和企业文化的了解，如图 7 所示。学校为活动录制"商务礼仪""生产与现场管理""柔性制造与自动化生产线""先进制造技术"等英文或中英"双语"特色专业课程，增强学员对现代生产技术、商业礼仪、中国企业生产知识和专业技能的了解。活动结束，学员对项目的好评率达到了 100%。

图 6　"一带一路"沿线国家学历留学生在校学习

图 7　印尼文化教育部选派职教师资来校培训学习

通过为沿线国家精准培养技术技能紧缺人才，学校受到了所在国和企业的好评。赞比亚、尼日利亚多家主流媒体对学校帮助当地发展职业教育进行了报道，称赞这是中国"一带一路"的惠民工程。中国有色矿业集团通过教育部发来感谢信，感谢学校为企业培养出合格的建设者，解决了企业的人力资源紧缺问题。

健全"一体四化"内生式机制 提升内部治理现代化水平

摘要：针对高职院校内部治理现代化体系建设尚不完善、不成熟的现状，陕西工业职业技术学院积极构建"自主管理，分权制衡；自我约束，层级治理；质量自治，多元评价"内部治理体系，通过系统化完善治理结构、规范化健全制度体系、精细化推进层级治理、多元化实施质量管理，形成了具有现代大学治理特征的党委领导、校长负责、教授治学、民主管理、企业参与、社会监督的内部管理运行体系。

关键词：内部治理、管理机制、制度体系

一、优化治理结构，健全权力运作机制

学校按照"党委领导、院长负责、教授治学、民主管理"的大学治理体系要求，构建了党委全面领导、院长负责行政、学术委员会主导教学科研、教代会民主监督、职业教育集团理事会指导校企合作育人工作，既分工明确，又相互合作的体制格局和制度框架，如图1所示。

图1 构建内生式发展机制

二、强化自我约束，完善内部制度体系

按照"梳理—摸清家底""审视—系统设计""完善—构建体系"的工作思路，系统进行"存、废、改、并、立"的制度梳理工作；深挖"三教"改革、科研、社会服务、文化育人、产教融合、国际合作等方面的改革经验，将其固化为提升管理效能的制度成果，有效推进制度创新；强化制度落地与过程控制，形成了事前有标准、事中有监督、事后有考核的闭合制度体系，用制度管权、按制度办事、靠制度管人逐步内化为全校有章必循的管理文化，如图2所示。

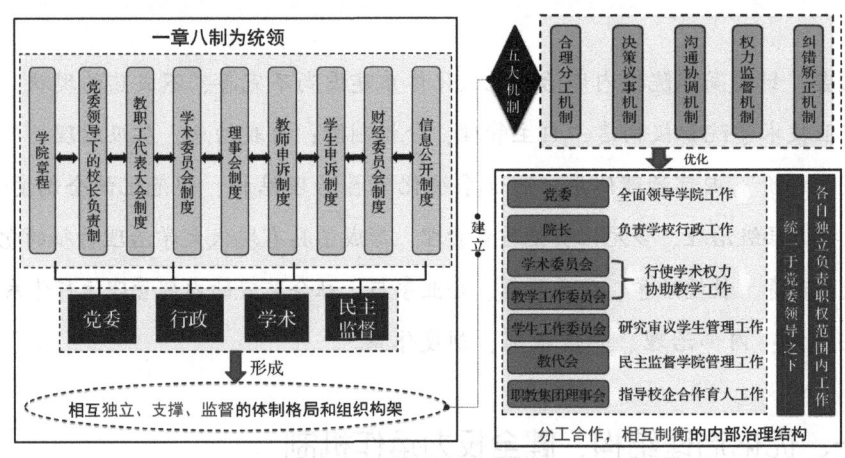

图2 以一章八制为统领的内部治理结构

三、细化层级治理，增强协同发展动力

按照"重心下移、院为基点、权责统一、有效监督"的原则，理顺学校与二级学院的权责关系，在校学术委员会下设立"专业建设""教学工作""教材选用""科学研究""师资队伍"5个专委会，成立13个学术委员会二级分会，让学术决策回归了学术本位，如图3所示。建立了二级学院党政联席会议制度，进一步完善了二级学院党政集体领导和分工负责相结合工作机制。不断推进管理重心下移，赋予二级学院教改、科研、资源配置等方面应有的自主权，一线教学

部门的办学活力得到了进一步激发。

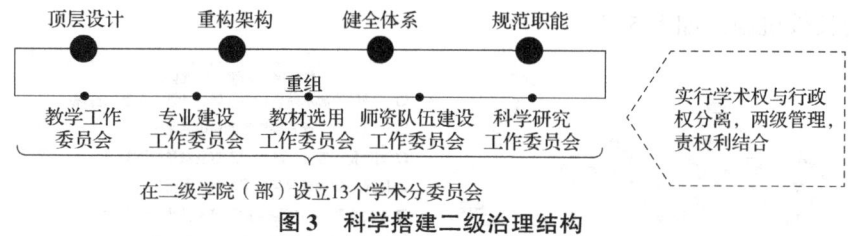

图3　科学搭建二级治理结构

四、深化管理创新，提升质量保证能力

坚持"立德树人、服务产业、教学中心、质量立校"的理念，按照质量自治与多元评价相结合的方式，构建系统化的质量目标与标准体系，全过程、多元化的质量保证机制进一步完善。依托常态化诊改数据平台，持续性、周期性地开展自我诊断、自我改进和自我完善。基于智慧校园大数据应用平台对"学校、专业、课程、教师、学生"5个层面实施"八步一环"质量螺旋常态化诊断改进机制，逐步建立起各自独立、相互依存、纵横联动的内部质量保证体系，如图4所示。学校作为全国诊改试点院校之一，首家顺利通过教育部内部质量保证体系诊断与改进工作复核，为全国高职院校诊改工作提供了参考和借鉴。

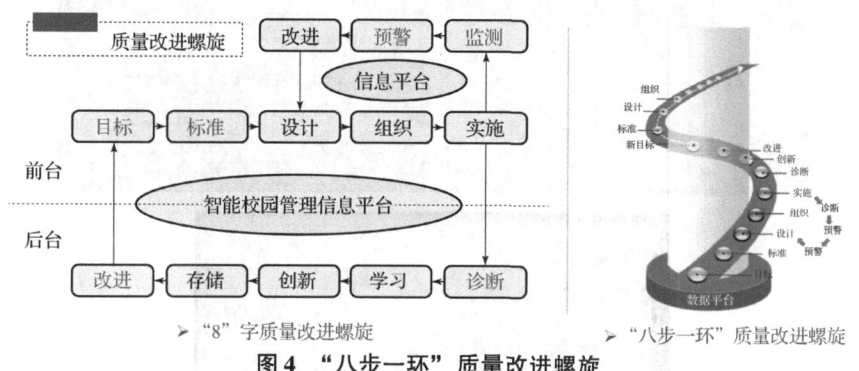

图4　"八步一环"质量改进螺旋

围绕人才培养中心工作，不断探索精细化管理的新机制。按照定人、定岗、定职、定责"四定"原则，牢固树立为师生服务、为教学服务的理念，把全员育人、全过程育人、全方位育人、教书育人、管理育人、服务育人的理念贯穿工作始终，用实际行动支持、培育、催生优良学风、教风和校风，切实把精细化管

理的内涵要求转化为师生的自觉言行，努力营造浓厚的校园氛围，构建了精细化管理的长效机制，如图 5 所示。

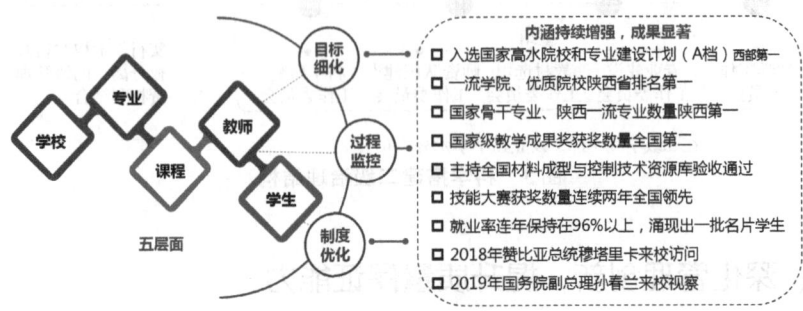

图 5　五层面精细化管理及成效

近三年来，学校不断推进治理体系和治理能力现代化建设，推进校园制度文化建设向纵深发展。学校荣获全国职业院校治理体系建设优秀案例 50 强、教学管理 50 强、学生管理 50 强、产教融合 50 强，受陕西省人民政府第九届质量奖提名表扬，校领导班子连续七年获省属高校年度目标责任考核优秀等次；学校获省总工会厂务公开职代会五星级单位；连续获全省教育系统教学管理、科研管理、资产管理、内部审计工作先进集体，如图 6 所示。

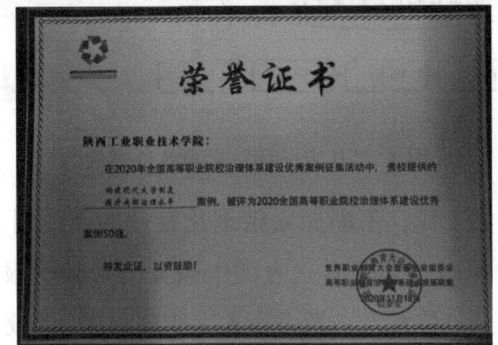

图 6　相关荣誉证书

构建三级课程建设体系，打造一流精品课程资源

摘要：以国家级精品在线开放课程为标杆，按照"统筹规划、分层遴选、重点培育"的课程建设思路，统筹构建"国-省-院"三级建设体系，成立陕西省高等职业院校金课联盟，推进在线开放课程建设应用与管理。截至目前，建成国家级精品在线开放课程 3 门、省级精品在线开放课程 25 门、省级精品课程 19 门。

关键词：精品课程；在线开放课程；金课；金课联盟

为满足高素质复合型技术技能人才培养需要，全面贯彻全国教育大会精神，强抓课程建设推动课堂革命，对标国家精品在线开放课程建设标准，蓄力打造以精品课程为主体的数字教育资源。

一、以策为引，紧跟教育部文件推动在线开放课程建设

《教育部关于加强高等学校在线开放课程建设应用与管理的意见》（教高〔2015〕3 号）指出：建设一批以大规模在线开放课程为代表、课程应用与教学服务相融通的优质在线开放课程，并认定一批国家精品在线开放课程。紧跟教育部各类精品课程建设步伐，加强在线开放课程建设与应用，推动现代信息技术与教育教学深度融合，如图 1 所示。

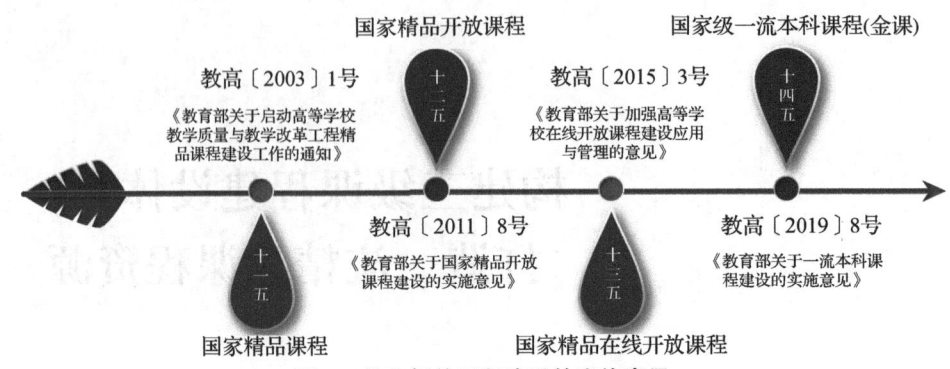

图 1　教育部关于程建设的实施意见

二、顶层设计，构建课程三级建设体系

按照"统筹规划、分层遴选、重点培育"的工作思路，构建"国家级－省级－院级"三级课程梯队建设体系，分层分类打造优质课程资源，如图 2 所示。重点培育精品课程，分批建设特色课程，建成一批教学效果好、学生评价高、社会反响强的国家级和省级精品在线开放课程；以点带面，以国家级精品在线开放课程建设为范式，分 3 批立项 81 门在线开放课程，认定一批院级精品在线开放课程。

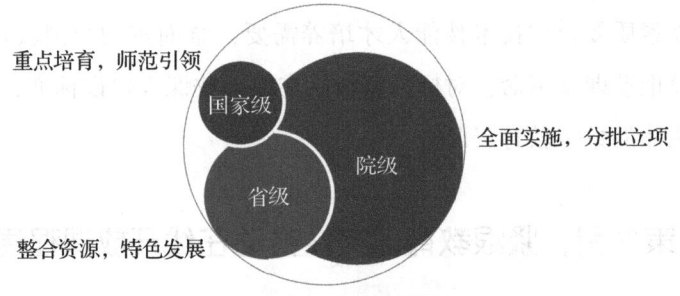

图 2　课程三级建设体系

三、强化管理，推动优质资源全覆盖

强化课程建设过程管理，按照"过程评价、动态监控"的监督管理思路，实时跟踪课程建设进度与建设质量，建成校内专业全覆盖、优化升级全覆盖、共

建共享全覆盖的高质量数字教育资源。

(一) 实施三大举措，推动课程资源校内专业全覆盖

通过实施"制定管理办法、打造智慧空间、资源共建共享"三大举措，全面开展在线开放课程建设工作，有效促进教师充分利用现代教育技术，鼓励教师开展线上线下相结合的混合式教学改革，推动校内在线开放课程的建设与应用，如图 3 所示。

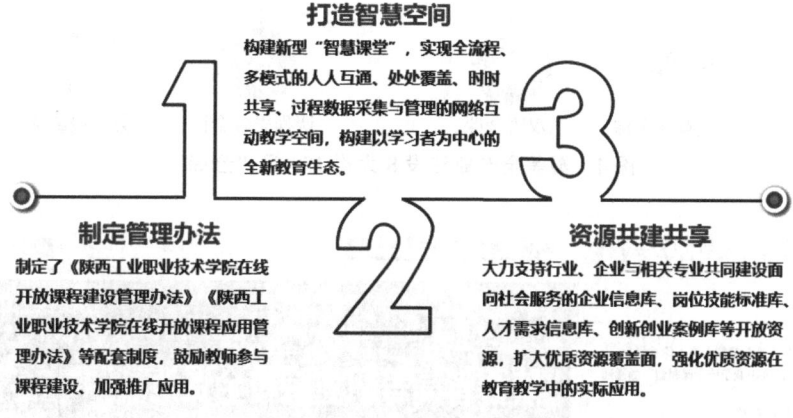

图 3　实施三大举措保障在线开放课程建设与应用

(二) 打造金课项目，推动数字资源优化升级全覆盖

2021 年学院启动 8 大类 150 门"金课"建设项目，覆盖所有专业门类及公共基础课程，切实提升教师教育教学水平，有效促进学生知识、能力、素质的全面协调发展，如图 4 所示。

(三) 成立金课联盟，推动优质资源省内共享全覆盖

为助力陕西省各高职院校推广优质课程，构建齐全的专业教学资源平台，推进优质教学资源共享，学院牵头成立陕西省高等职业院校金课联盟，并搭建陕西省高等职业院校金课池平台，如图 5 所示。目前，金课联盟有成员单位 19 家，平台上线课程 614 门。

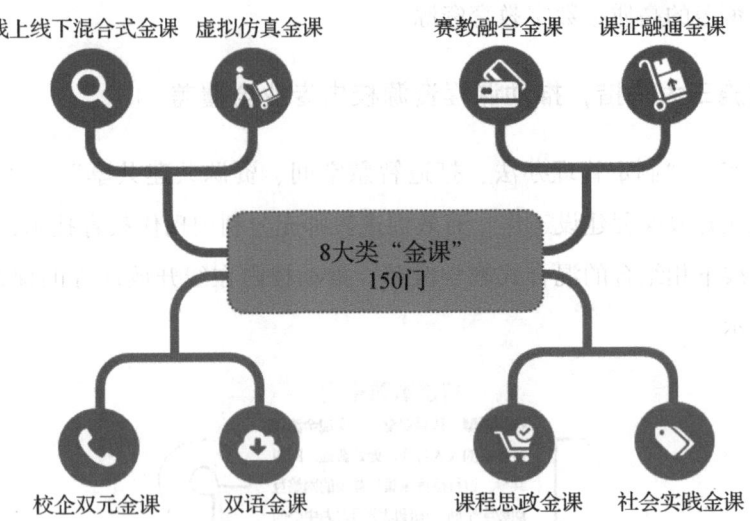

图 4 覆盖全专业建设 8 大类 150 门 "金课"

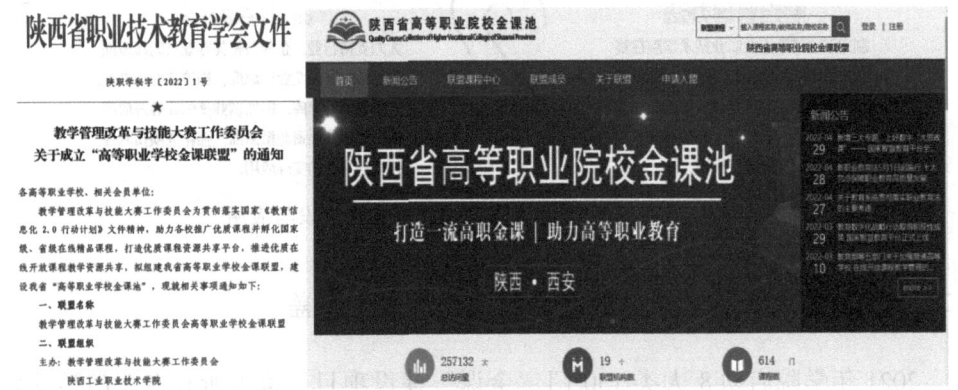

图 5 组建联盟推动优质课程资源共享

四、精品叠加，彰显课程建设新成效

建成国家级精品在线开放课程 3 门、国家级精品课程 2 门、国家级精品资源共享课程 2 门、教育部教指委精品课程 7 门，省级精品在线开放课程 25 门、省级精品课程 19 门，认定院级精品在线开放课程 71 门。在爱课程、学堂在线、智慧树网、超星学银在线、智慧职教等知名课程平台上线并面向全国开放共享，总计开课 460 余期，选课人数超过 85 万人，如图 6 所示。

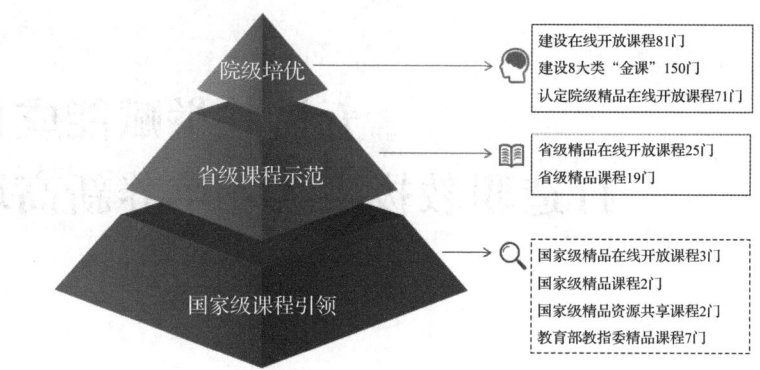

图 6 优质课程建设情况

五措并举赋能成长
打造职教拔尖人才培养新高地

摘要： 陕西工业职业技术学院始终以服务产业和经济社会发展为使命，联合西安航天发动机有限公司等国家战略型企业，通过聚合优质资源、重构课程体系、实施五个必须、延伸服务链条、营造良好氛围五项举措，培养了一批以清华大学等国内知名高校任教群体为代表的一大批优秀毕业生，为职业教育品牌建设做出了应有的贡献。

关键词： 拔尖人才；五措并举；培养

一、聚焦问题找突破

近年来，国家密集出台推动职业教育高质量发展的系列政策文件，职业教育进入提质培优的新阶段，如何培养经济社会发展所需的拔尖人才就成为职业院校共同面临的难题。学校聚焦人才培养的重点领域和关键环节创新实践，培养了以清华大学基础工业训练中心实践课任课教师邢小颖为代表的一大批拔尖人才。

二、凝心聚力，务实推进拔尖人才培养

（一）聚合优质资源，增强培养实效

以专业群为基础，组建专业群拔尖人才培养班，建立班级学员动态调整机

制;联合企业,构筑起"实训基地—校办实习工厂—校外实训基地"的实践教学体系与"基础训练—仿真锻炼—实际操练"三层递进的学生能力培养机制;遴选技能大师、教学名师、科研骨干等,组建教学、技能大赛指导、科技创新指导、职业指导四支队伍。如图 1 所示。

图 1　机加工技术训练中心(全国工人先锋号)

(二)重构课程体系,推进特色培养

重构课程体系,构建"通识课共享、专业理论课分立、核心课互选"模式。第一阶段重点完成通识课程、公共基础课程的学习;第二阶段突出专业基础课程学习,加强学生跨专业、跨学科、跨文化交际能力的培养;第三阶段根据学生兴趣爱好，指导他们选择不同专业方向核心课程学习。梯次推进拔尖人才由通识课程向专业课程、核心课程的学习，由共性教育转向个性发展教育。

（三）实施五个必须，提升创新能力

拔尖班学生每年必须参加 1 项技能竞赛；在校期间必须参与 1 个由教师负责的课程建设或实训基地建设项目；每年必须赴企业进行为期 1 周的岗位实践锻炼；在校期间必须参与 1 个教师负责的科研项目；在校期间协同教师必须解决 1 项企业生产过程中的技术难题，如图 2 所示。

图 2　拔尖班学生制作创新作品

（四）延伸服务链条，助力成长成才

为了助力拔尖班学生毕业后快速成长成才，学校实施拔尖学生专项帮扶计划，围绕学生职业成长规划、岗位技术难题咨询及学历晋升、技能提升、职业指导、创业指导、技术服务、求职服务（离职后重新择业）、成长关怀 7 个方面的内容开展精准帮扶，如图 3 所示。

图 3　毕业生优业优扶内容

（五）坚持正确引导，营造良好氛围

开展技能大师面对面、企业文化大讲堂等活动，培育学生工匠精神；开展技能大赛获奖学生奋斗事迹宣讲活动、优秀毕业生评选和先进事迹宣讲活动，展示我校立德树人的成果，发挥优秀榜样示范作用；通过学校官网和国内主流媒体大力宣传优秀毕业生先进事迹，提升学校人才培养的品牌影响力，如图 4 所示。

图 4　航天科技集团六院技能大师曹玉玺专题报告会

三、拔尖人才支撑，彰显人才培养品牌价值

经过系统培养，以邢小颖为代表的 33 名毕业生已成为清华大学、北京航空航天大学、浙江工业大学等国内知名高校实验实训教师队伍中的骨干力量，如图 5 所示。全国五一劳动奖章获得者李锋、全国五一劳动奖章获得者何小虎等一批优秀毕业生已成长为助力高端装备制造业、航空航天产业发展的中坚力量。

图 5　优秀毕业生、清华大学基础工业训练中心教师邢小颖
受邀参加教育部职业教育改革成效发布会并作专题发言

建立 4 项机制，实施 4 个举措，推动结对帮扶地区振兴发展

摘要： 安康市汉滨区香山村和咸阳市礼泉县，是陕西工业职业技术学院"两联一包""双百工程"对口帮扶对象，地处偏僻，贫困率高。学校在帮扶过程中制定了明确的工作思路，建成4项工作机制，通过"四入村"帮扶措施实施精准帮扶，2019年年底香山村224户家庭、777人成功脱贫，礼泉县多家中小企业经济效益实现翻番。

关键词： 乡村振兴、科技下乡、技能培训

一、实施背景

在党的十九大报告中习近平总书记提出了乡村振兴战略，2018年9月，中共中央、国务院印发了《乡村振兴战略规划（2018—2022年）》，文件中提出，民族要复兴，乡村必振兴，让广大农民过上更加美好的生活。

二、实施过程

（一）建立帮扶工作机制

一是创新帮扶干部选派机制，出台《陕西工业职业技术学院驻村工作队压茬

轮换实施办法》等制度，规定了驻村帮扶干部入选条件、工作职责等 7 项条件；二是建立摸底分析机制，制定《贫困地区和贫困家庭调研分析标准》，建立帮扶地区和贫困户信息档案，形成《香山村入户摸底统计调查报告》和《礼泉县扶贫摸底调查报告》；三是完善专项项目管理机制，出台《陕西工业职业技术学院扶贫资金使用管理暂行办法》，保障扶贫资金使用规范和项目按期高质量完成；四是形成帮扶效果评价机制，制定以效果为导向的贫困村脱贫验收标准，将脱贫验收和扶贫项目评价结果作为帮扶干部考核业绩的重要依据，激发帮扶干部的积极性。

（二）实施"四入村"精准帮扶

1. 科技入村，让农民群众享受科技红利

学院领导定期进入实地开展调研，推动科技帮扶工作，如结合学院特色专业，为香山村安装太阳能路灯、建成智能温室大棚和屋顶分布式光伏发电站项目，从而整体改善村容村貌，让村民切身享受科技红利，激发贫困村民对美好生活的期望，如图 1 所示。

图 1　在结对帮扶地区建设光伏电池板阵列和智能温室大棚

2. 培训入村，培育造血功能

与汉滨区新建中等职业技术学校等四家单位共建农民培训基地，开展农村实用技术培训。2019 年 9 月以来，累计实施 23 批次 1 935 人次培训，培训内容紧靠地方产业，包括魔芋种植、蔬菜种植、果树种植、家畜养殖及手工生产制作

等，让受训群众具备一技之长，实现由"输血式扶贫"到"造血式扶贫"的转变，如图2所示。

图2　农民实用技术培训现场

3. 科研跟进，推进区域产业升级

发挥专业资源优势，为企业开展技术咨询、技术指导及项目开发等帮扶措施，推动产业升级。搭建"实体店＋网店"的营销模式，帮助子祺食品、泾盛裕、万象菌业等多家企业建立了农特产品电商平台，开展人员培训和技术支持，规范了企业管理和服务质量，拓展了产品销售途径和区域，为企业的做大做强奠定了基础，如图3所示。

4. 文化艺术添彩，让乡村更美丽

学院组织老师和学生开展各种形式的乡村振兴社会实践活动，通过文艺演出、艺术启蒙、爱心支教、普通话推广、垃圾分类知识宣传、识毒防毒宣传、环境保护宣传等多种活动丰富当地群众农余生活，潜移默化地改善村风村貌，为实现乡村振兴增添了精神动力，如图4所示。

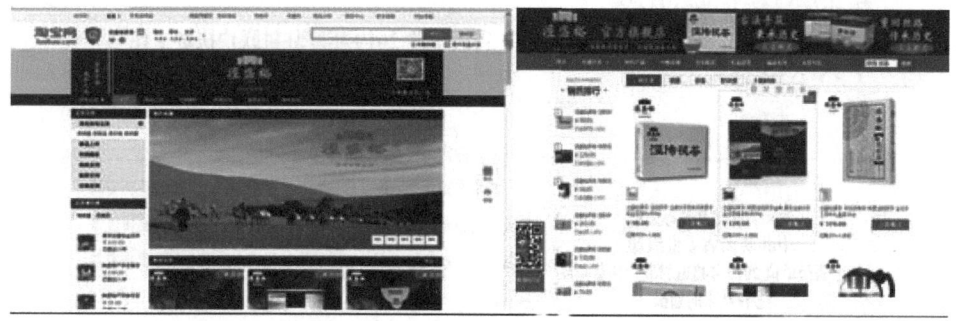

图 3　农特产品电商平台实体项目

图 4　学院志愿者文艺演出

三、建设成效

自 2019 年以来，我校持续开展帮扶活动，香山村 224 户家庭、777 人成功脱贫，礼泉县多家中小企业经济效益实现翻番。学院连续两年在陕西省驻村联户扶贫工作考核中获优秀等次，连续两年获陕西省"双百工程"先进单位，被安康市评为脱贫攻坚先进单位，如图 5 和图 6 所示。中国高校之窗、新浪网、华商网、凤凰网、中国青年报、陕西传媒网、陕西省教育厅官网连续多次专题报道我校在区、县两地开展脱贫攻坚和乡村振兴经验，为兄弟院校在乡村振兴工作中提供了有益启示和借鉴。

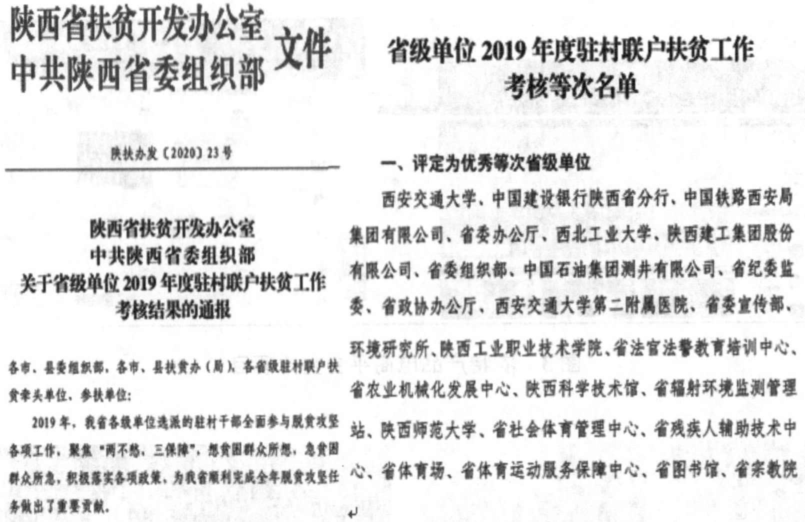

陕西省扶贫开发办公室
中共陕西省委组织部 文件

陕扶办发〔2020〕23号

陕西省扶贫开发办公室
中共陕西省委组织部
关于省级单位2019年度驻村联户扶贫工作
考核结果的通报

各市、县委组织部，各市、县扶贫办（局），各省级驻村联户扶贫牵头单位、参扶单位：

2019年，我省各级单位选派的驻村干部全面参与脱贫攻坚各项工作，聚焦“两不愁，三保障”，想贫困群众所想，急贫困群众所急，积极落实各项政策，为我省顺利完成全年脱贫攻坚任务做出了重要贡献。

省级单位2019年度驻村联户扶贫工作
考核等次名单

一、评定为优秀等次省级单位

西安交通大学、中国建设银行陕西省分行、中国铁路西安局集团有限公司、省委办公厅、西北工业大学、陕西建工集团股份有限公司、省委组织部、中国石油集团测井有限公司、省纪委监委、省政协办公厅、西安交通大学第二附属医院、省委宣传部、

环境研究所、陕西工业职业技术学院、省法官法警教育培训中心、省农业机械化发展中心、陕西科学技术馆、省辐射环境监测管理站、陕西师范大学、省社会体育管理中心、省残疾人辅助技术中心、省体育场、省体育运动服务保障中心、省图书馆、省宗教院

图5 陕西省2019年度驻村联户扶贫考核结果

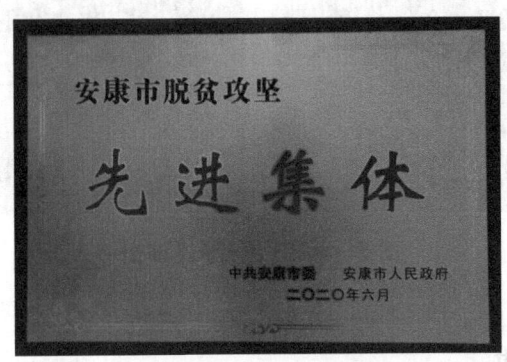

图6 安康市委、市政府颁发给我校的脱贫攻坚先进集体奖牌

三项举措，科技服务助力乡村振兴

摘要：学校紧密结合我院科技资源优势和结对帮扶县实际，利用建成的陕西省产学研一体化示范基地，以实体项目为载体助推帮扶县区农户实现经济增收，三年来设立各类技术推广和成果应用与扶贫项目34项，专业培训、技术帮扶、专题讲座56次，累计受益群众6 000余人，实现农户增收100余万元，开拓了科技扶贫及乡村振兴工作的新亮点，为安康市汉滨区、咸阳市礼泉县按期脱贫及持续推进乡村振兴贡献了陕西工院的科技力量。

关键词：科技服务；乡村振兴；实体项目；成果转移转化

一、实施背景

为了贯彻落实精准扶贫战略，依托学校科技资源优势，以"扶智、扶志、扶技"为重点，以陕西省产学研一体化示范基地和实体项目建设为抓手，精心组织，夯实责任，有序推进乡村产业、人才、文化、生态、组织等全面振兴，在推动乡村振兴帮扶工作中取得了实效。

二、实施举措

（一）运行实体项目，实现帮扶县区农户经济增收

学校在安康市汉滨区、咸阳市礼泉县建成"特色专业精准扶贫产学研实践基

地"和共建"农产品电商平台项目合作开发建设部";承担厅局级扶贫项目 8 项、横向技术服务项目 5 项,帮扶 23 家企业孵化出陕茶 1 号、泾盛裕茯茶、西域美农、关中卫大姐等品牌,搭建了"实体店+网店"的营销模式,实现农户年均增收 100 余万元;我校电气工程学院齐锴亮博士负责的安康市汉滨区香山村"光伏智能温室科技扶贫项目"(陕西省科技厅重点研发项目 FP2019-023)转化落地,并以"全额上网"模式与国家电网并网成功,建设的温室大棚首批木耳种植成功,如图 1 所示。

图 1　屋顶分布式光伏发电项目施工现场和温室大棚模型

(二) 分层分类培训,提升从业人员技术技能水平

学院依托省级"法人科技特派员"工作机制,组织专业技术骨干、博士团队等科技特派员在贫困地区开展电子商务分层培训、送课下乡等活动,为安康市汉滨区、咸阳市礼泉县、旬邑县十个镇的村民、贫困户及相关企业电商从业者开展技术培训、提供技术帮扶等 56 次,累计受益群众 6 000 余人,该项目还入选"陕西特色产业高校扶贫培训计划",如图 2 所示。学院连续八年开展"三走进"活动,先后有 119 支调研小组参与,覆盖陕西及周边省区的 700 余农户。

(三) 输出技术标准,以服务企业发展推动乡村振兴

由我校电气工程学院齐锴亮博士为牵头团队起草的《光伏智能温室建造技术规范》在杨凌普兆农业科技有限公司实施,并成为企业标准。该标准于 2021 年 5 月成为陕西省市场监督管理局 2021 年第一批地方标准计划立项项目,也是陕西

中共陕西省委组织部
陕西省科学技术厅文件
陕西省人力资源和社会保障厅

陕科发〔2020〕23号

中共陕西省委组织部 陕西省科学技术厅
陕西省人力资源和社会保障厅
关于认定省级科技特派员的通知

各有关高校、科研院所、职业学校、事业单位、企业、各设区市、杨凌示范区、韩城市科技局：

为深入贯彻习近平总书记关于科技特派员工作的重要指示精神，落实全国科技特派员制度推行20周年总结会议部署和省委省政府有关要求，加快推动我省科技特派员工作不断深化、拓展和提升，促进省级各相关单位组织科技人员积极投入

- 1 -

陕西省省级科技特派员（法人）

序号	单位名称	所属区域
1	西北农林科技大学	陕西省教育厅
2	西安建筑科技大学	陕西省教育厅
3	西安电子科技大学	陕西省教育厅
4	西安科技大学	陕西省教育厅
5	陕西理工大学	陕西省教育厅
6	榆林学院	陕西省教育厅
7	杨凌职业技术学院	陕西省教育厅
8	渭南职业技术学院	陕西省教育厅
9	陕西学前师范学院	陕西省教育厅
10	陕西铁路工程职业技术学院	陕西省教育厅
11	陕西工业职业技术学院	陕西省教育厅
12	西北工业大学明德学院	陕西省教育厅
13	陕西省农村科技开中心	陕西省科学技术厅
14	陕西省杂交油菜研究中心	陕西省科学技术厅
15	陕西佰瑞猕猴桃研究院有限公司	陕西省科学技术厅
16	陕西大巴山富硒循环农业发展研究院有限公司	陕西省科学技术厅
17	陕西鼎天济农腐殖酸制品有限公司	陕西省科学技术厅
18	陕西国人菌业科技产业园有限公司	陕西省科学技术厅
19	陕西果真好现代农业开发有限公司	陕西省科学技术厅

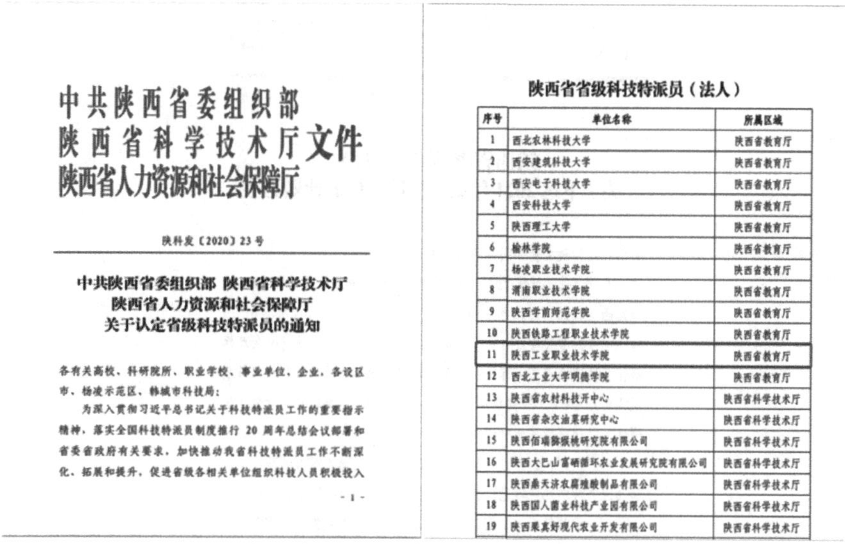

图2　学校被认定为陕西省省级法人科技特派员

省第一个光伏智能温室建造技术规范，该标准主要针对光伏智能温室的术语和定义，安全技术要求，安装、试验方法，检验与判定规则，标志，包装，运输等进行了规范说明，已成为光伏智能温室相关企业生产制造的重要规范性指导性文件，如图3和图4所示。

65.040.30
91

Q/YLPZ

杨凌普兆农业科技有限公司
企业标准

Q/YLPZ 01-2019

光伏智能温室建造技术规范

Construction technology for photovoltaic intelligent Greenhouse

2019-9-1 发布　　2019-9-1 实施

杨凌普兆农业科技有限公司　发布

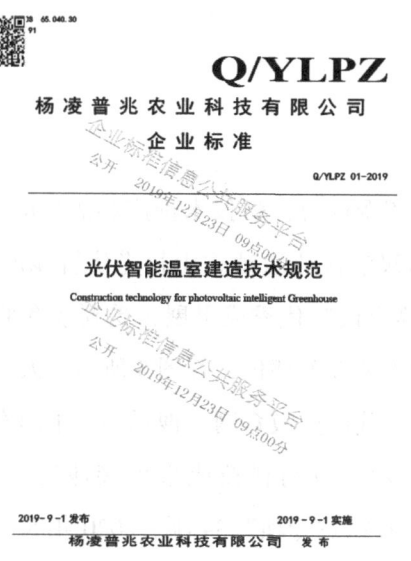

图3　为企业开发的《光伏智能温室建造技术规范》标准

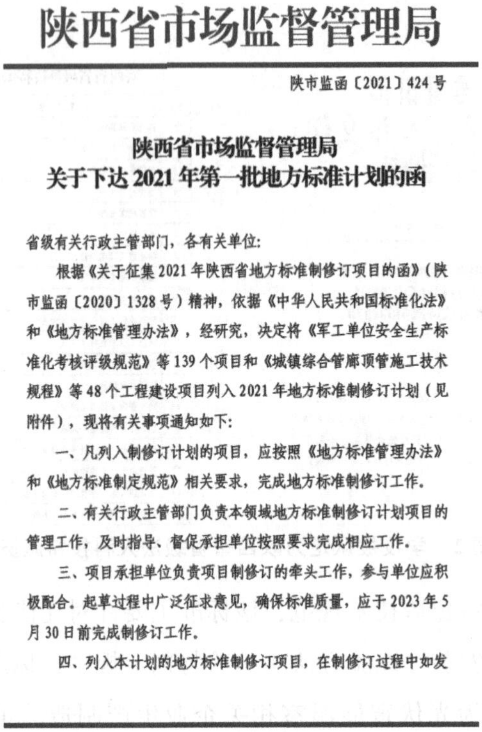

陕西省市场监督管理局

陕市监函〔2021〕424 号

陕西省市场监督管理局
关于下达 2021 年第一批地方标准计划的函

省级有关行政主管部门，各有关单位:

根据《关于征集 2021 年陕西省地方标准制修订项目的函》（陕市监函〔2020〕1328 号）精神，依据《中华人民共和国标准化法》和《地方标准管理办法》，经研究，决定将《军工单位安全生产标准化考核评级规范》等 139 个项目和《城镇综合管廊顶管施工技术规程》等 48 个工程建设项目列入 2021 年地方标准制修订计划（见附件），现将有关事项通知如下:

一、凡列入制修订计划的项目，应按照《地方标准管理办法》和《地方标准制定规范》相关要求，完成地方标准制修订工作。

二、有关行政主管部门负责本领域地方标准制修订计划项目的管理工作，及时指导、督促承担单位按照要求完成相应工作。

三、项目承担单位负责项目制修订的牵头工作，参与单位应积极配合。起草过程中广泛征求意见，确保标准质量，应于 2023 年 5 月 30 日前完成制修订工作。

四、列入本计划的地方标准制修订项目，在制修订过程中如发

图 4　立项研制《光伏智能温室建造技术规范》标准

三、实施成效

学校充分利用科技资源优势，将技术推广和成果应用与扶贫工作紧密结合，我校的“陕西省安康市汉滨区流水镇香山村光伏智能温室科技扶贫项目”获得“全国高职高专校长联席会议”优秀成果展，受到教育部职业教育与成人教育司司长陈子季和副司长谢俐的高度评价，如图 5 所示。人民日报海外网、凤凰科技网、中国日报中文网、现代职业教育网、搜狐网、中国农网、中国教育在线等多家媒体以“职业院校技术研发与科技成果更接地气”进行了专题报道。截至 2021 年，学院设立“科技扶贫专项”34 项，2020 年 5 月，与我院结对帮扶礼泉县共建的“陕西工业职业技术学院产学研一体化示范基地”项目被省教工委认定为 2019 年度、2020 年度、2021 年度“双百工程”产学研一体化示范基地；江

苏省农业科学研究院授予安康市汉滨区香山村"光伏智能温室科技扶贫项目"站点为"香山村光伏智能温室科技示范站"。

图 5　教育部职成司陈子季司长参观我院"互联网+科技扶贫"远程展台

五措并举，服务学生高质量就业

摘要： 在新型冠状病毒感染冲击和经济结构转型的背景下，为全面贯彻落实党中央"稳就业""保就业"决策部署，积极落实就业工作"一把手"工程，在体制机制创新、就业指导、就业服务、核查分析、就业帮扶、延伸服务等方面改革实践，打出了一套务实有效组合拳，最大限度地实现了毕业生更充分、更高质量的就业。

关键词： 五措并举、服务学生、高质量就业

一、实施背景

受到经济下行压力和疫情防控常态化双重影响，就业形势异常严峻。如何全面贯彻落实党中央、国务院"稳就业""保就业"的决策部署，聚焦制约毕业生就业的重点领域和关键环节改革创新，从而推动毕业生高质量就业就成为高职院校普遍面临的难题。

二、创新体制机制，培育就业工作新动能

成立由党委书记、校长挂帅，就业处统筹协调，相关部门参与，教学部门具体实施的就业工作体制；将就业奖励对象从校内拓展到合作企业，激发校内外参

与就业工作的积极性和主动性；将就业考核结果运用在二级学院招生、经费分配等具体工作中，建立就业工作不达标一票否决制。

三、五措并举，增强就业工作实效

（一）强化就业指导，让学生择业"易起来"

改革就业指导课程，构建专题指导与项目实践相结合教学内容，每年完成4 000学时以上的教学任务；以职业生涯规划大赛、模拟招聘、企业文化大讲堂等项目为载体，每年举办线上线下活动40余次，受益学生20 000人次以上；从师资遴选、师资培训、导师聘任、教学研究"四个维度"加强就业专兼职教师队伍建设，提高指导服务能力，如图1所示。

图1　就业系列活动

（二）聚资源强服务，让学生选择"多起来"

建立实地调研、电话调研、微信短信问候等多种形式长效联系机制，每年开辟高质量就业单位50余家；以订单培养促就业，每年开设企业订单班50个以上，惠及学生3 000余名；建成集网上招聘、签约、就业指导等一体化的就业服务平台，年均开展线上线下招聘会超500场，为毕业生人均提供就业岗位超过6个。

(三)加强核查分析,让就业工作"实起来"

建立就业单位考核机制,对于评价优秀的企业,优先安排人才选拔,对于评价差的企业,三年内不允许入校招聘;建立二级学院自查、二级学院互查、第三方抽查、就业处核查、问题反馈、整改落实的就业核查机制;建立专业群毕业生就业分析制度,为专业发展和才培养改革提供依据,如图2所示。

图2 第三方麦克思抽查所做就业质量年报及学院核查简报

(四)强化就业帮扶,让困难学生"笑起来"

实行困难学生咨询服务优先、招聘推荐优先、签约改派优先,做到优先办理、立刻就办、办就办好。主动与当地人事、教育、征兵等部门联系,积极寻找合适单位吸纳的困难毕业生,近三年来,798名困难学生通过帮扶,全部顺利就业。

(五)延伸服务触角,让学生成才"快起来"

开展毕业生毕业后三年专人定向服务,近三年来,对268名重新择业的毕业生进行精准帮扶,全部实现了高质量就业;每年聘请10名优秀毕业生指导学生技能大赛,推动毕业生成长成才;开展校企合作"协同育人好师傅"等评选活动,激发企业能工巧匠帮扶我校毕业生的行动自觉性,如图3所示。

图 3 协同育人好师傅、好导师颁奖现场

四、服务发展，彰显品牌价值

每年 70% 以上的毕业生在陕西当地就业，30% 以上的毕业生服务航空航天、能源化工、光伏等陕西省重点产业和战略新兴产业，用人单位对毕业生整体满意度 96% 以上，毕业生三年职位晋升 61.31% 以上；学校先后被授予"全国就业竞争力示范校"（见图 4）、"中国职业教育就业百强"、全国职业院校"服务贡献 50 强"、全国职业院校"产教融合 50 强"等荣誉称号；就业工作的经验做法多次被中国教育报等国内多家主流媒体专题报道，学院就业分区分片负责等做法已在陕西机电职业技术学院等 10 所兄弟院校推广应用，取得了良好的效果。

图 4 学院荣获 2021 年高职院校就业竞争力星级示范校

输出标准，助力产业发展强贡献

摘要： 学校积极贯彻《知识产权管理规范》国家标准，依托国家技术标准创新基地（智能铸造），建立"标准＋示范"的智能转型推广模式，发布及立项制定6项技术标准（其中1项已由国家工业和信息化部正式发布），形成了以技术标准引领行业发展的新典范。

关键词： 技术标准；产业发展；指导性文件

一、实施背景

为了提升职业院校科技服务产业的贡献度，学校以陕西省知识产权管理规范试点工作为契机，依托国家标准化管理委员会在我校设立的技术标准创新基地（智能铸造），建立了"标准＋引领"的成果推广模式，促进科技成果向标准转化、标准向行业推广，推动了我校在智能制造领域的创新发展，形成了在卡规磨床、柔性玻璃、光伏温室及铸造技术等领域的多维标准体系建设，为行业创新发展及参与国际合作贡献"陕工智慧"。

二、标准引领，服务产业创新发展

（一）建立了"标准＋示范"的智能转型推广模式

学校联合中国铸造协会、行业骨干企业共建国家技术标准创新基地（智能铸造),校企联合攻克行业企业数字化、网络化、智能化发展等关键问题,如图1所示。学校牵头制定的"铸造企业智能制造能力成熟度评估方法"行业标准由中国铸造学会正式发布,为推动智能铸造领域新型标准体系建设、服务铸造技术发展贡献了力量,如图2所示。

图1 国家技术标准创新基地(智能铸造)

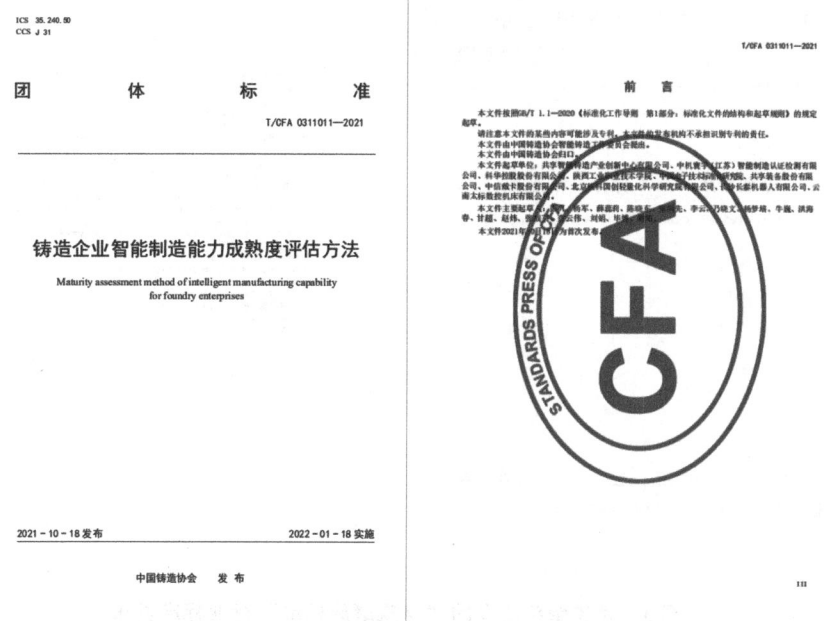

图2 牵头制定的"铸造企业智能制造能力成熟度评估方法"团体标准

(二) 研制5项机械行业技术标准

制定的机械行业标准成为机床相关制造企业生产制造及验收机床的重要规范性指导性文件。2020年9月，国家机械行业标准JB/T 3870.1—2019《卡规磨床 第1部分：精度检验》由机械工业出版社正式印刷出版发行，作为该类机床相关制造企业生产制造及验收机床的重要规范性指导文件，如图3所示。这也是继JB/T 9917.1—2017《多用磨床第1部分：精度检验》和JB/T 3875.2—2017《万能工具磨床第2部分：精度检验》之后的第三个由我院承担的机械行业标准的正式出版发行；立项机械行业服务"一带一路"职业技能标准研制项目"电弧焊操作工技能标准"和机械行业国际通用职业资格证书推荐目录研制项目"西门子工业控制技术认证证书"2个机械行业标准研制项目，推动了我校在全国机械行业及装备制造领域的示范引领作用，如图4所示。

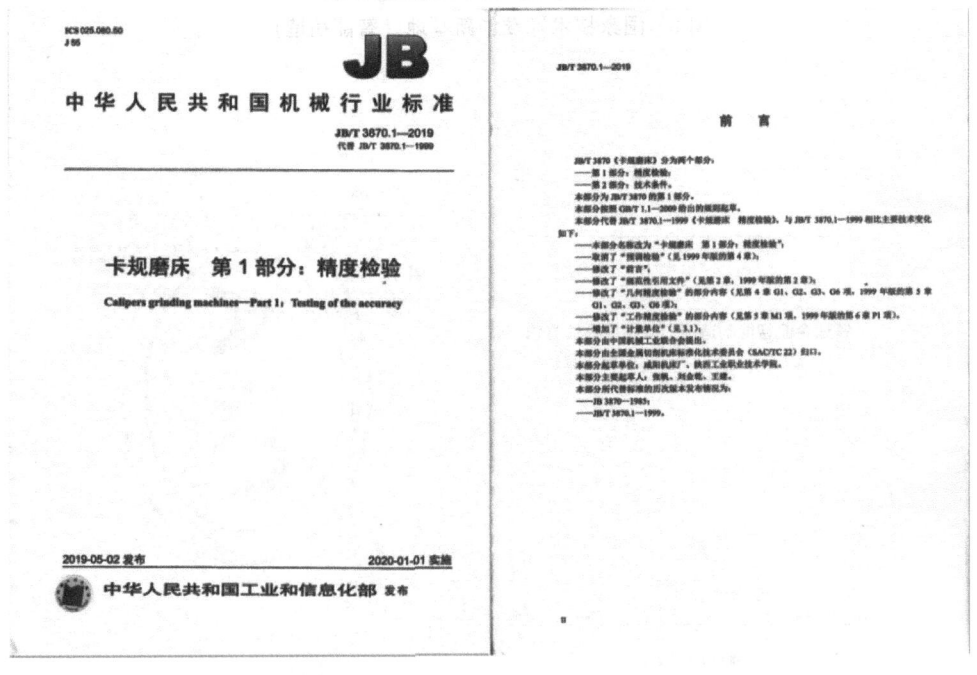

图3　我校牵头研发的"卡规磨床标准"行业标准发布

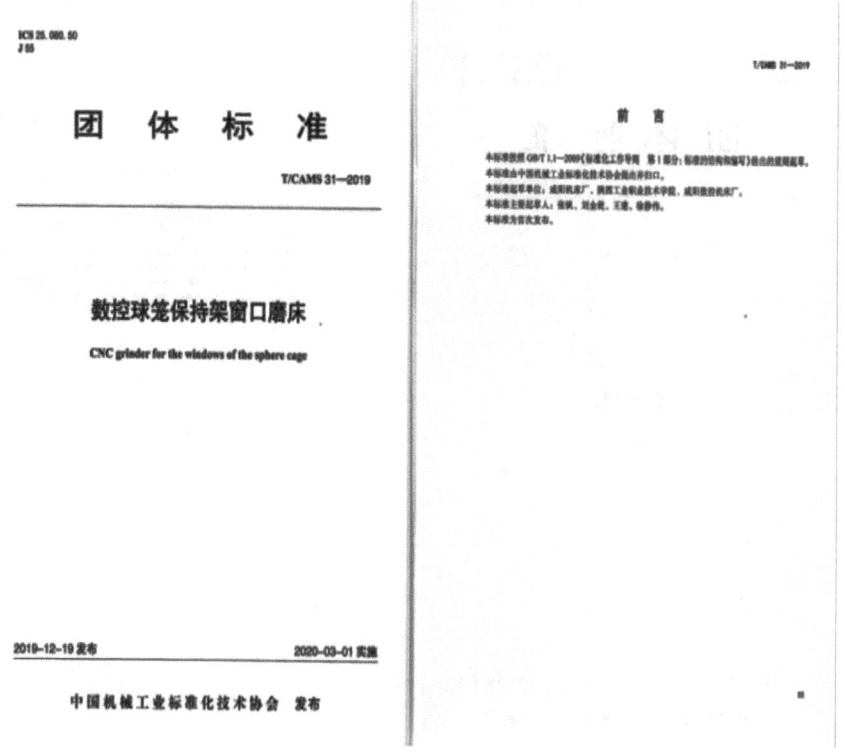

图 4 我校研发的"数控球笼保持架窗口磨床标准"发布

（三）研制的柔性玻璃标准引领行业发展

制定的柔性玻璃标准成为该类柔性玻璃相关制造企业生产制造的重要规范性指导文件。2021 年 8 月 9 日，我校材料工程学院侯延升博士团队参与起草的"柔性玻璃技术标准"由中关村材料试验技术联盟正式发布，作为该类柔性玻璃相关制造企业生产制造的重要规范性指导文件，如图 5 所示。

三、实施成效

近三年来，学校牵头及参与研制国家标准、行业标准、团体标准、地方标准等 6 项标准，系列标准的研制、成功发布与实际应用，充分体现了学院在促进产业以及支撑行业发展的引领作用和影响力，也是学院力争打造高水平、全国领先技术技能创新服务平台的有力实践。

图 5　我校研制的"柔性玻璃技术标准"发布

多措并举，打造一流科技创新平台

摘要：学校主动对接产业和区域经济社会发展新需求，按照"立制度激活力、搭平台强基础、建团队聚人才、抓项目育成果"的工作思路，持续构建高质量科技创新体系，构建了由 9 项管理办法和 3 项实施细则组成的科技创新制度体系，搭建完成覆盖全校各专业大类的院士工作站、工程研究中心、重点实验室、哲学研究基地等各级各类科研平台 26 个，建设成效显著。

关键词：科技创新体系；科研平台；院士工作站

一、实施背景

国家《关于推动现代职业教育高质量发展的意见》明确要求：职业学校要积极与优质企业开展双边多边技术协作，共建技术技能创新平台，服务地方中小微企业技术升级和产品研发。学校主动对接产业和区域经济社会发展新需求，按照"立制度激活力、搭平台强基础、建团队聚人才、抓项目育成果"的工作思路，持续构建高质量科技创新体系，依托科研平台主动对接产业和经济社会发展需求，不断提升学校科技创新活力、科研综合实力和技术服务能力。

二、实施举措

（一）建立科技创新服务体系

出台《成果转移转化管理办法》，明确了以校长为组长，7个职能部门、3大研究院和10个二级学院为成员的科技成果转化领导小组，形成了集知识产权管理、国有资产管理、科技成果转移转化于一体的"制度激励＋保护监督＋系统管理"管理模式和运行机制，重点围绕审批权限、知识产权、绩效提取、职称聘任、设备采购、合同管理、信息化线上服务、自媒体平台推广8个针对性"重磅措施"，构建了由9项管理办法和3项实施细则组成的科技创新制度体系，如图1所示。

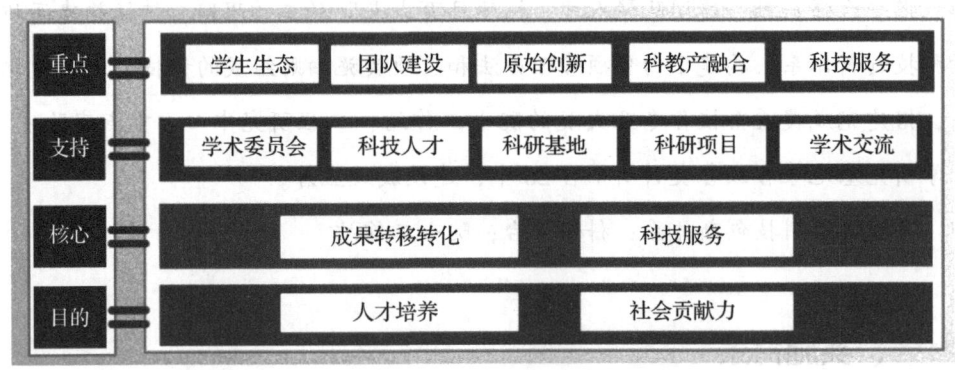

图1 陕西工业职业技术学院科技创新服务体系

（二）搭建高水平科研平台

学校围绕装备制造、新材料等省内主导产业立项建设高性能航空材料与器件陕西省高校工程研究中心、咸阳市高端数控机床关键零部件工程技术研究中心、咸阳市数字城市与地理空间大数据技术重点实验室3个厅局级科研平台（见图2），同时启动建设了14个兼具产品研发、工艺开发、技术推广等功能的校级技术研发中心；联合陕西省黄河文化经济发展研究会与陕西清宇公司成立了生态技术研发与应用中心、联合中铁西安勘察设计研究院成立智能数字交运工程研究中心2

个校企合作科研平台，通过平台与企业相互协作，孵化科技成果，如图3和图4所示。

图2　咸阳市工程技术研究中心、重点实验室授牌

图3　陕西省黄河文化经济发展研究会、陕西清宇实业有限公司与学校签订"生态技术研发与应用中心"共建框架协议并揭牌

图4　学校举办科研平台任务落实及建设推进会

(三) 创新科技平台运行机制

学校出台了《技术技能创新服务平台建设运行管理办法》，明确学校对技术平台试行"学校协调、部门保障、平台负责"的三级管理模式。引进中国工程院院士秦裕琨在学校设立新能源及装备研发院士工作站（见图5），引进中国工程院卢秉恒院士团队在学校设立卢秉恒院士团队工作室（见图6），通过加强与院士团队的合作，发挥领军人才优势，借助陕西地区拥有的优质产业资源，与秦裕琨院士团队进行高性能储能器件的制备和先进储能技术的开发研究，积极孵化一批对接当地产业需求的科研成果，以科技创新服务区域经济创新发展。

图5 秦裕琨院士在学校设立新能源及装备研发院士工作站

图6 卢秉恒院士与刘永亮校长为学校院士团队工作室揭牌

三、建设成效

经过三年建设,学校现有各级各类科研平台26个,其中有由哈工大秦裕琨院士团队领衔的新能源及装备研发院士工作站1个,教育部应用技术协同创新中心4个,陕西省高校工程研究中心1个,哲学社会科学研究基地1个(西部职业院校唯一开展职业教育研究的省级高校哲学社会科学重点研究基地),咸阳市重点实验室、工程技术研究中心3个,校企联合共建技术研发与应用中心3个,咸阳市渭城区在学校设立2个特色产业专家工作站,校级科研平台14个,覆盖学校各专业大类的科研平台的初步架构已经形成,成效逐步显现。

第二部分

机械制造及自动化专业群案例

聚焦数字化精密制造创新"教、学、做、创"一体化培养模式

摘要：聚焦制造业数字化转型，对接数字化精密制造产业技术发展，机械制造及自动化专业群以"学工合一、知技融通"为导向，携手北京精雕共建"五位一体"功能产业学院，探索"1+X"试点和"学分银行"建设，创建了"教、学、做、创"一体化人才培养模式，入选了机械行指委十佳案例和教育部优秀案例。

关键字：精密制造、产业学院、教学做创一体化、人才培养模式

一、实施背景

制造业的转型升级对人才提出了更高的要求，目前技术技能人才培养存在供需不完全一致的结构性矛盾，深化产教融合、建设校企命运共同体、探索校企协同育人机制、创新人才培养模式是解决问题的有效途径。陕西工业职业技术学院机械制造及自动化专业群聚焦制造业数字化转型，对接数字化精密制造产业发展，通过与行业龙头企业北京精雕共建产业学院，形成了校企协同育人机制，创建了"教、学、做、创"一体化人才培养新模式。

二、具体措施

（一）聚焦精密制造技术，共建校企协作育人平台

服务制造强国战略，聚焦数字化精密制造领域，对接陕西机床制造、航空制

造、石油机械等支柱产业,以提高技术技能人才培养质量为核心,机械制造及自动化专业群携手中国机床行业的头部企业北京精雕科技集团有限公司共建先进制造精雕产业学院(见图1)。

图1 成立先进制造精雕产业学院

校企双方共同建设"一坊两中心"实训基地(见图2),建成具有人才培养、科技研发、社会培训、技术服务、技术鉴定的"五位一体"的校企协作育人平台(见图3)。

图2 "一坊两中心"实训基地

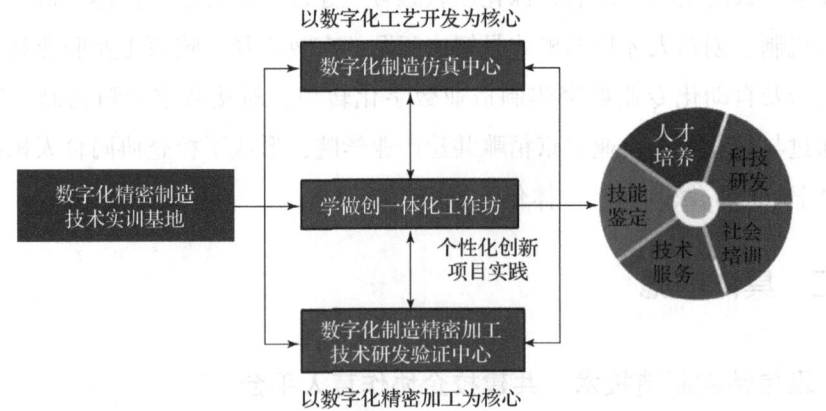

图3 "一坊两中心"实训基地框架

(二) 深化岗课赛证融通,探索"1+X"试点和"学分银行"建设

校企共同进行人才培养实训基地建设的研究与实践,开发《精密数控加工》职业技能等级标准1项,落实书证相互衔接融通,编写"1+X"精密数控加工证书配套的教材(见图4)。深化"三教"改革,促进校企合作,探索建设职业教育国家"学分银行"。

图4 校企共同编写的职业技能等级标准和配套教材

(三) 强化创新能力培养,创新"学做创"一体化人才培养模式

基于"一坊两中心"实训基地,将企业典型产品作为精密制造基础知识的载体引进课堂,培养学习兴趣;模仿企业案例,提升精密加工技能;通过个性化创新项目拓展学生的思维,培养其创新能力,形成"教、学、做、创"一体化人才培养模式的基础模型,如图5所示。

基于人才培养模型,重新构建了"基础共享课程–职业技能课程–职业迁移课程"三递进的课程体系,搭建了"教育教学+技术研究"的双师结构团队,形成"案例进教材、产品进课程"的教学资源动态更新机制(见图6),以及"教、学、做、创"一体化人才培养模式(见图7)。

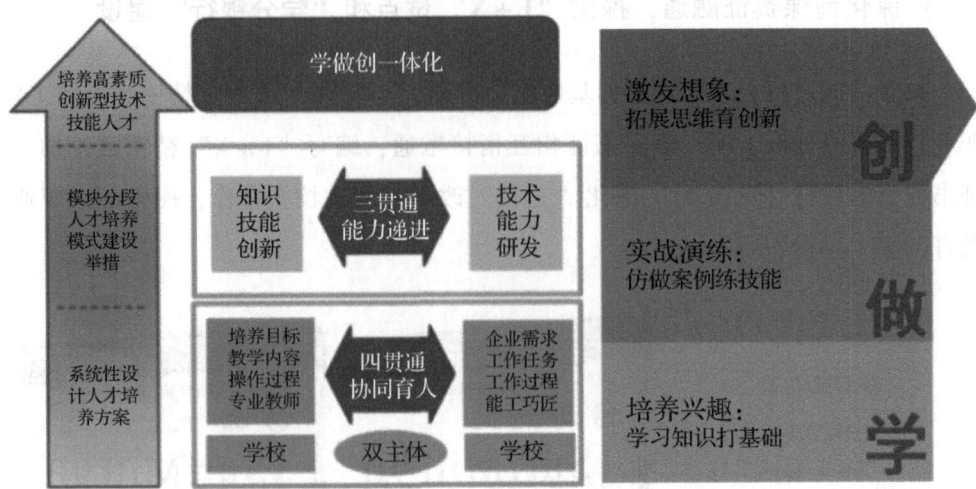

图 5 "学做创一体化"人才培养模式基础模型

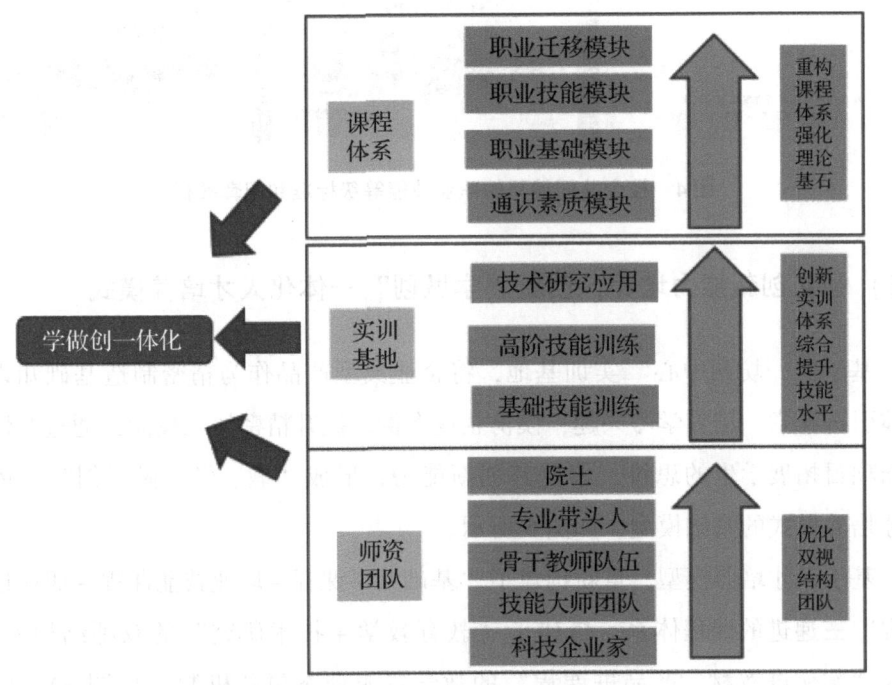

图 6 重构"学做创一体化"人才培养模式要素

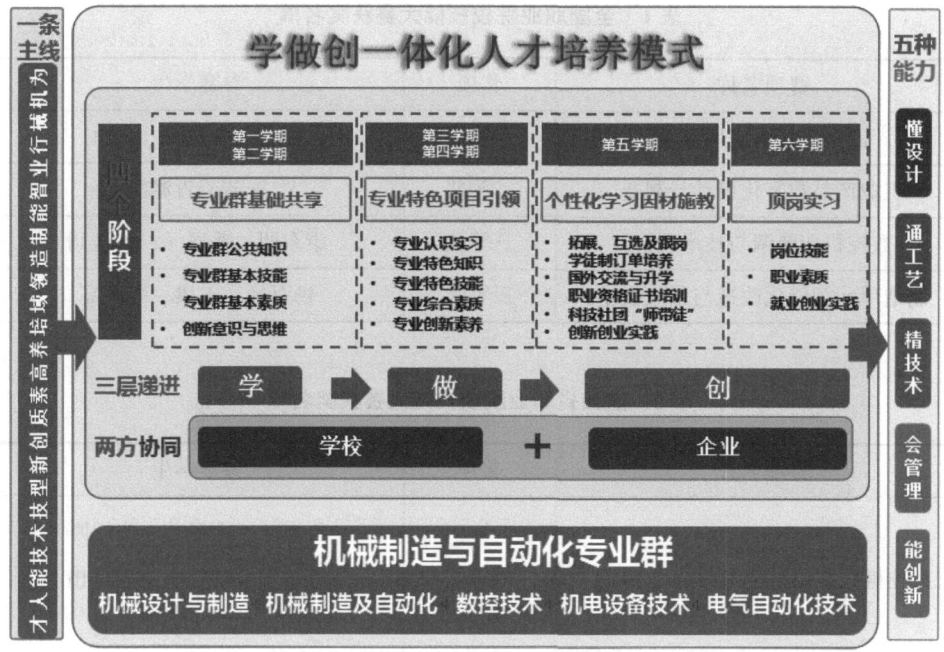

图 7　学做创一体化人才培养模式

三、建设成效

(一) 人才培养质量显著提升，技能大赛取得新突破

该模式培养的学生技能水平显著提升，图 8 所示为学生加工的叶轮。学生在全国职业院校技能大赛中屡获嘉奖，部分学生获奖项目名单见表 1 和表 2。

图 8　学生加工的叶轮

表 1　全国职业院校技能大赛获奖名单

赛项名称	奖项	参赛学生
嵌入式技术应用开发	一等奖	程嘉、李慧峰、张康
工业产品数字化设计与制造	三等奖	李芳芳胥渊源
数控机床装调与技术改造	三等奖	康东明、普恩泽、刘佳腾
制造单元智能化改造与集成技术	三等奖	杨召娣、王康、冯亮亮

表 2　陕西省职业院校技能大赛获奖名单

赛项名称	奖项	参赛学生
数控机床装调与技术改造（3项）	一等奖	普恩泽、王庆德、史旭哗 康东明、刘佳腾、王昊田 刘江阳、王安、孙骞
制造单元智能化改造与 集成技术（2项）	一等奖	杨召娣王康冯亮亮 李晓攀，温旭飞，朱易杰
工业机器人技术应用	一等奖	齐延延　张少波　任少平
工业机器人技术应用（2项）	二等奖	赵桥治，何航　李贵立，石小龙
工业产品数字化设计与制造	二等奖	申国婷　刘嘉豪
数控机床装调与技术改造	二等奖	吴骄，张开阔，禄旭浩
制造单元智能化改造与 集成技术（2项）	二等奖	唐恬活　郭名浩　袁嘉豪 赵欢欢，王鹏，彭少奇
机器人系统集成（2项）	二等奖	温旭飞，郝驰，李晓攀 朱易杰，王鹏，赵欢欢
现代电气控制系统安装与调试	三等奖	刘世勋　李依杰

学生在各类创新创意比赛中获得奖项 30 余项（见表 3），申请并授权专利 19 项，其中 2 项为发明专利，4 项完成了成果转化。

表3 "互联网+"大学生创新创业大赛获奖名单

赛项名称	奖项	参赛学生
第五届中国"互联网+"大学生创新创业大赛陕西赛区		
SPE现场纯水电解制氢装置创业项目	银奖	崔杰、白晨阳、柳皓月、卫瑞勇
Sinn晒映随享客栈创业项目	铜奖	卫瑞勇、张宇航、赵鑫琛、王凯、徐浩、惠远航、朱思语
黑米科技	铜奖	杜易林、杨宇博、张沛、赵建龙
第六届中国国际"互联网+"大学生创新创业大赛陕西赛区		
"和畅"医用防护服配套穿戴式智能新风防护系统	金奖	李宇晗、郑旭飞、彭浩鸿、李兰兰、张挺、陆启航
折叠显示用超薄柔性玻璃智造	金奖	杨杰、刘攀、郝驰、赵欢欢、赵龙、张若月
防疫卫士——空气的过滤专家	银奖	贾安鼎、李耀欣、何钰妍、刘宇豪、王凯、吴玉栋、王新博、崔杰、肖彤
氢创未来	银奖	邓祎鹏、王新博、吴玉栋、刘泓垣、陈媛怡、王佳琪、张宇航、刘东东、贾安鼎、赵虎军
智慧窗家居系统	铜奖	昊磊、王伟、袁磊鑫、杨鸿祥、石炎良
智慧云车位二——基于先进车位检测与云端共享机制的一体化停车服务运营商	铜奖	田育哲、宋小杰、王迪、童霜奕、崔开科、李润龙、李育飞

(二) 形成育人范式，社会影响显著

2019年孙春兰副总理到学校视察，对"学做创一体化"人才培养模式给予了高度评价。基于该人才培养模式形成的《对接行业发展，聚焦精密制造，校企协同培养复合型技术技能人才》和《共建校企协同育人平台，创新"教、学、做、创"一体化人才培养模式》两个案例，分别入选教育部《2021年产教融合

校企合作典型案例名单》和机械行业"十佳案例",如图9所示。

机械行业职业教育产教融合校企合作典型案例遴选结果 (按内容类型和行政区域排列,不分先后)			
十佳案例名单:			
序号	内容类型	案例名称	申报单位
1	创新人才培养模式	"三通三合"智能制造类专业集群人才培养体系构建与实践	无锡职业技术学院
2	创新人才培养模式	山科-歌尔"双主体、三环境、四阶段"人才培养模式	山东科技职业学院
3	创新人才培养模式	产创耦合、专创融合,培养具有创业精神的创新型工匠	柳州职业技术学院
4	重点专业建设	聚焦高水平专业群建设,践行深度产教融合,协同服务制造升级	北京发那科机电有限公司 陕西国防工业职业技术学院
5	"双师"队伍建设	创新"四位一体"模式,打造国家级教师教学创新团队	湖南电气职业技术学院
6	深化校企合作	"共享工厂":高职智能制造类专业产教融合育人平台的创新实践	常州机电职业技术学院
7	深化校企合作	服务县域经济发展的模具高端技术人才培养模式创新	宁波职业技术学院
8	深化校企合作	共建校企协同育人平台,创新"学做创一体化"人才培养模式	陕西工业职业技术学院
9	合作机制建设	产教融合:探索实体化、一体化的产教融合发展新路	金华职业技术学院
10	对外合作模式	共担首都智慧城市建设运行,助推"双碳"目标实现,打造国际产教融合典范	北京工业职业技术学院

附件:2021年产教融合校企合作典型案例名单		
序号	报送单位	案例名称
1	重庆财经学院 科大讯飞股份有限公司	基于"一院三制互融"的校企融合共生长效机制探索
2	西南科技大学 四川铁骑力士实业有限公司	模式助力多方共赢 平台赋能乡村振兴——西南科技大学与铁骑力士集团携手推进现代农业产业发展
3	清华大学继续教育学院 中冶赛迪集团有限公司	高校继续教育助力企业绩效提升——运用组织学习技术增强企业关键人才赋能成效
61	金华职业技术学院	产教联合体:探索实体化、一体化的产教融合发展新路
62	陕西工业职业技术学院	对接行业发展,聚焦精密制造,校企协同培养复合型技术技能人才
63	襄阳职业技术学院	有限混合、柔性互通、全程融通——襄阳职业技术学院校企一体化育人模式改革
64	四川幼儿师范高等专科学校	"联盟筑基,园校融合"幼儿教师培养模式的创新和实践

图9 教育部和机械行业产教融合校企合作典型案例名单

系统建设课程资源中心，着力打造高水平金课

摘要： 课程是人才培养的核心要素，教育部发文要把"水课"转变成有深度、有难度、有挑战度的"金课"，切实提高课程教学质量。围绕装备制造产业岗位群职业能力需求，建立"技术引领、教育跟进"的职业能力培养课程动态建设机制，构建"基础课程共享–专业课程分立–拓展课程互选"三级递进课程体系，实现高本贯通培养目标。对接新技术新工艺新标准，重塑课程内容，更新国家级和省级专业教学资源库，建成专业群课程资源中心；对接信息化教学手段，建设优质在线开放课程和国家级虚拟仿真示范实训教学资源。

关键词： 课程体系、高本贯通、资源中心、金课

一、实施背景

教育部发文要求各高校要全面梳理课程教学内容，淘汰"水课"，打造"金课"。为推动信息技术与教育教学融合，促进优质教育资源应用与共享，陕西工院启动学院金课建设工作。针对装备制造业升级速度带来的课程内容时代性差异等问题，机械制造与专业群系统化建设专业群课程资源中心，着力打造 37 门高水平"金课"。

二、建成机制

围绕装备制造产业"设计-制造-维修-服务"岗位群职业能力需求,建立"技术引领+教育跟进"的职业能力培养课程动态建设机制,构建"基础课程共享-专业课程分立-拓展课程互选"三级递进课程体系,实现"纵向学历可提升+横向职业可迁移"高本贯通培养目标。机械制造及自动化专业群课程建设逻辑如图 1 所示。

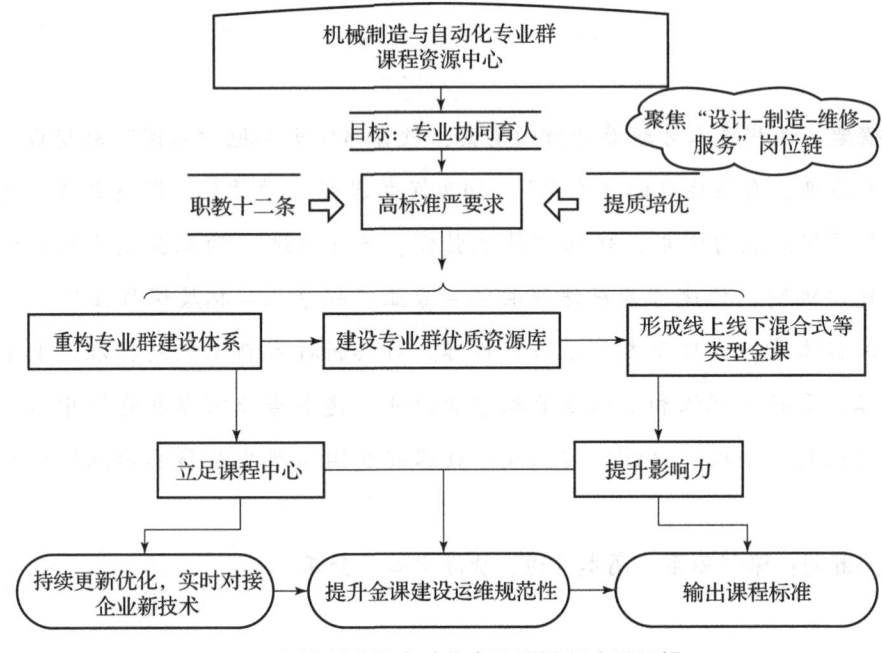

图 1　机械制造及自动化专业群课程建设逻辑

三、实施过程

(一)围绕职业能力需求,重构课程体系

紧密对接装备制造产业高端,围绕岗位群职业能力需求,搭建职业能力培养

课程模块，如图2所示。基于高本贯通培养目标，紧紧围绕学生技能培养规律，依据人才培养实施过程，重构专业群课程体系，如图3所示。

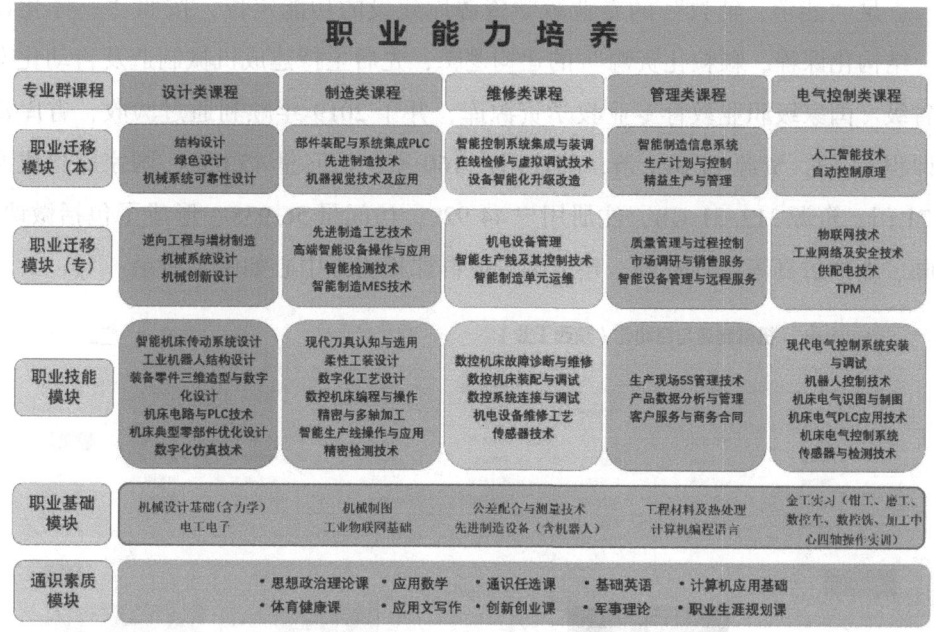

图2 职业能力与课程对应关系

图3 专业群能力培养课程体系

(二) 立足资源库建设，打造资源共享平台

立足"能学、辅教"的专业教学资源库建设的功能定位，按照"一体化设计、结构化课程、颗粒化资源"的建构逻辑，先后主持建成机械制造及自动化专业省级、国家级职业教育专业教学资源库，并于2019年顺利通过验收，省库建成课程14门，资源11 894条，院校用户160家，访问量45 059，国家库建成课程71门，资源312.31 GB，注册用户44 929，访问量56 938，形成了包括微课、动画、虚拟仿真等系列资源。建成的专业群课程资源中心如图4所示。

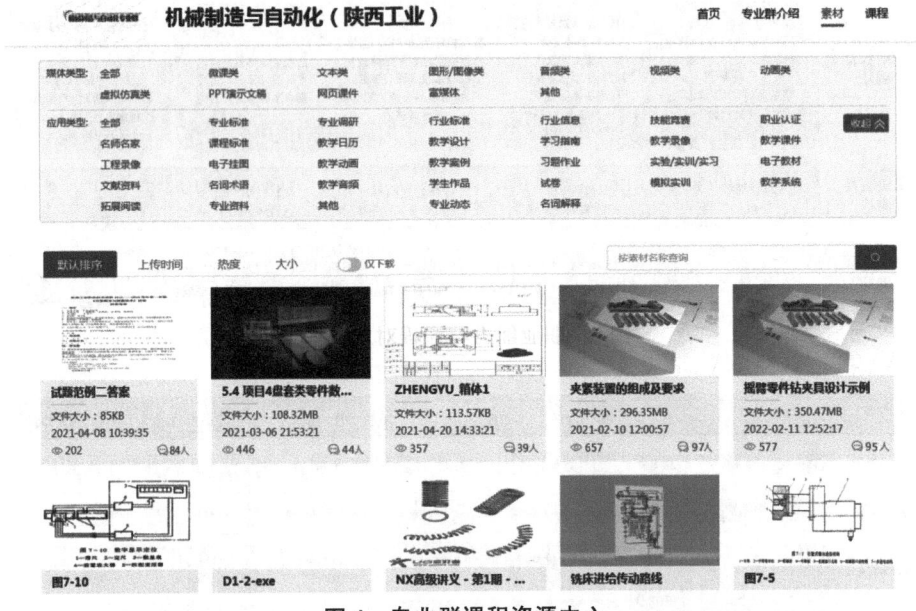

图4 专业群课程资源中心

(三) 建设在线开放课程，培育高水平金课

在抗击新型冠状病毒感染中，专业群充分利用已建成的18门在线开放课程和两个专业教学资源库启动云端授课，95名专业课教师和2 200多名学生全部参与线上课堂，保障教学工作顺利进行。2020年，立项新建或更新在线开放课程10门；2021年，立项建设在线开放课27门，立项线上线下混合式、虚拟仿真、校企双元等不同类型"金课"37门，如图5所示。

陕西工业职业技术学院文件

陕工院教字〔2022〕1号

关于公布"金课"建设项目立项结果的通知

各处级单位：

根据《关于开展陕西工业职业技术学院"金课"建设工作的通知》（陕工院教字〔2021〕14号）文件精神，经个人申报、教学部门推荐、校外专家网评排序、第一届教学工作专项工作委员会第10次会议审议，确定《液压与气动技术》等150门课程为陕西工院"金课"建设项目，并启动项目建设。现将项目开展的有关事项通知如下：

一、立项名单

见附件1

二、建设要求

附件1

陕西工业职业技术学院"金课"立项建设名单

序号	推荐部门	课程名称	负责人	团队成员	学分	学时	申报类别	课程类型
1	机械工程学院	液压与气动技术	张文亭	焦峥辉、王美妍、朱航科、马杰、穆龙涛、李苍叶、邹凯	3	48	国家级专业群课程	线上线下混合式金课
2	机械工程学院	数字化检测技术	王丽	鲁涛、张璐、张妍、朱航科、张莹、冯丽萍	2	48	国家级专业群课程	线上线下混合式金课
3	机械工程学院	数字化精密制造技术	赵明威	吴玉文、周新涛、陈伟、邹凯、赵利平、成党伟、潘冠廷、王帅、赵恒	2	48	国家级专业群课程	虚拟仿真金课、校企双元金课
4	机械工程学院	机械制图与计算机绘图	高红英	赵明威、林希、袁栋滔、邓丰曼、张妍、秋莹莹、杨利红	4.5	72	国家级专业群课程（院级课程资源更新）	线上线下混合式金课
5	机械工程学院	先进制造设备	白雪宁	朱航科、林希	2	32	国家级专业群课程	线上线下混合式金课
6	机械工程学院	机床电气与PLC控制技术	焦峥辉	张文亭、王美妍、朱航科、马杰、穆龙涛、邹凯、黄鑫	2	24	国家级专业群课程	线上线下混合式金课
7	机械工程学院	工程力学	樊爱珍	翟芳婷、乔琳、权超、杨兵兵、张敏	3	48	国家级专业群课程（省级课程资源更新）	线上线下混合式金课
8	机械工程学院	生产现场5S管理	任雪娇	魏静、王嘉明、赵君、张景钰、王小爱	2	32	国家级专业群课程	线上线下混合式金课、课程思政金课
9	机械工程学院	机电设备管理	林希	白雪宁、袁栋滔、孙延	2	32	国家级专业群课程	线上线下混合式金课、课程思政金课

图5　"金课"建设项目立项文件

四、建设成效

2020年，国家职业教育虚拟仿真示范实训基地专业课程与教学资源建设立项。2020—2021年，"机械设计基础"和"机械制图与计算机绘图"等6门课程获评陕西省职业教育在线精品课程。2019年，机械制造及自动化专业教学标准成为赞比亚国家职业教育教学标准。2020年，尼日利亚纳卡布斯理工学院等6所院校引进了群内专业机械制造及自动化专业教学标准和52门课程标准，相关成果被《陕西日报》等主流媒体广泛报道，如图6所示。

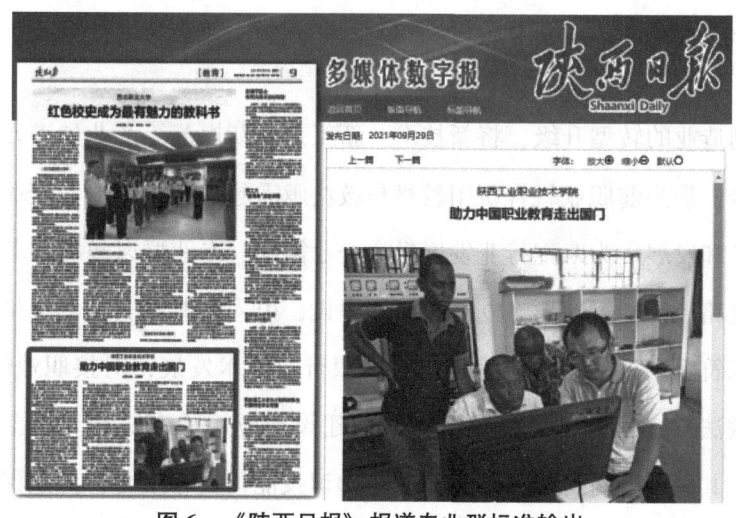

图6　《陕西日报》报道专业群标准输出

建设优质教材打造育人精品载体，实施课堂革命，提升人才培养质量

摘要： 随着新技术、新工艺、新标准的不断涌现，教材与教法的升级需要适应产业发展，专业群以技术引领—教材改革—教法匹配为主线，建设新形态立体教材，带动教法改革，提升学生的职业能力。通过本次改革，专业群在教材建设、各类比赛及学生成绩表现上均取得了突破和进步。

关键词： 教材建设、课堂革命、立体教材、混合式教学

一、实施背景

随着制造业的转型升级，将新技术、新工艺、新规范等产业先进元素融入优质教材打造，是当前职业教育所用教材与教法亟需赶上当前制造业企业的技术及技能的需求和发展。为匹配行业发展融合企业需求，专业群以教材改革引领教法改革为实施路径，通过新形态立体教材的建设，引入企业真实案例，带动课堂教法改变，以符合当下的职业能力需求。紧跟行业技术发展，对接职业能力需求，建立教材教法"三年修订、每年更新"的建设与应用动态机制。校企联合开发课程内容，共编新型教材，将价值引领与知识技能传授相融合，探索课程思政多元化教学方法。

二、建设立体化新形态教材，混合式教学打破课堂边界

(一) 建设新形态立体教材，适应学情新需求

为适应企业对于人才技能的需求，与企业共同开发教材，引入企业典型案例，采用任务驱动的项目化编排方式，根据不同课程知识体系的特点，选择项目式、活页式、工作手册式等方式创建新形态立体化教材。利用数字化手段，建设教材资信息化源库，通过扫码等方式，简化使用步骤，提高学习兴趣。每个项目学习前，将涉及的知识、能力和素质目标展示在教材中。在教材的微课和课堂小结中注重职业精神和素质的养成，将素质教育目标贯穿于课本之中，针对不同内容有机融合思政教育，实现德技并修的人才培养模式。以数字化教学资源为支撑，校企双导师授课，线上线下混合教学，采用互动式教学策略，引入新情境，达到做中学、训中学、研中学和赛中学，如图1所示。

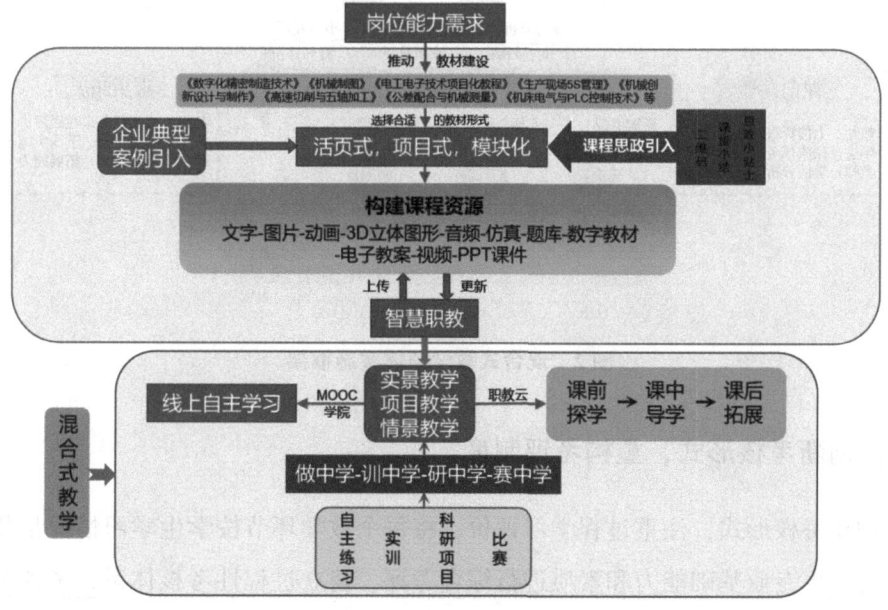

图1　教材教法改革举措

(二)三变促为两动,创造自主学习新常态

变教法为适应教学信息化需求,实施线上线下混合式教学,每个教学环节采取线上线下结合的教学形式。学生线上学习重点内容,难点部分老师线下答疑。混合式教学整体实施框架如图 2 所示,以岗位能力需求为导向,改变内容课程内容,引入企业典型案例,实施校企双导师制,导师以企业项目为载体从亲身经历的角度向学生传授一线的技术及知识。改变教学地点,将课堂搬到生产一线,按照企业员工的标准,施行项目教学和情景教学等教法,在工作过程中把基础知识与实践技能结合起来,在解决工作难题时把基础知识与创新能力结合起来,提升学生的职业素养和职业能力。通过教法、内容、场地的改变,激发、鼓励学生的积极性,采用翻转课堂,课前布置学习任务,课中学生上讲台自主讲授,变被动为主动,让学生动起来。将信息化资源以二维码形式植入教材里,学习内容直观呈现,增强学习兴趣,教材立刻"动起来"。

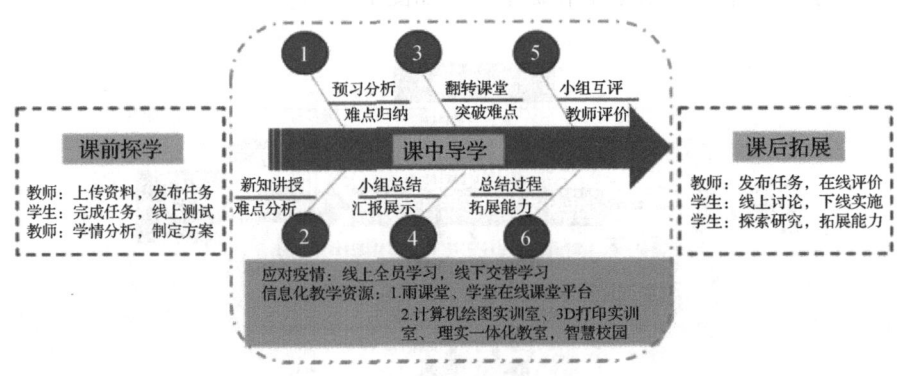

图 2 混合式教学整体实施框架

(三)创新考核形式,重构考评制度

创新考核形式,注重过程学习评价,将每个教学环节按学生学习情况量化考核,对学生专业基础能力和素质进行综合考评,建立过程性考核体系,考评细则如图 3 所示。

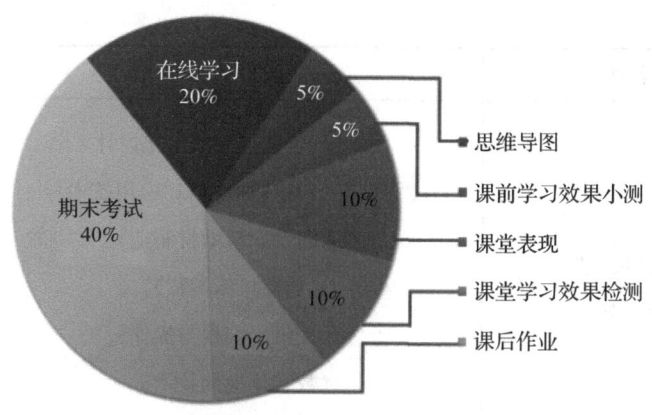

图 3 群内核心课程考评细则

三、教材教法改革成果显著，兴趣能力显著提升

（一）教材建设成效显著，多部教材获评"十三五"规划教材

专业群以"三教"改革为抓手，依托产业学院，校企联合编写教材，引入新技术、新工艺、新规范，创新教材编写方式与结构，共同开发新型教材 20 余部。教材建设成果见表 1。

表 1 教材建设成果

成果名称	项目名称	成果数量
"十三五"规划教材	《机械制造工艺装备》等	3 部
陕西省优秀教材一等奖	《机械制图项目教程（第二版）》等	3 部
编写"活页式""项目化"教材	《数字化精密制造技术》《生产现场 5S 管理》《高速切削与五轴加工》《机床电气与 PLC 控制技术》《机械创新设计与制作》《机械运动仿真技术》	13 部

续表

成果名称	项目名称	成果数量
编写"活页式""项目化"教材	《零件三维造型与数字化设计》 《罗克韦尔Micro800 PLC应用技术》 《逆向设计与增材制造》 《数控机床编程》 《数控机床编程与操作》 《数字化检测技术》 《电工电子技术项目化教程》	13部
编写其他新形态教材	《先进制造设备》 《机械原理与机械零件》 《机械设计课程设计》 《机械设计基础》 《公差配合与机械测量》 《工程制图》 《传感器与测试技术》	7部

（二）师生奋力齐拼搏，各项比赛尽展风采

在改革引领下，学生专业素质和专业能力明显提高，一大批学生积极参加各类大赛，斩获奖项颇多，见表2。

表2　专业群部分获奖成果

获奖时间	获奖名称	获奖等级
2019年	第五届中国国际"互联网+"大学生创新创业大赛陕西赛区	金奖1项，银奖1项，铜奖2项
2020年	第六届中国国际"互联网+"大学生创新创业大赛全国总决赛职教赛道	金奖

续表

获奖时间	获奖名称	获奖等级
2020 年	第六届中国国际"互联网+"大学生创新创业大赛陕西赛区	金奖 2 项,银奖 2 项,铜奖 2 项;红色赛道银奖 1 项
2019 年	陕西省高等职业院校技能大赛	一等奖 8 项,二等奖 3 项,三等奖 7 项
2020 年	陕西省高等职业院校技能大赛	一等奖 5 项,二等奖 8 项,三等奖 2 项
2021 年	第七届中国国际"互联网子"大学生创新创业大赛陕西赛区	金奖 1 项,银奖 2 项,铜奖 7 项
2021 年	全国职业院校技能大赛数控机床装调与技术改道赛项	三等奖 1 项
2021 年	第九届中国工业智能制造挑战赛	一等奖
2021 年	第十四届"高教杯"全国大学生先进成图技术与产品信息建模创新大赛	三等奖 2 项
2021 年	第二届全国机械工业设计创新大赛	二、三等奖各 1 项
2021 年	第三届陕西省大学生工程制图与 3D 建模大赛	三等奖 6 项,团体三等奖 1 项
2021 年	第十三届"挑战杯"陕西省大学生课外学术科技作品竞赛	三等奖 1 项

(三) 课堂内外学习气氛浓厚,学生成绩逐年提高

信息化手段和信息化资源平台的采用取得良好效果,以"机械制图"在试点班的成绩为例,学生在多方举措并行之下,成绩连年提高,如图 4 所示。

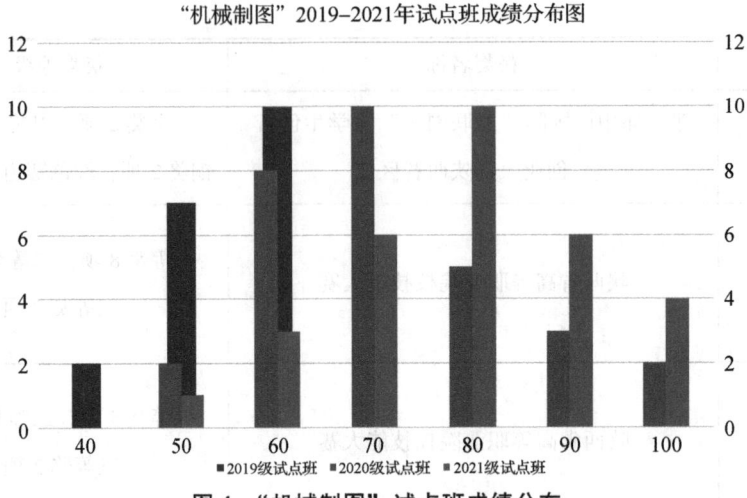

图 4 "机械制图"试点班成绩分布

深化产教融合，校企共建实体化产业学院

摘要：为提升我校职业教育适应性，专业群围绕装备制造产业高端人才需求，聚焦数字化精密制造领域，以共建、共用、共享、共赢为原则，通过"工学结合、'订单'培养、项目驱动"的方式，进一步完善校企合作，深化产教融合。打造实体化运营的"先进制造精雕产业学院"，并制定了产业学院建设机制与运营模式，在破解校企双方"发力不均、合而不深、聚而难融"等核心难题方面进行了大胆探索和实践，在服务产业升级创新人才培养模式、打造高水平专业群、构建校企命运共同体打造结构化教学创新团队、与行业龙头企业协同共建产业学院等方面取得了突破性成效，实现了校企协同育人培养模式。

关键词：产业学院、校企合作、产教融合、数字化精密制造

一、建设背景

随着制造业进入数字化与智能化时代，行业企业新技术、新工艺、新标准加速迭代，对职业教育的发展要求也随之增高。因产教改革的契合度、融合度不深入，校企合作开展不平衡，校企合作质量不高，校企合作机制不健全等原因导致的新技术、新工艺、新标准融入职业教育难的问题日渐凸显，亟待通过实体化运营的产业学院等途径深入解决，如图1所示。

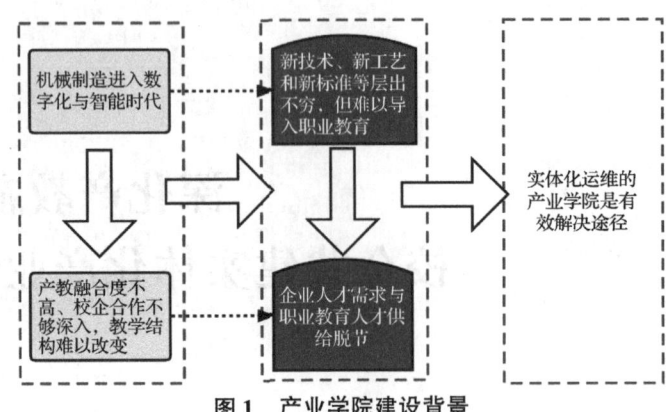

图 1 产业学院建设背景

二、建设机制

(一) 以"六融四共"打造"五位一体"实体化运营产业学院

专业群紧跟装备制造产业升级以及新技术、新模式、新业态发展,联合北京精雕以人才培养为核心,校企双方从技术融合、人员融合、资源融合、制度融合、文化融合、利益融合等方面深化产教融合,建设具备技术研发、社会服务、科技转化、创新创业功能的"五位一体"先进制造精雕产业学院,实现了"平台共建、资源共用、成果共享、利益共赢"(见图2),形成了校企合作的"陕工经验"。

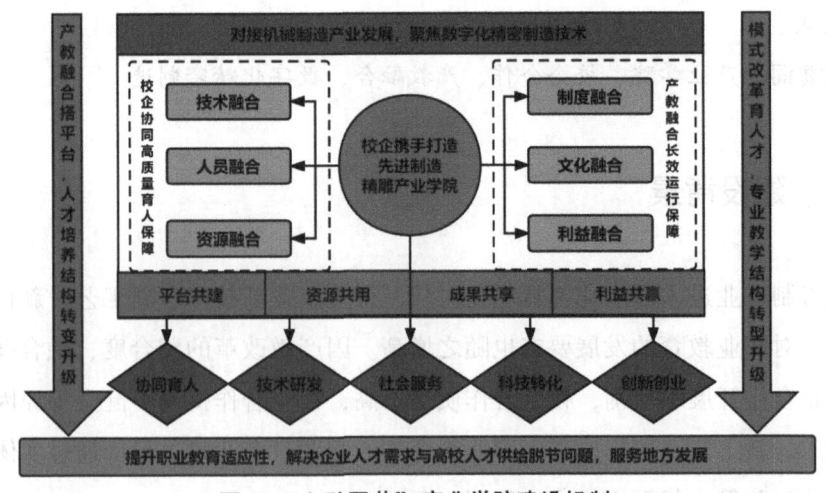

图 2 "六融四共"产业学院建设机制

（二）制定"双主体＋四层级"的管理制度，实现产业学院长效实体化运营

校企共同制定理事会组建与运行制度、理事会议事制度、项目管理制度、绩效管理制度等，形成了产业学院组织框架，如图 3 所示。

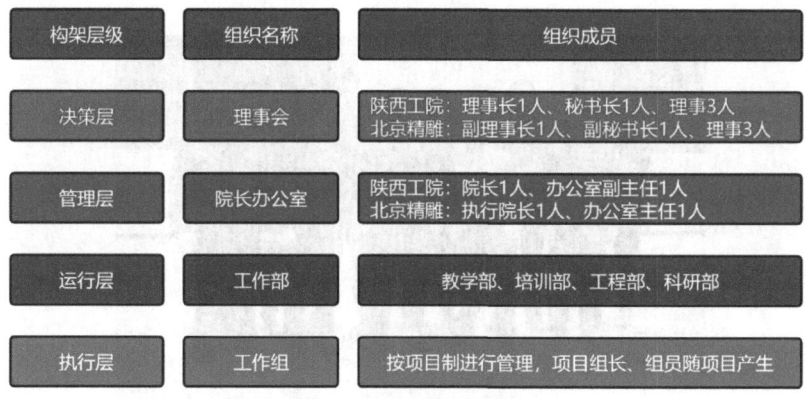

图 3　产业学院运营体系

三、建设举措

（一）校企共投共建"一坊两中心"硬件平台

校企累计投入近 6 000 万元（企业投入近 3 000 万元），共投共建"先进制造精雕产业学院"平台，打造了"设备先进、硬件互联、数据互通、虚实结合、体系完整"的硬件体系，形成了"一坊两中心"布局，如图 4 所示。

图 4　产业学院构架图

(二)校企共组互融互通的运营师资团队

北京精雕选派 8 名工程师与我校骨干教师共同组建双导师团队(见图 5),实行校企人员"双向双通"机制(见图 6),实现了人员的双向流动与能力互通。

图 5　校企双导师团队(部分)

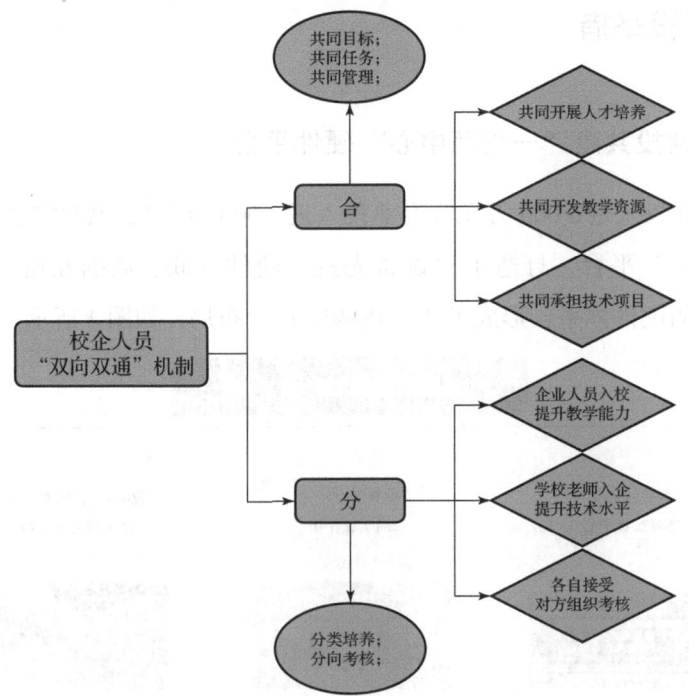

图 6　校企人员"双向双通"机制

（三）实行技术研发与教育教学互融共促

校企团队承担"小髓核手术钳"等 20 余项攻关项目（见图 7），并将其转化成教学资源，完成新教学项目开发和"活页式"教材编写，形成了"数字化精密制造技术"系列新型课程（见图 8）。

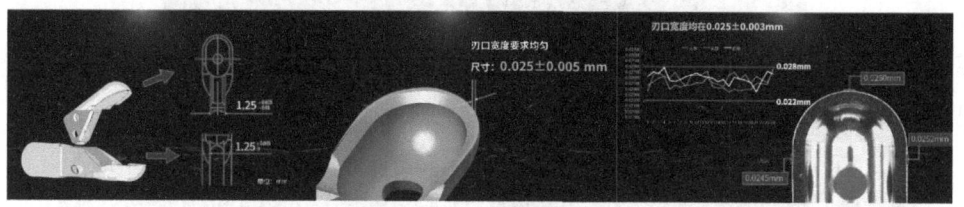

图 7　小髓核手术钳项目

图 8　"数字化精密制造技术"系列新型课程

四、建设成效

（一）培养了一批高质量人才

通过现代学徒制培养了 430 余名高水平学生（见图 9），师生参加各类大赛获奖 32 项（见图 10）。

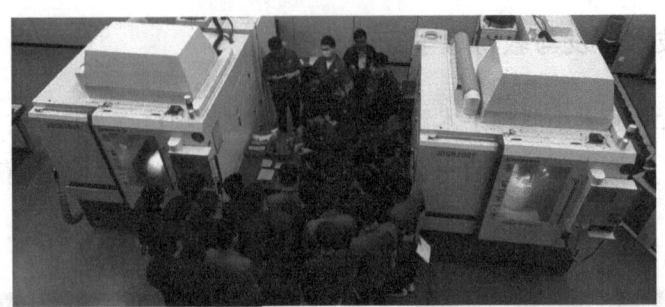

图9　现代学徒制班授课

图10　学生大赛获奖

（二）开发了丰富的教学资源

开发《精密数控加工职业技能等级标准》1项，编写精密数控加工职业技能等级证书配套教材2本，活页式教材40余册，如图11所示。

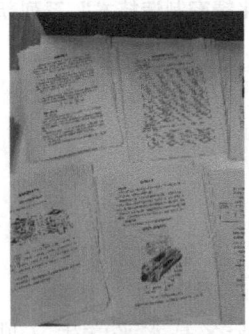

工具书2本　　　　　认知案例教程17项　　　　认知案例教程30项

图11　"1+X"精密数控加工证书配套教材

（三）服务一批高校、科研院所和企业

服务西安高校保密科研项目 4 项、某研究所航发类保密项目 4 项、某军工企业保密项目 2 项、某三甲医院保密项目 1 项，服务 10 余家中小企业技术攻关项目 20 余项，为院校、科研院所和企业创造经济效益 1 000 余万元；学校被授予西安工业大学研究生联合培养单位、陕西科技大学研究生联合培养单位，如图 12 所示。

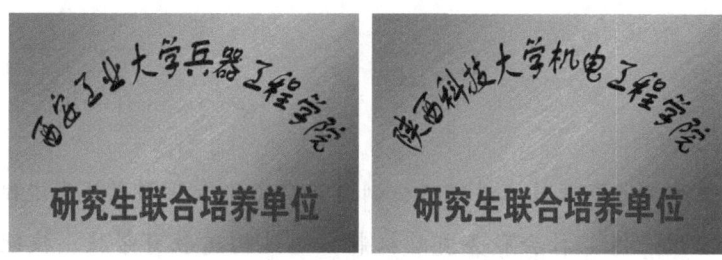

图 12　研究生联合培养基地

（四）形成了一整套范式经验，服务产教融合发展

校企协同"教、学、做、创"一体化人才培养模式入选教育部 2021 产教融合校企合作典型案例，并入选 2021 年机械行指委校企合作十佳典型案例，如图 13 所示。

中国教育发展战略学会

关于公布 2021 年产教融合校企合作
典型案例名单的公告

2021 年 7 月，教育部发布《关于征集产教融合校企合作案例的启事》，面向社会公开征集产教融合、校企合作案例。中国教育发展战

附件：2021 年产教融合校企合作典型案例名单

序号	报送单位	案例名称
62	陕西工业职业技术学院	对接行业发展，聚焦精密制造，校企协同培养复合型技术技能人才

机械工业教育发展中心
全国机械职业教育教学指导委员会

机教中函〔2021〕82 号

关于公布机械行业职业教育产教融合校企合作
典型案例遴选结果的通知

各有关单位：

根据机械工业教育发展中心和全国机械职业教育教学指导委员会《关于征集机械行业职业教育产教融合校企合作典型案例的通知》（机教中函〔2021〕61号）工作要求，经各单位自主申报、材料审查和专家评审，共有115项案例入围机械行业职业教育产教融合校企合作典型案例，其中，无锡职业技术学院申报的"'三通三合'智能制造专业集群人才培养体系构建与实践"等10项为十佳案例，北京精雕科技集团有限

8	深化校企合作	共建校企协同育人平台，创新"学做创一体化"人才培养模式	陕西工业职业技术学院
9	合作机制建设	产教深合作：探索实体化、一体化的产教融合发展新路	金华职业技术学院
10	对外合作拓展	服务首都智慧城市建设运行，助推"双碳"目标实现，打造国际产教融合典范	北京工业职业技术学院

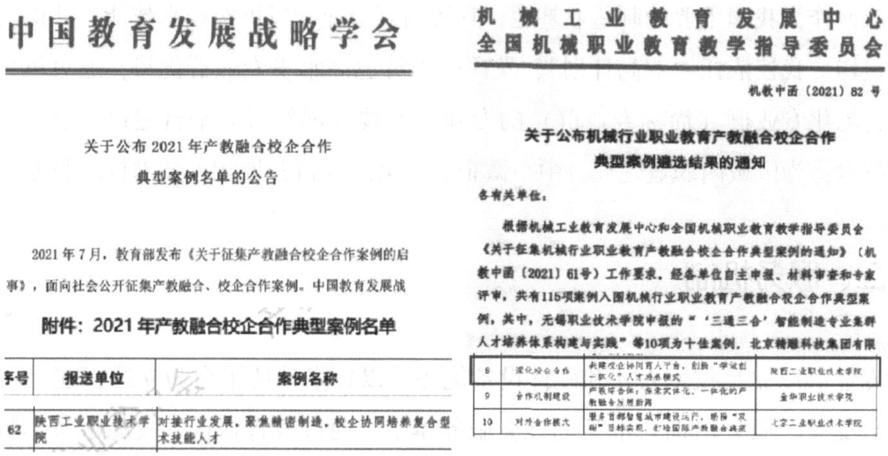

图 13　典型案例

发挥专业群先进制造技术优势，助力区域内人才技能全面提升

摘要： 陕西工业职业技术学院机械制造与自动化专业群发挥先进制造技术优势，构建"三位一体"社会服务贡献机制，通过构建教育帮扶、技能帮扶和科技帮扶等机制，为区域内中职教育、中小微企业和乡村振兴开展社会服务，助力区域内人才技能全面提升。

关键词： 机械制造与自动化、专业群、社会服务、社会贡献

一、实施背景

陕西作为我国重要的制造业基地，其省内制造业的发展对技术技能人才的需求十分迫切。我校依托"双高计划"，发挥中国特色高水平专业群优势，通过机械制造与自动化专业群（简称专业群）的专项技术技能创新服务平台建设，聚焦先进制造技术，为区域内职业院校、中小微企业、美丽乡村开展相关技术技能服务。

二、服务机制

专业群以立足技术人才和硬件设备优势，以技术技能平台为支撑，建立"四级平台支撑、服务培训并重"的社会服务体系，通过教育帮扶、技能帮扶和科技帮扶等机制，精准实现了服务地方中职教育办学、服务中小微企业人才培训、服

务乡村振兴结对帮扶，形成"三位一体"社会服务贡献机制，如图 1 所示。

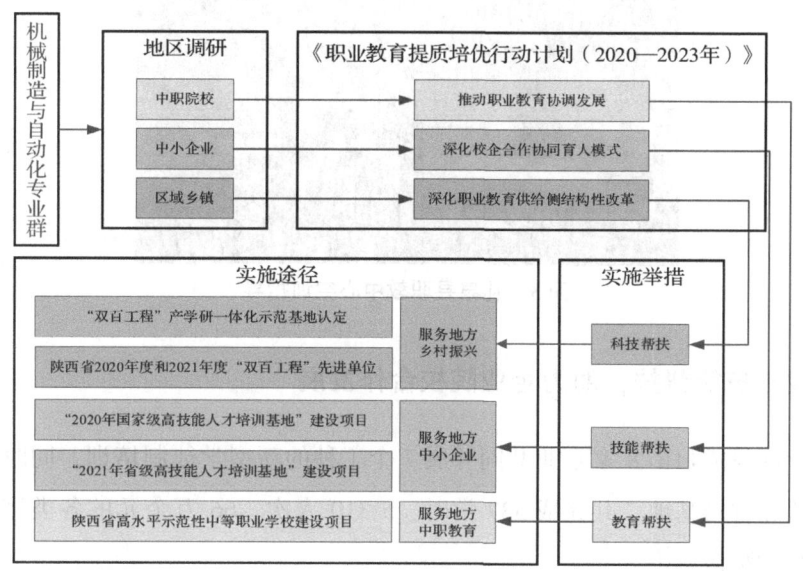

图 1　社会服务贡献机制

三、实施过程

（一）实施教育帮扶，助力中职院校全面提升

专业群为眉县、靖边、富平和礼泉 4 县职教中心在重点专业建设、师资队伍培养、学生技能大赛培训、办学实力与管理水平提升 5 个方面提供教育帮扶，重点帮助其机械、机电类专业建设，如图 2 和图 3 所示。

图 2　富平县职教中心签约仪式

图 3　礼泉县职教中心实训指导

（二）实施技能帮扶，助力企业院校合作发展

专业群与咸阳市 8 家企业共同开展 7 个工种的新型学徒制培训，同时，作为国培基地和省培基地，共完成 537 学时、5 310 人次、66 万余元的各类培训，如图 4～图 6 所示。

图 4　《咸阳日报》报道

图 5 新型学徒制培训现场

图 6 师资培训班

(三) 实施科技帮扶,助力地方乡村振兴战略

机制专业群紧密结合结对帮扶对象礼泉县的实际需求,积极发挥专业及人才优势,持续实施"八项帮扶"工程,共建产学研一体化示范基地,全力开展乡村技能培训工作,如图 7 和图 8 所示。

图 7 礼泉县帮扶协议签订

图 8 礼泉县赴实训基地参观

四、建设成效

(一) 推进校校合作,助力中职教育新发展

协助眉县、靖边、富平、礼泉 4 县职教中心完成陕西省高水平示范性中等职业学校建设任务,推动中职学校高质量发展,如图 9 所示。

(二) 推进校企合作,助力中小微企业纾困解难

为企业解决技术人员紧缺难题,对点培养技术人员 475 人,为咸阳市 2 600 名未就业青年开展 5 个工种的新职业培训,为 1 413 名在校学生和企业职工开展职业技能等级评价,并入选"2020 年国家级高技能人才培训基地"和"2021 年省级高技能人才培训基地"建设项目单位,如图 10 和图 11 所示。

第二部分 机械制造及自动化专业群案例

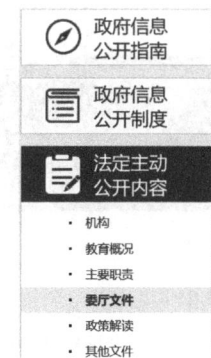

图 9 立项文件

图 10 国家级名单

图 11　省级名单

（三）推进校地合作，助力乡村振兴

选派 50 余名专业教师开展各类专业技能培训 8 000 余人次，投入各类帮扶资金 300 余万元和人力 3 300 余人次；共建产学研一体化示范基地（见图 12），荣获陕西省 2020、2021 年度"双百工程"先进单位（见图 13 和图 14）。

第二部分 机械制造及自动化专业群案例

图 12 示范基地认定名单

图 13 2020 年先进单位名单

中共陕西省委教育工作委员会

陕教工函〔2022〕50号

中共陕西省委教育工委 陕西省教育厅关于表彰2021年度"双百工程"先进单位的通报

各高等学校：

2021年，在省委、省政府的坚强领导下，在省教育工委、省教育厅的具体指导下，参加"双百工程"的各高等学校，以高度的政治责任感和使命感，立足于加快帮扶县区经济社会发展，改善脱贫群众生产生活条件，扎实有效地开展智力、教育、科技、人才、信息、文化、民生、志愿等"八大帮扶"工作，建设了一批产学研示范基地和实体项目，积极实施"优质农产品进高校直通车"消费帮扶，为巩固拓展脱贫攻坚成果同乡村振兴有效衔接做出了积极贡献。

村振兴工作的重要论述，坚持目标标准，突出作风建设，强化责任担当，向先进单位学习，继续发扬脱贫攻坚精神，贯彻落实五年过渡期"四个不摘"要求，把巩固拓展脱贫攻坚成果，接续推动乡村振兴摆在头等重要位置抓紧抓实，以高度的政治责任感和使命感推动"双百工程"提质增效，切实维护和巩固脱贫攻坚战的伟大成就，全面推进乡村振兴。

附件：2021年度"双百工程"先进单位名单

2022年4月日

（主动公开）

附件

2021年度"双百工程"先进单位名单
（53所）

三、省属民办本科院校（4所）

西安外事学院

西安欧亚学院

西安思源学院

陕西国际商贸学院

四、公办高职院校（17所）

杨凌职业技术学院

<u>陕西工业职业技术学院</u>

陕西职业技术学院

图14 2021年先进单位名单

立足科研平台，助力中小微企业发展

摘要：针对高职院校服务区域经济发展过程中，企业与高校之间技术需求对接不畅、研发资金投入不足、教师工程实践能力不够等问题，依托校、市、省三级科研平台，建设博士+工程师的队伍组合，以"机制+平台+培训"提升教师工程实践能力，对接企业研发需求，建立"揭榜挂帅"制度，开展企业技术攻关，推动成果转化，为高职院校助力中小微企业创新发展探索有效路径。

关键词：成果转化、科研平台、校企合作

一、实施背景

推动产业高质量发展，促进经济转型升级，迫切需要提高职业院校服务产业发展能力，改进校企对接不畅、研发资金不足、教师工程实践能力不够等问题，高职院校重点服务企业特别是中小微企业的技术研发和产品升级成为促进职业教育与产业发展同频共振的要求，是提升高职院校服务发展能力的重要途径。

二、建成机制

立足技术人才和硬件设备优势，以技术技能平台为支撑，积极发挥社会服务职能，建立"平台支撑、服务培训并重"的科研平台社会服务机制（见图1）；

对接区域中小微企业设备改造和产品升级等技术难题，积极开展技术服务与技术研究。

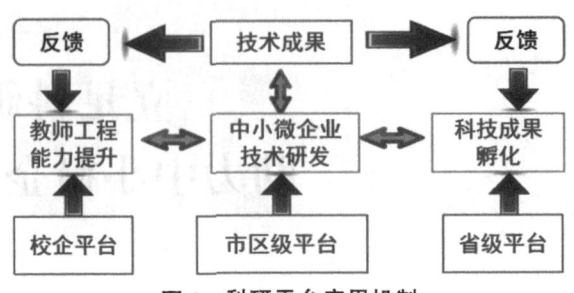

图 1　科研平台应用机制

三、实施举措

加强校企联合，在校企平台上助力教师基础工程能力提升（见图 2），在市区级平台上主动对接企业需求项目（见图 3），在省级平台上（秦创原创新驱动平台）进行自主创新成果科技公司孵化。

图 2　校企合作创新驱动平台

图 3　市区级创新驱动平台

(一)科研队伍"结对子"

针对中小微科技企业项目需求中工程化突出的特点,组建"博士+工程师"队伍,以博士为核心,以企业引进高级工程技术人员(工程师)协作为基础,形成博士与工程师相对固定合作模式和工作机制的科研(产业)创新团队,对接中小微企业项目。

(二)校企平台"练队伍"

如图4所示,依托校企平台,从新产品开发、加工制造能力等对教师队伍开展多维度工程技能培训与协同研修,增强教师工程项目的承接能力。

图4 教师工程能力提升

(三)揭榜挂帅显"破难题"

如图5所示,依托市区级平台,以"揭榜挂帅"的形式开展企业技术服务项目,学校专门针对校企合作(服务地方专项)项目立项,以项目制加强与企业的交流合作。专业群解决泰州市、陕西省科技厅、咸阳市科技局、渭城区科技局、咸阳和力军民融合企业商会等政府机构和行业企业推介的中小微企业"揭榜挂帅"技术难题73项。

图 5　揭榜挂帅专项会

四、建设成效

(一) 高科技成果不断涌现

2021年7月，我校6项成果获评教育厅首届"最具转化前景项目"，并参加了以"校企汇聚秦创原，两链融合促发展"为主题的第五届陕西省高校科技成果展暨校企对接洽谈会，如图6所示。

图 6　第五届陕西省高校科技成果展

(二) 原创项目成果实现产业孵化

机械工程学院陈朋威老师研发的"复合型6自由度高性能重载工业机器人"

项目（见图7），在陕西省最大的创新平台"秦创原创新驱动平台"获得春种基金100万元的资金投资，孵化机器人研发的科技型企业一家。

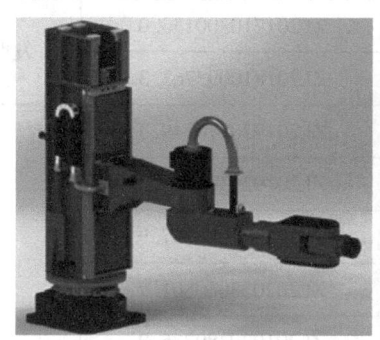 

图7　复合型6自由度高性能重载工业机器人

（三）服务中小微企业成效显著

针对地域中小微企业领域细分的特点，主动对接企业需求（见图8），2021年与企业开展项目88项，产生经济效益2.50亿元，解决企业难题54项。

图8　中小微企业签约

（四）专利技术快速转化

立足学院科技转化政策和平台，联合企业快速高效地进行专利技术的转化。2021年授权专利68件，其中，由我校陈朋威老师在2021年4月申报的《一种重载机器人用嵌套锥齿轮传动模块》实用新型专利，在2021年11月获得专利证书，并与企业签订3.00万元的转化合同，实现了当年撰写当年转化的高效率技术转化应用模式。典型专利见表1。

表 1　典型专利

序号	专利名称	专利编号	类型
1	一种合金笔头及书写笔	ZL201710300130.0	发明专利
2	一种可伸缩量画规	ZL201810093763.3	
3	一种全自动月牙吊卡	ZL201920276249.3	实用新型专利
4	一种柔性网心工业机器人夹持器	ZL201920389725.2	
5	一种便于拆卸的机械测量仪器	ZL202023082237.9	
6	一种多功能机械测量装置	ZL202023060801.7	
7	一种柔性同心工业机器人夹持器	ZL201920389725.2	
8	一种通用型自动喷涂装置	ZL201921673043.0	
9	一种挖掘机用破碎钳	ZL201922209999.1	
10	一种斜度测量工具	ZL202020092196.2	
11	一种圆心画圆的辅助装置	ZL202020282701.X	
12	一种智能除雪机	ZL202022404631.3	
13	一种自适应浮动式六爪卡盘	ZL202020043153.5	
14	智能搓澡洗浴缸	ZL202021781403.1	
15	重载机器人齿轮传动模块	ZL202120699946.T	
…	……		……

对接精密制造岗位需求，建设"五位一体"实训基地

摘要：在装备制造行业向精密化、数字化转型升级的背景下，对标新技术、新工艺、新标准，专业群联合行业头部企业重构了系统化实训体系，形成了"三共三享"建设机制，聚焦数字化精密制造技术，建设了具备"人才培养、技术研发、社会服务、科技转化、创新创业"五位一体功能的实训基地。

关键词：精密化、数字化、建设机制、实训基地

一、实施背景

在装备制造行业向精密化、数字化转型升级的背景下，企业对技术技能人才提出了新要求。校内现有的机加工技术训练中心主要培养学生机加工基础技能，为满足精密制造领域技术技能人才的培养要求，机械制造与自动化专业群需深化产教融合、校企合作，共建数字化精密制造技术人才培养基地。

二、建设机制

机械制造与自动化专业群围绕数字化精密制造领域，构建"设计—工艺—制造—检测—维护"数字化制造闭环实训体系，遵循"基础技能培养—高阶技能训练—技术技能应用"培养逻辑，联合行业头部企业，立足"硬件互联、数据互通、虚实结合"，形成具备"人才培养、技术研发、社会服务、科技转化、创

新创业"五位一体功能的"三共三享"实训基地建设机制,如图 1 所示,以实现培养装备制造业高素质技术技能人才和助力区域装备制造产业发展的目标。

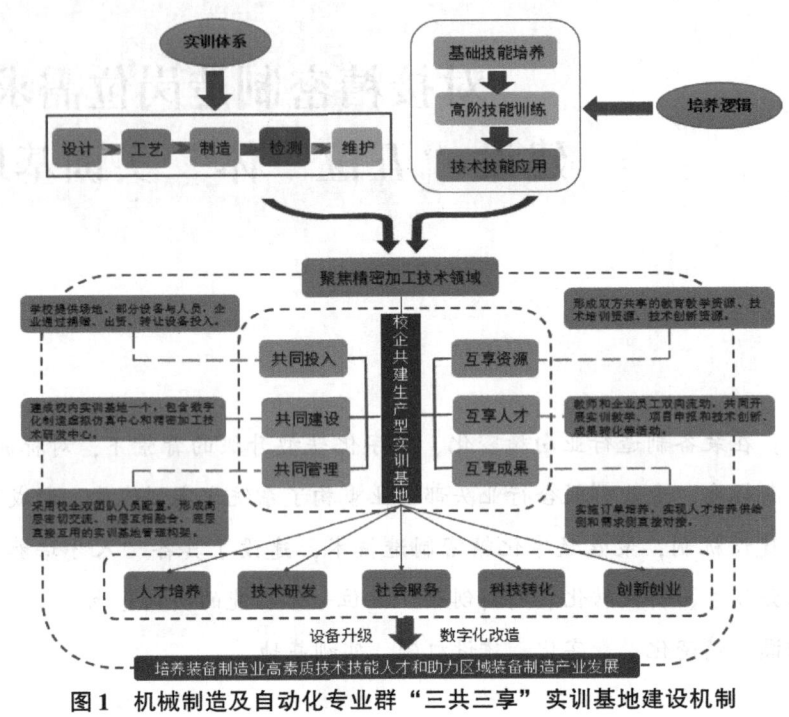

图 1　机械制造及自动化专业群"三共三享"实训基地建设机制

三、实施过程

(一) 携手行业头部企业,共建高水平实训基地

机械制造与自动化专业群在紧扣"深化产教融合、校企合作"的背景下,与北京精雕签署战略合作协议,共建数字化精密制造技术实训基地,联合培养精密制造技术领域高水平技术技能人才,如图 2 和图 3 所示。

(二) 校企双方共同投入,实训基地建设落地

瞄准高端精密加工设备和数字化精密制造体系,校企双方共同投入企业生产用设备(见表 1)和工业软件,形成实训基地软硬件平台建设。

图 2　我院与北京精雕科技集团有限公司签订战略合作协议

图 3　机械制造及自动化专业群实训基地建设方案

表 1　设备列表

序号		品牌	规格型号	投入方	数量
1	五轴柔性制造系统	精雕	JDFMS150	学校	1
2	三轴柔性制造系统	精雕	JDFMS10	学校	1
3	五轴高速加工中心	精雕	JDGR400T	学校	1
			JDGR200T	学校1、精雕3	4
			JDMR600	精雕	1
4	三轴高速加工中心	精雕	JDHGT600T（H）	精雕	1
			JDVT600T	学校	1
			JDVT600T	精雕	1
5	三坐标测量机	海克斯康	GLOBAL S 07.10.07	学校	1
6	复合式影像测量仪	海克斯康	OPTIV ADVANCE 4.5.2	学校	1

(三) 搭建信息技术与制造技术深度融合平台

通过物质层的"数字孪生"+经验端"数据化集成",搭建信息技术与制造技术深度融合平台(见图4),构成虚实结合的数字化制造车间(见图5),制造数据在设计端、工艺端、制造端、检测端优化迭代,构成数字化制造闭环系统,实现产品质量管控。

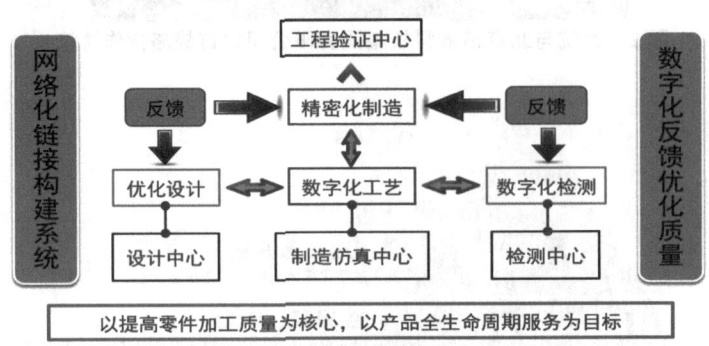

图4 信息技术与制造技术深度融合平台

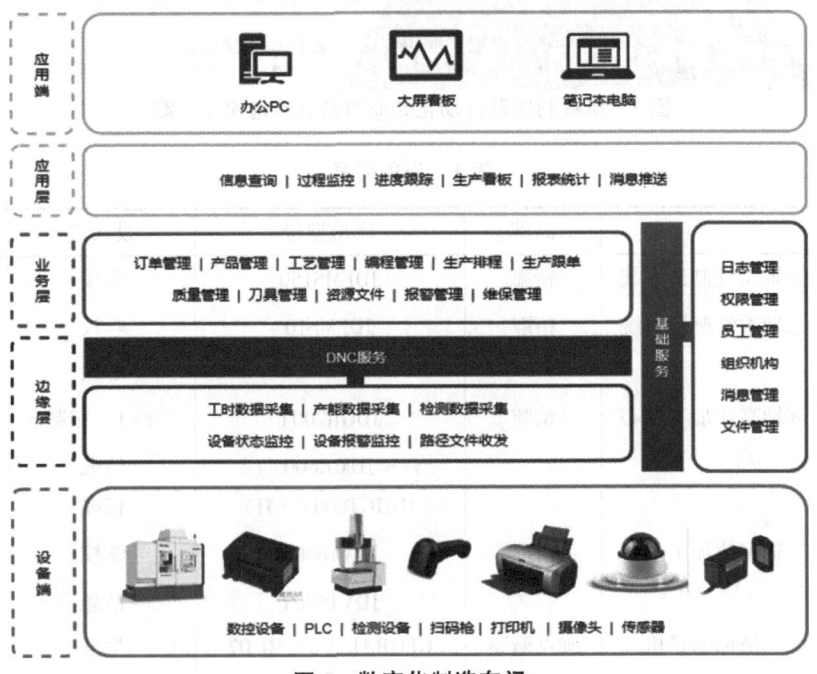

图5 数字化制造车间

四、建设成效

(一) 校企共建精密制造技术实训基地

陕西工院与北京精雕共建了数字化精密制造实训基地,如图 6 所示。

图 6　数字化制造虚拟仿真实训中心和精密加工技术研发验证中心

(二) 产教融合、技术服务社会反响好

承接全国师资培训机加工技术等技术培训 6 项,承接企业培训和职业院校技能大赛 10 余项,荣获多项国家级荣誉,见表 2。

表 2　获得荣誉

序号	荣誉	级别	数量
1	生产性实训基地	国家级	1
2	虚拟仿真实训中心	国家级	1
3	教师教学创新团队培训基地	国家级	1

(三) 学生技术技能水平稳步提升，大赛成绩硕果累累

通过在实训基地的技能培养，学生在全国职业院校技能大赛中获三等奖5项，在陕西省职业院校技能大赛中共获一等奖5项、二等奖4项、三等奖1项，如表3和图7所示。

表3 学生比赛获奖

序号	竞赛项目	组别	获奖级别
1	2019年全国职业院校技能大赛：工业产品数字化设计	学生组	国赛三等奖1项；省赛二等奖1项，三等奖1项
2	2019年全国职业院校技能大赛：制造单元智能化改造与集成技术	学生组	国赛三等奖1项；省赛一等奖1项，二等奖1项
3	2019年全国职业院校技能大赛：数控机床装调与技术改造	学生组	国赛三等奖1项；省赛一等奖2项
4	2020年全国职业院校技能大赛改革试点赛：数控机床装调与技术改造	学生组	国赛三等奖1项；省赛一等奖1项，二等奖1项
5	2020年全国职业院校技能大赛：制造单元智能化改造与集成技术	学生组	省赛一等奖1项，二等奖1项
6	2021年全国职业院校技能大赛：数控机床装调与技术改造	学生组	国赛三等奖1项

图7 学生获奖证书

（四）教师创新技能水平得到提高

教师参与企业研发活动，技能水平得到显著提升，在技能大赛（见表4和图8）和课程思政团队建设方面取得显著成绩（见图9～图10）。

表4 教师获得奖项与荣誉

序号	荣誉	级别
1	第九届数控技能大赛—数控程序员赛项二等奖	国家级
2	《高速切削与五轴加工》教育部课程思政示范课程	国家级
3	《金属切削机床》省级课程思政示范课程	省级

图8 第九届全国数控技能大赛二等奖

教育部关于公布课程思政示范项目
名单的通知

教高函〔2021〕7号

各省、自治区、直辖市教育厅（教委），新疆生产建设兵团教育局，有关部门（单位）教育司（局），部属各高等学校、部省合建各高等学校，国家开放大学、教育部考试中心：

为深入贯彻落实习近平总书记关于教育的重要论述和全国教育大会精神，贯彻落实中共中央办公厅、国务院办公厅《关于深化新时代学校思想政治理论课改革创新的若干意见》，深入实施《高等学校课程思政建设指导纲要》，经组织推荐、专家遴选、会议评议和网络公示等，确定课程思政示范课程699门、课程思政教学名师和团队699个、课程思政教学研究示范中心30个。现予以公布。

各地各高校要进一步强化课程思政建设主体责任，强化示范引领，健全优质资源共享机制和平台建设，加大支持保障力度，构建国家、地方、高校多层次课程思政建设示范体系，全面推进课程思政高质量建设。

129	陕西工业职业技术学院	高速切削与五轴加工	李晓鹏、梁晓哲、刘艳申、段文洁、陶静、王颖、崔静、舒蕾

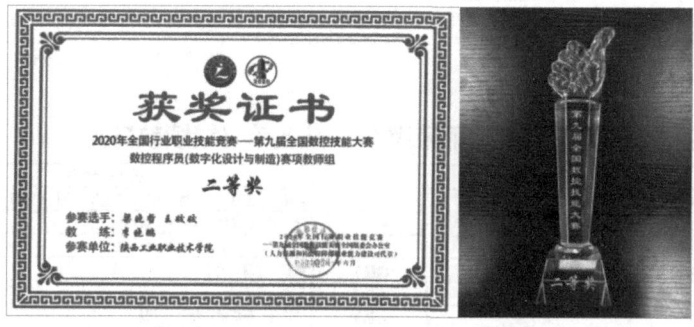

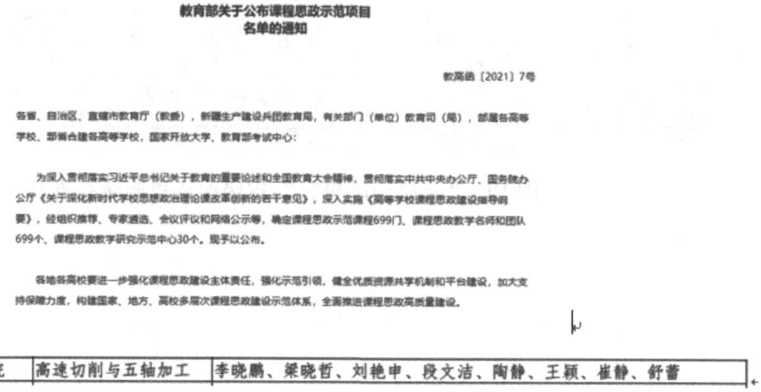

图9 《高速切削与五轴加工》教育部课程思政示范课程

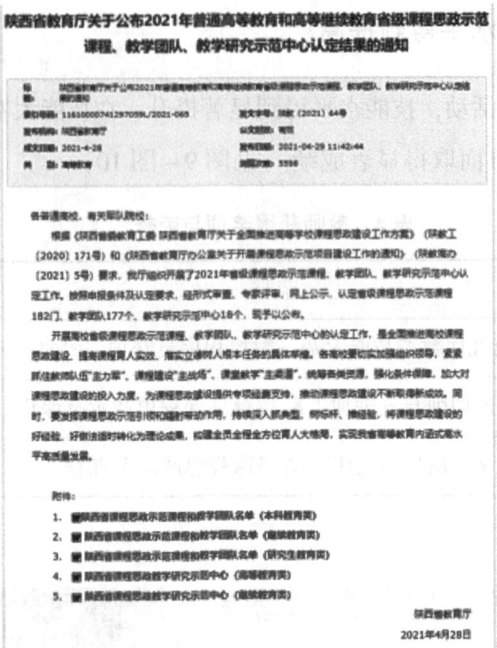

图 10 "金属切削机床"省级课程思政示范课程

一体化设计、项目化实施创新专业群多部门协同建设运行机制

摘要： 制造业是国民经济的主体，是立国之本、兴国之器、强国之基。针对群内专业分布于不同部门的实际情况，立足群内专业协同发展，专业群创建形成了"整体设计一体化，任务实施项目化"建设运行机制，制定了建设制度与管理机制的规范化模式，保障了专业群建设任务的顺利实施。

关键词： 制造业、专业群、建设制度、管理机制

一、实施背景

在制造业转型升级的背景下，企业对"懂设计、精制造、能维修、会服务"的复合型技术技能人才需求迫切，专业组群协同育人成为高端制造类技术技能人才培养的必然趋势。创新组群机制对推动"跨部门组群、多部门建群"，保障群内专业协同培养意义重大。机械制造与自动化专业群立足组建与管理机制创新，积极探索专业群"动态调整"机制，形成了"整体设计一体化，任务实施项目化"建设运行体系，确保专业群建设高效、有序运行。

二、实施举措

（一）聚焦产业高端人才需求，开展专业群一体化设计

专业群根据政策引导，结合自身办学特点，瞄准产业高端对人才的能力需

求,以"专业群一体化设计"为导向,聚焦人才培养目标,在课程体系规划、实训体系建设、师资能力培养等设计层面一体化布局,将产品设计、加工、质检、维修、销售等课程统一整合,重构课程体系。新的课程体系需要机械设计与制造、机械制造及自动化、数控技术、电气自动化技术、机电设备技术这五个专业共同支撑,针对以上专业分布在 3 个学院的实际情况,创新了职业能力需求—课程体系重构—课程对应专业组群—专业所在部门协同的跨部门组群理念,形成了跨部门组群、多专业协作的建设格局(见图 1),既保持每个专业独立发展,又实现专业间协同育人,为专业群建设任务的项目化实施奠定扎实基础。

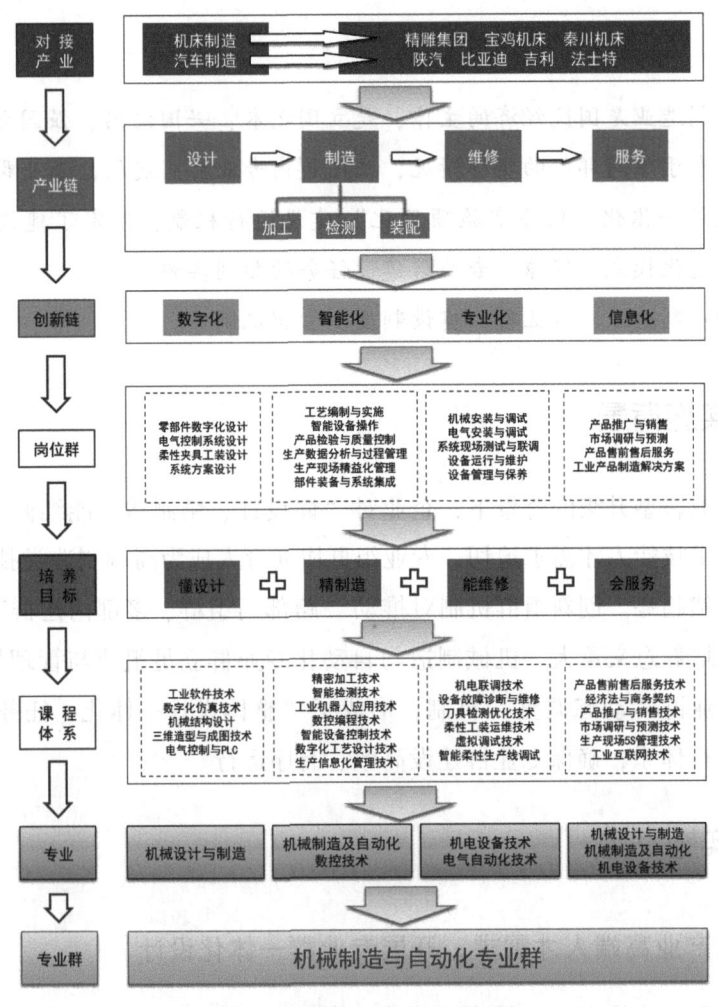

图 1 专业群一体化组群逻辑

(二) 多部门高效协同，围绕专业群建设任务实施项目化管理

专业群以复合型人才培养为目标，以"任务实施项目化"为导向，以"师资共用、场地共建、设备共享"为原则，通过专业所在的多部门协同，提供师资、场地、设备等必要条件，开展专业任务设计与分解，科学推动项目化实施，如图2所示。

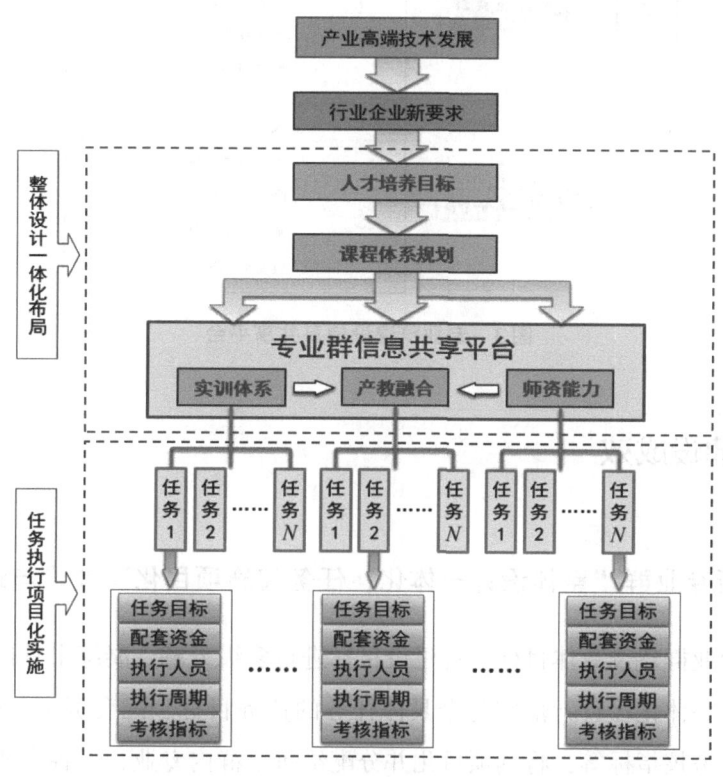

图2　专业群管理机制

如图3所示，在信息共享共建方面，多部门协同构建专业群建设信息共享平台，用于开展群内专业内涵建设、资源共享、专业群建设成效周期性自评，并以此为依据落实利益分配和管理机制修正工作。同时为保障专业群科学高效管理，制定了《机械制造与自动化专业群管理规范》等制度，确保专业群建设工作高质量开展。

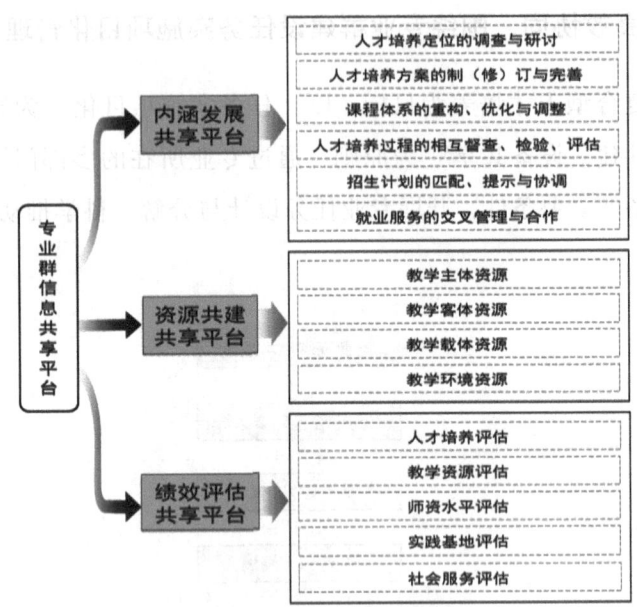

图 3 专业群建设信息共享平台

三、建设成效

（一）创新专业群"整体设计一体化，任务实施项目化"建设与运行机制

对接专业群建设总体目标，将建设目标进行多级分解，凝练出具体任务，实现建设任务一体化设计；落实每个具体任务的任务目标、配套资金、执行人员、执行周期、考核指标等，将其项目化并分配给每个群内专业，由各专业所在部门提供建设条件与资源，实现建设任务项目化实施，如图 4 所示。

（二）制定了完善的专业群管理制度与组织架构

如图 5 所示，明确了专业群组织架构，形成了"一周一例会、一月一研讨、一季一评价、一年一内审"的专业群议事机制，制定了专业群管理规范，有效保障专业群科学化管理。

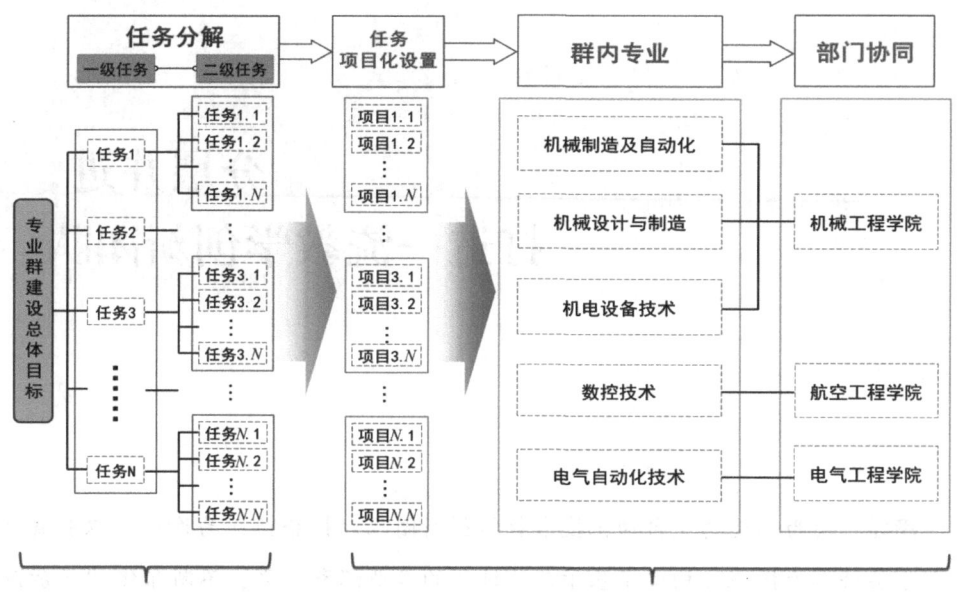

图 4　专业群任务分解及项目化实施逻辑

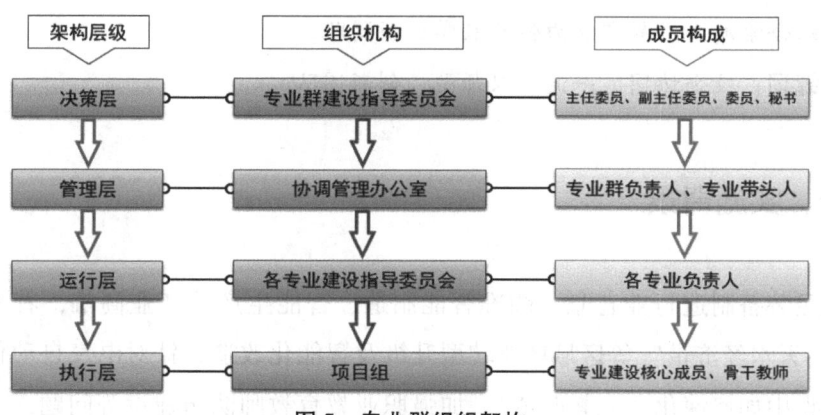

图 5　专业群组织架构

分层并进，打造一流教学创新团队

摘要： 陕西工院电气自动化技术教学创新团队以校企协同为途径，以引育并举、分层培养为措施，构建了基于工作过程的专业课程体系，不断深化"三教改革"，将教学创新融入团队建设。2021年8月，入选国家级职业教育教师教学创新团队，现已初步构建起一支师德高尚、校企共建、专兼结合、结构合理、特色鲜明、综合素质高、教学能力强的教学创新团队。

关键词： 校企协同、一流、双师型、创新团队

一、实施背景

立足装备制造行业背景，瞄准智能制造、智能生产等产业高端，着力服务"关中—天水经济带"等区域产业转型升级及智能化改造，针对电气自动化技术专业建设中如何深化"三教改革"、加强职业教育教师队伍建设等问题，致力于"三教改革"，着力解决教学团队建设中的问题，为职业教育师资团队建设探索出一条"双师多能"的创新改革新路径，打造一流的教学创新团队。

二、建成机制

按照教师教学能力、工程实践能力、教科研能力、创新创业能力，结合个人

发展规划和年龄阶段，构建"双师多能"的创新型教学团队建设新模式，形成"校企协同、引育并举、分层并进"的高水平教学团队长效建设机制，如图1所示。

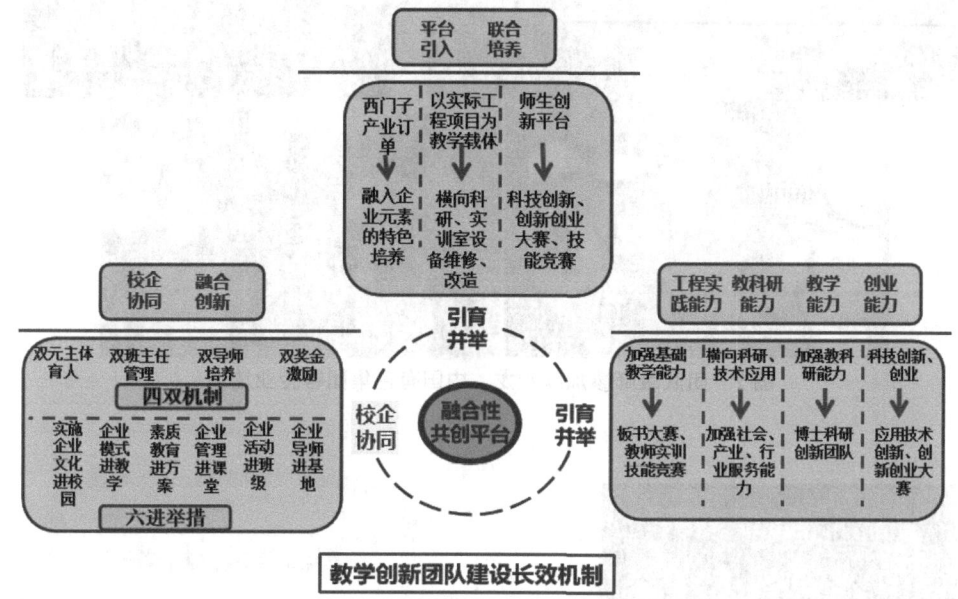

图1　电气自动化技术专业创新型教学团队建设机制

三、实施举措

（一）校企协同，携手名企共铸一流师资队伍

学校携手西门子、欧姆龙和中国有色集团等国际国内知名自动化企业，按照培养世界一流员工的标准，探索形成了双元主体育人、双班主任管理、双导师培养、双奖金激励的"四双"机制；实施企业文化进校园、企业模式进教学、素质教育进方案、企业管理进课堂、企业活动进班级、企业导师进基地的"六进"举措（见图2）。团队教师取得了欧姆龙大学、西门子工业技术等认证培训师资格（见图3）。

图 2 团队教师参加欧姆龙、中国有色集团等企业培训

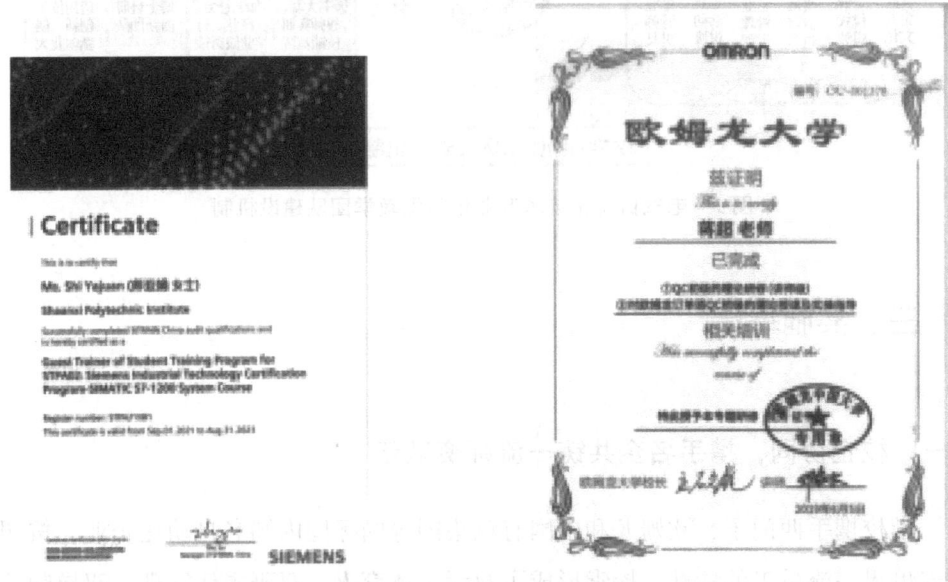

图 3 教师获得西门子、欧姆龙等企业认证培训师资格

（二）引育并举，实现高水平师资队伍引领专业发展

引进哈尔滨工业大学秦裕琨院士担任首席技术专家并设立院士工作站，如图 4 所示。围绕新能源发电、电动汽车"产—储—供"系统及平台的建设、团队成

图 4　秦裕琨院士工作站签约仪式

员的专业能力培养,联合开展"中高阶煤基功能碳材料制备及电化学储能器件开发"项目的研究。通过成立"西门子产业订单班",校企"双导师"联合开展教学。教师以实际工程项目为载体的教学,使企业的新技术、新技能及时进入专业教学内容,如图 5 所示。

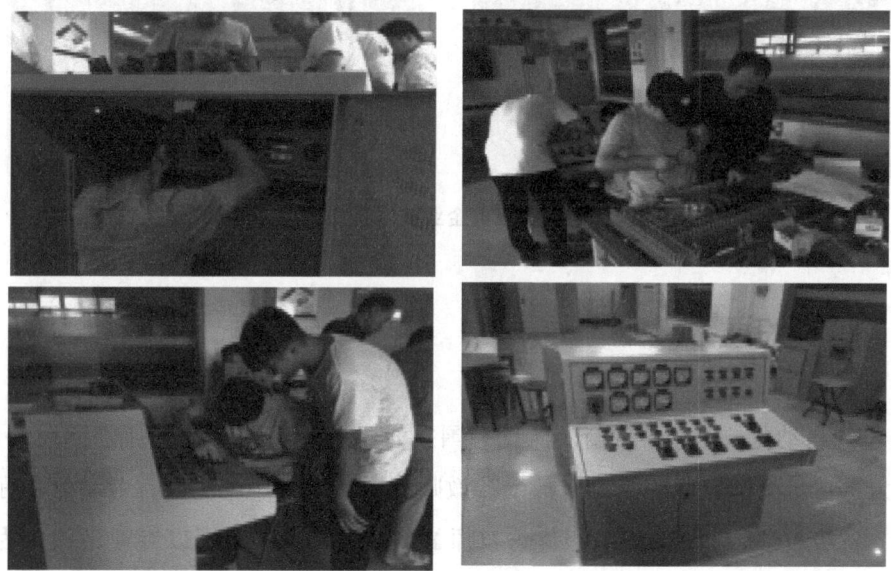

图 5　自动化控制企业工程项目进教学

(三)分层并进,构建"双师型"师资队伍建设体系

以"四有"标准打造双师教学团队,制定师生共培教师团队建设方案,构建博士+硕士+企业教师的创新型教学团队。以横向科研项目为依托,将教师下

"企业锻炼"转变为企业实际工程项目"历练",构建专业特色分层并进差异化的教师培养体系,如图6所示。

图6 横向科研服务企业技术升级改造工作

四、建设成效

电气自动化技术教学创新团队现有国家教学名师1名,全国师德标兵1名,1人入选首批全国职业院校"双师型"教师发展典型案例,陕西省劳动竞赛标兵1名,省级教学名师2名,省级优秀教师1名。已初步建成了以专业带头人为核心,教授、博士为引领,技术能手、行业专家、企业技术主管为支撑的国家级职业教育教学创新团队,如图7所示。先后参与"中德教育联盟培训项目""中国-新西兰职业教育示范项目教师培训基地"、赞比亚"援教培训项目"等国际化交流与培训项目,推广了团队建设的经验,凸显了团队建设的示范效应,如图8和图9所示。

图7 电气自动化技术专业教学团队列入国家级职业教育教师教学创新团队

图8 赴赞比亚为中企赞方员工开展电工培训

图9 印尼职教师资海外（中国）培训项目

"学做创" 赢得社会认可，"四共融通" 提升影响力

摘要：针对社会对高质量技术技能人才需求与职业教育人才培养质量不高的矛盾，专业群建设围绕"学做创"理念创新人才培养模式，打造高水平师资队伍，共建校企合作平台，全力提升了人才培养质量。近三年毕业生去向落实率均超过96%，专业群建设学生满意度97%，家长满意度95%，得到了社会各方的认可，在政策引导和需求驱动下，专业群建设取得了快速发展，在业内和国际上的影响力得到了显著提升。

关键词：职业教育、认可、影响力

一、实施背景

在国家实施"中国制造2025"战略，推进"一带一路"的背景下，制造业高质量发展对技能人才提出了新要求，但职业教育人才培养质量与社会需求还存在一定差距。对此，专业群依托精雕产业学院、智能制造协同创新中心、高水平实训基地，以"学做创"为理念开展高质量技能人才培养，以"分层并进、创新引导"为模式建设教师团队，校企优势互补，产教深度融合，组建由师生共同组成的技术服务团队，以项目为依托开展社会服务。

二、主要举措

(一)"学做创"提升人才培养质量

专业群人才培养以"学做创"为理念,校企共建先进制造精雕产业学院,搭建校企协作育人平台,创新"学做创一体化"人才培养模式(见图1);搭建"教育教学+技术研究"互融互促的双师结构师资团队,形成"案例进教材、产品进课程"的教学资源动态更新机制。

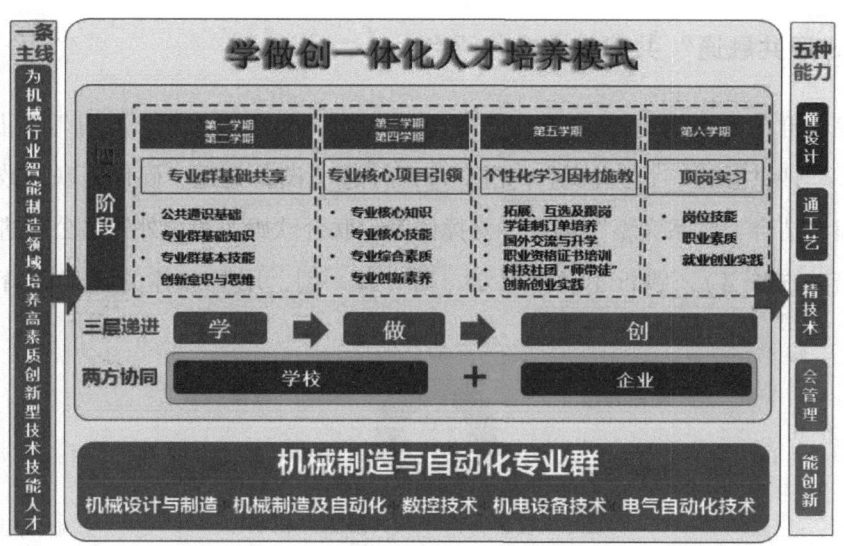

图1 "学做创"一体化人才培养模式

(二)引培并举打造高水平师资队伍

以"四有"标准打造双师教学团队,构建"双师型"师资队伍建设体系,并构建博士+硕士+企业教师的创新型教学团队,提升教师综合业务能力,形成"分层并进、创新引导"的师资团队建设新模式,如图2所示。

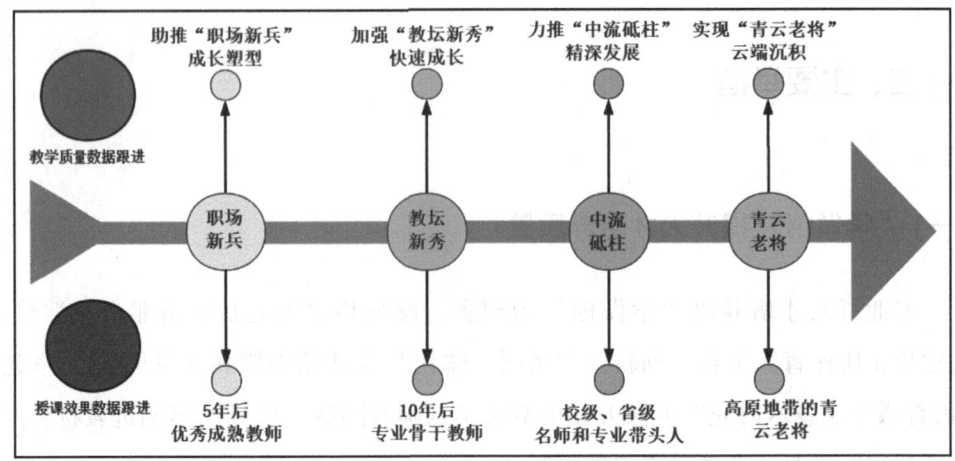

图 2　精准分层的创新教师培养机制

(三)"四共融通"共建校企合作平台

专业群与企业共建合作平台,遵循"共建、共享、共用、共赢"的原则,形成了"四共融通"运行机制(见图3);打造"设备先进、硬件互联、数据互通、虚实结合、体系完整"的硬件支撑体系;联合欧姆龙等中外知名公司进行订单班培养(图4),践行了"产、学、研、转、创、用"一体的现代教育教学方法。

图 3　校企合作"四共融通"机制

图 4　欧姆龙订单班培养

（四）拓展开放办学格局，打造高职世界品牌

秉持开放办学的理念，坚持校企合作、产教融合，聚焦"一带一路"项目研究和布局，推进国际产能合作等国家重大战略实施，通过在赞比亚参与建设中国—赞比亚职业技术学院，为"走出去"企业培养了一批本土化技术技能人才；为陕鼓集团"走出去"，开展印尼本土化人才联合培养，共建陕西工院印尼海外分院。如图5所示。

图 5　多方聚力海外办学模式

三、建设成效

专业群在校人数3 694人，近三年就业去向落实率均超96%，超60%毕业生进入行业骨干企业，2022年毕业生何小虎获得"全国五一劳动奖章"；学校获"全国职业院校就业竞争力示范校"和"中国职业教育就业百强"等荣誉称号；专业群实训中心荣获"工人先锋号"（见图6）；2021—2022年机械设计制造类高职院校排名第一（见图7）。

引进秦裕琨院士担任我校高水平专业群首席技术专家（见图8），成立地方特色产业专家工作站（见图9）。

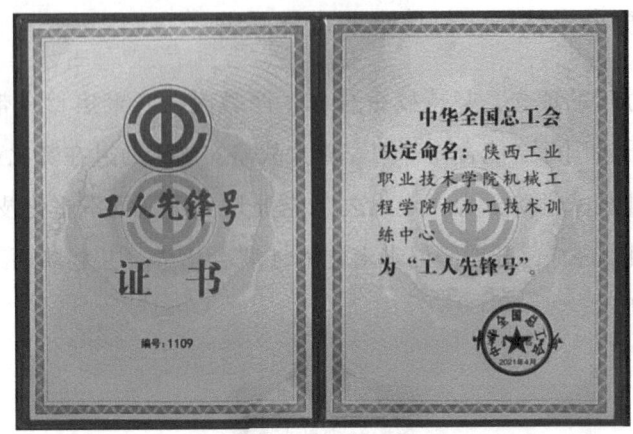

图6　专业群实训中心荣获“工人先锋号”

2021-2022年机械设计制造类高职院校排名_高职分专业类排行榜

金平果排行榜　评价要看专业的！！！

专业类排名	高校名称	水平等级	学校数
1	陕西工业职业技术学院	5★	661
2	四川工程职业技术学院	5★	661
3	常州机电职业技术学院	5★	661
4	无锡职业技术学院	5★	661
5	浙江机电职业技术学院	5★	661

图7　机械设计制造类高职院校排名

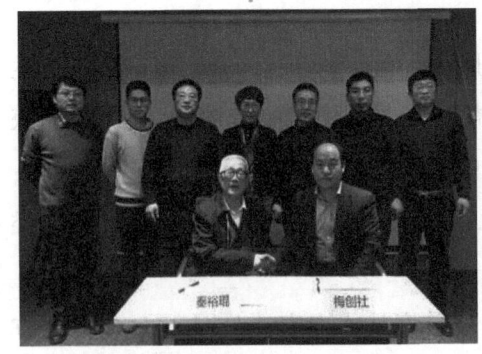

图8　秦裕琨院士工作站签约仪式

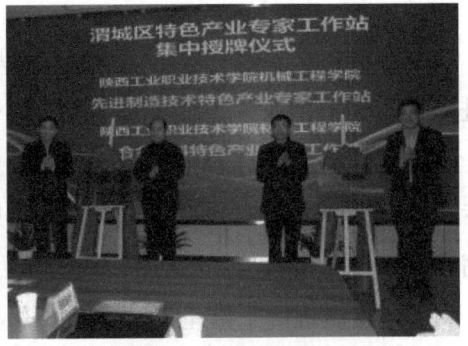

图9　特色产业专家工作站

专业群开展国际高校合作与双元制教育项目,与国内院校共同成立中国—赞比亚职业技术学院(见图10),输出专业群人才培养方案(见图11)及15门课程标准。

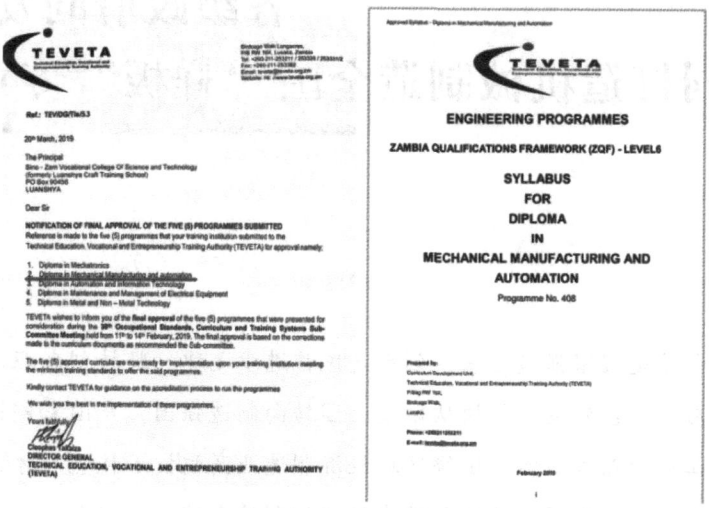

图 10 赞比亚分院获赞比亚官方批准

图 11 教育国际交流优秀案例选集

各级政府同发力，
协同打造机械制造全国"样板"专业群

摘要： 科技是国家强盛之基，创新是民族进步之魂，坚持创新驱动、智能转型、强化基础、绿色发展，加快从制造大国转向制造强国，是国家制造业发展的趋势。陕西工业职业技术学院围绕区域经济制造业高端技术技能人才需求，借力省、市、区各级政府资源，协同打造我校机械制造全国"样板"专业群。

关键词： 各级政府、保障体系、政策制度、专业群

一、实施背景

据教育部、人社部、工信部联合发布的《制造业人才发展规划指南》统计，预计到2025年，全国制造业十大重点领域人才缺口将接近3 000万人。陕西区域制造业的发展对于人才的需求同样迫切。陕西工业职业技术学院机械制造与自动化专业群聚焦数字化精密制造，开展技术技能人才培养，为提升人才培养的质量，陕西省各级政府多措并举，以"双高"引领改革创新，推动"双高"专业群建设高质量发展。

二、实施过程

自获批中国特色高水平高职学校和专业建设计划建设单位以来，陕西省各级

政府部门领导多次到我校调研并指导工作，通过制定政策制度、建平台、引项目、人财物投入等协同助力推动我校机械制造与自动化专业群迈向新高度，如图 1 所示。

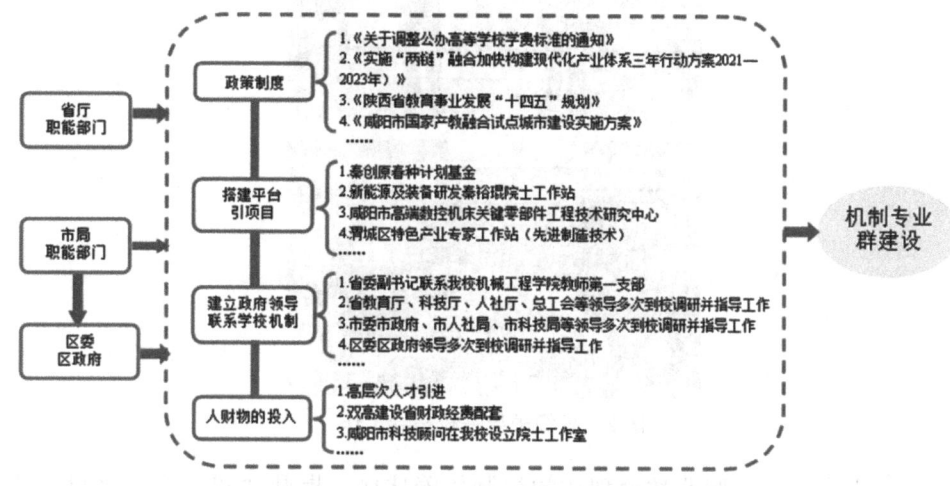

图 1　各级政府多措并举助力提升机械制造专业群

（一）各级领导关怀

省委省政府将装备制造业发展作为工作重点、职业院校技术技能人才培养为重要支撑，省教育厅、科技厅、人社厅、总工会等领导多次来校就师资队伍建设、实践教学软硬件提升、工匠型技术技能人才培养、技能大赛等工作进行指导；市委市政府、科技局、人社局等领导多次来校就技能大师工作室创建、校企科研项目对接、职业人才培养、创业就业等工作进行指导；区委区政府多次来校就助推中小企业高质量发展及专家工作站等工作进行指导，如图 2 所示。

（二）政策制度保障

为了促进职业教育发展，陕西省出台了《关于调整公办高等学校学费标准的通知》《秦创原"科学家+工程师"队伍项目建设方案》以及《陕西省教育事业发展"十四五"规划》等政策制度文件（见图 3），分别从分担教育成本、建设

图 2　各级领导来校指导工作

技术研发平台、提升职业教育现代学徒制培养比例、提升"双师型"教师比例及开展社会服务等方面给予学校大力支持；我校作为双高 A 档建设院校获得陕西省财政 5 000 万元/年配套资金支持，重点用于学校建设技术技能创新服务平台、深化产教融合、建设高水平专业群、打造高水平双师队伍等，促进办学水平的提升。

图 3　秦裕琨院士在我校设立新能源及装备研发院士工作站

（三）各类平台支撑

陕西创新驱动发展的"秦创原"创新驱动平台的春种计划基金用于支持陕

西省内高校师生的科技成果转化，我校复合型六自由度重载工业机器人项目获得了秦创原春种计划基金支持；咸阳市委、市政府聘任秦裕琨教授为咸阳市科技顾问，在我校建立了新能源及装备研发秦裕琨院士工作站（见图4）；秦都区和渭城区为推动全区经济高质量发展，在我校筹建了区工业企业创新发展服务基地；为助力市区中小微企业发展，咸阳市在我校建立了高端数控机床关键零部件工程技术研究中心，渭城区在我校设立先进制造技术特色产业专家工作站（见图4）。

 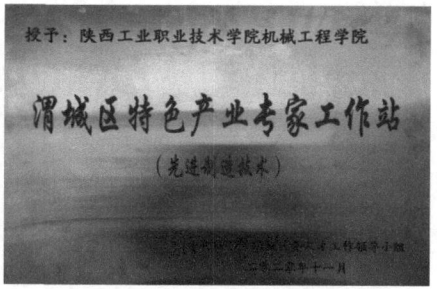

图4 市区级工程技术研究中心、重点实验室、特色产业专家工作站在我校设立

三、建设成效

学校以省内高层次人才专家库为指导，充分利用陕西高校及科研院所众多的区位优势，积极与区域内高等学校、科研院所、高端制造企业深度合作，引进了以王建军正高级工程师为代表的一批行业企业领军人才；与中小微企业签订科研项目47项，承担社会培训项目年均6项以上，社会培训人数达到每年4 800人次以上。

第三部分

材料成型及控制技术专业群案例

聚焦产业、协同联动，构建标准制订"样板"模式

摘要：材料成型与控制技术专业群针对职业院校人才培养标准参差不齐的问题，以《国家职业教育改革实施方案》为指导，遵循"聚焦产业、协同联动、内培外引、打造'样板'"的思路，聚焦产业发展，按照"四联合、四导向、三对接"的路径，分别制定了国家教学标准6项、行业/团体标准7项、职业技能等级标准2项、课程标准50余项，形成了可复制、可推广的标准开发"样板"，对规范人才培养和产业发展起到了有效助推，成效显著。

关键词：职业教育；人才培养；标准

《国家职业教育改革实施方案》明确表示标准化建设工作不仅是深化职业教育教学改革的必需，也是完善现代职业教育体系建设的重要组成部分。近年来，随着新材料技术、智能制造技术、绿色制造技术的不断涌现，对复合型技术技能人才的需求越加迫切。纵观现行高职人才培养标准，已难以培养适用新业态下的技能人才，因此开发复合型技术技能人才培养标准迫在眉睫，十分必要。

一、需求驱动，构建"四联合、四导向、三对接"标准制订模式

专业群凝聚政府、行业、企业和职业院校协同发展合力，从政策法规、行业需求、人才培养、先进标准四个维度出发，深入调研、明确需求，以产教融合、

创新发展、促进就业和规范管理为导向，引进先进标准制定理念，制定国家教学标准、行业标准、职业技能等级标准，以标准对接需求、课程内容对接职业标准、教学过程对接生产过程为核心，创新融合新理念、新技术、新工艺、新规范，制定校内人才培养标准，最终形成了系统化、科学化、规范化、制度化的"四联合、四导向、三对接"标准制定模式，如图1所示。

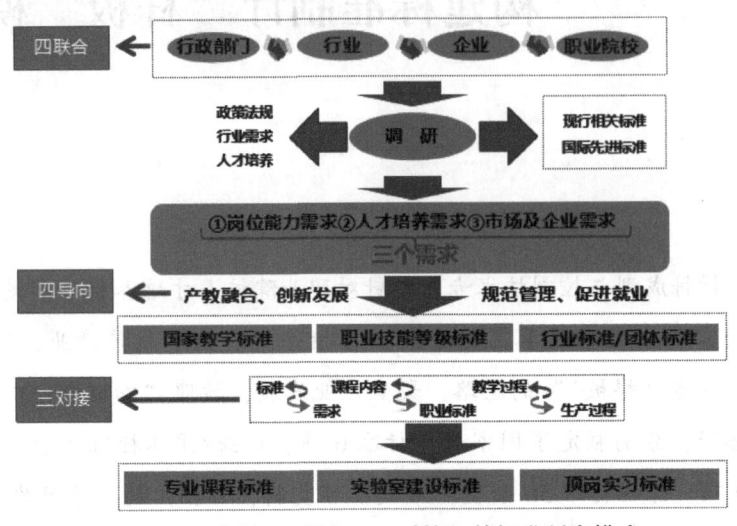

图1 "四联合、四导向、三对接"的标准制定模式

二、需求引领，系统规划，开发复合型人才培养标准

产教融合、校企共研，联合开发教学标准、职业技能等级标准。在全国机械职教委的指导下，组织四川工程职业技术学院、西部超导材料科技股份有限公司等60余家单位开展联合调研，深挖三个需求，以标准对接需求、课程内容对接职业标准、教学过程对接生产过程为核心，积极融入新理念、新技术、新工艺、新规范，系统化进行了目标、项目、团队、德技、学创、评价体系之间的融合，联合开发了教学标准、职业技能等级标准。

聚焦需求、规范发展，联合开发国家标准、行业标准和团体标准。在中铸协、国家智能铸造产业创新中心等单位的指导下，我校作为牵头或参与单位，联合西安增材制造研究院、北京工业大学等40余家单位，发挥彼此在材料加工、增材制造、柔性玻璃等领域的系统优势,制定了国家标准3项、行业标准3项、团体标准4项。

三、打造标准制定"陕工样板",助力完善职教标准体系建设

形成高质量专业教学标准,并成功推广应用。主持或参与制定高职材料成型及控制技术专业教学标准16项,职业技能等级标准2项,重新修订专业课程标准、实验室建设标准、校企协同育人标准50余项。其中,材料成型、焊接技术、机电一体化专业教学标准及26门相关课程标准被尼日利亚温妮弗雷德创新学院等6所院校引用,并被批准纳入该国国民教育体系,成为其国家职业教学标准。参与开发的增材制造设备操作与维护"1+X"职业技能等级标准、特殊焊接技术"1+X"职业技能等级标准已经发布实施,如图2所示。

图2 教学标准推广应用协议书

多项标准发布实施，填补了相关领域标准空白。主持或参与制定的《卡规磨床第 1 部分：精度检验》（编号 JB/T 3870.1—2019）等 3 项国家标准，《柔性玻璃》（编号 T/CSTM 00409—2021）等 4 项团体标准已经批准发布实施。制定的《铸造砂型 3D 打印设备通用技术条件》已经发布，并以此助推我校成功获批国家技术标准创新基地（智能铸造）共建单位，如图 3 所示。

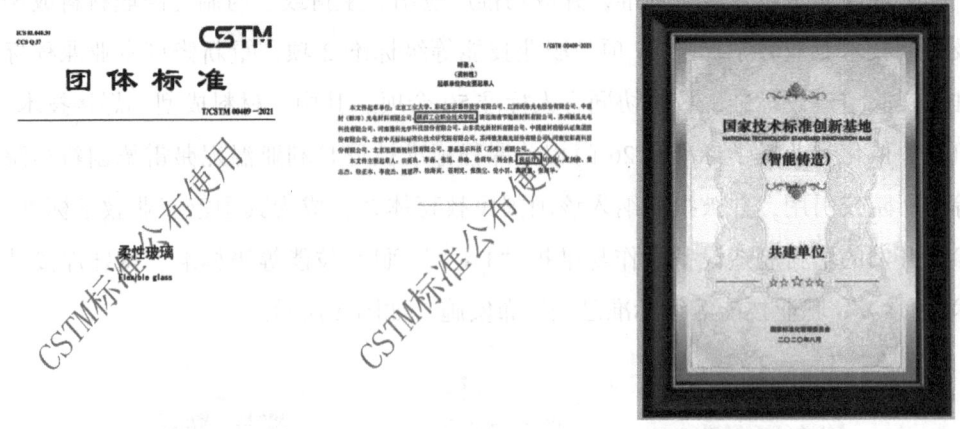

图 3　标准发布实施（部分）及国家技术标准创新基地证书

塑德修匠才，打造"六融六新"课程思政建设新模式

摘要：针对职业院校课程思政教育与专业教育衔接和相融性薄弱，学生难以将学到的思想政治理论和专业知识应用联系起来的问题，材料成型专业群结合自身基础和特色，抓住课程思政这一最重要、关键的育人实践环节，从"构建全面覆盖、类型丰富、层次递进、相互支撑的课程思政体系"这一目标出发，按照贯纲要、准定位，确定了"铸造五爱、淬炼匠心、技能报国"课程思政建设思路，打造了"六融六新"课程思政建设新模式，使课程思政进教材、进课堂、进头脑，充分发挥教师队伍"主力军"、课程建设"主阵地"、课堂教学"主渠道"的作用，将思政工作体系贯通人才培养体系全过程，切实提高了人才培养质量。

关键词：六融六新；课程思政；育人模式

随着《高等学校课程思政建设指导纲要》在职业教育中的不断深入深化和《教育部、财政部关于实施中国特色高水平高职学校和专业建设计划的意见》的实施，"把思想政治教育贯穿人才培养体系，全面推进高校课程思政建设，发挥好每门课程的育人作用，提高高校人才培养质量"，是专业群面向航空、航天、船舶等高端产业和产业高端转型升级、"两机（航空发动机、燃气轮机）"关键零部件智能成型对高素质技术技能人才需求、服务国家教育发展战略及推动"双高计划"建设水平的必然要求和必由之路。

一、贯纲要、准定位，确定"铸造五爱、淬炼匠心、技能报国"课程思政建设思路

专业群充分发挥省域"革命老区，红色资源丰富；工业基地，工匠资源聚集；历史悠久，文化积淀雄厚"优势，通过组建课程思政"三师"教学团队、明确课程思政建设方向和建设目标、深挖课程思政要素、开发课程思政资源、构建课程思政教学体系推动课程思政改革，在充分发挥课程全面育人的同时，塑德修心，确定了"铸造五爱、淬炼匠心、技能报国"（五爱：爱党、爱国、爱社会主义、爱人民、爱集体）的课程思政建设方向和重点，确定"夯实专业根基，立志技能报国"的课程思政建设目标，并以此为基础，团队成员结合四史以及我国制造业发展过程中的英模事迹、优秀文化、创新精神、经验教训等内容，深入挖掘课程知识点、技能点中蕴含的思政元素，将两者进行有机融合，构建课程思政教学体系，润物无声地开展课程思政教学，将价值塑造、知识传授和能力培养紧密融合。

二、齐推进、勇创新，凝练"六融六新"课程思政建设新模式

立足智能成型专业群的专业基础课程，依托国家教学资源库专业核心课程建设基础，通过构建新的目标、资源平台、教学团队、教学体系、课堂育人模式、质保体系的课程实践，凝练"六融六新"课程思政建设模式，即："思政教育目标"与"课程教学目标"相融合，确立"夯实专业根基，立志技能报国"新目标；"课程思政元素"与"四史教育元素"相融合，打造"制造类课程思政资源库"新平台；"专业教师""企业导师"与"思政教师"相融合，组建"专业课程思政教学三师结构"新团队；"课程教学设计"与"思政教育体系"相融合，改革"专业课程思政网格化教学"新体系；"第一课堂""第二课堂"与"第三课堂"相融合，构建"专业课程思政三课堂协同育人"新模式；"课程思政建设体系"与"教学诊改"相融合，探索"八步一环"课程思政质量保证新机制。如图1所示。

图 1 "六融六新"课程思政建设模式

三、修德技、报祖国,凸显课程思政育人成效

(一)课程思政不断深入,人才培养初见成效

1. 各方满意度明显提升

经过课程思政教学改革,学风有所改善,第三方评价机构麦可思对2020届毕业生开展的就业质量调研报告(见表1)显示,学生满意度、就业单位满意度明显提升。

表 1 麦可思对2018—2020届毕业生开展的就业质量报告

项目	学生评价					就业单位评价				
	课堂教学满意度	学校认可度	专业认可度	学校推荐度	毕业生满意度	职业规范职业道德	服务他人	工作态度	政治素养	社会责任感
2020届	100%	100%	93%	91%	98%	92%	92%	92%	92%	94%
2019届	97%	98%	91%	90%	97%	90%	91%	90%	91%	93%
2018届	95%	97%	90%	88%	97%	89%	88%	90%	91%	90%

2. 大赛成绩屡获突破

学生攻坚克难、创新思维、精益求精等素养有所提升，技能大赛成绩获得突破，仅 2020 年，材料 18 级学生先后获全国大学生挑战杯大赛铜奖 1 项，全国大学生金相检验技能大赛一等奖 2 项、二等奖 3 项，陕西省挑战杯大赛金奖 1 项，世界技能大赛增材制造赛项陕西省选拔赛第一名等奖项，如图 2 所示。

图 2　学生获全国大学生挑战杯大赛铜奖、陕西省金奖

3. 回馈社会意识增强

学生回馈社会的意识明显强化，学生参与"走进留守儿童""走进敬老院"等志愿活动的主动性明显增加，由学院学子组成的鸿鹄暖阳社连续多年获咸阳市志愿工作先进集体；疫情期间，20 余名学生积极参加疫情防控并被所在地政府授予疫情防控优秀志愿者称号，如图 3 所示。

图 3　学生积极参与志愿活动获所在地政府多项奖励

(二) 示范引领效果凸显

1. 校内辐射推广

将课程思政改革积累的经验面向承担课程建设任务的全体教师推广，先后有

27门课程申请并获批立项开展课程思政教学改革，对课程建设起到了指导和示范作用。

2. 校外辐射推广

在不断推进课程思政改革、资源建设的同时，积极利用智慧职教 MOOC 学院平台面向全社会推广，辐射影响学校达 144 所，开展课程思政育人总数达 3 696 人，起到了很好的示范辐射作用，如图 4 所示。

图 4　面向校内教师开展课程思政推广

资源建设为根,模式改革为要,建设《铜合金铸件铸造技术》在线开放课程

摘要:针对课程建设及改革流程不清晰、教学资源、教学模式不能紧跟产业及信息技术发展等问题,提出了"行企校携手,紧跟产业技术发展,依托信息化技术及实训基地建设'铜合金铸件铸造技术'精品在线课程"的指导思想,创新了"相互融合、相互协调"的"混合式理实一体化"课程建设与改革实施路径。课程建设取得了国家级、省级的应用实效。

关键词:资源建设;模式改革;综合职业能力;混合式理实一体化

国家先后启动的精品资源共享课程、精品在线开放课程建设等项目,都是紧密围绕高素质技术技能型人才培养目标,针对专业建设中的关键问题——课程建设与改革而展开的,其核心都是为了借助校企合作平台,建设优质课程资源,创新课程开发模式和方法、改革教学方法和手段等,建成一批满足学习者、社会和经济发展需要,体现职业素养要求,促进学生职业能力培养和全面发展的优质在线开放课程。

一、创"相互融合、协调发展"的混合式理实一体化课程建设改革路径

实训基地、师资队伍、教材、信息化资源等建设应基于学生"知识—技能—素质"综合职业能力的提升,相互融合、相互协调,如图1和图2所示。

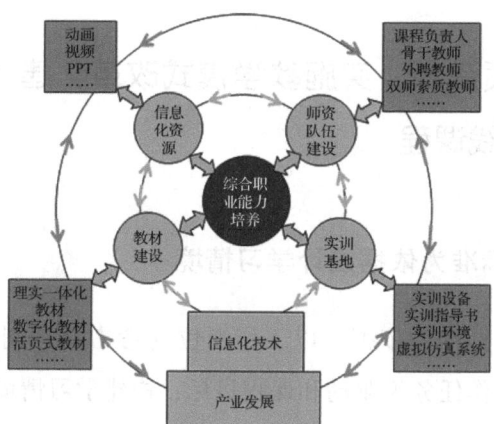

图 1　相互融合、协调发展的建设理念"混合式理实一体化"课程建设改革路径

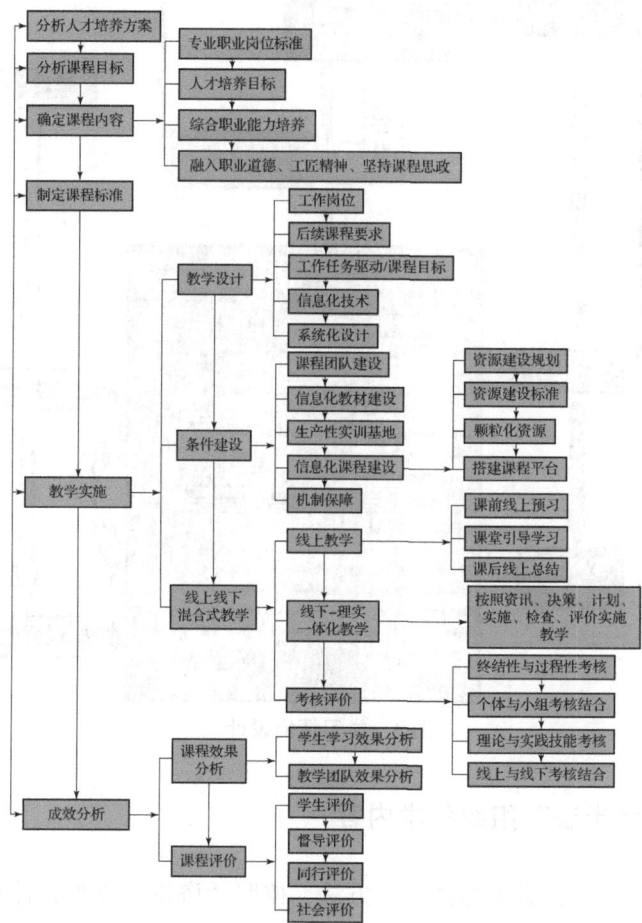

图 2　课程建设与改革路径

二、开发优质资源,实施教学模式改革,建"铜合金铸件铸造技术"精品在线课程

(一)以职业岗位标准为依据设计学习情境

课程以职业岗位标准为依据,以工作岗位(考虑迁移岗位)和后续课程要求为课程定位,以工作任务为驱动和课程目标,构建学习情境,如图3所示。

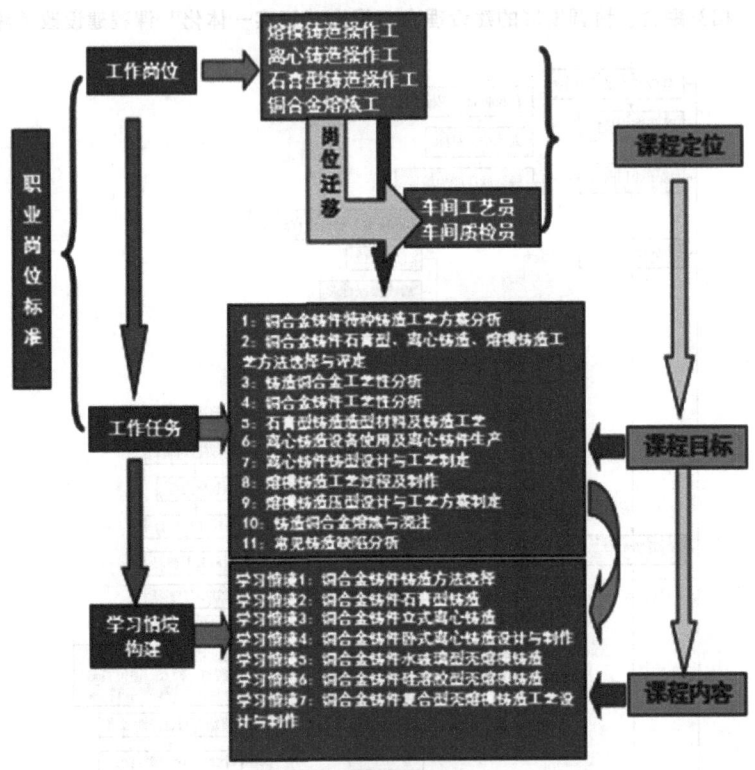

图3 学习情境设计

(二)基于"六步法"组织教学内容

按照小到大的工艺难度选择工艺方法,按照"咨讯、决策、计划、实施、检查、评估"的六步法组织教学内容,如图4所示。

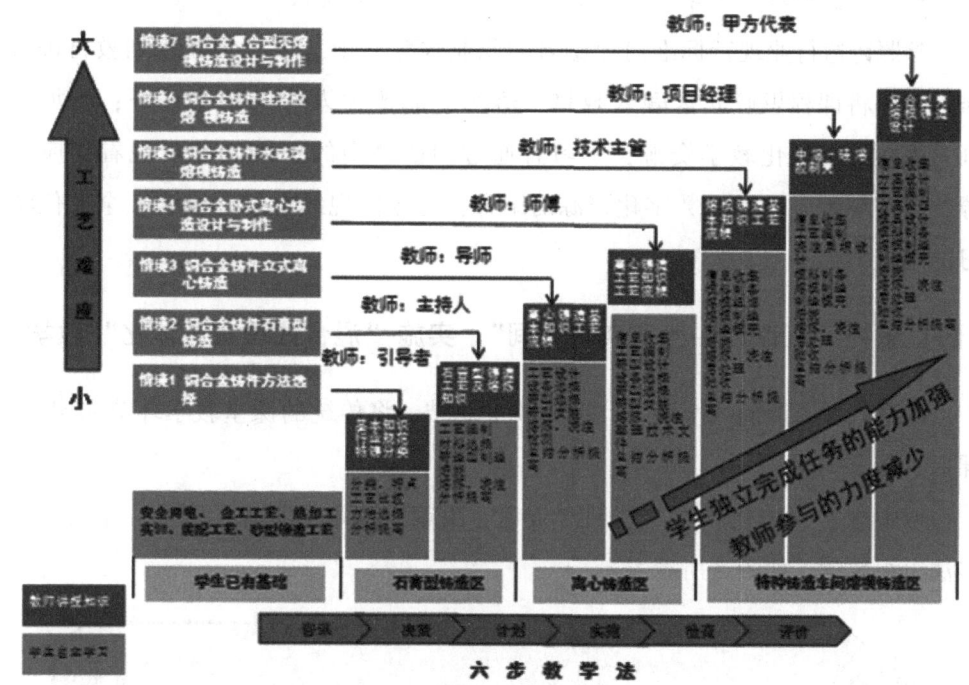

图 4 教学内容组织

(三) 打造精品,实施课程团队、教材、教学资源建设

1. "双师结构" 团队建设

按照 "双师素质培养、信息化能力提升、创新能力打造" 培养和提升专业教师的课程建设和执教能力,并以 "高端人才引进、技术能手聘任" 的方式聘任企业名匠、技术能手、行业专家共同组成 "课程开发与运行团队" 和 "课程审核团队",形成了一支由 3 名教授、2 名副教授、1 名高级工程师和 2 名高级技师等 11 人组成的 "双师结构" 课程建设团队。

2. "颗粒化" 的优质数字化资源建设

资源类型有:动画、视频、音频、PPT、文本等。建设原则:注意课程边界的划分;依据 "颗粒化" 资源的思路,按照知识点、技能点进行资源规划;制定资源建设标准及模板;选择平台搭建在线课程。

3. "立德树人、工学结合"的立体化新形态教材建设

参照铸造行业现行标准对原编著的职业教育"十二五"国家规划教材进行修订,并将课程思政元素融入教材,落实"立德树人"的根本任务;增加动画、视频等信息化教学资源,学习者通过扫描书中的二维码即可观看相应资源,以实现纸质教材+数字化资源的结合,充分体现线上线下结合、全方位学习的理念。

(四)依托"互联网+生产实训车间",实施"混合式理实一体化"教学

网络教学:课前线上预习、课后线上总结,将传统的课堂教学环节向课前、课后扩展。

课中理实一体化教学:按照"资讯、决策、计划、实施、检查、评估"六步法组织教学,如图5所示。

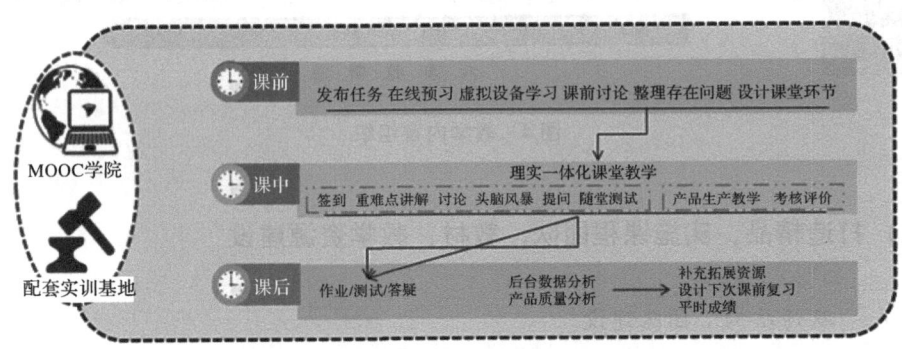

图5 "混合式理实一体化"教学实施

三、建设成效

(一)课程获多项国家、省级荣誉,助推学院重大项目建设

课程获国家精品课程、国家精品资源共享课程、省精品在线开放课程等荣誉,教学效果明显提升,并助推职业教育材料成型与控制技术专业资源库和国家专业群课程建设,如图6所示。

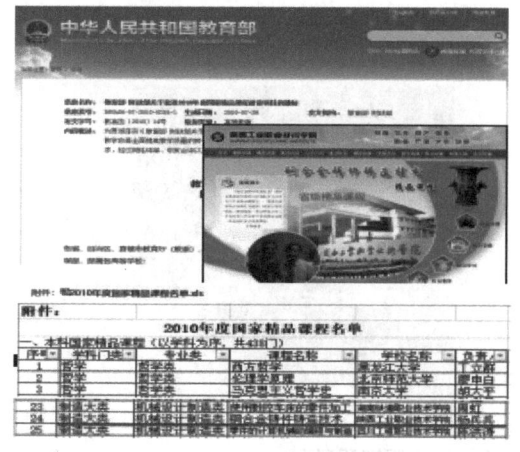

图 6 课程取得的国家级、省级荣誉

(二) 教材建设成效显著

编写的《铜合金铸件铸造技术》教材获"十二五"国家规划教材,工学结合的立体化新形态改版教材推荐参评"十四五"国家规划教材,如图 7 所示。

(三) 团队成员教科研能力不断提升

先后荣获多项国家级、省级荣誉,并在材料成型与控制技术国家专业群项目建设中承担"铸造合金及熔炼"等多门课程及教材建设任务,如图 8 所示。

图 7 编写的第 1 版、第 2 版课程教材

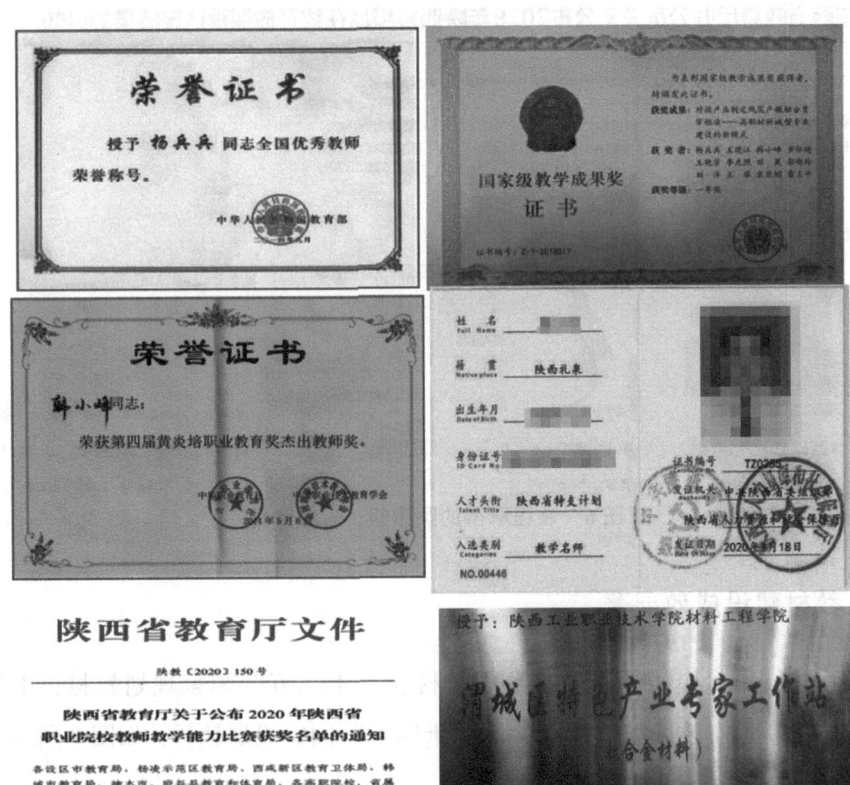

图 8 课程团队取得的成效

创新引领，科教融合，聚力打造国家级教师教学创新团队

摘要：机电一体化教学创新团队全面贯彻全国教育大会精神，坚持创新引领、服务需求，针对专业群人才引进与培养、多元师资队伍建设与教学创新改革同频共振等方面的突出难题，致力培养"双高计划"专业群师资队伍科教融合新动能，构建充满创新能力和社会服务能力的材料成型专业群高水平师资队伍建设体系。两年来，在教师团队师资建设、团队创新能力及社会服务能力等方面取得显著成效，推动我校高素质"双师型"教师队伍建设，为全面提高复合型技术技能人才培养质量提供示范。

关键词：创新引领；教师队伍建设；技术服务；同频共振

机电一体化教学创新团队全面贯彻落实全国教育大会精神，聚焦陕西省高端装备制造、航空航天等高端产业的产业升级改造需求，在全国机械行指委等的指导和支持下，依托"政企校"协作共同体，发挥团队带头人国家万人名师、二级教授优势和高层次团队示范作用，优势互补，分工协作，示范引领高素质"双师型"教师队伍建设，团队教师按照国家职业标准和教学标准开展教学、培训和评价，能力得到全面提升，并于2019年8月入选国家级教师教学创新团队立项建设单位。

一、强化内功，加强团队教师能力建设

以破解企业人才需求与学校培养不同步的重点问题为根本，面向合作企业开

展技术研究与服务，校企双元联合参与制定专业人才培养方案、实验实训室建设方案，把控专业发展方向，鉴定科研成果等重大事宜，用来自行业企业一线的反馈指导团队教学与专业的发展方向，实现"科研服务企业+企业促进教学"同频共振，形成具备"双师、双语、双创"特色师资队伍建设的培育机制。

二、多元参与，推进模块化课程内涵建设

立德树人为根本，强化"三全育人"，以培养学生良好的职业素养和宽泛的人文素养、基础从业能力和职业岗位工作能力，结合"1+X"证书实施，形成"双师型"教师教学团队的协同创新式教学模式。

（一）分析职业岗位群，确定专业群职业能力

坚持需求导向，明确培养目标。基于装备制造业产业链，在校企双元专业指导委员会的组织下，通过对行业、企业、校友和近5年来毕业生的问卷调查并分析调查结果，确定关键素质能力、行业通用能力、职业特定能力分析的专业群核心岗位所需能力要求。专业群职业能力构建示意图如图1所示。

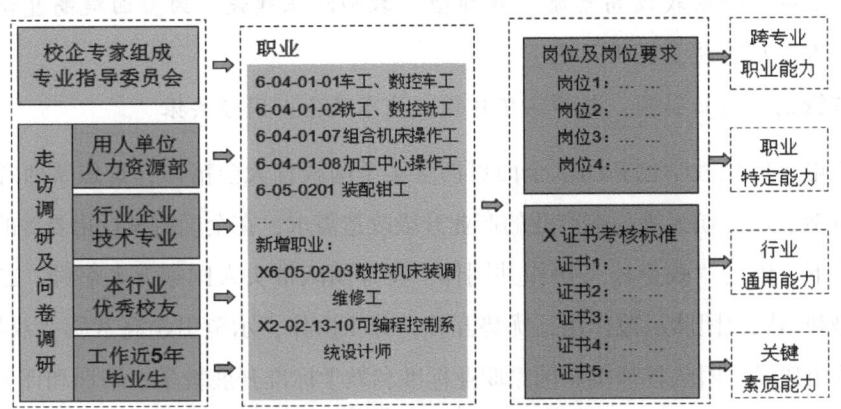

图1 专业群职业能力构建示意图

（二）优化人才培养方案，形成模块化课程体系

遵循"前期可共享、中期可选择、后期可迁移"的原则，按照"以职业定岗位、以岗位定能力、以能力定课程"的思路，对接职业技能等级标准优化专业

群模块化课程体系和"课证融通"方案，以适应不同专业、不同方向的人才培养要求，如图2所示。

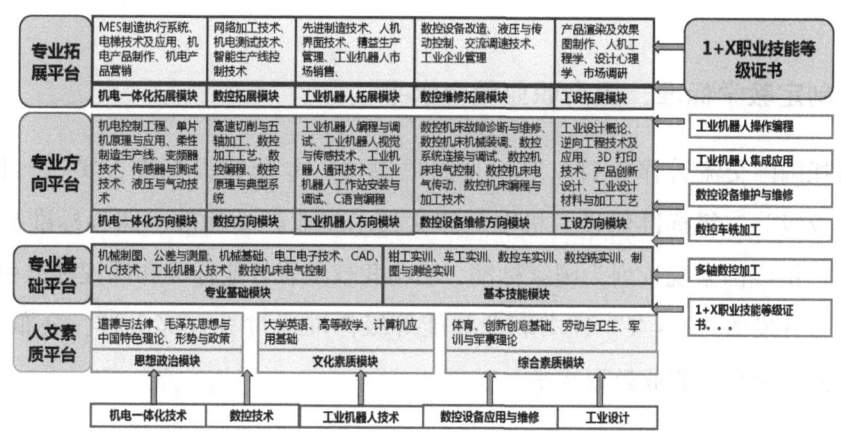

图2 "平台+模块+方向+拓展+证书"的模块化课程体系与"课证融通"框架

（三）解构职业能力要求，优化模块化课程内容

根据基于专业群的职业面向分析和职业能力整合结果，按照"底层基础共享、中层课证融合、高层课程互选"的原则，构建"职业素质平台+专业基础平台+专业方向模块+专业拓展模块"的专业群课程体系。专业群课程体系如图3所示。

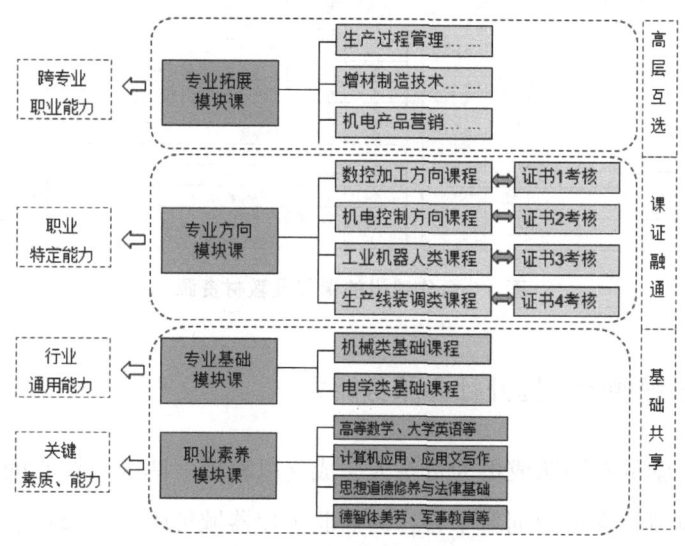

图3 专业群课程体系

三、同频共振，增强团队创新服务能力

（一）制定教学标准，提高职业教育水平

依托国际交流合作项目，对标《悉尼协议》专业建设标准，实行"国家、省级、校级"三级标准建设。机电一体化技术专业教学标准、课程标准被"一带一路"沿线国家院校列为国家标准，已与我校签署专业标准和课程标准引进协议；参与开发的"1+X"证书职业技能等级标准通过教育部审核、公布执行，持续提高中国高等职业教育水平。

（二）校企紧密协作，提质课程资源建设

依托校企合作资源，组建校企课程建设协作共同体。与教育部共建教学资源建设项目、行业企业优质课程"共商、共建、共享"，瞄准岗位需求开发建设智能化教学支持环境下的高质量精品在线课程、立体化新型教材，满足学生线上学习及职工知识提升的需要，如图4所示。

序号	课程名称	负责人	目前状态
1	数控机床故障诊断与维修	祝成科	上线使用
2	柔性制造与自动化生产线	段文洁	上线使用
3	工业机器人技术	刘清	上线使用
4	机电控制工程基础	刘涛	上线使用
5	数控机床结构	陶静	上线使用
6	高速切削与五轴加工	刘艳申	上线使用
7	数控机床机械装调	祝成科	上线使用
8	机电一体化技术创新创业实践	李琥	上线使用
9	数控设备安装与调试	祝成科	上线使用
10	快速成型与3D打印	吴兵	上线使用
11	传感器与检测技术	秦洪浪	上线使用
12	数控机床电气控制与PLC	刘保朝	上线使用
13	单片机原理及应用	孙荣创	上线使用
14	数控机床编程	崔静	上线使用
15	工业机器人集成	杨亮	建设中

序号	教材名称	负责人
1	机电测试技术实训	秦洪浪
2	自动生产线装调实训	王婷
3	机电一体化职业技能认证培训	刘保朝
4	机电设备PLC技术应用实训	罗康
5	数字电子技术实训	李琳杰
6	机电创新综合实训	李琥
7	机床电气控制实训	李宗瑛
8	机床电气控制实训	吕金焕
9	多轴加工一体化教材	刘艳申
10	数控编程与操作	梁晓哲
11	数控机床结构	陶静

图4　合作建设的课程及教材资源

（三）科教加强融合，提升社会服务能力

以教师教学创新团队成员为带头人，成立以教授、博士为核心的科研团队和国家级智能制造技术协同创新中心，为西北医疗器械集团有限公司、咸阳市非金

属矿研究设计院等提供的《超细粉末分级设备关键技术研究与应用》企业技术服务产生经济效益已达到 2.15 亿元，如图 5 和图 6 所示。

图 5　陕西高等学校科学技术奖获奖证书

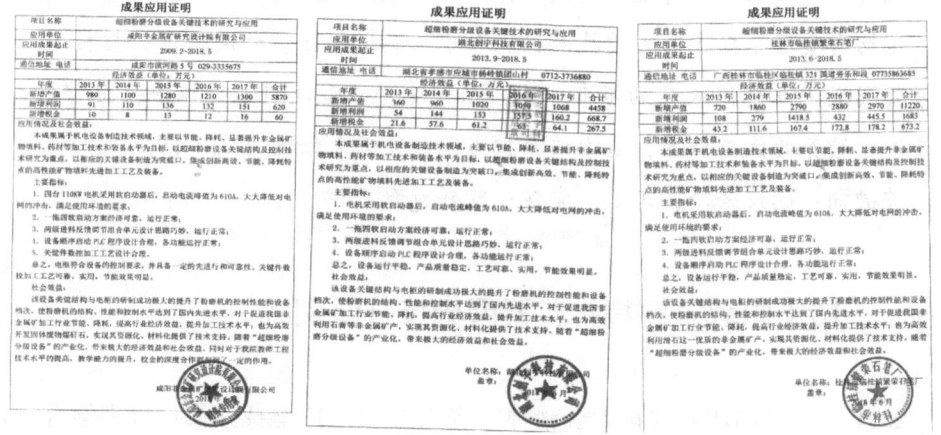

图 6　团队教师为企业技术服务成果应用证明

机电一体化教学创新团队，适应区域经济产业升级，构建模块化课程体系，对接国家职业岗位标准开展教学创新和教学改革，辐射带动全国机电一体化技术专业和其他专业"双师型"教师队伍建设，积极探索机电一体化技术专业国际教学，为服务"一带一路"和区域经济发展，全面提高复合型技术技能型人才提供强有力的师资支撑。

实施"淬心计划"，培养"德技并修"人才

摘要： 我国正在向着全面建成社会主义现代化强国的第二个百年奋斗目标迈进，迫切需要培养更多高素质技术技能人才、能工巧匠、大国工匠，材料工程学院紧紧围绕"立德树人"的根本任务，以实施"淬心计划"为抓手，把"德育"置于人才培养的优先位置，着力培养担当民族复兴大任的时代工匠。

关键词： 德技并修；工匠；党建；榜样教育

一、贯彻职教大会精神，开展德技并修实践

2021年"全国职业教育大会精神"提出要"坚持德技并修、育训结合，把德育融入课堂教学、技能培养、实习实训等环节。"为提升学生德育水平，实现以德驭技，材料工程学院将"德技并修"人才培养理念融入思想政治教育工作，结合专业特色，强化育人内涵，着力培养一批"造得出"的能工巧匠。

二、将"以德为本，寓德于技"为内涵实施淬心计划

（一）党建领航，培育青年"红心"

通过学"红色文化"、做"红色实践"、悟"精神谱系"、研"七一勋章"

内涵等环节引领学生充分认识党史的波澜壮阔，感悟红色文化内涵，引领广大学生研习优秀共产党员立足本职工作岗位、锐意进取的感人事迹，并将坚定信念、践行宗旨、拼搏奉献、廉洁奉公的崇高精神设立为自身的价值追求。

（二）工匠启航，淬炼时代"匠心"

以"工匠精神"为核心，以"校友讲堂""铸思课堂"和"铸魂学堂"为德育课程融入学校学风建设。"校友讲堂"邀请10位校友工匠来校宣讲优秀事迹，校友从事覆盖全面专业；"铸思课堂"以工匠素养、品格养成为课程内容；"铸魂学堂"以大国工匠案例为课程内容。

（三）榜样导航，树立成才"信心"

在学生中从"德育之星""奋进之星""技能之星""体育之星""劳动之星"等方面选拔优秀学生，形成"5＋X"的优秀学生推选方案，并围绕获奖学生开展"星＋10"结对项目及"榜样面对面沙龙"4场、"优秀事迹宣讲会"2场等，如图1所示。

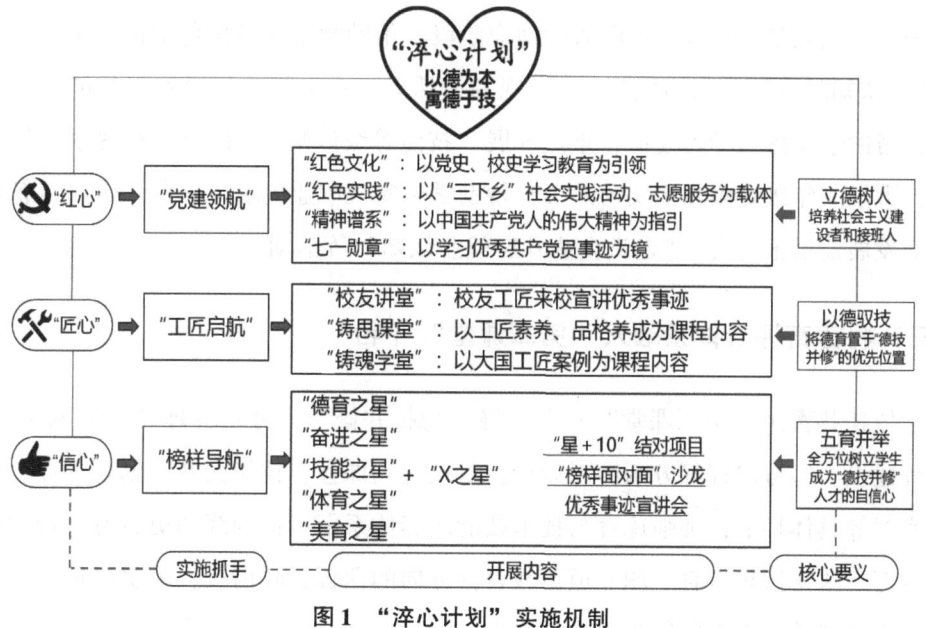

图1 "淬心计划"实施机制

三、建成的机制

(一) 组建"辅导员+专业教师"育人队伍

将辅导员与专业教师作为"德技并修"的育人主力军,贯通"德"与"技"的协同育人,将辅导员的德育课程与专业教师的课程思政相呼应,辅导员的班级管理与专业教师教学管理相结合,从而形成互补,更好地完成德技并修育人目标。与此同时,在工作方式和工作方法能够互相借鉴、相互结合,发挥双方的优势,形成教育合力。

(二) 构建学业生涯全过程的引领体系

材料工程学院精准把握育人环节,将德技并修理念贯穿大学三年的学习生涯,且各有侧重,赋予不同的学习任务和成长目标,依据学生在不同年级段的学业特点,分类、分段实施"寓德于技"教育,以实现循序渐进和持续发展的良性循环。在大学一年级,着眼入学适应阶段,帮助学生找准角色定位,重点开展"专业认知教育""工匠成长手册"规划等活动。在大学二年级着眼技能学习阶段,帮助学生落实学习使命,重点开展"技能等级认知""技能大赛观摩"等活动;大学三年级着眼顶岗实习阶段,帮助学生实现职业追求,重点开展"装备制造业发展前沿报告会""走进企业开展就业认知"等活动。

(三) 将德育评价体系融入"第二课堂"平台

依托共青团"第二课堂"平台,将"德技并修"人才培养理念与学风建设、课程建设、实习课程等方面协同运行,对接实训课程、技能大赛、创新创业、顶岗实习等具体环节,加强德育与技术技能培养体系衔接;围绕四史教育、理想信念教育、法纪法规教育、职业道德教育等方向的课程思政衔接;围绕心理健康教育、人格修养等方面的行为养成教育衔接。

四、建设成效

（一）师生广泛互动，三全育人格局凸显

注重组织班主任、辅导员、专业教师全员参与，打造五育并举的全方位培养模式，覆盖学生从进校到毕业全过程，通过师生专业技能互动、社会实践互动、思想观点互动等方面促进师生广泛交流，构建三全育人的生动局面。

（二）以德驭技，提升学生专业技能

近年来，材料学院学生在各类技能大赛中斩获多个奖项，技能水平提升明显。自2019年至今，在中国"互联网+"大学生创新创业大赛中获得金奖1项，陕西赛区金奖2项、银奖和铜奖各1项；挑战杯中国大学生创业计划竞赛国赛铜奖1项；全国职业院校技能大赛中获得三等奖2项，全国大学生金相检验大赛一等奖2项、二等奖3项，有色金属行业职业技能大赛一等奖6项、二等奖5项、三等奖2项。

（三）以实践活动为载体，提升学生德育实效

丰富社会实践的形式和载体，有效提升了在校学生的德育实效。学生在共青团组织建设、暑期"三下乡"社会实践、志愿服务活动、校园文艺活动、"挑战杯"红色专项竞赛等方面展现德育工作实效。"模具协会团支部"通过2021年陕西省首批高校团建工作样板团支部验收；"鸿鹄暖阳社"大学生志愿服务社团获得2020年咸阳市慈善扶贫协会新冠防控先进集体。"寻根梁家河，实地悟初心"社会实践队在2021年荣获第十七届全国"挑战杯"课外学术科技作品竞赛红色专项一等奖，如图2所示。

图 2 "淬心计划"德育实践成效

"深耕"双创育人生态，"铸造"创新高技人才

摘要： 随着我国进入新发展阶段，新技术、新工艺、新规范不断出现。材料成型与控制技术专业群以服务智能制造结构转型、技术革新为目标，聚焦"两机"关键零部件智能成型新技术，融双创教育于人才培养全过程，通过创新"研学用"一体化人才培养新模式，重塑"专创融合、研技结合"课程新体系，"深耕"双创育人生态，"铸造"创新高技人才。

关键词： 双创教育；人才培养；专创融合；高技人才

创新是引领发展的第一动力，是建设现代化经济体系的战略支撑，促进创新驱动发展，关键在科技、根本在人才；加强双创教育，为新时代经济高质量发展提供人才、智力支撑，从而突破"卡脖子"技术，实现中国制造向中国创造转变。

一、问题导向、创新理念，构建双创育人新模式

职业院校双创理念滞后、体系不完善、专业结合不紧等问题突出。材料成型与控制技术专业群聚焦"两机"关键技术，对接西部智能制造和中小微企业人才需求，融双创教育于人才培养全过程，推进双创教育"五融合"，完善"一基点二协同四促进"双创育人路径，创新"研学用"一体化人才培养新模式（见图1），构建"创教、创赛、创战、创研、创孵"双创生态，实现科技创新和专

业技能结合，打通技术应用最后一公里，铸造"厚基础、精技能、会研发"的创新型高素质技术技能人才。

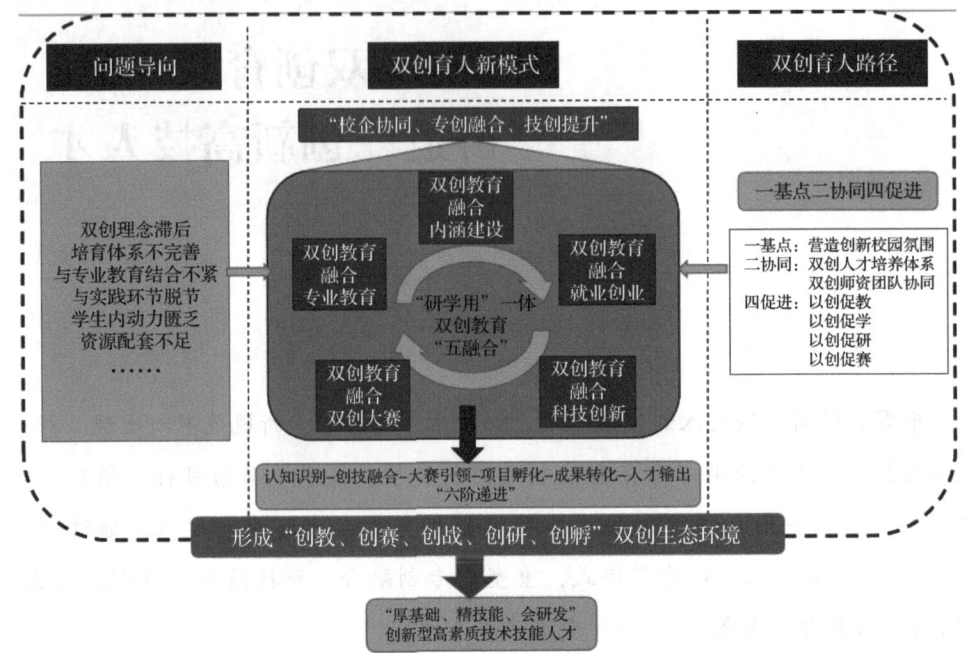

图1 材料成型与控制技术专业群双创育人新模式

二、目标导向、创新机制，铸造创新高技人才

（一）目标导向，健全双创育人体系

以培养创新型高素质技术技能人才为目标，聚焦科技创新与智能制造新要求，重塑双创课程体系、创新课程改革、打造双创团队、搭建双创平台、强化双创大赛、深钻技术研发、开展社会服务，校企协同、开拓创新，健全"专创融合、研技结合"的双创育人体系，提升学生的德、技、创"三合一"能力。

（二）专创融合，重塑课程体系

以互联网思维为驱动，以服务西部先进制造业和中小微企业为对象，按照

"专业教育与双创教育、专业技能与科技创新融合"的指导思想，依托材料成型国家教学资源库、智能成型技术创新服务平台，构建通识创新课、专业创新课、创业专业课到实践双创课的逐层递进式双创课程体系，如图2所示。

对接国家标准、行企标准、"1+X"职业技能等级标准，结合新技术、新工艺、新规范，融入课程思政元素，优化课程标准；引创意内容、案例于课程，开发"意识启蒙–模拟创新–实战训练"的项目化、模块化课程。聘卢秉恒院士团队、中船陕柴集团工程师、技能大师组建"工匠之师"教学团队，开展"启蒙教育→专项教育→实战训练→项目孵化"进阶式教学改革。

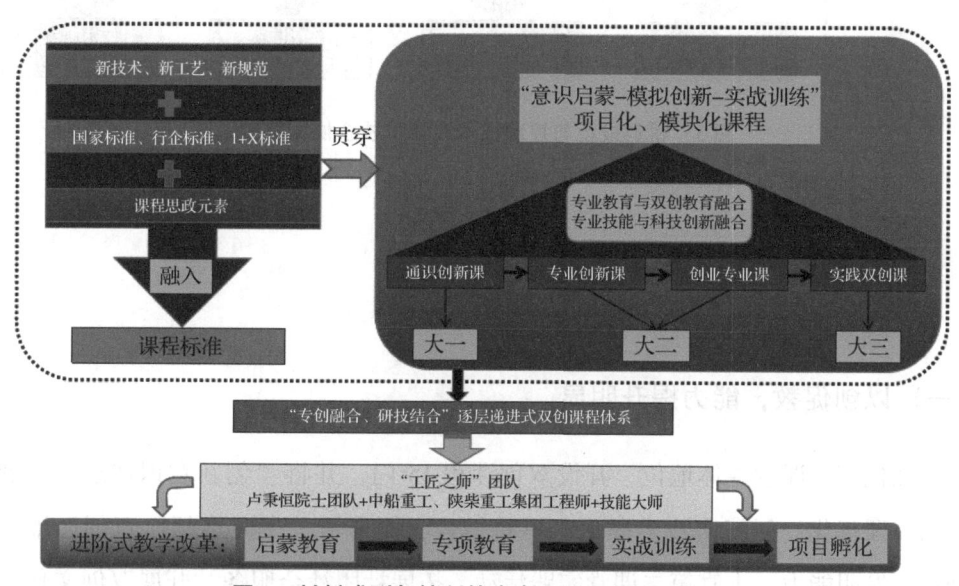

图2　材料成型与控制技术专业群双创课程体系

（三）搭建平台，校企协同创新

搭建双创育人"四平台"，校企协同，开展"四个深化"，提升双创能力。依托实训基地搭建双创培育平台，深化启蒙教育，培养双创意识；依托行业材料成型与控制技术、陕西装备制造业职教集团组建资源共享平台，深化专项教育，激发学生双创活力；依托"工匠之师"工作站打造科技创新平台，深化实战训练，提升团队市场开拓与实战能力；与宁夏共享集团共建"5G+智能成型"孵化平台，深化项目孵化，开展技术研发，实现成果转化，如图3所示。

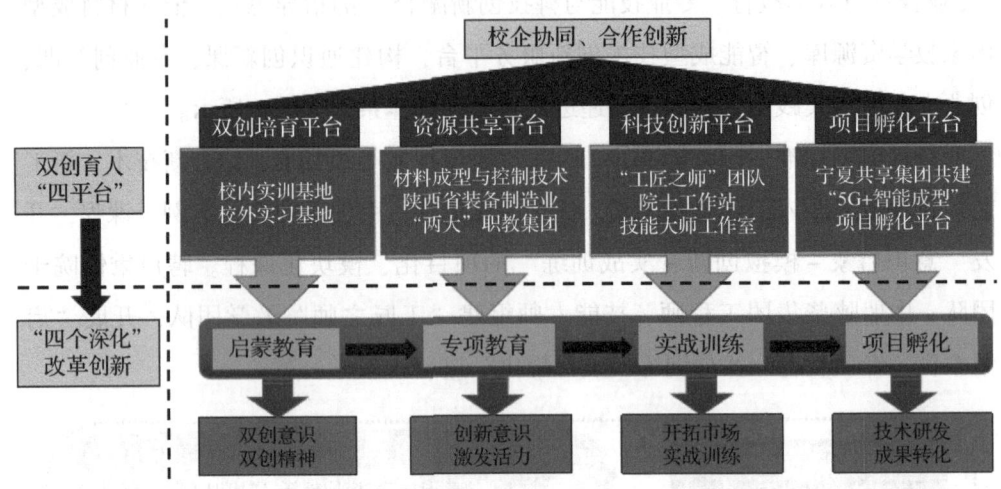

图 3　材料成型与控制技术专业群校企协同机制

三、四促并举，结丰硕果实

（一）以创促教，能力提升明显

强化第一课堂主体地位，开设双创课程 15 门，并将"创新意识常态化、创新内容课程化、创新实践多样化"有机结合，提升了"工匠之师"双创思维与创造、发明能力；丰富第二课堂实践活动，拓展社团社会服务，开展双创文化大讲堂、"青年红色筑梦之旅"实践、科技展览、材料成型技术服务等活动，提升了学生开拓创新与竞技能力。

（二）以创促学，学习氛围浓厚

组建双创社团、创客工坊，开展双创大赛、设计大赛、体验活动，加强媒体、网络、课堂宣传，形成双创氛围；通过课堂革命孕育双创精神，依托双创育人"四平台"实现"大一提出创意、大二设计试验、大三产品测试"的浓厚氛围。

(三) 以创促赛，大赛成绩优异

创建双创训练营，制定专题训练计划，开展"国省校院"四级双创竞赛训练，提升创造、发明、强技、竞技能力。学生获"互联网+"大赛国赛铜奖 2 项、省赛金奖 2 项、银奖 1 项、铜奖 1 项；技能大赛国赛三等奖 1 项，中华职教创业大赛陕西一等奖 1 项，"恒宇·舜宁·蔚仪三联杯"大赛陕西一等奖 1 项、二等奖 2 项、三等奖 1 项，如图 4 所示。

图 4　获奖证书

(四) 以创促研，科研成果显著

聚焦科技发展，铸就科研成果。教师团队获批陕西省高校工程研究中心项目 1 项、国家自然科学基金项目 1 项、陕西自然科学基础研究计划项目 1 项、济宁重点研发计划项目 1 项、山东科技厅科技成果转化示范项目 1 项，获评陕西优秀教师 1 名、陕西职教学会优秀论文三等奖 1 项，编写中国材料与试验团体标准 1 项、铸造企业智能制造能力成熟度评估方法团体标准 1 项，如图 5 所示。

图 5　标准

技术引领,数字赋能,提升专业群服务能力

摘要:围绕技术技能升级带来的教学内容、教学方法和教学手段的更新问题,材料成型与控制技术专业群以"传承铸基创服淬技强学熔教"建设思路为指导,不断推进专业群教学资源库建设与应用,并在社会服务、疫情防控等方面取得了系列成效。

关键词:专业群;教学资源库建设;应用

习近平总书记来陕考察时指出"制造业是国民经济命脉所系",装备制造业也是陕西省、大西安等区域的支柱产业。材料成型与控制技术专业群(以下简称专业群)围绕技术技能升级带来的教学内容、教学方法和教学手段的更新问题,按照"政府引导、行业指导、对接产业、校企协同"的思路,以"大工程观"理念为指导,携手5家行业、23家企业、20家科研院所,持续推进专业群资源库建设,"边建设、边应用、边完善、边推广",有效服务了职业院校教学改革、企业培训。

一、探索创新,持续推动专业群教学资源库建设

专业群不断总结建设经验,完善建设与推广应用机制,总结凝练"传承铸基创服淬技强学熔教"建设思路,建成"国家、省部、院校"三级互动资源平台,创新"资源平台+"应用服务供给模式(见图1),以此为指导,初步

建成覆盖专业群所有专业的教学资源库,并依托智慧职教平台面向全社会推广。

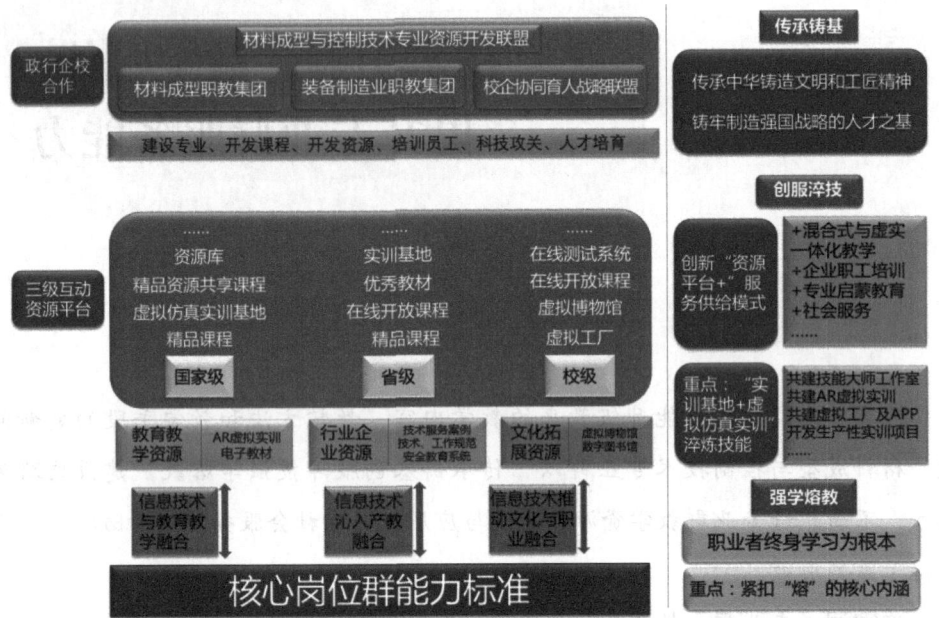

图 1　材料成型专业群教学资源库"传承铸基创服淬技强学熔教"建设思路

二、需求导向,推动教学资源建设与改革

(一)对标岗位需求,熔融信息技术深化"三教改革",提升人才培养水平

以资源库建设为契机,聘请产业教授、能工巧匠、教学名师等 138 人组成资源建设团队,全程参与调研与设计、建设与应用,推动"教师改革";利用信息化技术开发《3D 打印技术》等 11 本数字化教材、《KW 全自动生产线操作实训》等 48 本工作手册式教材,推动"教材改革";开发《基于虚拟工厂的虚实一体教学》等系列案例,深化课程思政、O2O 混合式教学、虚实一体教学改革,推动"教法改革",如图 2 和图 3 所示。

图 2　依托资源库平台开展混合式教学

图 3　依托虚拟工厂和实训基地开展冷压式压铸生产虚实一体教学

（二）围绕用户需求，开发企业资源深化"育训结合"，提升社会服务能力

　　以资源库建设为桥梁，围绕燃气轮机和航空发动机主要零部件智能成型，与企业深度合作开发信息化教学资源，面向不同人群需求开展"资源库平台+"服务，如图 4 所示。

图4 依托资源库开展"资源库平台+"服务

(三) 立足质量需求,构建长效机制深化"产教融合",提升保障持续改进

以资源库建设为纽带,依托学校牵头组建的全国机械行业材料成型职教集团、陕西装备制造业职教集团和校企协同育人战略联盟等平台,牵头60余家成员单位签署"深化产教融合、资源共建共享、校企协同育人"协议,组建教学资源共建共享联盟,实现教学链、利益链、产业链的共赢,营造"联盟式发展、集团化运作"良好生态,如图5和图6所示。

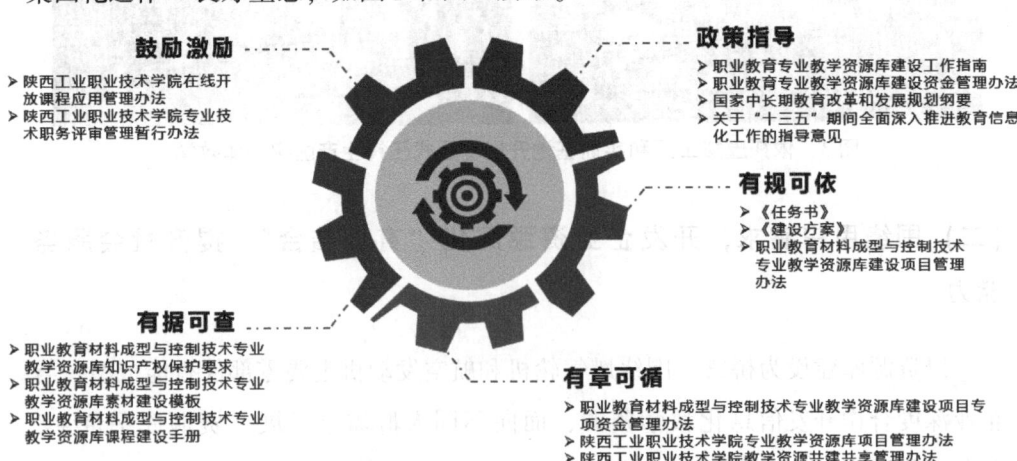

图5 材料成型专业教学资源建设制度标准体系

图 6 依托资源应用月报跟踪资源建设与应用情况

三、应用为王,全面提升专业群社会服务能力

(一)服务停课不停学

2020 年 2-6 月疫情期间,平台新增学生 1.9 万余人、教师 1 100 余人,点击 1 700 余万次,日均 7.5 万次。2022 年年初,依托平台完成专业群 5 个专业、1 000 余名学生、50 余门课程的在线教学和考核工作,最大化地减少突发疫情引起的空间隔离对教学工作的影响,如图 7 和图 8 所示。

(二)服务学习型社会建设

依托平台面向全社会开展学历提升、技能培训等服务,完成 8 个专业、29 门课程、973 名学历教育学生的在线学习任务;开展特殊焊接技术职业技能等级证书培训等专业技能培训 10 000 余人次,如图 9 所示。

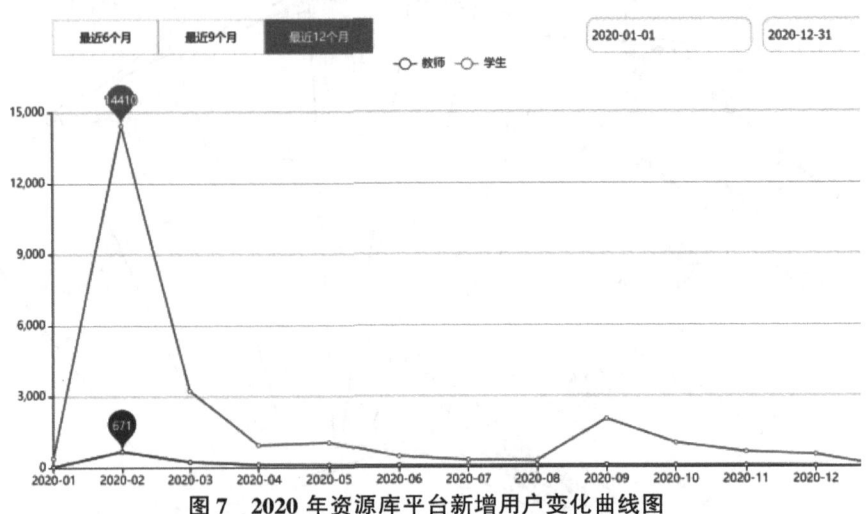

图 7　2020 年资源库平台新增用户变化曲线图

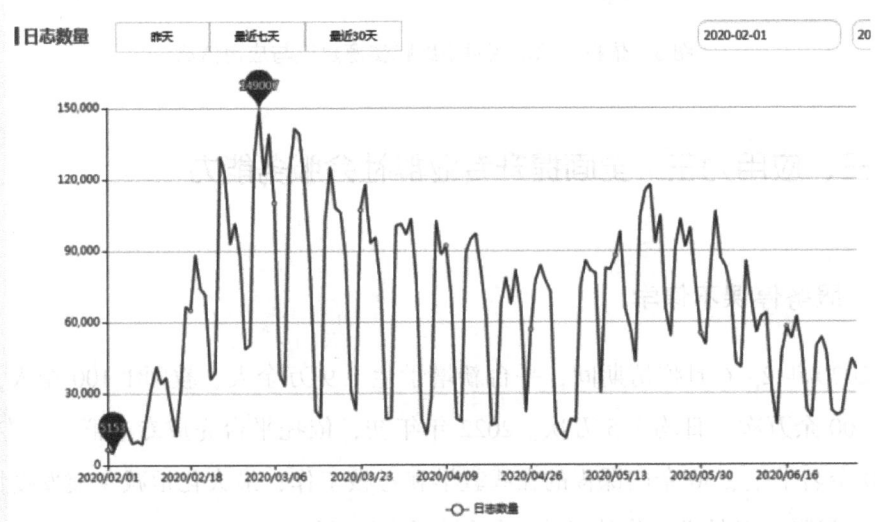

图 8　2020 年 2—6 月资源库平台使用日志数量统计（数据来自智慧职教后台数据中心）

（三）服务国际职业教育发展

依托教学资源库平台完成印度尼西亚等国家 21 名学生"金属材料与热处理"等 3 门课程远程混合式教学，并有材料成型专业等 2 个群内专业的教学标准及相应课程标准被尼日利亚引进作为教学标准，如图 10 所示。

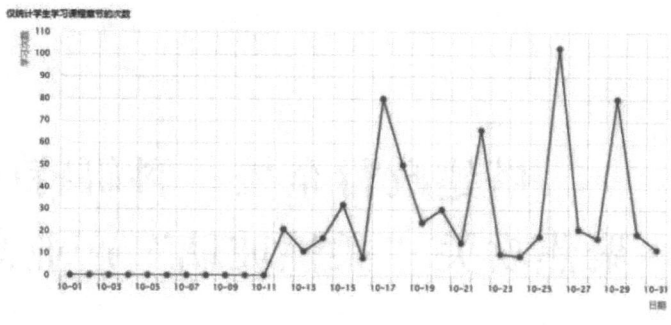

图9　依托资源库开展社会学生学历教育在线教学

图10　与尼日利亚签订职业教育教学标准输出协议

搭建政行企校"科研特区",聚焦攻关"柔性玻璃"产业高地

摘要：为提升高职科研水平，探索高职科研路径，陕西工业职业技术学院立足现有基础，聚焦柔性显示技术核心材料柔性玻璃生产技术成果转化需求，充分发挥我院技术优势，积极构建"政、行、企、校"四方科研攻关团队，试点建设柔性玻璃"科研特区"。完善科研与人事管理制度，建立科研与教学的良好互动机制，以企业需求出发，在搭建国内首条柔性玻璃产线的同时，提升教师的科研能力，培养学生创业意识，取得多项科研和教学成果，探索出高职"双高"背景下的特色科研道路。

关键词：柔性玻璃；核心装备；科研特区；自主研发

柔性显示技术是"中国制造2025"重点发展的十大领域之一，其核心材料柔性玻璃被国外公司所垄断，被列在"十三五""十四五"国家重点攻关核心材料专项任务。我校侯延升博士团队研发柔性玻璃多年，形成具有自主知识产权的关键工艺技术，为加快项目科转落地，我校结合材料专业群"技术技能平台建设"任务，设立柔性玻璃"科研特区"试点，在"科研特区"中实施特殊的建设目标、政策以及管理机制，为鼓励教师从事前瞻性研究提供宽松的科研环境，成功实现项目落地。

一、机制革新，激发科技创新活力

通过"科研特区"试点，建立起新型灵活的科研管理、人才培养及用人制度等，形成有利于科研成果转化和解决企业重大需求的长效机制，通过实现"五稳"促进科技成果快速产业化，如图1所示。

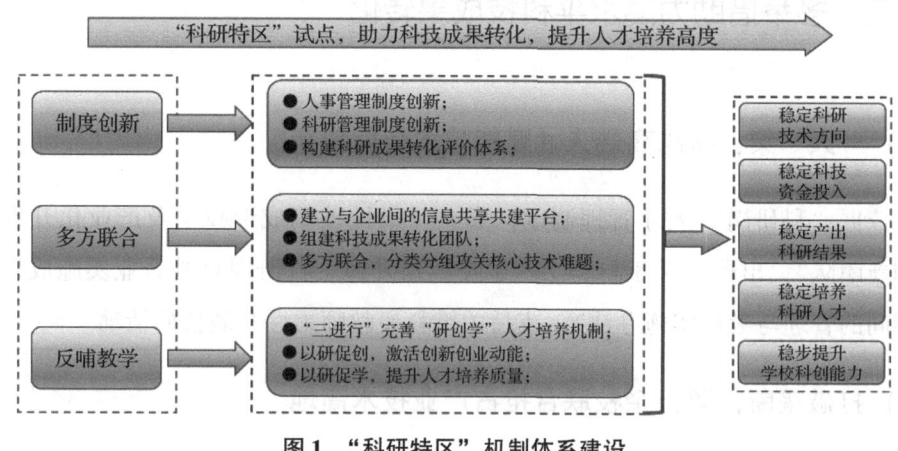

图1 "科研特区"机制体系建设

（一）"科研特区"管理制度创新

学校制定《成果转移转化管理办法》《陕西工业职业技术学院科技成果转化管理实施办法（试行）》等制度，形成了集知识产权管理、国有资产管理、科技成果转移转化于一体的"制度激励+保护监督+系统管理"的管理模式和运行机制。

（二）政行企校多方联合机制

依托全国机械行业材料成型与控制技术职业教育集团，成立"柔性玻璃"科转产学研基地，形成以企业需求为主，"政行企校"多方联合机制，共同构建我国柔性玻璃自主知识产权保护体系，提升我校服务地方经济社会发展的能力。

（三）科研与教学良性互动

建立以研促创、以研促学、以研促教的科研教学互动机制，提高教师科研水平，发展学生"高水平认知和非认知或转移技能"内涵素质，培养出"梯度化"的高素质技术技能人才。

二、多举措助力高水平科技成果转化

（一）一人一策，松绑高端人才赋能技术技能创新

依据"科研岗"人才管理制度，成立"柔性玻璃成形技术及产业化开发青年创新团队"，出台《关于材料工程学院侯延升博士科研项目赴企业实施成果转化期间的管理与考核实施办法》，支持关键科研教师柔性开展科研活动。

（二）打破垄断，政行企校联合抢占产业技术高地

学校领导协调走访，突出柔性玻璃成形展薄技术优势，联合北工大、山东柔光、济南大学等机构共同解决核心设备的设计和制造等关键技术问题。

团队申报的6项"柔性玻璃"专利在山东实施转化，组建"山东柔光新材料有限公司"，独创"微重力一次热拉成形技术"，自主设计核心成型装备，建成国内首条柔性玻璃热拉生产线，如图2所示。

图2　项目实施落地签约

(三) 反馈教学，科研成果全面融入技术技能人才培养

以研促创，指导学生组建团队参与科研项目，共同申报专利，激活创新创业动能；以研促学，依托学校"科研反哺教学项目库"，提升人才培养质量，形成良性互动机制。以研促教，引导教师在教学中发现科研项目，在学习中发现企业技术需求并实现科研突破。学生参与组建"折叠显示用超薄柔性玻璃智造"项目团队，团队成员通过多年技术探索，积累工艺技术参数，自主设计加工出柔性玻璃核心加工装备，如图 3 所示。

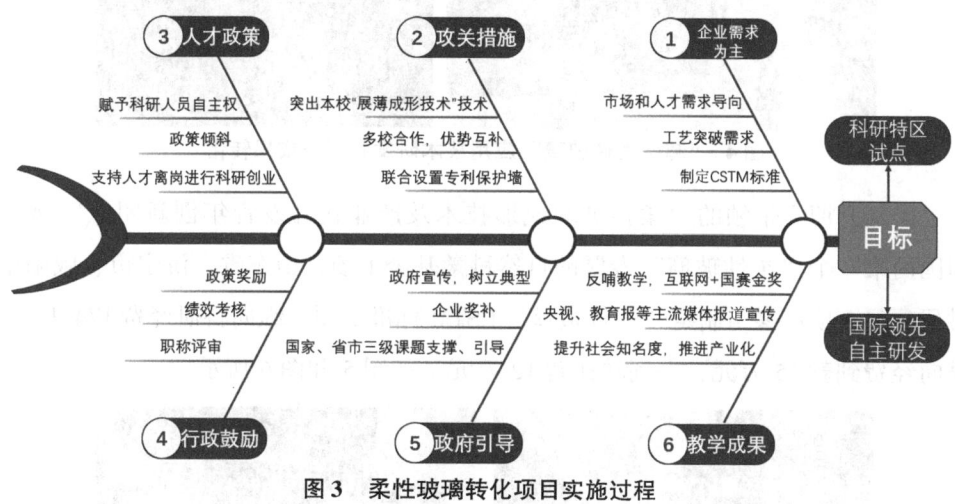

图 3　柔性玻璃转化项目实施过程

三、"科研特区"试点成效显著

(一) 创新成效显著，打破国际"柔性玻璃"行业企业技术垄断

孵化出了由我院与山东乐和家日用品有限公司、上海光铧科技有限公司以及北京工业大学的创新技术专家共同成立，总投资 2 亿元的山东柔光新材料有限公司，实现连续热拉 50 μm 厚度柔性玻璃，弯折半径 3.5 mm，达到国内顶尖水平，预计年产 30 万片折叠显示柔性屏，可实现新增销售收入 5 亿元，新增利税 3 500 万元，如图 4 所示。

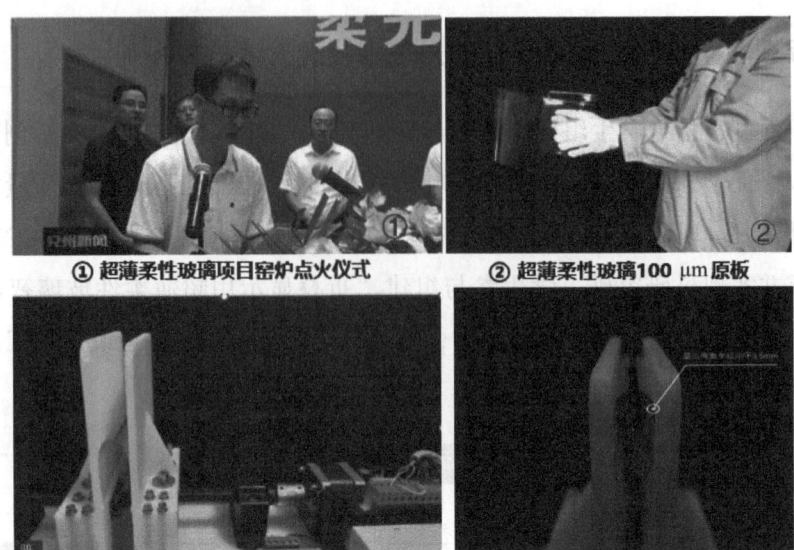

图 4 "超薄柔性玻璃"应用技术研发和科技成果转化

侯延升博士带领的"柔性玻璃成形技术及产业化开发青年创新团队"现承担国内第一个"柔性玻璃"专题的自然科学基金 1 项,山东省、济宁市、咸阳市科研项目 3 项;参与制定"柔性玻璃"CSTM 标准 1 项;纵向科研经费 174 万元,横向经费到款 55 万元,专利转让费 12 万元,如图 5 和图 6 所示。

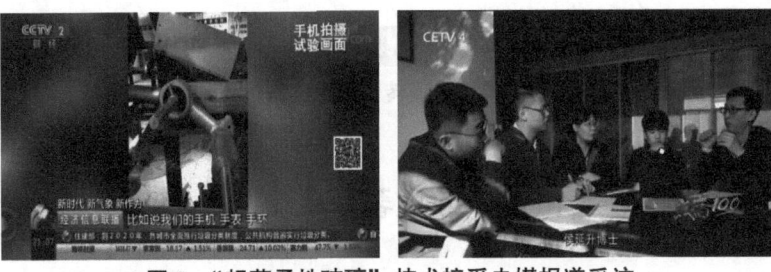

图 5 "超薄柔性玻璃"技术接受央媒报道采访

(二)育人成果突出,"互联网+"大赛获得省内高职首个国家金奖

我院"折叠显示用超薄柔性玻璃智造"项目团队,参加第六届中国国际"互联网+"大学生创新创业大赛获得国赛金奖,实现陕西省高职院校的首次突破。其中,郑旭飞、李宇晗等同学申报发明、实用新型专利 10 余项,毕业升本后仍在课题组继续工作,如图 7 所示。

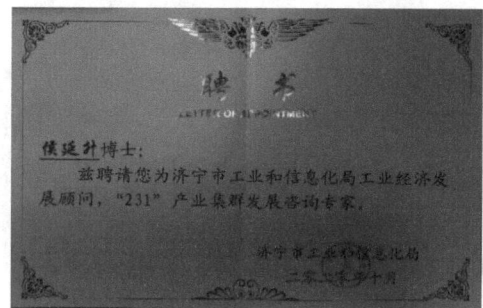

图6　柔性玻璃部分科研成果

图7　柔性玻璃技术研究反哺教学成效

探索科研平台发展新模式，注入区域特色高端产业发展新动力

摘要：针对航空航天领域新型钛合金材料工程化进程缓慢问题和企业的产品升级需求，材料成型与控制专业群瞄准高端产业所需，精准定位，依托技术技能创新服务平台，组建钛合金技术研发中心，形成了"需求牵引、科研驱动、技才输出、良性循环"的平台发展模式，打通了新材料生产的技术通道，培养了新材料生产的高素质技术技能人才，推动了新材料生产企业的技术升级，提高了平台服务能力，注入了区域特色高端产业发展的新动力。

关键词：技术技能平台；发展模式；区域特色产业

新型钛合金是"两机"关键零部件生产的重要材料，陕西省作为重要的军工生产研发基地，钛合金材料产量居全国之首，受制于新型钛合金材料工程化应用研究进展缓慢和高素质技术技能人才的紧缺，产业整体水平亟待提高。陕西工业职业技术学院瞄准高端产业所需，利用材料成型与控制技术专业群资源，挖掘技术技能平台的工艺技术供给与技术技能人才供给作用，为加快新型钛合金材料的研发、工程化应用、产品生产推动陕西省工业再上台阶做出高职贡献。

一、对接高端产业需求，探索平台发展新模式

针对航空航天领域的新型钛合金材料工程化进展缓慢问题和企业的产品升级需求，充分发挥"$1+1+N$"智能成型技术技能创新服务平台的基础保障作用，

精准定位，依托专业群设备与人才资源，成立了钛合金技术研发中心。平台以需求为导向，以科研为原动力，以新型钛合金材料的工程化研究为抓手，以科研项目为载体，从技术、人才两个方面输出服务，助力区域特色高端产业发展，形成了"需求牵引、科研驱动、技才输出、良性循环"的技术技能平台发展模式。

二、依托平台，三维发力，助力钛合金新材料"成型"

（一）从技术维度发力，打通了新材料生产的技术通道

以新型钛合金材料的工程化研究为目的，通过改造、引进部分设备，引进和柔性引进具有实际生产经验的行业专家，鼓励激励专职教师参与，建立起新型钛合金材料工程化的研究团队。与西北工业大学等科研院所合作，进行新型钛合金材料样品制备工艺的探索和研究，不断优化工艺、深化机理，推动了产品性能与生产工艺的螺旋提升，获得了工程化应用的关键技术，打通了材料应用与生产的技术通道，如图1所示。

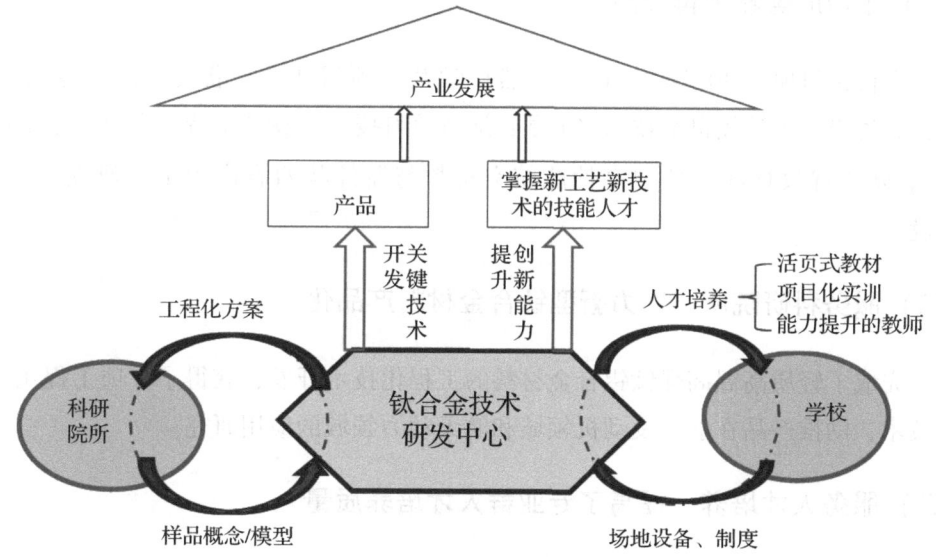

图1 科研平台服务模式图

(二) 从人才维度发力，培养了新材料生产的高素质技术技能人才

积极吸引学生全程深度参与项目，指导学生工艺的设计、改进，完成产品制备、检测与分析等工作，锤炼了学生的基本技能，更新了专业知识，培养了创新思维；将科研成果转换为教学项目，编制成活页式教材进行理实一体化教学，培养了掌握新技术、新工艺的具有创新性且符合高端产业发展所需的高素质技术技能人才。

(三) 从生产维度发力，推动了新材料生产企业的技术升级

将工程化过程中获得的关键技术输出给企业，协助企业的工艺技术升级与新产品开发；对一些中小微企业，采用多种合作方式，输出人力与设备资源，充当企业研发部和实验室的功能，完成新产品的开发；利用实训基地资源，开展企业员工的生产培训，提高员工技术技能水平。

三、新模式提升平台服务能力，推动区域特色产业发展

(一) 平台服务能力再提高

平台在研项目30多项，国家自然科学基金项目2项，获授权国家专利20项，获省级高等学校科学技术奖1项；地方政府授予"钛合金特色产业专家工作站"，陕西省教育厅立项"高性能航空材料与器件陕西省高校工程研究中心"建设。

(二) 服务科研院所，助力新型钛合金材料产品化

完成了轻质高温高强钛铝合金材料的工程化技术开发，获得了2项工程化关键技术，助推产品在航空发动机领域和航天动力领域的应用研究。

(三) 服务人才培养，提高了专业群人才培养质量

指导学生先后荣获中国"互联网+"大学生创新创业大赛中获得金奖1项，

挑战杯中国大学生创业计划竞赛国赛铜奖 2 项；全国职业院校技能大赛中获得三等奖 2 项，全国大学生金相检验大赛一等奖 2 项、二等奖 3 项，如图 2 所示。

图 2　第六届中国国际"互联网+"大学生创新创业大赛金奖、
第十七届全国"挑战杯"课外学术科技作品竞赛红色专项一等奖

（四）服务企业，提高了企业科技水平

为西部超导材料科技股份有限公司等多家企业，完成钛合金、钛铝合金、高温合金等多项技术服务，为企业解决多项技术难题；完成陕西天成航空材料有限责任公司等企业员工技能培训 496 人，帮助企业解决实际问题 12 项，实现社会效益 1 000 余万元。

共建共享，产教融合打造中国特色高水平专业群"5G+智能成型"实训基地

摘要：我校材料成型与控制技术专业群针对实训基地建设现存的政、企、校人才培养与需求不匹配问题，积极探索并形成了共建共享、产教融合打造"四化一体"中国特色高水平专业群"5G+智能成型"实训基地建设模式，实施以来，有效促进"五方"长效发展，为中国产业走向高端培养高素质技术技能人才。

关键词：产教融合；实训基地；"四化一体"

产教融合实训基地是培养技术创新人才的关键。我校材料成型与控制技术专业群，立足西部，聚焦"两机"关键零部件，针对实训基地建设现存的政、企、校人才培养与企业需求不匹配问题，通过共建共享、产教融合打造"四化一体"中国特色高水平专业群"5G+智能成型"实训基地，创新实训基地建设模式，提高专业群产、教、研、培建设水平，树立智能成型领域职教专业品牌。

一、共建共享，产教融合打造"四化一体"的专业群"5G+智能成型"实训基地，反哺"五方"长效发展

专业群以培养智能成型高素质技术技能人才为宗旨，针对实训基地建设现存问题，与宁夏共享集团有限公司、国家增材制造研究院等深度合作，打造并形成"四化一体"的中国特色高水平专业群"5G+智能成型"实训基地建设模式（见图1），反哺"五方"长效发展，成为智能成型技术技能人才培养高地。

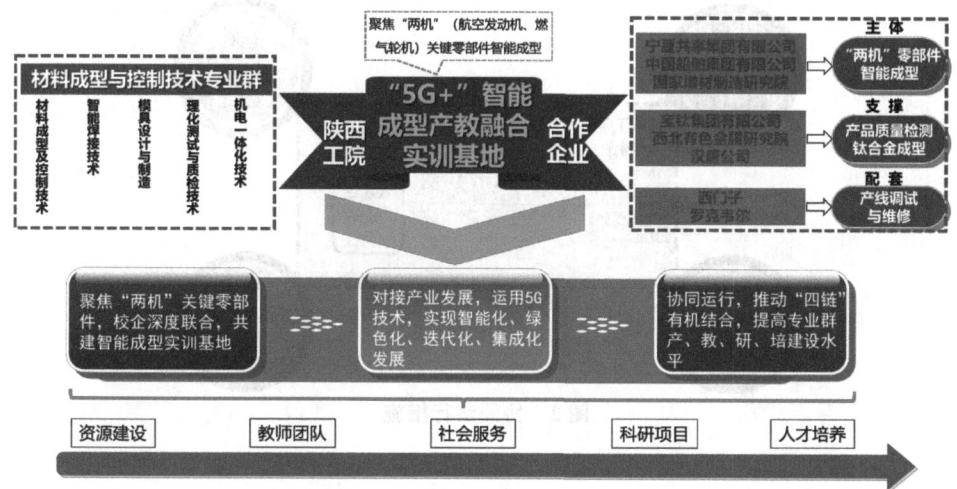

图1 "四化一体"中国特色高水平专业群"5G+智能成型"实训基地建设模式

(一) 校企深度联合,共建智能成型实训基地

与宁夏共享集团共同投资5 195万元共建"5G+智能成型"实训基地,依托共享装备国家双创示范基地、国家智能铸造产业创新中心,搭建开放、共享、线上线下相结合的产教融合育人平台,共建结构化教师教学创新团队,共享教学生产资源,共助协同研发,形成产教融合新模式。

(二) 运用5G技术,实现智能化、绿色化、迭代化、集成化发展

依托5G技术,实现实训基地"四化一体"发展。采用物联网等智能技术建设全流程虚拟制造系统,利用AGV、热法再生、虚拟设计等实现绿色铸造新模式,通过产学研合作,实现软硬件更新迭代,以工艺集成设计为龙头,形成独具特色的专业群集成化应用体系,实现制造过程的自动化、网络化和信息化。

(三) 协同运行,提高专业群产、教、研、培建设水平

共同组建、协同运行"5G+智能成型"产教融合实训基地(见图2),推动"四链"有机结合,提升实训基地管理水平,提高人才培育能力,实现专业群教、培、产、研有效运行。

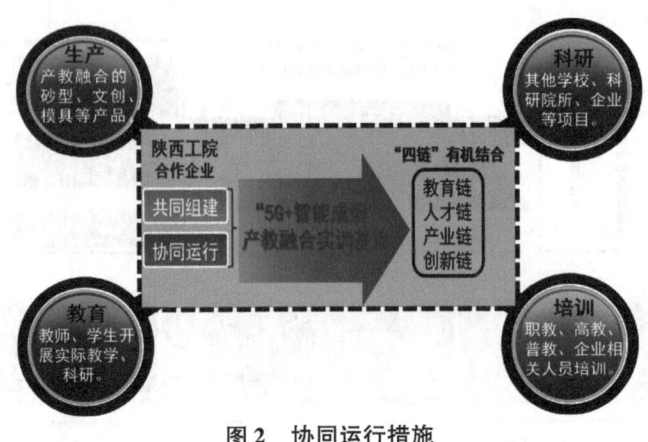

图 2　协同运行措施

二、反哺人、资、服、教、研长效发展，服务区域经济

（一）打造了一个高水平专业群创新基地

成立国家智能铸造产业创新中心产教融合示范基地（见图 3），获批国家技术标准职业教育示范性虚拟仿真实训基地、国家级协同创新中心、西北地区首家德国莱茵 TÜV "焊接培训考试中心"。

图 3　创新基地

（二）塑造了一批智能成型高素质技术技能人才

学生获 "互联网+" 大赛国赛金奖、挑战杯国赛铜奖，获全国大学生金相

技能大赛一等奖2项（见图4）、全国职业院校技能大赛国赛三等奖2项、世界技能大赛增材制造技术赛项一等奖。

图4　学生大赛获奖

（三）组建了一个高精专的教师团队

聘任卢秉恒院士为首席科学家、智库首席专家，成立院士团队工作室；聘任中船重工总工程师郭敏、西交大王富教授为产业教授（见图5）；成立技能大师工作室。获全国机械行业服务先进制造专业领军人才、世界技能大赛增材制造赛项裁判、先进制造名师教学团队、钛合金研究科研团队（见图6）。

（四）解决了一批行业技术和企业技术难题

教师参与的项目获国家自然科学基金面上资助（见图7），承担横向课题13项，解决陕西新西商等7家企业技术难题14项，实现柔性玻璃专利技术转让6项（见图8）。

图 5 聘任院士、产业教授

图 6 科研团队

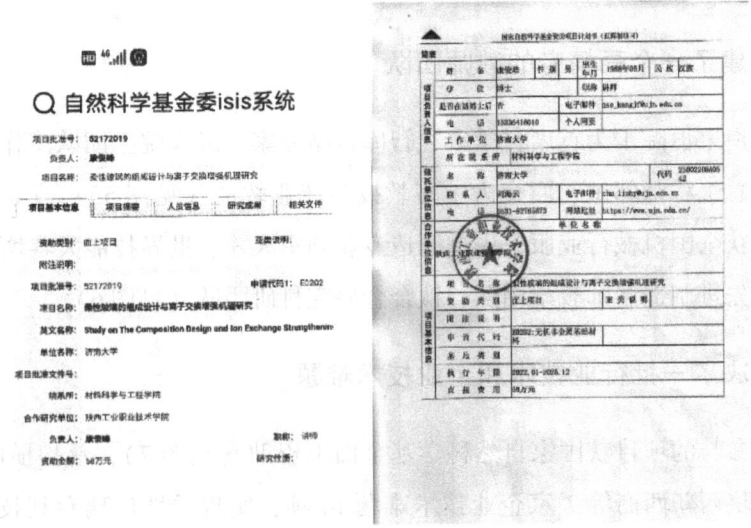

图 7 国家自然科学基金面上项目

第三部分 材料成型及控制技术专业群案例 285

 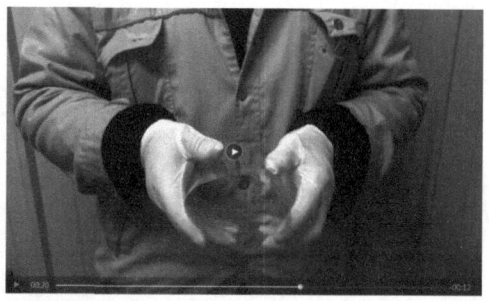

图 8 柔性玻璃专利技术转让

中国特色高水平高职院校
建设典型案例集（共3册）

（上册）

陕西工业职业技术学院"双高计划"建设案例编写委员会　编著

主　　　任：刘永亮
执行副主任：梅创社
副　主　任：贺天柱　田　昊　段　峻
委　　　员：卢庆林　王超联　张　磊　刘引涛
　　　　　　殷锋社　姜庆伟　卢文澈　乌军锋
　　　　　　苏兴龙　秦景俊　赵明威　李　云
　　　　　　李龙龙

北京理工大学出版社
BEIJING INSTITUTE OF TECHNOLOGY PRESS

版权专有 侵权必究

图书在版编目(CIP)数据

中国特色高水平高职院校建设典型案例集：共3册／陕西工业职业技术学院"双高计划"建设案例编写委员会编著． －－ 北京：北京理工大学出版社，2022.6
　ISBN 978－7－5763－1335－2

　Ⅰ．①中… Ⅱ．①陕… Ⅲ．①高等职业教育－建设－案例－汇编－陕西 Ⅳ．①G718.5

中国版本图书馆 CIP 数据核字(2022)第 082689 号

责任编辑： 多海鹏	**文案编辑：** 多海鹏
责任校对： 周瑞红	**责任印制：** 李志强

出版发行　／　北京理工大学出版社有限责任公司
社　　址　／　北京市丰台区四合庄路6号
邮　　编　／　100070
电　　话　／　(010) 68914026（教材售后服务热线）
　　　　　　　(010) 63726648（课件资源服务热线）
网　　址　／　http://www.bitpress.com.cn

版 印 次　／　2022年6月第1版第1次印刷
印　　刷　／　廊坊市印艺阁数字科技有限公司
开　　本　／　710 mm×1000 mm　1/16
印　　张　／　49.5
字　　数　／　730 千字
定　　价　／　198.00 元（共3册）

图书出现印装质量问题，请拨打售后服务热线，负责调换

前　言

为深入贯彻落实全国教育大会精神，落实《国家职业教育改革实施方案》（国发〔2019〕4号），集中力量建设一批引领改革、支撑发展、中国特色、世界水平的高职学校和专业群，带动职业教育持续深化改革，强化内涵建设，实现高质量发展，2019年3月29日，教育部、财政部发布《关于实施中国特色高水平高职学校和专业建设计划的意见》（教职成〔2019〕5号）。经申请及遴选，2019年12月10日，教育部、财政部公布《中国特色高水平高职学校和专业建设计划建设单位名单》（教职成函〔2019〕14号），首批"双高计划"建设高校共计197所，其中高水平学校建设高校56所（A档10所、B档20所、C档26所），高水平专业群建设高校141所（A档26所、B档59所、C档56所）。我校入选国家双A院校，也是陕西省乃至西北地区唯一一所入选双A的院校。

根据教育部、财政部印发的《中国特色高水平高职学校和专业建设计划绩效管理暂行办法》（教职成〔2020〕8号）及教育部办公厅、财政部办公厅《关于开展中国特色高水平高职学校和专业建设计划中期绩效评价工作的通知》（教职成厅函〔2022〕10号），我校以"双高建设"各项具体政策文件为操作指南，以各项具体建设任务为基础，紧抓产教融合发展主线，构建校企"命运共同体"，创新人才培养模式，优化人培方案，重构人才培养体系，坚持新科技赋能新职教，积极探索智慧教育新形态，形成了许多优秀"双高建设"案例。

本典型案例集全套共分上册、中册、下册三册，主要内容为陕西工业职业技术学院2019年众多优秀案例中的精选案例，其中上册包含38篇、中册包含52篇、下册包含31篇。案例聚焦"一加强、四打造、五提升"的双高建设任务，立足于陕西工业职业技术学院"双高计划"建设实践，内容涵盖党建工作、立德树人、学校高质量发展、高水平专业群建设、双师队伍建设、人才培养创新、课程教法改革、产教融合、社会服务、技术服务、国际化交流与合作等方面，集中体现了陕西工业职业技术学院"双高计划"建设与改革的成果和成效，较为全面地呈现了学院在双高建设实践中培植的新经验、创设的新机制、形成的新模式、打造的新成果。

本案例集凝聚了陕西工业职业技术学院探索实施"双高计划"的智慧和经验，对学院进一步提升"双高计划"建设质量、走好职业教育高质量发展，具有十分重要的参考和推广价值。同时也为国内同类高职院校高质量发展的探索与实践提供了有益的参考和借鉴。

编　者

目 录

第一部分 上篇（精选典型案例）

三点重构 四线并进 领跑西部高职院校"1+X"证书制度试点改革 ... 3

 一、三点重构 找准试点改革的切入点 ... 3
  （一）课证融通，重构人才培养"新"方案 ... 3
  （二）引培并举，打造专兼结合"新"团队 ... 4
  （三）升级改造，探索实训基地建设"新"路径 ... 4
 二、四线并进，把握试点改革的衔接点 ... 5
  （一）对接国家需求，制度先行整体部署保障体系 ... 5
  （二）对接产业布局，重点专业引领试点布点 ... 5
  （三）对接培训资格，内外结合提升"1+X"师资水平 ... 7
  （四）对接条件要求，强基赋能升级培训硬件标准 ... 7
 三、四点示范，抢占试点改革的制高点 ... 8
  （一）以证促学，省级管理中心落户我校 ... 8
  （二）以证促赛，技能大赛填补陕西空白 ... 9
  （三）以证促改，国家级教改项目获批立项 ... 9
  （四）以证促建，全国行业示范效应有效凸显 ... 10

"三维构建、三措并举"，打通科技成果转化"最后一公里" ... 11

 一、"三维构建"科技成果转化三大体系 ... 11

（一）统筹规划，构建科技成果转化制度体系　　11
　　（二）成果导向，构建高质量科技成果培育体系　　12
　　（三）绩效为先，构建科技成果转化评价体系　　12
二、"三措并举"闯出科技创新发展新路子　　12
　　（一）科技创新平台支撑，提升科资源集聚能力　　12
　　（二）政行企校协同创新，提升服务中小微企业能力　　13
　　（三）科研中试车间赋能，助力科技成果转移转化　　13
三、高水平科技成果转化成效显著　　14
　　（一）"超薄柔性玻璃"技术实现原始创新走向产业高端　　14
　　（二）核心原创项目成果和技术标准助推中小微企业技术革新　　15
　　（三）"光伏智能温室"科技扶贫成果促进贫困群众增收脱贫　　16

坚持需求导向，构建"双师+双语"师资队伍体系　　18
一、科学谋划，构建"两双"教师培养新机制　　18
二、精准发力，激发教师成长新动能　　19
　　（一）创新教师培养途径，健全培养体系　　19
　　（二）优化双师认定梯度，构建标准体系　　20
　　（三）实施双语百人工程，打造培育体系　　21
三、多措并举显成效，师资培养结硕果　　22
　　（一）教师综合素质大幅提升，形成了"双师、双语"品牌　　22
　　（二）服务地方经济，支撑国家战略　　23
　　（三）培育模式及标准趋于成熟，推广应用效果显著　　23

三平台助推四工程　创出校企协同育人新模式　　25
一、创新机制，培育协同育人"新动能"　　26
二、四大工程，激发协同育人"新活力"　　26
　　（一）产教融合，实施匠心匠技润心工程　　27
　　（二）强强联手，实施拔尖人才领航工程　　27
　　（三）传承创新，实施现代学徒培育工程　　28

（四）扩容提质，实施订单培养升级工程　　29
　三、校企合作成效显著，协同育人呈现"新亮点"　　30
　　（一）供需匹配，展现校企合作"精准度"　　30
　　（二）输出标准，彰显校企合作"贡献度"　　30
　　（三）一流成果，凸显校企合作"认可度"　　31

"四入村"帮扶，助推对口贫困地区由脱贫到振兴　　33
　一、建立四项机制，帮扶工作有保障　　34
　　（一）创新帮扶干部选派机制，配强帮扶队伍　　34
　　（二）建立摸底分析机制，画好"两张像"　　35
　　（三）完善专项项目管理机制，规范过程监管　　35
　　（四）形成帮扶效果评价机制，激发内生动力　　36
　二、实施"四入村"，帮扶工作出成效　　36
　　（一）基建入村，照亮小康之路　　36
　　（二）培训入村，培育造血功能　　38
　　（三）科技入村，创建帮扶"智囊团"　　39
　　（四）文化入村，践行"扶志"与"扶智"　　41

创建协同共治"陀螺模式" 激活内部治理新动能　　43
　一、画好同心圆，构建陀螺式内部治理体系　　43
　　（一）树牢党的领导陀螺之轴　　44
　　（二）构建内部联动陀螺之身　　44
　　（三）营造五方协同陀螺之面　　45
　二、提高加速度，激发内生式治理持续动能　　45
　　（一）完善制度体系立规范，定内部治理之规　　45
　　（二）改革体制机制增活力，夯创新发展之基　　46
　　（三）强化质量管理促内驱，树办学品质之魂　　47
　三、做大公约数，开创协同式治理联动格局　　47
　　（一）形成内部协治新局面　　48

　　　　（二）形成校企共治新机制　　　　　　　　　　　　　　　48
　　　　（三）形成文化善治新氛围　　　　　　　　　　　　　　　48

聚焦三大国家战略　打造开放办学"升级版"　　　　　　　　　50
　　一、聚焦"制造强国"战略，构建本土化国际人才认证体系　　　50
　　二、聚焦"产能走出去"战略，打造集团化海外办学样本　　　　52
　　三、聚焦"一带一路"倡议，探索标准化开放办学方案　　　　　54

战疫课堂践立德树人，财经四心铸课程之魂　　　　　　　　　　56
　　一、聚焦"抗疫"主线　培养财经"四心"　　　　　　　　　56
　　二、推行五大举措　提升思政"五度"　　　　　　　　　　　57
　　　　（一）对照标准，教学设计定"高度"　　　　　　　　　57
　　　　（二）线上共情，思政融入传"温度"　　　　　　　　　58
　　　　（三）五维覆盖，教学内容显"广度"　　　　　　　　　60
　　　　（四）方式灵活，教学组织有"深度"　　　　　　　　　62
　　　　（五）共话战疫，教学实施盯"热度"　　　　　　　　　62
　　　　（六）严格考核，教学评价靠"力度"　　　　　　　　　62
　　三、实践育人显成效　人才培养"六"提升　　　　　　　　　64

"学做创"一体化，培养精密制造产业高端紧缺人才　　　　　　66
　　一、校企协同，构建"学做创"一体化人才培养模式　　　　　66
　　二、"三项"融入，搭建"学做创"一体化高端人才培育机制　67
　　　　（一）课程体系融入："通识模块"与"技能模块"层层推进　67
　　　　（二）制造工坊融入："岗位需求"与"教学实施"双向融通　69
　　　　（三）领军人才融入："柔性引进"与"互选互聘"无缝链接　69
　　三、成效凸显，支撑装备制造产业高端发展　　　　　　　　　70
　　　　（一）招就两旺，行业贡献力倍增　　　　　　　　　　　70
　　　　（二）科创赋能，助推学生成长成才　　　　　　　　　　70
　　　　（三）专利导航，彰显精密制造紧缺人才实力　　　　　　71

聚焦关键零部件"中国制造",校企共建"五位一体"数字化精密制造
育人平台　　72
  一、聚焦精密制造,校企共建"五位一体"数字化精密制造育人平台　　72
  二、校企深度融合,构建"五同精雕"合作模式　　74
  三、以人为本,技术赋能,提升制造产业竞争力　　76
    (一)培养了一支国家级职业教育教师教学创新团队　　76
    (二)培育了一批精密制造未来领军人才　　76
    (三)输出了一批国际化的专业教学标准　　76

引育并举　互促互融　国家级创新团队驱动专业群高质量发展　　77
  一、问题导向,构建"技术研究+教育教学"师资队伍建设体系　　77
  二、引育并举,实现高水平师资队伍引领专业群发展　　78
    (一)"双研"高端引领,汇聚高层次创新人才　　78
    (二)校企联合共育,组建技术攻关"尖刀班"　　79
    (三)梯队模式培养,强化人才队伍建设　　79
  三、互融互促,"技术研究+教育教学"双向提升　　80
    (一)以企业实际项目为载体,带动专业群技术革新　　80
    (二)以资源建设双向使用为目的,提升专业群人才培养质量　　82
  四、提质增效,高水平师资队伍驱动专业群高质量发展　　83
    (一)实现了专业群资源库校企互通共享　　83
    (二)培养了一批高端技术技能人才　　83
    (三)建成了服务区域经济创新发展的产业平台　　85

十年迭代,四双六进,加速现代学徒制"欧姆龙"品牌升级　　86
  一、"订单培养,互惠共赢"构建"四双"校企合作长效机制　　86
  二、"联合共育,德技并修"探索"六进"校企协同育人路径　　87
  三、宝剑锋从砥砺出,十年同行树立校企深度合作新典范　　90

一转型四提升，打造装备制造强基工程 91
一、"一转型"实现机加工中心从生产型走向"生产教学型" 91
二、"四提升"助推机加工中心提质增效 92
（一）创新机制，提升内部管理水平 92
（二）分层分类，提升资源建设水平 92
（三）匠心淬炼，提升学生思想境界 93
（四）实境育人，提升学生职业素养 93
三、内涵提升，训练中心建设取得新成效 93
（一）规模功能，西北高职首屈一指 93
（二）走出国门，贡献职教中国方案 94
（三）荣誉叠加，社会各界广泛认可 94

培育匠才，创"研学用"一体化人才培养新模式 95
一、"高起点，准定位"创"研学用"一体化人才培养模式 95
二、"聚优势，破瓶颈"全面提升智能成型人才培养高度 97
三、"出成效，育匠才"唱出陕西工院"工匠情" 98

聚焦"两机"，锤炼"智能成型"技术技能　创新服务平台 100
一、"需求导向、资源整合"构建"1+1+N"平台 100
二、"项目牵引，协同创新"服务"两机"关键零部件生产 101
三、服务高端装备制造产业成效显著 103

耦合共赢，构建"一心两翼五联合"校企　双元协同育人模式 106
一、构建校企"一心两翼五联合"模式，完善校企合作机制 106
二、实施"校企五联合"，践行校企双元协同育人 107
三、校企深度融合，为服务国家战略发展赋能添彩 110

服务中国制造，组建智能成型专业群　教师教学创新团队 112
一、需求导向，能力为本，顶层设计构建教学创新团队能力模型 112

  二、优化能力，创新形式，建设智能成型教学创新团队 113

  三、分工协作，各展所长，智能成型专业群服务能力再创新高 114

凸显责任担当，淬炼智能成型产业社会服务新品牌 116

  一、构建两个平台，信息赋能助推资源共享供需平衡 116

  二、瞄准需求，实施四项举措优化社会服务能力 117

  三、发挥类型教育特色，社会服务初见成效 118

第二部分 下篇（培育示范案例）

赓续"红色匠心" 智造中国梦想 123

  一、实施背景 123

  二、实践过程 124

    （一）以"双链路"文化育人路径彰显"红色匠心" 124

    （二）以"六心同育"文化育人实践定格"红色匠心" 124

    （三）以"五贯通"文化育人体系保障"红色匠心" 128

  三、育人实效 129

    （一）学生思想素质显著提升 129

    （二）毕业生就业竞争力愈加增强 129

    （三）学院社会声誉不断攀高 130

对接人才培养供给侧 立足人才培养新业态 打造"国—省—院"三级专业群建设体系 131

  一、精准对接 分类组群 分层推进 打造"国—省—院"三级专业群建设体系 132

    （一）对接"中国制造2025"国家战略，重点打造国家级专业群 132

    （二）对接陕西产业转型升级，遴选培育省级专业群 133

    （三）服务区域经济发展，组建院级特色专业群 133

  二、健全机制 重构课程 聚焦课堂 推进人才培养供给侧改革 134

    （一）紧盯产业链转型升级动向，健全"对接产业、动态调整、

　　　　　　　自我完善"的专业群动态调整机制 ……………………… 134
　　　（二）适应岗位群高品质转型需求，重构"底层共享、中层融合、
　　　　　　　高层互选"的模块化群课程体系 ……………………… 135
　　　（三）聚焦新型数字化课堂革命教学实践，推进"名师引领、书证
　　　　　　　融通、赛教融合"的新型教学模式 ……………………… 135
　三、专业群内涵大幅跃升 "三教改革"捷报频传 …………………… 137
　　　（一）人才培养质量显著提升 ……………………………………… 137
　　　（二）师资队伍建设卓有成效 ……………………………………… 138
　　　（三）优质教学资源不断涌现 ……………………………………… 139
　　　（四）社会服务能力进一步提升 …………………………………… 139

以高水平优质教学资源开发为抓手　助力打造"三教"改革示范基地　141

　一、统筹设计，创设优质教学资源开发环境 ………………………… 141
　　　（一）数据为先，加快集数据"采集、处理、诊断、分析、决策"
　　　　　　　于一体的课程质量监控管理服务平台的建设与应用 …… 141
　　　（二）制度保障，搭建涵盖"面"上资源库、"线"上在线课、
　　　　　　　"点"上大赛资源的三级协同教学资源开发体系 ……… 142
　二、分类建设，打造面向课堂的优质虚拟数字资源 ………………… 144
　　　（一）虚拟博物馆 …………………………………………………… 145
　　　（二）虚拟工厂 ……………………………………………………… 145
　三、建用结合，加强优质数字教育资源的应用推广 ………………… 148

以立项促教改　以教改促实践　以实践促成果　孵化高水平教育教学成果　151

　一、立足人才培养质量提升，建立教学成果培育机制 ……………… 151
　二、统筹各方资源，保障成果培育 …………………………………… 152
　　　（一）找好抓手，提前规划 ………………………………………… 152
　　　（二）对接项目，层层遴选 ………………………………………… 153
　　　（三）完善制度，全面保障 ………………………………………… 153
　三、加强成果应用推广，促进人才培养质量提升 …………………… 155

质量立校　机制强校　打造"引领改革、支撑发展、中国特色、世界水平"
的高水平高职院校　　　　　　　　　　　　　　　　　　　　　　156
 一、科学规划内部质量保证体系，实现质量监控全方位覆盖　　　156
  （一）顶层设计，科学构建完善的内部质量保证体系　　　　156
  （二）多方参与，协调搭建全方位质量保障组织体系　　　　158
  （三）有的放矢，建立可落地、系统化的目标链和标准链　　158
  （四）重在监督，不断完善质量监控服务保障制度体系　　　159
  （五）质量立校，搭建多元立体的质量评价体系　　　　　　160
 二、搭建智能校园平台，实现质量监控和教学过程的无缝对接　　160
  （一）丰富、完善业务系统，搭建智能校园支撑平台　　　　160
  （二）打通信息孤岛，构建教学质量监控闭环　　　　　　　161
 三、内生动力持续增强，质量内涵的核心竞争力不断提升　　　　162

校企联动　院校主导　企业协同　"三五三一"实习管理新范式　　164
 一、以信息化平台为载体，形成"3531"特色管理新范式　　　　164
 二、以过程管理为核心，助力"3531"特色管理新范式　　　　　165
  （一）校企联合，构建八层实习管理框架　　　　　　　　　165
  （二）建立"五运行＋五监督"的全方位过程管理体系　　　166
  （三）强化职业能力，建立四维的过程化考核指标　　　　　167
 三、以"3531"新范式为抓手，全方位提升培养质量　　　　　　168
  （一）创新体制机制，打破实训过程管理"五大瓶颈"　　　168
  （二）校企互利共赢，促进校企深度融合　　　　　　　　　168
  （三）实习成果丰富，培养质量持续提升　　　　　　　　　169
  （四）校企协同研究，教研成果不断涌现　　　　　　　　　169
  （五）借力国家诊改，形成实习管理改进机制　　　　　　　169

以"课程思政"为引领　打造"三教改革"的订单培养新范式　　　170
 一、"课程思政"，落实落地"立德树人"根本任务　　　　　　170

（一）聚焦核心课程，实施"课程思政" ... 170
　　（二）强化思想教育，促进学生全面成长 ... 171
二、实施"三教改革"，培养行业时代工匠 ... 171
　　（一）校企携手，打造高水平师资团队 ... 171
　　（二）聚焦思政教育，深化教材改革 ... 172
　　（三）创新模式方法，推动课堂革命 ... 172
三、合作成效 ... 174
　　（一）标志性成果突出 ... 174
　　（二）人才培养质量稳步提升 ... 174
　　（三）社会服务能力不断增强 ... 174
　　（四）引领带动作用显著提升 ... 175

依托"一区三院一中心"，打造"四维联动"的技术技能创新服务平台　176

一、建设西部现代职业教育研究院，打造西部职业教育新品牌 ... 177
二、创建西部产教融合研究院，增强西部产教融合新动能 ... 179
三、创建西部创新创业研究院，提升西部双创教育新高度 ... 180
四、建设数字经济产教融合创新发展中心，打造国家级数字媒体产教融合创新应用示范基地 ... 181

化美育德　艺技融合　打造高职美育新高地　183

一、凝练育人核心理念，确立大美育工作格局 ... 183
二、构建"双链一圈五融通"的美育工作模式 ... 184
三、打造"六位一体"的特色美育实践体系 ... 184
四、创新建立闭环运行的美育工作生态圈 ... 185
五、建设成效 ... 186
　　（一）学生综合素质显著提升 ... 186
　　（二）以美育人成果丰硕 ... 186
　　（三）社会影响持续扩大 ... 186

以人为本温馨思政　护航成长绽放青春 　　　　　　　　　　188
一、实施背景 　　　　　　　　　　188
二、培育形成"心理育人+网络思政+辅导员工作室"全方位育人格局 　　189
（一）坚持育心与育德相结合，形成"陕工"心理育人特色 　　189
（二）构建"思想引领、教育教学、生活服务、文化娱乐"四位一体网络体系 　　189
（三）运用辅导员工作室搭建交流平台，促进辅导员"三化"成长 　　189
三、实施过程 　　　　　　　　　　190
（一）心理育人长久发力，精心育苗护航成长 　　190
（二）以"易班工作站"为统领，创新网络服务矩阵 　　190
（三）辅导员工作室团队百花齐放，攻坚创品牌 　　190
四、建设成效 　　　　　　　　　　191
（一）心理育人工作省级示范区域引领 　　191
（二）以"易班工作站"为统领的网络服务矩阵发挥效能 　　193
（三）辅导员队伍建设成效显著 　　194
（四）学生成长 　　194

探索创新创业新机制，构建全方位的高职创新创业人才培养生态体系 　　195
一、"五方联动、四项融合、三链协同"的创新创业生态体系 　　195
（一）搭建五方联动的开放协同平台，探索创新创业新机制 　　196
（二）探索四项融合的创新创业协同方法，营造创新创业氛围 　　196
（三）构建三链协同的创新创业人才生态链 　　197
二、开展多项建设工程，推动双高教育战略转型 　　198
（一）充分利用学校原有的创新创业培养模式和建设好的创新创业实践平台 　　198
（二）制定完善创新创业相关管理办法、推行专利奖励制度 　　198
（三）多方联动、分阶段精准施策 　　199
（四）研创结合，激活创新创业动能 　　199

　　　　（五）依托创新创业平台引企入校、实体化运作　　　　　　　　　　200
　　三、提升西部双创教育新高度　　　　　　　　　　　　　　　　　　　　200

聚焦区域经济发展需求，开展技术技能新服务　　　　　　　　　　　　　202
　　一、"两中心"相互协同，构建技术服务新体系　　　　　　　　　　　　202
　　二、培育科技创新团队，精准对接企业需求　　　　　　　　　　　　　203
　　三、开展科技扶贫项目，技术服务助力脱贫攻坚　　　　　　　　　　　205
　　四、加强校企协同创新，共铸科技创新成果　　　　　　　　　　　　　205

匠心育人，创字为先，建设国家级 职业教育教师教学创新团队　　　　　207
　　一、实施背景　　　　　　　　　　　　　　　　　　　　　　　　　　207
　　二、实施过程　　　　　　　　　　　　　　　　　　　　　　　　　　208
　　　　（一）提升团队教师课程思政能力　　　　　　　　　　　　　　　208
　　　　（二）提升教师资源建设能力　　　　　　　　　　　　　　　　　208
　　　　（三）提升教师课堂教学能力　　　　　　　　　　　　　　　　　209
　　　　（四）落实企业实践制度，提高教师实践能力和创新能力　　　　　209
　　　　（五）"以赛促教"出成效，提升技能大赛指导能力　　　　　　　209
　　　　（六）立足自身优势与企业需求，提升教师科研与社会服务能力　　212
　　三、建设成效　　　　　　　　　　　　　　　　　　　　　　　　　　213
　　　　（一）课程思政育人效果突出　　　　　　　　　　　　　　　　　213
　　　　（二）教学资源建设成果丰硕　　　　　　　　　　　　　　　　　213
　　　　（三）科研与社会服务能力提升显著　　　　　　　　　　　　　　215
　　　　（四）教学标准建设成绩斐然　　　　　　　　　　　　　　　　　215
　　　　（五）"1+X"证书试点成绩优异　　　　　　　　　　　　　　　217

积极开展职教资培训工作，促进职教师资培训扩容提质　　　　　　　　　219
　　一、构建职业教育教师培训体系　　　　　　　　　　　　　　　　　　219
　　　　（一）强强联合，建设校长培训基地　　　　　　　　　　　　　　219
　　　　（二）对接业务，建设管理人员培训基地　　　　　　　　　　　　219

（三）发展优势，建设职业院校师资培训基地　　220
　　（四）校企合作，建设高技能人才培训基地　　220
　　（五）落实要求，建设思政教师培训基地　　220
　　（六）服务企业，建设双师型教师培训基地　　221
二、教育培训运行机制　　221
　　（一）建立一体化的培训组织运行结构，实行负责制的培训模式　　221
　　（二）聚焦需求，确保培训实效　　222
　　（三）立足"四元协同"，整合优势资源　　222
　　（四）优化过程管理，提升培训实效　　222
三、培训成效　　223
　　（一）服务高水平建设　　223
　　（二）服务西部职教区域　　223
　　（三）服务中高职学校协同发展　　224

以企业需求和学生职业发展为导向的人才培养"陕工模式"　　232
一、校企合作概况　　232
二、探索实施"双主体+合作多通路"人才培养陕工模式　　232
　　（一）建立校企合作工作机制　　232
　　（二）实施"双主体+合作多通路"人才培养　　233
三、合作成效　　236
　　（一）校企资源共建，专业建设水平显著提高　　236
　　（二）校企合作育人，培养模式获认可　　236
　　（三）三方共赢，质量效益显著提升　　238

强化科教产协同创新，激发社会服务新活力　　239
一、光伏发电"暖"人心　　239
二、互联网+"智能温室"，技术服务助推乡村振兴　　240
三、发挥科技创新资源优势，精准对接企业需求　　241

打造高水平职业教育研究平台　引领西部职教研究高质量发展　242
  一、成立西部现代职业教育研究院，搭建职教研究平台　242
  二、完善管理制度和运行体系建设，形成五大运行机制　243
  三、提升创新发展和科学研究水平，发挥决策咨询功能　244
    （一）积极承担国家级课题研究任务　244
    （二）积极承办国内高水平学术会议　244
    （三）积极开展职教重大问题专项研究　245
    （四）积极发挥智库决策咨询服务功能　245

推进"7个对接"，实现学院职工培训"3翻番1升级"　247
  一、抢占高地，培训设计与企业顶层对接　247
  二、送教上门，培训计划与生产安排对接　248
  三、开发资源，培训方式与信息化教学对接　249
  四、成果转化，培训内容与新技术新管理对接　249
  五、终身学习，培训外延与职工成长对接　249
  六、深度融合，培训合作与标准制定对接　251
  七、走出国门，市场开拓与"一带一路"对接　251
  八、培训能力全面提升，实现"3翻番1升级"　252

打造基于互联网的智慧校园文化育人新生态　253
  一、"七化"转型，构建信息化建设新模式　253
  二、信息管理与应用标准相统一，构建管理服务标准体系　254
  三、文化育人与信息技术相融合，全面构建育人新生态　254
    （一）数字化教学资源重构，构建空中学习新平台　254
    （二）数字化应用能力培养，催生信息时代新人才　255
    （三）数字化育人生态环境，构筑智慧育人新阵地　255
    （四）数字化治理服务体系，打造三全育人新格局　255
  四、信息化建设与育人齐头并进，成效显著　256
    （一）引领了教育教学模式的改革与创新　256

（二）促进了师生信息化素养的整体提升　　256
　　（三）提升了学校信息化治理体系和治理能力水平　　256

以"中赞职院"建设为载体　打造职业教育走出去的"陕工样本"　　258
　一、项目背景　　258
　二、四方聚力的管理体制　　259
　三、董事会议的运行机制　　259
　四、双优驱动的实践路径　　260
　　（一）设备输出　　260
　　（二）技术输出　　260
　　（三）人才输出　　260
　　（四）标准输出　　261
　　（五）文化输出　　262
　五、集团协作的发展模式　　262

第一部分

上篇(精选典型案例)

三点重构 四线并进 领跑西部高职院校"1+X"证书制度试点改革

关键词："1+X"证书制度、试点改革、课证融通、基地建设

《国家职业教育改革实施方案》提出了启动"学历证书+若干职业技能等级证书"（简称"1+X"证书制度）制度试点工作。如何将"1+X"证书制度有机融入人才培养方案；如何准确把握"1+X"证书制度先进理念，满足培养培训需求的专兼结合教学创新团队；如何建设适应"1+X"证书制度职业技能实操新要求的实训基地，满足高质量培训，是该项制度试点过程中的重点和难点。陕西工业职业技术学院严格按照职教20条部署要求，聚焦重点和难点问题，积极探索"1+X"证书制度实施机制，科学谋划，多措并举，扎实推进"1+X"证书制度试点工作，全面落实学历证书与职业技能等级证书互补融通的教育教学改革任务。

一、三点重构 找准试点改革的切入点

（一）课证融通，重构人才培养"新"方案

人才培养方案是人才培养工作的总体设计和实施蓝图，"1+X"证书制度试点的首要工作是做好专业教学标准和职业技能等级标准的对接，重构"1"与"X"深度融合的人才培养方案，优化课程设置和教学内容。学校根据公布的职

业技能等级标准，在分析现有教学内容的基础上，将职业技能等级标准内容转化为1~2门专业（核心）课程纳入专业课程体系，或转化为若干教学模块纳入部分专业（核心）课程教学内容，融入专业人才培养方案和课程体系。迄今已完成知识点拆分与关键工作环节和关键工作技能的整理工作，已完成13门课程标准的制定，首批3个试点证书已将证书培训课程融入教学，并设置了"1+X"证书制度专项学分，在人才培养方案中专门添加"职业技能等级证书"（"X"证书）项，设置3学分，鼓励学生考取"X"证书。

（二）引培并举，打造专兼结合"新"团队

开展"1+X"证书制度试点，需要一支能够准确把握"1+X"证书制度先进理念、深入研究职业技能等级标准、做好专业教学整体设计，满足新技术、新技能培养培训需求的教学创新团队。学院聚焦"1+X"证书制度开展师资培训，重点研究以"1+X"职业技能证书涉及的新知识、新技术、新工艺、新方法的教学。积极组织教师参加相关领域的职业资格认定考核，在教学改革和专业建设中，培养专业课教师的专业技能和实训指导能力，提高教师课程开发能力和现代教学技术的应用水平。学院重点落实"双师型"教师保障和激励机制，保证能胜任"1+X"证书制度的师资比例达到80%以上。组织教师积极参加全国"1+X"职业技能等级证书师资培训，培训人数达300人次以上，获得职业技能等级证书师资证书220人。同时，加强校外兼职教师的聘任，引进培训评价组织培训教师或行业企业兼职教师，优化师资队伍结构，打造双师素质专兼结合的新团队，全面提高专业师资团队的教学与培训能力。

（三）升级改造，探索实训基地建设"新"路径

职业教育的根本目标在于提高职业院校学生的实践和动手能力，促进职业教育教学的改革创新，提高人才培养质量。学院以生产性和社会服务性为校企合作重点，适应"1+X"证书制度职业技能实操新要求，与政府部门、多家高端企业深度合作，重点打造相关信息库、技能培养平台，并与行业产业联盟，以平台建设为载体，以专业培训和技术服务为重点，持续增强支撑地方产

业发展的服务能力。先后投入资金8000余万元，新建、改建开放共享型校内、外实训资源。完成校内专业技术技能实训基地（应用中心）升级改造12个，校外实训基地升级改造4个，覆盖学校58个专业，形成院校主导、企业协同的实训基地升级改造新路径。

二、四线并进，把握试点改革的衔接点

（一）对接国家需求，制度先行整体部署保障体系

2019年6月，我校被确定为首批"1+X"证书制度试点院校，学院出台《陕西工业职业技术学院"1+X"证书制度试点工作方案》，明确目标任务、试点要求，并成立"1+X"证书制度试点工作领导小组，由校长牵头，教务处、继续教育与培训学院、二级学院负责人为主要成员，主要职责是组织协调机制建设，在人员配备、资金支持、师资建设和设施设备等方面做好统筹规划、政策制定和经费保障。同时，根据试点证书布点专业，分别制定了专项证书的试点方案，把"1+X"证书制度试点工作落到实处，并形成各部门共同配合的领导体制和工作机制，为试点工作的推进提供保障。

（二）对接产业布局，重点专业引领试点布点

积极参与"1+X"证书制度试点工作，从第一批试点工作开始截至目前，每一批试点工作我校均有参与。目前学校成功申报"1+X"证书项目考核站点36个，3批次申请分布情况如图1所示，证书制度试点布点对接产业布局，覆盖学校10个二级学院，43个国家级、省级、校级重点专业，专业覆盖率72%，专业群覆盖率100%。同时承担"工业机器人应用编程"中"1+X"职业技能等级证书等4项省级考核管理中心工作，如图2和图3所示。组织开展"1+X"职业技能等级证书制度宣贯会8次，组织"1+X"职业技能等级证书制度宣传活动5次，实现学校、教师、学生100%全覆盖。

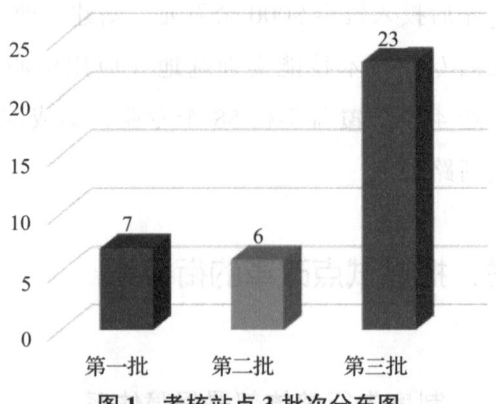

图1 考核站点3批次分布图

图2 机械领域"1+X"职业技能等级标准建设研讨会

图3 承办全国机器人应用编程"1+X"试点实施工作会

(三)对接培训资格,内外结合提升"1+X"师资水平

承办全国各类应用技能师资培训班、陕西省职业院校教师素质提高计划项目6个,全部对接"1+X"证书制度试点项目,如"'1+X'证书 Web 前端开发、建筑信息化项目培训班"等,采用线上、线下混合式教学模式,利用信息化教学资源库、校内外实践基地实操开展技能培训,如图4所示。现代制造技术仿真中心、三维数字化设计与制造实训基地、机器人仿真实训室等14个虚拟仿真实训室全部投入培训中。截至目前培训学员300余人,为"1+X"证书制度试点工作中的师资培养贡献力量。

图4 "1+X"证书 Web 前端开发、建筑信息化项目培训班合影

(四)对接条件要求,强基赋能升级培训硬件标准

学校根据"1+X"证书制度中职业技能等级标准的能力要求和标准内容等,以职业教育培养培训并重的新理念,大力投入资金,对实训基地进行升级改造。土木工程学院根据实训室机房软硬件的情况,进行服务器、远程控制、远程考试全程监控系统的升级,如图5所示;商贸与流通学院将物流模拟实训室、智能物流实训室等10个实训基地,统一规划打造成总面积3355平方米,总工位数810个,集"实践教学、企业生产性项目运营、学生技能训练、社会服务"等功能于一体,设备齐全的生产性实训基地,如图6所示;对汽车工程学院训练中心场地资源进行整合配置,满足训练考评要求,为培养高质量汽车营销评估、金融服务等专业技术技能人才奠定基础,如图7所示。

图 5 "1+X"建筑识图训练考评场地　　图 6 "1+X"物流管理训练考评场地

图 7 "1+X"汽车专业领域训练考评场地

三、四点示范，抢占试点改革的制高点

（一）以证促学，省级管理中心落户我校

在学院督导下，各二级学院积极实施"1+X"证书制度，2020 年度开展"1+X"职业技能等级证书培训 16 次，累计培训学生人数总计达到 986 人。先后组织第 3 批次试点考评工作 12 次，参加"1+X"职业技能等级证书考评 597 人，通过率达到 93%，效果显著。此外，"多轴数控加工"和"工业机器人应用编程"陕西省考核管理中心落户我校，为"1+X"证书制度考核工作在陕西省深入推进贡献陕工力量。

（二）以证促赛，技能大赛填补陕西空白

学校认真履行"1+X"证书制度试点职责，以证促赛、以点带面，辐射带动学生技能提升，在2019年全国高等职业院校技能比赛中，26个代表队获奖21项，其中一等奖5项、二等奖5项、三等奖11项，获奖总数全国高职院校排名第二；在2020年全国高等职业院校技能比赛试点赛中，学校6个代表队获奖5项，其中二等奖1项、三等奖4项。同时，2019年、2020年陕西省高等职业院校技能比赛，获奖数一直位列全省第一。2020年在第六届中国国际"互联网+"大学生创新创业大赛总决赛中，我校"折叠显示用超薄柔性玻璃智造"项目团队一举获得大赛职教赛道金奖，实现我校"互联网+"国赛金奖的突破，同时也是陕西省高职院校在"互联网+"国赛中的历史性突破，部分获奖成果如图8所示。

图8　部分获奖展示

（三）以证促改，国家级教改项目获批立项

2021年，教育部职业技术教育中心研究所公布了2020年度"1+X"证书制度专项研究课题立项名单，我校《职业技能等级证书对接职业标准和教学标准的机制研究》项目获批立项，同时我校也是课题研究的牵头单位。本次共有175家机构申报了222项课题，经相关领域专家对申报材料进行审阅、论证，共有18家牵头单位的11项课题获得立项，我校为仅有的11所高职院校牵头单位之一。

2020年陕西省教育厅公布的《关于公布2019年度高等教育教学改革研究项

目立项结果的通知》中，我校《基于"1+X"证书制度的软件技术专业继续教育人才培养模式的研究与实践》获陕西省高等教育教学改革研究项目立项，引领了我校在"1+X"证书制度的发展，推动了教育教学改革成果再上一个新台阶。

(四) 以证促建，全国行业示范效应有效凸显

2020年11月，由北京赛育达科教有限责任公司主办、我校承办的工业机器人应用编程"1+X"试点实施工作会及机械行业"1+X"职业技能等级标准建设研讨会在我校大会堂举行。千余名专家学者一起共商"1+X"大计，与会专家学者围绕工业机器人应用编程"1+X"试点相关工作说明、对接与实施等事项，从产教融合、标准解读、院校案例、实施安排四个方面进行了全方位的交流讨论，为职业教育改革创新发展带来了新的理念和契机，为提升人才培养工作注入了新的智慧和活力。

在我国产业升级转型与新时代职业院校改革大背景下，陕西工业职业技术学院将持续聚焦"1+X"证书制度改革，继续深化职业教育改革，提升职业教育质量，深入推进产教融合、校企合作，推动教师、教材、教法改革，促进职业院校办出特色、办出水平，加快培养大批高素质劳动者和技术技能人才，为中西部地区经济社会的高质量发展作出更大贡献。

"三维构建、三措并举",打通科技成果转化"最后一公里"

关键词： 制度体系、科技创新、创新平台、成果转化

面对高职院校在推进科技成果转化过程中存在制度体系不够健全、产学研合作不够紧密等问题，围绕"双高计划"院校建设任务，依托省政府在我校批准设置的陕西"现代工业和服务业职业教育改革试验区"，主动对接智能制造、先进材料成型等产业发展，通过构建贯穿科技成果转化全流程的制度、培育和评价等三大体系，实施科技创新平台支撑、政行企校协同创新、科研中试车间赋能三大举措，努力打通科技成果转化"最后一公里"。

一、"三维构建"科技成果转化三大体系

(一) 统筹规划，构建科技成果转化制度体系

出台科研项目、科技成果转化、高层次人才科研项目启动费、横向项目、专利、科研平台等政策制度，制定《学术委员会章程》，建立了学术委员会下属5个专委会和13个学术分会的学术构架，实行学术权与行政权分离；重点围绕审批权限、知识产权、绩效提取、职称聘任、设备采购、合同管理、线上服务、平台推广8个针对性的"重磅措施"，构建了由9项系列管理办法和3项实施细则组成的科技成果转化制度体系，如图1所示。

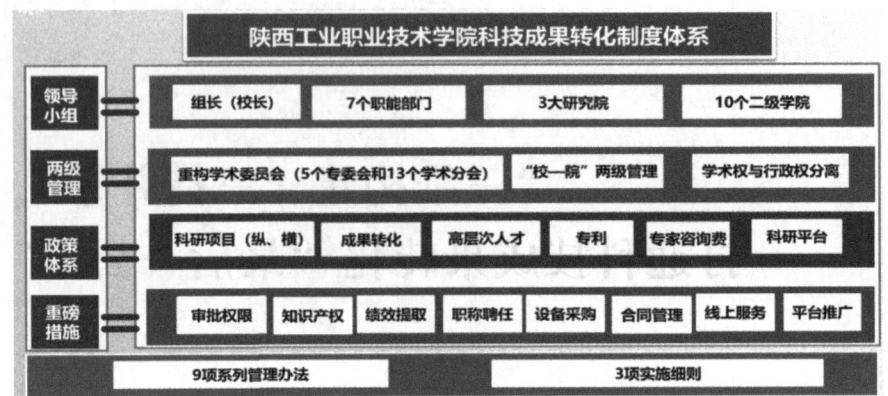

图 1　陕西工院科技成果转化制度体系

（二）成果导向，构建高质量科技成果培育体系

设立技术转移中心，组建了以 3 名技术经理人、6 名创业导师、18 个技术服务团队、秦裕琨院士新能源及装备研发团队为核心的科技成果转化团队，通过设立科技创新、成果转化专项项目实现高价值的专利培育；在机械制造与自动化、材料成型与控制技术两个专业群率先推广"科研岗"试点，支持高层次人才离岗开展科技成果转化。

（三）绩效为先，构建科技成果转化评价体系

将科技成果转化、高价值专利、横向项目到款等纳入学院教师职称评聘条件；将成果转化所得收入的 90% 奖励给成果完成人和为成果转化做出重要贡献的人员；引入第三方知识产权机构开展高校知识产权管理规范贯标服务，推进专利导航与布局和成果转化。2020 年获得陕西高校科技成果转移转化（高职组）绩效评估 A 等。

二、"三措并举"闯出科技创新发展新路子

（一）科技创新平台支撑，提升科技资源集聚能力

高标准建设西部现代职业教育研究院、西部产教融合研究院、西部创新创业

研究院三大平台及数字经济产教融合创新发展中心；前瞻性地规划省地热能工程技术研究中心等6个研究中心，材料成型技术等4个协同创新中心，电气应用技术和现代流通与管理技术2个研究所，1个陕西省服装设计研究院等13个科创平台，发挥陕西"N+空间"众创空间成果孵化基地功能，服务中小微企业，如图2所示。

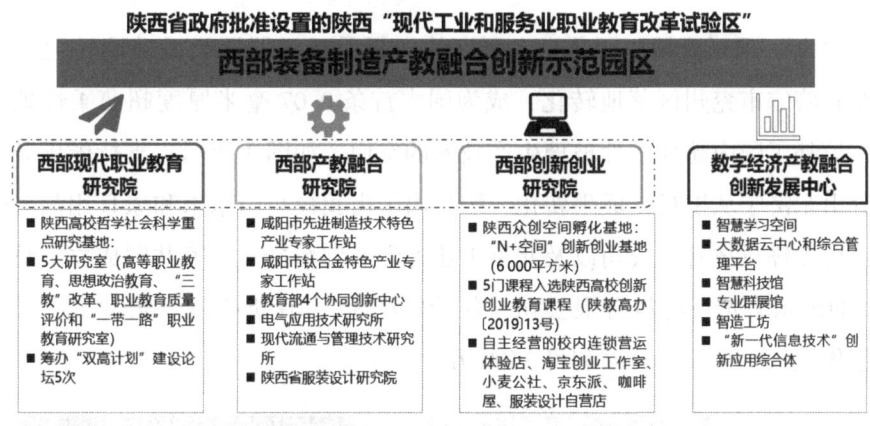

图2　陕西工院技术科技创新服务平台设计架构

（二）政行企校协同创新，提升服务中小微企业能力

依托机械工业教育发展中心、全国机械行业指委在我校成立的机械行业产教融合发展（西部）研究院，与中科院西光所、北京精雕集团、宁夏共享集团等在智能制造与材料成型产业生态领域共建产业学院，围绕光子制造技术、精密加工技术等在新技术、新工艺、新成果的运用上实施转化；依托先进制造技术和钛合金技术两个市级特色产业专家工作站与中小微企业开展科创交流。

（三）科研中试车间赋能，助力科技成果转移转化

先后与西北工业大学海洋声学信息感知工业和信息化部重点实验室、西诺医疗器械集团有限公司、咸阳象山模具机械制造有限公司等区域内高校企业签订"3D打印在模具设计和制作中的应用项目研究""数控加工中心加工精度提升"

等 60 多项技术研发服务项目，建成了省级产学研一体化示范基地，将学院建成中小微企业的科研中试车间。

三、高水平科技成果转化成效显著

(一)"超薄柔性玻璃"技术实现原始创新走向产业高端

2019 年，侯延升博士团队自主研发的"折叠显示器用柔性玻璃转化"项目在山东省济宁市兖州区落地转化，成为国内首条 0.07 毫米厚度超薄柔性玻璃生产线，填补了国内超薄柔性玻璃生产技术的空白，如图 3 所示；支持侯延升博士离岗赴山东济宁从事科技成果转化，孵化出了由我校与山东乐和家日用品有限公司、上海光铧科技有限公司以及北京工业大学的创新技术专家共同成立，总投资 2 亿元的山东柔光新材料有限公司，预计年产 30 万片折叠显示柔性屏，可实现新增销售收入 5 亿元，新增利税 3500 万元。

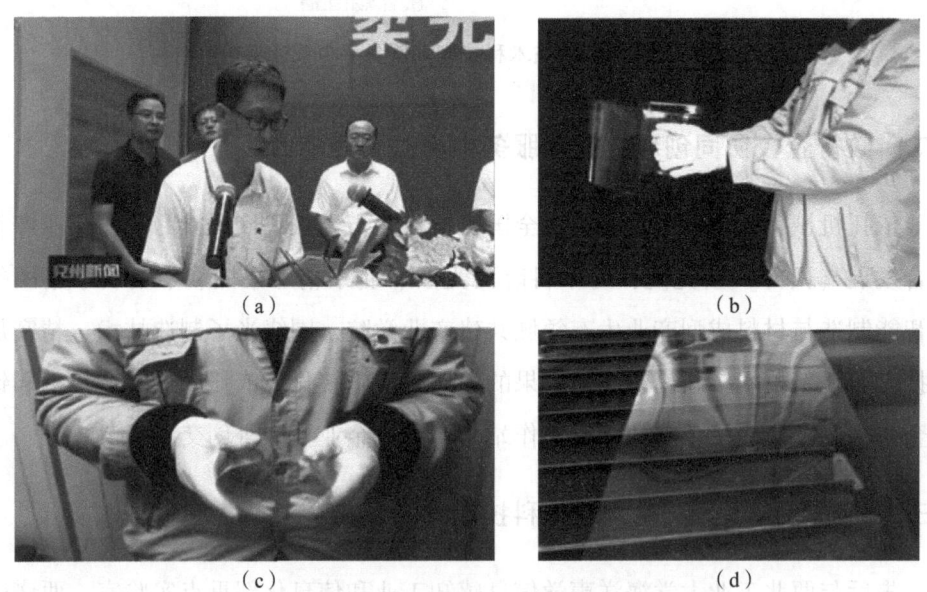

图 3 "超薄柔性玻璃"应用技术研发和科技成果转化

(a) 超薄柔性玻璃项目窑炉点火仪式；(b) 超薄柔性玻璃 100 微米原板；
(c) 超薄柔性玻璃 50 微米原板；(d) 超薄柔性玻璃 100 微米切片

（二）核心原创项目成果和技术标准助推中小微企业技术革新

学院袁丰华教授的"舱体支撑行走式X射线防护服产品研制及产业化"项目已与陕西中医药大学附属医院等进行仿真测试实验，如图4所示；唐忠林博士的"智能可视化牙周探诊仪开发"项目在2020年华南国际口腔展上完成项目初步对接；祝战科教授的"超细粉磨分级设备电气控制技术"项目在咸阳非金属矿研究设计院有限公司实施推广应用，实现产值6000万元，如图5所示；徐广胜博士的3D打印用钛铝合金棒材制备技术被西部超导等多家企业广泛采用；由我校负责起草的《卡规磨床 第1部分：精度检验》国家行业技术标准于2020年1月1日得到工业和信息化部批准发布，如图6所示。

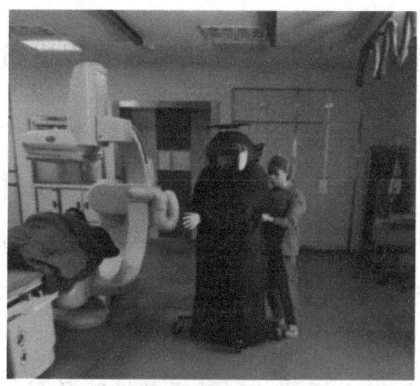

图4 "X射线防护服"产品研制及产业化

图5 "超细粉磨分级设备电气控制技术"设备运行现场

图6 "卡规磨床"行业标准发行

(三)"光伏智能温室"科技扶贫成果促进贫困群众增收脱贫

2019年,齐锴亮博士团队承担的省科技厅"陕西省安康市汉滨区光伏智能温室科技扶贫计划项目"在安康市汉滨区香山村落地,建设的食用菌智能温室取得增收(见图7和图8),屋顶分布式光伏电站成功与国家电网并网,使用"全额上网"的并网模式,项目装机总量11千瓦,预计全年发电约1万度,为当地贫困人口增收10万元以上,如图9和图10所示。江苏省农业科学研究院为我校香山村光伏智能温室授予"科技示范站"称号。

图7 项目建设的光伏智能温室　　图8 项目建设的光伏智能温室吊袋工序菌包

图 9　项目建设的首批光伏电池板阵列　　图 10　光伏电站与当日发电数据

坚持需求导向，构建"双师+双语"师资队伍体系

关键词：培养机制；师资队伍体系；"双师""双语"

紧扣"一带一路"国家战略和学院"双高"建设任务提出的"培养一支高素质、专业化、国际化教师队伍"的新要求，陕西工业职业技术学院积极探索教师培养新机制、健全培养体系、构建"四级"认定体系、创新实施"双师"分层培养和"双语"教师百人工程打造培育体系，着力提升师资队伍的工程实践能力和国际交流能力，促使教师由"面向院校"向"立足社会"和"融入国际"迈进，形成一支行业有影响、国际可交流的复合型、高水平"双师+双语"师资队伍。

一、科学谋划，构建"两双"教师培养新机制

为提升教师工程实践能力和国际交流能力，学院聚焦确立标准、搭建平台、绩效评价、成果推广等关键环节，按照"跨界融合、多元管理、高端培育、结构优化"原则，探索形成了"一个目标、两项工程、多元协同"的师资队伍培养新机制，即围绕"培养'双师+双语'师资队伍"这一个目标，按照"双线并行、双向融合"的工作思路，深入实施"双师"分层培养和"双语"教师百人工程两项工程，协同构建政府、世界职教院校联盟（WFCP）等国际教育机构、华为技术有限公司等行业龙头企业和学校多方参与、优势互补、多元协同的双

师双语教师培养大平台，联动加速国际化"双师"+"双语"师资队伍的形成，如图1所示。

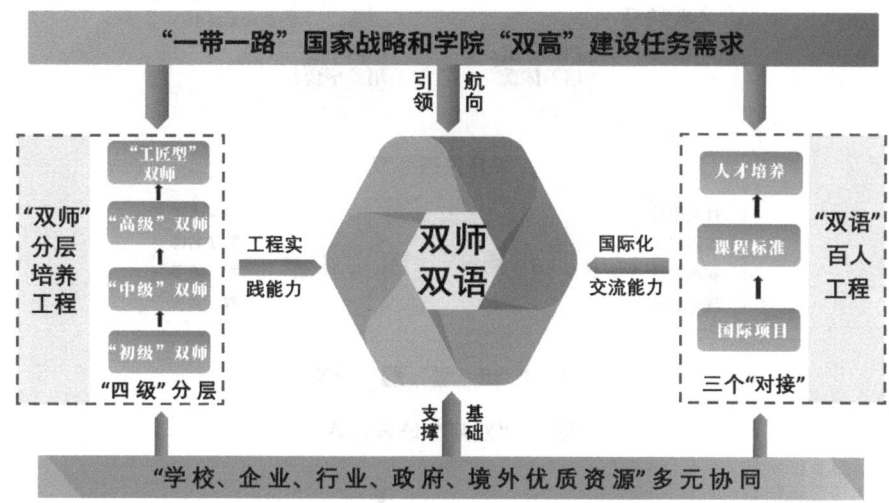

图1 "双师+双语"教师培养机制

二、精准发力，激发教师成长新动能

（一）创新教师培养途径，健全培养体系

聚焦"育、引、培、用、服、保"关键环节，打造了入职新教师、青年教师、骨干教师、高层次人才四级分层培养体系，以教师发展中心、校内实训基地、校外实践基地、赞比亚海外分院为四个培养平台，建立了理论教学、实践教学、教研科研、社会服务四位一体能力提升体系，构建了教坛新秀、教学能手、教学名师、领军人才四层成长发展标准体系，如图2和图3所示，遴选校内优秀教师与企业技术骨干，双向、分类培养高水平"双师、双语"师资队伍，建立起全生涯教师培养培训体系，激活了教师自我发展的内生动力，开通了"两双"教师队伍成长的直通车。

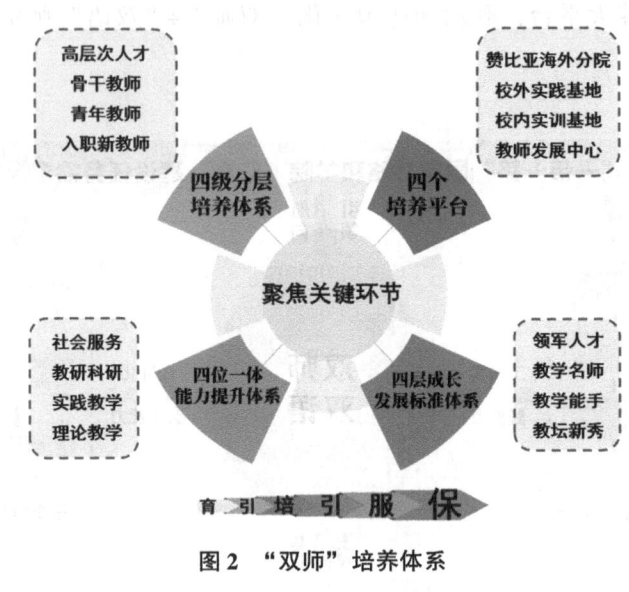

图 2 "双师"培养体系

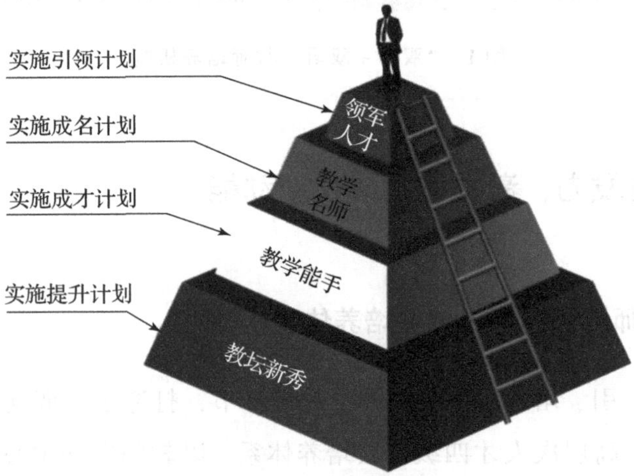

图 3 四层教师发展体系

（二）优化双师认定梯度，构建标准体系

聚焦教师专业素养、工程实践能力、技术服务能力提升等方面需求，构建分层分类梯度化双师能力认定标准。综合考虑教师企业培训、工程实践能力、职业资格证书、技能竞赛、社会服务水平等素质，设置"初级、中级、高级、工匠型"四级"双师型"教师认定标准体系，如图 4 所示。对于初级双师型教师，

要求其必须具备各类相关执业资格证、专业资格证、专业技能考评员资格证、"1+X"职业技能等级证书等相关证书；对于中级双师型教师，在具备初级双师型的条件下，要求其必须参加"五年一周期"的企业实践轮训，全程参与真实工业生产全流程，提升工程实践能力；高级双师型教师必须具有与自身专业相关的第二专业技术职务，在校企联合项目开发、服务中小微企业技术攻关、产品工艺改良等方面具有一定贡献；"工匠型"双师在具有前三个级别能力的基础上，还需在自身专业领域技术研发、国际化技术、课程标准制定等领域实现突破，所出成果能够服务地方经济发展，支撑国家战略。

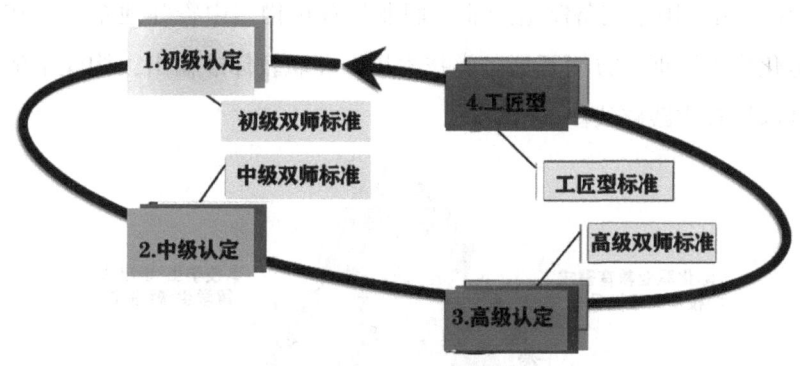

图 4　双师认定标准体系

（三）实施双语百人工程，打造培育体系

为促进国际化教学，提升教师双语课教学能力和双语课建设水平，加强教师发展中心与国际企业和国际教育机构的联系，以"对接人才培养、对接课程标准、对接国际项目"为目标，开展 ITAC 等教师国际认证，提升教师国际化视野，形成具有职业教育特色的教师国际化发展培养体系。学院与 AVEA 联合出台了《双语教师管理与认定办法》，实施"双语教师百人工程"，按计划培养100名具有国际交流能力的双语教师。教师发展中心与 BSK、WFCP、中国—新西兰职业教育示范项目教师培训基地等国际组织合作，引进国际标准，本土化适合学院教师国际交流能力提升的岗位培训、人才培养课程、国际合作项目，开展教师国际化职教理念、国际交流项目、双语交流能力的培养，进行 ITAC 等教师国际认证，拓宽教师国际化视野、提升教师国际化水平，如图 5 所示。同时，对接本

校学生"走出去"、国际留学生"融进来"的国际化人才培养需求,按"积极推进、分步实施"原则,结合学科专业特点、学生运用外语的能力和教师教学情况,针对性开展每年12个批次的教师双语应用能力培训,选派双语百人工程教师赴国外(或线上)研修学习、参加国际学术会议,对标"双高"建设任务有计划地开设双语教学课程或为留学生授课,培养、巩固、提升教师双语课教学能力和双语课建设水平;对接国际化职业教育需求和国际合作项目,与AVEA、日本欧姆龙、中国华为技术有限公司等合作,在机械制造与自动化、软件技术等专业开展国际化教学资源、教学标准、员工培训技术方案开发,为赞比亚、缅甸等"一带一路"沿线国家装备制造产业、职业教育机构、中资驻地企业,在技术更新、本地化员工培训等方面开展各类技术培训和职教标准输出,构建了清晰可见的双语教师培育实践路线图。

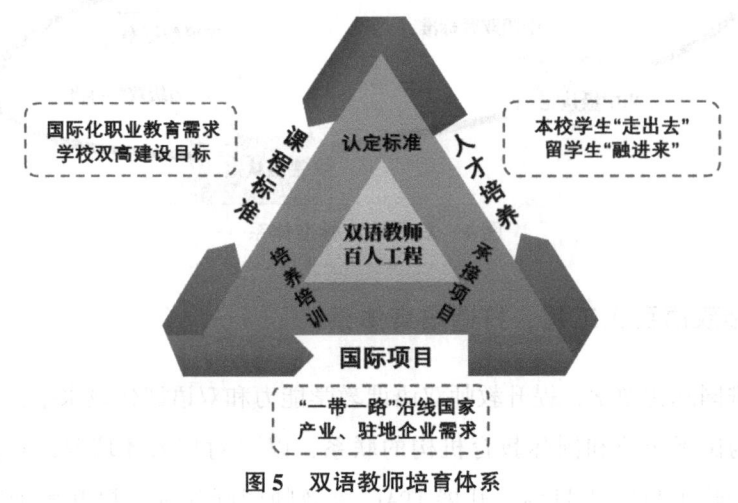

图5 双语教师培育体系

三、多措并举显成效,师资培养结硕果

(一)教师综合素质大幅提升,形成了"双师、双语"品牌

经过逐级培育,"双高"建设以来学院新增教授9人、副教授44人,新增二级教授3人、三级教授3人;引进博士34名,引进企业高技能人才5名,设立

院士工作站1个。院内教师教学、科研、管理素质大幅提升,集中涌现出一大批标志性成果,为学院持续强势发展注入了新的动能。截至目前学院新增"全国模范教师"1人,享受国务院政府特殊津贴1人,机械行业领军人才2人,省级师德标兵1人;国家教师教学创新团队1个,省级师德示范建设集体1个;第六届国际"互联网+"大学生创新创业大赛金奖1项、世界职教联盟2020年度卓越奖、"教育可持续发展"金奖、全省高校校园文化建设优秀成果奖一等奖。建成了一支师德高尚、名师领衔、技艺精湛的"双师、双语"教师队伍。

(二) 服务地方经济,支撑国家战略

经过两年的"双师、双语"师资队伍培养实践,打通了"双师、双语"切入及培育"双师、双语"的上升渠道,显著提升了教师师德水平、职业能力和技术服务水平,教师服务产业和区域经济发展的能力不断增强。电气工程学院齐锴亮博士团队承担的陕西省科学技术厅科技光伏智能温室科技扶贫计划项目成功与国家电网并网,全年发电约1万千瓦·时,未来20年将为当地贫困人口增收10万元以上。材料工程学院侯延升博士团队研发的"折叠显示器用柔性玻璃转化"项目在山东省济宁市曜晖集团成功实施成果转化,实现了我校科技成果转化的新突破,填补了国内超薄柔性玻璃生产技术的空白,为服务产业升级和地方经济社会发展积累了丰富经验。此外,我校乔琳、罗枚、张文亭、侯伟等8名具有"技""语"双能的教师在基础电磁学、电动机PLC控制技术、焊接、电机维修等方面为赞比亚、缅甸等国家的教育机构及驻赞企业等343名员工开展了技能培训,为印尼、俄罗斯22名职业院校教师开展了建筑技术、自动化技术、服务工艺技术培训,解决了"走出去"企业的技术、用工难问题,帮助"一带一路"沿线国家培养了一批高素质教师,有效支撑了国家"一带一路"的国家战略。

(三) 培育模式及标准趋于成熟,推广应用效果显著

通过"双师、双语"教师队伍培育实践,探索出提升"双师、双语"能力的科学路径,构建的双师培育梯度认定标准体系和打造的双语培育体系为高职院校师资建设提供了范例,如图6所示。学院发展成果和师资队伍建设经验多次在

省级以上会议做典型推介,被中央电视台、《中国教育报》等主流媒体报道,40余所兄弟院校来校参访交流、借鉴应用,如图7所示。

图6 对外输出专业标准和课程标准

图7 接受中央电视台专访

三平台助推四工程
创出校企协同育人新模式

关键词：机制、四大工程、协同育人

为解决校企协同育人过程中企业积极性不高、参与度不深的难题，陕西工业职业技术学院换位思考，从企业的人才需求出发，以工匠精神培养为主线，面向国家战略型企业和世界一流企业、行业紧缺岗位及区域经济发展的技术技能人才需求，通过搭建三大校企合作平台，校企携手实施四大工程，探索形成了"一条主线、三个维度、分类培养"的校企协同育人新模式，学院人才培养方面实现了"当地离不开、业内都认可"，如图1所示。

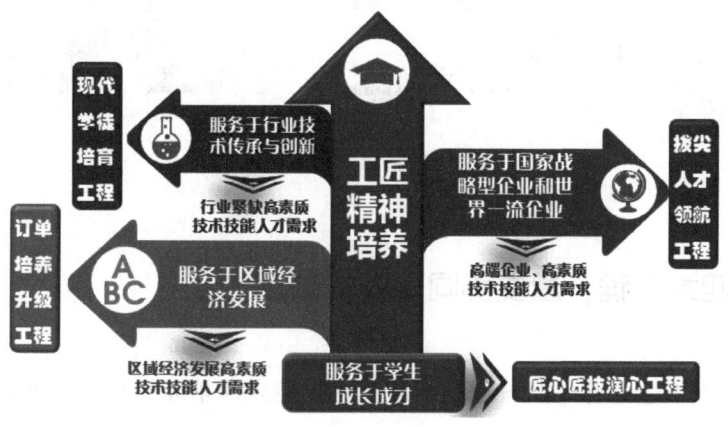

图1 "一条主线、三个维度、分类培养"校企协同育人新模式

一、创新机制,培育协同育人"新动能"

创新平台建设机制,以专业群为基础组建校企合作平台,先后组建了陕西装备制造业职业教育集团、全国机械行业材料成型与控制技术职业教育集团和陕西工院校企协同育人战略联盟等三大校企合作平台,分类构建校企"朋友圈",让企业人才需求与专业人才培养有效对接。创新议事决策机制,校企合作决策机构中行业企业专家占比50%,所有协同育人项目均采用校企"双负责人"制,通过权力共享,充分调动企业的积极性,使企业成为拥有真正话语权的"决策者"。创新项目实施机制,以协同育人四大工程为抓手,依托三大校企合作平台,通过校企共同策划方案、共同管理项目、共同实施任务、共同评价项目绩效,使企业从热情不高的参与者成长为主动创新实践的"探索者",如图2所示。

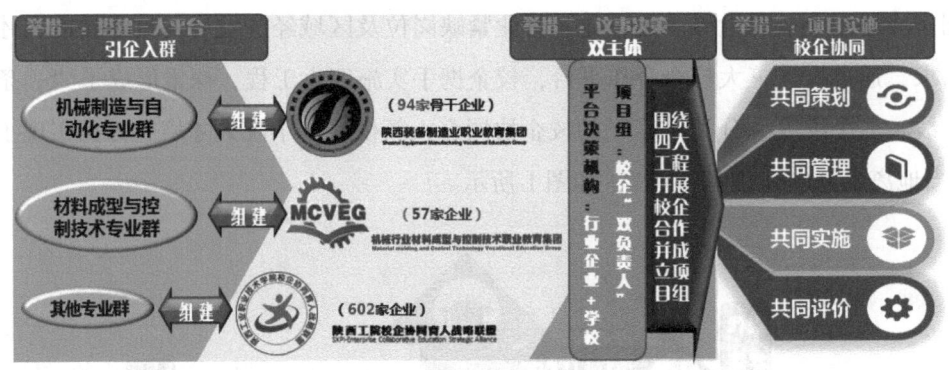

图2 创新协同育人机制

二、四大工程,激发协同育人"新活力"

依托三大校企合作平台,以高素质技术技能人才培养为核心,通过实施匠心匠技润心、拔尖人才领航、现代学徒培育、订单培养升级等四大工程,推动人才培养与企业需求、区域经济发展需求和国家战略需求的高度契合。

(一) 产教融合，实施匠心匠技润心工程

联合企业建成曹晶大师、付浩大师、田浩荣大师、计清大师等 4 个技能大师工作室，通过讲好大师故事、大师-教师"双师结对"、大师指导学生实践课程、大师指导学生技能大赛、大师指导学生科技创新、协同行业企业开展技术比武、红色匠心进课堂等措施，在全院树立技能强国的思想，营造良好"匠校"氛围，使学生在耳濡目染的环境中坚定"匠心"，在大师的言传身教中锤炼"匠技"，促进学生综合职业素质全面提升，如图 3 所示。

图 3　匠心匠技培育

(二) 强强联手，实施拔尖人才领航工程

主动对接高端企业，围绕企业高素质技术技能人才需求，校企联手对专业综合排名前 15% 的学生进行重点培养。启动优秀学生技能大赛引领计划，保障优秀学生至少参加 1 项技能大赛；每年投入 80 万元，重点支持 20 个学生科技创新和大学生创新创业项目，不断提升学生实践创新能力；通过优先推荐优秀毕业生到西安航天发动机有限公司、三星等企业就业，优秀毕业生入职前强化培训等措

施,提升了毕业生的实践能力和职业竞争力,如图4所示。每年成功入职国家战略型企业和世界一流企业的毕业生,以实践能力强、工作上手快、综合素质高深受企业的普遍好评。

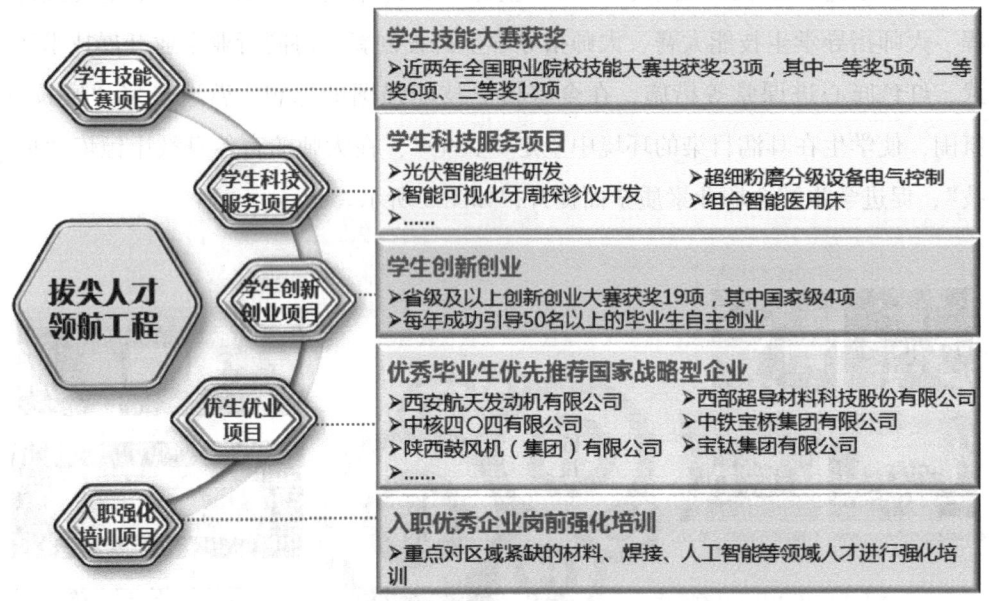

图4 拔尖人才支持项目

(三) 传承创新,实施现代学徒培育工程

携手企业,创新现代学徒制培养模式,培养适应行业发展的高素质、紧缺型技术技能人才。按照"找问题、想办法、求突破"的思路,围绕制约现代学徒制培养的主要瓶颈问题,在传承我校3个国家现代学徒制试点专业成功经验的基础上,深化"课堂—车间、教师—师傅、学生—员工、作品—产品、学习—就业"等关键环节的改革创新,将校企导师角色互换体验、企业技改项目进课堂、"好师傅"示范引领等自创动作有机融入现代学徒培养过程,形成了以装备制造元素贯穿始终、具有鲜明特色的"四阶段五模块"现代学徒制培养模式,如图5所示。

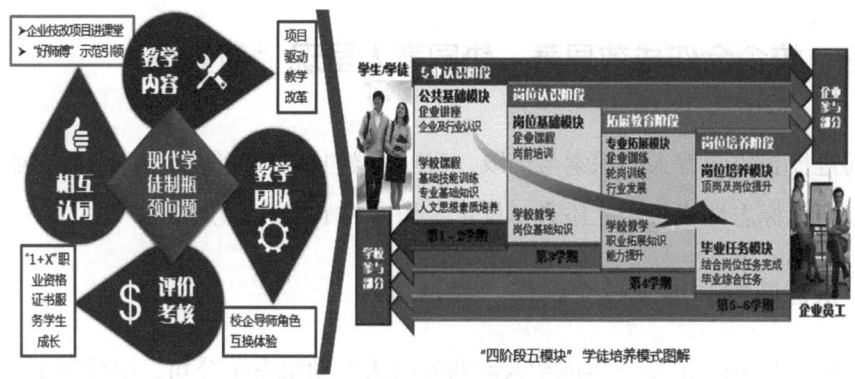

图 5　现代学徒培育模式

（四）扩容提质，实施订单培养升级工程

面对区域经济快速发展提出的高素质技术技能人才需求，学院联合企业积极开展订单培养。校企联合构建起企业准入、过程监控、问题反馈、改进提升、考核激励的订单培养运行新机制，订单培养过程更加规范、高效，如图 6 所示。订单培养过程中融入企业先进的工艺流程、技术标准、服务标准、管理方法，使人才培养与企业需求高度契合。订单培养学生从每年 2000 增至 3000 名，参与订单培养的行业骨干企业占比从 20% 增至 38.2%，毕业当年就斩获中航工业"总经理成长奖"的"高翔现象"层出不穷，订单培养实现了数量和质量的双提升。

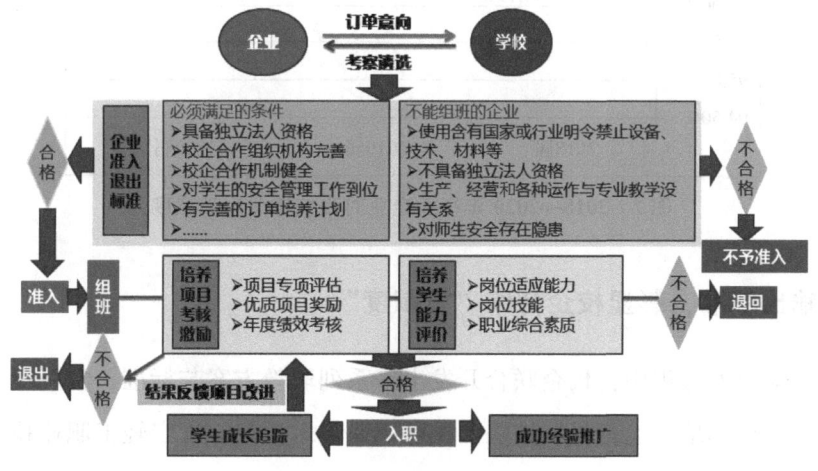

图 6　订单培养运行机制

三、校企合作成效显著,协同育人呈现"新亮点"

通过校企协同育人的探索与实践,实现了学生的高质量就业,一流专业标准走出国门,标志性成果增光添彩,校企合作的贡献度进一步增强。

(一)供需匹配,展现校企合作"精准度"

每年超过10%的毕业生成功入职西安航天发动机有限公司、中核404有限公司等国家战略型企业以及三星、欧姆龙等世界一流企业;现代学徒制每年为区域培养新材料、焊接等领域紧缺型技术技能人才超过600名;每年超过43%的毕业生通过订单培养成功入职行业骨干企业和区域龙头企业;企业对我校毕业生整体满意度超过96%,人才培养支撑产业、服务区域经济和国家战略的能力大幅提升。2018—2020年行业企业对我校毕业生满意度如图7所示。

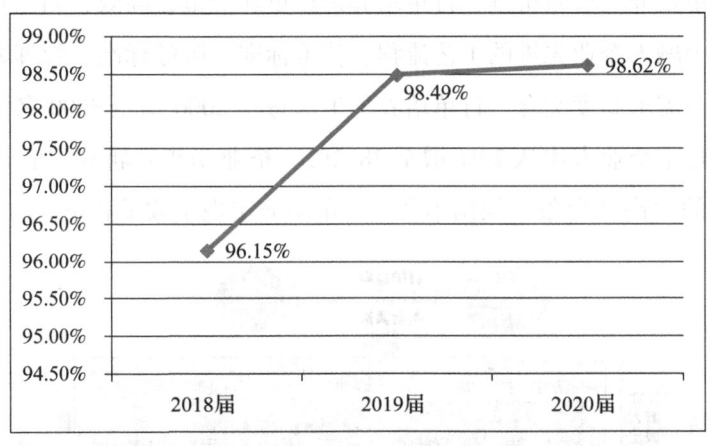

图7 2018—2020年行业企业对我校毕业生满意度

(二)输出标准,彰显校企合作"贡献度"

在协同育人过程中,校企联合开发出一系列职教方案与标准。学院现代学徒培养模式、订单培养运行机制被陕西机电职业技术学院、辽宁轻工职业技术学院等12所院校借鉴应用。与行业企业联合制定的《机械制造与自动化专业人才培养标准》等12个专业标准、《机械制造技术》等182门课程标准输出尼日利亚等"一带一路"沿线国家,《机械制造与自动化专业人才培养标准》成为赞比亚国家职业教育标准,如图8所示,校企合作协同育人的"陕工方案"实现了从国内走向"一带一路"沿线国家的历史性跨越。

图8 媒体报道我校职教标准"走出去"

(三)一流成果,凸显校企合作"认可度"

我校牵头成立的陕西装备制造业职业教育集团入选国家首批示范性职业教育集团培育单位;学院以综合排名第一的成绩荣获"2020年全国职业院校产教融合50强";《"六整合五贯通"红色匠心文化育人模式研究与实践》研究成果荣获2020年陕西省教学成果特等奖,一系列标志性成果体现了各方面对我校协同育人实践探索的充分肯定与高度认可,部分成果获奖证书如图9所示。

随着我国产业升级和经济结构调整,企业对高素质技术技能人才的需求将更加迫切,陕西工院将始终坚持以技术技能人才培养为中心,携手企业,聚焦人才培养的难点、堵点问题,强化原始创新与探索,为行业企业培养出更多、更优秀的技术技能人才,为我国产业转型升级做出新的、更大的贡献。

图9　部分成果获奖证书

"四入村"帮扶，
助推对口贫困地区由脱贫到振兴

关键词： 乡村振兴、脱贫攻坚、科技入村、文化入村、农民培训

安康市汉滨区香山村和咸阳市礼泉县，是陕西工业职业技术学院"两联一包""双百工程"对口帮扶对象。两地山大沟深、交通不便、信息闭塞、设施简陋，贫困户文化程度低、致富意愿和能力弱。为扎实推进帮扶工作，学院建立了帮扶干部选派、摸底分析、专项项目管理、效果评价四项工作机制，根据帮扶对象存在的问题和资源条件，采取基建入村、培训入村、科技入村、文化入村的"四入村"帮扶措施，助推对口帮扶的贫困地区由脱贫到振兴的快速发展，为职业教育服务国家脱贫攻坚和乡村振兴战略提供了有力支撑。近两年，通过实施精准帮扶，香山村224户家庭、777人成功脱贫，礼泉县13家中小企业经济效益实现翻番，如图1所示。学院连续两年在陕西省驻村联户扶贫工作考核中获优秀等次，被评为安康市脱贫攻坚先进单位（见图2），学院驻村工作队队长刘智鑫同志获评省级单位选派第一书记优秀等次。陕西日报以《发挥优势、主动作为、精准发力，陕西工业职业技术学院打好教育精准扶贫"攻坚战"》为题，专版聚焦学院精准扶贫工作。学院受邀参加陕西特色产业高校扶贫工作推进会并作了交流发言，为兄弟院校提供了有益启示和借鉴。

陕西省扶贫开发办公室 中共陕西省委组织部 文件

陕扶办发〔2020〕23号

陕西省扶贫开发办公室
中共陕西省委组织部
关于省级单位2019年度驻村联户扶贫工作
考核结果的通报

各市、县委组织部，各市、县扶贫办（局），各省级驻村联户扶贫牵头单位、参扶单位：

2019年，我省各级单位选派的驻村干部全面参与脱贫攻坚各项工作，聚焦"两不愁、三保障"，想贫困群众所想，急贫困群众所急，积极落实各项政策，为我省顺利完成全年脱贫攻坚任务做出了重要贡献。

省级单位2019年度驻村联户扶贫工作考核等次名单

一、评定为优秀等次省级单位

西安交通大学、中国建设银行陕西省分行、中国铁路西安局集团有限公司、省委办公厅、西北工业大学、陕西建工集团股份有限公司、省委组织部、中国石油集团测井有限公司、省纪委监委、省政协办公厅、西安交通大学第二附属医院、省委宣传部、环境研究所、陕西工业职业技术学院、省法官法警教育培训中心、省农业机械化发展中心、陕西科学技术馆、省辐射环境监测管理站、陕西师范大学、省社会体育管理中心、省残疾人辅助技术中心、省体育场、省体育运动服务保障中心、省图书馆、省宗教院

图1 陕西省2019年度驻村联户扶贫考核结果

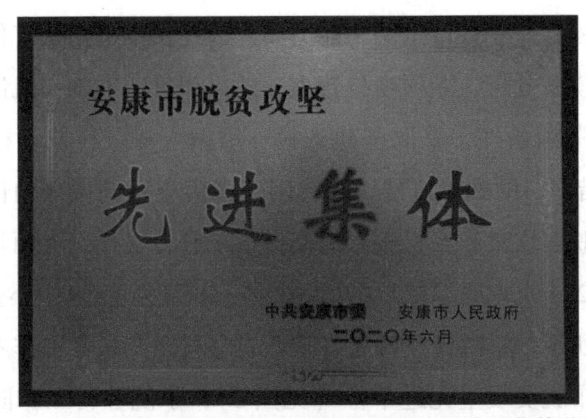

图2 安康市委、市政府为我校颁发脱贫攻坚先进集体奖牌

一、建立四项机制，帮扶工作有保障

（一）创新帮扶干部选派机制，配强帮扶队伍

为落实国家扶贫驻村工作要求，学院出台《陕西工业职业技术学院驻村工作

队压茬轮换实施办法》《陕西工业职业技术学院"两联一包"驻村干部、扶贫工作队结对帮扶干部工作职责》等相关制度，规定了驻村帮扶干部入选条件、工作职责等7项制度，明确了驻村干部、扶贫工作队结对帮扶干部工作职责等31项要求，建立了精准选派、梯队轮循的"第一书记"、驻村干部选派机制，明确了驻村人员的待遇和保障条件，使驻村干部"驻"的安心，"助"村发展。2019年来，先后向对口帮扶的贫困地区选派驻村干部9名，压茬推进，配强帮扶队伍，为帮扶工作提供有力的人员保障。

（二）建立摸底分析机制，画好"两张像"

为科学有效地向对口帮扶地区实施精准帮扶，学院制定《贫困地区和贫困家庭调研分析标准》，使驻村干部开展贫困户和贫困地区摸底分析工作有方法、有依据，为精准帮扶打好基础；学院扶贫干部扎根基层，和贫困户做邻居、交朋友，走村入户了解帮扶对象的家庭情况，找准"贫根"，建立贫困户信息档案，形成《香山村入户摸底统计调查报告》，给每个贫困家庭画像；对贫困地区及周边地区气候、交通、产业、资源等多个方面情况开展周密调查、深入研究，形成《礼泉县扶贫摸底调查报告》，给被帮扶贫困地区画像，如图3所示。以"两张像"为基础，结合贫困地区当地资源优势和经济特点，因地制宜地为香山村制定《香山村脱贫工作方案》，真正实现一户一策；依据市场需求，谋划发展策略，为礼泉县制定《礼泉县电子商务运营帮扶实施方案》，落实精准帮扶工作，为精准扶贫出实招。

（三）完善专项项目管理机制，规范过程监管

学院高度重视扶贫专项项目的规范管理，由学院西部产教融合研究院牵头，根据区域经济、社会、产业等需求，为贫困村谋划脱贫项目，协助制定切合本村脱贫攻坚任务目标的实施方案；校企合作处负责审核把关，遴选出实力强、信誉好的企业参与扶贫项目；出台《陕西工业职业技术学院扶贫资金使用管理暂行办法》，明确扶贫资金使用规范和监管职责；实行扶贫项目季度汇报制度，按月督查项目实施进度和绩效实现程度，保障项目按期高质量完成。

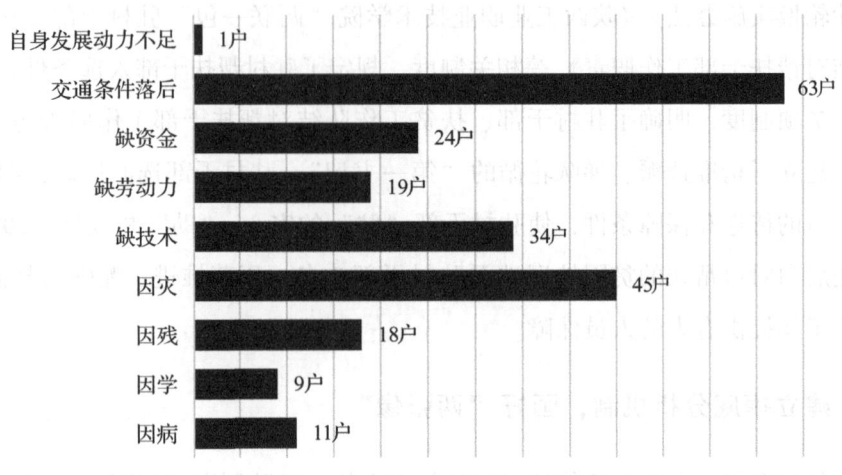

图3　香山村贫困人口的致贫原因统计图

（四）形成帮扶效果评价机制，激发内生动力

根据国家和陕西省脱贫攻坚有关规定，学院制定以效果为导向的贫困村脱贫验收标准，从贫困户收入、基本生活、医疗、教育、住房、文化等6大项、24小项指标对扶贫干部进行评价，并将项目投入、绩效完成、资金管理纳入考核指标，对扶贫项目参与企业进行评价，将脱贫验收和扶贫项目评价结果作为帮扶干部和参与帮扶企业考核业绩的重要依据，激发帮扶干部和帮扶企业的内生动力，形成了企业积极参与、干部人人争先的良好局面。

二、实施"四入村"，帮扶工作出成效

（一）基建入村，照亮小康之路

学院在贫困村投入资金300万元，发挥光伏专业优势力量，利用太阳能资源，建设100平方米屋顶分布式光伏发电站项目，安装太阳能路灯54盏；完成4公里村道硬化及20公里村道绿化等建设项目，解决村民出行难问题，畅通了村内外信息和贸易交流渠道；修缮村办公楼、文化活动室，硬化村民文化活动广场等,并配齐电脑、打印机、摩托车及空调等设备;为村民修建水塔12座,自来水入户全覆盖,解决了村民饮水难问题。其改造成果如图4~图9所示。通过大幅改善基础设施环境,使贫困村村民生活水平向小康生活迈进了一大步,为实现乡村振兴奠定了基础。

(a)　　　　　　　　　　　　　(b)

图4　香山村服务中心改造前后对比

(a)改造前;(b)改造后

(a)　　　　　　　　　　　　　(b)

图5　香山村文化活动室改造前后对比

(a)改造前;(b)改造后

(a)　　　　　　　　　　　　　(b)

图6　道路硬化改造前后对比

(a)改造前;(b)改造后

图7　自来水入户

图8　香山村光伏电池板阵列

图9　智能温室大棚挂袋木耳种植

(二) 培训入村，培育造血功能

为避免"保姆式扶贫"及扶多久富多久、不扶不富的情况，学院开展7个专业方向的农村培训。2019年以来，分别与汉滨区新建中等职业技术学校、陕西省农业广播电视学校礼泉县分校、富平县职业教育中心、陕西长安职业技术学校合作成立农民培训基地，面向建档立卡贫困户、残疾人和农村留守人员等群体，累计开展了35批次农村实用技术培训，共计培训1857人次，培训内容紧靠地方产业，包括魔芋种植、蔬菜种植，牛、羊、猪、鸡养殖，苹果树、核桃树、花椒树栽培，以及手工生产制作、计算机基础、电商营销等，让受训群众具备一技之长，完成由"输血式扶贫"到"造血式扶贫"的转变，为实现乡村振兴注入了可持续发展的动力。其培训过程如图10~图15所示。

图 10　电子商务培训现场

图 11　农民蔬菜种植培训现场

图 12　平面设计技能培训

图 13　焊接技术技能培训

图 14　发展养鸡专业户

图 15　发展养牛专业户

(三) 科技入村，创建帮扶"智囊团"

学院投入 30 余万元，在礼泉县建立"产学研"一体化示范基地，充分发挥装备制造、电子商务、现代物流等专业技术优势，依托学院专业骨干教师团队，在汽车维修、清洁能源、特产销售等领域开展技术咨询、技术指导及项目开发，实现礼泉县中小企业高质量发展。成立"陕西工业职业技术学院、江苏省农业科学研究院驻香山村光伏智能温室科技示范站"，组建香山村帮扶科技工作组，利用香山村的自然资源，指导香山村建立"公司+基地+农户"的运营机制，依靠土地流转吸引企业与香山村合作，采用现代农业生产管理模式（见图16）引入药材种植基地、养殖合作社、智能温室大棚和光伏发电站等项目，以租金、工资、分红等多种方式带动贫困户稳定增收，为实现乡村振兴提供了智力支撑，详细科技服务如表1所示。

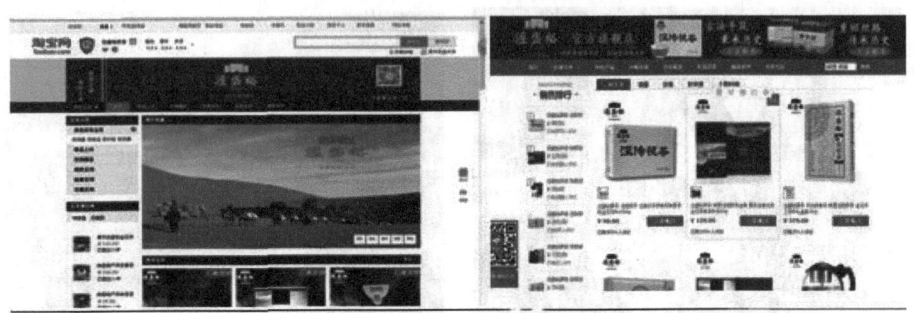

图 16　农特产品电商平台实体项目

表 1　科技服务一览表

序号	服务对象	服务内容	服务时间	服务效果
1	礼泉县阔源汽修厂	汽车维护保养网络平台制作	2019.06—2020.06	建立汽车维护保养网络平台，推广业务，扩大客户源。通过网络平台的制作和推广，客户流量增加，企业经济效益有所提升
2	安康市汉滨区香山村	光伏智能发电站项目	2019.01—2020.12	使用清洁能源，节约开支，提升农民生活品质。全年发电约1万度，售电收入达到5000元以上

续表

序号	服务对象	服务内容	服务时间	服务效果
3	子祺食品有限公司	食品营销策划与市场拓展	2019.06—2020.06	对子祺公司的运营管理提出合理建议和对策，建成子祺公司网络营销交易平台
4	志鑫食品有限公司	志鑫食品营销策划与市场拓展	2019.06—2020.06	发展产品电子商务，提供供需信息对接，提高企业收入
5	陕西"泾盛裕"公司	陕西"泾盛裕"茯茶电商运营与产业发展应用研究	2019.05—2020.06	发展产品电子商务，提高企业收入
6	礼泉县"万象菌业"	扶贫电商平台建设	2019.05—2020.06	搭建电商平台，增加企业营销收入

（四）文化入村，践行"扶志"与"扶智"

充分发挥"第一书记"及驻村干部贴近基层、贴近群众的优势，面向贫困群众积极开展"香山村'第一书记'文化讲习活动"，组织贫困群众在学习国家政策及习近平总书记关于扶贫工作的重要论述的同时积极开展思想、文化、道德、法律教育，帮助贫困群众摆脱思想贫困并树立主体意识。与学院"三下乡""三走进"等大学生乡村社会实践活动工作紧密结合，先后组织二十余批文体艺术专业教师和大学生赴贫困地区开展社会实践活动，通过爱心支教、劳动实践、艺术启蒙、文艺演出等方式，营造浓厚的文化氛围（见图17和图18），让优秀的传统文化"种子"根植到学生内心，帮助贫困学生树立正确的三观，真正做到文化"扶志、扶智"，为实现乡村振兴增添了精神动力。

图17 美育部教师为乡村学生开展支教活动

图18 学院志愿者为贫困地区开展文艺演出

创建协同共治"陀螺模式"
激活内部治理新动能

关键词：陀螺、机制、治理、协同

随着产业结构调整升级、社会需求持续提升、类型教育地位确定等带给职业院校强大外部驱动力的同时，也对职业院校治理水平提出了极大的挑战。如何解决好职业院校长期以来存在的内部治理权力失衡（党政权力界限混淆不清、学术权力和师生权力边缘化）、两级管理权责划分不明晰、管理重心下移不够、社会和企业参与办学机制不畅等问题，是职业院校内部治理能力提升的重要课题。陕西工业职业技术学院借鉴陀螺模型概念，以高水平办学质量为目标，以多元共治为理念，协作设计制度体系，协商参与学校决策，协同提升管理效能，协力推进事业发展，激活校内外各主体内生动力和创新活力，探索形成了"党的领导为轴、协同治理为身、五方联动为面、内生驱动为力"的陀螺式内部治理模式，如图1所示，有效提升了内部治理水平，为全面实施"双高计划"创造开放协同的良好环境。

一、画好同心圆，构建陀螺式内部治理体系

按照"自主管理，分权制衡；自我约束，层级治理；质量自治，多元评价"的思路，对内部治理体系进行现代化重构，将各自为政、相互角逐转变为分工负责、主动协同，就像高效运转下动态平衡的陀螺，画出了我校高水平办学目标下协同共治的最大同心圆。

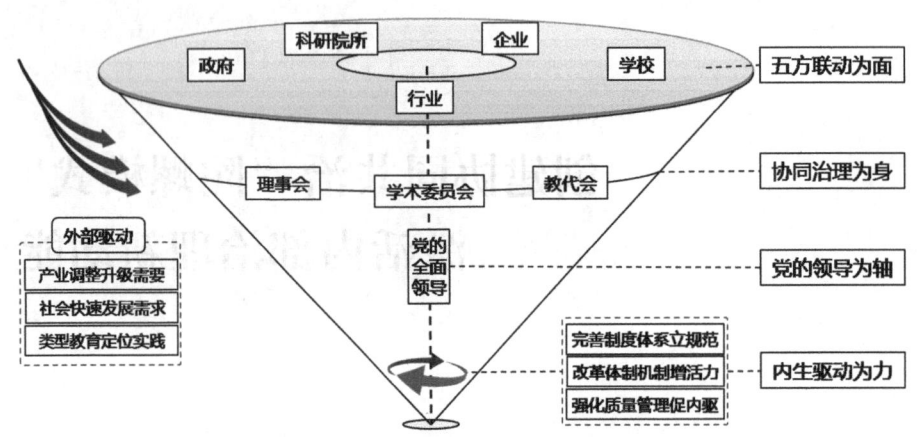

图1 "陀螺模式"治理模型

(一) 树牢党的领导陀螺之轴

牢牢树立党的全面领导是内部治理陀螺直立旋转的轴心。面对复杂的内外发展机遇与改革挑战,校党委切实履行管党治党、办学治校主体责任,坚持落实党委领导下的校长负责制,把方向、管大局,修订印发《党委领导下的院长负责制实施细则》《贯彻落实"三重一大"决策制度实施办法》等制度,充分发挥党委在学校的领导核心和政治核心作用,以"落实全面从严治党'两个责任'"和"五责联动机制推动全面从严治党向纵深发展"两项制度,拧紧"知责、明责、履责、尽责、督责、问责"链条,建立班子副职每半年向党委会专题报告分管工作制度,确保党建与发展同部署、同检查、同考核,实现以高质量党建促高质量发展。

(二) 构建内部联动陀螺之身

构建以党委领导下的校长负责制为轴心矗立不倒,学术委员会、教职工代表大会、理事会联动共治的陀螺治理之身。修订学校《理事会章程》,明确了政府、行业、企业、科研院所参与办学的咨询、指导、监督等方面的权力和义务。进一步发挥学术委员会作用,在校学术委员会下设立专业建设、教学工作、教材选用、科学研究、师资队伍5个专委会和13个学术分委员会,统筹行使好学术委员会和各专委会在专业(学术)事务中决策、规划、审议、评定和咨询中的职权；充分发挥教（工）代会在民主决策、重大问题审议、监督督办等方面的积极作用，营造"教授治学、民主管理、多方参与"的联动治理格局。

(三) 营造五方协同陀螺之面

营造"政行企校研"协同发展的陀螺之面。坚持市场导向、共建共享原则，完善、协调沟通渠道，建立了政、行、企、校、研五方共赢机制。通过深入调研分析各方诉求，依托学院牵头组建的全国首批示范职教集团——陕西装备制造业职教集团、全国机械行业材料成型与控制技术职教集团，着力构建政、行、企、校多方参与，优势互补，资源共享，利益交融的校企协同育人战略联盟。设立西部现代职业教育研究院、西部产教融合研究院、西部创新创业研究院，吸纳政行企校研等专家学者，积极向政府提供政策建议和决策支持，向行业提供需求报告和趋势分析，向合作企业提供人才支撑和智力支持，向研究机构、企业研发部门提供科研创新、成果转化和技术服务，积极拓展多方参与共建共享路径。

二、提高加速度，激发内生式治理持续动能

完善的现代大学制度体系、持续的体制机制改革创新、自主的内部质量保障是职业院校治理"陀螺"高速旋转并实现动态平衡的能量源泉，如图 2 所示。

(一) 完善制度体系立规范，定内部治理之规

我院作为全省首批《章程》高校章程制定试点院校，以学校章程为基本法，按照"审视—系统设计""梳理—摸清家底""完善—构建体系"的思路，制定并印发《规章制度管理办法》，在制度层面建立涵盖酝酿、制定、执行、反馈、完善等环节的制度建设常态机制，有效形成了事前有标准、事中有监督、事后有考核的闭合制度体系。2019 年系统开展"存、废、改、并、立"的全校制度梳理工作，对 390 项制度开展全面梳理，废止制度 114 项，宣布失效制度 90 项，编印涵盖一章八制、全面从严治党、组织工作、思想文化与宣传、教学教务管

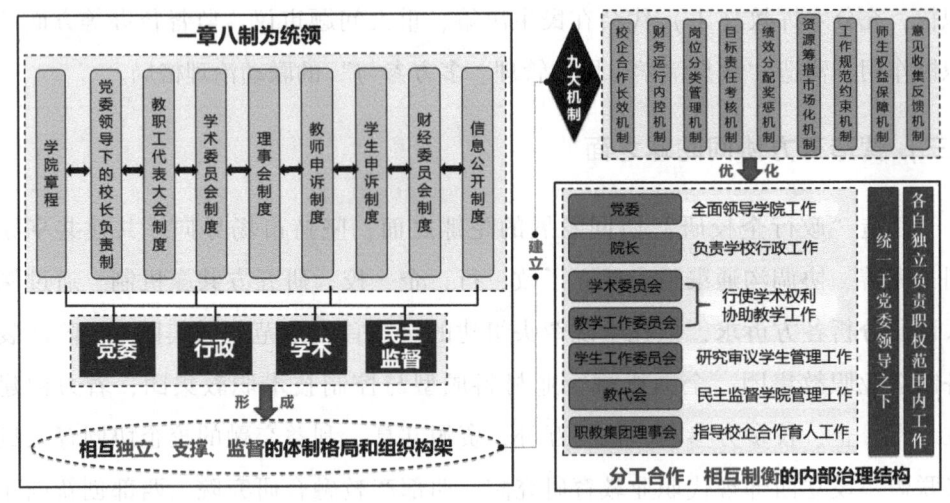

图 2　现代大学制度体系与运行机制

理、科研管理、人事工作、师资队伍建设、校企合作与就业、学生管理、职业培训及继续教育、信息化建设、国际交流与合作、财务管理、资产管理、基建后勤管理、审计工作、综合管理、群团工作、稳定安全等 20 个大类、272 项管理规章制度的汇编，形成了"用制度管权、按制度办事、靠制度管人"的与内部治理体系相配套的健全、规范、统一的制度体系，为学院厘定了内部治理之规。

（二）改革体制机制增活力，夯创新发展之基

我校作为全省首批"管办评"分离改革试点校，持续深化机制改革，既固化改革成果，又预留改革空间，彰显了教育以学生为主体、办学以教师为主体，形成了办学治校的长效机制。通过建立信息公开制度、师生申诉制度、校领导周一例会制度、二级学院党政联席会议制度、每年一次的教代会制度，保障了广大师生及员工对学校事务的知情权、参与权和监督权；不断完善教师评聘制度，制定了教师选聘标准，专业带头人、骨干教师选聘办法，高层次人才管理办法，建立了"以岗定薪、突出绩效、优劳优酬"的收入分配制度，人力资源管理和收入分配制度日趋完善；深化校院两级管理机制，将校企合作、招生就业、经费预算、师资培养、实训条件建设、考核奖惩等权限下放，进一步激发了二级学院的

办学活力。

(三) 强化质量管理促内驱，树办学品质之魂

学校坚持"立德树人、服务产业、教学中心、质量立校"理念，按照质量自治与多元评价相结合的方式，构建系统化的质量目标与标准体系，进一步完善全过程、多元化的质量保证机制。明确主要教学环节的质量标准，通过制度导向及采用项目管理，着力提高教学能力和教学水平，确保教学质量和教学效果。依托智慧校园大数据应用平台和47个信息管理系统，对"学校、专业、课程、教师、学生"5个层面实施"八步一环"质量螺旋常态化诊断改进机制，逐步建立起各自独立、相互依存、纵横联动的内部质量保证体系，持续提升追求质量、追求卓越的内生驱动力，如图3所示。学校作为全国首家顺利通过教育部内部质量保证体系诊断与改进工作复核的高职院校，为全国高职院校诊改工作提供了"陕工经验"和"陕工方案"。

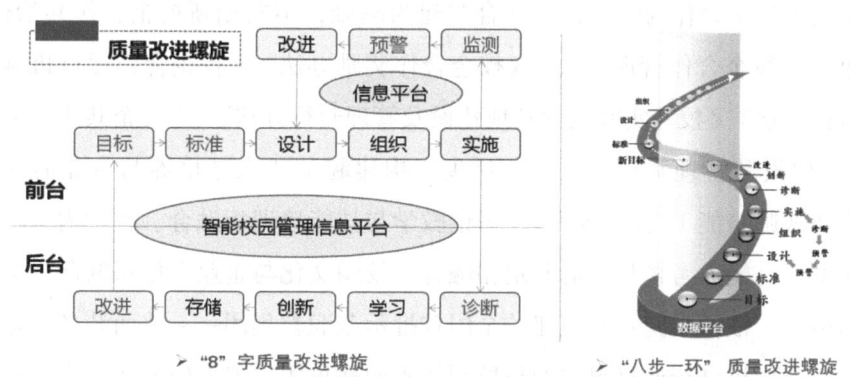

➢ "8"字质量改进螺旋　　　　➢ "八步一环"质量改进螺旋

图3　内部质量保证体系质量改进螺旋

三、做大公约数，开创协同式治理联动格局

通过探索实践"陀螺式"内部治理模式，学校在提高办学质量上不断寻求协同治理的最大公约数。

(一) 形成内部协治新局面

党政群团权责明确，共谋学校科学发展；党委坚定不移地专注于把好方向、抓好大事、管好干部；行政对党委会负责，认真贯彻执行党委决定，确保了行政在党委领导下全身心投入学院管理工作；学院党委连续 4 年被评为"陕西高校先进校级党委"，党委班子连续 6 年获评省属高校目标责任考核优秀。通过落实校领导接待日、校领导联系二级学院制度，形成了上下通气、和谐发展的良好局面。学校坚持把师生放在最高位置，凡与师生切身利益密切相关的重大事项，通过定期召开教代会、学代会、团代会和各类座谈会，设立党务和校务公开网站专栏等途径，广泛征求师生意见建议，有效畅通民主参与和民主监督渠道，确保了各项工作在阳光下运行，学校获评省总工会厂务公开职代会五星级单位。

(二) 形成校企共治新机制

学校以校企合作为纽带，以联合共建为基础，不断创新校企合作共治模式，先后出台《校企合作管理办法》《校企合作奖励办法》《校企合作运行机制建设管理暂行办法》《校外实践教学基地建设及管理暂行办法》《"校企共建"实训室（基地）建设及管理暂行办法》等制度，构建起了"人才培养与企业需求相融合、专业教师与能工巧匠相融合、理论教学与技能培训相融合、教学内容与工作任务相融合、能力考核与技能鉴定相融合、校园文化与企业文化相融合"的校企合作新模式。依托学院牵头组建的全国首批示范职教集团——陕西装备制造业职教集团、全国机械行业材料成型与控制技术职教集团，着力构建政行企校多方参与、优势互补、资源共享、利益交融的校企协同育人战略联盟，依托联盟提供就业岗位 50000 余个，毕业生人均拥有 7 个可选择岗位。

(三) 形成文化善治新氛围

学院以立德树人为根本，紧扣"技术技能工人到大国工匠"的培养目标，整合陕西丰富的红色文化和工业文化资源，四方聚力、多维联动，积淀形成了以"红色"作底色，以"工业"为灵魂，以"卓越"为境界，以"匠心"作特色的"红色匠心"校园文化;凝练形成"红色匠心"文化育人理念;创新并构建了政行企校聚力,以党旗领航工程、文化艺术节、高雅艺术进校园、"三走进"活动、楼廊道路文化群建设等十大文化平台"四方聚力多维联动"的文化治理模式;学校获评全国文明单位、全国学校艺术教育先进单位,先后荣获校园文化建设成果国家级二等奖1项及省级一等奖3项、二等奖6项,国家级、省级校园文化艺术奖39项。

聚焦三大国家战略
打造开放办学"升级版"

关键词：国家战略、高职教育、开放办学

随着"制造强国"战略的深化实施、"一带一路"倡议的稳步推进，国际化技术技能人才的缺失成为我国企业"走出去"参与国际产能合作的最大瓶颈。在实施"双高计划"建设中，陕西工业职业技术学院瞄准国际化技术技能人才培养目标，坚持"开放办学、开门办学"的工作思路，"引进与输出并重、融合与创新兼顾"，积极融入世界职教发展体系，传播中国高职特色经验，打造了"中国特色，世界一流"的高职教育品牌，开创了国内职业教育院校的五个第一：首批试点教育部职业教育"走出去"项目、首所建立海外学历教育职业院校、首次职业教育教学标准迁入主权国家国民教育体系、首位外国元首来校访问、首个获得世界职教联盟"可持续发展卓越奖"金奖（WFCP SD Award of Excellence），为"制造强国""一带一路""优势产能走出去"等国家重大战略的落地实施提供了有力支撑。

一、聚焦"制造强国"战略，构建本土化国际人才认证体系

立足于国际产业变革大势，我国提出"中国制造2025"战略，对全面提升中国制造业发展质量和水平做出了明确部署；立足于高端制造，对接产业高端，学校通过搭平台、引进优质职教资源，建团队、引入先进培养标准，送出去、推

动海外深造项目等，探索出一条培养具备全球视野的技术技能人才的新路径，助力"制造强国"战略。

打造"一主多元"合作平台。学校牵头成立了由德国应用技术类大学、中国高职院校和知名国际教育机构等近100家成员组成的"中德高等职业教育合作联盟（陕西–柏林）"，教育部职业教育中心研究所和新西兰教育国际推广局联合在学校设立"中国—新西兰职教示范项目教师培训基地"，开展了形式多样的师生交流、合作办学和文化交流项目60余个，形成了政、行、企、校一体化，高质量推进的国际交流合作格局。马拉维共和国总统穆塔里卡、新西兰驻华大使傅恩莱慕名访问学校，亲自推进与学校在专业、课程、师资等方面的合作共建项目。

建设"双语双师"师资团队。按照引培并重的思路，学校出台高层次人才引进、外籍客座教授聘请、教师出国（境）交流学习、"双语双师"教师培养等系列制度，建设高水平国际化师资队伍，先后引进5位知名外籍专家、30余名海外人才，认定一批具有"双语"教学资格的双师教师，选派78名教师赴德国、美国、澳大利亚、新西兰等职业教育发达国家研修培训。1名外国专家荣获"三秦友谊奖"，学校获评"全省引进国外人才和智力工作先进单位"称号。

搭建"课证融通"教学资源体系。瞄准国际化人才培养，学校先后与德国奥斯特法利亚应用技术大学、霍夫应用技术大学、IST管理应用技术大学和日本欧姆龙公司合作，引进"可再生能源技术""供应链技术""创新纺织品技术""5S管理"等课程，与新西兰毛利大学合作完成"数字课程设计与开发"等2个研究项目，建立了中英双语微证书课程数字平台，启动首批3个微证书课程开发认证，提高了学生的国际化就业竞争力。

建立四个国际标准认证中心。围绕全球产业链布局，与德国TÜV莱茵集团合作，在学校设立"智能制造培训考试中心"，与德国、日本知名跨国企业合作共建西门子智能制造基础实训中心、DMG数控技术实训基地、欧姆龙自动化技术实训中心，为西北地区职业院校教师、学生及相关企业员工提供培训及资格认证服务，如图1和图2所示。

图1 马拉维共和国总统穆塔里卡访问学校　　图2 19个国家、70余名职教代表来校交流学习

开展"专本硕连读"学生培养项目。学校与德国顶尖理工类高校合作，开展"中德高校合作培养应用技术型德制硕士学位国际工程师"项目，通过分段培养、接续递进的形式，搭建了中国高职院校专科学历与德国硕士学位、国际认证工程师的对接桥梁。截至目前，14名学生分别在柏林工业大学、布伦瑞克工业大学、达姆斯塔特工业大学、伊尔梅瑙工业大学、汉诺威莱布尼茨大学、马格德堡大学等德国高校进行硕士研究生阶段的学习。

同时，学校携手世界五百强的欧姆龙、亿滋（中国）等企业，从共建校内人才培养基地、全套引入技术培训包、整体引进产业文化教育、校企人员交流互动、设立企业冠名奖学金等方面开展全方位合作，培养国际化技术技能人才1200余人。由于大部分学生工作上手快、基础扎实，对企业价值观认同度高、可持续发展能力强，企业很满意。同时，学生对在企业的工作满意度也很高。

二、聚焦"产能走出去"战略，打造集团化海外办学样本

非洲大陆是我国企业"优势产能走出去"的重点区域，但大多数非洲国家仍属发展中国家和新兴经济体，职业教育条件落后、人才不足、标准缺失。依托首批教育部有色金属行业职业教育"走出去"试点项目，学校与政、行、企、校"四方聚力"，以优势专业、优势资源援建"双优驱动"，输出设备、技术、人才、标准和文化，共建中国—赞比亚职业技术学院陕西工院分院，为驻外企业

培养具有国际化视野的本土技术技能人才，有效深化了国际产能合作和职教校企协同出海。

夯实"四方聚力"管理机制。在政府的支持下，中赞职院由企业主导基础建设，学校负责内涵建设，行业协会居中协调。学校采取董事会领导下的校长负责制，是学校的领导核心，支持校长依法独立负责地行使职权，保证以人才培养为中心的各项任务完成，探索出一套政行企校混合所有制办学新模式。2019 年，陕西工院赞比亚分院在赞比亚卢安夏市成立，成为陕西高职院校在海外设立的第一所开展学历教育的高等职业院校，如图 3 和图 4 所示。分院开设三年制机械制造与自动化专科专业，为该国高中毕业生提供学历教育和职业培训。

图 3　学校携手中国有色集团建设赞比亚分校　　图 4　选派教师赴赞比亚开展企业员工培训

创新"双优驱动"运行体系。结合赞比亚当地经济社会需求，学校重点做好优势专业、优势资源输出援建，从国内输出普通机床和数控机床等机械类实训设备，建成赞比亚第一个数控机床实训室；针对企业在生产经营中遇到的人才稀缺难题，校企联合开展专题调研并谋划对策，将教学目标与企业需求相结合，以企业需求为导向设计人才培养环节，并选派 8 名骨干教师为谦比希铜冶炼有限公司、中色非矿公司等企业培训机电、电气技术方面的外籍员工 343 人/次；发挥学校机械专业优势，结合赞比亚当地实际情况，开发出了《机械制造与自动化专业教学标准》。这是我国职业教育教学标准首次进入主权国家国民教育体系，填补了赞比亚国家该项教育教学标准的空白。

2020 年，赞比亚分院建设案例入选联合国教科文组织《面向未来的职业教育教学工作》。目前，学校正在积极规划陕西工业职业技术学院缅甸分院建设，进一步为"走出去"企业培养"懂汉语、通文化、精技能"的海外本土高技能人才，也为中国职业教育创新服务国家重大战略贡献了陕工方案和陕工样板。

三、聚焦"一带一路"倡议，探索标准化开放办学方案

基于共商、共享、共建原则的"一带一路"倡议，旨在与沿线国家共同打造政治互信、经济融合、文化包容的利益共同体、命运共同体和责任共同体。学校以联合培养留学生、联合开发职业教育教学标准、联合开展中外人文交流为抓手，为沿线国家和地区培养了一批知华、友华、爱华的全球化人才，积极助力"一带一路"倡议，促进民心相通、人心相亲。

开发输出职教教学标准。立足于中国标准和所在国实际需求，学校先后为尼日利亚、赞比亚等国家完善职业岗位标准体系、开发专业教学标准，如图5和图6所示。为赞比亚开发的"机械制造与自动化专业教学标准"已纳入该国国民教育体系，并成为国家职业教学标准；开发的焊接技术等14个专业教学标准、配套的200余门课程教学标准进入尼日利亚国家教学标准认证审核阶段；启动了尼日利亚中文+技能中心建设项目，受到了所在国的欢迎和好评。赞比亚、尼日利亚多家主流媒体对学校帮助当地发展职业教育进行了报道，赞扬这是中国"一带一路"的"职教惠民工程"。

图5　学校招收"一带一路"沿线国家学历留学生

图6　尼日利亚国家教学标准认证专题会议讨论学校开发的专业教学标准和课程标准

实施海外学历留学生培养。作为陕西首所招收学历留学生的高职院校，目前，学校有俄罗斯、印度尼西亚、孟加拉国等"一带一路"沿线国家的学历留学生近 100 人。学校还与长安大学开展留学生专、本科联合培养，共建留学生实习实训基地，打通了留学生专科与本科教育的衔接通道。新冠肺炎疫情发生后，学校积极应对人员往来中断的不利影响，创新开展"云留学"项目，探索了高职教育疫情下的国际学生培养模式。此外，印尼籍留学生林义源同学还荣获"陕西省'一带一路'教育传播大使"称号。

开展中外人文交流活动。学校积极推动职业教育对外交流，传播中华文化、讲好中国故事，先后举办中美未来职业研习营、中印尼丝路文化研习营等，促进中外 200 余名师生的双向交流，与俄罗斯符拉迪沃斯托克国立经济与服务大学联合设立"中俄丝路青年服装设计师工作坊"，两国青年在国际技能比赛、师生访学研修、学术科研项目等方面进行多方位合作。学生累计获得俄罗斯太平洋时装设计周服装设计大赛特等奖 2 项、优秀奖 5 项，2 名指导教师受邀担任大赛评委并做主旨发言。同时，76 名师生受邀赴俄参加校际交流学习项目。

近年来，学校还荣获世界职业院校与技术大学联盟"2020 教育可持续发展卓越奖"金奖、2020 中国职业院校世界竞争力 50 强，当选鲁班工坊建设联盟副理事长单位、中国教育国际交流协会职业教育分会副理事长单位、"一带一路"国际教育分会副秘书长单位。学校开放办学的经验和模式被联合国教科文组织、国际劳工组织、世界职业院校与技术大学联盟等采用、推广，受到了世界职教界的关注。

战疫课堂践立德树人,财经四心铸课程之魂

关键词:课程思政、立德树人、战疫课堂

教育是国之大计、党之大计,承担着立德树人的根本任务。《高等学校课程思政建设指导纲要》要求高校将价值塑造、知识传授和能力培养融为一体。如何在教学中解决应该培养什么人、怎样培养人、为谁培养人这一教育的根本问题?在新经济、新模式、新业态、新需求等新形势下,如何根据教学改革后的内容自然融入课程思政元素?2019年年底至2020年年初,全国受新冠肺炎影响,教学阵地转移至线上,如何在实现教学应变的同时进行课程思政建设?聚焦这些问题,陕西工业职业技术学院严格按照纲要要求,迅速响应出台《推进课程思政工作实施方案》并积极探索"战疫课堂"课程思政建设。

一、聚焦"抗疫"主线 培养财经"四心"

本次探索以线上"初级会计证书培训"专业课为阵地,对标人才培养方案及课程标准,以时政热点"全国共战疫"为主线,以线上活动、视频观摩、知识映射、讨论思考、资料收集、评价考核等多种形式,将抗疫中与专业知识相关的典型故事、科学做法、英雄人物等元素自然融入教学,以共克疫情时艰的时事激发学生一技傍身的学习热情,以丰富的教学资料充实、活跃线上课堂,使学生

在学习专业知识的同时树立起"财经四心",即家国情怀的红心、爱岗敬业的专心、严谨认真的细心、学有所长的恒心,如图1所示。

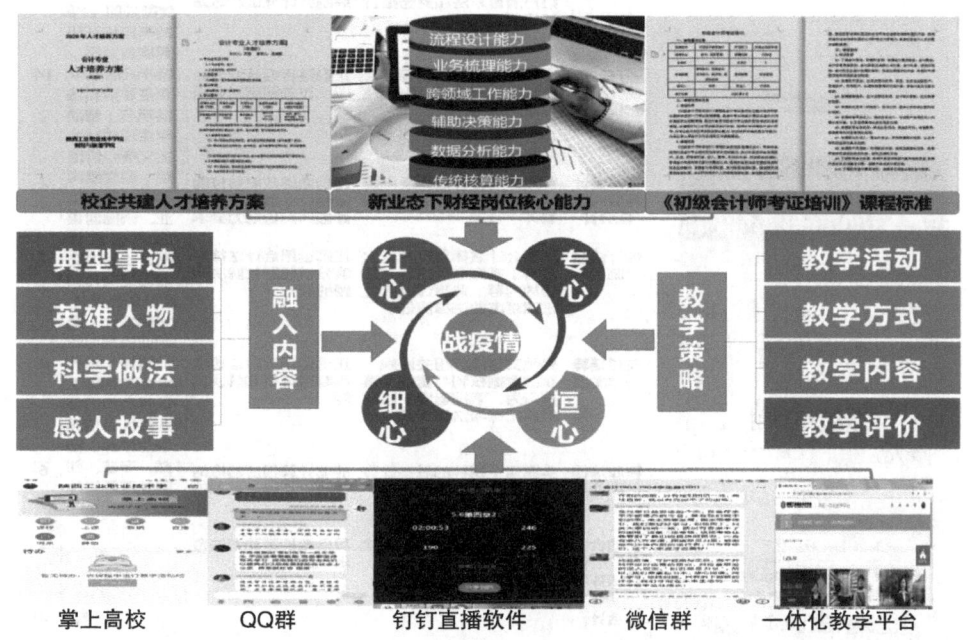

图1 课程思政探索路径

二、推行五大举措 提升思政"五度"

(一)对照标准,教学设计定"高度"

在教学设计中,教学团队严格以《高等学校课程思政建设指导纲要》为指引,构建"三全育人"格局。根据市场最新财经岗位能力需要,对照人才培养方案及课程标准,教师们高标准、严要求,将课程思政元素融入课程中(见图2),并深入贯彻习近平新时代中国特色社会主义思想,对课程思政元素进行分解凝练。

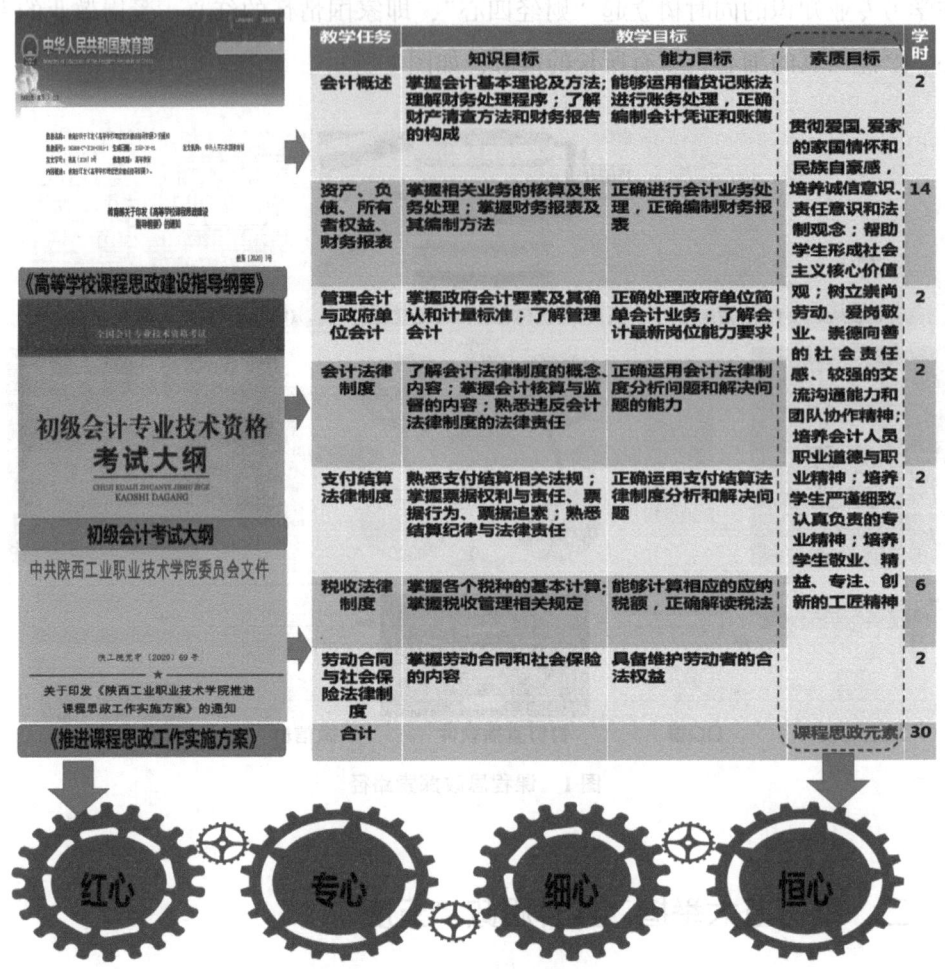

图 2　课程思政元素

(二) 线上共情,思政融入传"温度"

教学实施中,教学团队通过线上集体备课,找到专业知识和思政元素的完美融合点,以知识讲授、答疑解惑等方式使思政点"随风潜入夜,润物细无声"地贯穿始终,让知识点活灵活现,让思政元素有血有肉,如表 1 所示。线上课堂更注重学生的共情、触动和感悟,使课程思政"如春在花,如盐在水",力争疫情期间线上授课有温度、有思想、有力量、有灵魂。

表1　知识点迁移表

项目	教学内容	教学过程和教学策略	思政意义	四心
会计档案管理	会计档案管理时间	话题引入：为何需要建设方舱医院而非建设新医院	"成本-效率"理念及解决问题的正确方法论	红心专心
结算账户管理	专用存款账户	话题引入：引用疫情中央拨款向同学介绍专款专用的概念	培养诚实守信、客观公正的专业精神	红心恒心
票据时效	票据时效	讨论：新冠肺炎期间无法按期承兑的票据。加深对"不可抗力"的理解	具体问题具体分析的专业精神，公平正义的职业修养	专心恒心
票据行为	票据的承兑	知识迁移：教师延伸承兑的含义。同学列举社会上不诚信案例，灌输诚实守信的价值观	培养诚信友善的社会主义核心价值观，诚实守信、刚健有为的专业精神	红心专心恒心
网上支付	支付行为的电子化	思考引导：出门带钱包吗？网购从何时盛行？引出疫情引发商业模式变革及支付行为改变的思考	与时俱进的专业精神，协同创新的工匠精神	专心细心恒心
会计概述	会计信息质量要求	榜样力量之李文亮：引用烈士李文亮案例，讲解会计信息质量要求——可靠性。培养实事求是、客观公正的专业精神	敬畏英雄的情怀，实事求是、客观公正的专业精神	红心专心恒心

续表

项目	教学内容	教学过程和教学策略	思政意义	四心
会计职能	会计的职能	视频观摩：运用自制视频《杨新会——用专业知识报效国家》，感染学生经济基础稳固、全国齐发力、各族人民同心同德，战疫必胜	民族自豪感和自信心，坚定学习信心	红心 恒心
经济法概论	法律责任	榜样力量之钟南山：敢医敢言、勇于担当。教育学生尊重事实、勇于担责、钻研专业、勤于创新	尊重事实的专业精神、刚健有为的会计文化	专心 恒心
财产清查	财产清查的必要性和意义	案例分享：武汉红十字，谁之过？客观思考财产清查的重要性，教育学生制度的重要性及规则的严肃性	尊重规则、遵纪守法的专业精神	专心 恒心
税法基础	税收法律关系	大讨论：疫情期间减税降费，理解税收的作用和地位	爱国的情怀，增强专业自豪感	红心 专心 恒心
企业所得税法	税收优惠政策	资料收集：疫情期间减税降费，理解所得税中的优惠政策	增强民族自豪感，培养专注精益的工匠精神	红心 专心 细心 恒心

（三）五维覆盖，教学内容显"广度"

对于课程思政建设的理解，应该非常广泛和深入，教师根据《高等学校课程思政建设指导纲要》的要求，充分挖掘思政元素。本次课程思政建设内容包括推进习近平新时代中国特色社会主义思想、培育和践行社会主义核心价值观、加强中华优秀传统文化教育、深入开展宪法法治教育、深化职业理想和职业道德教育五维内容，如图3所示。

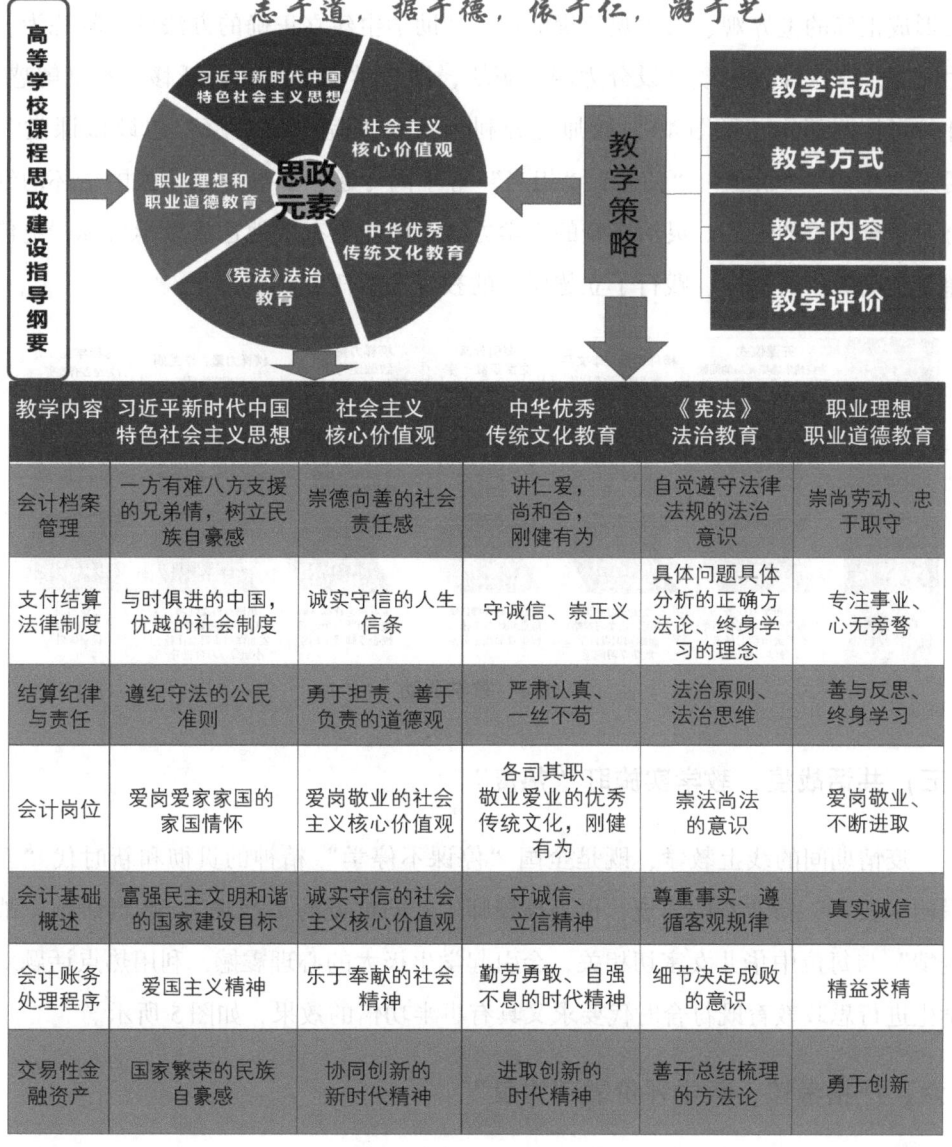

图3　课程思政建设内容

(四)方式灵活,教学组织有"深度"

高校教育不仅要传递知识、磨炼技能、形成技术技能,更重要的是借助教学工具、运用教学资源、使用教学策略,激发学生兴趣、引导学生深入思考,并助其形成正确的世界观、人生观和价值观,帮助学生建立正确的方法论,凝练为一生财富。本次课程思政建设分为四大版块,即教学活动、知识迁移、答疑解惑、评价考核四部分(见图4),教师充分利用陕西工院"战'疫'思政微课堂",通过"生命""价值""使命""担当"等不同专题,引导并强化家国情怀的红心及学有所长的恒心。灵活多变的教学方式不但能更有效地达成教学目标,更传递了正确的价值取向,践行了立德树人的教育根本任务。

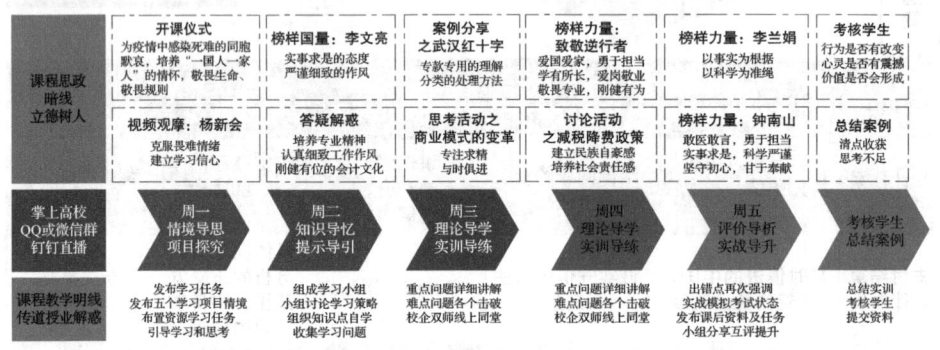

图4 教学活动

(五)共话战疫,教学实施盯"热度"

疫情期间的线上教学,既是全国"停课不停学"精神的贯彻和新时代"互联网+教育"新业态的体现,也是高校师生共同抗疫的"战场",热点话题"战疫情"与每位中华儿女密切相关,会引起学生极大的心理震撼,利用热点话题对学生进行思政教育既符合时代要求又具有事半功倍的效果,如图5所示。

(六)严格考核,教学评价靠"力度"

要保证线上课堂标准不降、力度不减,考核评价是教学的最终检测,也是对课程思政建设的检验。诚然,素养内化于心,很难进行评价和考核,但教师仍可

图 5 战疫课堂

以成果导向为理论依据,将考核评价点量化(见图 6),考查学生是否达到素质目标,观察其心理和行为是否产生变化。

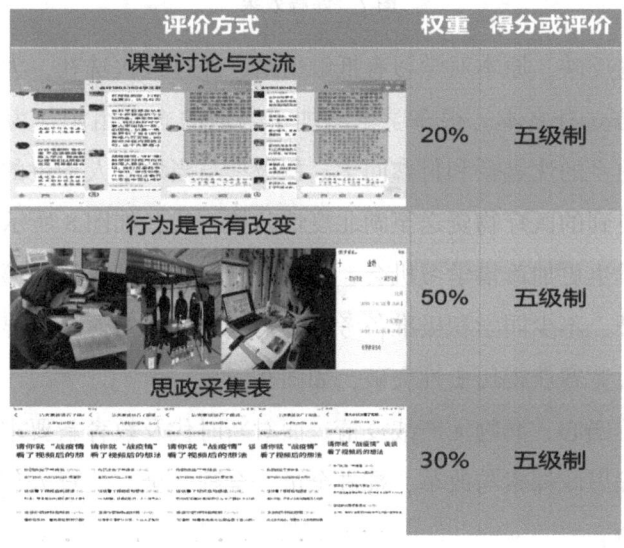

图 6 考核评价

三、实践育人显成效 人才培养"六"提升

本次以培养学生"财经四心"的战疫课堂课程思政建设,引起了学生的强烈反响,学生心灵受到洗礼升华,收到了良好的效果,如图 7 所示。本课程学生的线上出勤率、活动参与度、作业完成率、知识点掌握情况、测评成绩五方面都有了大幅度的提升。

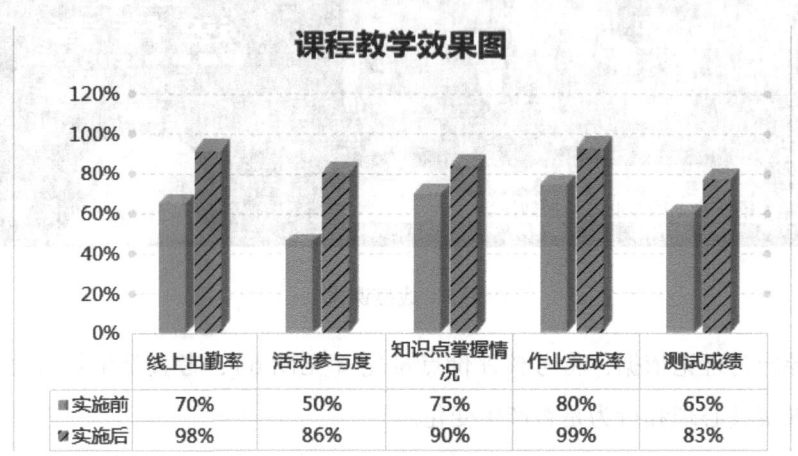

图 7 课程效果

学生们普遍反映,原本对学习有抵触情绪,经过这次洗礼,大家渐渐懂得了知识和技能才是立身之本。很多学生参加了当地的志愿组织,为共同抗疫做贡献。身在异国他乡的沈鑫豪和付鑫同学,积极参与当地华人华侨的医疗物资募捐活动,并将募集到的医疗物资送至湖北疫情防控一线,如图 8 所示。

复课后,学生更加珍惜学习机会,课堂参与度、考试成绩和第二课堂学习情况都有很大提升,不少同学积极准备考试,初级会计证书通过率显著提高,会计技能大赛与财税竞赛获得历史性突破,如图 9 所示。

春风化雨铸四心,润物无声战疫情。面对新时代及教育新要求,陕西工院仍将持续深化课程思政探索与改革,推进全员、全程、全方位育人创新,践行立德树人的教育使命。

图 8　战疫志愿者

图 9　会计技能大赛与财税竞赛

"学做创"一体化,培养精密制造产业高端紧缺人才

关键词:学做创一体化、精密制造、人才培养、高端人才

为了破解我国精密制造领域关键技术提升和关键人才培养难题,解决教学过程中教学任务与国家对精密制造需求不匹配、学生兴趣不高以及学生精密制造技术应用创业的能力不强等问题,陕西工业职业技术学院机械制造与自动化专业群紧紧围绕区域和装备制造产业发展战略,搭建产学研平台,深入推进校企合作,创新人才培养模式,通过实施"学做创"一体化人才培养模式改革、课程体系重构以及制造工坊建设和领军人才融入等措施,让群内学生带着兴趣来、带着作品和专利走,重点解决我省装备制造产业转型升级过程中高端创新型技术技能人才供给问题,努力为高端装备智能制造提供高技能人才和技术服务支撑。

一、校企协同,构建"学做创"一体化人才培养模式

创新机械制造与自动化专业群传统教学模式,采用"学做创"一体化教学模式,根据学生感兴趣的真实项目设计教学内容,将企业岗位的真实项目、大赛项目、创新项目引入课堂,由企业大师和能工巧匠指导学生,教、学、做合一,让兴趣领着学生学、让任务带着学生做、让创新引导学生走,如图1所示。学院同宝鸡机床、西门子等装备制造龙头企业开展深度合作,紧扣智能制造时代需

求,协同构建"学做创"一体化人才培养模式(见图1)。通过校企协同育人,实现能力递进培养,第一、二学期主要培养学生的专业基础能力和认识企业文化;第三、四学期主要培养学生的专业核心能力和创新意识;第五学期在校内生产性实训基地或协同创新中心进行见习,跟着指导教师完成创新项目;第六学期在校外对口企业顶岗实习完成企业实际项目。

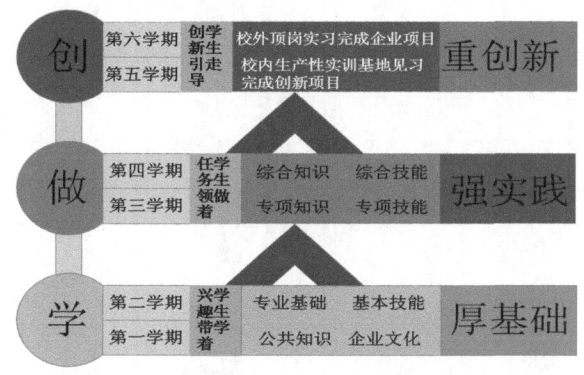

图1 "学做创"一体化人才培养模式

二、"三项"融入,搭建"学做创"一体化高端人才培育机制

(一)课程体系融入:"通识模块"与"技能模块"层层推进

紧密对接地域装备制造产业高端对职业岗位能力的需求,从正确履职角度划分知识、能力、素质目标,以"学做创"一体化的思想重构人才培养方案中的课程体系(见图2),将课程体系划分为四大模块:通识素质模块、职业基础模块、职业技能模块、职业迁移模块。通识素质模块用于培养学生职业素质基础;职业基础模块用于培养学生专业基础和基本技能;职业技能模块着力培养岗位核心职业技能(专项能力和综合能力);职业迁移模块用于综合提升学生的创新能力。校企合作开发教学项目,按照能力递进规律,以项目为载体,"学做创"一体化逐层推进知识学习、技能训练、创新素质养成,如图2所示。

图 2 "学做创"一体化课程体系

教学实施过程采用任务小组的形式开展项目化教学,通过引导学习兴趣、激励探索创新,促使学生主动学习、训练并完成新项目的创新开发。

(二)制造工坊融入:"岗位需求"与"教学实施"双向融通

以装备制造高端企业典型零部件(如数控机床电主轴、精密航空叶轮等)为项目载体,紧扣职业岗位需求,遵循"基础技能训练—高阶技能训练—技术创新应用"能力递进逻辑,建设"学做创"一体化工坊。在教学实施过程中,引入宝鸡机床、秦川机床等生产项目为教学载体,利用校内生产性实训基地开展教学。

(三)领军人才融入:"柔性引进"与"互选互聘"无缝链接

基于专任教师能胜任理论教学、能单独指导学生实训、能与企业合作开展技术服务的要求,聘请秦裕琨院士担任首席技术专家并设立院士工作站,如图3所示,系统化指导团队建设,优化师资结构,采用柔性引进、兼职引入、项目合作等方式打造教学创新团队。引进企业技术专家王建军担任专业群带头人,规划学生职业能力与创新能力培养途径;通过培训学习、科技合作、领军人才"传帮带"等措施打造骨干教师队伍,依据课程特点灵活运用教学手段,激发学生兴趣,主动"学"习;以国家技能大师田浩荣为引领,组建核心职业能力技能大师团队,以企业项目为载体推进学生在"做"中提升技术技能水平;通过选聘科技企业家担任产业特聘教授,聘任兼职教师,助推教育链、产业链、创新链无缝对接,激发学生创新意识,引导学生参与技术"创"新,如图4所示。

图3 秦裕琨院士工作站签约仪式

图4 学生开展技术创新活动

三、成效凸显，支撑装备制造产业高端发展

（一）招就两旺，行业贡献力倍增

两年来，机械制造与自动化专业群依托校企协同育人战略联盟等平台，联合企业开设精密制造、机电设备、电气自动化等5个专项订单班，受益学生1100余人。群内毕业生在精密制造行业龙头企业等国家骨干企业就业比例超过60%，初步形成了具有陕西地域特色的校企协同育人合作品牌。2020年新生报到率为95.7%，再创历史新高，就业率稳定在97%以上，用人单位满意度为95.45%，毕业生对母校的满意度为95.15%。中国教育报、陕西日报等多家知名媒体介绍了机械制造与自动化专业群内毕业生群体典型案例。机械制造与自动化专业群内毕业生何小虎曾荣获陕西省技术能手和全国技术能手等称号。

（二）科创赋能，助推学生成长成才

学校借助各级技能大赛平台，建立"国家级—省级—院级"三级大赛培育管理机制，通过对大赛资源和成果的有效转化及实施"学做创"一体化教学模式，学生创新能力提升明显，崔静老师指导学生在第六届中国国际"互联网+"大学生创新创业大赛全国总决赛中获得职教赛道金奖；在第九届全国大学生机械创新设计大赛陕西赛区比赛中，与西安交通大学等知名本科院校同台竞技，最终取得了一等奖3项、二等奖6项、三等奖1项的优异成绩，如表1所示。

表1 第九届全国大学生机械创新设计大赛陕西赛区比赛获奖名单

作品名称	参赛学生	指导教师	获得奖项
智能搓洗浴缸	张喜平，白泽元，李刚，丁凯凡，宁朝欢	吴玉文，宁煜	一等奖
智慧洗衣机	徐兴，马燕青，林强，王航，董佳豪	郑煜，付兴娥	

续表

作品名称	参赛学生	指导教师	获得奖项
老人起卧智能辅助与护理床	雷一江，张迪，苏盼盼，胡一博，石炎良	吴玉文，宁煜	一等奖
多功能智能鞋柜	穆特特，陈鑫，寇佳琪，高帅，杨博	王毅哲，夏伟	二等奖
智能屋顶除雪机	岳思龙，颜康胜，申阳阳，冯轲，王乐	马杰，杨利红	二等奖
智慧窗户	吴磊，王伟，石炎良，杨鸿详，袁磊鑫	张景钰，王小爱	二等奖
小居室客卧智能转换	文博迪，徐兴，岳伟博，胡博，梁添	乔琳，焦铮辉	二等奖
老人辅助上楼梯器	陈鑫，寇佳琪，穆特特，杨博，李雨峰	夏伟，王毅哲	二等奖
光伏智能温控储能百叶	李宇晗，郑旭飞，赵欢欢，郝驰，杨杰	齐错亮，赵伟博	二等奖
"南天门"便携式智能增材制造单元	郑旭飞，李宇晗，张靖楠，梁顺，王林烨	齐错亮，赵明威	三等奖

（三）专利导航，彰显精密制造紧缺人才实力

根据科技成果转化、专利管理等一系列制度，学院明确了科技成果转化所得收入的90%奖励给成果完成人等政策，鼓励学生专利开展和成果转化。两年来，机械制造与自动化专业群内学生获得授权专利50余项，其中郑旭飞同学申请的13余件专利陆续获得国家知识产权局的授权认证，并与西安未来智造、锐普3D等多家增材制造服务企业进行技术合作，开发的《一种可折叠便携式增材制造单元》获得国家发明专利和实用新型专利，增材制造单元使得他们能够以更快的速度将其设想的虚拟物体由三维图纸转化为实体，极大地方便了设计的后续修改与验证工作。

聚焦关键零部件"中国制造",校企共建"五位一体"数字化精密制造育人平台

关键词:精密加工、产教融合、协同育人

近年来,"产业升级快、技术迭代周期短"的装备制造行业对职业教育人才培养提出了更高的要求,必须通过产教融合、校企合作的方式,着力解决教师团队创新能力不足、人才培养和企业需求之间对接度不够等关键问题。陕西工业职业技术学院机械制造与自动化专业群紧密对接"中国制造2025"国家战略中关键装备(数控机床)制造及应用领域,紧扣学校"因装备制造业而生、依装备制造业而立、随装备制造业而强"的办学特色,聚焦核心零部件精密加工关键领域,携手行业龙头企业——北京精雕科技集团有限公司,校企共建"五位一体"数字化制造育人平台,实现人才培养、技术研发、社会服务、科技转化、创新创业五个方面同德、同心、同向、同力、同行,服务西部装备制造业战略转型需求。

一、聚焦精密制造,校企共建"五位一体"数字化精密制造育人平台

瞄准"数字化精密制造"前沿技术,立足人才培养、技术研发、社会服务、科技转化、创新创业功能需求,企业出设备、出技术,学校配套场所、师资队伍,校企共建"五位一体"数字化精密制造育人平台,其包含"数字化制造虚拟仿真实训中心(软件应用)"和"数字化制造精密加工技术研发验证中心(设

备应用)"两个中心,如图 1 所示。以企业典型生产产品为载体,专职教师和企业技术人员共同参与开发加工工艺、编制工艺文件和教学文件,依托两个中心实施模块化教学,完成精密制造技术生产过程,培养学生数字化精密铸造相关能力。

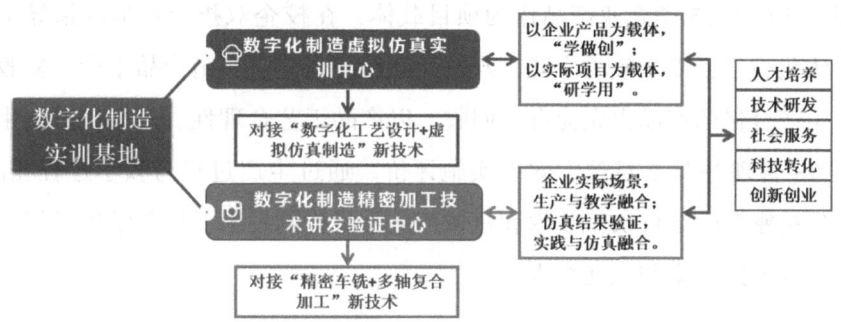

图 1 "五位一体"数字化制造育人平台框架

协同育人平台实行理事会领导下的主任负责制,由校企双方共同组成协同育人平台理事会,制定了理事会议事制度、平台管理制度、项目结算制度等管理制度,规范了平台的运行及管理;制定了协同育人平台企业兼职人员选聘及管理考核办法、协同育人平台设备及耗材管理办法、平台生产及教学运行管理办法等,规范了平台的人财物管理及运行,初步形成了"共建、共享、共用、共赢"的"四共融通"数字化制造育人平台运行模式,如图 2 所示。

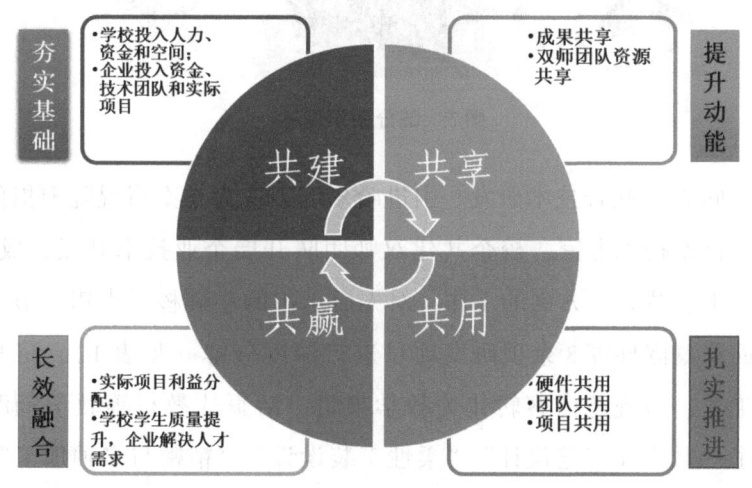

图 2 "五位一体"数字化制造育人平台运行模式

二、校企深度融合,构建"五同精雕"合作模式

校企"同德"联合人才培养。引入薄壁精密航空叶轮、无缝对模、医疗骨搓(见图3)等15类企业产品作为项目载体,在校企双指导教师的指导下组织理实一体化教学,以学生为主体,开发产品加工工艺、实施产品生产、验收产品质量,生产合格的产品由企业有偿回收,以产品工艺合理性、产品质量、生产过程现场5S管理等要素对教学效果实施评价。通过生产过程与教学过程相融合,训练学生精密多轴零件加工技术和机械产品质量检测技术,培养学生良好的职业素养,实现实践教学与双元育人。

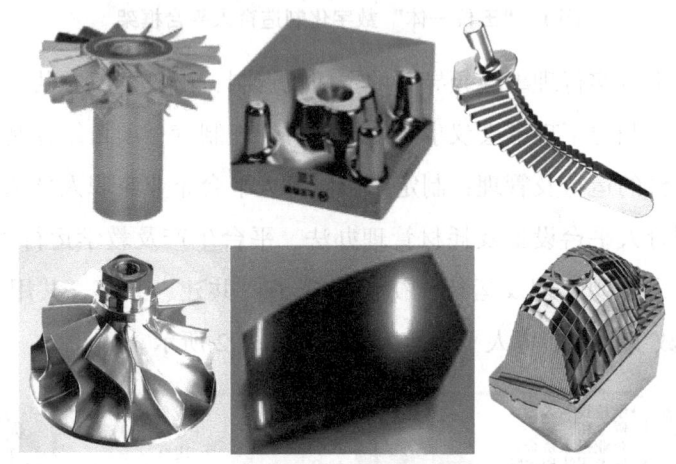

图3 部分教学载体

校企"同心"联合技术研发。引进哈尔滨工业大学秦裕琨院士担任学校高水平专业群首席技术专家,校企共建双师团队开展企业技术升级、成果转化、产品研发、工艺革新等方面的工作,对先后承担的小髓核手术钳、节气门压铸件、呼吸面罩镶嵌件等8余项研发项目进行深度分解(见表1),将其中的新技术、新工艺、新规范内容转化为教学项目、活页式教材等教学资源反哺教学,形成了"数字化工艺设计""柔性工装设计""精密与多轴加工"等6门新型课程。

表1 校企双师结构团队技术项目

项目名称	所属行业	参与人员
小髓核手术钳	医疗器械	陈伟、王帅、张景钰
节气门压铸件	压铸件	李翊宁、邬凯、权超
呼吸面罩镶嵌件	精密模具	周新涛、张文帅、张国栋
涡轮增压叶轮	汽车	王建军、武闯、吴玉文
涡旋盘	电器	赵恒、陈朋威、任军辉

校企"同向"联合社会服务。加速推进社会服务，面向企业成员征集校企合作技术研发服务项目，承接欧中材料科技等企业的15个项目，发挥了学校的科研优势和资源优势，有效提升了技术服务产业能力，其中李翊宁等博士2020年7月前往山东临沂千川蚂蚁商贸（山东）有限公司，开展为期两周的小微企业技术服务工作；11月"全国机械行业服务先进制造高水平职业院校建设联盟"在学校成立，这一平台的建立对职业教育的高质量发展、职业院校服务先进制造建设起到了重大的推动作用。

校企"同力"联合科技转化。校企共同承担了国家级职教团队创新实践课题研究项目"先进制造技术复合型人才培养实训基地建设的研究与实践"，开发《精密数控加工》职业技能等级标准1项，编写"1+X"精密数控加工证书的配套教材《SurfMill9.0基础教程》和《SurfMill9.0典型精密加工案例教程》（见图8）。团队成员先后完成小髓核手术钳等技术服务项目5项（见表1）、解决企业技术难题21项，为企业创造经济效益650余万元。

校企"同行"联合创新创业。发挥校企双方人才优势，组建由企业高级技能人才和学校教师共同组成的实训教学团队，以真实的产品为载体，在生产性教学过程中指导学生CAD/CAM/CAE应用、高端机床操作、产品质量检测等技术，全面提升学生的技术技能水平，培养学生团队协作精神、质量意识和职业素养。在实施生产性实训教学的同时，优选技能精湛、基础扎实的学生组建多支队伍，参与全国机械行业职业技能大赛五轴数控加工技能竞赛、机械产品检测与质量控制技术赛项、全国大学生先进成图技术与产品信息建模创新大赛等36项比赛，并获得一等奖的成绩。

三、以人为本,技术赋能,提升制造产业竞争力

(一) 培养了一支国家级职业教育教师教学创新团队

机械制造与自动化专业群机电一体化技术专业教师教学创新团队获批国家级职业教育教师教学创新团队,先后将38名教师培养为"双师型"教师,其中,王彦宏、祝战科两位老师被认定为"工匠型"教师,团队内"双师型"教师比例达到85%以上;获国家级教学成果奖1项,国家级精品资源共享课1门,省级精品在线开放课程2门;国家级师资培训基地1个,省级"双师型"教师培养培训基地1个;以赵明威教授为首席专家的智能制造协同创新中心被咸阳市渭城区政府授予先进制造技术特色产业专家工作站。

(二) 培育了一批精密制造未来领军人才

学生在全国职业院校技能大赛、全国数控技能大赛等技能大赛、第九届全国大学生机械创新设计大赛中获得各类奖项32项。两年来校企联合培养毕业生1300余人,其中:与宝鸡机床集团有限公司等12家企业联合培养现代学徒制学生430余人;毕业生中36%就业于宝鸡机床集团有限公司、法士特等高端机床制造企业和装备制造企业。第三方评价机构麦可思提供的就业质量年报显示:专业群毕业生满意度96%、就业单位专业相关度100%、就业企业好评度99%均明显高于全校评价水平。

(三) 输出了一批国际化的专业教学标准

校企协同制定了机械制造与自动化专业群人才培养方案及《数字化工艺设计》《精密与多轴加工》等15门课程标准。2019年,机械制造与自动化专业教学标准成为赞比亚国家职业教育教学标准(赞比亚国家教学标准编号:408)。2020年,尼日利亚纳卡布斯理工学院等6所院校分别与学校签署专业和课程引进协议,引进了群内专业机械制造与自动化、电气自动化技术专业教学标准和52门课程标准。

引育并举　互促互融
国家级创新团队驱动专业群高质量发展

关键词：院士工作站、高端人才、博士团队、技术服务、互融互促

陕西工业职业技术学院机械制造与自动化专业群机电一体化技术专业国家级职业教育教师教学创新团队作为加快"双高计划"专业群建设实现内涵式发展的关键切入点，着力破解专业群人才引进与培养、技术研究与教育教学互促互融等方面的突出难题，努力构建充满活力的机械制造与自动化专业群高水平师资队伍建设体系，两年来，大力加强人才引进和培育力度，在高层次创新人才汇聚、青年后备队伍建设以及人才发展体制机制建设等方面取得显著成效，探索技术研究反哺教育教学的长效机制，有力支撑了机械制造与自动化专业群的高质量发展。

一、问题导向，构建"技术研究+教育教学"师资队伍建设体系

以破解企业需求与学校培养"不紧密"的难点问题为根本，面向地域企业广泛开展技术研究与服务，研究成果及时转化成教学资源，将企业新技术动态引进课堂教学，实现"技术研究+教育教学"相融通。技术研究为教师提供了"专业能力保鲜和技术能力提升"的平台，研究成果及时反哺教育教学为教师提供教育教学水平提升的手段，实现了"技术研究+教育教学"相互促进（见图1），

形成了"技术研究＋教育教学"建设体系，催生教师职业能力提升和价值体现的双丰收，激发教师团队内生动力，形成高水平师资队伍长效建设机制。

图1 "技术研究＋教育教学"师资队伍建设体系

二、引育并举，实现高水平师资队伍引领专业群发展

(一)"双研"高端引领，汇聚高层次创新人才

围绕数字化精密加工技术研究和高档数控机床核心零部件研发两大领域，紧跟前沿技术发展动态。机械制造与自动化专业群引进哈尔滨工业大学秦裕琨院士担任我校高水平专业群首席技术专家，指引专业群未来发展，设立院士工作站并开展新能源及装备研发、教师团队科研指导等相关工作，如图2所示。

图2 设立新能源及装备研发秦裕琨院士工作站

(二) 校企联合共育,组建技术攻关"尖刀班"

引进宝鸡机床集团研究所长王建军、航天六院高级研究员陈朋威、宝鸡机床集团国家级技能大师田浩荣团队和北京精雕集团蔡锐龙团队等入驻机械制造与自动化专业群,深化产教融合,聚焦前沿关键核心技术研发,联合组建高水平技术攻关团队,如表1所示。

表1 聘请高端人才知名专家列表

序号	姓名	工作单位	原单位职务/职称	受聘我校职务
1	秦裕琨	哈尔滨工业大学	中国工程院院士	专业群首席技术专家
2	张根保	重庆大学	教授、博士生导师	客座教授
3	赵万华	西安交通大学	教授、博士生导师	客座教授
4	王富	西安交通大学	教授、博士生导师	产业教授
5	苏忠堂	宝鸡机床集团	总工程师	产业教授、专业带头人
6	王建军	宝鸡机床集团	机床研究所所长	企业高端人才(全职)
7	蔡瑞龙	北京精雕集团	总经理	专业带头人
8	高党国	陕西省机械研究院	院长	专业带头人
9	朱震忠	西门子工厂自动化工程有限公司	客户服务部总经理	专业带头人
10	鲁亚利	宝鸡机床集团	宣传教育培训主任	专业带头人
11	陈明威	中国航天科技集团公司第九研究院十六研究所	高级工程师	企业高端人才(全职)

(三) 梯队模式培养,强化人才队伍建设

立足"技术研究+教育教学"互融共通,搭建院士引领、高端人才支撑,

博士团队实施、青年骨干落实的教师梯队模式。依托项目研究，紧跟新技术，创新教学模式，我校已建成了能够实现"技术研究+教育教学"互融共通的高水平师资队伍，高水平师资团队模型及运行模式如图3所示。

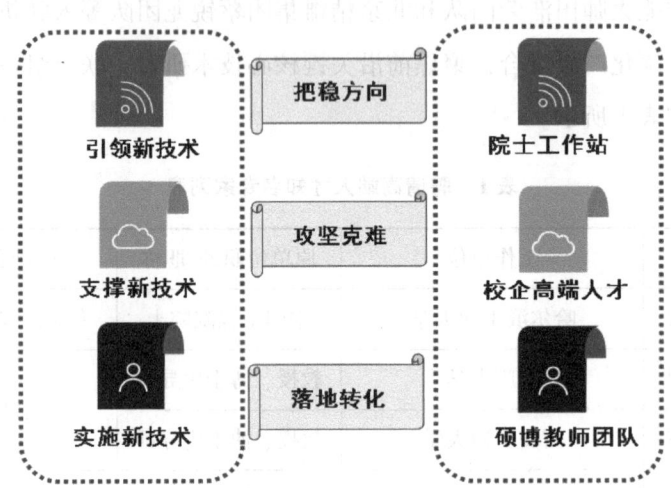

图3 高水平师资团队模型及运行模式

三、互融互促，"技术研究+教育教学"双向提升

（一）以企业实际项目为载体，带动专业群技术革新

在互融共通师资队伍建设机制的正确引导下，汇聚行业内高水平人才融入本团队，提升了师资队伍整体的研究水平。在聚焦我校机械制造专业群"高档数控机床核心零部件开发与精密加工技术"的技术背景下，为我校引入更多的企业项目，以大理石床身、电主轴、刀塔刀架等机床核心零部件开发为载体，紧跟装备制造前沿技术，如图4所示。"技术研究+教育教学"互融互促，打通科研与教学之间的壁垒，师资团队承担10余项技术研发类项目，获批专利18项，如表2所示。

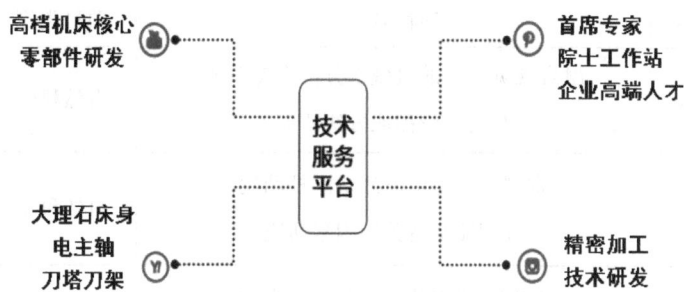

图4　企业实际项目技术研发技术团队模型

表2　典型纵向和横向项目列表

序号	主持人	项目名称	项目类别	项目层次
1	焦峥辉	PLC实验箱的设计与开发	自然科学	一级学会
2	夏伟	基于Matlab和Adams联合仿真的六自由度机器人轨迹规划研究	自然科学	一级学会
3	吴玉文	基于三维数字化制造的机加工艺设计技术研究	自然科学	学会项目
4	赵利平	基于夹具智能设计技术的机床夹具库的研究与开发	自然科学	学会项目
5	付兴娥	滚动轴承早期故障诊断的非线性新方法	自然科学	厅级项目
6	马杰	基于多目标遗传算法的六自由度工业机器人轨迹优化的研究	自然科学	厅级项目
7	周新涛	环路轮系非线性振动机理及系统稳定性研究	自然科学	厅级项目
8	郑煜	滚动轴承早期故障诊断的非线性新方法	自然科学	厅级项目
9	张妍	基于信号分析的机械故障诊断的研究	自然科学	厅级项目
10	张瑶	电容式微机械陀螺理论分析及制备工艺研究	自然科学	厅级项目

续表

序号	主持人	项目名称	项目类别	项目层次
11	穆龙涛	融合视觉信息的机械手分拣姿态分析与自适应抓取方法研究	自然科学	厅级项目
12	林希	常规加工精度下冗余圆柱凸轮分割器制造关键因素研究	自然科学	省级项目
13	陈明威	200 kg级重载高刚性六自由度工业机器人研发	应用开发	企业项目
14	陈伟	带压作业设备用液压转盘研发	应用开发	企业项目

(二) 以资源建设双向使用为目的，提升专业群人才培养质量

陕西工院以企业需求为导向，依托陕西工院在行业内扎实的机械传承，以及相关技术、教学成果，与企业先进产品技术相融合，双方共同开发教材、建设课程，课堂引入企业技术和企业标准，修订教学课程标准。为学校提供贴合实际需求的优质教学资源，以提升人才培养水平。将项目成果转化为课程案例、专著教材，最终达到反哺教学的目的。以此，提升人才培养质量，增强了我校的社会服务能力和影响力，如图5所示。

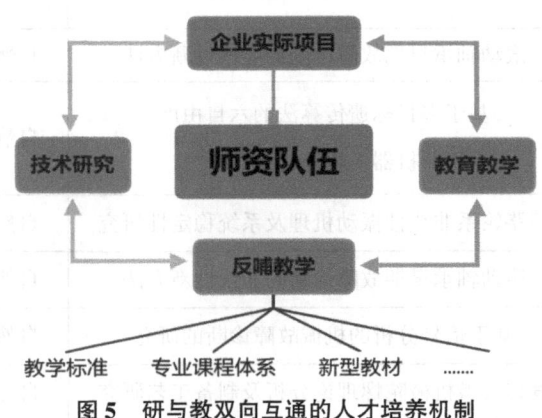

图 5　研与教双向互通的人才培养机制

四、提质增效，高水平师资队伍驱动专业群高质量发展

（一）实现了专业群资源库校企互通共享

我校主持完成了国家级专业教学资源库建设，建成了国家级精品资源共享课程"机械零件车削加工"、国家级精品在线开放课程"电气控制系统装接与调试"、国家级精品课程"机械零件车削加工"，完成了国家级教学资源库中"数控设备改造"课程数字资源建设。师资团队企业依托实际项目，加强研究-教学互融共通，研究项目-引进项目共赢，建立新课程、教材。更新在线开放课程12门，引进北京精雕精密加工等企业项目15次，开发工业软件活页式教材15本、新型教材SurfMill教程和开发出版2本（见图6）。这些教学资源充实了我校机械制造与自动化专业"国家职业教育教学资源库"和"陕西省高等职业教育教学资源库"中的教学资源量。

图6　校企联合开发课程教材

（二）培养了一批高端技术技能人才

通过引进企业新技术、新工艺、新规范，应用新型教材，校企双师结构团队实施人才共育。培养学生工匠精神，推动数字化制造、数字孪生技术等先进技术落地。2020年学生在全国职业院校技能大赛、全国数控技能大赛等技能大赛、大学生机械创新设计等各类大赛中获得国家级、省级奖38项，如表3所示。我

校教师张景钰、张文帅指导的石炎良、彭柏霖两位同学在比赛中获得了全国二等奖的好成绩。两位同学凭借在比赛中的出色表现，直接获得了北京精雕科技集团有限公司的录用证书（见图7）；毕业生就业对口率高，黄亚光、郭康康、刘琦等一批优秀毕业生在法士特、中科院物理研究院、宝鸡机床集团等单位智能制造核心岗位就业。通过研究项目转化为教学案例，企业新技术进入课堂，麦克斯调研反映2020用人单位满意度达98.62%，学生满意度提高至98%。学校教学质量得到企业认可，中科学院西安光机所中科微精联合我校开办国内首个光子制造专业，学校师资团队建设机制为36所兄弟院校借鉴使用。

表3 典型性项目的学生获奖列表

序号	学生姓名	奖励名称	获奖等级
1	雷一江	第十届"挑战杯"陕西省大学生创业计划	金奖
2	宁朝欢、白泽元、张喜平	第九届全国大学生机械创新设计陕西赛区	省级一等奖
3	雷一江、张迪、苏盼盼	第九届全国大学生机械创新设计陕西赛区	省级一等奖
4	徐兴、马燕青、林强	第九届全国大学生机械创新设计陕西赛区	省级一等奖
5	文博迪、徐光、胡博	第九届全国大学生机械创新设计陕西赛区	省级二等奖
6	吴磊	第十届挑战杯全国大学生创业计划竞赛	银奖
7	肖彤	第六届中国国际"互联网+"大学生创新创业大赛	银奖
8	冯松	第十三届："高教杯"全国大学生先进成图技术与产品信息化建模大赛	二等奖

续表

序号	学生姓名	奖励名称	获奖等级
9	陈锐	第一届全国职业技能大赛陕西省选拔赛数控车赛项	三等奖
10	吴磊、王伟、袁磊鑫	第六届中国国际"互联网+"大学生创新创业大赛	铜奖

图7 技术研究反哺教学的成效

（三）建成了服务区域经济创新发展的产业平台

政府认可师资团队。2019—2020年师资团队承担纵向技术研发项目30余项，解决企业技术难题100余项，受到咸阳市秦都区、渭城区政府同时关注，并依托我校专业师资团队建立首个先进制造技术特色产业专家工作站，旨在以专家工作站为纽带聚集人才，引领示范和辐射带动推进区域产学研合作，推动科技创新工作，服务区域经济。

十年迭代，四双六进，加速现代学徒制"欧姆龙"品牌升级

关键词：现代学徒制、校企合作、双导师、协同培养

当前我国制造业人才队伍在总量和结构上都难以适应制造业高质量发展的要求，高素质技术技能人才占比明显偏低，校企合作不够深入、长效机制未形成是核心问题。陕西工业职业技术学院机械制造与自动化专业群电气自动化技术专业按照"校企合作搭桥，订单联合培养""素质技能并重，校企文化融通""引企六进课堂，创新能力凸显"的思路，2010年开始携手国际知名企业欧姆龙（中国）有限公司，按照培养世界一流员工的标准，探索形成了"四双六进"校企合作模式，通过双元主体育人、双班主任管理、双导师培养、双奖金激励的"四双"机制，实施企业文化进校园、企业模式进教学、素质教育进方案、企业管理进课堂、企业活动进班级、企业导师进基地的"六进"举措，十年磨一剑，铸就了校企合作"陕西工院"品质，培育制造业高质量技术人才近1000人。

一、"订单培养，互惠共赢"构建"四双"校企合作长效机制

按照互惠共赢的原则，携手国际知名企业欧姆龙（中国）有限公司组建订单班，实施"双元主体育人"，学校提供2000平方米的场地等设施，欧姆龙公司先后投资400余万元的G8NB2车载继电器生产线、自动化焊接机等企业实际生产设备，共建了欧姆龙自动化实训中心和欧姆龙培训中心，真实再现企业实际工

作场景；实施"双班主任管理"，学校配备 1 名育人经验丰富的班主任，欧姆龙公司选派 1 名企业高级职员常驻学院从事学生管理工作，并配套 5 万元作为订单班管理经费，如图 1 所示。实施"双导师培养"，推行教学双导师制，学校与企业人员双向挂职锻炼，累计投入 40 万元用于学院骨干教师赴日本、上海等地培训，聘请 36 名国内外企业人员来校教学；"双奖金激励"，学院设立"学院奖学金"，欧姆龙年投入 40 万元设立企业奖学金；出台了"欧姆龙订单班管理办法""欧姆龙订单班考核办法""欧姆龙订单班联合师资培养办法"等制度。

图 1　2021 届欧姆龙班开班

二、"联合共育，德技并修"探索"六进"校企协同育人路径

企业文化进校园。按照"掌握世界一流生产现场知识，管理经验、生产技能，成为企业生产现场的骨干人才"的培养目标，在欧姆龙自动化中心营造全方位企业文化氛围，设立反映欧姆龙企业文化和企业精神具体内涵的文化长廊，介入欧姆龙企业标识；在订单班学生中专门开设了"欧姆龙の生产管理""OMRON 企业理念の浸透""OMRON 商品知识の教育""商务礼仪和工作的基本"等 13 门企业文化课程，把欧姆龙先进的企业理念、严格的生产管理和基本的工作规范等特色内容融入教学过程，先后派高级管理人员［先后有欧姆龙（中国）公司总裁后藤龙之介、中国生产革新本部长陈建龙、欧姆龙（中国）公司高级顾问沈长庚等 10 多位高级管理人员］来校做专职企业文化培训讲座，如图 2 所示，帮助学生积淀企业文化的素养。

图 2　学院与欧姆龙（中国）公司举行高层交流

企业模式进教学。欧姆龙订单班把企业员工培训中的一些优质资源和方法引入"企业标准"，结合企业产品技术特点和专业人才培养要求，引入国际质量认证、生产现场优化、欧姆龙员工培训包、产品技术培训包等，形成全新的人才订单培养方案；引入"欧姆龙大学"教学模式，实行"项目化教学"，由教师发布项目课题，2~3名学生组建一个项目团队，引入企业员工培训的组织模式，实施"情景化教学"，指导学生按"小组计划——共同讨论——团队工作——成果发布"的企业化工作路径开展教学。

素质教育进方案。在制定订单班人才培养方案时，欧姆龙公司将素质教育摆在与专业技能同等重要的地位，以引入 5S 管理课程为抓手，夯实学生素质教育基础；推行"5S"管理，培养学生（准员工）良好的作业习惯，引导学生从身边小事做起，用行动提升自身素质，实现自己满意、客户满意、社会满意；制定"5S 标准""5S 管理实施计划表""5S 检查评分表"等，5S 管理方式明确了每个项目的执行人、检查人、联系人、执行标准、所用工具和合理花费时间。

企业管理进课堂。改革以往学校单方评价模式，将学生自我评价、教师评价、师傅评价和企业评价相结合，理论考核与操作考核相结合，构建多方综合评价模式；将产品介绍、生产计划、品质管理、生产优化等企业课程纳入考核范围，使用彩色标签明确区分考核等次，以可视化方式在醒目位置张贴公布，切实提高学生的就业基础能力、岗位核心能力和职业迁移能力。

企业活动进班级。开展班级"五每"活动，每年、每届、每月、每周、每天融入企业元素的班级活动无处不在，如图 3 所示。每年举办忘年会或新春联谊会,所有活动主要由学生组织策划、编排主持,一次座谈、一场晚会、一次聚餐,欧姆龙公司高级管理人员在与学生的互动、互通和互联中传递着企业的人文关怀;每周2次义工活动,献出爱心,陶冶情操,引导学生感恩企业、感恩学校、感恩社会;每天早晨7时,召开班级晨会,集体背诵校训和企业理念,和同学分享身边富有正能量的人与事,反思前期工作,发现问题寻找差距,相互促进、共同提高。

图3 企业文化讲座和特色活动

企业导师进基地。推行教学"双导师"制,学校教师和企业师傅共同承担教学任务,目前已形成生产现场班组长、工段长、设备操作维修人员、商品技术员、生产技术员、品质/环境管理员、产品试验人员等双导师岗位。25名企业导师为订单班学生讲授"IE进阶""MRP/MES(理论与实践)""TPM基础""LCIA治具与工具""TWI""品质管理"等13门具有欧姆龙公司特色的课程。企业导师进基地授课如图4所示,使学生对企业的经营理念、管理模式等有了更加明确的认识,增强了学生的职业素养。

图4 学校教师参加企业培训

三、宝剑锋从砥砺出，十年同行树立校企深度合作新典范

淬炼出一批善于创新的能工巧匠。四脚方凳，一个生活中常见的物品，在欧姆龙订单班同学的眼中，却诞生了一项名为"凳子的受力改进"的课题。他们发现，当四脚结构的方凳在受到一定的压力后，凳子会通过自己的容许荷载来完成支撑和传导。一旦凳子往后翘起超过16.5°，就会倒地。于是，同学们进行了分析并提出改善方案，再通过市场调查，仅花费700余元就改进了实训中心的全部方凳。利用废旧电机、筷子和啤酒瓶盖制作的"迷你电锯"，利用硬纸板、针筒、塑料软管制作的"挖掘机模型"，利用亚克力板、LED灯泡制作的"全息投影"等学生自选课题，无不体现出欧姆龙班的"创新"特色。

高品质铸就校企合作的未来。中央电视台、光明报、中国教育报、中国青年报、陕西日报、西安电视台、日本京都报等多家媒体就学校与欧姆龙的校企合作进行了报道，被《中国教育新闻网》《当代陕西网》等多个主流媒体转载。2021年1月23日，我校登上中国教育电视台职教频道（CETV-4）《梦开始的地方》之"双高100"栏目，成为该栏目全国开篇首播"双高"院校，如图5所示，节目中展示了学校与欧姆龙公司十年共育国际化职业人才典型案例。

图5　CETV-4报道陕西工院—欧姆龙校企合作案例

一转型四提升,打造装备制造强基工程

关键词:机械加工、技能培养、实训基地

为了破解职业院校实训基地功能单一、校内实训设备重复采购等问题,学院立足发展实际,按照"转型拓功能、转型不降质"等整体思路,创新理念,通过改制、重组的方式,组建形成机械类专业全新的公共实训基地,通过提升内部管理水平、资源建设水平、学生思想境界和学生职业素养,实现了人才培养与社会服务能力的跨越式升级。

一、"一转型"实现机加工中心从生产型走向"生产教学型"

为适应职业教育育训结合的人才培养要求,学校对校办工厂(原咸阳机床厂)进行改制,以咸阳机床厂为基础,整合校内机械大类相关实训室,组建形成集教学、生产、科研和社会服务等功能为一体的机械类专业公共实训基地——机加工技术训练中心。中心除开展"大机械类"专业及部分"非机械类"专业的实训教学任务外,还承担相关专业的学生技能培训、技能鉴定及各级技能大赛、大学生创新设计任务,并为兄弟院校和企业提供师资培训和员工技能鉴定等服务,中心还将不断完善和拓展零件、部件、产品生产功能,带动我校"大机械类"专业教育教学改革,逐步探索"产教结合,教学并举"的"校中厂"实训

基地运行模式，为学生实训、教改科研、行业服务提供强有力的支撑和保障。

二、"四提升"助推机加工中心提质增效

（一）创新机制，提升内部管理水平

为高效培养和服务学生，机加工技术训练中心设置4层组织机构（见图1），并聘请宝鸡机床集团有限公司苏忠堂总工指导工作；制定了《机加工技术训练中心5S管理制度》《机加工技术训练中心人员岗位职责及奖惩处理办法》《机加工技术训练中心交接班制度》等8项中心运行管理制度和《机加工技术训练中心授课计划编写规范》《机加工技术训练中心教案编写规范》等6项实训教学资料编写规范，有效地促进了内部管理水平的提升；建立实训安全常态化巡查、问题反馈和整改提升的安全管理机制。

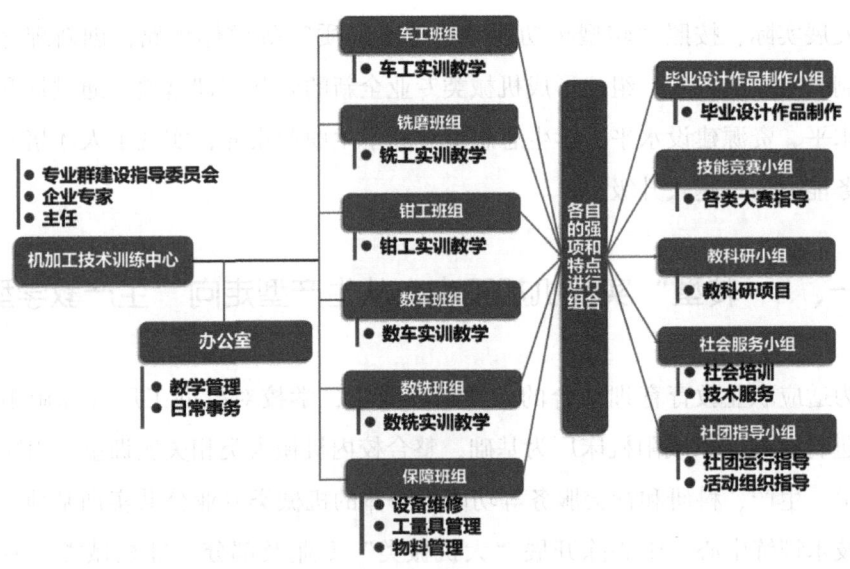

图1 中心4层组织机构

（二）分层分类，提升资源建设水平

按照初级、中级和高级对实践教师进行分类培养认定，通过课程建设、技能

大赛、科研、社会服务等项目的系统历练，一批像吴兵、刘艳申、张飞鹏式的"工匠型"教师已成为人才培养的中坚力量。联合宝鸡机床、北京精雕、法士特、陕鼓等行业一流企业专家大师，按照高素质技术技能人才培养规律，引入轮毂、主轴端盖、无人机压气叶片等企业实际生产零件，重塑实践课程内容；按照单技能训练项目、多技能训练项目和多工序复合项目，从简单到复杂地设置实训项目，教师依据专业培养目标，根据基本训练、专项训练、综合训练的规律对学生进行培养。

（三）匠心淬炼，提升学生思想境界

响应国家高技能人才振兴计划和弘扬大国工匠精神，柔性引进全国劳模、国家级技能大师、陕西省"十大杰出工人"和"三秦工匠"田浩荣同志在我校设立技能大师工作室。以聚焦立德树人为根本任务，多次举办技能大师进课堂和劳模工匠进校园宣讲活动，大力弘扬劳模精神、劳动精神，引导学生树立技能报国理想、传承匠人匠心精神，让劳模精神成为青年成长、成才的精神动力，让劳动最光荣、劳动最崇高、劳动最伟大、劳动最美丽的价值导向在校园中蔚然成风。

（四）实境育人，提升学生职业素养

机加工技术训练中心85%以上教师具有15年以上企业工作经历，熟悉企业生产流程。按照企业实际生产中零件的加工工艺流程，从加工工艺设计、工装选用、设备操作到质量检验，全过程严格按照工厂的操作规范执行。基地施行穿工装、上下班交接制度、工作现场管理、产品质量保证等举措，让学生在校期间体验企业工作环境（见图2），有效促进学生职业素养的养成。

三、内涵提升，训练中心建设取得新成效

（一）规模功能，西北高职首屈一指

基地占地面积约7000平方米，260台/套各类机床总值超过5300万元，可以

图 2　企业化的实训场景

实现车、铣、钳、磨、数控车（铣）、加工中心、车铣复合、特种加工、机床装调及维修等 11 个工种实训教学，是西北高职院校规模最大、工种最全的实践教学和工程技术训练中心。训练中心每年接纳校内机械大类约 7000 名学生的实践教学，承接职业院校师资培训、企业职工培训、兄弟院校学生实践训练、国家技能大赛集训等对外教学、培训 2000 人次以上。

（二）走出国门，贡献职教中国方案

内部管理的相关制度被宝鸡职业技术学院等 19 所兄弟院校借鉴应用，并在借鉴中心建设经验的基础上，学院联合有色金属行指委设立陕西工院赞比亚分院，《数控车床实训操作标准》等 11 个工种的课程标准被应用到赞比亚分院的教学中，中心先后遴选 3 名经验丰富的实训指导教师赴赞比亚分院开展教学。

（三）荣誉叠加，社会各界广泛认可

在学院各项交流接待中，机加工技术训练中心已成为接待上级领导、兄弟院校、行业企业参观的"首选地"，是陕西省重点实训基地、教育教育部师资培训基地实践培训场所、国家高技能人人才培养基地实践教学培训场所和国家级实训基地。机加工技术训练中心两度获评陕西省工人先锋号，并被陕西省推荐参评 2021 年全国工人先锋号。

培育匠才，创"研学用"一体化人才培养新模式

关键词：研学用、人才培养模式、创新型人才、人才培养目标

我国已建成全球最为齐全的制造业生产体系，但人才供给上仍存在"整体过剩、高端短缺"和"人才培养对制造业的支撑不足"的结构性问题。陕西省作为我国重要的军工生产研发基地，主要以航空航天、船舶制造、钛合金深加工等高端装备制造业为核心，承担着守护国家安全、促进科技发展的重任。材料成型与控制技术专业群聚焦"两机"（航空发动机、燃气轮机）关键零部件叶轮、叶片等高端产品和绿色智能制造关键生产技术岗位的人才需求，产教融合、校企合作，探索出"研学用"一体化人才培养模式，为服务西部装备制造业振兴培养"厚基础、精技能、会研发"的高素质复合型技术技能人才。2019年，国务院副总理孙春兰来校调研期间对"研学用"一体化人才培养模式给予了高度肯定。

一、"高起点，准定位"创"研学用"一体化人才培养模式

高端产业，定位人才培养目标。学校70年来始终扎根装备制造行业，服务区域内航空航天、高端装备、钛合金深加工等高端产业的高素质复合型技术技能人才需求。在全国机械行业教育发展中心、中国铸造协会的指导下，通过与中国航发西安航空动力控制科技有限公司、西北有色金属研究院、宝钛集团等23家

"两机"高端企业和科研院所深度合作,针对航天、航空、高铁等领域关键零部件生产、工艺等"卡脖子"问题,校企协同商讨关键岗位人才培养规格和培养方案,确定了"厚基础、精技能、会研发"的人才培养目标,创新了"研学用"一体化人才培养模式(见图1),打通了技术应用落地的最后一公里,实现了高校科技研究和高职技能技术应用相结合。

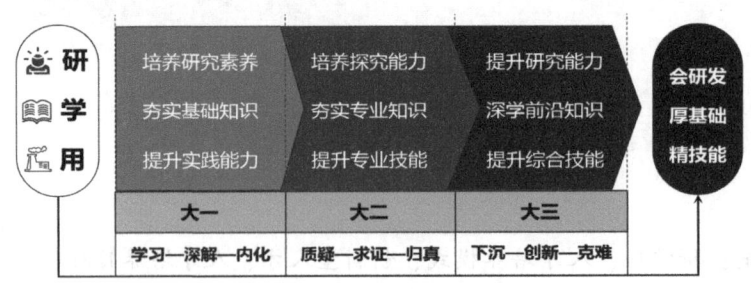

图1 "研学用"一体化人才培养模式

产业高地,引领人才培养路径。材料成型与控制技术专业群聚焦"两机"关键零部件生产、工艺、研发产业高地,探索关键岗位技术技能人才培养路径。依托智能成型技术技能创新服务平台,构建三个层次逐级递进的课程体系(智能成型研究专项课上、中、下)和人才培养方案,实现专业教学与科研项目、技术技能培养、生产工艺开发的有机融合。在"双导师"(科研导师+学业导师)的指导培养下,达到"大一能够针对某一问题查阅背景资料或提出创意,大二能够在导师指导下完成部分试验、工艺设计或局部设计工作,大三能在生产性实训基地完成有关科研项目的产品中试、小试工作和生产工艺调试工作,10%以上的优秀学生具备针对实际生产问题独立思考分析、设计生产工艺、实施产品试制的技术技能创新能力"的培养目标,形成"研学用"一体化人才培养路径,如图2所示。突破研用"两张皮",高校和高职优势互补,实现"你有设计、我有活计;你有想法、我有办法;你能上天、我能落地",走出了一条"研学用"融合的新路子,为西部装备制造业转型升级提供人才支撑。

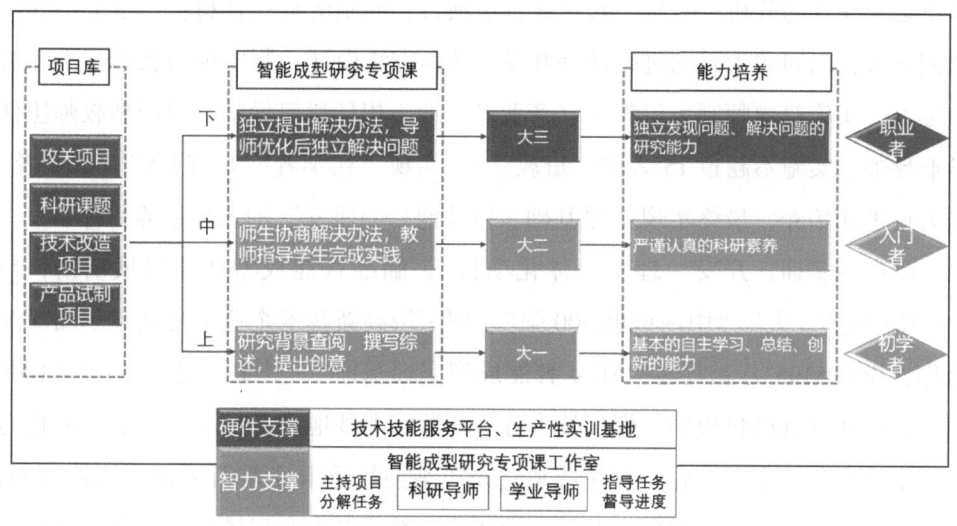

图 2 "研学用"一体化人才培养路径

二、"聚优势,破瓶颈"全面提升智能成型人才培养高度

专兼团队融合,开发"科研反哺教学项目库"。构建由 8 名博士、6 名高工、10 名教授和 23 名副教授组成的专职教师队伍。在此基础上,聘请西安交通大学博士生导师王富教授,中船重工高级技术专家、陕柴重工副总工程师郭敏,全国劳模国家技能大师付浩等 20 余名科研、技能专家组成了兼职教师团队,补足教师队伍科研、技能短板,形成专兼结合的高水平结构化教学创新团队。

通过与科研院所和产业高端企业深度合作,依托学院智能成型技术技能创新平台 4 个技术研发中心,以近三年参与的飞机发动机空心叶片设计及制造等 34 项科技攻关项目、3D 打印用高品质 Ti – Al 合金制备技术研究等 40 余项各级科研项目、高铁变阻器异种合金激光焊接工艺研发等 30 余项企业实际生产问题建设了一个科研反哺教学项目库,有效支撑"研学用"一体化人才培养模式落地。

"双导师"培养,开发"智能成型研究专项课"。在人才培养方案中开设能力递进的"智能成型研究专项课上、中、下册",成立"智能成型研究专项课"工作室,组建由博士、高级工程师、教授等组成的项目工作小组,将项目库中技术难题做深入的分析、分解，转换成教学项目，编制活页式教材；与学业型导师协同育人，以问题为导向进行课程开发、教学方法设计，制定项目教学标准、考核标准，实施双导师制小班教学（产业教授博士担任科研导师，双师型教师担任学业导师，实施不超过 15 人的小班教学），实现"初学者""入门者""职业者"能力递进式培养，最终实现"厚基础、精技能、会研发"的人才培养目标。

生产性实训，开发"理实一体化项目"。瞄准智能成型产业发展前沿，与"中国机械 500 大""中国机械 500 强"、国家级高新技术企业宁夏共享集团深度合作，投资 5195 万元共建"5G + 智能成型实训基地"，其中宁夏共享出资 1000 万元，更新已有材料成型、焊接技术等生产性实训基地设备技术，开展产业化运营，实施生产性实训。先后合作或独立完成某型号重卡变速箱铝合金箱体试制、地热管线膨胀节机器人焊接生产等生产环节，教师以生产现场素养、产品质量为考核点对学生实施考核，以完成合格产品生产的成就感，激励并引导学生不断夯实知识基础、强化操作技能、培养良好素养。

三、"出成效，育匠才"唱出陕西工院"工匠情"

学生"研学用"能力显著提升。先后组织 700 余名学生参与创意、技术服务、产品试制、科研等项目 100 余项，提出创意规划 70 余条，有效提高了学生的创新研究能力，其中仅郑旭飞同学一人在校期间即申报发明专利 4 项、实用新型专利 16 项、外观设计专利 1 项，两年内在校生先后获得第六届中国国际"互联网+"大学生创新创业大赛金奖 1 项、第十二届挑战杯中国大学生创业计划竞赛铜奖 1 项、省级及以上技能大赛奖项 15 项，如图 3 所示。

企业满意，提升了就业质量。两年来，智能成型专业群 1000 余名毕业生中 270 余人就职于西安航天发动机有限公司、西北有色金属研究院、西部超导股份有限公司、陕西天成航空材料有限公司等"两机"制造相关企业和科研院所，60% 的毕业生就职于全国 500 强企业。智能成型专业群内毕业生就业率 97.4%、就业岗位对口率 81%、毕业生就业满意度 94%、毕业生起薪增长率 8%。智能成型专业群内毕业生对学校的整体推荐度达 91%，教学满意度 100%。用人单位满

图3　专业群学生获全国互联网+创新创业大赛金奖、全国挑战杯金奖铜奖

意度98.62%，其中对毕业生的专业知识（92%）、问题分析能力（94%）、自主学习能力（90%）、创新意识（88%）、创新能力（82%）、解决问题能力（92%）均表示十分满意。

聚焦"两机",锤炼"智能成型"技术技能创新服务平台

关键词：技术技能服务平台、智能成型、创新服务、协同研发

我校材料成型与控制技术专业群瞄准装备制造业（航空、航天）高端产业技术技能复合人才需求，聚焦"两机"（航空发动机、燃气轮机）零部件智能成型等关键技术，与地方政府、行业协会、产业龙头企业紧密合作，打造智能成型技术技能创新服务平台，提升技术技能创新服务能力，补齐高职学校科技创新短板，面向区域内航空航天、增材制造、钛合金深加工等高端产业开展新技术研发、智能成型技术推广、新产品试制、中小微企业技术升级、人力资源培训等服务，支撑装备制造业转型升级，服务国家西部大开发战略。

一、"需求导向、资源整合"构建"1+1+N"平台

瞄准"中国制造2025"战略及西部装备制造业发展需求，在中国铸造协会、机械行指委的指导下，依托学院牵头组建的机械行业材料成型与控制技术职业教育集团、陕西省装备制造业职业教育集团，以集团内320多家企业技术工艺和产品研发需求为牵引，聚集一批装备领域的高层次人才，汇聚国内外优质资源，围绕国家"两机"重大专项关键零部件生产技术，构建"1+1+N"智能成型技术技能创新服务平台结构框架，即：一个理事会管理机构，一个专家智库咨询机构，N个技术研发中心，如图1所示。出台了《智能成型技术技能创新服务平台

理事会章程》《智能成型技术技能创新服务平台管理办法》等 5 项制度，平台管理实施理事会领导下的研发中心主任负责制，各研发中心独立运行，对理事会负责。

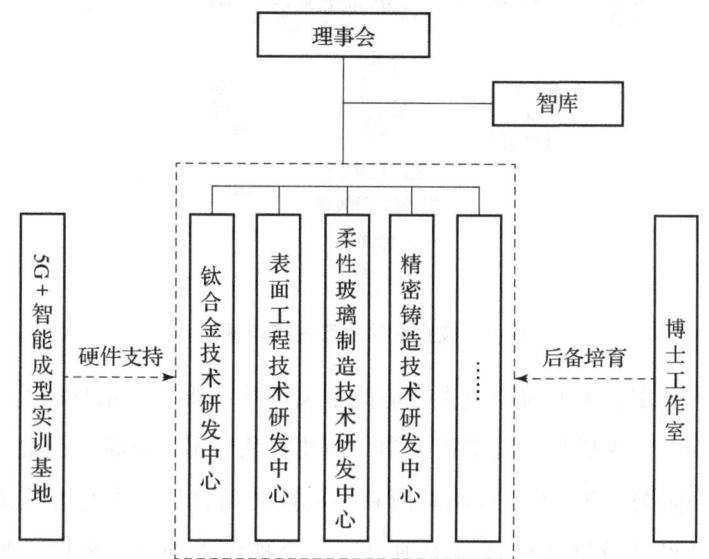

图 1　"1＋1＋N" 智能成型技术技能创新服务平台结构框架

二、"项目牵引，协同创新"服务"两机"关键零部件生产

瞄准产业高端，校企共建"5G＋智能成型"实训基地。按照"产品生产＋技能培养＋技术研发"的功能定位，集成"5G、3D 打印、智能控制"等创新技术，与国家级高新技术企业宁夏共享集团深度合作共建"5G＋智能成型"实训基地，宁夏共享集团负责部分设备投入及生产性实训基地的产业化运行、技术迭代，学校负责场地及部分设备投入，实现校企风险共担、利益共享。依托实训基地，以航空发动机叶片等真实产品生产为载体完成增材制造技术等项目或课程的现场和远程教学任务；为法士特集团等企业提供铝合金变速箱箱体试制、员工培训、技术攻关等服务，满足企业产品研发、技术技能创新和企业培训的要求，支撑高端技术技能人才培养，如图 2 所示。

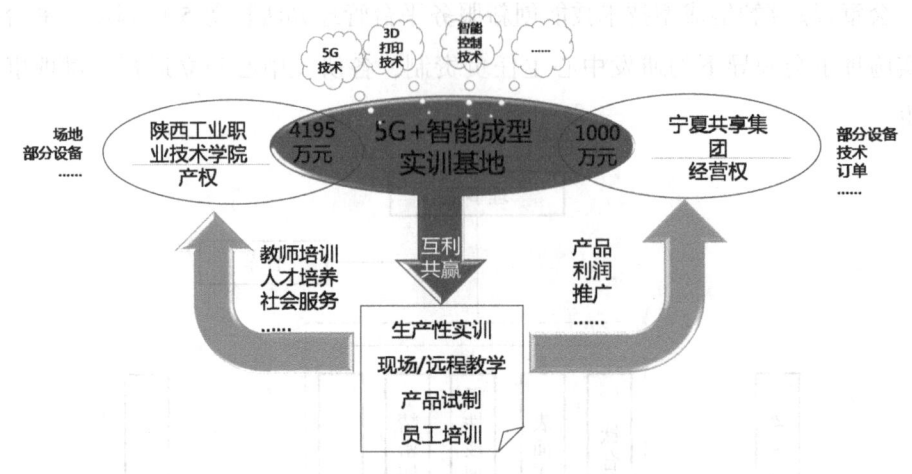

图 2　校企共建生产性实训基地

瞄准技术高端，多方协同攻克智能成型关键技术难题。依托钛合金技术等 4 个技术研发中心，先后与西安交通大学、西北有色金属研究院、西北工业大学西安超晶科技有限公司等 27 家科研院所和高科技公司合作，参与并完成了飞机发动机空心叶片设计及制造科技攻关项目等百余项各类项目，如图 3 所示，引导 700 余名学生以参与研究项目和课题的形式培养其研究能力，践行"研学用"一体化人才培养模式，为服务"中国制造 2025"战略做出陕西工院的贡献。

图 3　研发中心顺利运行并取得了大量成果

瞄准人才高端，前沿技术反哺高素质技术技能人才培养。对标高端企业智能制造技术、生产线控制、产线运行维护等岗位人才需求，将国家自然科学基金、教育厅科研计划项目等课题中的"互联网、5G、3D打印、智能控制技术、绿色智能铸造"等新技术、新工艺融入教学改革，校企联合开发了"钛合金加工技术""3DP智能制造技术"等5门核心课程，6本项目化、活页式教材，以企业真实生产项目为载体，以项目解决方案的有效性为考核点，在"科研+学业"双导师的指导下，引导学生学习产业前沿技术，培养学生解决企业生产实际问题的能力，紧密对接人才链和产业链，为行业输送高端急需人才，服务区域经济发展。

三、服务高端装备制造产业成效显著

新添"国字号"技术研发中心3个。两年来，与北京机科国创轻量化科学研究院有限公司等6家高端企业围绕"两机"关键技术共建国家级材料工程技术协同创新中心、先进成型技术与装备西部智能成型技术国家重点实验室、国家智能铸造产业创新中心产教融合示范基地等"国字号"技术中心3个，申报国家自然科学基金1项，参与起草增材制造领域国家标准1项、行业标准4项、职业技能等级证书认定标准1项（见图4），智能成型技术技能创新服务平台核心能力凸显。

 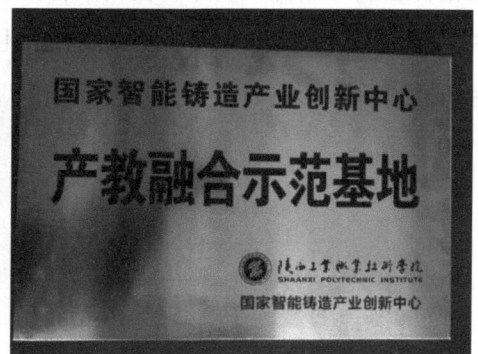

图4 技术技能平台被授予的"国字号"技术中心

团队服务能力再上新台阶。两年来，汇聚装备制造高端人才12名，引进技能大师3人、博士研究生7人、产业教授2人，2019年荣获全国机械行业职业教育服务先进制造专业领军团队荣誉称号。团队主持"TiAl合金铸锭均匀化生产工艺研究"等省级科研课题6项,承担西安交通大学、西北工业大学、西北有色金属研究院等科研院所及中船重工陕柴重工横向科研项目30项,在Ti合金制备、柔性玻璃生产、增材制造技术等领域获得国家专利20项(见图5),其中"电塑性挤压钛合金棒材微观组织的均匀化机理及调控方法"项目获批2020年度国家自然科学基金资助,荣获1项省级高等学校科学技术奖、省科技工作者创新创业大赛三等奖、咸阳市青年科技奖,挂牌咸阳市渭城区钛合金特色产业专家工作站。

图5 钛合金技术研发中心获陕西省科技工作者创新创业大赛三等奖、渭城区钛合金材料特色产业专家工作站

科研成果项目转化取得重大突破。我校侯延升博士团队研发的"折叠显示器用柔性玻璃"项目6项专利在山东省济宁市兖州区成功实施成果转化,项目总投资达2亿元,目前已完成产品试制进入生产阶段(见图6),预计具有年产30万片折叠显示屏柔性玻璃盖板的生产能力,实现新增销售收入5亿元,新增利税3500万元。

图6 侯延升博士的成果转化项目成功投产

学生技术技能创新能力大幅度提高。依托智能成型技术技能平台，700余名在校生参与飞机发动机空心叶片设计及制造等34项科技攻关项目、3D打印用高品质Ti Al合金制备技术研究等40余项科研项目（见图7）、高铁变阻器异种合金激光焊接工艺研发等30余项企业实际生产问题，践行"研学用"一体化人才培养模式，提出创意规划70余项，有效提升了学生的技术技能创新能力。学生创新项目先后荣获第六届中国国际"互联网+"大学生创新创业大赛金奖1项、第十二届挑战杯中国大学生创业计划竞赛铜奖1项。

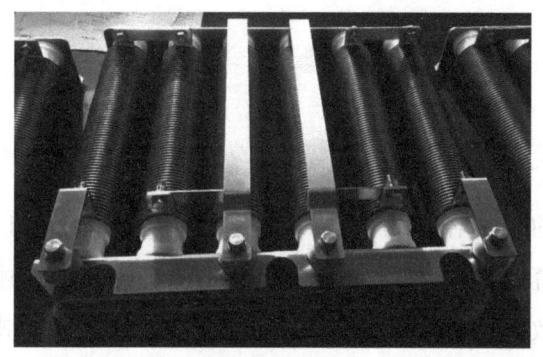
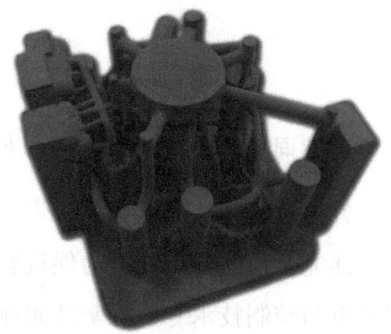

图7 师生合作完成的高铁变阻器激光焊接产品和军用某型号产品油路3D打印砂芯

耦合共赢，构建"一心两翼五联合"校企双元协同育人模式

关键词：校企五联合、双元育人、校企合作

针对装备制造业转型升级带来的人才培养和产业需求在结构、质量、水平上还不能完全适应的问题，为促进教育链、人才链与产业链、创新链有机衔接，材料成型与控制技术专业群坚持职业教育校企合作、工学结合的办学特色，紧扣制造业经济命脉和"中国制造 2025"发展战略，立足西部，面向航空航天、船舶等高端产业和产业高端转型升级，聚焦"两机"（航空发动机、燃气轮机）关键零部件智能成型，精准对接西部先进制造业高技术发展和区域中小微企业技术创新的人才需求，通过校企联合研发、联合共建、联合开发、联合共享、联合共育（简称五联合），精准服务西部装备制造振兴战略。

一、构建校企"一心两翼五联合"模式，完善校企合作机制

在全国机械工业教育发展中心的指导下，依托机械行业材料成型与控制技术职业教育集团，立足西部地区航空航天产业高地的区域优势，按照"共建共享、互利共赢"的理念，以支撑"两机"产业为核心，校企协同为两翼，聚焦智能成型关键核心技术，联合西北工业大学、西北有色金属研究院、中航工业西安航空发动机有限公司等区域内一流大学、科研院所和"两机"高端企业组建材料成型职教集团智能成型专业委员会，明确专委会职责，在集团章程下开展工作。

制定了《材料成型与控制技术专业群校企合作管理办法》等 21 项管理制度规范校企合作运行，开展校企"五联合"协同育人，形成"一心两翼五联合"校企合作运行模式，如图 1 所示。强化校企合作"啮合力"，打通校企合作"最后一公里"。

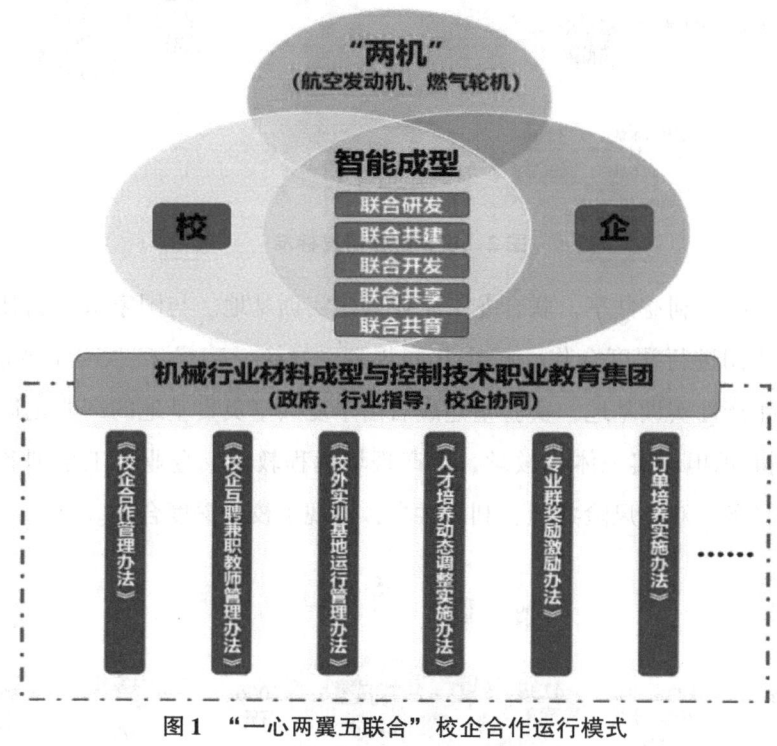

图 1 "一心两翼五联合"校企合作运行模式

二、实施"校企五联合"，践行校企双元协同育人

聚焦国家战略需求，联合产业高端企业共同研发标准。在中国铸造协会的指导下，依托机械行业材料成型与控制技术职业教育集团，联合北京机科国创轻量化科学研究院、西安增材制造研究院等高端企业，发挥校企双方在增材制造等领域的新技术研发和人才培养优势，开发《铸造砂型 3D 打印设备通用技术条件》等国家标准、职业技能等级标准、行业标准 6 项，国家实训基地建设标准 1 项，更新专业群《实验室建设标准》等全套标准，通过标准建设和更新，填补了相

关领域标准的空白，及时将增材制造、精益生产等"三新"纳入教学内容，为材料成型专业群建设提供指导，如图2所示。

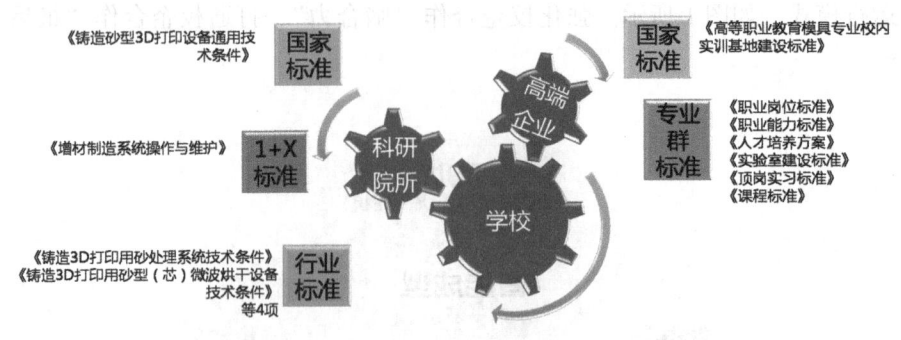

图2 校企合作研发标准

风险共担、利益共享，联合龙头企业共建实训基地。与国家级高新技术企业宁夏共享集团进行深度合作，校企共同规划、投资、建设了"5G+智能成型"产教融合生产性实训基地，实验室建成后由宁夏共享负责基地的产业化运营（见图3），同时承担理实一体化教学、生产现场远程教学、企业员工培训和企业产品试制等任务，双方风险共担、利润共享，实现了校企深度合作。

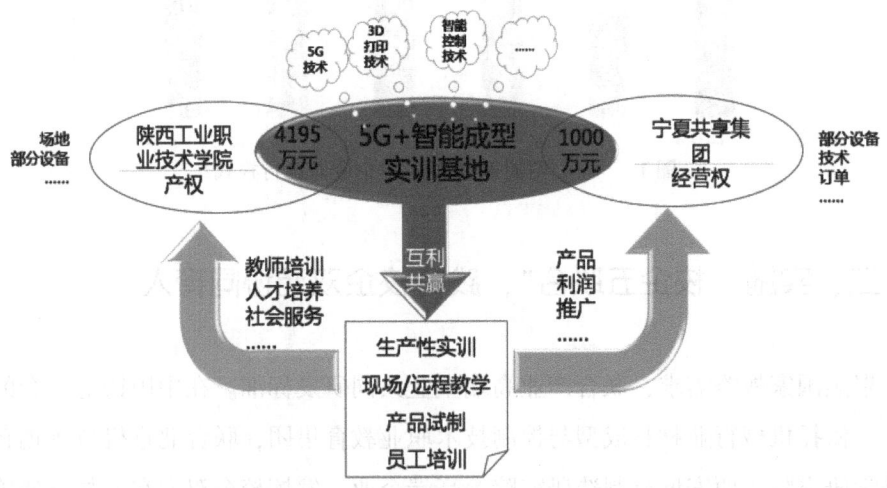

图3 与宁夏共享集团合作共建生产性实训基地

对标职业岗位需求，联合开发"三新"教学资源。聘请陕西黄河工模具公司朱五省高级工程师等企业高层次人才担任专业群兼职带头人，组建专业群建设指导委员会、课程建设团队,及时将"增材制造+真空离心铸造"等新技术、新工艺、新规范纳入教学标准和教学内容,并以航空发动机叶轮等典型产品生产为载体开发 AR、虚拟仿真、动画等信息化资源,开展不同模块内容的资源开发、教学实施等任务。

针对核心难题,联合共享资源,盘活教学及生产要素。面对校企合作中存在的资产、人员共享问题,依托机械行业材料成型与控制技术职教集团,联合共享教学生产要素资源,通过校企互聘兼职教师、兼职企业技术人员,实现学校教师参与企业产品研发和工艺改进,企业员工参与学校人才培养,如图 4 所示;通过学校实训基地承担企业产品试制、真实载体的实训教学及企业车间承担院校的现场认识实训和远程生产现场教学等工作,盘活学校和企业的教学及生产要素。

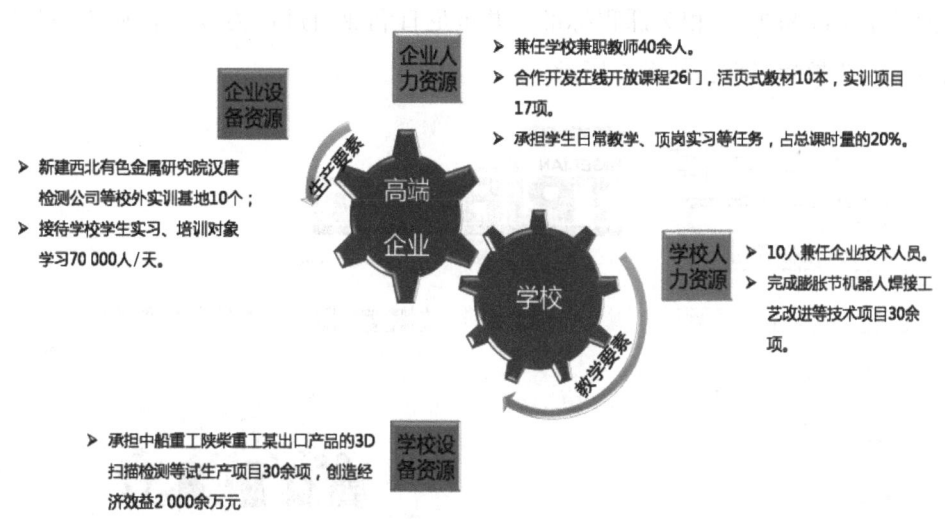

图 4　校企合作共享设备和人力资源

瞄准人力资源开发需求,优势互补联合共育人才。针对现有教师的理论实践技能有所滞后的现状,与西安增材制造技术研究院有限公司等合作单位合作新建教师企业实践流动站 4 个,发挥企业生产、技术优势,服务教师知识技能提升,两年内先后安排 80 余人次企业实践锻炼,累计培养型双师教师 38 名,占专业教学团队的 86%。履行职业院校优势人才培养和技能培训的法定职责,先后为陕西天成航空材料有限公司等 30 余家企业开展现代学徒制培养、订单培养、企职工培训，针对企业特色需求校企双方开发"钛及钛合金""钛合金成型技术"等共30余门课程，为航空航天产业培养了大批高素质技术技能人才。

三、校企深度融合，为服务国家战略发展赋能添彩

输出专业标准，为打造职业教育中国名片添砖加瓦。在全国机械行业教育发展中心、全国有色金属职业教育教学工作指导委员会、中国铸造协会等行业学会协会指导下，在国家智能铸造产业创新中心领军人才杨军高工及中船重工高级技术专家、陕柴重工副总工程师郭敏等20余名行业专家的积极参与下，经过多次论证，开发了反映智能成型产业发展方向和人力资源需求的材料成型与控制技术专业教学标准和26门相关课程标准，并被尼日利亚引进作为该国材料成型与控制技术专业教学标准，如图5所示。

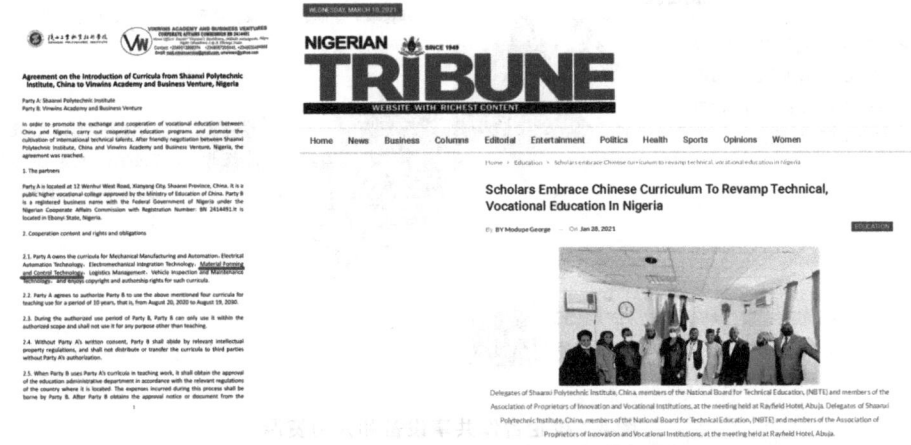

图5　材料成型专业教学标准和课程标准被尼日利亚认定为国家标准

落实育训并重，为推动制造强国建设履行职教担当。两年来，联合陕西天成航空材料有限公司等航空航天类企业合作开办现代学徒制、订单班共计14班次，受益学生300余人，为学生培养特定岗位的核心能力，有效支撑了合作单位的技术更新。为中国航发西安动力控制科技有限公司等航空航天工业相关企业开展员工技能培训496人次。西安航天发动机有限公司等企业30%以上的高技术工人为我校毕业生，拥有世界最大的航空用钛合金棒材加工生产线的天成航材80%以

上的高技术工人经过我校的订单培养或培训，如图6所示。

图6　中航发西安动力控制科技有限公司职工培训

推进三教改革，为重构课堂教学生态贡献陕工力量。校企联合开发在线开放课程26门，活页式教材、工作手册式教材10本，AR虚拟仿真系统17个，建成德育教学资源3000余条，以此为基础，积极推广"O2O"线上线下混合式教学模式，推进课堂教学环境的智慧升级。与西北工业集团西安华山机电有限公司等6家企业联合开发的"铜合金铸件铸造技术""工程材料与热加工"两门课程获评省级精品在线开放课程。获评"十三五"职业教育国家规划教材1本，省级教学能力比赛获奖1项。建成的优秀教学资源通过国家职业教育材料成型与控制技术资源库平台共享，助推了材料成型专业教育教学改革，服务了疫情期间的复工复学。材料成型专业群优质教学资源疫情期间服务用户数量及点击数量如图7所示。

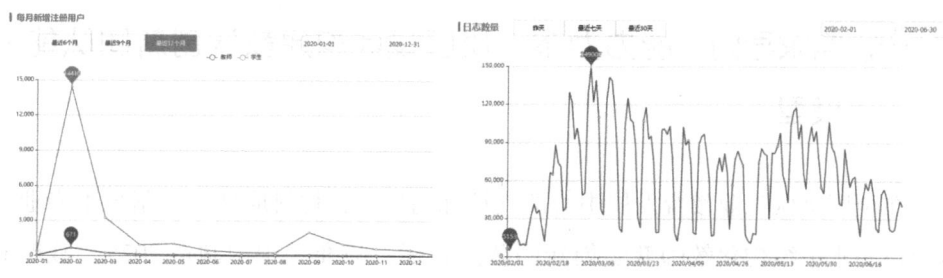

图7　材料成型专业群优质教学资源疫情期间服务用户数量及点击数量

服务中国制造，组建智能成型专业群教师教学创新团队

关键词：师资、教学创新团队、智能成型、能力模型

针对当前职业教育教师队伍存在的数量不足、来源单一、校企双向流动不畅、结构性矛盾突出、管理体制机制不灵活、专业化水平偏低，以及缺乏同时具备理论教学和实践教学能力的"双师型"教师和教学团队的问题，材料成型与控制技术专业群严格按照《国家职业教育改革实施方案》部署，立足教师队伍岗位发展，按照"需求导向、能力为本"的思路构建了专业群教师教学创新团队能力模型，以此为指导，以师德师风、能力提升、分工协作、鼓励激励为抓手，推动高水平结构化教师教学创新团队建设，更好地服务于区域先进制造业高技术发展及区域中小微企业技术创新、人才培养和技术培训服务。

一、需求导向，能力为本，顶层设计构建教学创新团队能力模型

在全国机械工业教育发展中心的支持和指导下，材料成型与控制技术专业群以建设高水平结构化教师教学创新团队为目标，瞄准"中国制造2025"战略和陕西省区域经济发展规划，立足区域内装备制造业高端产业转型升级带来的技术技能创新、生产工艺改进、人力资源培训和人才培养等需求，从培养高素质复合型技术技能人才、培训新时代高技能从业人员、解决中小微企业的新产品研发和

新技术推广以及大中型企业、科研院所的产品试制需求等职责出发，分解、梳理所需的主要能力结构模型如图1所示。

图1　教学团队能力结构模型

以师资队伍能力结构模型为基础，按照"立足现状、德技并重、补短扶优、分工合作"的思路，梳理现有师资情况，对比分析师资结构短板和优势，从师德师风、能力建设、分工建设和鼓励激励四个方面推动高水平、结构化教师教学团队建设和分工协作的模块化教学开展。

二、优化能力，创新形式，建设智能成型教学创新团队

师德引领，夯实团队发展基础。实施"双带头人培育""对标争先""四史学习入脑入心""负面典型学习"等举措，加强理论知识、党史国史、劳模事迹以及负面清单学习，提升教学团队师德素养，筑牢思想篱笆，建设一支"有理想信念、有道德情操、有扎实学识、有仁爱之心"的四有好老师队伍。

内培外引，优化团队能力结构。瞄准教学团队短板，先后招聘西北工业大学等名校博士生7名，西北有色金属研究院高级工程师2名，优化专职教师团队研

发能力结构。实施卓越人才工程，聘请西安交通大学博士生导师王富教授、中船重工高级技术专家、陕柴重工副总工程师郭敏，全国五一劳动奖章获得者焊接技能大师付浩等领域尖端人才分别担任团队的产业教授、技能大师、研发中心名誉主任等职务，发挥示范引领作用，带领专职教师不断提升科研和教学能力。聘请40 余名企业骨干担任兼职教师，补足教学团队技能短板，两年来培养专业带头人 5 人、骨干教师 20 余人，实现团队能力结构的优化。

分工协作，强强联合，各展所长。扶持有突出特长的徐广胜博士等人建设钛合金技术研发中心、优秀教师工作室等平台，组建技能大师工作室，发挥"头雁"效应，带领团队成员共同完成项目研发、教学改革等工作，引领师资能力的不断提升。实施双导师制，发挥教师团队中教师的教学特长、技术技能特长，优势互补，开展分工协作的模块化教学，共同践行"研学用"一体化人才培养模式，为培养高素质技术技能人才服务。通过团队内不同角色教师的分工协作，提升教学团队的社会服务能力。

鼓励激励，引领全员干事创业。完善材料成型专业群《双师教师培养认定办法》等管理办法 10 余条，明确提出"考取本专业中级及以上职业技能等级证书作为教师承担教学任务的入门条件"，设置准入条件，引导教师主动提升自我。设置教师师德考核办法，规范教师言行，扎紧思想篱笆。试点分类管理，设置科研、教学、教学科研、技能等岗位，细化不同岗位的考核管理办法，对于有突出特长的一人一策，鼓励教师发挥特长。

三、分工协作，各展所长，智能成型专业群服务能力再创新高

综合实力有所提升。孕育数量充足、成员各有特色、教学水平高、科研能力强的教学团队，建成国家级职业教育教师创新团队 1 个、全国机械行业职业教育服务先进制造专业领军教学团队 1 个，培养陕西省特支计划教学名师 1 人、陕西省教学名师 1 人、陕西省先进教育工作者 1 人、全国机械行业职业教育服务先进制造专业领军人才 1 人。团队成员参与制定国家标准、国家职业技能等级证书标准、行业标准等 6 项，全国模具行业实训室建设标准 1 项；荣获陕西省教学能力

大赛二等奖、省级优秀教材、省级教学成果奖一等奖、省级高等学校科学技术奖、省科技工作者创新创业大赛三等奖、咸阳市青年科技奖各1项。

人才培养成绩斐然。发挥结构化师资队伍能力优势，各展所长，指导学生参加全国模具数字化设计与制造赛项、全国大学生金相检验、全国大学生超声波检测等技能大赛获得省级以上奖项15项。发挥科研优势，切实推进落实双导师制，提升了学生的创新研究能力，在互联网+大赛中获省级奖项14项、全国总决赛金奖1项，全国大学生挑战杯比赛获省级金奖1项、国家铜奖1项，如图2所示。

图2 学生在第九届全国大学生金相技能大赛上获奖

社会服务成效显著。团队教师主持TiAl合金铸锭均匀化生产工艺研究等省级科研课题6项，承担西安交通大学等科研院所及陕柴重工等企业横向科研项目16项，在钛合金制备、柔性玻璃生产等领域获得国家专利20项，获批立项2020年度国家自然科学基金资助项目1项，实现专利转化6项，科研成果服务咸阳亚华电子电器有限公司等20余家区域中小微企业产生经济效益1000余万元。

凸显责任担当，淬炼智能成型产业社会服务新品牌

关键词：智能成型、社会服务、平台打造、能力提升

以航空、航天等高端产业为代表的装备制造业是陕西省的支柱产业，同时也是我国军事工业版图上最不可或缺的关键领域，其中"两机"（航空发动机、燃气轮机）关键零部件生产研发更是装备制造业的产业高地。我校瞄准"两机"关键零部件智能成型、质量检测、产线运维等领域技术技能升级带来的从业人员专业综合素质、技术技能培训升级需求，构建"2+4"社会服务平台运行模式（构建合作平台和信息平台，实施核心能力、高端人才、优质资源和金牌塑造四项能力培育工程），全面提升职教人才培养和社会服务能力，凸显职教"引领职业教育社会服务功能、促进区域经济发展"的责任担当。

一、构建两个平台，信息赋能助推资源共享供需平衡

构建智能成型校企服务平台。按照"校企协同、准确定位、创新模式、高端育人"的思路，依托机械行业材料成型与控制技术职业教育集团、陕西省装备制造业职业教育集团、陕西工业职业技术学院协同育人战略联盟聚集的750余家成员单位，围绕"以两机为核心的区域内装备制造业支柱产业"需求，发挥专业群"'两机'零部件智能成型、钛合金材料研发、产品质量检测、自动化生产线调试与维修"资源优势，联合100余家核心企业组建智能成型校企服务平台，实

现平台内学校和企业之间的资源共享,面向社会开展智库咨询、社会培训、学生实习、中小微企业技术技能升级和新产品研发等服务。

构建智能成型信息服务云平台。在中国铸造协会、机械行指委的指导下,立足社会服务需求,开发智能成型服务云平台,依托该平台向社会展示金牌服务项目、金牌服务团队等优质培训资源,开展在线培训、在线测试或在线咨询等服务,同时征集社会服务需求信息,开展满意度反馈,实现供需双方信息的交互、服务成效反馈、在线学习等功能。专业群"2+4"社会服务平台运行模式如图1所示。

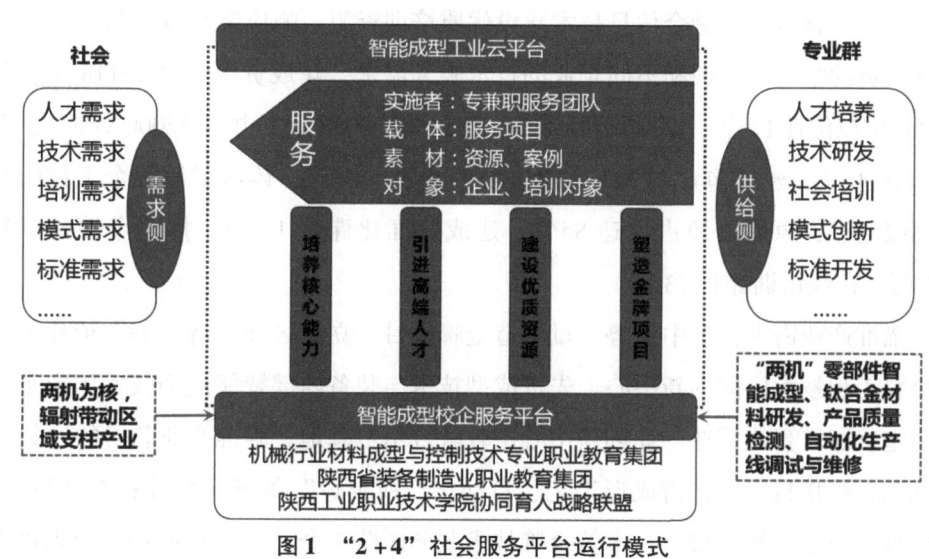

图1 "2+4"社会服务平台运行模式

二、瞄准需求,实施四项举措优化社会服务能力

瞄准关键技术,培育核心能力,提升服务水平。先后选派50余人次教师深入科研院所、高端企业、职业教育先进国家进行学习实践,提升知识和技能水平。依托智能成型技术技能创新服务平台钛合金技术等4个技术研发中心,与西北工业大学等27家科研院所和高科技公司合作,参与了飞机发动机空心叶片设计及制造、航天发动机涡轮成型工艺等34个科技攻关项目,有效提升教师科研能力。开展知识、技能、语言能力遴选考核,实施达标上岗。打造了一支"知识

深厚、技能精湛、双师双语、持证上岗"社会服务团队，提升专业群师资的社会服务能力。

瞄准结构短板，引进高端人才共建技术服务团队。针对社会培训需求，在提升校内服务团队知识技能水平的同时，捋清家底，补足短板，两年内新招聘博士、高级工程师等高层次人才10人，优化专职技术服务团队结构。聘请全国焊接技能大师五一劳动奖章获得者付浩、西安交通大学博士生导师王富教授及中船重工高级技术专家、陕柴重工集团副总工程师郭敏等20余人组建兼职技术服务专家库，建设了一支专兼结合的社会服务团队，更好地满足社会服务需求。

瞄准素材需求，融合信息技术建设优质培训资源。响应终身教育号召，针对不同人员的学习、培训和不同企业的技术服务需求，建成资源素材25118个，其中AR虚拟仿真17个、虚拟实训系统31个、视频3056个（共近22000分钟）、动画近1000个；建成包含11700余道试题的涵盖电焊工、铸造工等五个工种的初中高级题库，原创资源占比达85%。建成标准化课程11门，搭建个性化课程537门，在线培训课程73门。

瞄准产业需求，集中优势力量塑造金牌项目。立足区域经济发展，依托国家级材料工程技术协同创新中心、先进成型技术与装备西部智能成型技术国家重点实验室、国家智能铸造产业创新中心产教融合示范基地，瞄准产业急需的"钛合金加工、焊接技术、精密成形工艺、自动化产线维护"等领域培养钛合金技术、柔性玻璃技术、智能成型技术等金牌技术服务团队5个，先后建成特色金牌培训包20余个。

三、发挥类型教育特色，社会服务初见成效

支撑国家战略，服务航空航天产业发展。利用建成的钛合金技术金牌服务团队和钛合金生产技术金牌培训项目，两年内完成中航发西安动力控制科技有限公司、陕西天成航空材料有限责任公司等航空发动机生产、航空材料加工企业员工技能培训496人，为西部航空航天、船舶材料成型等产业培养大批急需人才，其中拥有世界最大的航空级钛合金棒材生产线的天成航空材料有限责任公司80%

以上的高技术工人均经历过我校培训培养。在 TiAl 合金棒材制备、特种功能涂层研发等方面累计完成技术创新及成果转化 6 项，帮助企业解决实际问题 12 项，如图 2 所示，实现社会效益 1000 余万元，服务了国家航空航天产业的发展。

图 2　在学校技术技能人才支撑下天成航材世界最大航空级钛合金棒材生产线投产

引领职教改革，助力"1+X"职业技能等级证书改革项目落地。发挥师资优势，参与"1+X"特殊焊接技术职业技能等级证书标准开发、教师培训和学生培训工作，先后参编《特殊焊接技术职业技能等级证书培训教学标准》《"1+X"职业技能等级认证培训教材-特殊焊接技术（基础知识）》，承担特殊焊接技术职业技能等级证书全国职业院校师资培训，河北、山东、陕西等省份职业院校师资培训，以及礼泉职教中心等 10 余家职教中心师生培训等培训任务 497 人次，指导 3 所职教中心完善实验室硬件建设，助推了特殊焊接技术职业技能等级证书的落地。同时促进了人才培养水平的提升，两年内受培训师生参加省级以上焊接技能大赛获奖 30 余项，如图 3 所示。

图 3　焊接专业教师承担礼泉职业教育中心"1+X"师生培训

发挥职教特色，弥补高等教育人才技术技能短板。发挥职业院校技术技能优势，积极面向企业开展新入职员工的技术技能培训，完成世界工业传感器领域领军企业欧姆龙有限公司新入职硕士员工"塑料成型工艺与模具设计""模具数控加工与编程"等4门课程294学时的理论和实训技能专项培训任务,提升了研究型人才的技术技能水平(见图4),弥补了普通高等教育毕业生工程实践经验和技术技能短板,提升了产品研发工作效率。

图4 承担欧姆龙有限公司新进本科、硕士员工技能专项培训

扎根区域共谋发展,服务中小微企业技术研发和产品升级。瞄准关中-天水经济区装备制造业企业新工艺、新产品研发和升级改造需求,开展技术技能研发服务。先后完成西仪管道技术有限责任公司的波纹管膨胀节机器人焊接工艺改造项目、法士特集团有限公司生产的某型号变速箱铝合金箱体试生产服务项目等共计30余项(见图5),实现社会效益5000余万元,有效促进了机器人焊接、激光焊接、增材制造等新工艺的应用和铝合金、钛合金等新材料的应用,服务了区域内产业智能化升级改造。

图5 法士特集团公司试制的某型号铝合金变速箱样件(左)
和为西仪管道技术有限责任公司的波纹管产品机器人焊接生产线改造试制品(右)

第二部分

下篇（培育示范案例）

下篇（信息技术应用）

赓续"红色匠心" 智造中国梦想

关键词：红色匠心、校园文化、文化育人

一、实施背景

针对高职院校普遍存在的"重技能训练、轻素质培养""重知识传授，轻文化传承"问题，陕西工院坚持以立德树人为根本，秉承"以文化人、文化育人，服务学生可持续发展"的宗旨，围绕"大工业"的办学背景、"堪当'造出来'重任时代工匠"的培养目标、"工厂工程"的服务宗旨，实施"双链路"文化育人，通过理想信念、道德品质、文化素质、职业素养、创新创业和劳动实践教育"六心同育"（见图1），并依托决策指挥、制度保障、资源整合、监督控制和质量生成体系"五维联动"，构建了"红色匠心"文化育人模式，服务于学生成长成才和职业生涯的永续发展。

图 1 六心同育

二、实践过程

（一）以"双链路"文化育人路径彰显"红色匠心"

学院创新将"红色匠心"文化育人理念通过"教学链""教育链"分别落实在《人才培养方案》和《文化育人实施方案》中，思政课程与专业课程、"音乐鉴赏"等必修课与"中华民族精神"等选修课、创新创业课与企业订制课、线上课程与线下课程"四结合"，建设精神、环境、制度、行为、企业等文化育人体系，一体化推进育人实践（见图2），形成了理实结合、双链运行的格局。

（二）以"六心同育"文化育人实践定格"红色匠心"

理想信念铸魂——红心教育。一是实施"启航工程"，立足抓思想，以激发入党愿望为主线，开展国旗下的成长、青春榜样评选、毕业生建功立业宣讲等活动；二是实施"巡航工程"，立足夯责任，以强化入党向往为核心，开展万名学子帮扶千村、西迁精神学习实践等活动；三是实施"领航工程"，立足敢担当，以催化入党行为为重点，开展青马工程、"同读一本书"等活动；四是实施"护

图 2 "教学链""教育链"

航工程",立足促成长,以塑造入党身份为目标,组建战旗班,设立服务岗、先锋队等。学院荣获陕西高校党建示范党委、团建示范院校,与《半月谈》共建党建单位,如图 3 所示。

图 3 理想信念铸魂——红心教育

道德品质立身——正心教育。一是筑优课程体系,夯实思政课主渠道,实施课程思政耦合育人行动,专业课程全覆盖,立项省级课改课题 448 门;二是培优工作品牌,启动"三全育人"综合改革,形成立德树人论坛、三走进活动等品牌;三是拓优活动载体,统筹推进"阳光护航"心理育人、诚信主题教育月、资助育人和三下乡等活动,学院荣获全国文明单位、全省高校"学雷锋"活动示范点,如图 4 所示。

图 4　道德品质立身——正心教育

文化素养固本——润心教育。一是以美育人，专设美育部，将艺术教育纳入教学计划，开设"传统文化鉴赏"等必修课程；组建大学生艺术团、合唱团、舞蹈团等 12 个；二是以艺化人，定期举办高雅艺术进校园、四大文化艺术节等活动；三是以文润校，整体设计 VI 系统，积淀凝练一训三风一歌，运用传统经典命名道路楼宇，共建大秦优秀传统文化实践工坊，如图 5 所示。学院先后获评全国艺术教育先进单位、陕西省高职高专文化素质教育试点基地、中华优秀传统文化教育基地。

图 5　文化素养固本——润心教育

精艺强技筑基——匠心教育。学院牵头成立校企协同育人战略联盟、全国机械行业材料职教集团、陕西装备制造职教集团，搭建育人平台：一是推进企业文化进校园、企业工匠进教室、企业标准进方案、企业项目进课堂、企业管理进班级和企业大赛进基地，校企合作"六进"育人；二是以 5S 管理、ISO 管理、职业训练营、技能竞赛月等为抓手，用企业理念助力行为养成；三是成立技能大师工作室，开展大国工匠进校园，评选协同育人好师傅、协同育人好导师，将工匠精神融入人才培养，如图6所示；四是校企协同构建四双机制，双专业带头人、双骨干教师、双实训指导老师、双班主任，将企业项目引入学生实践。

 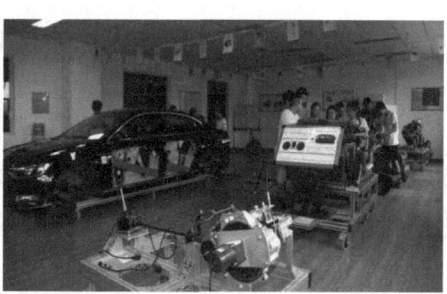

图6　精艺强技筑基——匠心教育

创新创业赋能——慧心教育。按照"专创融合、平台推动、项目引导、以赛促创"的思路，学院制定"创新创业教育实施方案"，将创新教育课程纳入人才培养方案，设置创新创业学分；成立西部创新创业研究院，承办大学生创新创业训练营，开展大学生创新创业训练周；实施大学生创新创业工程，专设80万元创新基金，连续5年举办互联网+创新大赛，涌现出智能微电网工作室、新能源协会、"C+创能空间"等一批知名创客项目。学院获批陕西高校实践育人创新创业基地，荣获全国青年创业创新大赛银翼奖，获评陕西省大学生创新能力培养综合改革试点学校、大学生创新创业教育实践基地，如图7所示。

图7　创新创业赋能——慧心教育

劳动实践乐业——恒心教育。围绕人才培养目标，学院将劳动教育有机融入人才培养方案，开设2学分劳动课；将劳动价值观教育纳入思政课和通识课，实施"劳动的青春最美丽"系列活动；每年组织20多支暑期"三下乡"社会实践服务团队开展"三走进"活动，连续4年荣获"陕西省'三下乡'社会实践活动先进单位",获评陕西工人先锋岗、陕西教育系统劳模示范岗、陕西"第二课堂成绩单"试点单位。

(三)以"五贯通"文化育人体系保障"红色匠心"

决策指挥体系。以党建工作为引领,按照党委抓、总统揽与行政落实结合,教育引导与制度保障结合,课堂主渠道与活动主阵地协同推进的思路,成立校园文化建设领导小组、美育部、艺术教育指导委员会、文化中心等文化育人专门机构,统筹推进文化育人工作,合力推动德、智、体、美、劳全面发展的人才培养观落地落实,用红色匠心文化育人铸魂。

制度保障体系。以构建"一章八制"为统领,梳理修订、整合文化育人规章制度。制定与育人内容配套的实施方案10项、管理制度12项。从方案设计、实施,到制度制定、运行,到具体活动的策划、表彰,形成相互衔接、全面覆盖的制度体系;完善了策划、执行、监督、评估、考核、激励、改进的完备制度链,闭环运行,统揽全局。

资源整合体系。打造"七个一"文化育人平台,融红色文化广场、校史馆、机床文化园、企业文化长廊、思政教育温馨港、VR智慧思政践创空间和虚拟铸造文化中心于一体,夯实"大思政"格局;聚合65个学生社团,实践探索社团"2345"管理模式,以制度保生命力、以骨干保创造力、以导师保引导力、以专业保竞争力。

监督控制体系。紧扣校园文化建设目标,凸显思想政治教育实效,构建科学有效的监督控制体系,使文化建设"软任务"具备评价"硬指标"。先后制定《文化育人建设标准体系》《学生综合素质测评办法》等多维度评价体系,通过评价激励涌现出一大批文化育人先进集体和先进个人。

质量生成体系。加强文化育人队伍建设,增加专职辅导员32人、艺术教师4人、思政课教师20人;实施校领导联系学院、处级干部联系班级、教师帮扶学生制度,推动形成"三全育人"格局;在全国率先开展以学生成长成才为核心内涵的诊断与改进试点工作,构建全员育人的目标链和标准链,激发内生动力,形成常态化的质量保障体系,使文化育人质量意识深入人心。

三、育人实效

（一）学生思想素质显著提升

在"红色匠心"校园文化的沁润下，"爱党爱国、勤奋学习、立志成才"已成为校园思想的主流。近五年，先后涌现出全省"自强之星"8人、全省教育系统"我身边的好典型"等10人；学生共获省级以上文化类表彰奖励187项，学生社团年均获奖2100多人次；累计发展学生党员2786人，连续8年获评省高校共青团工作优秀单位，获陕西"学雷锋活动"示范点2个；获国家级校园文化成果奖1项、全国大艺展展演奖10项。

（二）毕业生就业竞争力愈加增强

工院学子在亲身参与中，人生规划更具导向，就业的核心竞争力愈加增强。近五年，学生在国家级、省级技能大赛中累计获奖1231项，其中国家级奖项463项，获奖数量连续三年蝉联全国高职第二；就业率连续十年稳定保持在97%以上，在国有大型企业、世界500强和国内100强企业的就业率达到52%，先后涌现出全国人大代表何菲、全国技术能手何小虎、陕西省技术状元黄亚光、四川省技术能手郑永涛等一系列名片学生，18名毕业生入职清华大学、北京航空航天大学等高校担任实训指导教师；学院也连续三届被评为陕西高校毕业生就业工作先进集体，荣获全国职业院校就业竞争力示范校，如图8所示。

图8 全国职业院校就业竞争力示范校

(三)学院社会声誉不断攀高

育人为本、质量为先的发展新成就,直接带动了学院品牌美誉度的提升。近五年先后荣获全国文明单位、全国高校艺术教育先进单位、全国职业教育先进集体等国家级荣誉21项、省级荣誉178项,并作为全国首批首家高职顺利通过诊断与改进复核,以全国前十、西部第一的位次入选全国高水平高职院校A档单位,《光明日报》《中国教育报》等权威媒体年均刊发新闻及专题1437篇。

对接人才培养供给侧　立足人才培养新业态
打造"国—省—院"三级专业群建设体系

关键词：三级专业群建设体系；专业群动态调整机制；群课程体系；"三教"改革；内部质量保证体系

高水平专业群建设应对接区域行业、企业工作岗位和工作标准制定人才培养方案，精准定位人才培养目标，满足区域发展人才需求。陕西工业职业技术学院自获批立项中国特色高水平高职院校以来，紧扣国家"引领改革、支撑发展、中国特色、世界水平"的高职发展定位，以服务"中国制造2025"战略、服务区域经济转型为宗旨，面向高端装备制造业，对接产业链和岗位人才需求，按照分层分类培育原则，重点打造2个具有世界一流水平的国家级专业群，聚力培育4~6个国内一流的省级培育高水平专业群，集中建设2~4个区域急需的院级特色高水平专业群，带动其他院级特色专业协同发展，形成了"国家级重点—省级培育—院级特色"的三级专业群建设体系，如图1所示。

图1　"国家级重点—省级培育—院级特色"的三级专业群建设体系

一、精准对接　分类组群　分层推进　打造"国—省—院"三级专业群建设体系

（一）对接"中国制造 2025"国家战略，重点打造国家级专业群

对接"中国制造 2025"国家战略，按照"瞄准高端、重构体系、强化内涵、打造品牌"的建设思路，立足高端装备制造、智能制造、绿色制造发展对复合型技术技能人才需求，聚焦关键装备制造、零部件设计、智能加工、高端检测、全自动装配以及设备的维修、维护、服务管理等核心领域，从机械工程、材料工程、航空工程、电气工程、信息工程等二级学院的国家级重点专业中择优遴选相关专业重点打造机械制造与自动化、材料成型与控制技术两个具有世界水平的国家级专业群，成立"学校—专业群"两级建设指导委员会（见图2），明确专业群校企"双负责人"，建立政、行、企、校四方协同的专业群建设发展机制，助推两个专业群在人才培养模式创新、课程教学资源建设、教材与教法改革、教师教学创新团队建设、实践教学基地建设、技术技能平台搭建、社会服务提升、国际交流与合作、可持续发展保障机制九大方面的全面提升。

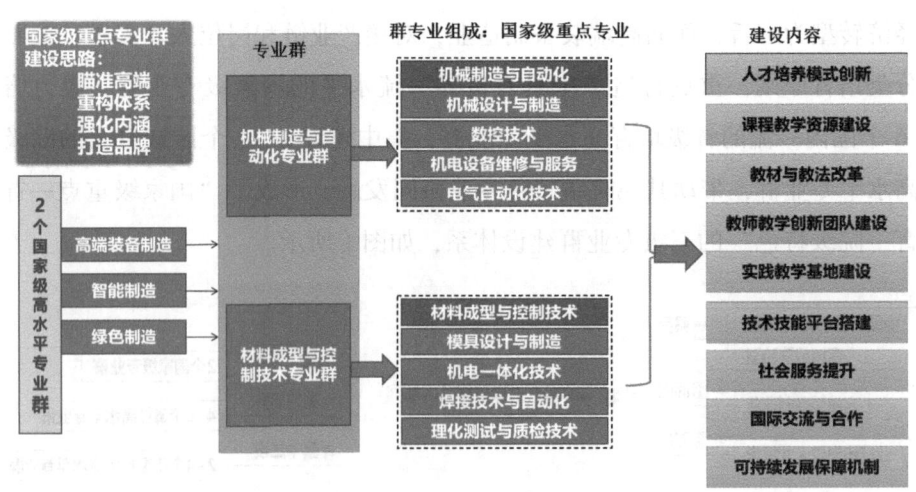

图 2　国家级重点专业群建设思路

(二) 对接陕西产业转型升级，遴选培育省级专业群

对接陕西省重点产业转型升级需要，按照"找准定位、完善体系、打造金课、输出标准"的思路，聚焦智能电气、智慧物流、航天航空、汽车制造、城镇建设、能源化工、电子信息、现代商贸等核心领域，从电气工程、商贸与流通、航空工程、汽车工程、土木工程、化工与纺织服装、信息工程、财经与旅游等相关二级学院的省级一流专业中择优遴选相关专业，组建4~6个省级培育高水平专业群（见图3），以产教融合实训基地建设和数字化教学资源开发为抓手，通过组建高水平、结构化教师教学创新团队，科学规范地制定专业人才培养方案，修订建设新教材，引导教师精准施教，形成一批行业认可、示范引领的教学标准及课程标准和考核标准，推进三教改革及人才培养模式的转型升级。

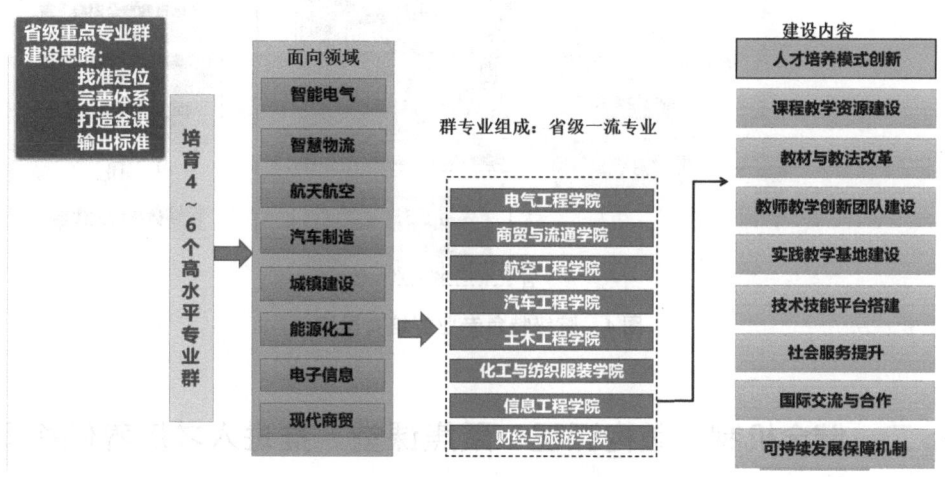

图3 省级培育专业群思路

(三) 服务区域经济发展，组建院级特色专业群

对接西咸新区南有国家级项目"中国西部科技创新港"、北有"现代工业和服务业职教改革试验区"的顶层布局，面向西咸"都市圈"、西咸新区产业创新发展的突破口及战略性新兴产业布局，按照"四方聚力、分类培养、模式创新、引领改革"的原则，结合学院自身专业特色，从电气工程、航空工程、信息工

程、财经与旅游、商贸与流通、汽车工程、化工与纺织服装、土木工程等相关二级学院的省级重点专业中择优遴选相关专业，组建2~4个院级特色高水平专业群（见图4），重点围绕"1+X"试点、职业技能培训、技术技能服务等突破点，通过实施"立德树人全过程"育人项目、"创新能力提升"育人项目、"工匠精神重塑"育人项目、"体育教育全对接"育人项目、"美育教育全融入"育人项目、"劳动教育素养全过程"育人项目，构建一体化育人体系，推进人才培养质量再上台阶。

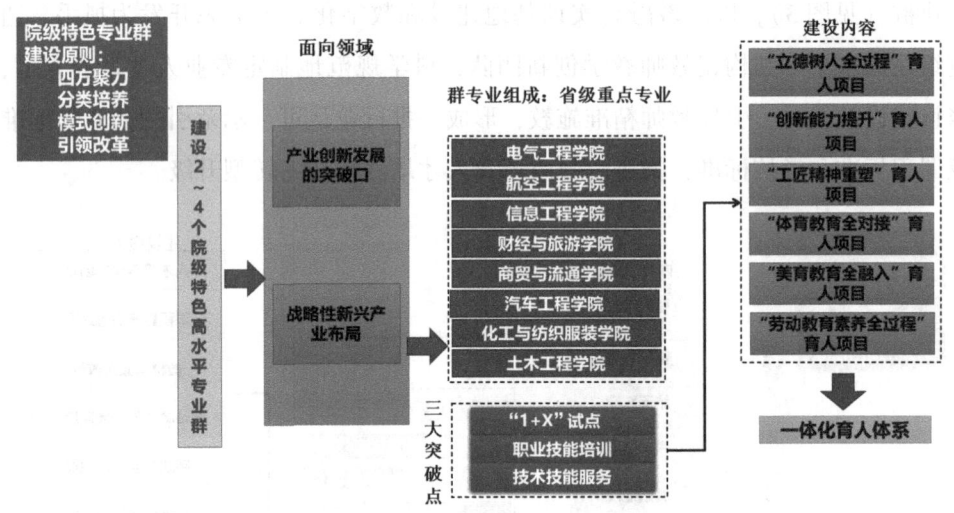

图4 院级特色专业群培育思路

二、健全机制 重构课程 聚焦课堂 推进人才培养供给侧改革

（一）紧盯产业链转型升级动向，健全"对接产业、动态调整、自我完善"的专业群动态调整机制

对接智能制造、绿色制造、"人工智能+制造"等重点领域发展和人才需求，健全专业群动态调整机制，制定完善《专业群遴选管理办法》《双高建设项目实施管理办法》等项目管理制度，每年开展1~2次专业评价，不断优化专业

群的专业结构，形成突显行业特色的"对接产业、动态调整、自我完善"的专业群动态调整机制。

一是动态调整专业构成。适应产业发展需要，在通用共享的群基础平台之上，灵活调整专业组成和专业方向，拓展相近或新兴专业，推动原有组群专业的衍生开发和滚动发展。

二是动态升级专业内涵。密切跟踪新技术、新模式、新业态，对接未来产业变革和技术进步趋势，调整人才培养定位，更新教学内容，将新技术、新工艺、新规范等产业先进元素纳入教学标准和教学内容，确保培养目标适应岗位要求、教学内容体现主流技术，人才培养体系与时俱进。

三是动态优化评价机制。以教学诊断与改进为基本制度，以学习者的职业道德、技术技能水平和就业质量，以及产教融合、校企合作水平为核心，内部质量保证与行业、企业等外部质量评价有机结合，实现多元化、动态化评价，持续推动高水平专业群高质量发展。

（二）适应岗位群高品质转型需求，重构"底层共享、中层融合、高层互选"的模块化群课程体系

课程重构是专业群建设的核心。专业群对接产业链，按照高素质复合型技术技能人才培养要求，以关键技术岗位群为导向，构建"底层共享、中层融合、高层互选"的专业课程体系。基于职业标准构建模块化课程，将新技术、新工艺、新规范纳入教学标准和教学内容，每个教学单元与岗位能力相匹配，如图5所示。学生在一年内完成人才培养的底层课程学习后，按照专业要求自主选择进入群内具体专业学习，为学生提供更多的就业选择方向，满足学生的个性化培养需求，实现可持续发展。

（三）聚焦新型数字化课堂革命教学实践，推进"名师引领、书证融通、赛教融合"的新型教学模式

立足于教师发展，建立新秀、能手、名师三级培养机制。强化名师引领，建立教学名师工作室、技能大师专项工作室，打造引领教学模式改革的国家级教师

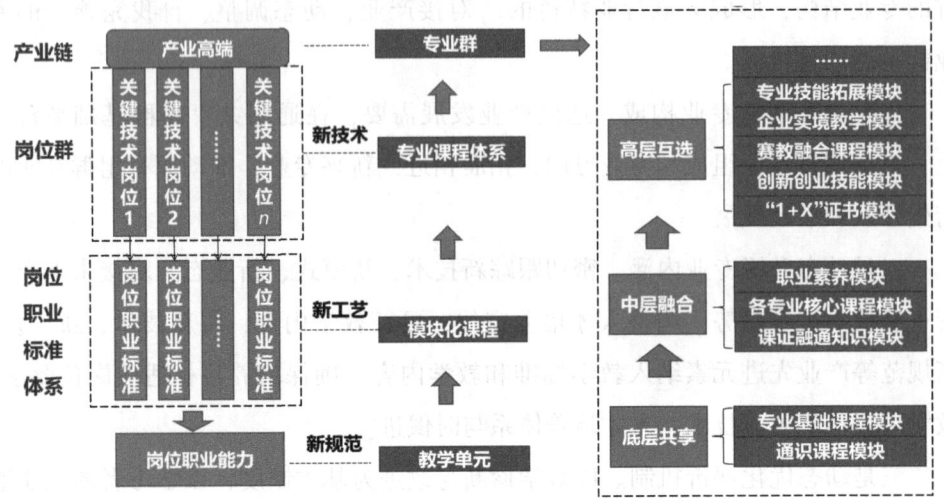

图 5　课程重构是专业群建设框架

创新团队；健全教材建设规章制度，立足全国首批"1+X"证书制度试点院校，组织建设量大面广的专业核心课程教材，校企"双元"合作开发一批国家规划教材；以课程教学形态改革为切入点，以全国大学生技能大赛、教师教学能力比赛为抓手，着力推进"赛教结合"，建立"专业全覆盖、赛项全对接、比拼全实境"的三层技能大赛培育机制，鼓励项目教学、案例教学、情景教学、工作过程导向教学等，推广混合式教学、理实一体教学、模块化教学等新型教学模式，如图 6 所示。

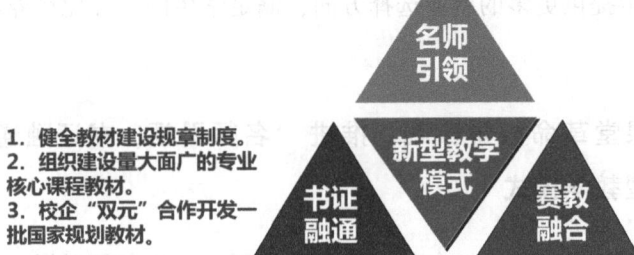

图 6　"名师引领、书证融通、赛教融合"新型教学模式

三、专业群内涵大幅跃升"三教改革"捷报频传

(一) 人才培养质量显著提升

学生技能大赛成绩稳步提升,人才培养质量提升显著。近两年,学院积极推行"1+X"证书试点,目前获批试点证书36个,覆盖全院10个二级学院50多个专业,教育部"工业机器人应用编程"中"1+X"职业技能等级证书试点陕西省考核管理中心落户我校,如图7~图9所示。全国职业院校技能大赛成绩显著,荣获一等奖10项、二等奖11项、三等奖26项,我校"折叠显示用超薄柔性玻璃智造"项目荣获陕西省高职院校在"互联网+"全国竞赛的首枚金奖。学校始终将提高人才培养质量作为立校之本,不断探索既符合职业教育发展规律,又适应社会发展需求的人才培养模式,不断促进学生知识、技能等核心素养的提升。

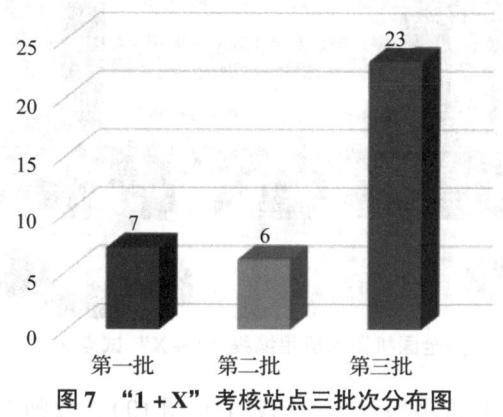

图7 "1+X"考核站点三批次分布图

(二) 师资队伍建设卓有成效

师资队伍建设取得突破,教师教学能力再创新高。机械制造与自动化专业群机电一体化教学团队入选首批国家级职业教育教师教学创新团队,教育部首批国家级职业教育教师教学创新团队课题研究项目获批立项,1名教师荣获"全国模范教师"荣誉称号,"新能源及装备研发秦裕琨院士工作站"正式授牌,名师、大师和专项教师工作室达到8个,双师素质教师90%以上。我校教师在省级以上

图8 机械领域"1+X"职业技能等级标准建设研讨会

图9 承办全国机器人应用编程"1+X"试点实施工作会

各类教师教学竞赛中获得多项荣誉（见表1和图10），教师教学能力、管理能力和创新意识得到显著提升，师资力量得到进一步加强，成为推进双高建设过程中的中坚力量。

表1 我校教师教学竞赛获奖情况

类　别	数量/项		
	一等奖	二等奖	三等奖
全国职业院校技能大赛教学能力比赛高职组		1	1

续表

类　别	数量/项		
	一等奖	二等奖	三等奖
陕西省教师教学能力比赛	5	8	4
陕西省课堂教学创新大赛	3	2	4

图 10　我校教师参加 2020 年全国教师教学能力比赛获二等奖

（三）优质教学资源不断涌现

学校以服务区域经济发展为宗旨，以培养高素质人才为目标，加强教学资源建设和教学改革，整合优质教育资源和技术资源，推动在线开放课程的广泛应用，实现课程和平台的多种形式应用与共享。学校完成主持及参与的 12 个国家级专业教学资源库建设工作，有 4 项"部省共建国家职业教务虚拟仿真示范实训基地专业课程与教学资源建设"获首批立项；申报"十三五"国家规划教材 49 种，其中 6 种教材获批"十三五"国家规划教材。

(四) 社会服务能力进一步提升

以国家级高水平专业群优质师资为依托,立足"全国重点建设职教师资培养培训基地",积极开展陕西省职业院校教师素质提高计划项目。学院承担了国、省级各类师资培训项目共计 30 个,培训人数 964 人,覆盖了全省 39 所高职院校、315 所中职学校,达到了省中、高职院校 100% 全覆盖。秉承"协同育人、科学育人、高效育人"理念,举办山西机电职院骨干教师和专业(群)带头人高级研修班、山东滨州职院中国特色高水平高职学校对标学习班、青海省教育厅高职院校"双高"建设高级研修班,注重提升教师专业水平和教学能力,彰显学院特色,进一步扩大学校社会影响力,为职业教育发展贡献了陕工力量。

以高水平优质教学资源开发为抓手
助力打造"三教"改革示范基地

关键词：优质教学资源开发、"三教"改革示范基地、三级协同开发体系、推广应用

为深入贯彻落实《国务院关于印发国家职业教育改革实施方案的通知》（国发〔2019〕4号）、《教育部关于印发〈全国职业院校教师教学创新团队建设方案〉的通知》（教师函〔2019〕4号）、《教育部关于职业院校专业人才培养方案制订与实施工作的指导意见》（教职成〔2019〕13号）等文件要求，全面推进教师、教材、教法"三教"改革，创新人才培养模式，提升职业教育质量，学院整合行、企、校多方资源，持续推进教学资源库、在线开放课程等优质教学资源建设应用与管理工作；以高水平优质教学资源开发为抓手，搭建了在线开放课程建设平台，形成了一批可推广的应用共享制度、资源库建设制度体系和课程验收标准，助力学院在西部打造全国行业"三教"改革示范基地。

一、统筹设计，创设优质教学资源开发环境

通过搭建教学资源开发硬件设施、探索三级协同的教学资源开发方法，构建全方位、高水平的优质教学资源开发生态体系，如图1所示。

（一）数据为先，加快集数据"采集、处理、诊断、分析、决策"于一体的课程质量监控管理服务平台的建设与应用

依托首批国家信息化试点项目，借助建成的新型智慧教室，运用人工智能、

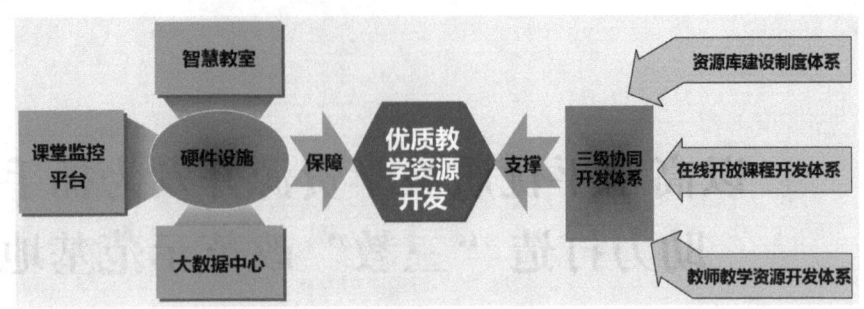

图 1 全方位、高水平的优质教学资源开发生态体系

人机交互信息化技术手段增强教学内容呈现形式和教学环境感知，开展线上、线下相结合的教学模式，加速推进课程建设工作，逐步深化智慧课堂的创新改革及综合应用。借力教学诊断与改进工作，加强管理信息化应用，学校本地部署云班课、雨课堂等在线课堂教学平台，将理实一体化大楼每间教室部署高密 AP（Access Point，无线访问节点），实现教学区和办公区无线网全覆盖，建立统一集中的大数据中心，做好课堂教学信息的采集、统计和更新工作，提高学院信息化管理数据的共享水平，提升管理效能。强化"互联网+"环境下新型专业教学标准和课程标准的开发，以学习标准作为课堂教学检测依据，实施课程质量监控，推进混合式教学改革，如图 2 所示。依托校内大数据中心，整合校内外系统数据，搭建大数据分析评估模型，实现信息技术与教学过程、内容、方法和质量评价的深度融合，助力人才培养质量的提升。

（二）制度保障，搭建涵盖"面"上资源库、"线"上在线课、"点"上大赛资源的三级协同教学资源开发体系

以材料成型与控制技术、职业教育机械制造与自动化、纺织品设计三个国家专业教学资源库建设及应用为标杆，引领省级优势特色专业教学资源库建设。从"专业模块、课程模块、素材模块、实训模块、培训模块、合作模块、文化模块"七个模块建设网络化的专业教学资源，形成资源库建设制度体系；以在线开放课程为抓手，按照"过程评价、动态监控"的工作思路，实时跟踪课程建设进度与建设质量，不断完善课程建设方案，在经费投入、教学管理、网络平台使

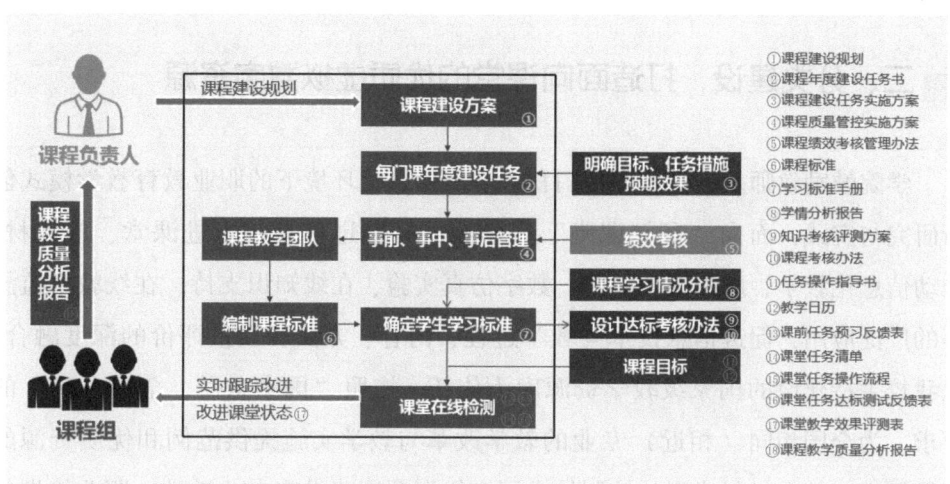

图 2　以学习标准作为课堂教学检测依据实施课程质量监控

用等方面提供加强保障,持续做好课程的建设、维护与更新,形成在线开放课程开发体系;始终坚持"以赛促教、以赛促学、以赛促改、以赛促建"原则,组织、动员教师参加各级各类竞赛,整合优质资源,培育教学成果,形成教师教学资源开发体系。三者相辅相成,互为依托,形成资源库建设、在线开放课程开发和教师教学资源开发的三级协同教学资源开发体系,如图3所示。

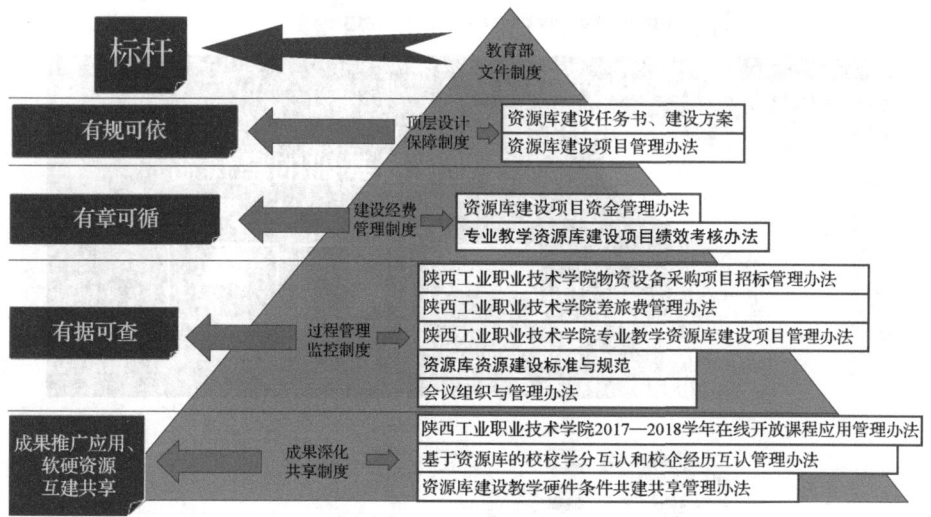

图 3　资源库建设制度体系

二、分类建设，打造面向课堂的优质虚拟数字资源

学院鼓励教师及教学管理部门积极开展信息化环境下的职业教育教学模式创新研究与实践，面向"翻转课堂"教学模式，推进信息技术进课堂、进教材，推动信息化教学、虚拟现实技术、数字仿真实验、在线知识支持、在线教学监测等的广泛应用，促进信息技术与教学过程、内容、方法和质量评价的深度融合。以我校主持建设的国家级教学资源库为依托，按照"国家急需，全国一流"的要求，为全国相同（相近）专业的教学改革与教学实施提供范例和优质资源的指导思想。其中材料成型与控制技术国家级资源库建设有专业教学、职业培训与社会服务、专业拓展三大类资源，包括专业建设园地、课程中心、微课中心、素材中心、实训（虚拟，专业技能大赛）中心、培训中心、信息中心（产业、行业、企业、院校发展信息，企业典型案例）、博物馆、图书馆共九个子库资源，如图4所示。采用数字化虚拟现实技术，开发优质教学资源；建成了11门专业主干课程，搭建了30门个性化学习课程，制作微课300个以上，资源库素材总量达15000条以上，如表1所示。

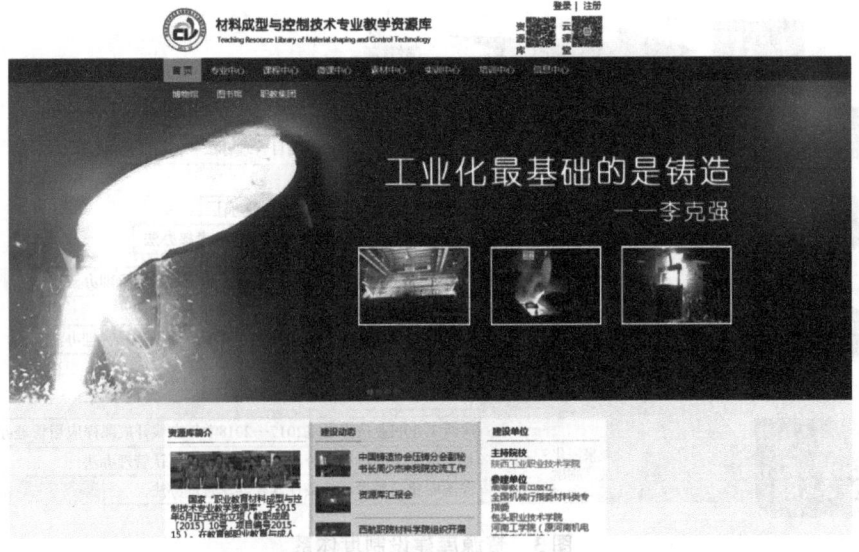

图4 我校主持的国家职业教育材料成型与控制技术教学资源库

表1 材料成型与控制技术专业教学资源库上网注册情况一览表

注册类型	人数
注册学生数	11383
注册教师数	542
注册企业员工数	57
注册社会学习者数	68
总计	12050

按用户职业统计
- 社会学习者, 68
- 企业用户, 57
- 教师, 542
- 学生, 11383

（一）虚拟博物馆

通过应用信息技术、数字技术与传统文化结合的综合展示手段，制作了虚拟博物馆，通过三维展示技术彻底改变了传统博物馆参观时间花费长、耗费精力大、受众群体小等缺点，使得参观者摆脱了地域和展馆的限制，无论何时何地都可以在网络上参观展览，所有展出资源都有机会让更多人看到。藏品和展品是虚拟的、交互式的，展示的是逼真的三维模型而非仅展示图片，将用户参与和真实感体验都带到了一个全新的水平，非常有利于知识的传播和教育，通过虚拟漫游技术在网上传播，达到推广我国铸造文化的作用，如图5和图6所示。

（二）虚拟工厂

根据各个虚拟实训系统的工艺特点和企业实际生产情况，将其中21套虚拟实训系统进行有机组合，并系统规划了生产、检验、后处理工序，库房（模具库、工装库、半成品库等）、天车等辅助设备的布置，以及标语等企业文化氛围的营造，有机组合形成了KW（Kuenkel–Wagner）全自动生产车间、消失模铸造车间、清理及后处理车间、压力铸造车间、熔模铸造车间、粉末冶金生产车间、锻压车间等生产车间和一个检测中心，并考虑了各个车间之间的生产配合以

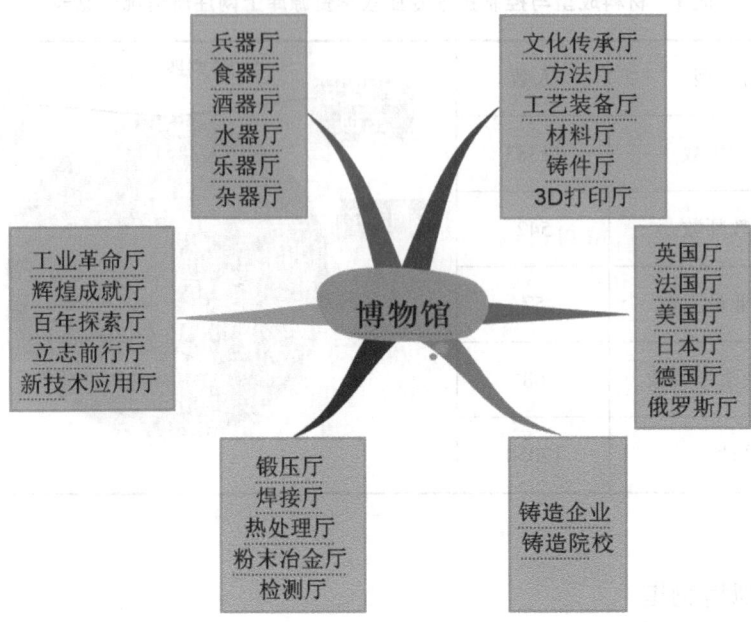

图 5　虚拟博物馆组成框架示意图

图 6　中国工业铸造博物馆场景

及整个厂区的管理、生产辅助功能和厂内物流周转问题，整合成虚拟工厂。整个虚拟实训中心可利用虚拟工厂和不同虚拟实训系统实现生产认识实习、课堂展示、虚拟实训和理实一体化教学，如图 7 所示。

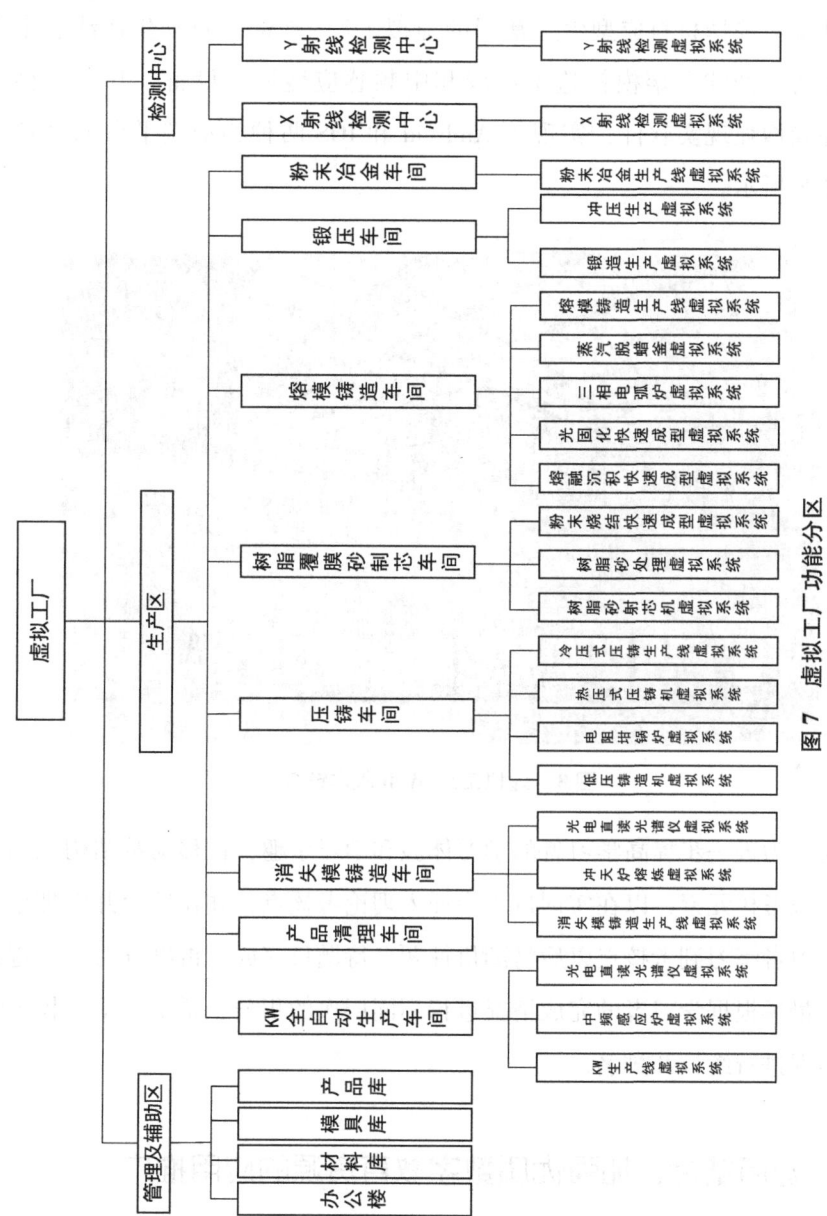

图7 虚拟工厂功能分区

为满足用户随时随地的碎片化学习需求，在当前手机硬件配置和网络带宽不断提升的前提下，项目组经过深入调研和多次研讨，在现有虚拟工厂各个仿真软件的基础上选择材料成型生产常用的虚拟工厂、KW 全自动生产线、全自动冷压式压铸生产线、熔模铸造生产线和中频感应熔炼等设备，开发了移动端 APP 软件和增强现实软件，实现了 Android 和 IOS 两种移动端平台的客户端登录，如图 8 所示。

图 8　虚拟工厂 Web 版本链接

同时，为进一步提高学习者的学习体验和学习乐趣，在移动端结构认知部分插入了游戏考核元素，以在实训过程中插入理论考核点，并在后台开发理论考试题库，学习者练习到考核点以后将随机抽题，待题目完成后再继续对学生进行实训考核，最后根据学习者的完成情况进行不同层次的积分，系统自动对校内学生的积分情况进行统计和排名。

三、建用结合，加强优质数字教育资源的应用推广

推动在线开放课程的广泛应用，整合优质教育资源和技术资源，实现课程和平台多种形式的应用与共享。出台相关激励政策，鼓励教师参与建设、加强应

用；学院印发《陕西工业职业技术学院专业教学资源库建设项目管理办法（试行）》《陕西工业职业技术学院在线开放课程建设管理办法》规范课程建设管理，给予建设团队奖励；出台《陕西工业职业技术学院学年在线开放课程应用管理办法》，给予使用在线开放课程进行日常教学的老师每学时25元的额外补助；定期举行信息化教学公开课和教学比赛，通过比赛，一大批骨干教师脱颖而出；在职称评定、年度考核、出国进修等教师关注的工作中，优先考虑课程主持人和信息化教学比赛中的获奖者。

我校累计建成各级各类优质课程175门，其中，2020年建成1门国家级精品在线开放课程，省级精品在线开放课程增至16门（见表2），院级精品在线开放课程71门，资源库标准化课程87门。已有71门课程在爱课程、学堂在线、智慧树网、超星学银在线、智慧职教等国内知名课程平台上线并面向全国开放共享，累计开课142期，选课学生超过10万人次。

2020年以来，在我国，新型冠状病毒感染肺炎防疫工作进入关键时期，为了响应党中央国务院号召及教育部等各级教育部门的工作部署，学院坚决贯彻落实"延期不延教、停课不停学"的工作要求，149门优质课程资源助力全国抗疫，为全国教育系统抗击疫情、保障教学贡献工院力量。

表2 陕西工院建成的国家、省级精品在线开放课程

类别	年度	课程名称
国家精品在线开放课程1门	2020年1门	仓储业务操作
省级精品在线开放课程16门	2019年7门	高等数学
		仓储业务操作
		化学分析技术
		铜合金铸件铸造技术
		建筑概预算与工程量清单
		高职实用综合英语
		创新创业基础

续表

类别	年度	课程名称
省级精品在线开放课程16门	2020年9门	PLC应用技术
		商务礼仪
		安装概预算
		工程力学
		物流基础
		工程材料与热处理
		多媒体技术及应用
		钢筋混凝土与砌体结构
		机械设计基础

以立项促教改　以教改促实践　以实践促成果
孵化高水平教育教学成果

关键词： 四级教学成果协同培育机制、顶层规划、项目遴选、制度保障

近年来，我校高度重视教学成果奖培育及申报工作，按照"自由申报、统筹规划、分层遴选、重在培育"的工作思路，紧密结合高等职业教育"双高"计划建设，开展教学成果奖培育的专题研究工作，以立项促教改，以教改促实践，以实践促成果，以标志性成果促办学质量与水平的提高，不断完善教学成果培育所需要的协同培养机制，积极培育教学管理现代化等方面的潜在成果，使教学、科研、实践的结合更加紧密，在条件保障、常规教学、成果培育、项目申报等方面建立了较为完善的运行机制，进而推动我校教学成果奖培育工作不断发展。

一、立足人才培养质量提升，建立教学成果培育机制

深化教育教学改革，立足人才培养质量和教学管理水平提升，建立"立项—教改—实践—成果"四级教学成果协同培育机制。以"教学质量工程""教学教学质量提升计划""省级一流、国家优质院校建设计划"等校级建设项目为依托，重点培育教改教研项目；以专业建设类项目（国家骨干、省级一流、省级专综项目）为平台，重点培育人才培养创新项目；以深化校企合作为目标，重点培育社会服务项目；以营造环境育人氛围为目标，重点培育校园文化建设项目。依托教改教研项目全面进行专业建设、课程建设、实践基地建设和师资队伍建设，

逐步形成"边研边建,边建边用,边用边改"的良性循环,如图1和图2所示。总结在教育教学改革与实践过程中的建设成效和推广示范经验,为高水平教育教学成果的孵化培育提供了坚实的基础。

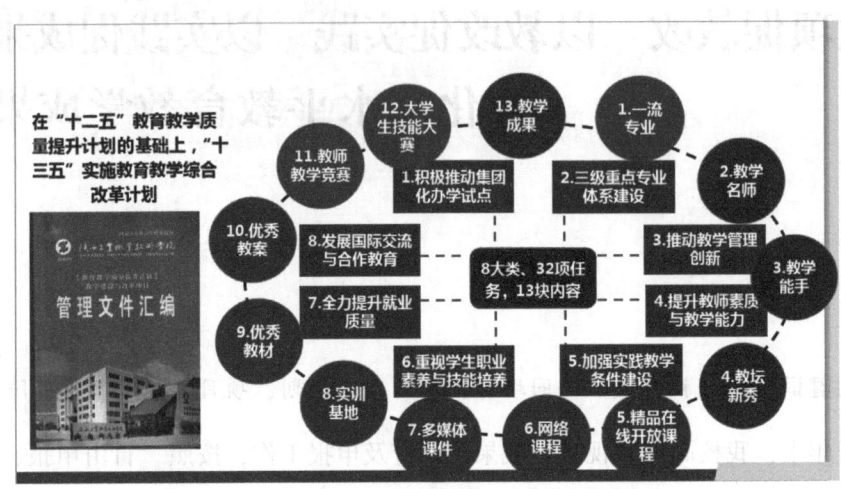

图1 "十三五"我校实施教育教学综合改革计划

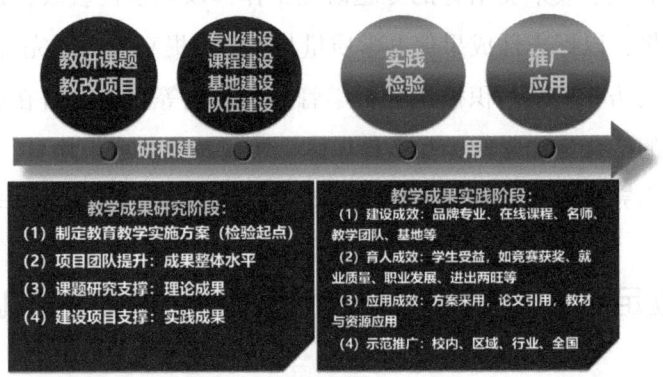

图2 教学成果培育机制

二、统筹各方资源,保障成果培育

(一)找好抓手,提前规划

学院做好顶层设计,一是领导重视,学院领导高度重视教学成果奖培育与组织工作,书记、院长亲自主抓;二是以项目为抓手,先后以实施教学质量工程、教育教学质量提升计划、一流优质院校建设计划等项目为抓手,培植孵化土壤;三是资金倾斜,财务预算明确向教学研究工作倾斜,确保资金到位;四是明确内容,从教学工作实际出发,树立了教学的中心地位,注重成果积累,提前布局;五是营造氛围,积极营造"领导重视教学、政策倾斜教学、教师投入教学、经费保证教学、科研带动教学、管理服务教学、产业促进教学、后勤保障教学"的良好氛围。五项举措为教学成果奖培育提供了坚实的基础。

(二) 对接项目,层层遴选

对接国、省项目,依据学院教学工作实际需求,我校在校内项目培育的基础上建立了"院级—省级—国家级"三级教学成果奖遴选机制。其中,院级成果依据教学工作目标,统筹制定校内教学研究项目规划,组织学院师生以团队形式参与项目申报和建设工作。省级、国家级成果,对于建设成效显著的校内教研项目,学院优先提名参与校内教学成果奖评选并推荐参加国、省教学成果奖评比。此外,对于获奖教师,学院予以资金奖励,并在职称评审、出国(出境)培训、学术交流中予以重点推介,充分保障了教师参与教学成果奖的热情。

(三) 完善制度,全面保障

学院制定了《关于印发〈陕西工业职业技术学院"国家优质、陕西一流高职学院建设计划"〉的通知》(陕工院党字〔2017〕67号)、《中央财政支持重点专业建设项目管理办法》(陕工院院字〔2012〕46号)、《中央财政支持高等职业学校提升专业服务产业发展能力专项资金管理办法》(陕工院院字〔2012〕88号)、《陕西工业职业技术学院课程教学改革试点项目管理暂行办法》(陕工院院字〔2013〕38号)以及"教育教学质量提升计划"28项配套制度,以制度的形式明确了项目建设实施细则和资金使用及奖励办法,确保了我校教学成果奖培育与组织工作在制度化环境下高效运行。以国家优质、一流院校建设项目为例,目前共拆解教学建设、学生管理和院校治理3个层面、10大任务、48个建设项目(见表1),预算资金达到3.98亿元。

表1 学院教育国家优质、陕西一流高职学院建设项目建设任务一览表

序号	项目名称	序号	项目名称
1	专业建设	25	学生养成教育
2	教学工作诊断与改进	26	学生心理健康教育和安全教育
3	技能大赛	27	学生文化艺术教育
4	专业教学资源库建设	28	学生就业教育
5	现代学徒制试点	29	学生管理制度建设
6	教育部信息化试点	30	学生工作队伍建设
7	精品在线开放课程建设	31	学团组织建设
8	生产性实训基地建设	32	学生管理信息化建设
9	双师型教师培养培训基地	33	加强和改善党的领导建设
10	职业教育集团建设	34	追赶超越
11	对口支援老区及困难地区高职院校	35	落实三项机制
12	混合所有制办学	36	内部治理体系及治理能力现代化建设
13	虚拟仿真中心建设	37	管办评分离改革
14	协同创新中心	38	陕西工业职业技术学院"产教园"建设
15	名师、技能大师、教师专项工作室	39	落实意识形态工作责任制
16	创新创业教育	40	全国文明单位持续建设
17	民族特色的创新示范专业点	41	校园文化建设
18	国际交流与合作	42	高层次人才队伍建设
19	分类招生考试	43	干部队伍建设
20	教学规范管理	44	教职工思想政治工作
21	思想政治理论课质量提升	45	党风廉政建设
22	学生思想政治教育	46	社会服务
23	学风建设	47	教育扶贫攻坚
24	学生体育教育	48	稳定安全、和谐校园建设

三、加强成果应用推广,促进人才培养质量提升

2019年学院荣获陕西省教学成果奖特等奖1项、一等奖3项、二等奖3项。2020年,"纺织之光"年度中国纺织工业联合会科技教育奖励大会在山西国际会议中心举行,我校荣获中国纺织工业联合会纺织教育教学成果奖7项(见图3),其中一等奖1项(见图4)、二等奖共计4项、三等奖共计2项;我校商贸与流通学院的"物流管理专业'产教融合、课赛融通'育人模式的创新与实践"喜获2020年度物流职业教育教学成果奖一等奖,如图4所示;我校荣获第五届中国石油和化工教育教学成果奖一等奖1项。学院教学成果获奖团队与陕西省职教学会合作编撰《教学成果奖汇编》专著1本。学院教学成果获奖团队教师在全国、全省各级会议上进行交流,吸引30余所省内外兄弟院校来校借鉴交流。同时学院组织召开名师大讲堂、教学成果分享会等会议进行校内经验交流,进一步促进学院教育教学改革和人才培养质量的提升。

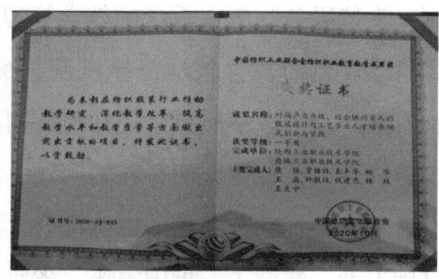

图3 我校荣获中国纺织工业联合会职业教育教学成果一等奖

图4 我校喜获全国物流职业教育教学成果奖一等奖

质量立校　机制强校　打造"引领改革、支撑发展、中国特色、世界水平"的高水平高职院校

关键词：教学管理组织架构；内部质量保证体系；目标链；标准链；教育教学质量监控体系

学院始终坚持"立德树人、服务产业、教学中心、质量立校"理念，不断丰富教学管理组织功能与内涵，形成了"决策指挥、质量生成、资源建设、监督控制、支持服务"五大系统的教学管理组织架构，协同运行，实施保障，建立健全了科学规范的教育教学督导机制，构建了全程、全方位教育教学质量监控体系，有效解决了教学质量监控在跨部门协调、实时数据采集、问题预警和及时改进、教师自我监控等方面存在的问题，实现了教学质量监控由点到面、由阶段性到全过程、由被动到主动的螺旋提升，打造了一批全国装备制造业和纺织服装业的品牌专业，造就了一批国家级、省级教学名师和教学团队，培养了一批综合素质优良，"下得去、留得住、用得上、干得好"的名片学生，为陕西乃至全国装备制造业的发展做出了重要贡献。

一、科学规划内部质量保证体系，实现质量监控全方位覆盖

（一）顶层设计，科学构建完善的内部质量保证体系

按照"统筹规划和分类指导相结合、坚持标准与彰显特色相结合、质量监测

与数据分析相结合、自主诊改与抽样复核相结合"的原则,搭建了以"五纵五横一平台"为总体架构的内部质量保证体系(见图1),即五个纵向系统(决策指挥系统、质量生成系统、资源建设系统、支持服务系统、监督控制系统)与五个横向层面(学校、专业、课程、教师、学生)相互交错,实现教学质量监控的全方位覆盖和跨部门合作,并加强现代信息技术平台建设,各层面开展教学诊断与改进工作,为教育教学质量提升提供全方位立体化支撑。

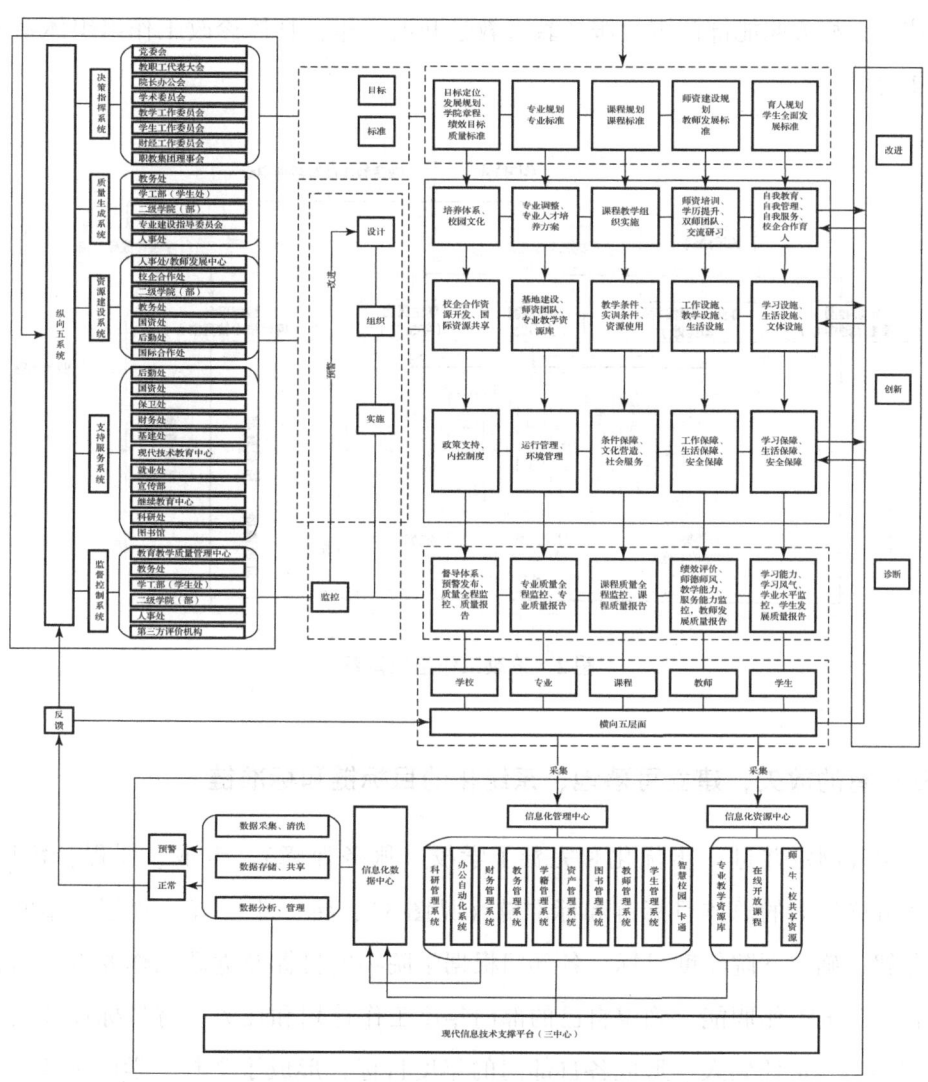

图1 "五纵五横一平台"为总体架构的内部质量保证体系

(二) 多方参与，协调搭建全方位质量保障组织体系

为保障教育教学诊断与改进工作顺利开展，学院对原有的教育教学质量保证体系进行了重新梳理，搭建了教育教学质量管理中心总体负责、诊改工作组协调落实、诊改专家组业务指导、责任部门具体实施的较为完善的组织体系，各教学及职能部门是实施教育教学质量保证的主体，二级教学单位是质量生成的核心，相关职能部门围绕服务教育教学开展工作，具体诊改工作组织体系如图2所示。

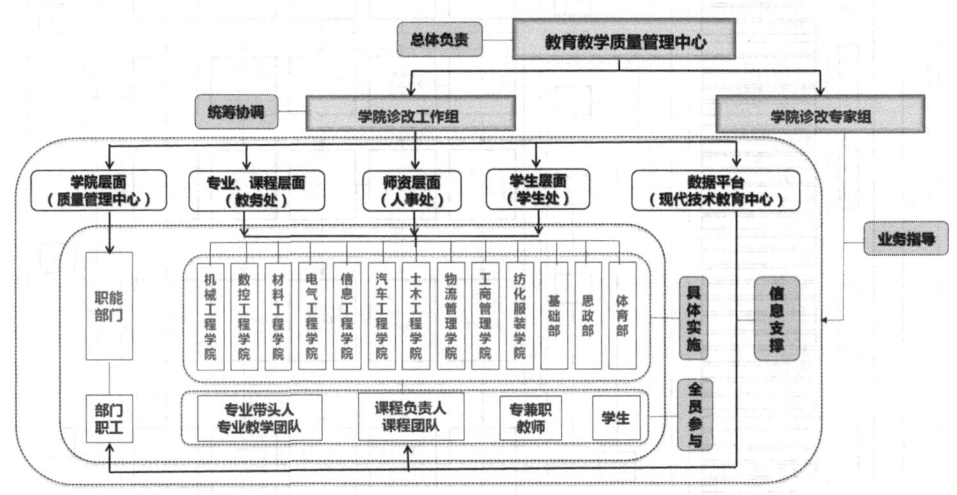

图2 诊改工作组织体系

(三) 有的放矢，建立可落地、系统化的目标链和标准链

学院制定并进一步优化和完善了学校（服务保障）、专业、课程、教师、学生五横层面的总体目标链和标准链（见图3），将"十三五"规划按年度进行分解，确定学院年度目标，各部门根据学院年度目标及党政工作要点，结合各自部门的工作职能，确定自己的部门年度工作计划和任务，将目标任务层层分解落实，责任到人，形成各自部门的年度目标，形成了学校—学院—部门—教研室（科室）—教师（个人）五级质量管理，建立了规划和年度目标任务分

解、实施、诊断、改进的运行机制,教育教学质量提升有目标可循、有标准可依,全员、全过程、全方位"三全"育人的理念逐步深入人心,师生质量意识明显提高。

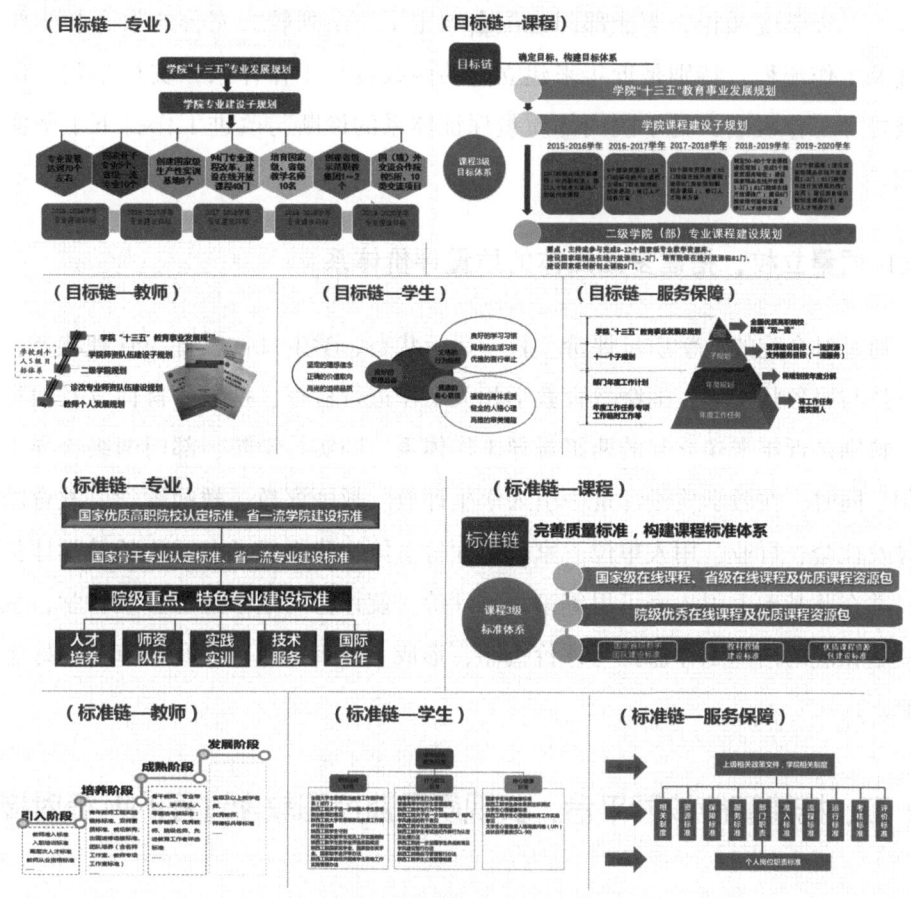

图3 五横层面目标链及标准链

(四)重在监督,不断完善质量监控服务保障制度体系

为进一步提高教育教学质量,建立健全科学规范的教育教学督导机制,构建全程、全方位教育教学质量监控与保障体系,突出教学中心地位,学院相关职能部门围绕服务教育教学工作建立了各项标准,以学院"十三五"教育事业

发展规划及十一个子规划为总目标，以上级相关政策文件、学院相关制度、资源标准、保障标准、服务标准、部门职责、准入标准、流程标准、运行标准、考核标准、评价标准、个人岗位职责等形成服务保障制度体系，涉及《关于印发"陕西工业职业技术学院教育教学督导工作条例"的通知》等340个相关文件，二级学院和相关职能部门也配套制定了一系列较为完善的教育教学管理制度及工作流程，特别是近年来建立起的两级督导工作体系，实行学院、部门两级督导工作机制，为学院内部质量保证体系的诊断与改进工作打下了坚实的基础。

（五）质量立校，搭建多元立体的质量评价体系

通过对全院的教学质量评价、教学运行状态、学生日常教育与管理状态、教学支持与服务状态等，围绕教育教学相关工作进行检查、指导、督促以及信息反馈。特别是近年来建立起的两级督导工作体系，即实行学院、部门两级督导工作机制。同时，在教学质量评价中引入学生评教、教师评教、教师评学、教育教学督导及社会、行业、用人单位、家长等评价主体，建立起了多元化的教学评价机制，并在此基础上引入麦可思等第三方评价，使评价的结果愈加客观科学，从而建立起相应的内部工作监控与评价机制，形成了自查自纠、自我调节的良好运行机制。

二、搭建智能校园平台，实现质量监控和教学过程的无缝对接

（一）丰富、完善业务系统，搭建智能校园支撑平台

围绕"优化信息化环境、完善业务应用、提升信息化管理"对智能校园建设进行了顶层设计，新建了一卡通应用系统、网上办事大厅、教学诊改支撑平台、大数据平台等17个系统。打通了信息孤岛，建成覆盖全院主要应用场景的43个应用平台，并建成信息化管理平台、信息化资源平台和信息化数据中心，如图4所示。信息化管理系统应用加强，诊改支撑平台初步具备了服务五个层面

诊改的源头实时采集、监测、预警及数据分析功能，促进了学校服务理念的持续提升。

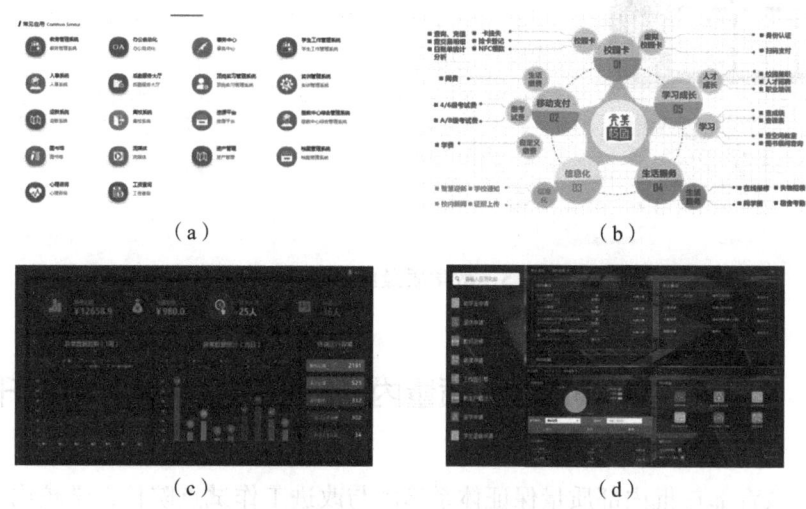

图4　智能校园应用不断扩大

（a）办事大厅全面上线；（b）多终端跨平台应用；
（c）具有大数据特征的数据中心已初步成型；（d）应用系统互联互通

（二）打通信息孤岛，构建教学质量监控闭环

为使诊改工作与教学过程管理进一步结合，学校在现有校园信息化建设的基础上，打通信息孤岛，通过构建智慧教育、智能管理、智能服务三大体系，实现内部数据的融合和单点登录，并以此为基础搭建信息化诊改平台，开设教学工作诊断与改进专题网站，加速了人才培养状态数据的"源头采集、即时采集、开放共享"，实现了五个层面诊改的源头实时采集、监测、预警及数据分析功能，形成了"科学规划—有效组织—实时预警—及时改进"的教学质量监控闭环，如图5所示，不仅使质量管理人员能够更好地掌握教学开展情况，同时也使教师对自身的任务和完成情况有了更清楚的认知，实现了组织监控和自我监控的有机结合，有效提升了教学质量。

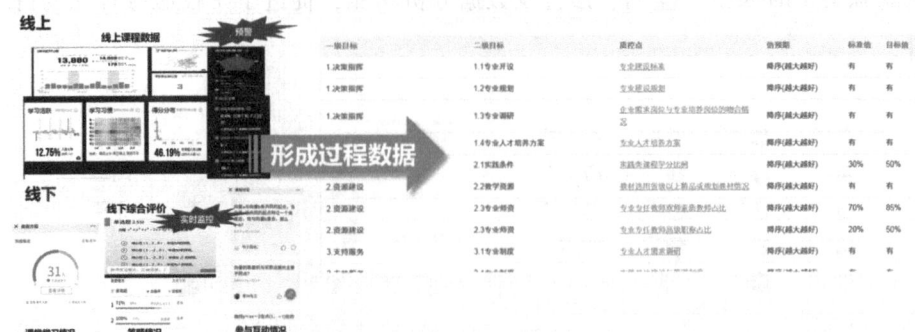

图 5 教学质量监控闭环

三、内生动力持续增强，质量内涵的核心竞争力不断提升

依托教育部首批内部质量保证体系诊断与改进工作试点院校，学校内部质量保证体系得到有效运转，顺利通过教育部内部质量保证体系诊断与改进工作复核，质量保证主体责任明确，形成了以各质量保证主体自我监控为主的质量监控新局面，全体教职工的质量意识和内生动力得到进一步强化，为全国高职院校诊改工作提供了"陕工经验"和"陕西做法"。2020 年我校一举斩获陕西省质量领域最高荣誉奖"第九届陕西质量奖"（见图 6），质量内涵的核心竞争力不断提升。

图 6 "第九届陕西质量奖"评审现场

为了进一步推广我省质量诊断与改进工作经验，由陕西省职业技术教育学会牵头，我校协助出版了《高等职业院校教学工作诊断与改进文件选编与实践研

究》《高等职业院校教学工作诊断与改进实践探索》《高等职业院校教学工作诊断与改进实操导引》3本书（见图7），已被480余所高职院校借鉴，发行总量达5万余册。先后有306所省外高职院校来我校学习诊改经验，辐射带动四川、河南、河北、江苏等16个省份高职院校诊改工作的有效开展。

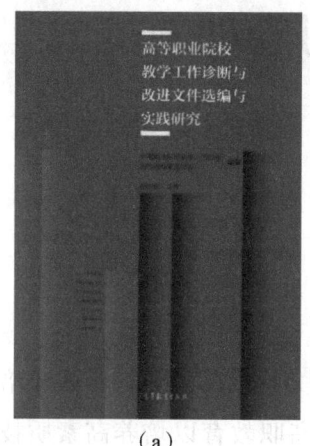
（a）

（b）

（c）

图7　高职院校诊改实践的3本书

校企联动　院校主导　企业协同
"三五三一"实习管理新范式

关键词： 三五三一、校企联动、实训管理、新范式、培养质量

"工学结合、校企合作、顶岗实习"是我国政府大力提倡的职业教育人才培养模式，其中"校企合作"为办学模式的核心内容。高职教育以培养高素质技术技能型人才为目标，在理论教学的同时配套大量的实践教学是其重要特色。但实习管理却存在合作企业如何选择、合作方式如何深入、过程管理难以控制等诸多难题。陕西工业职业技术学院实习教学历经厂中校—校中厂—校企一体—基于智慧校园实习信息化建设四个阶段发展，始终坚持以学生技能培养为核心，校企联动，院校主导，企业协同构筑起三级配套的实践教学体系与五层递进的学生能力训练体系，探索形成"3531"特色实习管理新范式，成为提升实习效果和人才培养质量的重要推手。

一、以信息化平台为载体，形成"3531"特色管理新范式

以校企双方的利益与责任为目标导向，通过搭建协同创新平台，推动实践教学师资、场地和信息等资源要素有效配置，利用信息系统实施信息化双线并行全过程运行管理，并突出安全管理和学生质量评价管理，构建契合地区经济发展和人才培养需求的高水平现代实习管理体系，形成"3531"特色管理新范式，如图1所示。

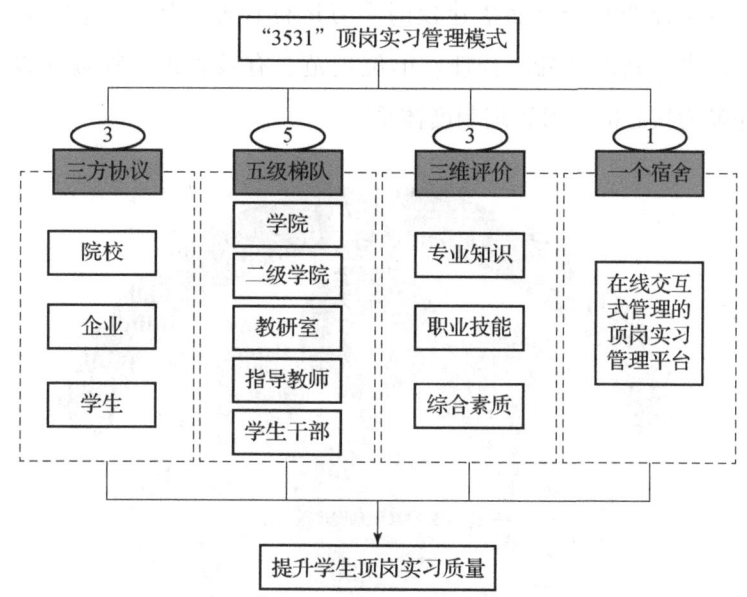

图1 "3531"特色的实习管理新范式

通过在信息透明、平等自愿的基础上签订学校、企业、学生三方协议，明确权利和责任；搭建学院—二级学院—教研室—指导教师—学生干部五级顶岗实习管理梯队，由教务处负责规划学校层面顶岗实习安排并出台对应管理制度，二级学院负责联系实习单位并协调实习安排，教研室负责顶岗实习组织落实，完善专兼职顶岗实习指导教师队伍以及由学生干部、党员等组成的协助管理团队，对顶岗实习进行宏观规划和具体落实；建立涵盖专业知识、职业技能和综合素质等三个方面顶岗实习考核评价体系；搭建实行在线交互式管理的顶岗实习管理平台；实现了对顶岗实习的全方位、立体化管理，有效提升了学生顶岗实习质量。

二、以过程管理为核心，助力"3531"特色管理新范式

（一）校企联合，构建八层实习管理框架

遵循教育行政部门出台的相关实习管理制度，校企联动，院校主导，企业协同，从制度规范、实习单位遴选、组织协调、远程互动、师资保障、质量监控、

安全防范、专项经费八个层面搭建顶岗实习运行管理框架（见图2），明确校、企、生三方职责，完善以机制合理、单位规范、有效管理、师资建设、安全得当、经费保障为核心的实习管理制度体系。

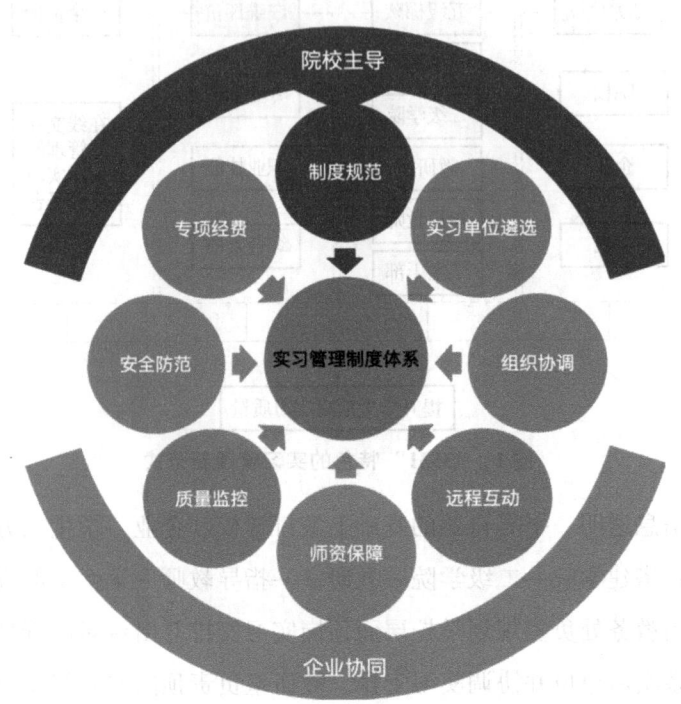

图2　八层实习管理框架

针对实习环节，强化制度建设，严格落实执行，先后制定《学生实习管理规定》《顶岗实习管理办法》等17项规范实习管理制度，保障了专业设置与企业发展、实习内容与技术标准、人才培养与企业需求对接，推动并促进校企深度融合，发展共赢。

（二）建立"五运行＋五监督"的全方位过程管理体系

通过抓好实习前、中、后三个重点环节，建立了以"制度建设全面化，经费保障专项化，协议签订全员化，校企共管专人化，平台使用全程化"的过程管理模式，以"辅导员检查、教师巡查，二级学院核查、学院督察，平台调查"为手段的监督模式，形成完整的过程管理机制，如图3所示。

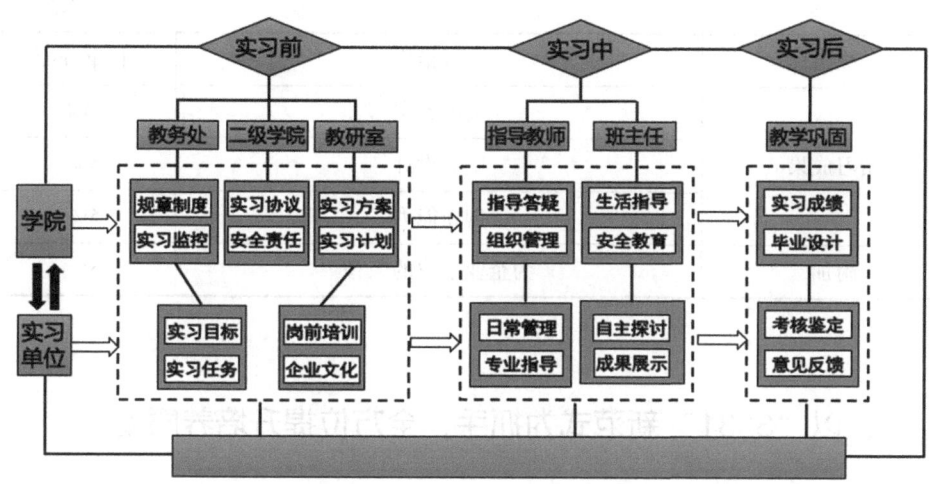

图 3 "五运行 + 五监督"的全方位过程管理体系

（三）强化职业能力，建立四维的过程化考核指标

以《实习实施方案》为依据，会同实习单位，从岗位评价、业务能力、就业协议、实习成果等四个维度，制定了过程考核 + 结果考核 + 职业素质的实习考核指标，如表 1 所示。施行实习单位和学校共同考核制度，过程考核由企业导师负责，结果考核由学校进行全过程管理。

表 1 实习考核指标权重分配表

一级指标	二级指标	权重分配
岗位评价	专业相关度	5%
	工作态度与责任	5%
业务能力	资料整理	5%
	实习周记	15%
	实习报告	15%
	业务技能	10%
就业协议	实习单位认可度	5%
	与实习单位签订就业协议	5%

续表

一级指标	二级指标	权重分配
实习成果	实习鉴定	20%
	毕业设计	5%
	创新能力	5%
附加	为企业争取的荣誉	5%

三、以"3531"新范式为抓手,全方位提升培养质量

(一)创新体制机制,打破实训过程管理"五大瓶颈"

通过引入"3531"特色实习管理新范式,打破因区域和专业实习分散、逐级申请、静态管理、信息滞后等实习过程管理中存在的"五大瓶颈",实现了工作流程简化、集中管理、全过程考核、动态监控、师生实时交互等功能,升级管理体系,提高实习管理效能。

(二)校企互利共赢,促进校企深度融合

校企合作不断深化,2017年由我校牵头组建,携手全国26个省、市、自治区的402家企业,涵盖装备制造、电子电气等十大行业门类的校企协同育人战略联盟正式成立,签订58个订单班,提供2200余个岗位,专业对口率大幅提升。

深化工学结合,通过引入现代企业技术、开发生产性实训项目,形成如下系列成果:近三年,学生为中船重工十二所等企业设计、生产风轮叶片等120多类实际产品;发明申请专利数28项;参加各级各类技能竞赛获奖累计1025项,其中国家级技能大赛奖项319项;创新创业参与学生2013人,项目504个,其中获金奖2个,已成功孵化6个项目。

（三）实习成果丰富，培养质量持续提升

依托校企协同育人战略联盟，共同开发实习项目，拓宽实习岗位，提升学生首岗适应能力、职业素养、专业能力。通过对近三年毕业生就业情况进行数据分析，学生就业专业相关度在 90% 以上，雇主满意度稳定在 95% 以上，学生就业满意度在 91% 以上，"双证书"获取率达到 97%，学生岗位职业能力和就业质量逐年提升。

涌现出如何小虎等一批优秀毕业生。何小虎，2010 年在中国航天科技集团公司第六研究院西安航天发动机有限公司顶岗实习，凭借优异实习成绩成为公司员工，经过几年来的培养，从一名普通车工，现已成为全国技术能手、陕西省技术能手、陕西省国防工业十大技术能手。

（四）校企协同研究，教研成果不断涌现

以校企协同育人带动我校专业建设、课程建设、实训室建设、职业素质培养等方面的研究。近年来，先后荣获国家教学成果奖 2 项、省级教学成果奖 9 项，承担了教育部重点课题"高职教育集团化办学模式研究"，省级职业教育集团化办学研究项目 3 项，《校企深度合作，促进学生就业》案例入编《中国职业教育集团化办学年度发展报告》。

（五）借力国家诊改，形成实习管理改进机制

学院作为全国诊改试点院校，将诊改理念融入顶岗实习管理过程，制定了顶岗实习目标、质量标准，借助实习管理平台，引入控制反馈，建立了学校、企业、学生、师傅、教育行政部门等共同参与的顶岗实习质量评价与反馈控制机制。借助实践教学的决策指挥、资源保证、支持服务、监督控制等系统群，通过校企深度合作，共建学生顶岗实习组织系统、支持系统、监测系统、质量生成系统等实习质量保证体系，持续提升顶岗实习质量。

以"课程思政"为引领
打造"三教改革"的订单培养新范式

关键词：鲁班学院、课程思政、三教改革、校企共育、新范式

2017年12月，以"一带一路""西咸新区"的发展为背景，以我国建筑行业信息化发展为契机，为推动区域建筑业进入智慧建造时代，在平等自愿的基础上，学校与始终致力于BIM技术研发和推广，推动建筑行业进入智慧建造时代的"中国软件行业最具影响力企业"——上海鲁班软件股份有限公司，经友好协商达成合作协议，成立了以培养建筑业智慧建造人才与拓展鲁班BIM创新开展和应用为使命，提升学院办学质量、人才培养特色的陕西工院"鲁班学院"。

一、"课程思政"，落实落地"立德树人"根本任务

（一）聚焦核心课程，实施"课程思政"

将"立德树人"贯穿于"鲁班学院"教学全过程，引领学生不断加强理想信念，树立正确的人生观和价值观。校企联合重塑课程体系，在专业核心课中融入思政元素，每学期开设2门"课程思政"课程，构建基于"课程思政"理念的教学评价体系，形成具有鲜明陕工特色的"课程思政"培养方案。

(二) 强化思想教育，促进学生全面成长

成立"鲁班学院大学生健康教育中心"。定期开展土建行业优秀人物先进事迹报告，举办"鲁班学院"诚信讲座、励志主题演讲等课外活动，从思想上开展诚信教育和励志教育；以"心理健康宣传周活动"为载体，邀请心理学专家定期进行心理健康讲座，疏导学生潜在的负面情绪和心理问题；开展各类体育活动，举办比赛，锻炼身体，增强体质，促进学生全面成长。

二、实施"三教改革"，培养行业时代工匠

(一) 校企携手，打造高水平师资团队

采用"双导师"制构建高水平师资团队，校企双方成立工作组，选拔具有现场经验、教学水平高、实践能力强的双师素质教师和企业具有工程师职称或技师资格的高级技能人才及优秀技能人才共同组建教学团队，校内教师负责校内课程教学、学业管理及与企业师傅沟通等；企业师傅负责学徒识岗、跟岗、顶岗和假期实践的实践教学、日常管理、带徒培训、学徒评价等。学校落实"五年一周期，每年至少一个月"的教师全员企业实践锻炼轮训制度和"鲁班学院双语教师培养计划"，全面提高专业技术水平和教学能力，如图1和图2所示。

图1 "鲁班学院"校内专职教师国内专业学习交流

图 2 "鲁班学院"校内专职教师假期企业顶岗锻炼

(二) 聚焦思政教育,深化教材改革

在鲁班集团与我校共建专业的基础上制定人才培养方案和课程体系,践行"课程思政",完善教学大纲,重构课程内容,对接岗位能力标准,编写符合岗位技能需要的模块化、项目化实用新型教材,如图 3 所示。

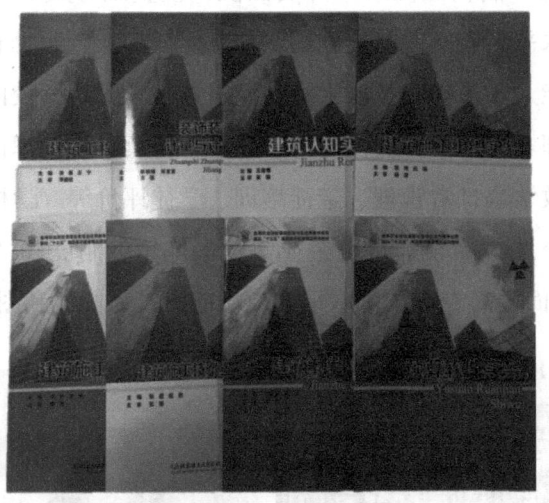

图 3 "鲁班学院"项目化实训指导手册

(三) 创新模式方法,推动课堂革命

一是在校内课堂使用灵活多样的教学手段,通过案例分析增加学生的学习趣味性,通过沙盘演练提高学生的学习效率;二是实行网络课堂开放共享机制,利

用VR虚拟技术进行实训教学仿真模拟,如图4~图11所示;三是以真实项目为切入点,开展多样化教学,实现教学以教师教为主向以指导学生"学和做"为主的转变。

图4 沙盘模拟教学

图5 实体工程教学

图6 虚拟仿真教学

图7 VR实训教学

图8 二维码开放教学

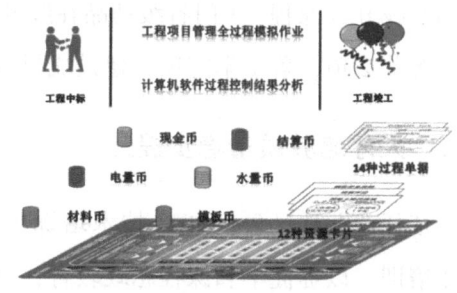

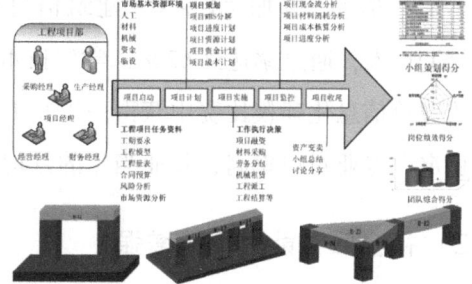

图9 信息化管理分析教学

图 10　教师开展信息化教学

图 11　学生进行信息化展示

三、合作成效

（一）标志性成果突出

在教育教学改革中，建成 1 个国家级土木生产性实训基地，建成 1 门国家级精品在线开放课程、3 门省级精品在线开放课程，教师荣获国家教师教学能力大赛二等奖 2 项，鲁班学院项目建设成果荣获陕西省人民政府教学成果一等奖。

（二）人才培养质量稳步提升

依托西北地区鲁班 BIM 技术培训中心，通过企业项目历练学生、"1+X" BIM 培训、以赛促学和课程思政教育，学生职业综合素质显著提升，187 名"鲁班学院"学生，参加"1+X"建筑信息模型（BIM）职业技能等级证书考试，通过 116 人，通过率达到 62%，学生技术技能提升显著。近两年，在陕西省高等院校建筑信息化建模比赛中获得一等奖 1 项、二等奖 1 项、三等奖 3 项。学生就业稳定，专业对口率高，就业当年的月均收入在 4500 元以上，且呈递增趋势。

（三）社会服务能力不断增强

学校成为中国建设教育协会组织的全国住房城乡建设领域 BIM 应用专业技能

培训考试点;成为"1+X"BIM职业技能等级证书制度先行先试点;承办了全国BIM应用技能暑期师资培训班和印度尼西亚教育文化部海外(中国)培训项目建筑施工技术师资班(见图12~图14);为陕西六建等企业培训员工818人,承担企业技术服务项目6项,有力地支撑地方产业发展和服务能力。

图12　印尼职教司师资班培训

图13　企业员工BIM培训　　　　图14　全国BIM暑期师资培训班

(四) 引领带动作用显著提升

鲁班学院的订单培养实现了校企共建共享、开放搞教学,企业进门培养员工,使学生培养与岗位人才需求实现"零距离"。订单培养模式被省内外10余所职业院校借鉴应用,品牌影响力不断增强。

依托"一区三院一中心",打造"四维联动"的技术技能创新服务平台

关键词:职教研究、数字中心、创新创业、产教融合

学校立足陕西装备制造产业布局特点和西咸新区区位优势,融入产业发展,深化体制机制创新,按照"聚焦产业、实体运营、多维共建、功能复合"的原则,突出学校和企业创新"双主体"地位,依托陕西省政府批准设置的陕西"现代工业和服务业职业教育改革试验区",服务产业转型升级,打造西部装备制造产教融合创新示范园区(简称"产教园"),通过创建西部现代职业教育研究院、西部产教融合研究院和西部创新创业研究院三大平台,建设数字经济产教融合创新发展中心,加强产业、行业、企业、职业联动,持续推进工学深度结合、校企深度合作、产教深度融合,实现技术创新服务教学一线,形成"一区三院一中心"的产教融合创新示范国际品牌,如图1所示。

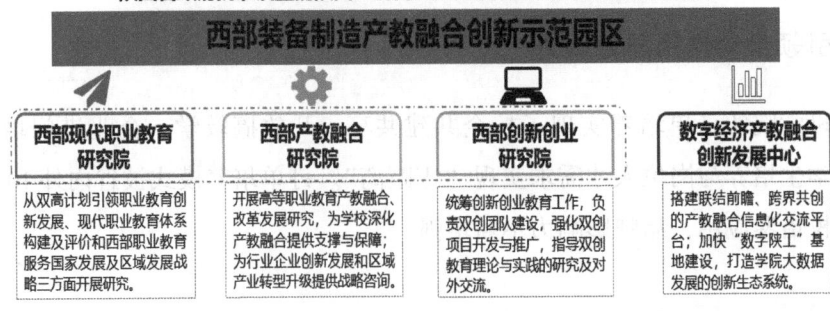

图1 "一区三院一中心"技术技能创新服务平台总体架构

一、建设西部现代职业教育研究院,打造西部职业教育新品牌

2020 年我校创建了具有决策智库咨询、高层次人才培养培训、质量保证体系完善、国际合作交流功能于一体的西部现代职业教育研究院。2020 年 4 月我校西部现代职业教育研究院被授予陕西(高校)哲学社会科学重点研究基地,如图 2 所示。

图 2　我校西部现代职业教育研究院被授予陕西(高校)哲学社会科学重点研究基地

西部现代职业教育研究院通过建设高等职业教育研究室、思想政治教育研究室、"三教"改革研究室、职业教育质量评价研究室、"一带一路"职业教育研究室五大研究机构(见图 3),按照统筹联动、多方管理的运行模式,形成"一大职教联盟五大研究机构"的西部现代职业教育研究体系。研究院在双高建设期间,积极发挥智库咨询作用,切实开展职教研究,2019—2020 年立项职教专项研究课题 29 项,筹办陕西省"双高计划"建设论坛 5 次,发布陕西国家"双高计划"建设(内部信息交流简报)31 期,编著出版《高等职业院校教学工作诊断与改进案例汇编》等专著 5 篇,为省教育厅等开展对外政策咨询服务起草 12 份文件或咨询报告,如图 4 所示。

五大研究机构

高等职业教育研究室
开展职业教育理论研究工作。聚集产业及国际职业教育知名专家学者，实现决策智库咨询功能

思想政治教育研究室
开展思想政治教育理论研究工作。形成学校特色的思政教育研究成果，实现课程思政与思政课程同向同行功能

"三教"改革研究室
开展教育教学改革理论研究工作。推进"三教"改革，实现提升人才培养质量功能

职业教育质量评价研究室
开展职业教育质量评价体系研究工作。形成评价主体多元化新模式，实现提升职业教育发展质量功能

"一带一路"职业教育研究室
开展国际合作交流理论研究工作。实现职业教育标准国际化提升职业教育核心竞争力的功能

组建专家团队	开展职教研究	举办双高会议	提供智库咨询
聘请首席专家、学术委员会主任委员及部分特聘研究员等为研究院把握研究方向	研究院与省职教学会联合开展国家级、省级专项课题研究，探索全省职业教育改革发展与双高建设	举办西部"双高计划"研讨会，邀请全国85所职业院校、14家企业单位的350余名领导专家共同交流"双高计划"建设经验	研究院为陕西省教育厅等开展对外政策咨询服务起草12份文件或咨询报告

图3　西部现代职业教育研究院功能与作用

图4　西部现代职业教育研究院召开西部"双高计划"研讨会

二、创建西部产教融合研究院，增强西部产教融合新动能

学校发挥地域优势以及专业群聚集度高、服务产业链范围广的产业优势，通过引进高水平智囊团，共建涵盖产业学院、工作室、研究所（技术研发中心）、协同创新中心、技术推广服务中心、教学资源应用中心等六大功能实体的西部产教融合研究院，服务装备制造和现代服务业产业升级，如图5所示。研究院秉承深化产教融合，与企业互补、互利、互动、共赢的原则，促成学校与北京精雕、宁夏共享、西门子等高端企业分别建成先进制造产业学院、陕工共享产业学院、服务"一带一路"产业学院等三个产业学院，推动了学校与企业在特色优势专业课程体系、结构化教师教学创新团队、教学生产资源、协同研发等方面深度合作，如图6所示。目前，研究院已申请国家机械行指委认定，成立机械行业产教融合发展（西部）研究院，国家机械行指委已经正式批复，为学院后续产教融合工作争取到了行业、政府的支持。

图5　机械行指委为我校成立机械行业产教融合发展（西部）研究院的正式批复

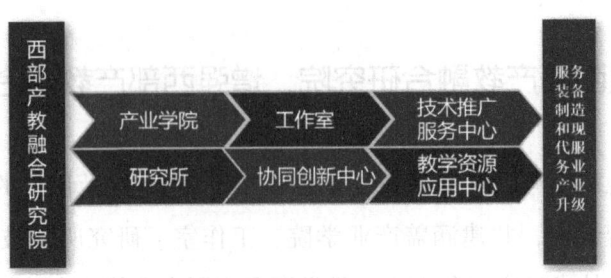

图6　西部产教融合研究院建设体系

三、创建西部创新创业研究院，提升西部双创教育新高度

我校创建了西部创新创业研究院，研究院组建了创新发展研究中心、科技孵化中心及科技成果转化中心等双创科技与资源共享平台，研究院通过实施"一学院一空间"计划，打造"五方联动、四项融合、三链协同"创新创业生态体系。经过研究院的不断努力，现已建成创新创业团队10个；培育省级以上大学生创新创业获奖2项；获得第六届中国国际"互联网+"大学生创新创业大赛陕西赛区省级复赛7项；获得全国总决赛职教赛道金奖；获得第十届京东未来"挑战杯"陕西省大学生创业计划竞赛奖6项，获大赛最高荣誉——"挑战杯"；在第十二届"挑战杯"中国大学生创业计划竞赛比赛中，获国家级银奖1项、铜奖2项；在第四届陕西省中华职业教育创新创业大赛中获得三等奖与优秀组织奖，如图7和图8所示。

创新创业大赛获奖情况

奖项名称＼赛事名称	京东未来"挑战杯"省赛（省级）	中国国际"互联网+"大赛（国家级）	"挑战杯"（国家级）中国大学生创业计划竞赛比赛
金牌	4块	3块	
银牌	1块	4块	
铜牌	1块		
银奖			1项
铜奖			2项

图7　西部创新创业研究院培育学生参加各类创新创业大赛获奖情况

图 8　我校获奖团队在第六届中国国际"互联网+"大学生创新创业
大赛全国总决赛颁奖现场

四、建设数字经济产教融合创新发展中心,打造国家级数字媒体产教融合创新应用示范基地

我校按照"引领改革、融合创新、共赢发展、服务经济"的思路,建设数字经济人才培养基地、产教融合一体化大数据中心、数字化智能化创新示范平台三大创新发展功能区(见图9),搭建联结前瞻、跨界共创的产教融合交流平台,进一步拓展升级,扩大建设成果,将学院建设的数字经济产教融合创新发展中心建设为西部数字经济产教融合发展的桥头堡,树立全国产教融合型城市和职业教育合作的先进典型,为全国职业教育创新发展提供可借鉴的经验。

我校通过抓紧抓牢新时代推进西部大开发形成新格局的历史机遇,立足陕西装备制造产业布局特点和西咸新区区位优势,秉承"凸显中国特色、服务智造强国、促进产业升级、融入西咸一体、助力陕西腾飞、达到世界水平、引领职教发展"的宗旨,高点定位、挂图作战,全力推进双高院校和专业群建设,精准对接"一加强、四打造、五提升"的要求,通过创建西部现代职业教育研究院、西部产教融合研究院、西部创新创业研究院三大平台,建设数字经济产教融合创新发展中心,形成"一区三院一中心"的产教融合创新示范国际品牌,为推进装备

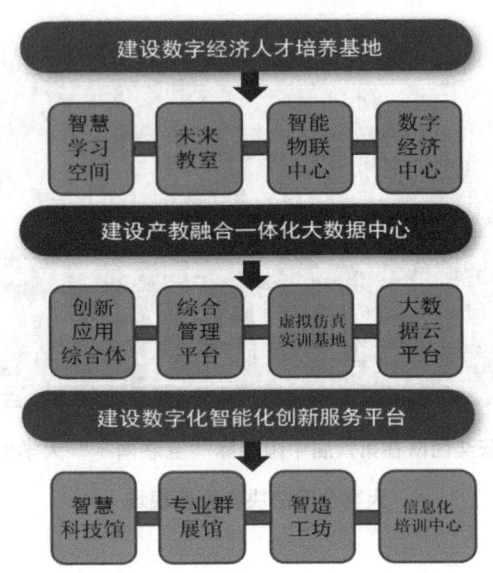

图 9　建设数字经济产教融合创新发展中心的"三大任务"

制造产业转型升级、加速陕西经济社会发展、促进西咸一体化建设、服务"一带一路"倡议需求提供智力支持、技术服务和人力支撑，面向世界范围树立"陕工品牌"。

化美育德　艺技融合　打造高职美育新高地

关键词：化美育德、艺技融合、高职美育

为落实《关于全面加强和改进学校美育工作的意见》《关于全面加强和改进新时代学校美育工作的意见》等新时代美育工作思想，针对高职院校重技能培养、轻审美素质培养，美育工作存在唯美主义倾向、美育育人功能缺乏、服务高职院校人才培养力度不足等实际情况，瞄准美育工作开展困难、体系不完善、目标不明确，美育工作同质化严重、特色不明显，保障机制不健全，创新性不足等高职美育工作共性问题，以立德树人为根本，将学生审美素质培养与树立文化自信、技能报国情操、工匠素养培育进行融合，打造"化美育德，艺技融合"的大美育工作机制，形成了"两链一圈五融通"的高职院校美育人才培养模式，具有一定的普遍现实意义。

一、凝练育人核心理念，确立大美育工作格局

学院坚持以社会主义核心价值观为核心，通过对中华美育精神、现代工匠精神与学院精神分析，结合学院和地方特色，结合时代要求和高职教育发展，研究提出了适合高职院校的"化美育德、艺技融合"美育创新理念。在组织保障上，学院专门成立党政主要领导挂帅，教务处、学工部、宣传部、美育部等相关部门负责人与二级学院党总支书记为成员的美育工作指导委员会，设立处级建制美育

部,将"三全育人"落实到美育工作中,形成大美育工作格局。

二、构建"双链一圈五融通"的美育工作模式

学院通过打造以美育课程体系、讲坛体系为主的教学链,以实践活动体系、工坊体系为主体的教育链,两条链耦合运行,协同推进。将传统文化和优秀艺术作品引进课程内容,弘扬优秀传统文化,树立学生的文化自信;将红色文化和经典艺术作品引进课程内容,弘扬延安精神、长征精神、西迁精神;率先提出职业美学模块,将职业元素和杰出行业代表引进课程内容,培养职业美德,培育工匠精神,创建了艺工同治、智美交融的美育工作形态。以校企情深文艺演出、校地文化共建、校外演出交流、各级各类艺术技能比赛、美育环境育人等"五融通"为美育工作载体,通过知识内化和艺术外化之间互相转化,推动以美育人、以美化人并达到预期效果,加以组织体系、运行体系、评价体系、保障体系强力的生态圈贯通,逐步形成了兼具高职特色、理工特点,内容合理、运行顺畅、保障得力的高职美育工作模式。

三、打造"六位一体"的特色美育实践体系

构建特色课程体系。以教育部、陕西省精品课"美育与大学生艺术素养"课程为主体,以"大学生礼仪美"必选课程为辅助,以"舞蹈鉴赏""音乐鉴赏"等8门选修课为补充,将课堂教学与线上教学进行结合,教师教学与学生自学相结合,形成层次分明,互为补充,线上、线下协同推进的课程体系。

构建特色课程内容。依托地域文化优势,将中华传统文化、秦地优秀文化、红色经典艺术作品、工匠精神引入美育课程内容,厚植学生文化自信、技能报国情怀和工匠精神,培育新时代"陕西工匠"。

构建形成了特色活动体系。以校园文化艺术节、社团文化艺术节、宿舍文化艺术节为统领,持续开展专项艺术活动、专题艺术活动、普及性艺术活动,打造了高雅艺术进校园、校企情深文艺演出等特色活动品牌。加强指导专业学生艺术

活动社团，结合专业学生特点，推进实施"一院一品"特色艺术活动品牌建设工程。

打造特色讲坛系统。设置了美育讲堂、校友讲堂、企业经理人讲座、三秦讲堂、陕工艺堂互相结合的讲坛系统，审美素养、传统文化、行业文化、陕西秦文秦人秦韵、艺术欣赏等交互融合，结合中华美育精神、行业工匠精神、学院精神，共同服务美育育人效果。

构建了特色美育工坊体系。打造以书法艺术为代表的传统文化工坊、以旬邑剪纸为特点的三秦文化工坊、以便携乐器推广的音乐文化工坊，着手锻炼学生美育实践动手能力，寓教于乐，弘扬传统文化，传播地域文化，激发了学生美育学习兴趣。

传承与创新美育环境育人体系。建成包括红色文化广场、机床文化园等在内的"一场一馆一园一廊一港一空间一中心"校园文化景观群，形成了与学院办学理念高度契合的育人环境，并依托校园环境，将审美教育潜移默化地融入人才培养中，体现了环境育人。

四、创新建立闭环运行的美育工作生态圈

依据系统化理论，将美育工作开展进行整体设计，并在实践中形成不断完善的动态运行保障机制，激发美育创新活力。

高效的运行体系。搭建了校园文化艺术节、社团文化艺术节、宿舍文化节等三大艺术节平台，持续开展校园书画展、高雅艺术进校园等主题活动，开展原创小品大赛、歌手大赛、舞蹈大赛等专项艺术比赛。

科学的评价体系。先后制定了《"第二课堂成绩单"制度管理实施办法》《职业技能大赛管理与奖励办法》等文件，将美育工作开展情况纳入各二级学院学生年度管理绩效考核，引入专家评价、教师评价、学生互评的综合评价手段，形成了多主体、多维度结合的评价体系。

强力支撑的保障体系。加大美育工作投入力度，先后批准建设明德礼堂、小剧场、合唱教室等艺术实践场所，投入800余万元购置乐器、书法用具、灯光音

响等设备设施,通过公开招聘、校内外聘任等方式,打造了一支业务精湛、德艺双馨、具有交叉学科背景的教师队伍。

五、建设成效

(一)学生综合素质显著提升

以大学生艺术团为依托,先后26次参加国家、省级艺术表演、比赛并受到表彰;原创作品《民工父亲》《情系梁家河》等多次受邀参加省市各类文艺演出;朗诵、小品、摄影、书画、案例在省级以上艺术比赛中连续实现零的突破,舞蹈、器乐获奖等级创新高。毕业生就业率连续十年稳定保持在97%以上,在国有大型企业、世界500强、国内100强企业的就业率达到52%,涌现出了全国劳动模范何菲、全国技术能手何小虎、陕西省技术状元黄亚光等一批参与神舟飞天、嫦娥探月等超级工程和重大项目的名片学生,成了支持"中国制造"强国战略的生力军和主力军。

(二)以美育人成果丰硕

先后获得陕西省人民政府教学成果特等奖1项、二等奖1项,国家一级学会教学成果奖4项,国家级校园文化优秀成果1项、省级校园文化优秀成果奖8项,省级以上专项课题7项,出版教材3本,发表论文30余篇。建成教育部高职高专文化教育类专业教指委精品课程、省级精品课程1门。学生在国家级、省级大赛中累计获奖61项;连续六届参加全国大学生艺术展演,获一等奖2项、二等奖6项、三等奖2项、创作奖1项、优秀组织奖2项;大学生艺术团荣获省级优秀学生社团称号,学院荣评全国高校艺术教育先进单位。

(三)社会影响持续扩大

学院美育工作的创新做法形成了明显的示范引领作用,《美育与大学生艺术素养》教材及课程体系被省内外20多所高校选用;依托中国高等教育学会美育专业委员会副理事长单位，向省内外 100 余所高职院校推广美育工作经验；在全国美育大会、全国高校美育课程建设规范编制工作会等全国性会议上作主旨发言 5 次；工作成效受到中国教育报、中国青年报、陕西日报、腾讯网、新浪网、陕西省教育厅官方网站等媒体的关注报道。美育工作已成为学院特色人才培养的重要组成部分和品牌名片。

以人为本温馨思政 护航成长绽放青春

关键词：思想政治、心理育人、健康成长、全面发展

一、实施背景

新时代的学生是个性张扬的一代，教育和管理环境发生着深刻变化。面对新时代学生管理工作中诸多不同程度的新挑战，准确把握新时代高职学生的鲜明个性与特点，把立德树人作为根本任务，以学生全面发展为工作目标，遵循"围绕学生、关照学生、服务学生"的工作理念，按照坚持问题导向和需求导向，突出以生为本、立足实际、破解难题的思路，自 2006 年以来，压茬实施学生教育行动计划、学生素质提升计划，构建大学生思政教育综合阵地，搭建集心理咨询中心、易班发展中心、陕西普通高校辅导员工作室为一体的大学生思想政治教育温馨港，如图 1 所示。在学生成长环境的不断变化中不断创新工作方法、提升管理水平、释放管理效能，提高了学生的工作实效。

图1 大学生思想政治温馨港落成

二、培育形成"心理育人+网络思政+辅导员工作室"全方位育人格局

(一) 坚持育心与育德相结合,形成"陕工"心理育人特色

建立学校、二级学院、班级、宿舍"四级"预警防控体系,健全心理危机预防和快速反应机制。定期开展心理委员、宿舍长等学生骨干培训,打通危机预警干预的"最后一公里"。

(二) 构建"思想引领、教育教学、生活服务、文化娱乐"四位一体网络体系

借助易班平台、微信群、QQ群等网络手段,不断为学生输送丰富的资讯、教学和服务资源;全方位、多渠道开展学生网络思政教育,积极构建双向互动模式,主动开展网络思政教育新思路,着力打造"工院易班"网络育人新名片,推动网络思政守正创新。

(三) 运用辅导员工作室搭建交流平台,促进辅导员"三化"成长

依托大学生思想政治教育温馨港"辅导员工作室",搭建长效成长平台,长期开展"五个一"队伍提升工程,加强辅导员理论研究与实践创新,让工作室

成为辅导员间"传帮带"的纽带,促进辅导员相互学习、共同进步。

(1) 每年设立一批学生思想政治教育专项课题。

(2) 每学期开展一次学生工作交流研讨会。

(3) 每季邀请一名省内外辅导员名师进行专业辅导培训。

(4) 每月开展"辅导员沙龙"。

(5) 每周向各班推出一期班会微课。

三、实施过程

(一) 心理育人长久发力,精心育苗护航成长

学校坚持"全面教育与重点预防"相结合的工作方针,大力开展心理健康教育工作,全面提升大学生心理健康教育的工作质量。

(1) 依托"阳光心晴工作站"推进心理健康班级、宿舍、家庭三走进。设立"阳光心晴工作站",通过心理健康主题班会、关爱谈话、走进困难家庭等形式推进心理健康教育不断走向深入。

(2) "12345"心理健康教育体系全力护航学生成长。"一个中心"即心理咨询中心;"两支队伍"即心理健康教师队伍、心理健康学生队伍;"三个课堂"即心理健康教育必修课、线上线下选修课、心理健康"第二课堂";"四级网络"即学校—学院—班级—宿舍四级心理健康教育工作网络;"五大系统"即发现、监控、干预、转介、善后五大心理危机预防干预工作系统。

(二) 以"易班工作站"为统领,创新网络服务矩阵

借助易班平台开设班会微课学习模块,每周推送 2~3 节微课,内容涵盖了心理健康教育、红色主旋律、安全教育、行为养成等各个方面,方便了班主任老师和学生。

(三) 辅导员工作室团队百花齐放,攻坚创品牌

线上线下融合创新,启动实施"效能提升"战略。按照"点上打基础、线

上做引领、面上创品牌"的总体设计,搭建业务培训、学历进修、轮岗体验、大赛历练、课题研究等五个平台,采取辅导员应知应会测试、辅导员说管理、辅导员工作沙龙和学生工作论坛四种形式。

(1) 重点打造。依托工作室开展专项团队打造已经两年,建成了辅导员素质能力大赛团队、心理育人团队、红色党建团队和科学研究团队。精准打造骨干团队进行攻坚,促进团队成员快速成长(见图2),既激发了辅导员的潜力,又增强了职业自信,促进了工作业绩和育人实效。

图2　心理育人辅导员团队在研讨案例

(2) 整体培养。挖掘校内和校外两种资源,线上和线下相结合,将辅导员培训纳入教师培养培训体系,通过培训、帮带、实践活动等方式,落实辅导员政策理论学习、岗前培训、专题培训,分阶段、分重点持续推进辅导员队伍建设,促进辅导员专业化发展。

四、建设成效

(一) 心理育人工作省级示范区域引领

我校特色心理育人模式,工作成效显著,未发生过重大心理危机事件,心理健康教育工作先后获得省级奖励15项,被确定为陕西省高校心理健康教育与咨询工作示范中心，如图3所示。

图3　学校荣获集体表彰

专兼职心理教师个人荣获省级表彰25项，学生获省级表彰18项；在心理健康教育科研工作方面，主持完成省级项目及课题5项，院级课题3项，发表心理专业学术论文14篇、核心论文5篇，如图4~图6所示。

图4　辅导员在陕西省心理课程教学大赛中获得一等奖

图 5　专兼职教师荣获个人表彰

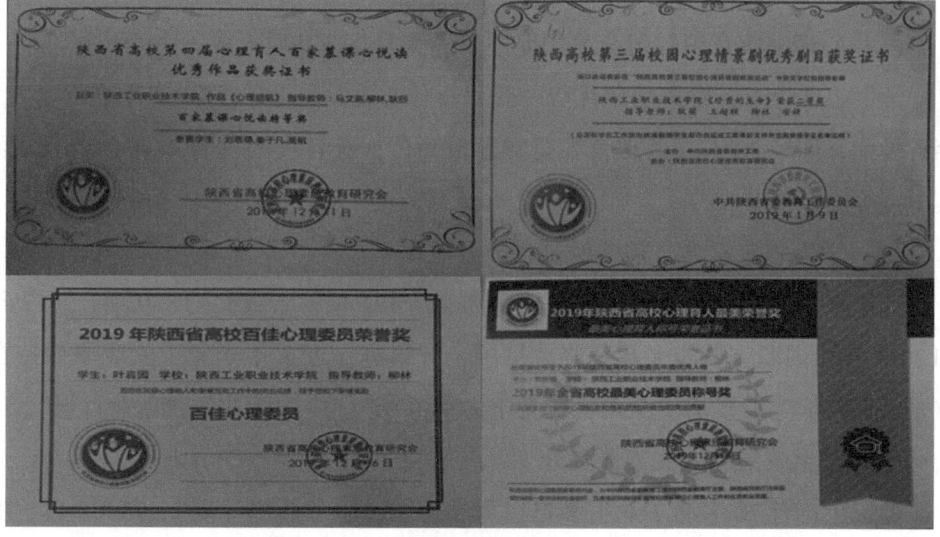

图 6　学生荣获大赛奖项

(二) 以"易班工作站"为统领的网络服务矩阵发挥效能

借助"智慧校园"网络基础设施，实现校园信息系统互联互通。基于学生管理数据分析平台，使学生管理工作更加贴近学生的思想、学习和生活，有效地提升了学生教育、管理、服务工作的精准度和实效性。院学生会被评为 2020 年度陕西省标兵学联学生会组织,院学生会轮值主席王朝辉、陶洁琼荣获陕西省学联学生会先进个人。

(三) 辅导员队伍建设成效显著

(1) 形成各具特色的"老中青"传帮带学生工作队伍。近三年,先后有五名辅导员在省级辅导员职业能力大赛和心理课程教学比赛中获得一等奖 1 项、二等奖 2 项、三等奖 2 项。

(2) 内培外引、优化队伍,以赛代训、强化能力。先后申报立项省级、学会等辅导员工作研究课题 14 项,校内研究课题 27 项,先后涌现出一批敬业奉献的好教师、感动校园的"工院好人"。

(四) 学生成长

(1) 心理健康意识辐射全员,促进学生优秀心理品质形成。

学生心理骨干,发挥朋辈优势,获"百佳心委""最美心委""千名好舍友"等省级荣誉称号 20 人;心理育人竞赛喜报频传,获各类心理育人育心奖 18 项,其中特等奖 5 项。

(2) 学生职业素养、学生就业竞争力提升

近年来,学生累计获得国家技能竞赛奖励 171 项,省级奖励 830 项;2017 年和 2018 年全国职业技能大赛获奖数量居全省第一;近 7 年毕业生就业率保持在 97% 以上,学院被授予"全国就业竞争力示范校""中国职业教育就业百强"。

(3) 学生政治、人文素养提升

近三年,有 70 多名毕业生参与"大学生志愿服务西部计划",15462 名学生申请入党,入党积极分子 7450 名,在校学生党员 1803 人;先后涌现出勇救落水村民的学生丁年,见义勇为的好学生、孝老爱亲的好榜样,荣获省级"学雷锋活动示范点"2 个;2018 年,《情系梁家河》荣获全国大学生艺术展演一等奖;连续六年被评为陕西省"三下乡"社会实践活动先进单位。

探索创新创业新机制，构建全方位的高职创新创业人才培养生态体系

关键词：创新、创业、生态体系

一、"五方联动、四项融合、三链协同"的创新创业生态体系

通过搭建五方联动的开放协同平台、探索四项融合的创新创业协同方法、构建三链协同的创新创业人才生态链，探索创新创业新机制，构建全方位的高职创新创业人才培养生态体系，如图1所示。

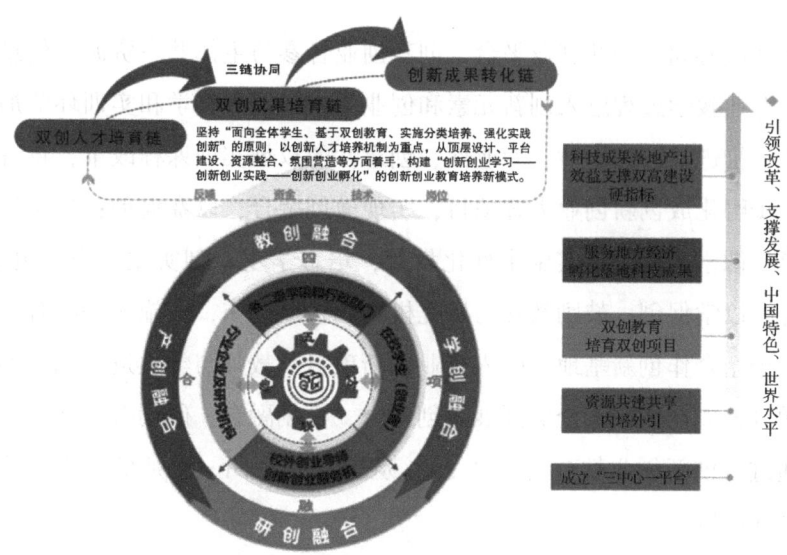

图1 "五方联动、四项融合、三链协同"高职创新创业人才培养生态体系

(一) 搭建五方联动的开放协同平台,探索创新创业新机制

以西部创新创业研究院为中心,与学院各二级学院和行政部门、与行业企业及研究机构、与校外创业导师及创新创业服务机构、与在校学生(创业者)之间相互联动,搭建五方联动的开放协同实践平台,如图2所示。联系校外创业导师和服务机构做好服务工作,定期举办创新创业沙龙,共同培育创新创业大赛项目等,通过探索五方联动新机制,做好政策研究,进行机制创新,引领双创教育。

图2 五方联动新机制

(二) 探索四项融合的创新创业协同方法,营造创新创业氛围

搭建开放协同的创新创业平台,创新创业各参与主体共享资源、信息、政策和项目。专业教学过程融入创新元素和创业元素,课程教学和实训环节加入项目创新设计,推进具有先进性、专业性、创意性的双创实训课程改革,将有创意的项目进一步孵化成创新创业大赛项目,实现教创融合,以赛促创;将学生技术性社团与第二课堂相结合,实施个性化教育,培育学生双创实践能力,边学边创,学创融合,以学促创;鼓励教师与研究机构和企业合作,实施研创融合,以研促创;建立校企合作创新基地,引入企业创新项目,教师与学生进行创新实践,实现产创融合,以产促创。全面开展教创融合、学创融合、研创融合和产创融合的多维度递进式创新创业教育(见图3),从课堂到社团、教师到学生,营造浓厚的创新创业氛围。

图3　四融合的创新创业协同方法

(三) 构建三链协同的创新创业人才生态链

围绕双创人才培养，资源共建共享，内培外引，成立"三中心一平台"，落实创新创业基础教育，形成双创人才培养链；通过双创教育培育双创项目，通过双创项目培育创新团队，进而培育双创成果，形成双创成果培育链；通过双创团队参与双创大赛和服务地方经济，通过服务地方经济孵化落地科技成果，通过科技成果落地产出效益，形成创新成果转化链。三者相辅相成、互为依托，双创人才培养促进双创成果培育，双创成果培育助推双创成果转化，双创成果转化又从技术、项目、资金等多方面指导双创人才培养，使人才培养能够真正满足社会和企业的需求，实现高职创新创业能力的需求侧和供给侧相匹配，形成双创人才培养链、双创成果培育链和创新成果转化链三链协同的创新创业人才生态链，如图4所示。

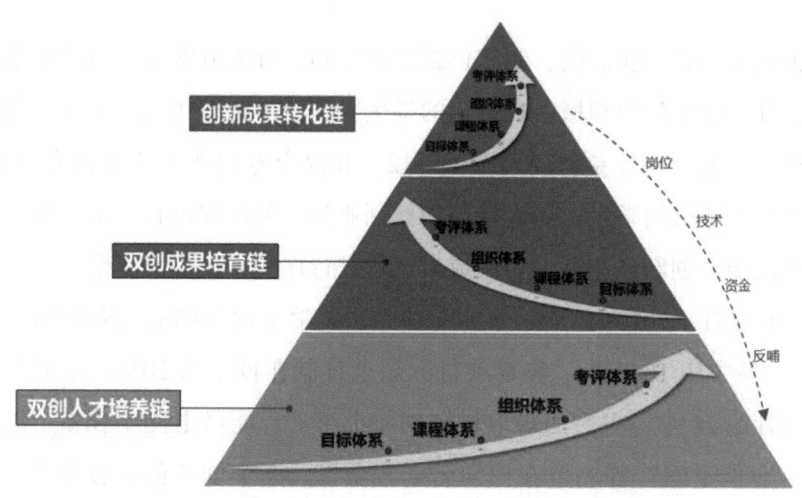

图4　三链协同的创新创业人才生态链构建体系图

二、开展多项建设工程,推动双高教育战略转型

(一)充分利用学校原有的创新创业培养模式和建设好的创新创业实践平台

在创新创业实践课程建设方面,我校"创新创业基础""机电一体化技术创新创业实践""电子信息类创新创业""机械创新设计与制作"及"纺织服装创新创业实践"5门课程入选陕西高校创新创业教育课程(陕教高办〔2019〕13号),其中,MOOC课程2门、线下课程3门,入选课程数量位居全省高职院校前列。同时,"创新创业基础"课程2019年被评为省级精品在线开放课。

在创新创业硬件实践平台建设方面,除建成的公共共享600平方米的大学生创新创业空间之外,每个二级学院都设立有创新实验室或创意策划室向学生全面开放,将创新实验室与技能大赛、创新创业大赛等结合起来,让创新教育在专业教育的土壤中不断孵化。

(二)制定完善创新创业相关管理办法、推行专利奖励制度

完善现有创新创业制度,制定创新创业导师、育人方案及众创空间管理等系列办法。针对创新创业领域表现突出的学生,学校出台了相关专利奖励制度,如学术获得授权的专利且专利权人属于学校,并提交专利技术档案且齐备的学生。对已取得专利证书的学生,可直接与创新创业类相关课程进行学分替换。专利奖励制度不仅能对创新创业活动中的成果产权进行保护,也提高了学生参与创新创业活动的积极性。2020年学院"互联网+"大学生创新创业大赛网报参赛项目450项,参赛学生1662人,参赛项目数超全日制在校生数20‰。学院组建了科技创新类社团28个,先后涌现出机械创新小组、智能微电网工作室、新能源协会、"C+创能空间"等一批在校知名创客项目。三个创新创业教育改革试点二级学院获省级批准立项建设,累计创新创业培训0.85万人次以上,每年成功引

导 50~60 名学生顺利实现创业。实施大学生创新创业工程，学院设立了 80 万元的学生创新基金，相继建成了由学生自主经营的校内连锁营运体验店、淘宝创业工作室、小麦公社、京东派、咖啡屋、服装设计自营店等。我校电子商务专业 2010 级学生冯小波、刘鑫、赵赛雪在陕西省西咸新区创建成立西安运通电子商务有限公司（于 2014 年 9 月 11 日），该公司主要利用互联网思维，借助电子商务平台以经营童装为主，之后随着公司业务的不断扩大，于 2016 年下半年增加了中老年服装业务；公司主要在两大电商平台进行运营——京东平台和淘宝平台；共有四个店铺，2016 年交易额为 900 多万元；公司各店铺运营状况良好，整体上升势头明显。

（三）多方联动、分阶段精准施策

依托团委，教务处和二级学院根据各年级和不同专业学生实际，定期制定了创新创业活动方案，分阶段并有所侧重、循序渐进、相互衔接地开展各类创新创业活动，先后开展赛项解读、创新创业沙龙活动、校友创业心得微分享、校内外专家专题讲座、校内外创业导师项目培训、组织团队参加线上培训，多方联动、线上与线下相结合，创新创业活动与赛项项目培育相结合，给跨二级学院、跨专业组建创业计划团队牵线搭桥，联合二级学院深入实训场所挖掘项目，遴选专业教师对申报项目进行指导，分层分类开展创业项目培训，递进式分阶段协同培育创新创业项目。

（四）研创结合，激活创新创业动能

鼓励学校创业导师，将创新创业项目和科研项目相结合，以研促创，指导学生创新创业团队参与科研项目之中，申报专利，激活创新创业动能。联合教务处和团委举办校内选拔赛，组织多次校级项目路演比赛、培训活动，对参赛的团队进行校赛和省赛两轮打磨，组织校内外专家对参赛队伍进行路演答辩评审与"一对一"指导，并根据不同组别，对校赛遴选出的团队进行分类指导和持续优化。

（五）依托创新创业平台引企入校、实体化运作

深化产教融合、强化校企合作，助推商科类专业群协同发展。2019 年，我校商贸与流通学院和上海星巴克合作，实施引企入校，将星巴克在线客服项目引入校园；与青岛蓝色基点电子商务有限公司、南京苏宁易购集团合作，开展"双十一"网络客服实习，为 294 名同学提供企业真实岗位锻炼机会；与北京布瑞琳、新荣记等企业合作，组织 200 多名同学开展跟岗实习和顶岗实习。2020 年 11 月我校众创空间引入短视频项目，该项目是西安素言映画广告文化有限公司与众创空间共同合作的项目，项目以电子商务专业学生为主，向全院招生，为有兴趣爱好与想创业的学生提供机会和平台。项目主要承接各类企业产品的短视频制作和直播，主要包括产品拍照、脚本撰写、短视频制作等，学生制作的作品被企业选取后，可以获得一定的佣金，使学生的自身价值能够不断地得到实现，学生能够不断地有成就感和自信心，各方面的能力也能够得到提升和锻炼。

三、提升西部双创教育新高度

通过一年的努力，学校双创工作取得了显著的成效，2020 年省级及以上创新创业大赛获奖 19 项，其中获国家级创新创业奖 4 项，包括第六届中国国际"互联网 +"大学生创新创业大赛全国总决赛职教赛道金奖 1 项，第十二届"挑战杯"中国大学生创业计划竞赛比赛国家级银奖 1 项、铜奖 2 项；获省级创新创业奖 15 项，其中，第六届中国国际"互联网 +"大学生创新创业大赛陕西赛区省级复赛取得 3 金、4 银（见图 5），第十届京东未来"挑战杯"陕西省大学生创业计划竞赛取得 4 金、1 银、1 铜（见图 6）（我校获大赛最高荣誉——"挑战杯"），第四届陕西省中华职业教育创新创业大赛三等奖 2 项（我校获得优秀组织奖）。

图5　省教育厅刘建林厅长同我校获奖师生、校长刘永亮合影
（第六届中国国际"互联网+"大学生创新创业大赛全国总决赛）

图6　我校师生代表合影（第十届京东未来"挑战杯"
陕西省大学生创业计划竞赛）

聚焦区域经济发展需求，开展技术技能新服务

关键词：技术服务、技术服务中心、科技创新团队、科技扶贫

我校依托陕西省政府批准设置的陕西"现代工业和服务业职业教育改革试验区"，主动对接智能制造技术、先进材料成型技术等产业发展，培育和聚集技术创新团队，打造一流的科技成果转化平台、一流的产学研协同创新平台、一流的科技风险投资平台和一流的人才培育引进平台。

一、"两中心"相互协同，构建技术服务新体系

我校创建了以中小微企业服务中心与装备制造龙头骨干企业技术服务中心为核心的技术服务体系，通过引进、投资、培养、运行、评价五大机制，开展技术服务"十大改革任务"，实现"五大功能"，切实服务地方产业转型升级与区域经济发展，如图1~图3所示。

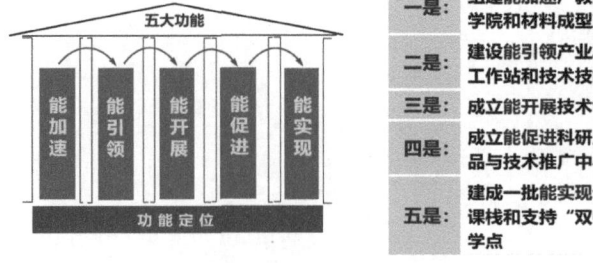

图1　装备制造龙头骨干企业技术服务中心五大功能

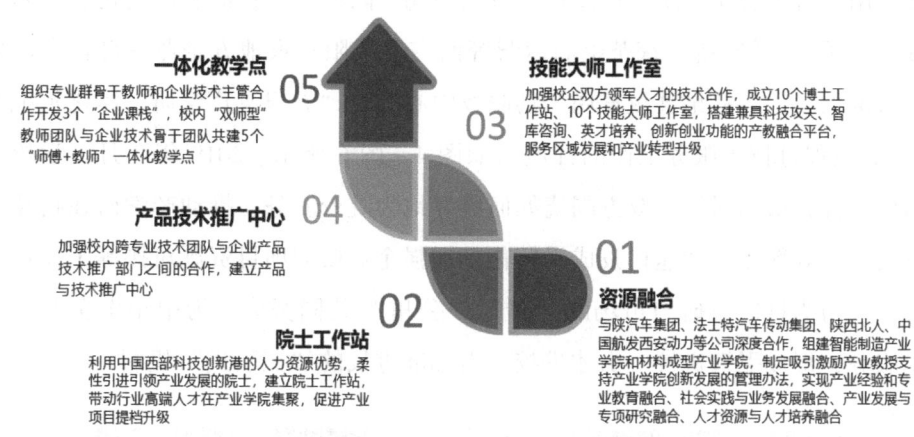

图 2　装备制造龙头骨干企业技术服务中心五大任务

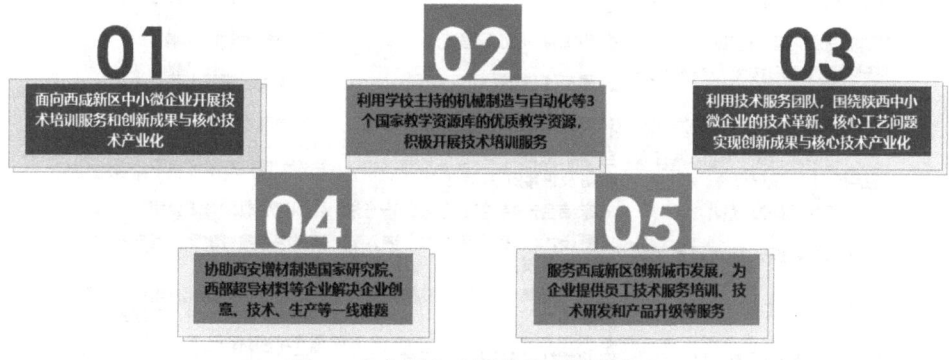

图 3　中小微企业服务中心五大任务

二、培育科技创新团队，精准对接企业需求

我校以高层次人才为引领，初步组建了涵盖模具设计、航空航天轻质结构精密铸造、超薄柔性玻璃、陶瓷复合材料、光伏组建、新能源及微电网系统、光电技术与智能控制、智能装备、生物质资源综合利用、传感器技术和旋转机械故障识别与诊断为研究方向的科技创新团队 18 个。我校科技创新团队已先后与欧姆龙自动化（中国）有限公司、西北工业大学海洋声学信息感知工业和信息化部重点实验室、西诺医疗器械集团有限公司、西安欧中材料科技有限公司、陕西万

象食品用菌有限公司、陕西怡泽茯茶有限公司、陕西子琪食品有限公司、陕西志鑫食品公司、"泾盛裕"茯茶电商运营等西安、咸阳多家地方企业签订技术研发服务对接项目，与礼泉县教育局、县职教中心共建"礼泉县产学研一体化示范基地"，有效促进技术服务工作的开展，如图4~图6所示。2019年9月，学校与咸阳市科技大市场对接，双方围绕如何更好地为院校服务，推动产学研在科技大市场实现有效衔接，加速科技成果转化，加强企业横向项目资源对接等工作进行推进，极力为打通科研与市场的"最后一公里"共同努力，为中小微企业开展技术服务，形成引智进校、引才进校、引标准进校的"三引进"机制。

科研团队	研究方向	服务企业
模具设计与制造研发团队	模具设计、产品成型CAE分析	震雄注塑机西安分公司、咸阳华星工模具、西光模具
航空航天用高温材料研发团队	钛及钛合金、复合材料、功能陶瓷	西部超导材料科技股份、
功能陶瓷材料研发团队	多孔陶瓷表面工程技术	西安航空发动机（集团）
柔性玻璃成形技术及产业化开发研发团队	超薄柔性玻璃	彩虹集团、曜晖集团
高功率超快光电器件研发团队	超快光电器件特性研究	中科院西安光机所
光热转换薄膜的功能化调控及应用	自掺杂金属陶瓷光热涂层的设计制备及性能研究等	兰州大成科技股份有限公司
机床结合部研发团队	机床结合部特性理论与实验方法	陕西汉中机床有限公司
检测与智能感知技术研发团队	检测技术、传感器技术、嵌入式软硬件开发	西诺医疗器械集团、西安苏茂医疗器械
智能装备研发团队	自动产线集成、非标设备研制、设备技术改造	陕西法士特、西北光电集团、航天四院、航天六院、兵器206所
农业智能装备研发团队	农业智能装备研究与开发	浙江天煌科技实业、内蒙古农业大学机械厂

图4　我校科研团队研究方向及服务企业情况（部分）

图5　我校博士科研团队赴临猗开展技术服务工作

图6　我校在咸阳科技大市场推广的"专利墙"

三、开展科技扶贫项目，技术服务助力脱贫攻坚

2019年8月，我校在"两联一包"对口帮扶村——香山村开展的陕西省科学技术厅科技扶贫项目（项目名称："陕西省安康市汉滨区光伏智能温室科技扶贫计划项目"）取得进一步突破（见图7），项目中的屋顶分布式光伏电站成功与国家电网并网，采用"全额上网"的并网模式，项目装机总量11千瓦，预计全年发电约1万度，未来20年将为当地贫困人口增收10万元以上。

图7　建设完成的光伏电池板阵列

经我校老师实地调研，香山村具有气候湿润、生态环境优良的特点，部分贫困户也具有种植食用菌的经验。通过与村委会的充分沟通以及与村民的交流，确立了在该村建设智能温室并开展食用菌种植产业扶贫的想法，并最终制定了实施方案，助力该村脱贫攻坚，如图8和图9所示。

图8　建设完成的智能温室　　　　图9　完成吊袋工序的菌包

四、加强校企协同创新，共铸科技创新成果

我校不断深化校企合作，健全企业的协同创新机制，提升技术服务能力。近

年来，我校科研团队针对典型"非电"锅炉 NO_x 排放的治理、基于卡诺逆循环原理的低功耗深度制冷技术、"超细粉磨分级设备电气控制技术"与超薄柔性玻璃材料制造等关键技术难题进行深入研究（见图10），其中"超细粉磨分级设备电气控制技术"项目在咸阳非金属矿研究设计院有限公司实施应用实现产值6000万元并获陕西省高等学校科学技术三等奖，为区域经济发展贡献"陕工力量"。

图10　由我校开发的"超细粉磨分级设备电气控制技术"设备运行现场

未来，我校将继续秉持开放、合作、互学、互鉴、互利、共赢的理念，面向市场与企业发展需求，深入推进技术服务和科技创新合作工作，立足学校科技创新优势资源和特色领域，建设一批校企科技合作创新平台，形成一批校企科技合作项目，转化应用一批科技创新成果，持续提升技术服务能力。

匠心育人，创字为先，建设国家级职业教育教师教学创新团队

关键词：国家级职业教育教师教学创新团队、能力、标准、社会服务

一、实施背景

毛泽东主席说过："路线确定之后，人就是决定因素"，一切教育方针政策的贯彻、知识技能的传授都需要教师去执行方能落地，教师对于一所学校的教学水平及学生培养质量的重要性不言而喻。基于此，2019年1月国务院印发了《国家职业教育改革实施方案》（国发〔2019〕4号），改革方案提出"建设一批国家级职业教育教师教学创新团队"。2019年5月13日教育部印发《全国职业院校教师教学创新团队建设方案》（教师函〔2019〕4号），明确了教师教学创新团队的建设目标和任务。

陕西工业职业技术学院积极申报国家级职业教育教师创新团队建设项目，机电一体化技术专业教学团队获得国家级职业教育教师创新团队立项批准，如图1所示。

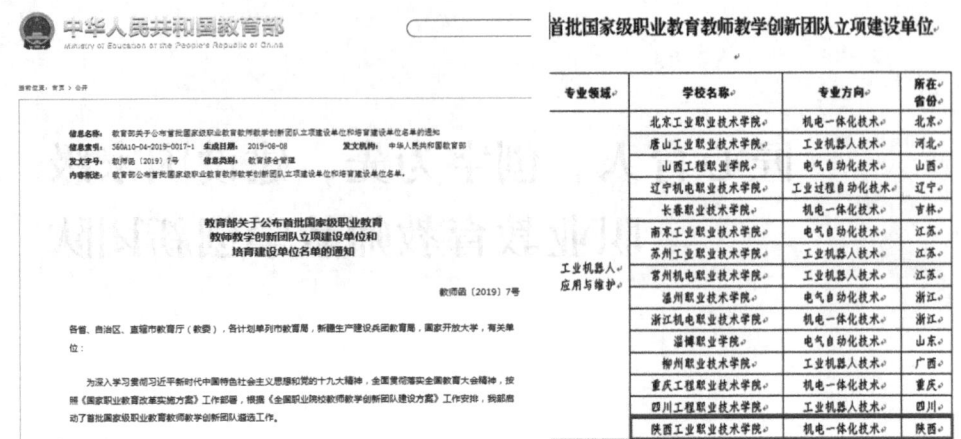

图 1　国家级职业教育教师创新团队立项文件

二、实施过程

（一）提升团队教师课程思政能力

将立德树人贯穿人才培养全过程，转变教师重知识传授、能力培养，轻价值引领的观念，通过多种方式，引导广大教师树立"课程思政"的理念。通过新教师入职培训、专题培训、专业研讨、集体备课等手段，积极吸收与鼓励思政课教师和辅导员参与课程思政建设，强化课程思政教学改革工作，让广大教师能利用课堂主讲、现场回答、网上互动、课堂反馈、实践教学等方式，把知识传授、能力培养、思想引领融入每门课程教学过程之中。团队充分运用教研室大讨论、老教师传帮带、教材教案编写、"课程思政"教学名师的示范作用等手段，开展思想政治教育能力培养，结成教师帮扶对子13对，开展课程思政经验交流6次。

（二）提升教师资源建设能力

邀请职教专家线上、线下进行教学资源建设培训，包括基于工作过程系统化课程开发、虚拟仿真资源建设、在线开放课程建设、活页式教材开发等，积极与企业合作，建设各种教学资源。

(三) 提升教师课堂教学能力

通过教学名师传帮带、骨干教师上示范课及教案撰写、教学设计、信息化教学手段应用、鼓励教师参加各级各类教学大赛，提升教师课堂教学能力和创新能力；通过专业教学法研究、课程开发和信息化技术应用，提升教师模块化教学设计能力、课程开发能力；组织教师参加企业工匠专项技能培训，专业技能水平大幅提升。2019 年和 2020 年教学团队教师总计参加线上线下、教育部、教育厅、行职位、学院培训总计 50 余批、318 人次，如表 1 所示。

(四) 落实企业实践制度，提高教师实践能力和创新能力

积极组织教师企业轮训，利用寒暑假时间定期到专业合作企业实践，学习了解企业的生产组织方式、工艺流程、产业发展趋势等基本情况。熟悉企业相关岗位（工种）职责、操作规范、用人标准及管理制度等具体内容。学习所教专业在生产实践中应用的新知识、新技能、新工艺、新方法。结合企业的生产实际和用人标准，不断完善教学方案，改进教学方法，积极开发校本教材，完善与改进学校实践教学环节，提高人才培养质量。2019 年以来总计赴企业实践教师 25 人次，撰写专业、企业调研报告 12 份，修订人才培养方案 6 份，如表 2 所示。

(五) "以赛促教"出成效，提升技能大赛指导能力

技能大赛相关知识技能要求融入日常教学工作中，专业教师技能水平和指导能力大幅提升。在第六届中国国际"互联网+"大学生创新创业大赛全国总决赛中获国家级金奖，实现陕西省高职院校零的突破。在第六届中国国际"互联网+"大学生创新创业大赛陕西赛区中，获金奖 2 项。在 2019、2020 年高等职业院级技能大赛中获得国家三等奖 2 项，陕西省一等奖 4 项、二等奖 10 项、三等奖 4 项。在第九届全国数控技能大赛陕西赛区选拔赛中获教师组一等奖 1 项，学生组一等奖 1 项、二等奖 1 项。

表 1 教师培训情况统计表部分

培训名称	培训内容	主办单位	培训时间	形式	参加人员
高校教师教育教学能力提升专题网络培训	教育政策、师德师风、课堂思政、教学实务、科研能力	国家教育行政学院	2020.6.15—2020.9.15	线上	王谊、南子元、魏进、王艳霞、王姣姣、鲁允
国际"双元制"职业教育专题培训班	国际双元制职业教育专题培训	教育部教师工作司	2020.7.27—2020.8.7	线上	祝战科、李晓鹏、段文洁、梁盈富、刘艳申、唐忠林、孙荣创、刘保朝、陶静等
教育部职业教育教师创新团队建设在线培训示范班第一期	教学创新团队建设培训	陕西省教育厅	2020.11.6—2020.11.9	线上	段文洁、刘艳申、梁盈富、祝战科、孙荣创、唐忠林
教育部职业教育教师创新团队"工匠之师"培训	德国职业教育教学培训	教育部教师工作司	2019.11.17—2019.12.15	线下	段文洁
也未艾虚拟仿真教学培训	虚拟仿真教学平台使用	陕西工院	2020.11.19—2020.11.20	线下	段文洁、杨亮、陶静、王颖、梁晓哲、孙荣创、王谊、刘保朝、王艳霞、王伟、桓茜

续表

培训名称	培训内容	主办单位	培训时间	形式	参训人员
陕西省职业院校教师素质提高计划国家级培训班	紧缺领域教师技术技能传承创新——工业机器人	西安交通大学继续教育学院	2019.6.17—2019.7.12	线上+线下	王谊、王晨
职业教育国家规划教材的设计与开发高级研修班	活页式教材开发	聚焦职教	2020.3.17—2020.3.21	线上	梁勇富、赵伟博、李琳杰、孙荣创、刘保朝、秦洪浪、王姣姣、王艳霞、王伟、桓茜、祁伟、罗康
工业机器人应用编程业技能等级证书暑期师资能力提升、考核师取证培训	工业机器人操作编程职业技能等级标准、书证融通方案、中级考核实操、应用编程X证书考核	北京赛育达科教育有限责任公司	2020.8.13—2020.8.17	线上+线下	杨亮、梁勇富、王晨、赵伟博、王谊、桓茜
数控设备维护维修"1+X"证书培训师培训	数控设备维护维修"1+X"考核设备使用	北京机床研究所有限公司	2020.6.20—2020.6.26	线上	祝战科、罗梅、司昌练、魏进、南子元、张静
职业教育信息化教学能力提升高级研修班	教学信息化应用水平培训	机械工业教育发展中心	2019.12.12—2019.12.15	线下	李琳杰

表 2　部分教师企业锻炼情况汇总表

锻炼企业	锻炼内容	锻炼时间	人员
江苏汇博机器人技术股份有限公司	智能制造技术应用培训	2019.7.31—2019.8.19	王谊、赵伟博
广东省技师学院	数控技术应用培训	2019.10.12—2020.1.12	王彦诚
中煤科工集团西安研究院	企业运行流程、设备调试等	2020.7.26—2020.8.25	张静、张育洋
宝鸡机床集团	机床生产安装流程工艺	2019.7.14—2020.8.13	魏进、南子元
江苏楷益智能科技有限公司	工业设计技术	2020.7.27—2020.8.27	穆王君
西诺医疗器械集团有限公司	数控机床加工工艺及刀具	2019.7.15—2019.8.9	鲁允、刘瑜兴
西安航空制动科技有限公司	工件的生产工艺	2020.7.27—2020.8.27	鲁欢
中国飞行试验研究院	飞机维修保障	2020.7.15—2020.8.20	南亨、霍景、马艺琰
中国人民解放军第7502工厂	发动机检修	2020.7.15—2020.8.20	唐忠林、马鸿、董文强
浙江海德量智能装备股份有限公司	数控加工工艺	2020.7.20—2020.8.20	孙荣创、贺巍亮、李琳杰、罗康

(六) 立足自身优势与企业需求，提升教师科研与社会服务能力

根据团队专业优势与合作企业需求，以教师教学创新团队成员为带头人，聚焦不同方向，成立了以教授、博士为核心的4个科研团队，形成人人加入一个科研项目、一个科研团队，使科研成为促进教学水平及提升社会服务能力和企业服

务的重要途径。以唐忠林博士为带头人，带领 3~5 名智能传感、智能制造方面的骨干教师，发挥企业工作优势，与西北医疗器械集团合作，开发智能医疗设备、软件；以王伟博士为带头人，带领 3~5 名工业机器人、光电检测方面骨干教师，面向太阳能聚光集热发电技术、光热转换及应用技术、光热—光伏耦合技术展开研究；以祝战科教授为带头人，带领 3~5 名青年骨干教师，面向智能化改造升级、智能生产线集成装调与维护，为企业提供技术服务。

三、建设成效

（一）课程思政育人效果突出

教师课程思政能力显著提升，教师获陕西省课堂创新大赛一等奖 1 名、陕西省课程思政育人"骨干教师"1 名、陕西省教学名师 1 名，获"立德树人论坛"二等奖 1 项、陕西工院师德先进个人 1 名、"立德树人"论坛二等奖 1 名。团队成员积极参与课程思政，立项陕西省职教学会课程思政项目 28 项。

疫情发生以来，航空工程学院收到兴平市阜寨镇政府和汉台区东关街道办事处对我校机电 1802 班许豪同学、机电 1907 班李一哲同学的两封表扬信，如图 2 所示，信中分别对两名同学的疫情防控志愿服务工作进行了表扬与感谢。同学们用实际行动诠释了报国为民的坚定信念，彰显了新时代青年的责任与担当，展现了陕西工院学子的青春风采。

（二）教学资源建设成果丰硕

根据教育部《关于做好部省共建国家职业教育虚拟仿真实训基地专业课程与教学资源建设有关工作的通知》［教职成司函〔2020〕34 号］精神，教育部科技发展中心发布了第一批项目名单，团队承担了机电一体化技术、工业机器人技术、数控技术 3 个专业的教学资源建设任务，建成"柔性制造与自动化生产线""工业机器人技术"等 12 门在线开放课程。2019 年 7 月以来，与德玛吉精森机、宝鸡机床集团、华中数控有限公司、北京 FANUC 机电设备有限公司等企业合作，

感谢信

陕西工业职业技术学院：

2020 年 5 月

表扬信

尊敬的陕西工业职业技术学院：

您好！

2020 年注定是不平凡的一年。一场突如其来的新冠状病毒感染的肺炎疫情牵动着全体中国人民的心，疫情就是命令，防控就是责任。全国上下万众一心，在习近平总书记为核心的党中央的坚强领导下，和衷共济、全力抗击疫情。在疫情面前，陕西省汉中市汉台区东关街道办事处南团结街社区党总支高度重视，立即部署，各项疫情防控工作有序推进。

在这场没有硝烟的战争中，贵校航空工程机电一体化专业 1907 班李一哲同学主动请缨，知难而进，义务参与入户排查、场所消毒、宣传教育、检测体温、卡点值守等疫情防控工作，不顾安危得失、无畏风寒肆虐、连续奋战，甘当最美"逆行者"，充分体现出了新时代青年大学生的靓丽风采。

再此，我们郑重对李一哲同学提出表扬，感谢该同学勇于担当、无私奉献的精神，同时也感谢贵校培养出如此优秀的大学生，恳请贵校领导……以表扬。

图 2　疫情期间地方政府给航空工程学院学生的表扬信

正式出版《感器与智能检测技术》《高速切削与多轴加工》《数控机床》《数控车削零件编程》《数控铣削零件编程》5 本教材，如图 3 所示。

教育部司局函件

关于做好部省共建国家职业教育虚拟仿真示范实训基地专业课程与教学资源建设有关工作的通知

教职成司函〔2020〕34 号

各有关单位：

2019 年，教育部与江西省人民政府签署合作协议，启动建设国家职业教育虚拟仿真示范实训基地，并将基地建设纳入今年江西职业教育创新发展高地建设内容。教育部科技发展中心按照要求承担具体实施工作，组织"双高计划"建设院校、江西省内有关院校分别牵头承担专业课程与教学资源建设相关工作。第一批提交的 19 个建设项目，已经过教育部行指委工作办公室组织专家进行的论证（具体名单附后）。现将相关工作要求通知如下。

一、高度重视、积极配合。各牵头院校要结合专家提出的改进意见，依据职业教育国家教学标准，持续优化建设方案，完善虚拟仿真实训课程，编写虚拟仿真实训手册和虚拟仿真实训教学资源的脚本，以虚助实，有效化解职业教育实训中看不到、进不

附件：

部省共建国家职业教育虚拟仿真示范实训基地专业课程与教学资源建设项目名单（第一批）

序号	专业课程与教学资源建设项目	牵头承建院校
1	机械制造与自动化	陕西工业职业技术学院
2	数控技术	
3	机电一体化技术	
4	工业机器人技术	
5	飞行器制造技术	西安航空职业技术学院
6	通用航空航务技术	
7	通用航空器维修	
8	航空物流	
9	道路桥梁工程技术	陕西铁路工程职业技术学院
10	城市轨道交通工程技术	

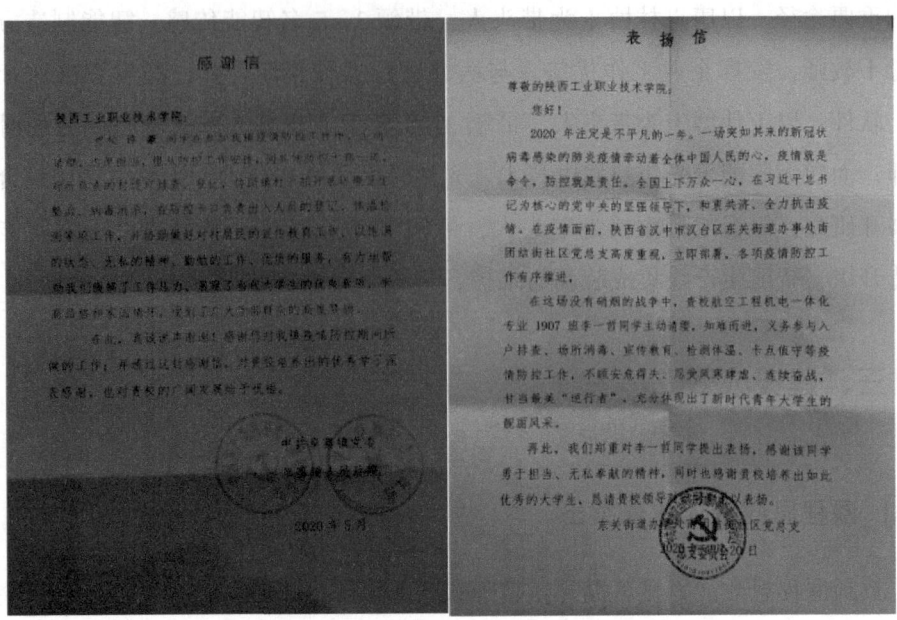

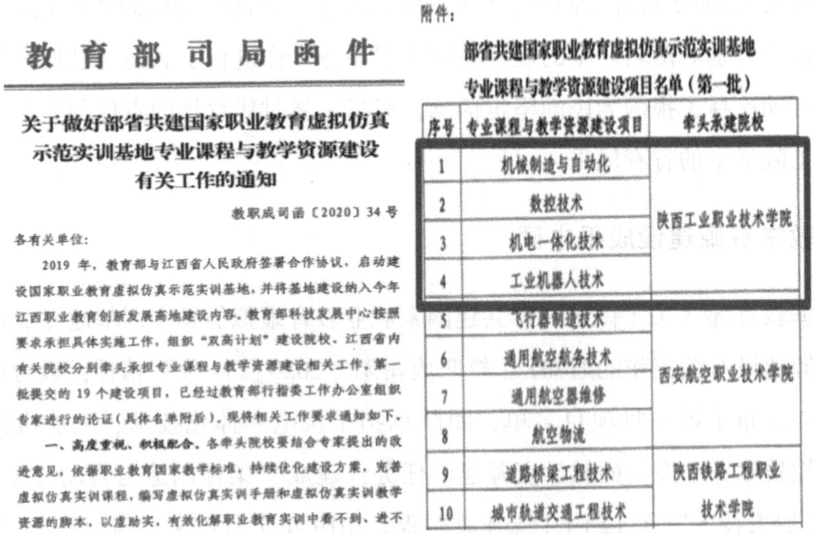

图 3　教育部省部共建虚拟仿真教学资源通知

（三）科研与社会服务能力提升显著

获批国家级职业教育智能制造技术协同创新中心 1 个，2020 年团队祝战科教授获陕西高等学校科学技术奖 1 项，新增国家专利 10 项，立项陕西省级科研项目 4 项、院级科研项目 12 项，如图 4 所示。

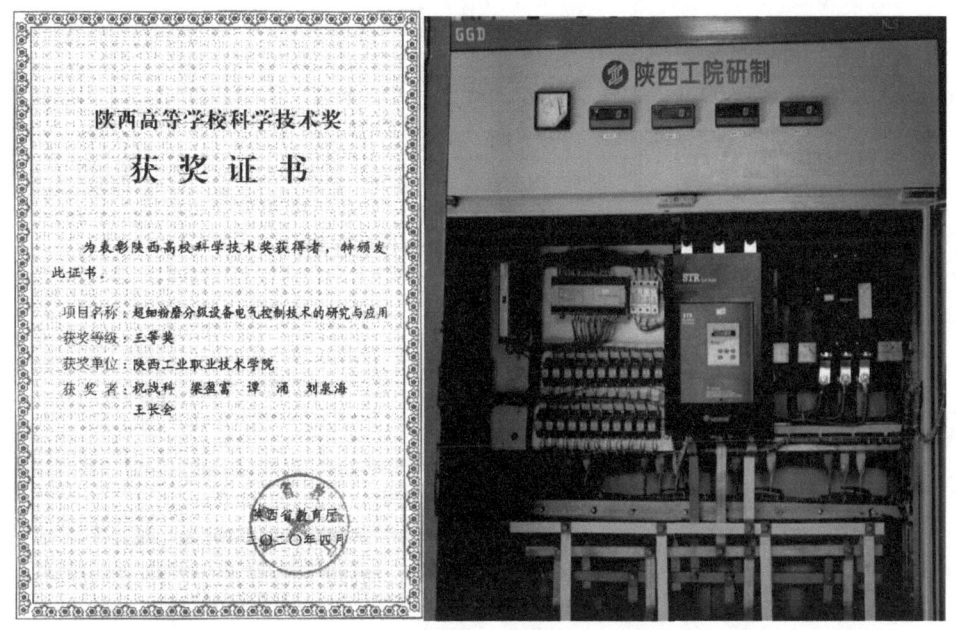

图 4　陕西省高校科技进步奖及学校给陕西省非金属矿研究设计院研制的设备

2019 年团队立项以来，完成企业横向课题 4 项。截至目前教师教学创新团队成员为西北医疗器械集团有限公司、咸阳市非金属矿研究设计院等，其提供的"超细粉末分级设备关键技术研究与应用"企业技术服务累计产生经济效益已达到 2.15 亿元，如图 5 所示。

（四）教学标准建设成绩斐然

团队参与开发的国家《增材制造系统操作与维护职业技能等级标准》《数控设备维护与维修职业技能等级标准》通过教育部审核并公布执行，如图 6 和图 7 所示。

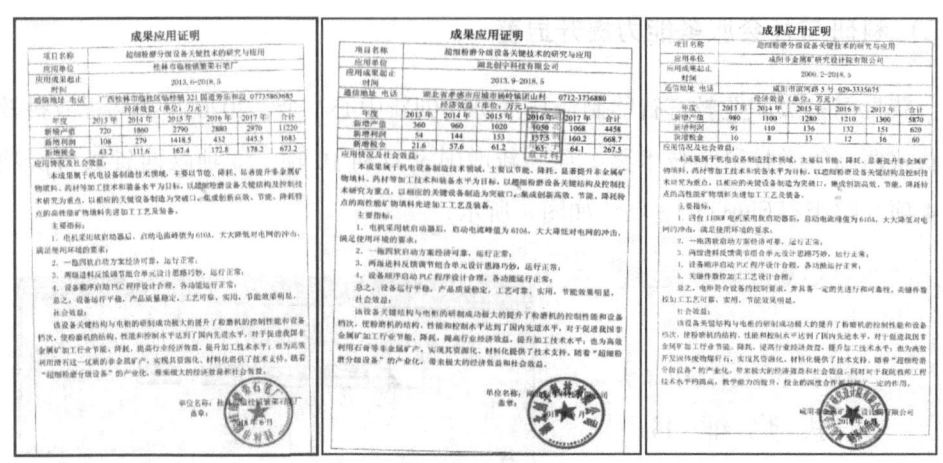

图 5　企业科研成果累计产值证明

图 6　国家《增材制造系统操作与维护职业技能等级标准》

团队主持开发的机电一体化技术、工业机器人技术、数控技术等 3 个专业的《虚拟仿真实训基地专业标准》通过陕西省职业教育学会验收,团队主持开发的《数控技术专业建设标准》通过陕西省职业教育学会验收。尼日利亚温妮弗雷德创新学院、弗斯特马克创新技术学院、纳卡布斯理工学院、阿德耶米教育学院、爱尔兰第一商学院、尼日利亚政法学校等6所国外院校分别与我校签署专业和课程引进协议，引进机电一体化技术专业建设标准与课程标准。

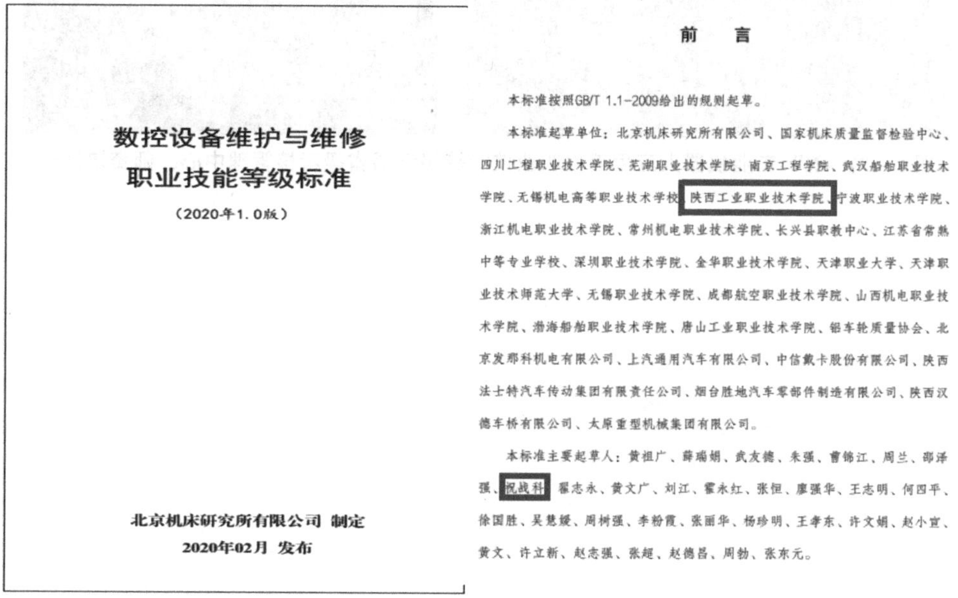

数控设备维护与维修
职业技能等级标准
（2020年1.0版）

北京机床研究所有限公司 制定
2020年02月 发布

前　言

本标准按照GB/T 1.1-2009给出的规则起草。

本标准起草单位：北京机床研究所有限公司、国家机床质量监督检验中心、四川工程职业技术学院、芜湖职业技术学院、南京工程学院、武汉船舶职业技术学院、无锡机电高等职业技术学校、陕西工业职业技术学院、宁波职业技术学院、浙江机电职业技术学院、常州机电职业技术学院、长兴县职教中心、江苏省常熟中等专业学校、深圳职业技术学院、金华职业技术学院、天津职业大学、天津职业技术师范大学、无锡职业技术学院、成都航空职业技术学院、山西机电职业技术学院、渤海船舶职业技术学院、唐山工业职业技术学院、铝车轮质量协会、北京发那科机电有限公司、上汽通用汽车有限公司、中信戴卡股份有限公司、陕西法士特汽车传动集团有限责任公司、烟台胜地汽车零部件制造有限公司、陕西汉德车桥有限公司、太原重型机械集团有限公司。

本标准主要起草人：黄祖广、薛瑞娟、武友德、朱强、曹锦江、周兰、邵泽强、祝战科、翟志永、黄文广、刘江、霍永红、张恒、廖强华、王志明、何四平、徐国胜、吴慧媛、周树强、李粉霞、张丽华、杨珍明、王孝东、许文娟、赵小宣、黄文、许立新、赵志强、张超、赵德昌、周勃、张东元。

图7　国家《数控设备维护与维修职业技能等级标准》

（五）“1 + X”证书试点成绩优异

获评“1 + X”工业机器人应用编程职业技能等级证书省级考核管理中心，并组织陕西工业职业技术学院、西安航空职业技术学院、杨凌职业技术学院3所试点院校开展“1 + X”考核工作。我校首批工业机器人应用编程“1 + X”职业技能等级证书考核通过率为86.7%。承办了机械工业教育发展中心举办的工业机器人应用编程职业技能等级证书师资培训班，来自陕西、青海、内蒙古自治区的8所高职院校的26名教师参加了培训，如图8所示。

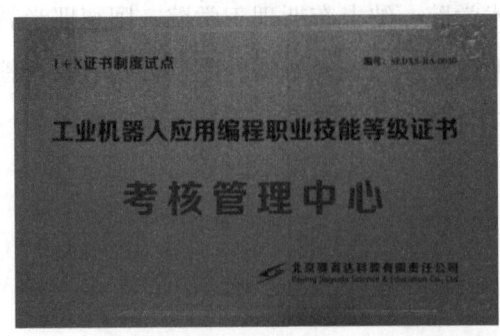 

图8 "1+X"工业机器人应用编程职业技能等级证书省级考核管理中心、师资培训班

积极开展职教资培训工作，促进职教师资培训扩容提质

关键词：教师培训体系、培训基地、运行机制

一、构建职业教育教师培训体系

（一）强强联合，建设校长培训基地

提高职业院校治理能力和治理水平，校长是关键，建设一支懂教学、懂管理、院校治理能力出色的校长队伍，是贯彻落实《国家职业教育改革实施方案》及全国教育大会精神的重要举措。学院联合西安交通大学，打造校长培训高地，服务职教兴国战略，依托强大的行业背景、先进的办学理念、雄厚的师资力量、丰富的培训经验、良好的培训条件，以"立足西部，辐射全国，质量至上，连通海外"的理念，着力打造建成了"职业院校校长培训培育基地"。

（二）对接业务，建设管理人员培训基地

企业管理人员、教学管理人员既是行政管理者又是业务指导者，职业学校、企业要想有长足发展的动力，就必须拥有自己的、适合本企业发展的人才，这些人才素质的培养与提升，需要由高质量的培训来完成。学院梳理专业特色，借鉴与欧姆龙的合作经验，形成了独具特色的5S企业班组长培训方案，通过引进和

内部培养优化师资结构、优化培训教学、课程，建立了调研、反馈机制，建成了"基层管理人员培训基地"。

(三) 发展优势，建设职业院校师资培训基地

职教发展，师资先行，多年来职业教育师资队伍建设严重滞后于职业教育大力发展的需要。学院依托引领示范作用，利用优良的实训实习条件、雄厚的师资队伍、经验丰富的培训授课教师、健全的管理制度、丰富的培训资源，以全面提高师资队伍素质为中心，以培养中青年专业带头人和骨干教师为重点，积极开展职业院校师资培训工作，成了陕西省高职中唯一的一个"全国重点建设职教师资培养培训基地"。

(四) 校企合作，建设高技能人才培训基地

学院不断弘扬校企合作、产教融合的鲜明办学特色，以服务为宗旨，以就业为导向，不断创新校企合作管理体系和管理模式，以"人才共育、过程共管、成果共享、责任共担、互利共赢"为主线，与政府、行业、企业深度融合，培养大量德、智、体、美、劳全面发展，服务区域经济发展的急需的高素质技术技能人才，根据企业生产的季节性、工作岗位对复合型人才规格的需求创新培训模式，"紧贴"企业工作实际构建了工学结合的模块化课程体系，实行了互培共用的教师培养模式，建成了高技能人才培训基地。

(五) 落实要求，建设思政教师培训基地

学院以探索破解思政课实践育人困境为初衷，以"三结合"（理论与实际相结合、研学与练创相结合、知与行相结合）为遵循，以校内实践教学线轴"1+4"模式和"学马研习·践创空间"为抓手，聚合思政元素、文化元素、职教元素、陕工元素、科技元素，一体化打造陕西工院特色鲜明的"校内研学 + VR/AR 体验 + 工坊练创"三维融创式思政课实践教学模式，抓好有意义与有意思的贯通，守好有硬度与有温度的互融，坚持"研学"与"练创"的融通，在学、做、研、创层级递进的立体化实践课堂中不断强化知识、提升能力、深化情感，

为培养"爱国有情、强国有志、报国有行"的红色工匠涂亮底色。思政课建设成效显著，教学方法不断创新，教师乐教善教、潜心育人，教师队伍规模和素质稳步提升，建成了思政课教师培训基地。

（六）服务企业，建设双师型教师培训基地

职业院校教师队伍建设仍面临一些关键性挑战，完善"双师型"教师的引进政策和认定机制、健全"双师型"教师培养体系、强化企业主体作用和提升教师信息化教学能力成为提升职业院校"双师型"教师队伍建设效能的重要发力点。学院遵循职业教育规律和职业院校教师成长发展规律，以加快建成一支师德高尚、结构合理、专兼结合的高素质专业化的"双师型"教师队伍为目标，制定了"双师型"教师认定条件标准，不仅规范了"双师型"教师认定工作机制，而且明确了"双师型"能力建设方向，丰富了"双师型"教师成长路径。标准的建设将成为推动和引导"双师型"教师队伍建设的最有力工具，起到了引领和示范作用，为"双师型"教师培训基地打下了坚实的基础。

二、教育培训运行机制

（一）建立一体化的培训组织运行结构，实行负责制的培训模式

学院建立了"以领导小组为统领、以继续教育与培训学院为主体、各二级学院协同配合"的校、院两级管理体制，专门成立了培训基地工作领导小组，领导小组由我校校长亲自挂帅，主要负责基地建设的决策、统筹和指导工作，保证学校各相关学院、专业及实验室（实训基地）的优质资源能得到充分调动。

领导小组下设由继续教育与培训学院院长担任主任的领导小组办公室，负责培训工作的具体组织与实施、校内外资源的沟通与协调、培训经费的使用与管理，教学管理、班级管理和后勤保障等各项工作分工合理、职责明确。

在教师培训项目实施中，项目负责人全权负责教师职后培训的一系列活动，包括培训项目的调研与申报、培训计划的制定与实施、培训经费的预算与使用、

培训过程的考评与诊断、项目结项的跟踪与反馈等。这种培养与培训合二为一的首席专家制能极大地保证实现教师教育流程的完整性、系统性与连续性的一体化目标。

(二) 聚焦需求，确保培训实效

在充分调研的基础上，结合前期培训的经验科学制定培训计划，根据不同项目要求，制定实施方案，灵活设置课程和教学内容，确保培训计划的科学性和合理性，采取理论教学、专题讲座、技能训练、企业实践等相结合的培训方法科学组织教学。

(三) 立足"四元协同"，整合优势资源

"四元协同"，即基地、政府、职业学校、企业的协同机制。基地把"四元协同"作为整合内外资源、加强自身条件建设、打造国家级培训优质平台的关键，调动校内外、国内外资源，建立了广泛的校政、校校、校企、基地与基地的合作网络。在培训方案设计和后续跟踪服务过程中，积极加强与中职学校的联系，邀请政府相关部门负责人、职业学校校长、骨干教师参与培训方案的研讨，注重了解学员培训后的工作情况及对培训的意见和建议。在培训师资团队的构成上，组建了由国内具有较高声望的专家学者、高校和职业学校优秀教师、政府相关部门负责人及在行业领域有一定影响力的企业家共同组成的培训教师队伍，由合作企业、行业里具有丰富实践经验的人员担任企业实践指导老师。

(四) 优化过程管理，提升培训实效

基地重点优化和加强了培训过程管理，主要思路是：通过增强国培管理全过程的学员参与度，充分调动学员的能动性，增强学员的主人翁意识，激发出学员的凝聚力和创造力。具体通过培训方案解读、班委推选会、班会、学习小组、学员座谈、总结会、才艺展示联欢会等手段或方式来实现学员参与培训过程管理，既保障了培训各项活动的顺利推进，又锻炼提升了学员的能力，充实了学员的培训收获。

三、培训成效

（一）服务高水平建设

学院主动适应党和国家对职业教育的规划部署，不断提升对新技术、产业、新业态、新模式的适应能力。通过实施以"1加强""4打造""5提升"，深化教育教学综合改革，着力构建"一个目标、两翼融通、三线并进、四级集成、五点示范、六个支撑"的发展格局，始终把培养政治信念坚定、专业技术精湛、服务祖国社会的技术技能人才作为办学根本目标。推进"双高计划"项目深入实施，与浙江工业大学职业技术教育研究所、中国知网联合举办的高等职业院校"双高计划"项目建设研讨会，聚集了职业教育领域专家学者和高水平院校领导5000余人相聚云端，针对国、省两级"双高计划"项目建设进行政策分析、经验分享、问题梳理及策略建议，为共同推进我国高等职业院校高水平发展的理论建构与实践发展贡献了陕工经验。

（二）服务西部职教区域

作为西部地区唯一的一所示"双高"A档建设院校、全国重点建设职教师资培养培训基地，学院积极与兄弟院校开展交流培训，主动了解培训需求，从学校发展、科研创新、成果凝练、产教融合、理实一体教学、课程建设等方面，为山西工程职业学院、山西机电职业技术学院、滨州职业学院等兄弟院校量身定制教师培训方案，全面提升了参训者教育教学能力和科研水平，获得了良好的培训效果。

为加快推进西部职业教育有特色高质量发展，"2020年青海高职院校'双高'建设高级研修班"在我校成功举办，青海省11所"双高"建设高职院校全部参培，培训人数达到187人，其中学院领导20人、中层干部71人、专业带头人17人。学院通过讲座、交流、座谈等方式，与青海省职教同仁交流建设经验做法，就"双高"建设中预算编制、任务书撰写及评审、建设任务推进、建设质量及成效监控等方面进行了研讨。应青海省教育厅要求，组织专家为青海省

"双高"建设资料进行了评审答辩,为青海省级建设项目立项提供了有力支持,为西部职业教育发展贡献了陕工力量。

(三) 服务中高职学校协同发展

2019年我省开始以职普比4∶6比例实施以来,中职学校面临新的机遇和挑战,学院利用长期建立的职教师资培训体系:在培训课程体系上,"职教理念、师德教风、专业改革、业态前沿、校企合作、课程开发、团队建设、教改科研"等主要培训内容板块紧密结合;在培训课程内容上,注重接轨专业发展前沿和紧跟业态发展趋势;在培训方式方法上,将"任务驱动、自主选学"的培训形式与"产教融合、业师同授"的教学模式以及案例分析、问题研讨、实操训练、现场学习、示范观摩等灵活多样的培训方法相结合;在培训组织管理上,不断完善培训方案和过程性管理。其成了提升我省职业院校教师专业理论水平和教学方法,提高实践能力的有力保障,为职业院校骨干教师和职教管理干部提供了专门化培训平台,得到了省级教育行政部门的充分肯定,培训项目任务承担数量连年保持领先,成为国内有一定影响力、省内一流的职教师资培养培训品牌,得到参训教师和社会的广泛认同,如表1所示。

表1 国家职业院校教师培训参训教师满意度调查表

项目名称	专业名称	基地名称	评教满意度/%
陕西高职"双师型"教师专业技能培训	动漫制作技术	陕西工业职业技术学院	99.36
陕西高职"双师型"教师专业技能培训	数控技术	陕西工业职业技术学院	98.93
陕西高职创新项目	技能大赛指导教师培训	陕西工业职业技术学院	99.81
陕西高职教师企业实践	机械制造与自动化	陕西工业职业技术学院	99.03
陕西高职优秀青年教师跟岗访学	数字媒体应用技术	陕西工业职业技术学院	99

续表

项目名称	专业名称	基地名称	评教满意度/%
陕西高职优秀青年教师跟岗访学	物流管理	陕西工业职业技术学院	100
陕西高职中高职衔接专业教师协同研修	电气自动化技术	陕西工业职业技术学院	99.44
陕西高职中高职衔接专业教师协同研修	机械制造与自动化	陕西工业职业技术学院	100
陕西中职"双师型"教师专业技能培训	焊接技术应用	陕西工业职业技术学院	98.78
陕西中职"双师型"教师专业技能培训	计算机动漫与游戏制作	陕西工业职业技术学院	99.28
陕西中职教师企业实践	数控技术应用	陕西工业职业技术学院	100
陕西中职优秀青年教师跟岗访学	数控技术应用	陕西工业职业技术学院	100
陕西中职中高职衔接专业教师协同研修	电气自动化	陕西工业职业技术学院	98
陕西中职中高职衔接专业教师协同研修	机械制造技术	陕西工业职业技术学院	100
陕西中职专业带头人领军能力研修	数控技术应用	陕西工业职业技术学院	91.82
陕西高职"双师型"教师专业技能培训	动漫制作技术	陕西工业职业技术学院	100
陕西高职"双师型"教师专业技能培训	机电一体化技术	陕西工业职业技术学院	97.65
陕西高职创新项目	技能大赛指导教师培训	陕西工业职业技术学院	100

续表

项目名称	专业名称	基地名称	评教满意度/%
陕西高职中高职衔接专业教师协同研修	电气自动化技术	陕西工业职业技术学院	99.44
陕西高职中高职衔接专业教师协同研修	机械制造与自动化	陕西工业职业技术学院	98.5
陕西中职创新项目	德育	陕西工业职业技术学院	99.48
陕西中职教师培训	管理者培训	陕西工业职业技术学院	97.78
陕西中职优秀青年教师跟岗访学	数控技术应用	陕西工业职业技术学院	98
陕西中职中高职衔接专业教师协同研修	电气自动化	陕西工业职业技术学院	97.67
陕西中职中高职衔接专业教师协同研修	机械制造技术	陕西工业职业技术学院	99.5
陕西高职"1+X"证书培训	Web前端开发	陕西工业职业技术学院	90.57
陕西高职"1+X"证书培训	建筑信息模型BIM	陕西工业职业技术学院	99.45
陕西高职创新项目	技能大赛指导教师培训	陕西工业职业技术学院	98
陕西高职创新项目	美育	陕西工业职业技术学院	100
陕西高职优秀青年教师跟岗访学	电子商务	陕西工业职业技术学院	99.6
陕西高职中高职衔接专业教师协同研修	电气自动化技术	陕西工业职业技术学院	98.06
陕西高职中高职衔接专业教师协同研修	机械制造与自动化	陕西工业职业技术学院	100

续表

项目名称	专业名称	基地名称	评教满意度/%
陕西中职"1+X"证书培训	Web 前端开发	陕西工业职业技术学院	100
陕西中职"1+X"证书培训	建筑信息模型 BIM	陕西工业职业技术学院	100
陕西中职"双师型"教师专业技能培训	焊接技术应用	陕西工业职业技术学院	98.62
陕西中职"双师型"教师专业技能培训	数控技术应用	陕西工业职业技术学院	87.63
陕西中职教师省级培训	计算机动漫与游戏制作	陕西工业职业技术学院	100
陕西中职教师省级培训	教育教学管理	陕西工业职业技术学院	98.47
陕西中职中高职衔接专业教师协同研修	电子技术应用	陕西工业职业技术学院	97.43
陕西中职中高职衔接专业教师协同研修	机械加工技术	陕西工业职业技术学院	100
陕西中职教师省级培训	教务主任	陕西工业职业技术学院	99.8
陕西中职教师省级培训	教务主任	陕西工业职业技术学院	99.35
陕西中职教师省级培训	汽车运用与维修（汽车维修方向）	陕西工业职业技术学院	100

截至 2018 年年底，我国已建立 100 个全国重点建设职教师资培养培训基地。学院作为陕西省高职中唯一的一个全国重点建设职教师资培养培训基地，依托学院优质资源，积极开展陕西省职业院校教师素质提高计划项目，近年来，学院承担了国、省级各类师资培训项目共计 30 个，培训人数 964 人，如图 1 所示，涵

盖了专业带头人领军能力研修、"双师型"教师专业技能培训、优秀青年教师跟岗访学、中高职衔接专业教师协同研修、教师企业实践、紧缺领域教师技术技能传承创新、创新项目，举办了机电类、信息类、美育、教学管理、"1+X"证书等专业（见表2），覆盖了全省39所高职院校、315所中职学校，达到了省中、高职院校100%全覆盖，如图2和图3所示。

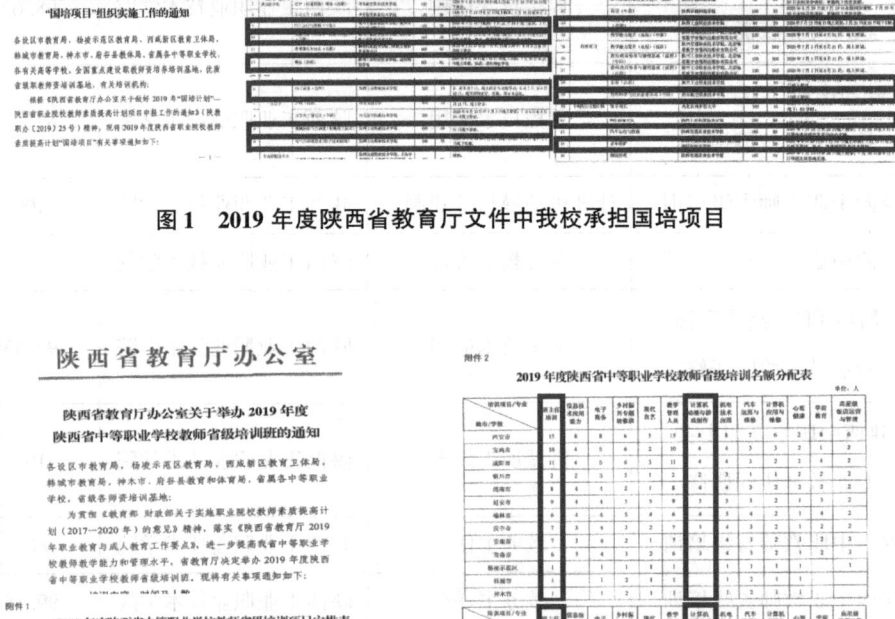

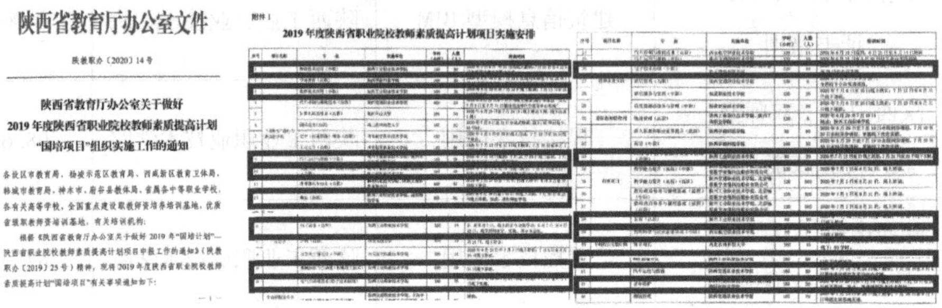

图1 2019年度陕西省教育厅文件中我校承担国培项目

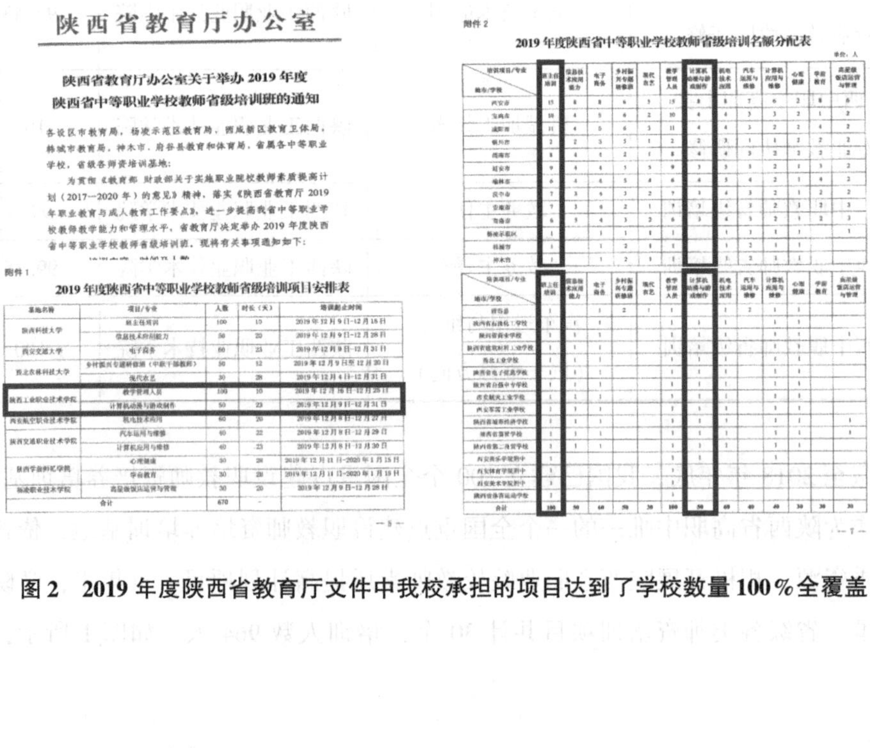

图2 2019年度陕西省教育厅文件中我校承担的项目达到了学校数量100%全覆盖

图3　2020年度陕西省教育厅文件中我校承担的项目达到了学校数量100%全覆盖

表2　2018—2019年度学院承担我省职业院校师资培训一览表

年度	项目名称	专业	培训人数/人	备注
2018年	2017年度专业带头人领军能力研修	数控技术应用（中职）	30	国培
	2017年度"双师型"教师专业技能培训	计算机动漫与游戏制作（中职）	30	国培
	2017年度"双师型"教师专业技能培训	焊接技术应用（中职）	30	国培
	2017年度"双师型"教师专业技能培训	数控技术（高职）	30	国培
	2017年度"双师型"教师专业技能培训	动漫设计与制作（高职）	50	国培

续表

年度	项目名称	专业	培训人数/人	备注
2018年	2017年度优秀青年教师跟岗访学	数控技术应用（中职）	6	国培
	2017年度优秀青年教师跟岗访学	物流管理（高职）	6	国培
	2017年度优秀青年教师跟岗访学	计算机平面设计（高职）	6	国培
	2017年度中高职衔接专业教师协同研修	电气自动化（中高职）	35	国培
	2017年度中高职衔接专业教师协同研修	机械制造与自动化（中高职）	35	国培
	2017年度教师企业实践	数控技术应用（中职）	12	国培
	2017年度教师企业实践	机械制造与自动化（高职）	50	国培
	2017年度紧缺领域教师技术技能传承创新	教学管理人员培训（中职）	100	国培
	2017年度创新项目	技能大赛指导教师培训（高职）	30	国培
2019年	2018年度"双师型"教师专业技能培训	动漫设计与制作（高职）	30	国培
	2018年度"双师型"教师专业技能培训	机电一体化技术（高职）	30	国培
	2018年度优秀青年教师跟岗访学	数控技术应用（中职）	6	国培
	2018年度中高职衔接专业教师协同研修	电气自动化（中高衔接）	35	国培

续表

年度	项目名称	专业	培训人数/人	备注
2019年	2018年度中高职衔接专业教师协同研修	机械制造与自动化（中高衔接）	35	国培
	2018年度创新项目	德育（中职）	50	国培
	2018年度创新项目	技能大赛指导教师培训（高职）	30	国培
2020年	2019年度"双师型"教师专业技能培训	焊接技术应用（中职）	30	国培
	2019年度"双师型"教师专业技能培训	数控技术应用（中职）	30	国培
	2019年度优秀青年教师跟岗访学	电子商务（高职）	13	国培
	2019年度中高衔接专业教师协同研修	机械制造与自动化（中高职）	30	国培
	2019年度中高衔接专业教师协同研修	电气自动化技术（中高职）	35	国培
	2019年度创新项目	技能大赛指导教师培训（高职）	30	国培
	2019年度创新项目	美育（高职）	50	国培
	2019年度"1+X"证书培训	建筑信息模型（BIM）（中高职）	30	国培
	2019年度"1+X"证书培训	Web前端开发（中高职）	50	国培
合计			964	

以企业需求和学生职业发展为导向的人才培养"陕工模式"

关键词：企业需求、职业发展、双主体、+合作、多通路

一、校企合作概况

2017年5月，学院与世界IT百强企业、世界上最大的电源供应器制造厂之一的台达集团进行合作，按照产业升级对一流人才培养的要求以及学生对自己职业发展的期望，校企双方探索实施"双主体+合作多通路"人才培养陕工模式，为台达集团输送懂原理、会操作、能维修的机电一体化高素质技术技能人才。目前已培养出94名优秀毕业生到台达集团工作，均已成为公司技术骨干。台达集团出资80万元在学院建成30台配套设备的"台达智能制造实训基地"已成为学生机电产线集成技术训练和技能大赛训练平台。

二、探索实施"双主体+合作多通路"人才培养陕工模式

（一）建立校企合作工作机制

学校和企业双主体，由双方资深专家组成四个专门委员会，负责人才培养工

作的实施和考评。

1. 校企合作专业委员会

校企合作专业委员会由企业的技术总监、人力资源经理和学校主管教学、校企合作副院长及机电类专业负责人组成。企业提出岗位人才需求、岗位专业知识和核心技能需求，双方结合专业岗位调研分析等，构架合作框架，确定合作培养目标。

2. 人才培养指导委员会

学校专业带头人、骨干教师和企业对口分厂厂长、车间主任、技术骨干和行业资深专家共同组成人才培养指导委员会，共同研讨提出人才培养方案、课程体系、教学团队、课程建设方案等，经行业资深专家组成的人才培养指导委员会审议通过，在人才培养方案框架下，根据课程体系合理选择校企师资，由教学团队负责项目教学和实训。

3. 学生管理委员会

由辅导员、班主任和车间班组长、线长组成学生管理委员会，分别负责学生在校、在企业学习期间的管理。在日常教学中，由企业中的能工巧匠向学生讲述自己成长历程，指导学生进行职业规划，树立职业自豪感和忠诚度，养成良好的职业习惯。

4. 质量评价委员会

由学院质量管理中心、教务处教学督导和企业的人力资源负责人、车间技术骨干等组成评价机构，对订单班合作体系、教学质量、学员职业岗位技能、职业资格等做出评价，将意见反馈给校企合作专业委员会、人才培养指导委员会和学生管理委员会，实现"计划—实施—监督—总结—改进"订单班运行机制，如图1所示。

（二）实施"双主体＋合作多通路"人才培养

1. "双主体＋合作"人才培养模式

校企双方通过合作确定培养目标、合作制定培养方案、合作打造教学团队、

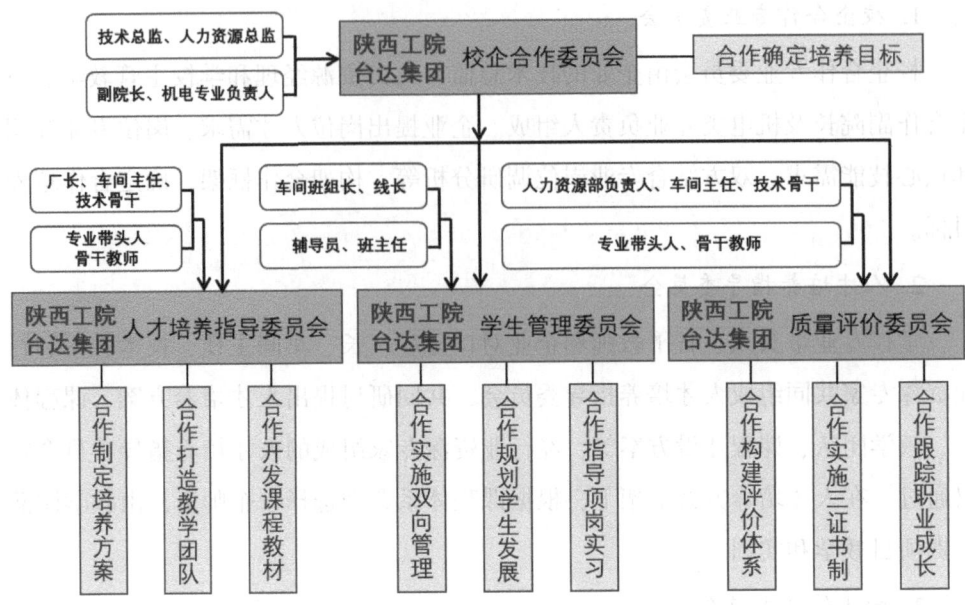

图 1　双主体 + 合作多通路校企合作机制

合作开发课程教材、合作实施双向管理、合作规划学生发展、合作指导顶岗实习、合作构建评价体系、合作实施三证书制、合作跟踪职业成长等 + 合作模式进行人才共育。

2. 企业岗位需求和学生职业发展的多通路

以企业岗位需求和学生职业发展为导向,校企共商,形成了以设计、组装、设备维护三方面岗位技术能力为主要岗位的晋升通路,通过岗位轮换给学生更多的发展机遇和能力适配,为学生提供了多通路职业发展路径和出彩机会,如图 2 所示。

技术岗位晋升通路:技术员→助理工程师→工程师→资深工程师→主任工程师→副理→资深副理→经理;管理岗位晋升通路:课长→资深课长→副理→资深副理→经理,如图 3 所示。

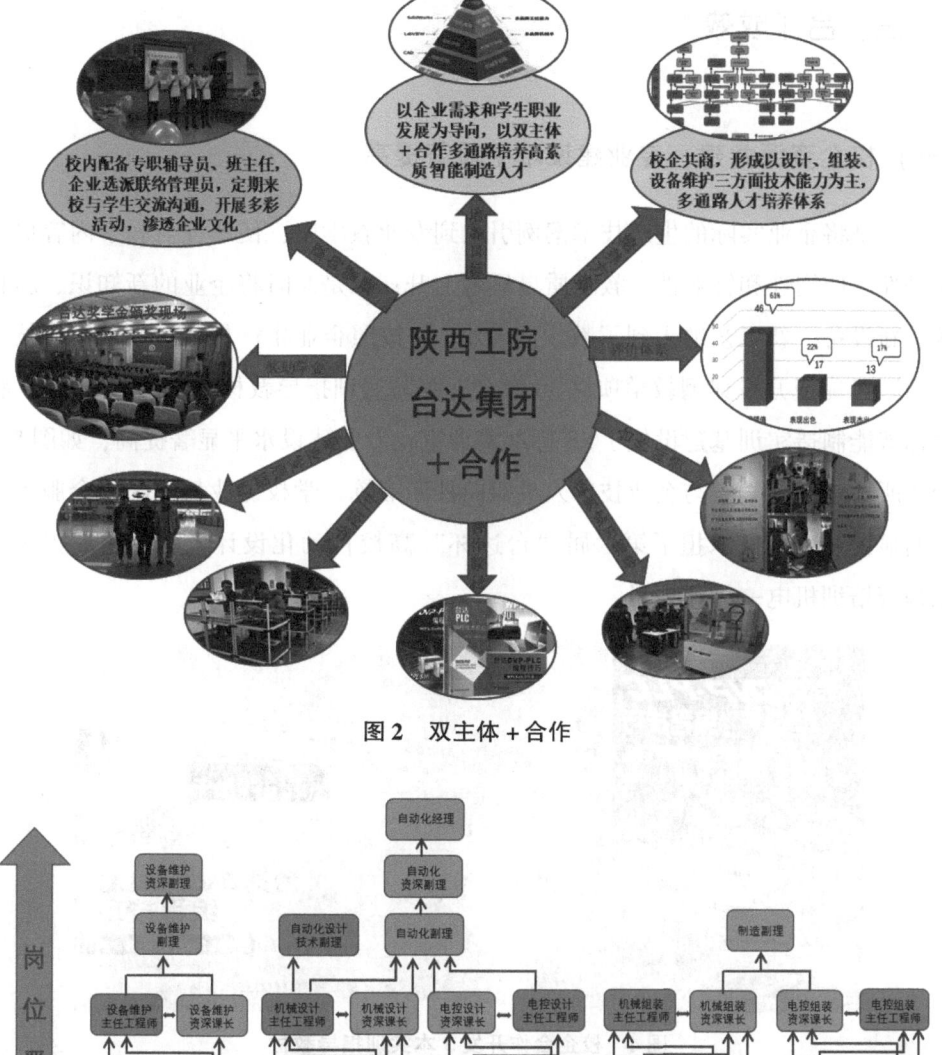

图2 双主体+合作

图3 学生岗位晋升的多通路

三、合作成效

(一) 校企资源共建,专业建设水平显著提高

一是将企业实际的生产技术案例引入到专业教学中,使课程与教学内容更具先进性、应用性和针对性,教学质量显著上升;二是及时将企业的新知识、新技术、新设备、新工艺纳入到了教学内容中,"按照企业生产规范,紧贴行业技术应用"已完成开发典型教学项目30余个,编写实训指导教材3本(见图4),将台达智能制造实训基建设成了5S标准实训室,专业建设水平显著提高,如图5~图8所示;三是学校与企业技术人员双向挂职锻炼,学校专业教师的社会服务能力明显提升,不仅承担了第六届"台达杯"高校自动化设计大赛,还承担了国家师资培训机电一体化项目。

图4 校企合作开发3本实训指导教材

(二) 校企合作育人,培养模式获认可

以企业需求和学生职业发展为导向的"双主体+合作多通路"人才培养模式作为机电一体化技术专业人才培养的创新模式之一,有力地支撑了我校高职机电一体化技术专业"335"人才培养模式的创新与实践课题,该课题荣获2020年陕西省教学成果一等奖,如图9所示。

图5 智能生产线实操平台

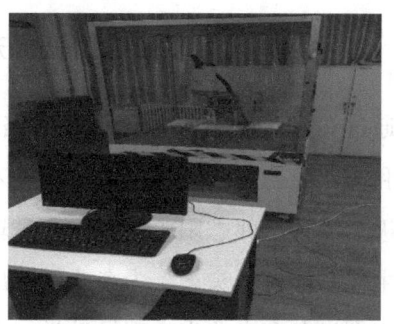
图6 台达机器人实操平台

图7 台达机器人平面轮廓设计实训

图8 2019年国家机电一体化师资培训

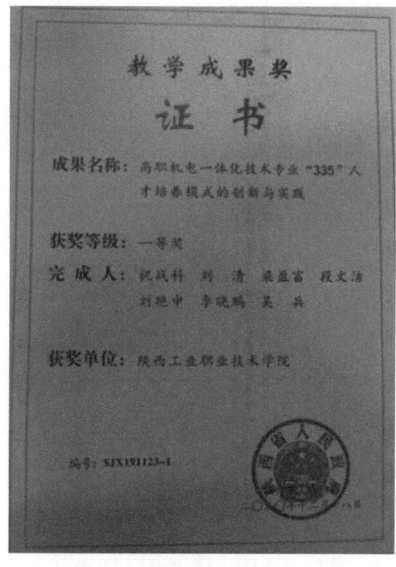
图9 陕西省教学成果一等奖

(三)三方共赢,质量效益显著提升

通过实施"双主体+合作多通路"人才培养模式,学生的专业能力、敬业精神和职业道德得到大幅提升,选择入职台达集团的决心更强,目标更明确,工作积极,涌现出郭志阳、徐振虎、马崧弛、李军伟等多位优秀员工,有的已是制造部主任、岗位领头人,为企业创造出了较好的经济价值,而企业为学校提供的先进实训设备和企业生产现场教学,满足了学生实践训练的需要,同时将企业最新的科技成果引入到专业教学中,学校教学质量得到显著提升。"双主体+合作多通路"人才培养陕工模式,使学生有能力、企业有效益、学校有质量,形成了三方受益、三方共赢的校企合作局面,如图10所示。

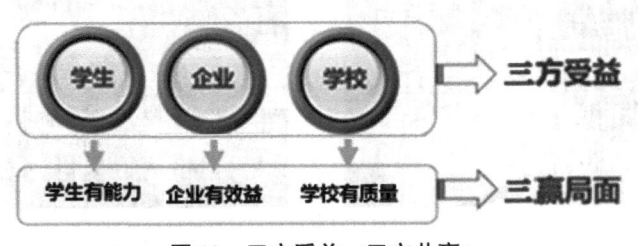

图10 三方受益、三方共赢

强化科教产协同创新,激发社会服务新活力

关键词:技术服务、技术服务中心、科技扶贫

我校依托2014年陕西省政府批准设置的陕西"现代工业和服务业职业教育改革试验区",服务产业转型升级。培育和聚集技术创新团队,打造一流的科技成果转化平台、一流的产学研协同创新平台、一流的科技风险投资平台和一流的人才培育引进平台。瞄准陕西省作为"科教大省",主动对接智能制造技术、先进材料成型技术等产业发展,建设以"一平台三中心"为载体的中小微企业服务中心。目前学院已先后与欧姆龙自动化(中国)有限公司、西北工业大学海洋声学信息感知工业和信息化部重点实验室、西诺医疗器械集团有限公司、西安欧中材料科技有限公司、陕西万象食品用菌有限公司、陕西怡泽茯茶有限公司、陕西子琪食品有限公司、陕西志鑫食品公司、"泾盛裕"茯茶电商运营、礼泉阔源汽车修理厂、礼泉新世纪酒店、京英大酒店、礼泉县伟东锻铸有限公司等西安、咸阳多家地方企业签订技术研发服务对接项目,与礼泉县教育局、县职教中心共建"礼泉县产学研一体化示范基地",有效促进技术服务工作的开展。

一、光伏发电"暖"人心

该项目为陕西工业职业技术学院在"两联一包"对口帮扶村——香山村开展的陕西省科学技术厅科技扶贫专题重点研发计划中的光伏发电部分,所属项目

名称为"陕西省安康市汉滨区光伏智能温室科技扶贫计划项目",项目编号为 2019FP-023。

2019年8月,项目中的屋顶分布式光伏电站成功与国家电网并网,采用"全额上网"的并网模式,项目装机总量11千瓦,预计全年发电约1万度,未来20年将为当地贫困人口增收10万元以上,如图1所示。

图1 建设完成的光伏电池板阵列

二、互联网+"智能温室",技术服务助推乡村振兴

该项目为陕西工业职业技术学院在"两联一包"对口帮扶村——香山村开展的陕西省科学技术厅科技扶贫专题重点研发计划中的智能温室部分,所属项目名称为"陕西省安康市汉滨区光伏智能温室科技扶贫计划项目",项目编号为2019FP-023。

经我校老师实地调研,香山村具有气候湿润、生态环境优良的特点,部分贫困户也具有种植食用菌的经验,如图2和图3所示。通过与村委会的充分沟通以及与村民的交流,确立了在该村建设智能温室并开展食用菌种植产业扶贫的想法,并最终制定了实施方案,助力该村脱贫攻坚。

图2 建设完成的智能温室　　图3 完成吊袋工序的菌包

三、发挥科技创新资源优势,精准对接企业需求

我校不断深化校企合作,健全企业的协同创新机制,提升技术服务能力。近年来,我校科研团队针对典型"非电"锅炉 NO_x 排放的治理、基于卡诺逆循环原理的低功耗深度制冷技术、超细粉磨分级设备电气控制技术与超薄柔性玻璃材料制造等关键技术难题进行深入研究,其中超细粉磨分级设备电气控制技术项目在咸阳非金属矿研究设计院有限公司实施应用,实现产值6000万元并获陕西省高等学校科学技术三等奖,为区域经济发展贡献陕工力量,如图4所示。

图4 由我校开发的超细粉磨分级设备电气控制技术设备运行现场

未来,我校将继续秉持开放、合作、互学、互鉴、互利、共赢的理念,面向市场与企业发展需求,深入推进技术服务和科技创新合作工作,立足学校科技创新优势资源和特色领域,建设一批校企科技合作创新平台,形成一批校企科技合作项目,转化应用一批科技创新成果,持续提升技术服务能力。

打造高水平职业教育研究平台
引领西部职教研究高质量发展

关键词：西部职业教育、理论研究、运行机制、智库咨询

为了在职业教育理论和政策研究、思想政治教育理论研究、教育教学改革理论研究、职业教育质量评价体系研究、国际交流合作理论研究等方面发挥科学研究的引领作用和智库咨询的服务功能，学校成立西部现代职业教育研究院，聚集产业及职业教育知名专家学者，推动职业教育战线合作，充分发挥决策智库咨询功能，开展职教理论和科学研究，形成"一大职教联盟五大研究机构"的西部现代职教研究体系，打造一流高水平职业教育研究平台，引领西部职教研究高质量发展。

一、成立西部现代职业教育研究院，搭建职教研究平台

我校成立的"西部现代职业教育研究院"被授予陕西（高校）哲学社会科学重点研究基地。该基地是陕西省教育厅围绕我省高等职业教育领域的重点布局，也是西部职业院校唯一开展职教研究的省级高校哲学社会科学重点研究基地，如图1所示。其宗旨是为引领我国西部地区职业教育改革，服务陕西职教事业发展，加快我校西部装备制造产教融合创新示范园区建设和"双高计划"建设，打造具有智库决策、咨询服务和科学研究功能的高水平技术技能服务平台。

序号	依托高校	类型	名称
1	西安交通大学	基地	陕西高等教育评估研究中心
2	西安医学院	基地	陕西省公共安全医学防控研究中心
3	陕西工业职业技术学院	基地	西部现代职业教育研究院
4	陕西师范大学	智库	陕西基础教育质量监测与评估研究中心
5	西安电子科技大学	智库	陕西半导体与集成电路发展研究中心
6	西北工业大学	智库	陕西军民科技协同创新研究院
7	西安理工大学	团队	节水与水回用技术创新团队

图1 我校西部现代职业教育研究院被认定为陕西（高校）哲学社会科学重点研究基地

二、完善管理制度和运行体系建设，形成五大运行机制

通过制定发展规划、年度计划、建设任务书和教科研管理办法等管理制度，确定目标、瞄准方向、制定任务、强化保障；聘请专家学者，组建研究团队，成立学术委员会，为研究院的工作开展做好制度和组织保障；围绕国家"双高计划"建设引领职业教育创新发展、现代职业教育体系构建及评价、西部职业教育服务国家西部大开发格局机制等3个方面开展国家级、省部级课题研究。

组建高等职业教育研究室、思想政治教育研究室、"三教"改革研究室、职业教育质量评价研究室和"一带一路"职业教育研究室5个专门研究机构开展科学研究。依托高水平职教研究平台在职教政策研究、人才培养、专业建设、科学研究、职教改革等方面开展研究，形成职业教育合作研究新机制；落实立德树人根本任务，开展思政教育研究，形成具有学校特色的思政教育研究新机制；更新教育理念和模式，探索教师分工协作的模块化教学，开发使用校企"双元"教材、新型活页式和工作手册式教材，推动课堂革命，构建以学习者为中心的全新教育生态，形成书证融通新机制；以教学诊断与改进为基本制度，以学习者的职业道德、技术技能水平、就业质量以及产教融合、校企合作水平为核心，内部质量保证与行业、企业等外部质量评价有机结合的新机制；参与国际职业教育标准制定，拓宽职教标准"走出去"渠道，拓展国际办学空间，提升国际化水平，形成中国特色职业教育标准输出新机制，如图2和图3所示。

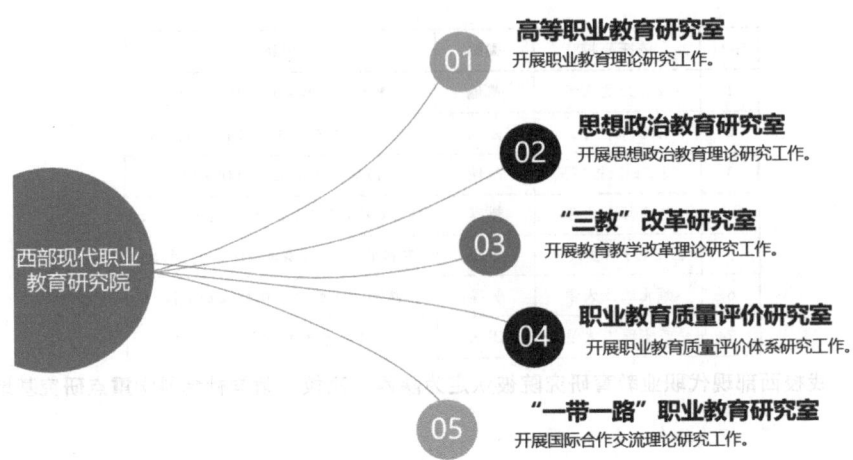

图 2　组建五大研究机构

图 3　西部现代职业教育研究院运行机制

三、提升创新发展和科学研究水平，发挥决策咨询功能

（一）积极承担国家级课题研究任务

承担教育部国家级职业教育示范性虚拟仿真实训基地《专业实训教学人才培养方案》的论证任务。牵头组织 3 所学校、10 个专业的《实训方案》已获教育部正式立项，我校 4 个专业获得立项。

（二）积极承办国内高水平学术会议

聚焦"双高计划"建设，交流建设经验，举办专项交流会和研讨会 2 次，筹办陕西省"双高计划"建设论坛5次,承办国内高水平"双高计划"建设研讨会1次。组建12名成员的陕西国家"双高计划"建设研究团队,发布31期陕西国家"双高计划"建设内部信息交流简报,如图4所示。

图4 《西部大开发》杂志刊发我校校长的学术文章

(三) 积极开展职教重大问题专项研究

针对职业教育重大问题开展专项研究。研究院与陕西省职业技术教育学会联合启动专项研究课题29项,面向全省高职院校开展"课程思政研究与实践"课题立项121项,为陕西8所"双高计划"建设院校立项"课程思政"专项研究课题1194项,助力"双高计划"建设院校高质量发展。

(四) 积极发挥智库决策咨询服务功能

为教育部、省教育厅等开展对外政策咨询服务,起草并撰写咨询报告共计12份,如表1所示。积极发挥服务功能,向陕西28所院校、相关会议累计赠送图书13400册;出版专著5部,获得陕西省教学成果一等奖1项(编号:SJX191142-1),如图5所示。

表1 研究院职业教育研究成果汇总

序号	名称	数量
1	举办西部"双高计划"建设研讨会	1次
2	筹办陕西省"双高计划"建设论坛	5次
3	召开"全省高等职业教育教学成果交流会"	1次
4	召开"陕西省高职院校产教融合研讨会"	1次
5	组建陕西国家"双高计划"建设研究员队伍	12名
6	发布陕西国家"双高计划"建设内部信息交流简报	31期
7	启动专项研究课题	29项
8	开展"课程思政研究与实践"课题立项	121项
9	开展"课程思政"专项研究课题立项	1194项
10	承担教育部国家级职业教育示范性虚拟仿真实训基地《专业实训教学人才培养方案》论证	10个
11	为政府提供政策咨询报告	12份
12	为全省职业院校累计赠送图书	13400册
13	出版专著	5部
14	获得陕西省教学成果奖	1项

图5 获得陕西省教学成果一等奖

推进"7个对接",实现学院职工培训"3翻番1升级"

关键词:7个对接、职工培训

聚焦"中国制造2025"对产业升级发展的新要求,学院坚持服务高端产业和产业高端,走访制造业企业五百余家,对企业技术升级和技术人员需求进行了深入分析,在实践中形成了职工培训"7个对接"的培训模式(见图1),实现了学院社会培训工作"3翻番1升级",为支撑装备制造业企业迈向高端做出有力贡献。

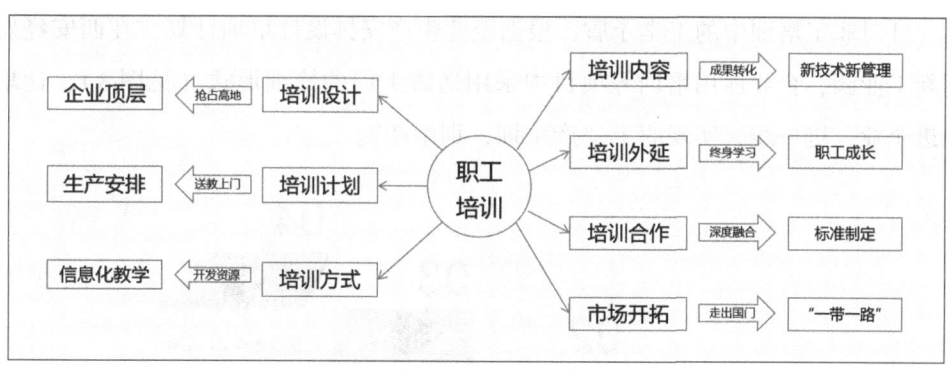

图1 职工培训"7个对接"

一、抢占高地,培训设计与企业顶层对接

以系统(集团)企业培训统一规划、整体设计为原则,在培训市场开拓中

对接企业管理部门、集团总公司，对所属多家企业职工能力提升进行系统规划，分步实施，与系统（集团）形成了长期稳定的合作关系，如图2所示。

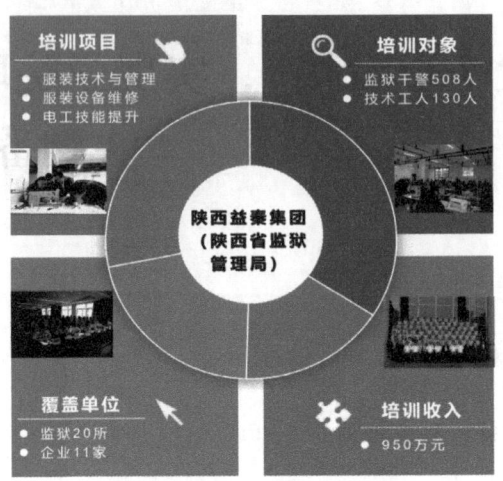

图2　陕西益秦集团服装培训项目

二、送教上门，培训计划与生产安排对接

针对职工培训中的工学矛盾，根据企业生产安排设计培训计划，在西安经发创新工业园，企业通用培训等项目中采用送教上门的培训形式（见图3），让培训进企业、进一线，实现职工"产中训，训中产"。

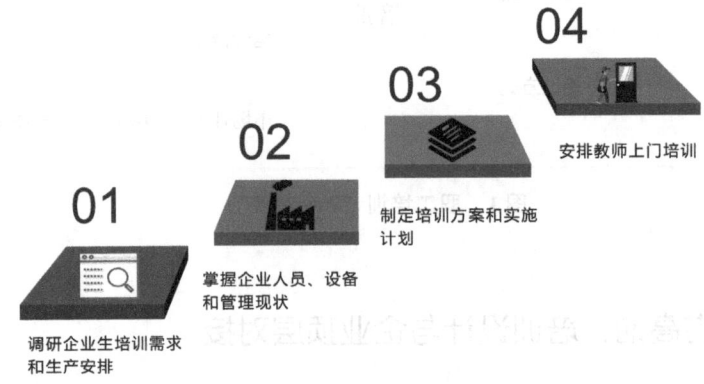

图3　送教上门实施流程

三、开发资源,培训方式与信息化教学对接

筹建面向全国的职业培训资源库,依托各专业丰富的在线教学资源,开发"服装技术与管理业务""Web 前端开发"等职业培训包 9 个、专业培训模块 3 个,采用线上线下结合的方式开展培训教学,有效降低培训成本,节约培训时间,如图 4 所示。

图 4　培训资源开发

四、成果转化,培训内容与新技术新管理对接

将徐广胜博士的"电塑性挤压钛合金棒材微观组织的均匀化机理及调控方法""欧姆龙 5S 管理"等校企合作优秀技术成果和管理方法转化为培训内容,向省内外装备制造企业输出国际国内先进技术和管理经验,如图 5 所示。

五、终身学习,培训外延与职工成长对接

紧抓职业等级认定改革,申报"咸阳市职业等级认定评价机构"和评价工种,将培训与技能等级认定结合,为参加职业技能提升行动的企业员工开展职业

图 5　为兰州铝业有限公司员工开展"5S"培训

技能等级认定,如表 1 所示。开办成人大专、成人本科学历教育,为有意向的企业职工提供学历提升服务。

表 1　学院技能等级认定资格一览表

序号	培训工种名称	职业编码
1	电工	6 - 31 - 01 - 03
2	化学检验员	6 - 31 - 03 - 01
3	计算机及外部设备装配调试员	6 - 25 - 03 - 00
4	模具工	6 - 18 - 04 - 01
5	铸造工	6 - 18 - 02 - 01
6	焊工	6 - 18 - 02 - 04
7	磨工	6 - 18 - 01 - 04
8	工具钳工	6 - 18 - 04 - 06
9	装配钳工	6 - 20 - 01 - 01
10	机修钳工	6 - 31 - 01 - 02
11	汽车维修工	4 - 12 - 01 - 01
12	快递员	4 - 02 - 07 - 08

续表

序号	培训工种名称	职业编码
13	快件处理员	4-02-07-09
14	工程测量员	4-08-03-04
15	茶艺师	4-03-02-07
16	金属材热处理工	6-17-09-05
17	多工序数控机床操作调整工	6-18-01-07
18	电力电容器及其装置制造工	6-24-02-03
19	电切削工	6-18-01-08
20	高低压电器及成套设备装配工	6-24-02-02
21	车工	6-18-01-01
22	铣工	6-18-01-02
23	服装制版师	6-05-01-01
24	纺纱工	6-04-02-01
25	织布工	6-04-03-03

六、深度融合，培训合作与标准制定对接

与企业深度合作，协助企业分析岗位职业能力需求，根据员工能力基础及企业人力资源管理制度和企业设备等，制定岗位职工培训标准，并作为企业长期应用的技术文件。

七、走出国门，市场开拓与"一带一路"对接

服务国家"一带一路"倡议，与西安交通大学等高校合作，承担印度尼西亚海事和投资协调部印尼海事和投资部电池制造、铁镍合金处理培训项目，为印尼技术工人和职业院校教师开展培训，为印尼产业发展重点领域提供人才支撑。

八、培训能力全面提升,实现"3 翻番 1 升级"

双高计划实施以来,按照立足产业、开放办学、拓展功能、强化服务的思路,通过推进"7 个对接",引领职业院校服务社会能力发展。一是培训规模翻番,2020 年学院培训人日数达到 5.7 万人,为 2018 年人日数的 2.6 倍;二是培训收入翻番,2020 年学院培训收入合计 1100 余万元,为 2018 年收入的 2.1 倍;三是培训师资翻番,学院校外培训专家库拥有职教专家、企业大国工匠、技术能手 226 人,是 2018 年的 2.4 倍;学院培训平台全面升级,2020 年学院咸阳市高技能人才培训基地升级为省级、国家级高技能人才培训基地,获批(教育部)职业院校校长培训基地,如图 6 所示。

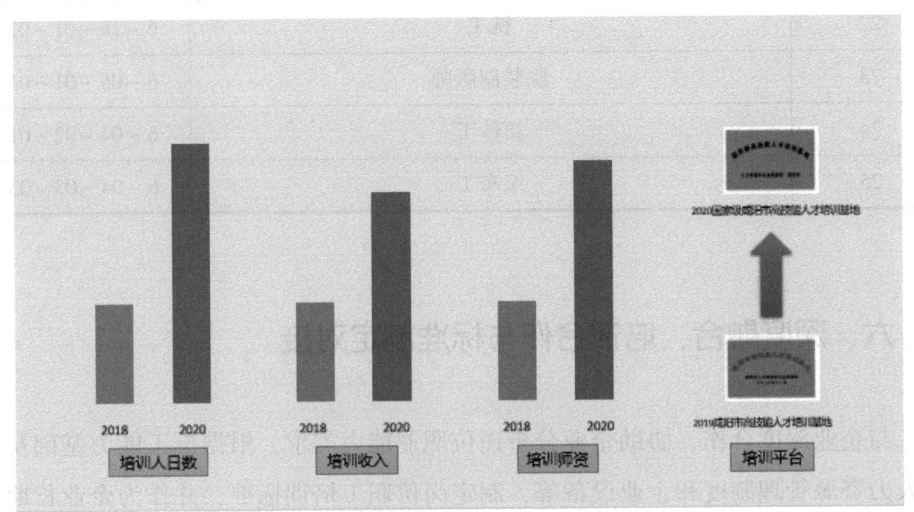

图 6　学院职工培训"3 翻番 1 升级"

打造基于互联网的智慧校园文化育人新生态

关键词："1+X"证书制度、人才培养、试点工作、职业教育

在国家加快推进教育现代化及国务院关于大力发展职业教育的背景下，形成以智慧校园为支撑，将校园文化特色与信息技术深度融合，创建校园文化新生态的机制。出台了统一身份认证系统建设管理办法、信息化个人信息保护管理办法、网络信息安全事件处置办法等一系列制度；制定了教师信息技术能力及学生信息化素养评价指标体系等信息标准；经过数字化教学资源重构、数字化应用能力培养、创建数字化育人生态环境、数字化治理服务体系等措施，学校在资源建设、服务教学、服务学生、业务管理等方面取得了一定成绩，学院先后荣获全国第一批教育信息化试点院校（优秀）等成果，在信息化基础建设、与校园文化及教学管理相结合等方面提升信息化水平，打造了智慧校园文化育人新生态，引领兄弟院校信息化建设发展与建设。

一、"七化"转型，构建信息化建设新模式

以智慧文化观为导向，通过"云大物移智"等现代信息技术，实现从环境（包实训室、教室、设备等）、资源（如图书、讲义、课件等）到活动（包括教、学、科研、管理、服务等）的网络化、数字化和智能化，不断拓展和创新现实校园的时间和空间维度，让文化特色和信息技术在深度融合中迸发出更大的育人能

量与活力。基于"网络无处不在、学习随时随地、管理规范智能、服务便捷高效、生活绿色和谐"的理念，按照"重构数字资源、重塑教师队伍、营造生态环境、创新治理服务"四位一体的思路，实现单一资源多元化、隐性资源显性化、深层资源浅层化、抽象资源具体化、无声资源音效化、静态资源交互化、扁平资源立体化的"七化"转型，奋力创建智慧校园文化生态。

二、信息管理与应用标准相统一，构建管理服务标准体系

以提升信息化服务管理能力与师生信息化水平为核心，建立学校信息化建设与应用的标准体系。学校先后制定了《教师信息技术能力标准》和《学生信息化素养评价指标体系》，出台了《陕西工业职业技术学院信息系统管理办法》《陕西工业职业技术学院网络信息安全事件处置办法》《陕西工业职业技术学院信息化个人信息保护管理办法》《信息系统建设与运行维护管理暂行办法》《统一身份认证系统建设管理办法》等一系列制度。在应用能力方面，明确了师生应该掌握的创新能力、实践能力、人际交往与合作精神、信息化技能和程度；在管理服务方面，明确了信息化建设规范、实名认证规范、信息系统维护要点、信息技术与教学、管理结合的方法及责权等，构建信息建设管理服务标准体系，全面推进智慧校园文化育人工作。

三、文化育人与信息技术相融合，全面构建育人新生态

（一）数字化教学资源重构，构建空中学习新平台

数字化教学资源建设是实现数字化教学的关键。学校以国家省校三级专业教学资源库建设为抓手，辅以数字化学习资源中心、各级精品课程建设等手段，打造形成泛在、移动、个性化空中学习平台。通过课题列项的方式立项建设在线开放课程81门，上线38门"翻转课堂"；建设虚拟仿真实训基地、虚拟现实协同创新中心、VR智慧思政实训中心，开发VR虚拟现实课程13门。

疫情期间，依托数字化资源充分运用线上教学手段，开辟《战"疫"美育微课堂》《战"疫"思政微课堂》《网络思政第一课》，包含微讲义、微视频、微活动等内容；认真梳理公共学习平台和公共课程资源，挑选出87门标准化课程、62门精品在线开放课程、8个国家级专业教学资源库，针对学生，面向社会。

（二）数字化应用能力培养，催生信息时代新人才

实施师生信息化素养提升计划，学校设立教师发展中心，注重教师信息化教学能力培养，创新实践了"线上线下一体化"教师发展培训体系，年均国外研修70余人次，校内培训1000学时。持续开展"教坛新秀""教学能手""教师教学能力大赛"等多层次教师信息化教学大赛。面向学生开设"信息化应用能力基础""人工智能基础"等公选课，建设一支能保障大学校园网络文化思想性、教育性的网络辅导员队伍。

（三）数字化育人生态环境，构筑智慧育人新阵地

实施"虚实融合"建设工程，推行真实环境、网络环境数字化建设。校园WIFI全覆盖，通过中心控制系统，实现校园文化信息的全媒体呈现、全方位覆盖和实时高效的信息传达；通过普及"智慧课室"，开放"智慧教学平台"，探索信息化教学新模式。建立以微文化为媒介的智慧校园微文化平台，依托学校官方微信、微博、抖音，发布国家的教育政策、国内外的教育大事、高校的管理动态、思想政治教育专题以及各类校园文化活动信息等。开展微文化制作大赛、微班会评比等活动，营造良好、浓厚的校园微文化育人环境，培养学生的品德与诚信的品质。

（四）数字化治理服务体系，打造三全育人新格局

依托"智慧校园"建设，打造"以人为本"的综合信息服务平台，构建数字化服务体系，搭建统一身份认证、统一门户和统一数据中心三大平台，建立了共享数据中心、数据交换平台、云平台和大数据中心，实现了全校信息化软硬资源动态申请、分配和回收，同时基于大数据中心对数据充分利用、分析和挖掘，

为学校的科学决策提供依据。持续推进"一表通"和"网上办事大厅"建设工程，深度应用数据治理和流程再造，为师生提供统一高质量服务。

■ 四、信息化建设与育人齐头并进，成效显著

（一）引领了教育教学模式的改革与创新

运用现代信息技术，推动互联网+教学改革；主持国家资源库3个、参与建设9个；建成国家精品课2门、国家精品资源共享课2门、国家精品在线开放课2门、教指委精品课4门、省级精品课19门、省级创新创业教育示范课程5门；获得国家教学成果一等奖3项，省级教学成果特等奖4项、一等奖7项，校园文化成果国家二等奖1项、省级一等奖3项。

（二）促进了师生信息化素养的整体提升

立体化的信息化能力培养，为数字经济人才培养模式奠定基础。全国首批现代学徒制试点单位、陕西省高校实践育人创新创业基地相继落户学校，先后获教育部首批国家级职业教育教师教学创新团队1个、陕西省首批国家级职业教育教师教学创新团队1个、陕西省科技厅"众创空间"1个、陕西省创新创业教育改革试点学院3个。近年教师获全国职业院校信息化教学大赛二等奖3项，省级信息化教学大赛一等奖11项。学生在全国大学生互联网+创新创业大赛国家级金奖1项，省级金奖4项。

（三）提升了学校信息化治理体系和治理能力水平

信息时代催生全新的大学管理环境，通过提高效率来提升管理水准，助推学校声誉显著提升。学校现为西部唯一入围国家"双高"计划建设A档的高职院校，先后获全国文明单位、全国职业教育先进集体、全国职业院校学生管理50强、教学资源50强、全国第一批教育信息化试点院校（优秀）、教育部职业院校教学诊断与改进工作试点院校，中央电化教育馆"职业院校数字校园建设实验

校"。学校信息化建设案例入选《全国职业教育信息化建设典型案例汇编》,优质院校和陕西一流院校建设成果稳居陕西高职第一。学校信息化治理体系如图1所示。

图1 学校信息化治理体系

以"中赞职院"建设为载体
打造职业教育走出去的"陕工样本"

关键词： 校企合作、赞比亚、中赞职院

开展职业教育"走出去"是教育部为探索与中国企业和产品"走出去"相配套的职业教育发展模式，服务国家"一带一路"倡议和国际产能合作，提升我国产业国际竞争力和职业教育国际影响力的重要举措。中国—赞比亚职业技术学院（简称：中赞职院）是我国高职院校协同企业"走出去"在海外独立举办的第一所开展学历教育的高等职业技术学院。陕西工业职业技术学院通过建设中赞职院，开展学历教育、企业员工培训，探索与中国企业和产品"走出去"相匹配的职业教育发展模式，提升我国产业国际竞争力和职业教育国际影响力，为我国职业教育"走出去"提供了新样本。

一、项目背景

2016年，中央印发《关于新时期做好教育对外开放工作的若干意见》，明确提出职业院校要配合企业"走出去"，多方筹措境外办学经费，共建海外院校、特色专业、培训机构，为当地和我国"走出去"企业培养急需的应用型技术技能人才。同年，教育部办公厅印发《关于公布有色金属行业职业教育"走出去"首批试点项目学校的通知》（教职成厅函〔2016〕42号），明确我校为全国有色金属行业职业教育"走出去"试点院校之一。

根据教育部试点工作"开放包容、务求实效、稳步推进"的方针,我校紧扣企业员工培训、中赞职院建设两项重要任务,多措并举、齐头并进,以优质教学标准输出为引领,以优势专业、优势资源输出为重点,携手企业和兄弟院校,稳步扎实推进试点工作,于2019年在赞比亚卢安夏市建成中赞职院,主要面向赞比亚高中毕业生开展高等学历教育,面向中国有色矿业集团驻赞企业员工开展技术培训,为企业提供人力资源保障,解决了企业的用工难题。

中赞职院的成功举办,开创了国内职业教育院校的六个第一:首批教育部职业教育"走出去"项目试点院校、首所海外学历教育的职业院校、首次国内职业教育教学标准迁入主权国家国民教育体系、首位外国元首访问的职业院校、首个获得世界职教联盟可持续发展卓越奖金奖,工作成果和模式被联合国教科文组织予以采用推广。

二、四方聚力的管理体制

政府的支持是境外办学的基础保障,企业的支持是境外办学的动力源泉,而高职院校的支持是境外办学的出发点和落脚点,行业协会是各方之间的桥梁纽带。四方协调、形成合力,探索出一套政行企校混合所有制办学新模式。

教育部职成司是全国有色行业职业教育"走出去"试点项目的领导机构,提供综合协调和政策支持。中国有色矿业集团提供员工培训需求和岗位标准,落实培训员工人数和工种,协调中赞职院教师来华培训,为学校赴赞比亚开展能力培训教师提供后勤保障等。中国有色金属工业协会是项目的综合协调机构,协调企业和学校的关系,促进项目的开展。我校与其他兄弟院校是项目实施的主体单位,承担选派培训教师、制定培训方案、教学组织与管理,组建团队开发课程和专业教学标准,提供实训仪器和设备、教师,开展教学保障、风险评估与预防等。

三、董事会议的运行机制

中赞职院创新了校企在海外混合所有制办学的新模式,采取学校董事会领导下的校长负责制。董事会由中国有色矿业集团有限公司、各参建院校、有色金属工业人才中心等单位组成。董事会是中赞职院的领导核心，履行董事会章程规定的各项职责，把握中赞职院发展方向，决定中赞职院重大问题，监督重大决议执行，支持校长依法独立负责地行使职权，保证以人才培养为中心的各项任务的完成。

四、双优驱动的实践路径

在政府的支持下，企业主导基础建设，院校主导内涵建设，结合当地经济和社会需求，结合输出院校自身优势，以优势专业、优势资源输出为重点，为驻外企业培养具有国际化视野的本土技能型人才，加快企业与当地更深更广的经济合作搭建平台。

（一）设备输出

根据赞比亚分院建设的实际需要，我校投入普通机床和数控机床等机械类实训设备，建设成赞比亚第一个数控机床实训室，以实际行动响应"一带一路"倡议，对加强中赞技术交流、推进境外办学、深化跨境合作具有重大意义。

（二）技术输出

针对企业在生产经营中遇到的缺少本土技术技能型人才和管理人才的难题，我校联合兄弟院校开展专题调查，研究对策，从多方位、多角度将教学目标与企业需求相结合，以企业需求为导向实施人才培养，深化了产教融合，满足了企业需求。

（三）人才输出

在前期调研的基础上，摸清了企业人力资源状况，明确了员工培训需求、培训内容、组织形式、设备条件和所需培训教师的数量与专业、英语水平、技能水平等，先后派出8名骨干教师赴赞比亚为谦比希铜冶炼有限公司、中色非矿和谦比希湿法冶炼公司等3家企业培训机电、电气技术方面的外籍员工343人次。培训取得了良好的效果，受到了企业的热烈欢迎，有效地解决了企业对技能型人才的迫切需求。

(四) 标准输出

依托中赞职院，充分发挥我校专业特色优势，结合赞比亚当地经济社会发展、企业人力资源需要，组织骨干教师为中赞职院开发了机械制造与自动化专业教学标准（见图1），该标准经过赞比亚当地专家的本土化改造，于2019年获得赞比亚职业教育与培训管理局（TEVETA）正式批准，成为赞比亚国家职业教学标准，这是我国职业教育教学标准第一次走出国门，首次进入主权国家国民教育体系，填补了赞比亚国家教育教学标准的空白，将为赞比亚培养高质量技术技能人才，营造良好职教发展环境提供强有力支撑，加快建立中国职业教育与非洲国家职业教育合作机制，贡献中国职教方案、中国职教智慧，如图2～图5所示。

图1 中赞职院成立，中、赞两国教育部领导向我校授牌

图2 我校教师赴赞比亚开展企业调研

图3 我校教师赴赞比亚开展企业员工培训

图4 中赞职院举行2019年下半学期期末考试

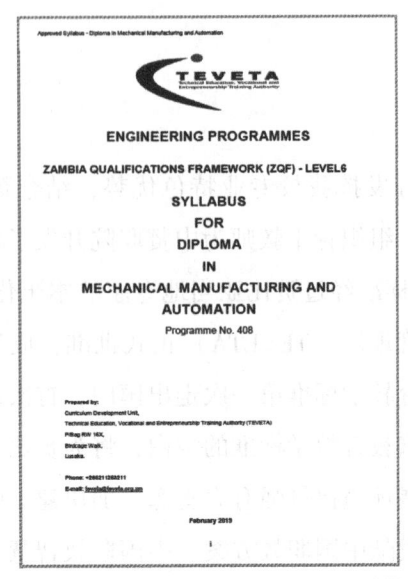

图 5 我校开发的机械制造与自动化专业教学标准进入赞比亚国民教育体系

(五) 文化输出

中赞职院的建成，进一步为"走出去"企业高质量培养一批"懂汉语、通文化、精技能"的海外本土高技能人才，大幅提高中国企业在当地民众中的影响力，为企业在赞比亚行稳致远打下良好基础，既有助于促进沿线各国互学互鉴、合作共赢及教育共同体的形成，也有助于扩大中国职业教育对外开放，为中赞民心相通及经济教育文化交融做出了有益贡献。

五、集团协作的发展模式

作为首批试点项目院校，携手参与项目建设的企业、兄弟院校，围绕职业教育"走出去"，面向海外本土人才培养的海外学院建设、人才培养体系建设、课程建设、教材编写、工业汉语教学、留学生培养、海外本土员工技能培训、专业质量体系建设等方面共同开展课题研究，凝练理论成果，使中赞职院成为具有一定影响力的品牌项目，形成校企协同海外办学的可复制、可推广模式，并通过品牌效应延伸至"一带一路"沿线其他国家。